# Zu diesem Buch

Wer als Tourist Rom besucht, ist spontan überwältigt von den gewaltigen steinernen Zeugen einer antiken Weltstadt, von künstlerischen und technischen Meisterleistungen, die Jahrtausende überdauert haben. Er staunt über breite Prachtstraßen, großzügige Amphitheater, prächtige Tempel, über das durchorganisierte System der Trinkwasserversorgung und die technische Perfektion beim Bau der berühmten öffentlichen Bäder.

Doch wer hat diese Straßen belebt, die Theater und Tempel besucht, die Dampfbäder genutzt? Wie sah der Alltag des römischen Bürgers aus? Wie wohnte, was aß er? Welche Schulen konnte er besuchen, wie sahen seine Chancen aus, im wirtschaftlichen oder politischen Leben Karriere zu machen? Woher kam dieses römische Volk, das in wenigen Jahrhunderten die Bewohner des Mittelmeerraumes unterwarf und bis nach Britannien vorstieß? Noch heute sind die modernen westlichen Demokratien ohne die starken Impulse nicht denkbar, die von Roms erster republikanischer Staatsverfassung ausgingen.

Dieser faktenreiche und lebendige Bericht stützt sich wesentlich auf berühmte Werke römischer Geschichtsschreiber wie Tacitus, Plutarch, Vergil und Livius. So löst sich der römische Bürger aus der Anonymität; der Leser wird zu einem Zeitgenossen und erfährt lebendige Geschichte.

Daß Hans Dieter Stöver nicht nur die literarischen Quellen zu deuten weiß, sondern auch ein profunder Kenner der archäologischen Funde und deren Auslegungen ist, macht dieses fesselnde «Geschichtsbuch» wissenschaftlich nachprüfbar und überzeugend.

Hans Dieter Stöver wurde 1937 in Wissen/Sieg geboren. Er studierte an der pädagogischen Hochschule in Bonn und später an der Universität Köln Kunstgeschichte und Altertumskunde. Stöver arbeitet in der Nähe von Bonn als Lehrer. Seit 1956 ist er freier Mitarbeiter des WDR für historische und kulturgeschichtliche Sendereihen.

Hans Dieter Stöver

# Die Römer

## Taktiker der Macht

Rowohlt

Bildnachweis:
Archiv für Kunst und Geschichte, Berlin: Bild 8
Georg Westermann Verlag, Braunschweig: Bild 1–7, 9–19
Kartenzeichnungen:
Jürgen Erlebach, Düsseldorf
Umschlagentwurf Werner Rebhuhn

Veröffentlicht im Rowohlt Taschenbuch Verlag GmbH,
Reinbek bei Hamburg, September 1978

Gesamtherstellung Clausen & Bosse, Leck/Schleswig
Printed in Germany
880-ISBN 3 499 17160 0

# Inhalt

## II. Teil: Abendländische Weichenstellung: Die Punischen Kriege 73



## III. Teil: Das Jahrhundert der Revolution 129

Anhang 421

Meiner Frau Brunhild

»Ob ich etwas Lohnendes tue, wenn ich von Anbeginn der Stadt die Geschichte des römischen Volkes beschreibe, weiß ich nicht recht.

Und wenn ich es wüßte, wagte ich es nicht zu behaupten; denn ich sehe, daß der Stoff alt und recht bekannt ist, während jedesmal neue Schriftsteller in ihrer Geschichtsschreibung immer das Neueste bringen oder den altmodischen Stil durch geschickte Darstellung ihrer Meinung nach übertreffen.

Mag es sein, wie es will, mich wird es jedenfalls befriedigen, für die Überlieferung der Geschichte des ersten Volkes der Welt nach Kräften an meinem Teil mitgearbeitet zu haben. Und wenn bei einer so großen Zahl von Schriftstellern mein Name unbekannt bleiben sollte, dann würde ich mich mit der Berühmtheit und Größe derer trösten, die meinen Namen in den Schatten stellen.«

LIVIUS, Einleitung zu »AB URBE CONDITA«

»Jede Epoche ist, wie Ranke sagt, unmittelbar zu Gott. Wenn der Herr der Geschichte auch ihr Geschichtsschreiber wäre, könnte eine Universalgeschichte im höchsten Sinne entstehen.«

JOHANNES GROSS in der F.A.Z. am 1. 12. 75

# Vorwort

Noch ein Buch über Rom? – wo doch in schöner Regelmäßigkeit alle paar Jahre hier ein prächtiger Bildband, dort eine kostbare Anthologie, hier eine Neuauflage Mommsens, dort eine »Volksausgabe« von Friedländers Sittengeschichte in den Auslagen erscheinen?
Was soll's also?
Ich nenne Ihnen die Gründe: Noch nie gab es eine solche Fülle wissenschaftlicher Untersuchungen zu Fragen der römischen Geschichte innerhalb der antiken Welt. Aber ihre Sprache ist streng, elitär, abstrakt und gespickt mit Fachbegriffen, deren Verständnis die Kenntnis von Latein und Griechisch voraussetzt. Solche Werke liest der Forscher, der Geschichtspädagoge, der Student. Den Laien, der sich informieren und unterhalten will, können und wollen sie nicht erreichen.
Die Kehrseite: Da setzt sich jemand hin und packt eine Menge schöner Bilder mit sogenannten informativen Texten zwischen zwei Buchdeckel und verkauft den Haufen bunten Papiers als »Sachbuch« über Rom. Er kann sicher sein, das Konglomerat unter die Leute zu bringen: Rom »geht immer«!
Ich kenne sie alle, diese Bücher, die sich darin gefallen, »Fakten« vor dem wissenshungrigen Leser auszubreiten. Dreißig Jahre lang – seit dem Ende des Zweiten Weltkriegs – beherrschen »Fakten«, »Quellen«, »Sachen« die gesamte populärhistorische Literatur. Aber Geschichte ist nicht eine Summe von »Sachen«! Hat man ganz vergessen, daß »Fakten« sich von »factum«, von »Tat, Handlung, Vorfall, Ereignis« ableiten?
Was weiß ich denn von römischem Leben, wenn ich die Malereien ihrer Villen kenne, die Kunststile der monumentalen Tempelruinen auseinanderhalten kann, die Eßgewohnheiten der oberen Zehntausend begutachte, die Technik ihrer Ingenieure bewundere, die Gladiatorenkämpfe verabscheue oder die Belagerungskunst ihrer Feldherren bis ins kleinste Detail in Zeichnung und Modell vorgesetzt bekomme?
Alle diese »Dinge« – hier ist das Wort am Platz! – bringen uns die Menschen, die sie geschaffen haben, nicht näher. Es fehlt etwas Entscheidendes: Leben, Phantasie, Geist! Es fehlt die Verlockung zur inneren Korrespondenz über die Zeiten hinweg. Wer in die Zeit-Räume einer vergangenen Zivilisation eindringen will, steht zwischen zwei Spiegeln – Gegenwart und Vergangenheit –, und er kann sich bewegen, wie er will: Beide Gläser reagieren auf jede Nuance seiner Gesten immer zugleich. Wer Geschichte beschreibt, muß sich bewußt machen, daß alles, was er für bemerkenswert hält, Spiegelungen seiner selbst sind. So kann ein Buch über Rom nie ein »Sachbuch« sein. Es geht um Menschen.
Darum versucht dieses Buch noch einmal, römische Geschichte zu erzählen, denn nur das epische und dramatische Wort bringt uns den Menschen näher.

Dabei sind Autor und Leser gehalten, ihre späteuropäische Hybris abzulegen, die ihnen einredet, sich für den Nabel der Welt zu halten. Toleranz ist gefordert gegenüber denen, auf deren Gebeinen wir weitermachen. Sie waren nicht besser und nicht schlechter als wir, denn »nichts Menschliches war ihnen fremd«.
Ein zweiter Grund: Der Autor ging davon aus, daß im deutschsprachigen Raum eine engagierte Darstellung der römischen Republik fällig sei, die den Leser auch emotional anspricht, wenn sie ihn durch die Höhen und Tiefen von sieben Jahrhunderten führt.
Um dabei dem rüden Kommentar, der Persiflage und der Gefahr, ins Satirische abzugleiten, vorzubeugen, steht an entscheidenden Stellen die antike Überlieferung im Mittelpunkt. Noch durch die Übersetzungen der Zitate – sie spiegeln auch die Entwicklung der deutschen Sprache in den letzten 150 Jahren wider – klingt etwas von antikem Denken durch, jene Korrektheit der Formulierung, die Freude am Wortspiel wie auch die noch naiv umständliche Beschreibung seelischer Prozesse.
Das Buch kann von der Konzeption her keinen Anspruch erheben, eine erschöpfende Darstellung der Republik zu bieten. Es will den Leser auf eine Reise durch die Zeit-Räume seiner politischen Ahnen mitnehmen und an manchen Stellen beobachtend verweilen. Schon damals sagt Varro: »Nichts weiß, wer alles gleichmäßig weiß.« Und wenn es gelingt, den einen oder anderen Leser zu weiterer Beschäftigung mit Rom anzuregen, hat das Buch seinen Zweck erfüllt.
Daß der Schwerpunkt auf dem »Jahrhundert der Revolution« liegt, entspricht der Quellenlage wie der Aktualität der politischen Probleme dieser Jahrzehnte. Im übrigen hielt sich der Autor an Mommsens weises Vorbild und schloß das Buch mit Caesars Ermordung ab.
Noch ein Wort zur Schreibweise: Römische Namen, Titel und Ämter werden lateinisch zitiert: Caesar (nicht Cäsar), Consul (nicht Konsul), Dictator (nicht Diktator). Damit soll die spezifisch römische Auffassung gekennzeichnet werden, die etwa unter einem »Dictator« etwas anderes versteht als wir unter einem »Diktator«. Wenn nicht besonders gekennzeichnet, beziehen sich alle Daten auf »vor Christus«.
An dieser Stelle möchte ich den Damen der Stadtbibliothek Brühl und besonders Frau Reuter danken für ihre Geduld und Ausdauer, mit der sie seltene und antiquarische Literatur beschafften. Dank auch an Franz Nagel, der das Manuskript auf orthographische und stilistische Mängel hin durchsah.

Weilerswist, im Juli 1976 — Hans Dieter Stöver

# Einleitung

»Warum liegt Köln in Köln?« – Auf den ersten Blick eine naive Frage. Bei näherem Hinsehen aber gerät der Zugereiste in große Schwierigkeiten, diese Frage zu beantworten. Mannigfaltig sind die Möglichkeiten, die eine Stadt zu einer bestimmten Zeit an einem bestimmten Ort entstehen lassen. Bei der Frage nach dem Ursprung Kölns oder Hamburgs oder Londons wird es so viele Antworten geben, wie es Möglichkeiten für die Entfaltung städtischen Zusammenlebens eben an dieser Stelle gab.

Fast immer stoßen wir auf wirtschaftliche Voraussetzungen: die Stadt als Brükkenkopf und Zentrum des Handels, als Ort spezialisierten Handwerks, der ein weites Hinterland beliefert. Geographische Gegebenheiten waren fördernd: die Lage am Fluß, am Rande einer Ebene, zu Füßen eines Gebirges, an einer Strommündung, im Knotenpunkt kontinentaler Straßen. Bei jeder Stadt liegen die Schwerpunkte anders. Aus dem europäischen Mittelalter kennen wir die Anlage des mit Mauer und Graben befestigten Platzes, um die zentrale Burganlage des Provinzfürsten versammelt. In den Zeiten des Faustrechts bot sie Schutz und Trutz vor den Gelüsten der Minderbemittelten wie der Neider.

Jede Stadt ist ein Staat im kleinen. Und dies bis heute. In dem deutschen Slogan »Bund, Länder und Gemeinden« kommt die relative Selbständigkeit, die »Selbstverwaltung« der Kommune treffend zum Ausdruck.

Trotz der zivilisatorischen Ähnlichkeit der Zentren unserer Großstädte hat jede ihre eigene, unverwechselbare Geschichte. Stolz wird sie in Museen, im Heimatkundeunterricht unserer Schulen, in der Restauration alter Viertel, in der liebevollen Pflege der Dome, Rathäuser, Marktplätze, Brücken, Brunnen und Palais, aber auch in mehr zufällig überkommenen lokalen Details lebendig gehalten. Jedes Dorf pflegt seine Kruzifixe, alten Bäume, Meilensteine – oder auch nur die Namen alter Straßen, Gassen und Gemarkungen.

Dies alles zeigt, wie wir – trotz Unkenrufen – noch mit unserer eigenen Geschichte leben, ja zunehmend in Antiquariaten und Antiquitätenläden auf die Suche nach dem Gestern gehen. Die kleinsten und unscheinbarsten Dinge des Alltags können dann stellvertretend eine ganze Epoche vor unserem inneren Auge erwachen lassen – oder was wir dafür halten; es kommt ja auf das gleiche hinaus.

Durch unsere Großeltern schleppen wir einen 200 Jahre alten Kometenschweif hinter uns her: Sie wissen doch noch, wie Großmutter uns als Kind von ihren Großeltern erzählte, wie die alten Geschichten uns geheimnisvoll gefangennahmen. Nun, das sind sechs Generationen, 200 Jahre!

Überhaupt die Geschichten! Das »Es war einmal ...« nahm uns mit auf eine weite Reise, und wir ahnten schon früh, wie da irgendwelche Bezüge durch die Jahrhunderte zu uns bestanden. Wir erlebten als Kind spontan die naive

Urform alles Geschichtlichen, die von Mund zu Mund weitergegeben wurde. Als wir dann älter wurden, kam eine ungemein ernüchternde Erfahrung: Irgendwo in der Vergangenheit hörte dieser leise Strom auf; es gab keinen direkten Bezug mehr! Die Quellen waren versiegt.

An diesem Punkt nun setzt die faszinierendste aller menschlichen Fähigkeiten ein: unsere Neugierde! Wir wollen das Vorher wissen, wir suchen nach den Gründen, warum es so kam, wie es ist. Wir »hinterfragen« die Dinge, wie ein kluger Mann es ausdrückte. Da die Natur unser aller Mutter ist, neigen wir dazu, in einem Analogieschluß den Werdegang alles Kreatürlichen auf unseren Geist zu übertragen: Wir kommen irgendwoher, wir gehen irgendwohin. Das Woher scheint uns näher als das Wohin; wir tragen es ständig mit uns herum, ohne es zu wissen.

Man könnte es mit dem Autofahren vergleichen: Jeder beherrscht es, ohne sich ununterbrochen darüber Rechenschaft zu geben, welche äußerst subtil aufeinander abgestimmten Prozesse ablaufen, um das Vehikel in Gang zu halten, während wir uns mit dem Beifahrer übers Wetter unterhalten.

Gleich vorweg: Wenn wir nicht diese legere, distanzlose Einstellung zu unserer Welt hätten, wären wir nicht lebensfähig; der größte Denker oder Mystiker muß etwas essen! Das Rest-Tier in uns ist die Voraussetzung des Geistwesens. Unsere Neugier, die Dinge zu »hinterfragen«, verdanken wir die Wissenschaften, deren älteste die Astronomie und eine der jüngsten die Geschichtswissenschaft ist. Auf den ersten Blick ein Anachronismus! Geschichte ist so alt wie der Mensch. Aber erst die Aufklärung öffnete den Blick für das Warum, Wie und Woher; das 19. Jahrhundert ging im Zuge der romantisch-nationalen Strömungen auf die Suche nach den Quellen des eigenen Volkes und schließlich darüber hinaus.

Schon die naive Überlieferung in Märchen, Sage und Legende hatte festgehalten, daß es da weit unten in der Vergangenheit zu einem ungeheuren Bruch gekommen war. Man behalf sich mit phantastischen Geschichten wie den »Gesta Romanorum«, den »Taten der Römer«, einem Konglomerat aus römischen, christlichen und germanischen Geschichtssplittern: »Es gab einen König Diocletian ...«, »Es war einst ein König Vespasian ...«, oder »Man liest, daß einst ein gewisser römischer Fürst lebte, mit Namen Pompeius ...«[1]. Erbauliche Geschichten mit mahnend erhobenem Zeigefinger.

Oder das Nibelungenlied! Es hält indirekt den Untergang Westroms, den Hunneneinbruch und die Völkerwanderung fest.

Nicht zu übersehen waren auch die geheimnisumwitterten Ruinen überall westlich des Rheins und südlich der Donau in Trier, Köln, Augsburg, Mainz und anderswo; oder die »Taufelsmauer« zwischen Rhein und Donau, der »Li-

mes«. Lokale Sagen versuchten das Unerklärliche zu bewältigen.
Scheinbar konkreter überlieferte ein ehrwürdiger Name den großen Anspruch auf die Vergangenheit: »Das Heilige Römische Reich Deutscher Nation«. Aber nur die wenigsten Gebildeten wären in der Lage gewesen, diesen bombastischen Titel historisch exakt zu interpretieren; er war ein Mythos.
Zwar sprach der europäische Gelehrte des Mittelalters in Schottland, Portugal, Polen ebenso souverän Latein wie der Kirchenmann aus England, Deutschland oder Italien, aber warum das so war, hätte er nicht in Kürze darlegen können. Wenn wir heute besser gerüstet sind, dieses verwirrende Kaleidoskop aus Mythos, Legende und Religion genauer zu deuten, so verdanken wir dies drei Voraussetzungen: den überall in Europa verstreuten Handschriften – meist Kopien antiker Originale –, dem Gelehrtenfleiß der letzten 200 Jahre und dem Spaten der Archäologen.
Römische Geschichte, das ist in vieler Hinsicht Vorwegnahme späteuropäischer Geschichte. Es ist u.a. das Anliegen dieses Buches, die Berührungspunkte zwischen Neuzeit und Altertum über die Jahrtausende hinweg aufzuzeigen.
Wen Rom packt, den läßt es nicht mehr los. Darum müssen wir von vornherein einer Gefahr begegnen, die sich immer im Zuge von Begeisterung einnisten will: dem Pathos. Bis heute leiden alle populären Rombücher an dieser kritiklosen Schwärmerei für das Monumentale, wie es sich in Schrift und Bild der meist reich illustrierten und kostbar ausstaffierten Prachtbände ausbreitet. Danach waren alle Römer Aristokraten oder arme Teufel, jedenfalls meist edel, schön und gut – oder verkommen, eitel und häßlich, die geborenen Herrscher, die Beglücker des Abend- und Morgenlandes oder aber viehische Sklavenschinder, kalte Imperialisten, zynische Christenverfolger ... usw.
Nun – zunächst einmal waren sie Menschen wie Sie und ich! In dem kurzen Zeitraum von 2000 Jahren findet keine Evolution statt! Wir kennen ihre Schriften und verstehen sie zu lesen, denn wir sind die Erben ihrer Sprache in Satzbau, Grammatik und Begriffsbildung. Nicht zufällig greifen wir auf das Latein zurück, wenn wir neue technische, philosophische, medizinische, politische oder juristische Sachverhalte in Worte fassen wollen, um sie damit international verständlich zu machen.
Ohne Rom kein Europa. Dabei fing es, wie alles Kreatürliche, klein und unscheinbar an ...

# I. Teil
# Anfänge

»Erstaunlich leicht sind diese Völker trotz verschiedener Rasse, trotz ungleicher Sprache und verschiedenartiger Lebensweise ineinander verschmolzen.«

SALLUST

»Die Basis der weltgeschichtlichen Größe Roms hatte einen bemerkenswert knappen Zuschnitt; und wer die Weltgeschichte mit Aufmerksamkeit verfolgt, kann nicht umhin, den damit einsetzenden geschichtlichen Prozeß mit größter Spannung zu verfolgen.«

ALFRED HEUSS

# Dichtung und Wahrheit

## Die Entstehung eines Staates

### *1. Im Zeichen des Mars – und Venus lächelt ...*

Jede Reise beginnt mit dem ersten Schritt, eine Binsenweisheit. Aber in der Geschichte ist es schwer, die ersten Fußabdrücke einer Kultur zu finden, da sie entweder verschüttet oder von den Späteren zertreten worden sind.

Was uns Rom so verwandt erscheinen läßt, ist unter anderem sein Interesse an der eigenen Herkunft, die Suche nach dem Warum und Woher seines Werdeganges. Kein Volk der Antike war geschichtsbewußter. Immer dann, wenn eine Gesellschaft nach jahrhundertelangem Auf und Ab spürt, einen epochalen Höhepunkt erreicht zu haben, macht sie sich auf die Suche nach dem Urgrund. Sie will Normen für das Fortbestehen dieses Wohlstandes und Friedens finden. Denn hinter jedem Gipfel liegt ein Tal; die ersten Indizien des Abstiegs verleiten um so mehr, sich am guten Alten, an der »Sitte der Väter« festzukrallen.

Diese historische Wasserscheide liegt in Rom bei Augustus. An dieser Zäsur sind die historischen Werke entstanden, die Roms Größe feiern und bewahren wollen: Vergils ›Aeneis‹ und Livius' ›Ab urbe condita‹ (›Von der Gründung der Stadt an‹).

Die römische Tradition hielt bis zum Ende des Reiches das Jahr 753 v. Chr. als den Fixpunkt der Stadtgründung fest. Und noch Mommsen zählte in seiner ›Römischen Geschichte‹ archaisierend die Jahre »ab urbe condita«, wie fast alle Autoren des 19. Jahrhunderts. Dazu muß man sagen, daß der wohl folgenschwerste Irrtum unserer Chronologie darin besteht, unser christliches Jahrhundertschema auf fremde Kulturräume zu übertragen: Wir legen der Geschichte ein Korsett an, das ihr nicht paßt! Da es anscheinend keine bessere Lösung gibt, orientiert sich auch unser Buch an diesen Meilensteinen, die in Wirklichkeit keine sind. Eine Ausnahme: Der Hauptteil unseres Berichts heißt ›Das Jahrhundert der Revolution‹ und hält sich damit bewußt nicht an die gängige Schablone.

Die kritikfreudige Forschergeneration nach Mommsen spottete über Legendengläubigkeit und gelehrte Mythologie und verwarf alles, was nicht quellenmäßig nachprüfbar war. Es ist das Verdienst der Archäologie, die Dinge in ein neues Licht gestellt zu haben. Schließlich hatten Schliemann in Troja und Evans in Knossos auf Kreta den Beweis erbracht, daß die alten Mittelmeermythen mehr waren als philologisch interessante Geschichten. Bevor wir uns dem heutigen Stand der Forschung zuwenden, wollen wir uns die römische Version seiner Herkunft anhören ...

Nach dem Untergang Trojas gelingt es Aeneas, dem Sohn des Dardanerkönigs Anchises und der Aphrodite (Venus), aus der brennenden Stadt zu fliehen. »Aber das Schicksal bestimmte ihn zu einer bedeutenderen Gründung«[2], rühmt Livius. Ein zweiter Odysseus, erreicht er nach langer Irrfahrt die italienische Küste von Latium:

»Schon errötet das Meer in Strahlen, die goldne Aurora
Glänzet auf rosigem Wagen vom hohen Äther hernieder:
Als sich auf einmal der Wind legt und nirgends ein Lüftchen sich reget;
Langsame Ruder nur ringen mit träger Flut. Da entdecket
Von der See her Aeneas Gehölz weitkreisenden Umfangs,
Zwischen welchem hervor der freundlich flutende Tybris
Reich an Goldsand, in mächtigen Wirbeln ins Meer sich ergießet.
...
Dahin heißt er die Seinen den Kurs mit strandwärts gekehrten
Schnäbeln nehmen und landet vergnügt in den Schatten des Flusses[3].«

Latinus, der König des Landes, nimmt ihn gastlich auf und gibt ihm seine Tochter Lavinia zur Frau. Nach harten Kämpfen mit den ansässigen Italikern gründet er die Stadt Lavinium, sein Sohn Iulus (Ascanius) hoch über dem Albaner See die Feste Alba Longa, die Mutterstadt Roms.

Im VIII. Gesang des Aeneis schenkt Venus ihrem Sohn Aeneas einen von Volcanus geschmiedeten Schild, auf dem in bildhafter Dichte die gesamte römische Geschichte bis auf Augustus als ein einziger Triumphzug dargestellt ist. Aeneas bewundert ergriffen das prophetische Relief und »hebt dann der Enkel Ruhm und ihr künftig Geschick auf die Schultern«.

Vergils Epos endet mit der Landnahme durch Aeneas. Bei Livius erfahren wir den Fortgang:

Nach Ascanius gelangt sein Sohn Silvius zur Regierung, und so geht es in der Alba-Longa-Dynastie weiter bis zu einem Procas. Nun wird es hochdramatisch:

»Dieser war der Vater von Numitor und Amulius. Er überließ das alte Königreich dem älteren (Sohn) Numitor. Aber über den Willen des Vaters und die Achtung vor dem Erstgeborenen siegte die Gewalt. Amulius entriß seinem Bruder den Thron und fügte zu diesem Frevel einen neuen: Er zerstörte den männlichen Stamm seines Bruders. Rhea Silvia, die Tochter seines Bruders, bestimmte er zur Vestalin (also zur Priesterin der Vesta, einer latinischen Feuergöttin; die Priesterin war zur Jungfräulichkeit verpflichtet, konnte allerdings nach 20 Jahren ins weltliche Leben zurückkehren). So nahm er ihr durch diese scheinbare Ehre und das Gelübde der Keuschheit die Hoffnung, einmal Kinder zu haben.« – Mittelalterliche Usurpatoren pflegten unbequeme Verwandte ins nächste Kloster zu stecken. –

»Trotzdem kam jetzt der Augenblick, den das Schicksal für die Entstehung einer so großen Stadt und den Beginn des Reiches bestimmt hatte, das nächst der göttlichen Macht das größte war. Die vergewaltigte Vestalin brachte Zwillinge zur Welt und bezeichnete Mars als Vater ihrer Kinder ohne Namen. Vielleicht tat sie es aus Überzeugung – oder weil ein Gott als Geliebter ehrenvoller war. Doch weder Götter noch Menschen schützten sie und ihre Kinder vor der Grausamkeit des Königs (Amulius). Sie als Vestalin wurde gefangen und gefesselt; ihre Kinder ließ der König in den Fluß werfen.

Durch Gottes Fügung aber hatte sich der Tiber über seine Ufer hinaus in stehende Sümpfe verbreitet. Man konnte kaum an das eigentliche Flußbett gelangen. Aber als die Diener des Königs mit den Zwillingen ankamen, hielten sie dieses seichte Wasser für tief genug, um sie zu ertränken. Sie setzten die Kleinen in dem nächsten Tümpel aus, als erfüllten sie so den Befehl des Königs.

Als das Wasser sich zurückzog und den schaukelnden Korb mit den ausgesetzten Knaben auf festem Grund stehen ließ, lockte das Weinen der Kinder eine Wölfin herbei, die vom nahen Gebirge zur Tränke herunterkam. Sie bot den Kleinen ihre Zitzen mit so viel Zärtlichkeit, daß man erzählt, der Oberhirt der königlichen Herden habe gesehen, wie sie die Kleinen leckte.«

Nun hängt Livius noch einen gelehrten Deutungsversuch an:

»Es wird weiter berichtet, der Hirt habe Faustulus geheißen. Er nahm die Kinder mit in die Hütte der Hirten zu seiner Frau Larentia, um sie großzuziehen. Einige Leute meinen, Larentia habe bei den Hirten ›Lupa‹ (lat. = die Liederliche) geheißen, weil sie sich vielen hingab. ›Lupa‹ heißt aber auch die ›Wölfin‹. Dort liegt also die Wurzel dieser Sage und des Wunders[4].«

Unter der Obhut des Hirten wachsen sie heran. Er ahnt die Zusammenhänge, schweigt aber. Nach einem Kampf mit räuberischen Banden des Königs Amulius gerät Remus in dessen Hände, und Romulus erobert zusammen mit den Hirten die königliche Feste. Amulius wird getötet.

Die siegreichen Zwillingsbrüder setzen ihren Großvater Numitor wieder als rechtmäßigen König von Alba Longa ein. Und sie selbst?

»Da kam ihnen der Gedanke, in der Gegend, wo sie ausgesetzt und erzogen worden waren, eine Stadt zu gründen ... Aber nun mischte sich in alle ihre Pläne das vom Großonkel (Amulius) vererbte Laster, die Herrschsucht; und so entstand aus einem harmlosen Anfang ein sehr unheilvoller Kampf. Sie waren Zwillinge: Also konnte das Recht der Erstgeburt für keinen den Ausschlag geben. Darum sollten die Gottheiten, in deren Schutz diese Gegend stand, durch

ihren Vogelflug selbst entscheiden, wer die neue Stadt nach sich benennen und über sie herrschen dürfe, wenn sie erst einmal stand ...[5].«
Sie begeben sich auf eine Anhöhe, um die Vögel zu beobachten, Romulus auf den Palatin, Remus auf den Aventin:
»Man erzählt, dem Remus erschienen die Vögel des Glücks zuerst; es waren sechs Geier. Aber kurz nach dieser Meldung erschienen dem Romulus doppelt so viele, und so wurde jeder von seinen Getreuen zum König ausgerufen. Die einen nahmen das Recht des Thrones wegen der Zeit für sich in Anspruch, die anderen nach der Zahl der Vögel. Streitend gerieten sie aneinander, und aus dem Wettstreit entstand eine Untat: Im Gewühl des Kampfes wurde Remus tödlich getroffen und fiel. Die geläufigere Sage ist aber die:
Remus sprang aus Spott über die von seinem Bruder begonnene Mauer. Romulus erschlug ihn im Zorn und rief ihm die Verwünschung nach:
›So soll jeder fallen, der nach dir über diese Mauer springt!‹
Auf diese Weise wurde Romulus Alleinherrscher, und die erbaute Stadt trug den Namen des Gründers ...[6].«

## 2. *Romulus war kein Römer*

Soweit die Sage. Ihnen sind sicherlich schon die Berührungspunkte mit anderen Gründungsmythen aufgefallen: die Aussetzung des Moses im Schilf des Nils; der tödliche Streit zwischen Kain und Abel; die göttliche Abkunft des Stadtgründers; seine jungfräuliche Geburt, die Mutter ist Vestalin ... Damit beginnt das Fragen!
Die Mythologie ist mittlerweile eine der interessantesten Wissenschaften geworden, da sie ihr Feld zwischen Geschichte, Kunstgeschichte, Religionswissenschaften, Psychologie, Soziologie und Völkerkunde beackert. Bei dieser Fülle von verschiedenen Perspektiven ist es unmöglich, auf alle Fragen und Probleme der Romulussage einzugehen; es würde ein eigenes Buch daraus werden. Einige Mosaiksteine wollen wir uns jedoch näher ansehen, damit wir einen Eindruck bekommen, auf wie unsicherem Boden man sich immer noch bewegt.
Da ist der Name ›Romulus‹, von dem Livius ›Roma‹ ableitet ... Die Griechen führten ihn auf den Namen einer ›Rhome‹ zurück, die in verschiedenen Texten als Frau oder Enkelin des Aeneas erscheint[7] oder als Wortführerin der Troerinnen, manchmal auch als Frau des Ascanius (Iulus). Im römisch-latinischen Einflußgebiet galt seit jeher ein Rhomylos-Rhomos (= Romulus-Remus) als Stadtgründer.
Dann gibt es die etruskische Etymologie: »›Rumina‹, deren Namen römische Gelehrte auf ›rumis‹, Mutterbrust, zurückführten, so daß sie als Göttin des

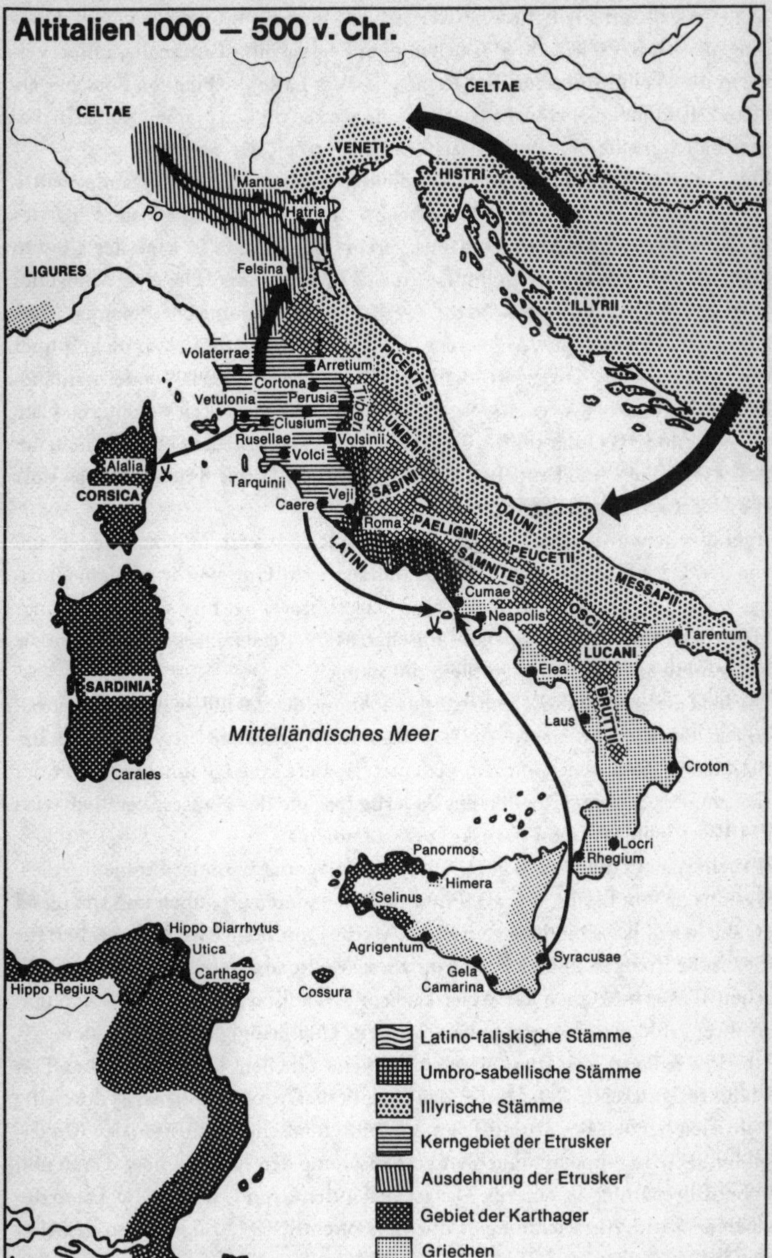

Altitalien 1000 – 500 v. Chr.
CELTAE
CELTAE
VENETI
HISTRI
Mantua
Po
Hatria
LIGURES
Felsina
ILLYRII
Volaterrae
Arretium
Cortona
Vetulonia
Perusia
Tiber
PICENTES
Clusium
Rusellae
Volsinii
UMBRI
Alalia
Volci
CORSICA
Tarquinii
SABINI
Veji
Caere
Roma
DAUNI
PAELIGNI
LATINI
SAMNITES
PEUCETII
MESSAPII
Cumae
Neapolis
OSCI
Tarentum
LUCANI
Elea
SARDINIA
BRUTTII
Laus
Mittelländisches Meer
Croton
Carales
Locri
Rhegium
Panormos
Himera
Selinus
Hippo Diarrhytus
Agrigentum
Syracusae
Utica
Gela
Camarina
Carthago
Hippo Regius
Cossura
Latino-faliskische Stämme
Umbro-sabellische Stämme
Illyrische Stämme
Kerngebiet der Etrusker
Ausdehnung der Etrusker
Gebiet der Karthager
Griechen

Säugens galt; ihr Heiligtum befand sich auf dem Comitium (dem Versammlungsplatz des Volkes, d. V.), neben dem Feigenbaum Ruminalis, unter welchem die Wölfin Romulus und Remus gesäugt hatte ... Heutige Forscher erklären ›Rumina‹ manchmal aus ›ruma‹, dem etruskischen Namen Roms; in diesem Fall wäre sie eine (etruskische) Schutzgottheit der Stadt[8].«

Die Dinge werden noch unübersichtlicher, wenn man den verwandtschaftlichen Beziehungen der Zwillinge nachgeht. Livius erwähnte die Vaterschaft des Mars, der später als Mars-Quirinus verehrt wird. Mars ist eine der ältesten Gottheiten Italiens und folgt im Rang gleich hinter Jupiter. Der erste Monat des alten Kalenders trug seinen Namen (vgl. März). Die römischen Namen Marcus, Marcius, Marcellus, Mamercus leiten sich von ihm ab. Er war nicht immer der ›martialische‹ Kriegsgott, dem griechischen Ares gleich, sondern anfänglich ein agrarischer Vegetationsgott, dem man noch zur Zeit des älteren Cato (2. Jahrhundert) Opfer für die Gesundheit des Viehs brachte und den man um Schutz für Tiere und Ernte bat. Auf dem ›*Mars*‹feld versammelte sich das Volk zur Heeresversammlung um seinen Altar.

Irgendwann wurde Romulus dem Quirinus gleichgesetzt, und man sprach nun von der Trias Jupiter-Mars-Quirinus. Dieser uralte Gott wurde auf dem Quirinal verehrt. Das römische Wort ›Quiriten‹ (Bürger) hat hier seine Ableitung. Heute sieht man in ihm einen sabinischen Mars, dessen kriegerische Züge die ursprüngliche Vegetationsgottheit zudeckten.

Die bei Livius genannte Ziehmutter und Amme der Zwillinge, Lupa-Larentia, wurde von Varro, dem großen Gelehrten des 1. Jahrhunderts v. Chr., als Larunda, eine sabinische Gottheit, gedeutet. Spätere sahen in ihm die Mutter der ›Laren‹, der Schutzgottheiten des Bauerngutes und des Hauses. Letztlich wird das Wort wohl aus dem Etruskischen stammen.

Je mehr man in die Details geht, um so verwirrender wird das Problem. Alles, was uns da von Livius, Vergil, Plutarch und anderen erbaulich und spannend erzählt wird, ist ja ein hausgemachter Mythos mit dem Zweck, Ursachen für die Größe Roms zu finden. Man kann diese Methode vergleichen mit den filmischen Western-Mythen der Amerikaner, die neidisch auf Europa blicken und an ihrer fehlenden Vergangenheit vor dem Unabhängigkeitskrieg leiden.

Über die früheste Zeit Roms besitzen wir keine Quellen. Darum schreibt schon Livius resignierend: »Ich glaube, daß die Überlieferung verdorben ist durch die Lobreden bei den Bestattungsfeiern und durch falsche Inschriften der Ahnenbilder, da jede Sippe mit lügenhafter Täuschung den Ruhm großer Taten und hoher Ehrenämter an sich riß. Das ist sicher der Grund, warum die Taten der einzelnen und Aufzeichnungen über die öffentlichen Ereignisse so verwirrt sind[9].«

Den gleichen Gedanken drückt ein moderner Historiker, Ernst Kornemann, aus: »Die Geschichtsklitterung der Römer, die später gläubig hingenommen worden ist, hat gewisse, sehr alte Institutionen an große, zum Teil erfundene Namen angeknüpft, dem Gesetz primitiver Geschichtsbildung folgend, die die Fortschritte im Leben von Staat und Gesellschaft gern mit dem Namen großer legendärer Staatsschöpfer in Verbindung bringt ... Nicht reale Menschen, sondern imaginäre Sammelpersönlichkeiten und Sammeljahre oder Sammelepochen treten uns entgegen und verschieben oder verwirren das Bild der organischen Entwicklung Altroms, wie es wirklich gewesen ist[10].«
Lassen wir also einstweilen die Einzelpersönlichkeiten beiseite und folgen den anonymen Spuren, die uns die Archäologen freigelegt haben.
Aus den Querverbindungen der Mythen war zu folgern, daß im unteren Tibertal, in Latium und den angrenzenden Landschaften ein ständiges Auf und Ab verschiedener eigenständiger Kulturen stattgefunden hatte. Uralte Städte wie Alba Longa oder Praeneste bestanden ja weiter. Aber wie war die Reihenfolge der Entwicklung?
Im Jahre 1817 zogen Bauern in der Nähe von Castel Gandolfo, dem heutigen Sommersitz der Päpste, Gräben, um Weinberge anzulegen. Dabei stießen sie unter Tuff und Lava auf große ›dolia‹, tönerne Vorratsgefäße. Sie enthielten Asche uralter Brandbestattungen, dazu archaischen Schmuck aus Bernstein und Bronze.
85 Jahre später, 1902, fand man am Rande des römischen Forums Hausurnen, die denen von Castel Gandolfo zum Verwechseln ähnlich waren.
Alba Longa lag in der Gegend des heutigen Castel Gandolfo: Die Beziehungen zu Rom waren klar, aber nicht die chronologische Reihenfolge. War Alba Longa die Mutterstadt Roms?
Nur gegen vielerlei Widerstände ist es in Rom selbst möglich, systematisch geplante Grabungen durchzuführen, denn die Stadt lebt wie eh und je, und das Ruinengelände ist die heilige Kuh der Stadtverwaltung – dies zu Recht! Trotzdem gelang es immer wieder, Funde von grundlegender Bedeutung ans Licht zu bringen. Mit Unterbrechung wurde ab 1907 an der Südwestecke des Palatins gegraben. Man fand auf Anhieb Pfostenlöcher im Untergrund. Vaglieri, der die Grabung leitete, erkannte sie aber nicht als solche, das Gelände blieb 40 Jahre lang unberührt liegen. 1948 wurde das Projekt durch den jungen Archäologen Puglisi, einen Fachmann, der nach streng wissenschaftlichen Methoden arbeitete, wieder aufgenommen. Der amerikanische Archäologe Paul Mac Kendrick beschreibt sehr anschaulich, was man fand:
»In dem von Vaglieri unberührt gelassenen Gelände konnte Puglisi 5 Schichten unterscheiden, die an den Wänden des Antiquariums auf dem Palatin

schematisch wiedergegeben sind. Zuoberst lag, fast drei Meter dick, antiker Schutt. Die vier zusammenhängenden, ungestörten Schichten darunter waren im ganzen zwei Meter hoch; die untersten 20 cm stellten die Überbleibsel dessen dar, was sich auf dem Boden der Hütte gesammelt hatte, als sie noch bewohnt gewesen war. Hier waren die Scherben winzig klein, man hatte nämlich darauf herumgetreten, wie denn überhaupt die eisenzeitlichen Männer – und Frauen – gewohnt gewesen waren, zwischen ihren Abfällen behaglich zu leben. Der Herd – die Trümmer eines tönernen Ofens wurden in situ gefunden – stand fast in der Mitte der Hütte, dicht bei dem Loch für den zentralen Stützpfosten. Es bestand jedoch keine Gefahr, daß der Stützpfosten Feuer fing, denn die Herdflamme war von der Tonwand des Ofens vollständig eingeschlossen. Herabgefallene Stücke von lehmverputztem Flechtwerk verrieten die Bauweise der Wände. Es gab Tierknochen und Impasto-Scheiben (d. h. Scheiben mit dickem Farbauftrag, d. V.) mit Brandspuren, aber weder die glänzend schwarzen Bucchero-Gefäße (Tongefäße mit Reliefs aus etruskischen Gräbern, d. V.) noch die bemalte Keramik. Diese Schicht gehört demnach in die erste Phase der Eisenzeit und läßt sich ins 8. Jahrhundert v. Chr. datieren ... Die Hütte selbst war verhältnismäßig groß – 3,60 × 4,90 m – und etwa ein Meter in den Tuff des Hügels eingesenkt; sechs Pfostenlöcher waren für die Außenwand, zwei für das Vordach und eines für die Mittelstütze bestimmt ... Die rekonstruierte Hütte ist ein Geschichtsdenkmal im wahrsten Sinne des Wortes und entspricht etwa dem, was Vergil sich vorstellte, als er das Nachtquartier, das Euander dem Aeneas anwies, beschrieb ...[11].«

Bei Vergil lesen wir:

»Unter den Reden nahen sie sich Euanders bescheidener
Wohnung und hören hie und da auf dem römischen Forum
Und in der stolzen Carinae das Hornvieh brüllen.
...
Vor den Eingang der Burg gelangt, begann so der König:
... ›Sei bereit, einer glanzvollen Pracht zu entraten,
Gleiche dem Gott und begnüge dich, Gastfreund, mit schmaler Bewirtung!‹
Also Euander und leitet Aeneas unter das Dach der
Burg und führt ihn zur Bettstatt, gefüllt nur mit Laubstreu
Und mit dem Fell einer libyschen Bärin zum Schutz überzogen[12].«

Die ›stolze Carinae‹ ist zur Zeit Vergils eine der vornehmsten Straßen Roms; Vergil hätte sich nicht träumen lassen, daß 1000 Jahre später wiederum das »Hornvieh« zwischen den zerfallenden Ruinen der Weltstadt weiden würde ...

Halten wir fest: Dieser Platz am Tiber ist bereits im 8. Jahrhundert besiedelt.

Um aber die größeren Zusammenhänge zu verstehen, müssen wir weiter ausholen.

### *3. Zugereiste machen Geschichte*

Es hat in der Geschichte nicht nur *die* Völkerwanderung am Ende des Altertums gegeben. Man könnte eher sagen, alle Staaten, die sich in Vorgeschichte und Altertum etablierten, sind das Werk von Zugereisten. Ein höchst eindrucksvolles Beispiel der Neuzeit ist die Inbesitznahme des amerikanischen Kontinents durch die Europäer.
In mehreren ›Wellen‹ dringen seit dem 13. Jahrhundert v. Chr. mehrere indogermanische Stämme aus Mittel- und Osteuropa nach Süden vor. Dieser Strom erreicht im 11. Jahrhundert einen Höhepunkt und flutet über ganz Italien hinweg bis zur Stiefelspitze. Anhand von Bestattungsriten, Artefakten und späteren Sprachzeugnissen kann man ihren Weg einigermaßen verfolgen. Die mediterrane Urbevölkerung zog sich in die unzugänglicheren Gebiete des Apennins und auf die Inseln zurück.
Der für uns besonders interessante Stamm der Latiner siedelte auf einem schmalen Landstreifen, 25 km vom Meer entfernt, eingerahmt von den Pontinischen Sümpfen, dem Tiber und dem Gebirge: ein kleines Bauern- und Hirtenvolk, dessen weitere Entwicklung völlig belanglos für den Gang der Weltgeschichte gewesen wäre, hätten nicht zwei Ereignisse etwa zur gleichen Zeit stattgefunden – die Besetzung ganz Süditaliens durch die Griechen und die Einwanderung eines der rätselhaftesten Völker der Antike, der Etrusker. Das Gebiet, in dem sie siedelten, trägt noch heute ihren Namen: Toskana, von lateinisch ›Tusci‹ = Etrusker.
Auf den ersten Blick erscheint die Pufferlage der Latiner zwischen den beiden ›Großmächten‹ ungünstig; sie sollte sich aber bald als Grundlage der kommenden dynamischen Entwicklung erweisen. Daß der Zwerg nicht gleich zu Anfang zerrieben wurde, verdankt er u. a. den geographischen Voraussetzungen: Bis heute gliedert sich Italien in mehrere landschaftliche Großräume, die sich bevölkerungsspezifisch, wirtschaftlich, historisch und sprachlich grundlegend unterscheiden. Obwohl Italien vom geographischen Umriß her ein einheitliches Gebilde ist, hemmte der in Nordsüdrichtung geschichtete Apennin eine frühe großräumige Staatenbildung, wie wir sie etwa von den babylonischen Staaten kennen.
Der Norden mit der großen Stromebene am Fuß der Alpen galt bis zu Caesar und noch später als ›Gallia Cisalpina‹, Gallien diesseits der Alpen; jenseits des Apennins schloß sich Etruria oder Tuscia, die Toskana, an und erstreckte sich

bis zum Tiber. Mittel- und Süditalien verfügt nicht mehr über vergleichbar große Flüsse mit entsprechenden weiten Niederungen. An vielen Stellen streben die Ausläufer des Zentralgebirges bis zur Westküste vor; die Flüsse sind nicht mehr schiffbar. Kleine, in sich geschlossene Territorien verhinderten wie in Griechenland die Ausbildung größerer Staaten, und bis heute bilden Latium, das römisch-latinische Kerngebiet und die Campania mehr oder weniger geschlossene Verwaltungseinheiten.

Im Osten tritt das Gebirge näher an die Küste heran, es fehlen aber schützende Buchten und Naturhäfen; kein Fluß ermöglicht Schiffahrt. Die ›Kulturseite‹[13] des Landes liegt im Westen, von Natur aus geöffnet zum großen Bogen der westlichen Mittelmeerregionen bis zu den ›Säulen des Herakles‹.

Betrachtet man eine Karte des Mittelmeers, so fällt die zentrale Lage der Apenninhalbinsel auf, und man ertappt sich bei dem Gedanken, wie der Werdegang des römischen Imperiums historisch-geographisch logisch vonstatten gegangen sei. Dem ist sogleich entgegenzuhalten, daß die Beherrschung dieses Großraums von einem Zentrum aus weder vorher noch später wiederholt wurde. Die gescheiterten Ambitionen eines Mussolini haben es erst kürzlich erneut bewiesen.

Kehren wir zur Gründungssage und zu Romulus zurück! Da wird von den Alten die unsterbliche Geschichte vom ›Raub der Sabinerinnen‹ erzählt. Hier die Version nach Livius:

Der neue Staat erreichte eine solche Macht, daß er sich mit jedem Nachbarn im Krieg messen konnte. Aber es fehlten Frauen, und so konnte diese Stärke nur ein Menschenalter dauern. Die alten Herren des königlichen Rates schlagen vor, Gesandte in die benachbarten Städte zu schicken: »Die Götter haben das Wachsen Roms begünstigt; unsere Tapferkeit wird es fördern. So findet ihr euch bereit, als Menschen mit anderen Menschen Blutsfreunde und gemeinsame Stammeltern zu werden.«

Aber allenthalben bekommen die schüchternen Helden eine spöttische Abfuhr und kehren unverrichteter Dinge heim.

Doch Romulus, der Sohn des Mars und Sproß der Venus, weiß Rat: Schnell erfindet er ein Fest zu Ehren des Neptun, läßt Karussells und Buden aufbauen, scheut keine Ausgaben für die Werbung und hofft, daß sie kommen.

Und sie kommen in Scharen, mit Kind und Kegel – und Töchtern! Dann beginnen die Kampfspiele, aber nicht die angekündigten:

»Ein Zeichen wurde gegeben, und die römischen Krieger rannten nach allen Seiten auseinander, um die Mädchen einfach zu rauben ...«

So einfach war das. Nachdem Eltern, Onkel und Tanten nach anfangs noch wohlgefälligem Lächeln merken, daß der Plan der Festspiele geändert worden

ist, schlägt sehr bald ihre Stimmung um. Sie verlassen den Ort der frommen Feier und schwören Rache.
Romulus – »Rom bin ich!« – legalisiert den Coup schnellstens durch eine Erklärung zur Lage der Nation:
»Die Töchter der Sabiner sollen als rechtmäßige Gattinnen gelten. Sie sollen teilhaben am Gesamtvermögen, am Bürgerrecht. Und das Liebste, was Menschen besitzen, die späteren Kinder, sollen auch ihnen gehören. Und nun sollen sie sich in ihrem Zorn beruhigen und den Männern auch in Liebe zugetan sein, denen das Schicksal ihren Leib gegeben hat.«
Sie würden besonders gute Männer haben, denn jeder werde sich bemühen, neben aller Gattenliebe ihnen auch Eltern und Heimat zu ersetzen.
»Zu diesen Worten kamen die Zärtlichkeiten der Männer, die ihre Tat durch Leidenschaft und Liebe mildern wollten: die Bitte um Entschuldigung, der das Herz einer Frau kaum widerstehen kann.« Bitte, das Letzte stammt von Livius!
Wir wollen über diese Geschichte nicht nur schmunzeln. Sie erinnert daran, daß der Platz, der später Rom heißt, ursprünglich aus einer Doppelsiedlung bestand, getrennt durch eine sumpfige Niederung. Die Deutung der Mythen und Bodenfunde geht bis heute verschiedene Wege, doch scheint festzustehen, daß die beiden Niederlassungen der Latiner und Sabiner eine Zeitlang friedlich nebeneinander bestanden haben, jede mit eigenem Kultmittelpunkt. Irgendwann aber – um 600 v. Chr. – müssen sich die Dörfer auf Palatin und Quirinal zu einer Kult- und Wehrgemeinschaft zusammengeschlossen haben, wohl unter dem Drängen des adeligen etruskischen Geschlechts der ›Rumlua‹[14].
Die uns überkommene letzte Fassung des Gründungsmythos spiegelt das Wunschdenken der augusteischen Epoche wider, eine souveräne, autonome, aktive Vergangenheit analog den Griechen vorzeigen zu können. Bei aller Hochachtung vor römischer Tradition, das stimmt nicht. Darum ist es an der Zeit, nun über die Etrusker zu reden. In den letzten Jahren wurde so viel über sie publiziert, daß wir uns hier auf die Dinge beschränken wollen, die Rom auf seinem weiteren Weg entscheidend beeinflußt haben.
Man nimmt heute allgemein an, daß dieses Volk aus Kleinasien über Lemnos – wo man eine Inschrift in ihrem Idiom fand – nach Westen zog und zwischen Arno und Tiber seßhaft wurde. Es brachte die technischen und zivilisatorischen Errungenschaften der östlichen Hochkulturen mit: Metallverarbeitung, Schiffbau, Streitwagen, Städtebau und eine ausgezeichnete Wassertechnik – kurz, es war der ansässigen italienischen Bevölkerung überlegen, so daß die Landnahme ohne großes Spektakel vonstatten ging.
Schon bald bildete sich ein Verbund der ›12 Städte‹ heraus, deren jede von einem Priesterkönig regiert wurde: Arretium, Caere, Clusium, Cortona, Volter-

rae, Volsini, Vulci, Perusia, Populonia, Rusellae, Vetulonia, Volaterrae. Die Rom am nächsten liegende etruskische Ortschaft war Veii. Zu einem streng zentral regierten Staat ist es nie gekommen, und der Vergleich mit den griechischen Stadtstaaten bietet sich an. Bald – im 7. und 6. Jahrhundert – griff die etruskische Macht weit nach Süden und Norden aus. In der Poebene entstand ›Etruria Padana‹, eine Kopie des Zwölf-Städte-Bundes, mit Mantua als Hauptort; im Süden kam die Campania mit Capua, Nola, Nucera, Sorrentum, Herculaneum und Pompeji unter ihren Einfluß. Rom war nun völlig dem Einfluß der fremden Kultur preisgegeben.

Ernst Kornemann schreibt: »Das entscheidende Ereignis in der Geschichte des ältesten Rom ist der Augenblick seiner Erhebung zur Stadt durch die Etrusker. Die Tatsache ist für uns deshalb von so großer Bedeutung, weil Rom seitdem als Stadt auch den Staat darstellt und den alten Stammstaat aufzulösen beginnt ... Es mußte erst das etruskische, im eigenen Lande schon lange verstädterte Volkstum nach starker kultureller und religiöser Durchsetzung mit Griechischem zur politischen Herrschaft in diesem hochwichtigen Siedlungsraum gelangen, um Rom als Stadt entstehen zu lassen[15].«

### *4. Disciplina Etrusca*

Was die fremden Herren an neuen Lebensformen und -inhalten mitbrachten und praktizierten, wurde von den Beherrschten absorbiert, wenn es sich für ihre Zwecke eignete.

Doch wie hoch sie ihre eigene bäuerliche Welt einschätzten, zeigt sich vor allem in der Sprache: Nur einige Lehnwörter und Namen konnten sich während der folgenden Jahrhunderte halten. Um so nachhaltiger war der etruskische Einfluß im Bereich des Politischen, Sakralen, Kulturellen.

Da ist vor allem die ›Disciplina Etrusca‹ zu nennen, die Geheimwissenschaft zur Erforschung und Erfüllung des Götterwillens durch Eingeweide- und Leberschau des Opfertiers, durch Beobachtung des Vogelfluges, durch das Picken der heiligen Hühner. Wie wir aus den Gräbern der etruskischen Totenstädte wissen, muß sich die Angst vor dem Totengericht durch die Jahrhunderte gesteigert haben. Ihre Dämonen, wie Charu mit dem Hammer, wie der schreckliche Tuchulcha mit Krallen, Pferdeohren, Geierschnabel und Schlangenhaar, ließen die Menschen im Diesseits wie im Jenseits nicht in Ruhe. Es spricht für die gesunde bäuerliche Mentalität der frühen Römer, daß sie sich davon nicht beeindrucken ließen.

Um so mehr übernahmen sie alle Formen des religiösen Staatskultes, etwa bei der Gründung einer Stadt. Plutarch kennt noch den genauen Hergang und unterlegt ihn der Romulussage:

»Romulus ließ Männer aus Etrurien kommen, die ihn unterrichten und alles nach gewissen heiligen Bräuchen und Vorschriften anordnen mußten. Es wurde nämlich auf dem jetzigen Comitium (dem Versammlungsplatz des Volkes beim Forum, d. V.) eine runde Grube gemacht und in diese die Erstlinge von allen Dingen gelegt ... Hierauf beschrieb man um sie, wie um den Mittelpunkt eines Kreises, den Umfang der Stadt. Der Erbauer befestigt an einem Pflug eine eiserne Pflugschar, spannt einen Ochsen und eine Kuh daran und zieht in eigener Person eine tiefe Furche um jene Grenzlinie. Durch diese Linie bestimmt man den Umfang der Mauer, und sie wird Pomerium (von post moenium), das heißt, der Raum hinter oder nach der Mauer, genannt. Wo man ein Tor einzusetzen gedenkt, nimmt man die Pflugschar ab und hebt den Pflug darüber hinweg, um einen Zwischenraum zu lassen. Aus dieser Ursache hält man die ganze Mauer, die Tore ausgenommen, für heilig[16].«

Bis zum Ende der Republik war es ein Tabu für einen mit einem Imperium ausgestatteten Magistrat, diese heilige Grenze zu überschreiten. Welche Komplikationen das mit sich brachte, werden wir noch in den revolutionären Zeiten des 1. Jahrhunderts erfahren.

Wie alle anderen von Etruskern beherrschten Städte wurde Rom von einem König regiert, doch ist die Siebenzahl der römischen Überlieferung ohne Gewähr: Von den Romulus, Numa Pompilius, Tullus Hostilius, Ancus Marcius, Tarquinius Priscus, Servius Tullius und Tarquinius Superbus sind die ersten vier Legende und Sammelpersönlichkeiten.

Schon im 6. Jahrhundert gelingt es dem bodenständigen Adel, an Einfluß zu gewinnen, und ebenso wie im übrigen Etrurien kommt es zur Ausbildung von Magistraten, die die Vorrechte des Königs mehr und mehr beschneiden. Übrigens ist dieses uns so geläufige Wort selbst etruskischen Ursprungs: ›macstrev‹, lateinisch ›magister‹, bezeichnet einen uns nicht näher bekannten Beamtentitel[17].

Der römische Beamte tritt immer in einem beeindruckenden Ritus vor die Öffentlichkeit; seine Insignien sind etruskischen Ursprungs: der Purpurstreifen am Gewand des Senators, der ›toga praetexta‹; der Elfenbeinsessel, die ›sella curulis‹ der Consuln, Praetoren und curulischen Aedilen; die offizielle Begleitung der Consuln oder des Dictators durch Amtsdiener, ›lictores‹, mit dem Beil in den Rutenbündeln (›fasces‹), den Symbolen der Gewalt über Leben und Tod. Übrigens hat hier der Begriff ›Faschismus‹ seine etymologische Wurzel.

An einem scheinbar nebensächlichen Detail zeigt sich, wie der etruskische Einfluß bis heute nachwirkt – in der Namensgebung:

»Das etruskische Namensystem ist mit dem latinischen und dem italischen identisch. Es unterscheidet sich wesentlich von der Art anderer Völker, etwa der Griechen, die die Person mit ihrem Namen und dem Vaternamen (z. B. Apollonius, Nestors Sohn) benennen, ohne damit die Vorstellung einer Familie und ihres Fortbestandes zu verbinden. Das im antiken Italien gültige System beruht dagegen wesentlich auf zwei Elementen, auf dem persönlichen Vornamen und dem Familiennamen, dem Gentiliz: Es ist das einzige Namensystem der alten Welt, das eine Sitte vorwegnimmt, die sich auf Grund sozialer, kultureller und politischer Umstände in der modernen Zivilisation durchgesetzt hat[18].«

Da Rom aber nur eine geringe Zahl von Vornamen kennt – auch das spricht für das größere Gewicht der Sippe! –, behalf man sich im Laufe der Zeit damit, einen dritten Namen, den Beinamen, anzuhängen. Ein Beispiel:

GAIUS IULIUS CAESAR

GAIUS = Praenomen, Vorname; IULIUS = Gentilnomen, Geschlechts- bzw. Familienname; CAESAR = Cognomen, Beiname. Ursprünglich drückte das Cognomen eine körperliche oder geistige Besonderheit des Trägers aus wie etwa CRASSUS, der FETTE, oder RUFUS, der ROTHAARIGE. Man ging aber dazu über, diese Beinamen zu vererben, so daß ein spindeldürrer Nachfahre ebenso DER FETTE hieß wie sein dickleibiger Vorfahr. Nun, auch heutige Europäer heißen etwa »Groß« oder »le Grand«, ohne dem Anspruch des Namens gerecht werden zu können.

Auch der uns so abstoßende Kult der Gladiatorenspiele, die selbst Cicero anwiderten, ist etruskischen Ursprungs. Er war Teil des Bestattungsritus der toten Geschlechtshäupter, um die Totengeister mit frisch vergossenem Blut zu versöhnen.

Nicht zu unterschätzen ist das technische Know-how der Eisengewinnung, des Gewölbe- und Brückenbaus, der Wasser- und Drainagetechnik, die Rom erbte und bald zu einem unerreichten Gipfel führte.

So verlockend es ist, den Geschichten der 7 Könige nachzugehen, wollen wir darauf verzichten, da wir uns auf sehr unsicherem Boden bewegen würden. Das, was zum Verständnis der folgenden römischen Geschichte notwendig ist, erfahren wir im nächsten Kapitel. Lesen Sie selbst einmal bei Livius und Plutarch nach! Beide Autoren gibt es in preiswerten Taschenbuchausgaben (vgl. Literaturverzeichnis).

Fassen wir zusammen: Einem zunächst namenlosen latinischen Dorf gelingt unter etruskischer Führung der Aufstieg zur zivilisatorischen Höhe der Zeit. Unter einer etruskischen Dynastie gewinnt es den Vorrang in Latium. Der Althistoriker Josef Vogt schreibt dazu:

»Die Gemeinde, die aus der Zusammenziehung der latinischen und der sabinischen Siedlung hervorgegangen war, ist durch die etruskischen Herrscher in das umfassende Kulturgebiet, das von Bologna bis Capua reichte, eingegliedert und auch mit dem westlichen Griechentum in engere Verbindung gebracht worden. Rom erlebte während der Fremdherrschaft einen mächtigen wirtschaftlichen Aufschwung. Neben der Viehzucht gewann nun der Ackerbau nach den fortschrittlichen Methoden der Etrusker erhöhte Bedeutung. Die Stadt erhielt durch die Könige, die in der Art ihres Volkes die Herrschaft zu glanzvoller Repräsentation brachten, großartige Bauten und erfuhr eine wesentliche Steigerung ihrer auswärtigen Macht[19].«

# Der König ist tot –
Es lebe das Gesetz!

## Die Verfassung der Res Publica

### *1. Wie Rom nicht aussah …*

»Die Darstellung der beiden ersten Jahrhunderte der Republik bereitet nicht geringere Schwierigkeiten als die Geschichte der Frühzeit …«, sagt Josef Vogt[20]. Das beginnt schon mit der Topographie der Stadt.

Wie dieses Rom am Ende der Königszeit aussah, davon kann man sich keine genaue Vorstellung machen. Es ist nicht mehr das Dorf des 8. Jahrhunderts und noch nicht die Großstadt der Zeitenwende. Die Rekonstruktion des frührepublikanischen Stadtbildes ist so schwierig, weil fast alle erhaltenen großartigen Ruinen aus der Kaiserzeit stammen. Sie müssen also zunächst alle diese Gebäudekomplexe aus Ihrem Gedächtnis streichen: das Flavische Amphitheater (Colosseum), die Kaiserfora, die großen Thermen (Bäder), die Basilika Julia, die kaiserlichen Paläste des Palatin, die Triumphbögen, die Theater des Pompeius und Marcellus, die Aquaedukte und die gigantische Aurelianische Stadtmauer! Was übrigbleibt, scheint enttäuschend wenig, aber »Rom ist nicht an einem Tag erbaut worden«!

Das frühe Rom hatte noch genug mit sich selbst, seiner Sicherung nach innen und außen, zu tun, ehe es sich auf architektonischen Lorbeeren ausruhen konnte. Darum steht in der Reihe der wenigen erhaltenen steinernen Zeugnisse an erster Stelle die sogenannte ›Servianische Mauer‹, ein dem 6. König Servius Tullius zugeschriebener Mauerring, der – um es gleich zu sagen – erst viel später, um 380 v. Chr., nach dem Galliereinfall errichtet wurde.

Sie werden mit Recht fragen: Warum spricht man dann von der ›Servianischen Mauer‹?

Nun, wir haben hier wieder ein Beispiel schriftloser Überlieferung vor uns. Stellen Sie sich vor, Sie wollten die Vergangenheit Ihrer eigenen Familie erforschen; sie entstammten nicht einem adeligen Hause, verfügten also nicht über eine schriftlich fixierte Genealogie durch die Jahrhunderte. Falls Sie Ihre Großeltern noch kennen, könnten Sie also ca. 100 Jahre Vergangenheit ›abfragen‹. Wollen Sie weiter zurückgehen, sind Sie auf die Aussagen der Alten angewiesen, die von ihren längst verstorbenen Großeltern berichten, die sie aber noch ›erlebt‹ haben. Schon zu Anfang des Buches sprachen wir von diesem 200 Jahre langen ›Kometenschweif‹. Alles, was davor liegt, ist von Mund zu Mund, von Generation zu Generation weitergegeben, ist ›Hören-Sagen‹, individuell verschieden aufgenommen und immer anders weitergegeben. Der ›Volksmund‹ überliefert zwar eine Wahrheit, aber nicht die faktisch historische.

Das gleiche Phänomen haben wir in Rom vor uns. Bis heute ist nicht erwiesen, ob Servius Tullius überhaupt historische Person oder nur eine Spiegelung, ein Sammelname von Ereignissen ist. Fest steht dies: Ein Teil der Befestigungen stammt aus dem 6. Jahrhundert. Sie bildeten, schreibt Mc Kendrick, »niemals eine vollständige Umwallung, lehnten sich vielmehr an natürliche Hindernisse an und verstärkten sie; schließlich wurden sie in die Ringmauer von 378 v. Chr. eingefaßt«[21].

Auf einer Länge von etwa 100 m kann man heute ein prächtiges Stück beim Bahnhof Termini bewundern. Zu ihrer Zeit umschloß sie mit einer Länge von 11,5 km Palatin, Capitol, Quirinal, Viminal, Esquilin, Caelius und Aventin, die klassischen 7 Hügel der Stadt. Sie bildete das schon erwähnte ›pomerium‹, die symbolische heilige Grenze zwischen Stadt und Land.

Innerhalb der Mauer durften keine Bestattungen vorgenommen werden; die Gräber lagen an den großen Ausfallstraßen, besonders an der Via Appia. Ziviler und militärischer Herrschaftsbereich waren durch sie ebenso geschieden wie die ›Aufenthaltsgenehmigung‹ landfremder Gottheiten. Sie hatten ihre Wohnung gefälligst vor der Stadt zu nehmen.

Einige Zahlen: Ausgestattet mit 37 Toren, umschloß die Mauer ein Stadtgebiet von 358,5 Hektar; zum Vergleich Athen: Länge der themistokleischen Mauer 6,5 km, umwallte Fläche 215 Hektar; das römische Köln: 96,8 Hektar; Trier im 4. Jahrhundert nach Christus: 285 Hektar.

Von den frühen Tempeln ist – außer der Erwähnung ihres Weihedatums in den Annalen, den Jahrbüchern, die kalendarisch die wichtigsten Ereignisse des städtischen Lebens festhielten – nichts Sehenswertes übriggeblieben.

Dieses Rom ist noch eine weithin bäuerliche Stadt, ohne Luxus, handfest, überschaubar, derb und nüchtern – und voller religiöser Tabus! Der etruskische Einfluß ist noch tief im Denken verwurzelt, auf Schritt und Tritt hat man auf die Ansprüche der Unter- und Oberirdischen Rücksicht zu nehmen:

»Wer diesen Platz verunehrt, sei den Schatten der Unterwelt verfallen, und wer diesen Platz mit Unrat beschmutzt, dessen Eigentum soll nach ergangenem Richterspruch dem König anheimfallen. Wen der König auf dieser Straße fahrend antrifft, denen soll er die Gerichtsboten schicken, daß sie den Zugtieren in die Zügel fallen ...[22].«

So beginnt die geheimnisvolle Inschrift auf der Lapis-Niger-Stele, so genannt nach dem schwarzen Marmorpflaster, unter dem man sie 1899 auf dem Forum nahe dem Comitium fand. Im übrigen die älteste aller lateinischen Inschriften,

geschrieben in archaischem Latein, wahrscheinlich im 6. Jahrhundert. Am Fundort wurde das Grab des Romulus verehrt.
Prunkstück des alten Rom war der Jupitertempel auf dem Capitol mit seinem Dach aus vergoldeten Bronzeplatten, seinen Terrakottaverzierungen und dem Kultbild des Jupiter aus Gold und Elfenbein. Er war errichtet nach etruskischer Manier, denn auch hier führte Rom etruskische Formen weiter:
Der römische Tempel vereint italisch-etruskische mit griechischen Elementen. Anders als beim Parthenon etwa lagert nur vor der Cella eine Säulenhalle, deren Dach baldachinartig den zurückliegenden Eingang schützt. Auf beiden Säulenreihen ruht der Architrav; darauf und auf den Mauern der Cella das Satteldach, das im Prinzip genau so konstruiert war, wie heutige Zimmerleute das Dach eines Einfamilienhauses bauen: mit Pfetten, Kehl- und Firstbalken, Sparren, Streben und Latten für die Pfannen. Da das Dach des Tempels an allen Seiten weit über das tragende Gemäuer und den Architrav hinausragte, wurde aus statischen Gründen Holz verwandt, dies aber war überreich mit Friesen, Wasserspeiern, rundplastischen Figuren von Göttern, Greifen, Vögeln, Pferden, Seeungeheuern, Kriegern oder Palmetten aus Terrakotta geschmückt und farbig bemalt.
Die sogenannte ›Maison Carrée‹ in Nîmes, einer der am besten erhaltenen römischen Tempel der klassizistischen Epoche (Anfang 1. Jahrhundert n. Chr.), zeigt, wie das etruskische Muster in Stein weiterentwickelt wurde zum platzbeherrschenden Repräsentationsbau.
Leider ist vom alten capitolinischen Jupitertempel nichts Oberirdisches erhalten. Schon im vorchristlichen Rom brannte er oft nieder, wurde aber immer wieder großartiger aufgebaut, zuletzt 82 v. Chr. durch Sulla. Erst die christlichen Erben machten ihm den Garaus, und nur die Neugestaltung des Platzes durch Michelangelo vermag über den Verlust zu trösten.
Von der alten Beschaffenheit des Geländes ist nicht viel mehr erhalten als eine Handvoll verstreuter Säulenstümpfe und Kapitelle, und man sucht vergebens nach dem Schatten des Gottes. Kein Platz Europas ist erschütternder als dieser, denn von seinem imperialen Weltherrschaftsanspruch ist nichts, keine Ruine, kein Bild erhalten – nur Marc Aurel reitet durch die Zeiten. Doch schon, als der Tempel entstand, stürzte ein König!

## 2. *König ohne »fortune«: Tarquinius Superbus*

Lucius Tarquinius ›Superbus‹, der ›Stolze, Hochmütige, Überhebliche‹, galt allen späteren Römern als Sinnbild für Willkürherrschaft, Restauration, Tyrannei. Dabei war er der unglückliche Letzte, den die Hunde der Geschichte beißen – der Tropfen, der das Faß überlaufen läßt. Ein römischer Ludwig XVI., der für die Sünden der Väter büßen muß.

Ganz offensichtlich ist sein von späteren Zeiten tradiertes Bild negativ überzeichnet, wie das der Caesaren Tiberius, Claudius, Nero. Er hatte keine ›fortune‹, und das brach ihm das Genick.

Wenn einer der 7 Könige, dann scheint Tarquinius Superbus historische Person zu sein, wie vielleicht auch L. Tarquinius Priscus und Servius Tullius, Nr. 5 und 6 der Königslegende, denn man hat in Caere die Grabstätte einer Tarquinischen Familie gefunden mit der Darstellung eines ›Cneve‹ (= Cnaeus) Tarquinies Rumaq (›Römer‹).

Hier seine Vita: Durch Mord am Vorgänger gewinnt er den Thron, läßt den Leichnam des Servius Tullus unbestattet. Sein Kommentar: »Romulus ist auch unbegraben gestorben[23]!« Eine zynische Anspielung auf die ›Himmelfahrt‹ des heroischen Stadtgründers. Mit allen Mitteln versucht er, den Zerfall der etruskischen Herrschaft in Latium aufzuhalten, der zu seiner Zeit überall südlich des Tiber einsetzt. Dieser regionale Niedergang wurde ausgelöst durch den Konflikt mit den Griechen, deren Kolonisierung in Süditalien und Sizilien die freie Entfaltung etruskischer Schiffahrt und Handelstätigkeit verhinderte. Trotz eines erfolgreichen Seebündnisses mit Karthago, das 540 v. Chr. zum Sieg über eine griechische Flotte in den Gewässern von Sardinien führte, geht es allmählich bergab.

Der Etruskologe Pallottino schreibt: »Der Niedergang der Seeherrschaft verschärft sich am Beginn des 5. Jahrhunderts; zur gleichen Zeit zeichnet sich eine Wirtschaftskrise ab, die nun viele Jahre lang ganz Mittelitalien drückt. Dies ergibt sich aus der rapiden Verminderung der Einfuhr fremder Waren, besonders der attischen Keramik. Auf militärischem Gebiet wurde der karthagisch-etruskische Bund von der aufstrebenden Macht von Syrakus schwer getroffen. Kurz nach der Niederlage der Karthager bei Himera auf Sizilien wurden die Etrusker vor Cumae 474 v. Chr. von der syrakusanischen Flotte vernichtend geschlagen. Von da an, nach dem Verlust der Kontrolle über das Meer, wurden die berühmten Städte Etruriens zu unbedeutenden Kleinstaaten des Kontinents, die nach und nach unter die politische Hegemonie Roms kamen[24].«

Tarquinius greift mit Gewalt in die Speichen der Geschichte: Zunächst veranstaltet er einen Staatsstreich von oben, mit Ausnahmezustand, Kriegsrecht, Zensur im Gefolge. Livius schreibt:

»... er war nicht vom Volk zum König ernannt und auch vom Senat nicht bestätigt worden. Seinen Thron mußte er durch Furcht sichern, weil er mit der Zuneigung der Untergebenen nicht rechnen konnte. Damit diese Furcht eine breite Wirkung gewann, behielt er sich die Untersuchung auf Leib und Leben vor, ohne andere hinzuzuziehen. So konnte er unter diesem Vorwand beliebig hinrichten lassen, verbannen, Güter einziehen, und dies nicht nur bei Verdächtigen oder Leuten, die ihm mißfielen, sondern auch bei solchen, bei denen seine Gier mit einer Beute rechnete.

Auf diese Weise hatte er besonders die Zahl der Väter (Senatoren) vermindert. Er beabsichtigte auch, niemand mehr in den Senat aufzunehmen. Tarquinius hob als erster König die von seinen Vorgängern eingeführte Sitte auf, den Senat über alles zu befragen. Er regierte den Staat nach den Einflüssen seiner (etruskischen!) Familie. Krieg und Frieden, Verträge und Bündnisse begann und beendete er willkürlich und eigenmächtig, ohne Genehmigung von Volk und Senat[25].«

Aber die Zeiten einer totalitären Ein-Mann-Herrschaft sind vorbei: In Zeiten des wirtschaftlichen Niedergangs regen sich die auf der Lauer liegenden Patrizier, die großen grundbesitzenden Familien; so war es damals, so geschah es am Ende des Reiches wie auch später nach dem Tode Karls d. Großen und in der Neuzeit nach dem Dreißigjährigen Krieg.

Wie alle Alleinherrscher sucht er seine Verewigung in großartigen Bauwerken: »Beim Bau des (Jupiter-)Tempels ließ Tarquinius aus allen Gegenden Etruriens (!) Handwerker kommen. Er setzte nicht nur die öffentlichen Gelder ein, sondern auch die tätige Mithilfe der Bevölkerung. Die Arbeit war zwar nicht leicht und kam noch zu den Lasten des Kriegsdienstes hinzu. Aber trotzdem empfanden es die Bürger nicht als besonders hart, ihre Hände zum Bau des Göttertempels zu rühren. Später wurden sie allerdings auch zu anderen, nicht so ehrwürdigen Arbeiten an Bauwerken, die viel schwerer waren, verpflichtet. Sie mußten nämlich die Zuschauerbänke rings um die Rennbahn (des Circus Maximus zwischen Palatin und Aventin) anlegen; außerdem hatten sie den großen Abflußgraben (die Cloaca Maxima), den Sammelbehälter allen Unrats aus der Stadt, unter der Erde zu ziehen. Das sind zwei Werke, denen die Pracht der neuen Zeit kaum etwas Gleiches entgegenhalten konnte[26].«

Man sieht, Livius ist sich nicht schlüssig, ob er mehr loben oder verdammen soll... Die adelige Fronde wartet vergeblich auf eine günstige Gelegenheit zum Losschlagen. Da bringt ein Skandal im königlichen Hause den Stein ins Rollen! Während der König Ardea, die Hauptstadt der Rutuler in Latium, belagert, vertreiben sich seine Söhne und deren Freunde bei dionysischen Gelagen die Langeweile. Das Gespräch kommt natürlich auf die Frauen; jeder rühmt die seine als beste und tugendhafteste. Vom Wein erhitzt, schlägt jemand vor, die Probe aufs Exempel zu machen. Auf nach Rom! Während man die Frauen der Prinzen bei fröhlichen Festlichkeiten findet, trifft man Lucretia, die Gattin des Collatinus, so an: »Noch spät in der Nacht saß sie bei ihrer Handarbeit im

Wohnzimmer, und noch bei Licht waren ihre Mägde fleißig[27].« Natürlich erhält sie den 1. Preis! Aber: »Da überfiel den Sextus Tarquinius das häßliche Begehren, Lucretia gewaltsam zu besitzen. Ihre Schönheit und anerkannte Reinheit reizten ihn. Vorläufig aber kehrten sie von ihrem jugendlichen Nachtritt ins Lager zurück.«
Es kommt, wie Sie ahnen: Sextus kehrt heimlich wieder zurück und zwingt sie mit dem Schwert in der Hand – Pistolen gab es noch nicht – zum Ehebruch. Das uralte Motiv vom Kampf der Geschlechter gestaltet Livius zu einem grandiosen tragischen Schluß, und wir spüren noch von ganz fern, was das frühe Rom über den Durchschnitt hinaushob. Altroms totale Kompromißlosigkeit in Sachen Moral, Treue, Frömmigkeit kennen wir in dieser Steigerung bei keinem anderen Volk der Antike; darum ist die Episode exemplarisch.
»Lucretia grämte sich über ihr schweres Unglück, und sie schickte einen Boten nach Rom zu ihrem Vater und nach Ardea zu ihrem Mann (Collatinus). Sie sollten beide mit einem treuen Freund kommen ... Spurius Lucretius (der Vater) erschien mit Publius Velerius, Collatinus kam mit Iunius Brutus. Sie fanden Lucretia traurig in ihrer Kammer. Bei der Ankunft ihrer Angehörigen begann sie zu weinen, und ihr Gatte fragte, ob etwas nicht in Ordnung sei. Sie gab zur Antwort: ›Nichts ist richtig. Wie kann es gut stehen um eine Frau, die ihre Ehre verloren hat? Collatinus, in deinem Bett sind die Spuren eines Fremden. Doch nur mein Körper ist geschändet, die Seele ist rein. Mein Tod soll es bezeugen. Gebt mir aber eure Hand und das Versprechen, daß der Ehebrecher nicht ohne Strafe ausgehen soll. Er nahm sich hier mit Gewalt und Waffen einen Genuß. Es ist mein Verderben, aber auch das seine, wenn ihr Männer seid!‹
Alle trösteten die verzweifelte Frau. Sie nahmen ihr die Schuld ab, denn sie war ja überwältigt worden, und schoben sie auf den Täter.
›Der Geist sündigt‹, sagten sie ihr, ›nicht der Leib. Wo kein Wille ist, besteht auch kein Vergehen.‹
Lucretia erwiderte: ›Sorgt, daß er sein Recht erfährt! Ich spreche mich zwar von der Sünde rein, aber ich weiche der Strafe nicht aus. Keine Frau nach mir soll bei Unkeuschheit das Leben behalten, weil sie sich auf Lucretia beruft.‹ Dann stieß sie sich den Dolch ins Herz, den sie unter dem Kleid versteckt hatte. Sie sank hin und fiel sterbend zu Boden. Ihr Gatte und ihr Vater schrien auf ...«
Dann folgte die berühmte Stelle, auf die sich 450 Jahre später ein zweiter Iunius Brutus berufen wird, der Caesarmörder. Der frühe Brutus schwört:
»Bei diesem Blut, das vor dem Frevel des Königs heilig und rein war, rufe ich die Götter als Zeugen: Ich werde den tyrannischen Lucius Tarquinius mit seinem gottlosen Weib und allen seinen Kindern mit Feuer und Schwert und aller

nur möglichen Gewalt verfolgen. Ich werde nicht dulden, daß sie oder sonst jemand König über Rom sind!«

Das Pathos dieser Geschichte ist echt, und es zeigt, wie weit sich das spätere Rom von diesen gleichsam biblischen Normen entfernt hat, von uns selbst ganz zu schweigen. Uns ist das ausweglos Tragische fremd geworden, da wir alles relativieren. Die ausweglose Situation dieser Geschichte finden wir sonst nur noch in der griechischen Tragödie oder in Kriemhilds Rache. Ganz nebenbei erfahren wir auch, wie die Normen des Mannes – »... in diesem Bett sind die Spuren eines Fremden ...« – das Leben der Frau bestimmen; ist es heute anders?

Man bringt den Leichnam nach Rom, und Brutus »hielt nun eine Rede, aus der ein ganz anderer Geist und eine andere Meinung hervortraten, als er bisher vorgetäuscht hatte«[28].

In einer flammenden Philippika bringt er das Volk dazu, »dem König seine Herrschaft abzusprechen und (ihn samt seiner Familie) aus dem Lande zu weisen«.

Livius schließt das 1. Buch seiner Römischen Geschichte so ab: »Jetzt wurden auf einer nach Centurien berufenen Wahlversammlung 2 Consuln gewählt: L. Iunius Brutus und L. Collatinus.«

Inwieweit wir es bei den beiden wiederum mit Sammelpersönlichkeiten zu tun haben, wollen wir nicht klären; aber dahinter steht dies: Rom hat sich von der etruskischen Vormundschaft befreit und nimmt seine Geschicke von nun an selbst in die Hand. Stolz beginnt Livius darum das 2. Buch seines Berichts: »Jetzt will ich die Leistungen des nun selbständigen römischen Volkes in Krieg und Frieden beschreiben – und die Kraft der Gesetze, die stärker sind als Menschen[29].«

Auch für uns beginnt damit ein neuer Abschnitt.

### *3. Die »öffentliche Sache«*

Von nun an soll Rom nicht mehr zur Ruhe kommen, denn es wird seinen Weg in souveräner Eigenverantwortung gehen; es wird die größten Niederlagen seiner Geschichte einstecken und dennoch immer die letzte Schlacht gewinnen. Es wird von blutigsten Parteienkämpfen zerrissen werden, Korruption und Luxus nie gekannten Ausmaßes werden alte Geschlechter verderben –, aber es werden immer wieder »homines novi«, neue Männer, aufstehen, die die alten Werte und Kräfte mobilisieren und neue Führungsschichten bilden. Wir werden Zeuge des faszinierendsten Schauspiels der alten Geschichte sein, wie die Nachkommen einiger tausend Bauern der Welt von Abend bis Morgen ihren

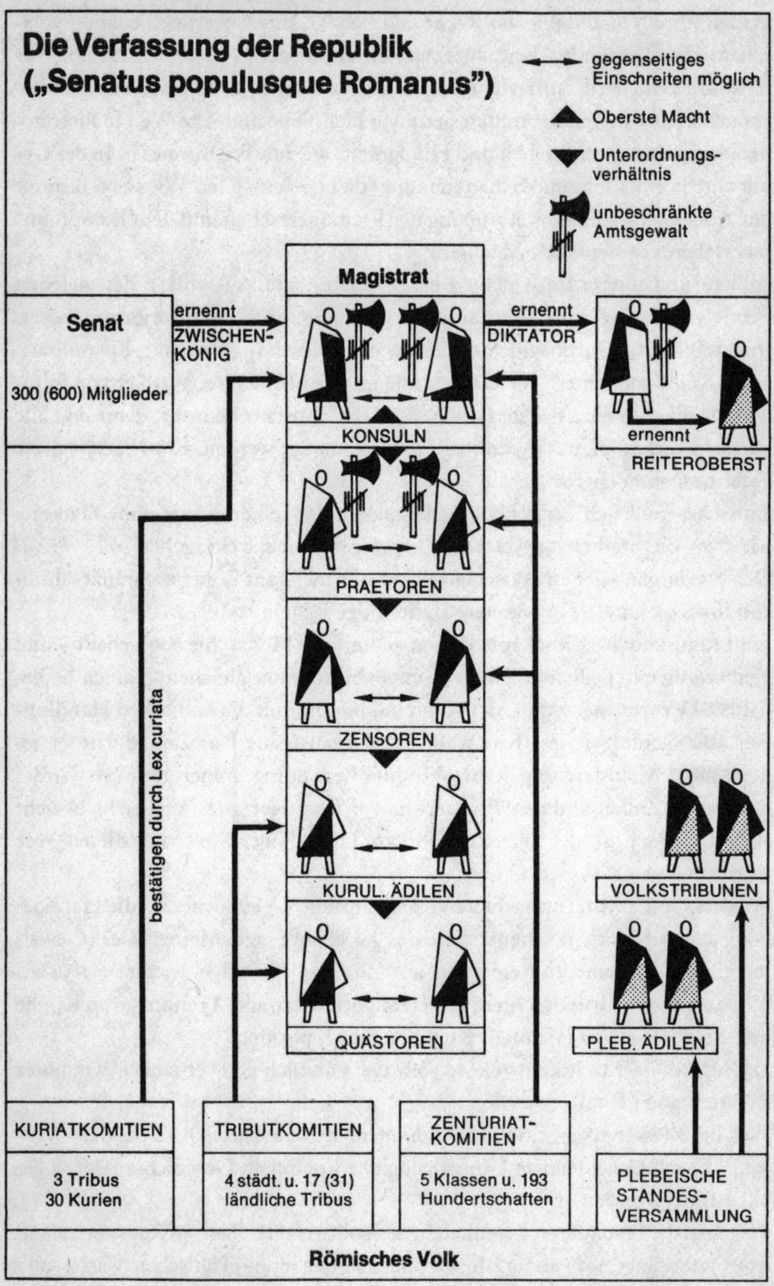
Die Verfassung der Republik
(„Senatus populusque Romanus")
gegenseitiges Einschreiten möglich
Oberste Macht
Unterordnungs-verhältnis
unbeschränkte Amtsgewalt
Senat
300 (600) Mitglieder
ernennt
ZWISCHEN-KÖNIG
Magistrat
KONSULN
PRAETOREN
ZENSOREN
KURUL. ÄDILEN
QUÄSTOREN
ernennt
DIKTATOR
ernennt
REITEROBERST
VOLKSTRIBUNEN
PLEB. ÄDILEN
bestätigen durch Lex curiata
KURIATKOMITIEN
3 Tribus
30 Kurien
TRIBUTKOMITIEN
4 städt. u. 17 (31) ländliche Tribus
ZENTURIAT-KOMITIEN
5 Klassen u. 193 Hundertschaften
PLEBEISCHE STANDES-VERSAMMLUNG
Römisches Volk

Willen, ihre Vorstellung von Recht und Gesetz, ihre Sprache, Technik, wirtschaftliche Ökonomie – kurz: ihre Art, die Dinge der Welt zu meistern, anbieten und, wenn nötig, aufzwingen. Man könnte leger vom ›Roman Way Of Life‹ sprechen, und in der Tat treffen sich auch hier Neue und Alte Welt in ihrer hohen Auffassung von Freiheit und Humanität, wie im ›Big Business‹. In der Geschichte liegen Licht und Schatten immer dicht beieinander. Wie so oft beginnt der Aufstieg mit der Abschüttelung der Fremdherrschaft und dem Kampf ums Überleben vor den alten Mächten.

Äußere und innere Entwicklung eines Staates sind Ausschläge des gleichen Pendels, bedingen sich gegenseitig. Es ist müßig, nach der Priorität zu fragen. Innenpolitische Unruhe flüchtet sich gern in äußere Aggressivität. Ein militärischer Koloß sorgt meist für Grabesstille im eigenen Hause. Wird er von fremden Mächten in die Enge getrieben, wird die Substanz bedroht, dann sind alle Parteien vergessen, das ›Vaterland‹ muß verteidigt werden. Rom hat alle diese Erfahrungen noch vor sich.

Zunächst muß sich der kecke Dreikäsehoch, der seinen König ohne Handgepäck vor die Stadttore gesetzt hat, überlegen, wie's weitergehen soll.

Der Niedergang der etruskischen Macht war nicht auf Rom beschränkt; ähnliche Prozesse fanden in anderen Städten der Region statt.

Echt römisch wird die an eine Person gebundene Monarchie abgeschafft – und gleichzeitig ein Teilbereich ihrer Kompetenzen unter gleichem Namen beibehalten: Der ›rex sacrorum‹, der ›Opferkönig‹, nimmt die kultischen Handlungen als Nachfolger des ›rex‹ wahr. Von Hause aus Patrizier, durfte er jedoch nicht Magistrat sein. Obwohl seine Bedeutung immer geringer wurde, hatte er vor allen anderen Priestern einen Ehrenvorrang. Vielleicht bezieht sich die Inschrift der oben erwähnten Lapis-Niger-Stele auf diesen ›rex sacrorum‹.

Was man mit einem entmachteten König anstellt, ist einfacher als die Handhabung seiner Macht. Ja – heute wäre das gar keine Frage. Meinen Sie?! Gewaltenteilung! Parlament! Regierung auf Zeit, unabhängige Richter ... usw.! Verfassung mit Grundrechten, Gesetzbücher, Verträge; Trennung von Kirche und Staat! Parteien, Wahlen, Koalitionen, Opposition!

Daß uns diese Machtkontrolle so selbstverständlich ist, verdanken wir unter anderem auch Rom!

Wer ins Wasser springt, muß schwimmen. Das Erstaunlichste bei dem Vorgang: Die entscheidendste Umwälzung der römischen Geschichte läuft völlig ohne Blutvergießen ab!

Will man die besonderen Eigenheiten des politischen Lebens in Rom verstehen, ist es unbedingt notwendig, die Grundzüge der republikanischen Verfassung

zu kennen. Und dies ist keineswegs ein Thema, mit dem man Pennäler nur langweilen kann.
Noch heute übliche Begriffe wie Konsul, Senat, Senator, Quästur (Zahlstelle einer Universität), Republik, Tribun, Patrizier, Magistrat, Diktator, Zensor, Lex (Gesetz), Nobilität, Imperium, Legat usw. bezeichnen zwar nicht immer den gleichen Sachverhalt, stammen aber alle aus den Anfangsjahren der Republik.
Zunächst das Wort selbst: Republik ist eine Zusammenziehung aus ›res publica‹, wörtlich ›die öffentliche Angelegenheit‹. Es gehört zu den lateinischen Begriffen, die eigentlich unübersetzbar sind, und wir müssen uns mit analogen Wortbildungen behelfen. Vergleicht man die Übersetzungen römischer Autoren ins Deutsche, trifft man auf ein ganzes Spektrum von Behelfswörtern: Gemeinwohl, Staat, Gemeinwesen, die staatlichen Verhältnisse, Republik usw. ›Res publica‹ ist eigentlich unübersetzbar:
»Der Römer sieht in seinem ›Staat‹ etwas Dingliches, eine Sache, die der Allgemeinheit gegeben ist. Der Gegensatz ist die ›res privata‹. Immer liegt in ›res‹ etwas Konkretes ... Das Wort ›Staat‹ ist abgeleitet von ›status‹ und bezeichnet lediglich den jeweiligen ›Zustand‹[30].«
So spricht der Römer auch von ›getanen Dingen‹ – ›res gestae‹ –, während wir ›Taten‹ sagen; oder: ›res populi Romani‹, die ›Sache des römischen Volkes‹, wenn ›römische Geschichte‹ gemeint ist. Cicero hat sein berühmtes politisches Buch ›De re publica‹ genannt, und jeder Versuch der Übersetzung, etwa ›Staatslehre‹, ›Über den Staat‹ oder ›Staatsverwaltung‹ bleibt Halbheit.
Ein Satz aus diesem Werk, den Sie auch ohne Lateinkenntnisse verstehen, zeigt ganz deutlich diese spezifisch römische Auffassung:
»Est igitur«, inquit Africanus, »res publica res populi«, wörtlich: »Es ist also«, sagte Africanus, »die öffentliche Sache die Sache des Volkes[31].«
Eine moderne Übersetzung behilft sich so:
»Scipio sagte nun: ›Unter Staat ist das Gesamtinteresse eines Volkes zu verstehen.‹«
Folgen wir eine Weile Ciceros Kerngedanken, die er verschiedenen bekannten Persönlichkeiten dialogisierend in den Mund legt:
»Scipio (fährt fort): ›Volk aber ist nicht jede beliebig zu einer Herde zusammengescharte Vereinigung von Menschen, sondern eine auf der Grundlage übereinstimmender Anerkennung einer Rechtsordnung und gemeinsamen Nutzens zur Einheit verbundene Vollheit. Seinem Ursprung nach ist nämlich der Mensch kein isoliertes Wesen ...
Laelius: ›... Jeder Staat ist so wie Charakter und Wille seines Leiters. Daher ist für Freiheit nur in einer Demokratie eine Stätte ... Wenn aber die Völker von

ihrem Recht nicht abließen, dann, sagt man, sei das der vollkommenste Idealzustand, das Höchstmaß von Glück und Freiheit; denn dann seien sie die Herren der Gesetzgebung, der Rechtspflege, hätten zu entscheiden über Krieg und Frieden, über Bündnisse, Leib und Leben, Hab und Gut eines jeden. Somit, sagt man, gelte es als Regel, daß ein Volk sich lossage von der Königsherrschaft und der Aristokratie und die Sache seiner Freiheit in die eigene Hand nehme, und daß freie Völker überhaupt kein Verlangen hätten nach Königen bzw. aristokratischen Machthabern. Die Vertreter der Staatswissenschaft gehen sogar so weit, zu behaupten, der Umstand, daß eine Demokratie in den Fehler zügelloser Massenherrschaft ausarten könne, berechtige nicht dazu, sie als Staatsform in Bausch und Bogen abzulehnen ... Eintracht sei aber am leichtesten da, wo der Nutzen des einzelnen sich decke mit dem der Gesamtheit ...[32].«

Zeitlos gültige Sätze! Cicero war stark beeinflußt von der griechischen Staatstheorie Platons und Aristoteles', aber immer wieder schlägt er die Brücke zur eigenen frühen Geschichte der ›res publica‹. Auch für Sallust, Livius, Vergil, Horaz und noch Tacitus ist es nicht nur Schwärmerei von der guten alten Zeit, wenn sie allesamt die Vorzüge der Anfangszeit rühmen.

Wie sah nun die Verfassung des flügge gewordenen Stadtstaates aus?

Zwei Prinzipien bestimmen von Anfang an das politische Leben: Annuität, verbunden mit Kollegialität. Konkret: Die hohen Staatsämter mit Exekutivgewalt (imperium) – Consulat und Praetur – werden immer nur auf 1 Jahr und immer doppelt besetzt. Wiederwahl ist erst nach einem längeren Zeitraum (später 10 Jahre) möglich. Diese weise Vorsichtsmaßnahme hat von vornherein jegliches Streben nach Alleinherrschaft verhindert. Außerdem konnte der eine Consul eine Maßnahme des anderen durch sein Veto zunichte machen.

In lebenswichtigen Fragen war man gezwungen, eine sachliche Übereinkunft zu treffen, und darin liegt von Anfang an die Stärke des Systems.

Zunächst – nach dem Sturz der Monarchie – wurden die beiden Oberbeamten »Praetoren« (von »prae-itor« = der Vorangehende, der Her-zog) genannt. Hinter diesem mehr militärischen Titel steht noch der Führungsanspruch der adeligen Oberschicht, der vom Krieg in die Friedenszeiten übernommen wurde. Ganz ähnlich vollzieht sich später die germanische Entwicklung vom Heerkönig (Herzog) zum Landesfürsten.

Später, zu Beginn des 4. Jahrhunderts, wurde die Kompetenz des Praetors auf richterliche Funktionen innerhalb des Stadtgebietes festgelegt (›praetor urbanus‹), während die frühen Consuln Aufgaben der militärischen Führung übernahmen.

Nach dem Anwachsen des bürokratischen Apparates entstanden neue Ämter, der Consul delegierte Polizeiaufsicht und Marktkontrolle an die Aedilen. Ursprünglich Tempelhüter (›aedes‹ = Tempel) beim Cerestempel auf dem Aventin, wo stets Markt abgehalten wurde, war es natürlich, deren ordnende Kompetenz auf das Stadtgebiet zu übertragen. Auch ihr Amt war einjährig.

Die Quaestoren (Befrager) schließlich waren in der Königszeit wahrscheinlich Untersuchungsrichter in Mordfällen, wurden dann von den Consuln ernannt als – wir würden sagen – ›Staatssekretäre für Finanzfragen‹. Anfangs zwei, nach 447 vier Quaestoren, begleiteten zwei von ihnen die Consuln als Verantwortliche für Kriegskasse und Proviantmagazine, während die anderen Staatsschatz und Archiv beaufsichtigten.

Der Censor (Schätzer) schließlich hatte das vornehmste Amt inne. Nur Consulare, also gewesene Consuln, konnten die Censur erreichen. Voraussetzung war ein vorbildlicher Lebenswandel ohne dunkle Flecken. Es ist das einzige Amt, das eine ›Legislaturperiode‹ von 5 Jahren ermöglichte. Ganz entfernt kann man es mit den Funktionen eines demokratisch-republikanischen Staatspräsidenten vergleichen, da es über den Parteilichkeiten des politischen Alltags stehen soll. Das erkennt man auch an seinen Zuständigkeiten: Aufstellung der neuen Bürgerverzeichnisse (Steuer, Truppenaushebung); Verteilung der Bürger auf die Stände; Beurteilung des Lebenswandels der Bürger mit dem Recht, Senatoren aus dem Senat auszustoßen; letztlich auch Aufgaben eines Finanzhofes mit Kontrolle der laufenden Ausgaben.

Es ist bezeichnend für die römische Staatsauffassung, daß alle diese Ämter ohne Entgelt ausgeübt wurden. Ein Amt ist dem Römer ›honor‹, Ehre, und die Ämterlaufbahn nennt er ›cursus honorum‹, wörtlich ›Ehrenlauf‹.

Die Reihenfolge (und später die Altersgrenze) ist genau vorgeschrieben: 1. Quaestur (31 Jahre), 2. Aedilität, 3. Praetur (40 Jahre), 4. Consulat (43 Jahre), 5. Censur.

Nun gibt es neben diesen republikanischen Wahlämtern – auf den Modus gehen wir gleich ein – noch ein Amt, das auf den ersten Blick in totalem Widerspruch zu den eben erkämpften Errungenschaften der Republik steht: die Dictatur!

Sie besagt: in Zeiten innerer Wirren, in existenzbedrohenden Kriegszeiten, beim Versagen beider Consuln kann ein Dictator (wörtlich: der, der zu sagen hat) die gesamte Staatsmacht ohne Einschränkung in seiner Hand vereinigen. Er hat totale Exekutiv-, Legislativ- und richterliche Gewalt und kann für seine Handlungen im Gegensatz zu Consuln und Praetoren nicht zur Rechenschaft gezogen werden. Allerdings ist seine Amtsdauer beschränkt auf ein halbes Jahr, dann tritt er wieder in die Reihen des Senats zurück. Er ernennt sich mit dem ›magister equitum‹ (Reiteroberst) einen Gehilfen und Stellvertreter, der an seine Weisungen gebunden ist – und mit ihm wieder zurücktritt.

Wir haben hier die erste Notstandsgesetzgebung der Geschichte vor uns, von der Josef Vogt sagt: »Im Gesamtgefüge der römischen Republik muß die Diktatur als eine Schöpfung des politischen Genius bezeichnet werden, als eine in Reserve gehaltene monarchische Führerstellung, die immer wieder in Anspruch genommen wurde und trefflich gewirkt hat, solange sie ihren ursprünglichen Charakter bewahrte[33].«

Daß das nicht immer der Fall war, werden wir noch sehen.

Ein zweites außerordentliches Amt erinnert noch direkter an monarchische Zeiten: Bei Ausfall der Regierung durch Tod, Abdankung oder sich hinschleppende Wahlen ernennt der Senat aus seinen Reihen den ›interrex‹ (Zwischenkönig) für die Dauer von 5 Tagen, um die laufenden Geschäfte zu erledigen. Das kann sich so weiter hinziehen bis zur endgültigen Wahl der Consuln. Auch dieses Amt wurde bis ins 1. Jahrhundert v. Chr. beibehalten.

Wenden wir uns nun dem römischsten aller Verfassungsorgane zu, dem Senat. Das Wort leitet sich ab von ›senex‹, der ›Greis‹ und bezeichnet ursprünglich den Rat der Alten, die Häupter der Adelsgeschlechter, die als Kronrat den König berieten.

Gleich zu Beginn der Republik zeigt sich die Stärke dieses aristokratischen Clubs, dessen Mitglieder ihm auf Lebenszeit angehören, denn: »Jede Aristokratie hat die Tendenz zum Zusammenhalt und zur Verewigung des Standes ...[34].« Die jährlich aus seiner Mitte gewählten Magistrate wechselten ständig und traten danach in den Rat zurück. So war von Anfang an für eine krisenfeste Kontinuität der politischen Maßnahmen gesorgt.

Polybios, der Chronist der Punischen Kriege, bewundert als Grieche gerade die Ausgewogenheit der römischen Verfassung. Über den Senat schreibt er: »Der Senat hat erstens die Finanzhoheit. Er verfügt über alle Einnahmen und ebenso über die Ausgaben. Denn unter keinem einzigen Titel können die Quaestoren Zahlungen leisten, ohne daß ein Senatsbeschluß dafür vorliegt, mit Ausnahme der Zahlungen an die Consuln. Ebenso hat der Senat die Entscheidung über die bei weitem größten und wichtigsten Aufwendungen, die die Zensoren alle vier Jahre für die öffentlichen Arbeiten, Reparaturen und Neubauten machen; alle Verbrechen in Italien unterliegen der Jurisdiktion des Senats. Wenn eine Privatperson oder eine Gemeinde in Italien der Schlichtung von Streitigkeiten, der Rüge, des Beistandes oder Schutzes bedarf, liegt es dem Senat ob, dafür Sorge zu tragen. Wenn es ferner notwendig wird, an einen außeritalischen Staat eine Gesandtschaft zu schicken, entweder um Frieden zu vermitteln, Rat und Mahnungen oder auch Befehle zu erteilen, die Unterwerfung anzunehmen oder Krieg zu erklären, dann ist der Senat dafür zuständig. Ebenso bestimmt er, wie die Gesandtschaften, die nach Rom kommen, empfangen und welchen Bescheid sie erhalten sollen. In allen diesen Dingen hat das Volk nicht das geringste zu sagen.

Wenn man infolgedessen während der Abwesenheit der Consuln nach Rom kommt, erscheint die Verfassung als rein aristokratisch, und dies ist die Überzeugung vieler Griechen und vieler Könige (auswärtiger Staaten), denn fast über ihre sämtlichen Angelegenheiten entscheidet der Senat[35].«

Diese Darstellung stammt zwar aus der Sicht des 2. Jahrhunderts, sie gibt aber Funktionen wieder, die schon aus den Anfängen stammen. Und so sollte es bis ins 1. Jahrhundert v. Chr. bleiben, bis Caesar diesem Organ den Todesstoß versetzte, da es den Aufgaben eines Weltreiches nicht mehr gewachsen war. Es ist verständlich, daß all diese Magistrate aus den Angehörigen der adeligen Häuser hervorgingen. Da die älteren Senatoren deren ›patres‹ (Väter) waren, leitete man ›Patrizier‹ davon ab. Der später sich ausbildende Amtsadel der plebejischen Häuser, der Rom in seiner Glanzzeit regierte, erreichte nie das Ansehen dieses Uradels. Die Angehörigen dieser alten ›gentes‹ (Geschlechter; vgl. ›gentleman‹) nannten sich herausfordernd ›nobiles‹, die Edlen. Jemand gehörte zur Nobilität, wenn er einige Consuln und Praetoren unter seinen Vätern vorzuweisen hatte. Wir würden wie im 18. und 19. Jahrhundert von Hochadel sprechen.

In diesem Zusammenhang müssen wir die sogenannten ›Ritter‹ erwähnen, obwohl sie erst viel später entscheidende Bedeutung in den Parteienkämpfen erlangten. Ursprünglich wurden die nichtadeligen Grundbesitzer so genannt, weil sie die Unkosten eines eigenen Pferdes in der Kavallerie tragen und ohne Sold dienen konnten. Daraus entwickelte sich im Laufe der Zeit der 2. Stand des Geldadels, der dem Staat immer noch sein Pferd symbolisch zur Verfügung stellte. Da Senatoren kein Geldgeschäft abschließen durften – das Amt war ja ›honor‹, Ehrenamt! –, übernahmen die ›equites‹ bald den gesamten ökonomischen Bereich der Bankiers, Staatspächter, Großhändler und Unternehmer und repräsentierten die römische Geschäftswelt. Um den Zutritt in diesen monetären Honoratiorenclub zu erringen, mußte man später ein Vermögen von mindestens 400 000 Sesterzen (ca. 300 000 Mark) nachweisen können.

Im Unterschied zu den Senatoren trugen sie als Insignum den *schmalen* Purpurstreifen an der Tunica. Auf ihre spätere Rolle gehen wir noch ein.

Nun besteht ein Staat nicht nur aus Adeligen; die ›Elite‹ hat sich, durch Umstände begünstigt, aus der Masse ›auserlesen‹ (vgl. ›exlegere‹, ›elitus‹: auslesen,

auserlesen). Es ist in diesem Zusammenhang interessant, wie alle indoeuropäischen Sprachen den Begriff ›Volk‹ von der gleichen Wurzel ableiten:
indogermanisch ›pelu‹ = viel; griechisch ›polis‹;
lateinisch ›plebs‹ = (Volks)Menge; englisch ›folk‹ = Schar, Leute;
russisch ›polk‹ = Schar, deutsch ›Pulk‹ = große Anzahl;
alle diese Wörter stammen von der Wurzel ›pel[ə]‹, lateinisch ›pleo‹ = gießen, schütten, füllen.

So ist alles, was in Rom nicht zu Patriziern und Nobiles gehört, ›plebs‹, die Menge, die Masse des Volkes, die Plebejer. Die abwertende Bedeutung als ›großer Haufe‹, ›Pöbel‹ im Gegensatz zu den Vornehmen kam erst viel später auf.

Angehörige der Plebs waren Vollbürger wie die Patrizier, aber geringeren Ranges, wohl hauptsächlich Kleinbauern, Handwerker, Kaufleute. Im Zuge des wachsenden wirtschaftlichen Aufschwungs durch Handel und Handwerk mußten zwangsläufig Spannungen zwischen den wohlhabenderen Plebejern und dem Adel entstehen. Die Auseinandersetzungen werden sich 200 Jahre lang hinziehen.

Damit wollen wir den mehr theoretischen Teil abschließen und uns wieder dem Gang der Ereignisse zuwenden.

# »Götter und Menschen haben diesen Platz nicht ohne Grund gewählt ...«

## Grundzüge römischen Wesens

### *1. »Wir fordern Mitbestimmung!« – Frühe Ständekämpfe*

Von den Etruskern droht der jungen Republik keine Gefahr mehr, denn sie sind voll und ganz mit ihren überseeischen Problemen beschäftigt. In der Seeschlacht bei Kyme (474) wird ihrer maritimen Vormachtstellung durch Hieron I. von Syrakus der Todesstoß versetzt werden. Sie amtieren nur noch auf Zeit.

Zwar ist es dem gestürzten Clan der Tarquinier gelungen, einige Latinerstädte auf seine Seite zu bringen und zum Angriff auf Rom loszugehen, doch das Reiterheer der römischen Patrizier siegt 496 am See Regillus über die Angreifer. Ein Zufall der Geschichte hat den frühen Vertrag Roms mit den Latinern erhalten. Da wird ›ewiger Friede‹ geschlossen und ein Bündnis vereinbart: Friedlicher, gutnachbarlicher Verkehr zwischen den Unterzeichnern; wird ein Partner von Dritten angegriffen, ist der andere zur militärischen Hilfe gegen den Aggressor verpflichtet. Der Oberbefehl liegt – bei Rom!

Der Vertrag ist ein Exempel und Vorspiel alles Späteren auf der diplomatischen Bühne. Der besiegte Gegner wird zum Bündnispartner und stellt sich unter den Schutz des Siegers. Das ist durchaus nicht zynisch gemeint – wie bei vielen verbalen Beteuerungen neuzeitlicher Verträge –, denn die Vorteile liegen auf beiden Seiten.

Doch schon ballt sich ein Gewitter zusammen und stellt den jungen Staat auf seine erste Bewährungsprobe. Die Aequer und Volsker, zwei sabellische Bergstämme, werden von Etrurien nicht mehr in Schach gehalten und nutzen das Machtvakuum. Sie verlassen ihre Hochtäler und dringen in die Ebene von Latium vor. In dieser zugespitzten Lage bricht im Innern Roms eine große Krise aus.

Man spürt die Anteilnahme des Schriftstellers, wenn Livius den Ausbruch des Ständekampfes beschreibt:

»Im Innern des uneinigen Staates herrschte wie ein schwelendes Feuer Zwietracht zwischen Vätern und Bürgern wegen der Mitbürger, die sich in Schuldhaft befanden. Diese empörten sich offen: Draußen hatten sie für die Freiheit und Herrschaft Roms ihr Leben eingesetzt. Dafür wurden sie nun zu Hause von ihren Mitbürgern ins Gefängnis gesteckt und zugrunde gerichtet. Die Freiheit des bürgerlichen Standes war im Krieg und unter Feinden sicherer als im

Frieden und bei den Mitbürgern. Dieser Groll gärte schon lange, aber durch das elende Schicksal eines einzelnen kam er zum Ausbruch.
Ein sehr alter Mann, dem man seinen Jammer ansah, lief auf den Markt: Seine Kleidung starrte vor Schmutz, und sein Körper war blaß, abgezehrt und verfallen. Sein Bart und die ungeschorenen Haare ließen sein Gesicht verwildert aussehen. Trotz dieses entstellten Aussehens erkannten ihn mehrere und sagten, er sei lange Hauptmann gewesen. Voll Mitgefühl erzählte man sich verschiedene Heldentaten, die er im Kriege vollbracht hatte. Er selbst wies als Zeugen manchen ruhmreichen Kampfes seine Narben auf der Brust auf.
Nun wurde er gefragt, warum er denn so heruntergekommen aussehe. Da erzählte er es den Leuten, die ihn wie eine richtige Versammlung umstellten: ›Im Sabinerkrieg verlor ich durch Plünderung meine Ernte. Mein Hof brannte ab, meine Felder wurden verwüstet, das Vieh fortgetrieben. Dann war der Tribut fällig – ich mußte Schulden machen. Mit den Zinsen wuchsen sie immer mehr. Zuerst verschlangen sie mein väterliches Grundstück und das des Großvaters, dann mein übriges Vermögen. Schließlich ergriff es mich selbst wie die Pest: Ich wurde dem Gläubiger zu eigen gegeben, nicht als Sklave, sondern ins Gefängnis und zur Folterung. Hier, seht meinen Rücken!‹ – Er war von frischen Striemen der Prügel schrecklich zugerichtet[36].«
Seit es den Bauern gibt, schreitet die Geschichte auf seinem gekrümmten Rükken vorwärts; bis in die neueste Zeit hat er die Zeche der Übermütigen mit seinem Blut und Schweiß zu bezahlen. Vietnam war das vorläufig letzte Beispiel, wobei es überhaupt keine Rolle spielt, in welchem Lager er seinen Tribut zu entrichten hat ...
Alle frühen Revolten und Revolutionen gleichen sich darin, daß sie eine sehr lange Inkubationszeit haben, dann aber spontan und ohne ideologisches Programm ausbrechen. Dabei werden immer nur Teilziele angestrebt: ›Mitbestimmung‹ – nie Herrschaft! Und insofern gleichen die Verteilungskämpfe in Rom den Auseinandersetzungen moderner Tarifpartner westlicher Prägung, weil der Rahmen der übergeordneten Verfassung nicht angetastet wird; Spielsteine werden nur neu geordnet.
Unser namenloser Hauptmann a. D. bringt die allgemeine Wut zum Kochen. Das spielt sich, wie eh und je in mediterranen Ländern, alles auf der Straße ab; da ist nichts organisiert, nichts in verhangenen Hinterzimmern vorbereitet:
»Der Lärm blieb nicht nur auf dem Markt, sondern lief durch die ganze Stadt. Verhaftete (Schuldner) und solche, die es früher waren, stürzten von allen Seiten zusammen und schrien laut um Hilfe, und nirgends fehlt ja der Gaffer[37]!«
Es beginnt eine Treibjagd auf Senatoren. Sie bleiben in ihren vier Wänden oder flüchten in die Curie. Die Consuln verhüten das Schlimmste. Die Menge wen-

det sich nun an sie, weist ihnen ihre Fesseln, ihr klägliches Aussehen: Dafür also hätten sie sich geplagt! Dafür sich tapfer geschlagen! Das Maß sei voll! Der Senat solle einberufen werden!

Endlich ist das hohe Haus versammelt. Ratlose Consuln; der eine votiert für hartes Durchgreifen, der andere für ›Laissez-faire‹. Der Senat gespalten. Draußen steigert sich der Lärm auf allem Erreichbaren, was Töne hergibt: Geschirr, Steine, Blech, Stimme. Schon werden die ersten Gläubiger mißhandelt: »Die Sitzung wird vertagt ...«

Der energische Consul Appius besteht auf Truppenaushebung. Der Disput zwischen den Verantwortlichen schleppt sich tagelang hin. Niemand meldet sich bei den Rekrutierungsbüros. Vorwürfe, Beleidigungen ins Gesicht der Besonnenen. Da legen die Consuln ihr Amt nieder.

Neue Consuln werden vom Senat bestimmt. Der aristokratische Club der ›Väter‹ denkt nicht daran, die eben erst den Königen abgeforderte Macht mit hergelaufenen Schuldnern zu teilen. Die neuen Consuln sind ratlos: Ja, was sollen wir denn tun ...?

Der Senat: Durchgreifen! Hart bleiben! Die Leute zur Raison bringen! In aller Strenge die Truppenaushebung durchführen! »Das Volk ist nur aus Langeweile so übermütig[38]!«

Palaver ... Erneuter Versuch, die Aushebung öffentlich vor dem Richterstuhl der Consuln auf dem Forum durchzuführen.

Tumulte, tätliche Angriffe gegen Senatoren, die zornig eingreifen wollen. Das Volk sagt »nein«: Erst neue Gesetze!

Rückzug der ›Väter‹, Beratung. Der Senator Larcius: »Der ganze Bürgerstand ist verschuldet; es gibt keine Rettung, wenn nicht allen geholfen wird.«

Appius: »Die Straffreiheit des Volkes, nicht sein Elend hat diese Unruhen hervorgerufen. Die ganze mißliche Lage kommt von seiner Redefreiheit ...!« Verdammt noch mal! Man solle endlich einen Dictator berufen, »bei dem es keine Berufung gibt«!

Das geschieht auch. Der Senat bekommt Oberwasser, denn der Dictator führt endlich die Aushebung durch: »Unter dem Vorwand, die Aequer fingen einen neuen Krieg an, erteilten sie den Legionen den Marschbefehl.«

Aber die Finte verfängt nicht, sondern bringt den Aufruhr vollends zum Übersprudeln: Tod den Consuln, um den Eid loszuwerden! Aber »eine Untat kann keine Bindungen lösen ...« So der Moralist Livius.

Dann geschieht etwas Unerwartetes: Die Plebs verläßt geschlossen die Stadt und zieht auf den »Heiligen Berg«, den Aventin (oder nach einer anderen Quelle den Mons Albanus mit seinem Jupiterheiligtum), schlägt dort ein festes Lager mit Wall und Graben auf und gelobt feierlich, nicht eher zurückzukeh-

ren, bis der Unterdrückung und zunehmenden Verschuldung ein Ende gemacht werde.
Wir sprachen eben von Tarifpartnern: Hier haben wir den ersten politischen Streik vor uns. Eine klassische Konfliktsituation: Wer hat den längeren Atem? In der Stadt war man sehr bestürzt und fürchtete sich gegenseitig. Die Bürger, die von ihrer Familie zurückgelassen waren, fürchteten das Eingreifen der Väter. Die Väter fürchteten sich vor den verbliebenen Bürgern und wußten nicht, was sie lieber wünschen sollten: Daß diese weiter blieben oder auch gingen.

## 2. *Der Magen und die Glieder des Körpers*

Wie lange würde die ausgezogene Menge noch ruhig sein? Und wenn ein auswärtiger Krieg ausbräche, was sollte dann werden? Die einzige Hoffnung, die ihnen noch blieb, lag in der Einigkeit der Bürger. Diese müsse man dem Staat um jeden Preis wieder schaffen. Man beschloß also, den Agrippa Menenius als Sprecher zum Volk zu schicken[39].
Der richtige Mann, der versteht, dem Volk aufs Maul zu schauen, beliebt bei der Menge! Man läßt ihn ins Lager, und in »jener alten, einfachen Art« soll er folgendes erzählt haben:
Einst war im Menschen noch nicht alles so harmonisch wie heute. Jedes Glied hatte seinen eigenen Willen, seine eigene Sprache. Da ärgerten sich die übrigen Glieder, daß sie nur für den Magen sorgten, für ihn arbeiteten und alles heranholten. Der Magen aber liege ruhig in der Mitte und tue nichts anderes, als sich mit den herangebrachten Dingen zu sättigen. Die Glieder beschlossen also: Die Hände sollten keine Nahrung zum Munde führen, der Mund solle das Gebotene nicht nehmen, die Zähne nicht zerkauen.
In dieser Zeit, in der sie den Magen durch Hunger zwingen wollten, wurden die Glieder selbst und der ganze Körper völlig schwach und elend. Da sahen sie ein, daß auch die Aufgabe des Magens nicht die Faulheit war. Ebenso wie er ernährt wurde, stärkte er auch wieder. Das durch die Verarbeitung der Nahrung erzeugte Blut, wodurch wir leben und gedeihen, verteilte er in alle Adern bis in die Glieder des Körpers.
Die Leute hören sich das an, denken nach. Hm ... eigentlich hat er ja recht. Politische Vernunft siegt über Gruppenegoismus, es kommt zum Kompromiß zwischen Magen und Gliedern:
»Nach der Versöhnung wurde verhandelt. Dabei erhielten die Bürger das Zugeständnis, ihre eigene Obrigkeit zu haben. Diese sei unantastbar und zum Beistand gegen die Consuln verpflichtet. Keinem der Väter sollte gestattet sein,

dieses Amt zu bekleiden. Daraufhin wurden zwei Bürgertribunen gewählt ...[40].«

Und damit haben wir die Entstehung des jüngsten der politischen Ämter miterlebt: des Volkstribunats. Von nun an werden die Tribunen eine entscheidende Rolle bei der politischen Willensbildung spielen, bis man das Amt am Ende der Republik zu einem rein demagogischen Machtinstrument umfunktioniert.

Die Macht des ›tribunus plebis‹ beruht auf seiner ›geheiligten Unverletzlichkeit‹ (sacrosanctitas) und auf seinem Einspruchsrecht (Veto = ich erhebe Einspruch) gegen alle Maßnahmen der übrigen Magistrate *und* des Senats, wenn es darum ging, Plebejer vor ungerechten Maßnahmen der Patrizier zu schützen. Im Gegensatz zu den übrigen Magistraten erhalten sie keine besonderen Insignien und sind keine Imperiumsträger, d. h. sie besitzen weder militärische Kommandogewalt noch richterliche Kompetenzen.

Die moderne Forschung hat nachgewiesen, daß diese ›secessio plebis‹, die Auswanderung der Plebs aus Rom 494 v. Chr., eine nachträglich konstruierte ›Dublette‹ späterer Auszüge ist (449 u. 287 v. Chr.). Dennoch beschreibt der dramatisch aufgefrischte Bericht unseres Livius lebendig das Atmosphärische der Frühzeit und trifft intuitiv den Kern: Das Gebiet Roms ist mittlerweile auf etwa 820 $km^2$ mit 50 000 Einwohnern angewachsen[41], und die Geschichte zeigt nicht nur den illegitimen revolutionären Schritt des Plebs, sondern mehr noch die politische Einsicht, den schöpferischen Weitblick der herrschenden Gentes, die den Anspruch des Staatsganzen über ihre Standesinteressen stellten, obwohl es ein leichtes gewesen wäre, die Aufrührer mit militärischen Mitteln »zur Raison zu bringen«. Und sollte gar die Parabel vom Magen und seinen Gliedern später erfunden sein, so umschließt sie mit der Wahrheit des Dichters unnachahmlich die frühen Konflikte. Es gibt keine Geschichte, die dichter und treffender auf die Fähigkeit der frühen Republik hinweist, den Staat im inneren Frieden der ›res publica‹ zu suchen.

Äußeren Ausdruck findet dieses grandiose Staatsbewußtsein in der wuchtigen Formel ›SPQR‹, ›Senatus Populusque Romanus‹, ›Senat und Volk von Rom‹. ›Populus‹ wird bald der umfassendere Ausdruck der patrizisch-plebejischen Gesamtbürgerschaft. Nichts wurde eifersüchtiger bewacht, als die ›civitas Romana‹, das römische Bürgerrecht, auf das sich später noch ein Paulus stolz berufen sollte ...

Zurück zum Gang der Ereignisse, zu den ›getanen Dingen‹! Als nächstes setzte man die Wahl der Quaestoren durch das Volk durch (447). Zwei Jahre später fiel das Eheverbot zwischen Patriziern und Plebejern, wobei wir allerdings berücksichtigen müssen, daß sich hinter ›Plebs‹ eine sehr ungleich begüterte Gruppe verbirgt; das Spektrum reicht vom neureichen Gutsbesitzer und Finanzmann über das Kleinbürgertum der Bauern und Handwerker bis zum besitzlosen Landarbeiter und ›proletarius‹, dessen Vermögen unterhalb der Grenze lag, die zur Abstimmung in einer der Klassen der verschiedenen Volksversammlungen berechtigt. Ihr einziger Besitz sind die ›proles‹, die Nachkommenschaft.

Die ›civitas‹ (Bürgerschaft) war mittlerweile eine Klassengesellschaft geworden, mit all den negativen Folgen für den kleinen Mann und den großartigen Voraussetzungen für die Ausbildung einer Führungsschicht. Ehe wir mit unserem demokratischen Zeigefinger drohen – bedenken Sie, daß dieses System immerhin bis in unser eigenes Jahrhundert funktioniert hat, daß wir ihm die klassischen Werke aller Jahrhunderte verdanken: Zur großen Kunst gehört der Mäzen! Die Geschmacksbildung in einer pluralistischen Demokratie ist da von vornherein im Nachteil!

Schließlich werden Plebejer zum Consulat, zur Praetur (367) und sogar zur Censur (351) zugelassen. Das letzte Tabu, die Besetzung der hohen Priesterämter nur mit Patriziern, fiel um 300.

Die politische Gleichstellung de facto wie de iure wird erreicht, als – nach der authentischen ›secessio‹ auf den Janiculus 287 – Beschlüsse der unter Leitung der Volkstribunen tagenden Plebs als ›Plebiszite‹ die gleiche Geltung und Wirkung besitzen wie die vom Senat eingeleiteten Volksbeschlüsse. Plebs und Populus sind nun identisch. Die zweihundertjährigen Ständekämpfe haben den Stadtstaat nicht geschwächt, sondern im Gegenteil erst die Voraussetzungen geschaffen, um die Herrschaft in der Alten Welt anzutreten. Jeder konnte nun stolz sagen: »Civis Romanus sum«, »Ich bin ein römischer Bürger«!

## *3. Der Staat als Familie*

So wichtig und interessant diese inneren Auseinandersetzungen der Frühzeit sind – die Ursachen der Größe Roms liegen tiefer. Wir wollen versuchen, einige elementare Kriterien zu finden ...

Je nach persönlicher Neigung wird mal dies, mal jenes als *die* typische römische Charaktereigenschaft hervorgehoben. Dem einen ist es das Festhalten am ›mos maiorum‹, der Sitte der Vorfahren, ein nur dem Engländer vergleichbares Traditionsbewußtsein, das keine minutiös ausgeschriebene Staatsverfassung benötigt, da jeder sich an die Gewohnheitsrechte hält. Ein anderer nennt die Nüchternheit, mit der verwickelte Probleme angegangen werden, eine Eigenschaft, die es verhindert, daß die Verantwortlichen kopflos werden, selbst wenn der Feind vor den Mauern steht.

Fragen wir drei antike Autoren, zwei Römer und einen Griechen!

Aulus Gellius, ein schon nostalgisch schwärmender Spätling des 2. Jahrhunderts n. Chr.:

»Durch die Ausübung und Pflege von Tugenden jeder Art hat das römische Volk von kleinem Ursprung den Gipfel solcher Bedeutung erreicht; am meisten aber von allen Tugenden hat es die Treue (fides) gepflegt und heiliggesprochen in privaten wie in öffentlichen Geschäften[42].«

Cicero, noch ganz in der Tradition Altroms erzogen – das Zwölftafelgesetz hatte er noch auswenig zu lernen wie wir das Glaubensbekenntnis – Cicero denkt als überzeugter Pantheist:

»Durch Frömmigkeit (pietas) und richtiges Verhalten gegen die Götter (religio) und durch dies eine Wissen, daß wir erkannt haben, daß alles durch die Macht der Götter regiert und geleitet wird, haben wir alle Stämme und Völker bezwungen[43].«

Der Grieche Polybios sieht die Dinge mit dem sachlichen Blick des aus der Ferne Beobachtenden:

»Obwohl jeder der drei Teile (Volk, Senat, Consuln) solche Macht hat, einander zu schaden oder zu helfen, so wirken sie doch in allen kritischen Situationen so einträchtig zusammen, daß man unmöglich ein besseres Verfassungssystem finden kann. Denn wenn eine von außen her sie alle gemeinsam bedrohende Gefahr zum Zusammenstehen und gegenseitigen Beistand zwingt, dann zeigt dieser Staat eine solche Kraft, daß weder eine notwendige Maßnahme versäumt wird, noch die Ausführung eines Beschlusses zu spät kommt, da alle zusammen und jeder einzeln Hand anlegt, um das Beabsichtigte durchzuführen. Daher ist dieser Staat dank seiner eigentümlichen Verfassung unwiderstehlich, und er erreicht alles, was er sich vorgesetzt hat ... Wenn einer der drei Teile die ihm gezogenen Grenzen überschreitet und sich eine größere Macht anmaßt, als ihm zusteht, dann erweist sich der Vorteil dessen, daß keiner selbstherrlich ist, sondern in den anderen sein Gegengewicht hat und von ihnen in seinen Absichten gehindert werden kann ... So bleibt der verfassungsmäßige Zustand sicher erhalten[44].«

Was dem Römer selbstverständlich ist, braucht er nicht zu erwähnen: die Familie als Hort des Individuums und tragende Kraft des Staates. Römische Namen sind Familiennamen, keine Individualkennzeichen wie bei den Griechen: »Dem Griechen gilt die Person«, schreibt der Historiker Bethe, »dem Römer das Geschlecht. Die griechischen Staaten gingen zugrunde durch überwuchernden Individualismus, der Römer wurde im Geschlecht zum Dienst an dieser Gemeinschaft, durch sie zum Dienst am Staat erzogen[45].«

In allen römischen Normen von Ethik, Moral, Recht, Religion, Disziplin, wie sie uns im öffentlichen Leben, im Krieg und im Frieden gegenübertreten, spürt

man die bäuerliche Herkunft dieser Kultur, das zupackende Engagement, die nüchterne Sachlichkeit. Solche Züge reifen nur im Umgang mit dem Boden, im Kampf mit Wetter, Jahreszeiten, Göttern. Anders als die stammverwandten keltisch-germanischen Erben hatten sie von Anbeginn an die Chance, aus sich selbst zu leben und erst als Erwachsene mit den geistigen Gaben Griechenlands beschenkt zu werden. Einem kritischen Römer wie Cicero ist das auch bewußt: »Es gibt heilige Verpflichtungen allgemeiner Art, die man jedem Menschen schuldig bleibt. Aber diesem Volk (der Griechen), so scheint es mir, stehen wir darüber noch in besonderer Schuld: Weil sie es sind, die uns das hohe Gut der Bildung gebracht haben, so wollen wir an ihnen in erster Linie betätigen, was wir von ihnen gelernt haben.«
Die germanischen Zertrümmerer Roms und wir, als ihre Nachfahren, waren zu solch subtiler und ehrlicher Einsicht gegenüber Rom nicht fähig. Bis heute schwelgt man »das Land der Griechen mit der Seele suchend«, obwohl gerade Rom ein Teil unseres Ichs geworden ist. Oder ist es vielleicht gerade deshalb?
So beschreibt Erich Burck die altrömische Familie: »Wie die Existenz der Familie und ihr Wohlstand in letzter Linie von den Göttern abhängen, so erwirbt und erhält die Beachtung der göttlichen Zeichen, die ›religio‹, und die tägliche Erfüllung der Pflichten gegen die Schutzgötter des Hauses und des Feldes, die ›pietas‹, den Menschen das Wohlwollen der Überirdischen. Zugleich aber gebietet diese ›pietas‹ dem Hausvater bei seinem Regiment die Beachtung der sittlichen Verpflichtungen gegenüber seinen Gewaltunterworfenen, zumal den Kindern, die ihrerseits durch die gleiche Tugend angehalten werden, ihren Kindespflichten gegenüber den Eltern gewissenhaft nachzukommen. Die Wahrung der Hauszucht, die als oberstes Gebot über der Familiengemeinschaft steht, fordert vom Hausvater Autorität, die er in erster Linie auf sein Alter, den Schatz seiner Erfahrung, die Reife seines Urteils und die eigene Rechtschaffenheit gründet.
Hinzu kommt, daß er im Bewußtsein der Fülle seiner Verantwortung niemals im Affekt handeln und im aufbrausenden Zorn strafen, sondern wie ein gerechter Richter die Vergehen prüfen und ahnden soll. Das läßt ihn ebenso wie die einsame Arbeit auf dem Felde seine Worte wägen und seine Taten bedenken. Nicht natürliche Gelöstheit und instinktsichere Freiheit des Auftretens und Handelns, sondern Sorgfalt und Bedächtigkeit, Strenge und Selbstbeherrschung bestimmen sein immer gewichtiges und oft feierlich-würdevolles Tun. Was ihn mit den Seinen verbindet, ist vor allem die nie abreißende Arbeit, die alle Kräfte von Mann und Frau, von Söhnen und Sklaven fordert. Illusionslos und nüchtern geht er ihr nach und weicht keiner Schwierigkeit aus dem Wege. Sein Wille, unbeugsam gegenüber sich und anderen, und seine Zähigkeit, die

sich durch keine Rückschläge werfen läßt, führen ihn schließlich doch zum Erfolg. Auf den Gewinn, der dabei erzielt wird, hält er wie jeder Bauer seine Hand. Der Lebensstil ist einfach und ohne Aufwand. Die Freuden und Feste, die er mit seiner Familie und den Verwandten und Nachbarn teilt, sind karg gesät ...

Die Macht des Hausvaters ist dem Imperium des römischen Oberbeamten wesensverwandt: Beide haben die gleiche absolute Gewalt, und beide fordern von den Gewaltuntergebenen den gleichen unbedingten Gehorsam. Wie im häuslichen Leben so treten auch in der politisch-staatlichen Sphäre die ›mores‹ (Sitten) als gestaltende Mächte neben das strenge Recht und heischen vom befehlenden Magistrat wie vom gehorchenden Bürger die gleiche Beachtung[46].«

Wenn *der* Römer so ist – und es spricht vieles dafür, daß er so war –, fragt man sich, warum nicht auch andere Völker zu anderen Zeiten Ähnliches hervorgebracht haben; denn die genannten Werte finden sich in vielen bäuerlichen Lebensgemeinschaften. Es ist wie mit einem Rezept: Die Zutaten müssen in einer ganz bestimmten Reihenfolge, Menge und Qualität gemischt und zubereitet werden; aber eine Kultur kennt kein Rezept! Bis ins Unendliche verfaserte Kausalitäten bedingen den historischen Werdegang. Es wird nie ein zweites Rom geben.

### *4. Tote werden lebendig*

Altrom denkt und lebt in Generationen. Nichts verdeutlicht dies besser als seine großartigen Begräbnisse. Polybios, den sie ebenso beeindrucken wie uns, hat sie beschrieben:

»Wenn in Rom ein angesehener Mann stirbt, wird er im Leichenzug in seinem ganzen Schmuck nach dem Markt zu den sogenannten rostra, der Rednertribüne, geführt, meist stehend, so daß ihn alle sehen können, nur selten sitzend. Während das ganze Volk ringsherum steht, betritt entweder, wenn ein erwachsener Sohn vorhanden und anwesend ist, dieser die Rednertribüne und hält eine Rede über die Tugenden des Verstorbenen und über die Taten, die er während seines Lebens vollbracht hat. Diese Rede weckt in der Menge, die durch sie an die Ereignisse erinnert wird und sie wieder vor Augen gestellt bekommt, ein solches Mitgefühl, daß der Todesfall nicht als ein persönlicher Verlust für die Leidtragenden, sondern als ein Verlust für das Volk im ganzen erscheint.

Wenn sie ihn dann begraben und ihm die letzten Ehren erwiesen haben, stellen sie das Bild des Verstorbenen an der Stelle des Hauses, wo es am besten zu sehen ist, in einem hölzernen Schrein auf. Diese Schreine öffnen sie bei den großen Festen und schmücken die Bilder, so schön sie können, und wenn ein angesehenes Glied der Familie stirbt, führen sie sie im Trauerzug mit und setzen sie Personen auf, die an Größe und Gestalt den Verstorbenen möglichst ähnlich sind ... Wenn nun der Redner über den, den sie zu Grabe tragen, gesprochen hat, geht er zu den anderen über, die da (in Maske) auf den rostra versammelt sind, und berichtet, mit dem Ältesten beginnend, von den Erfolgen und Taten eines jeden. Da auf diese Weise die Erinnerung an die Verdienste der hervorragenden Männer immer wieder erneuert wird, ist der Ruhm derer, die etwas Großes vollbracht haben, unsterblich, das ehrende Gedächtnis der Wohltäter des Vaterlandes bleibt im Volke wach und wird weitergegeben an Kinder und Enkel. Vor allem aber wird die Jugend angespornt, für das Vaterland alles zu ertragen, um ebenfalls des Ruhmes teilhaftig zu werden[47].«

Zwei römische Errungenschaften haben hier ihre Wurzel: ihre Geschichtsschreibung, die die Leistungen der Vergangenheit feiert, und ihre Porträtkunst; stellt der griechische Bildhauer das Idealbild des Menschen dar, so sein römischer Kollege das einmalige Individuum. Die römische Plastik ist Denkmal, die griechische Präsentation des zeitlos Schönen.

Wir dürfen dieses Kapitel nicht abschließen, ohne auf die wohl originalste Schöpfung Roms einzugehen: sein Rechtswesen. Kein Volk der Geschichte hat Vergleichbares geschaffen. Was bei einem eng begrenzten Bürgerrecht begann, schritt voran zu einem kosmopolitischen Menschenrecht; der Bogen spannt sich vom ›ius civile‹ zum ›ius gentium‹ dem ›Völkerrecht‹, Rom wurde »zur stolzen Gesetzgeberin der Nationen«, wie Herder sagt.

Ein modernes Lexikon faßt den Komplex so zusammen: »Die Gesetzgebung wurde zunächst vom Volke und seinen erwählten Beamten ausgeübt; später war sie das Vorrecht der Kaiser. Das älteste römische Recht, ein mit religiösen Elementen durchsetztes, von den Priestern bewahrtes Gewohnheitsrecht, beruhte auf rigorosem Formalismus, war starr dem Vorbild der römischen Familie nachgebildet und auf die kleine Gemeinde der Bürger zugeschnitten. Dieses Gewohnheitsrecht wurde um 450 v. Chr. durch schriftliche Fixierung im Zwölftafelgesetz der Willkür des rechtsprechenden Magistrats entzogen. Wachsender Kontakt mit anderen Staaten, wirtschaftliche und politische Beziehungen zu ihnen, später das Wachstum der eigenen Macht und die Entstehung eines Reichsgebietes brachten rechtliche Veränderungen mit sich: Schriftliche Verträge und ihre Verwendung zwischen Bürgern und Fremden treten in den Vordergrund. Dabei ging man stets vom praktischen Fall aus, die theoretischen Probleme davon ableitend, indem man Einzelentscheidungen zum Vorbild nahm für die Formulierung allgemeingültiger Gesetze[48].«

Wie auf anderen Gebieten, versuchte Cicero griechisches Philosophieren und römische Praxis zu einer Synthese zu bringen. Ein Beispiel aus ›De re publica‹: »Gäbe es ein in der Natur begründetes Recht, dann müßte es für alle gleich sein, und die Rechtsanschauungen würden nicht bei den gleichen Menschen bald diese, bald andere sein. Wenn es Pflicht eines rechtschaffenen und guten Mannes ist, den Gesetzen zu gehorchen, so frage ich: welchen Gesetzen? Unsicherheit ist unvereinbar mit Mannigfaltigkeit. Natur ist unwandelbar, Gesetze finden ihre Rechtfertigung, insofern auf ihrer Übertretung Strafe ruht, aber nicht in unserem Rechtsempfinden. Das Recht beruht also nicht auf einem Naturgesetz, woraus folgt, daß die Menschen eben nicht von Natur aus gerecht sind. Oder will man etwa behaupten, die Gesetze seien zwar verschieden, der anständige Mann richte sich aber nach dem wahren, d. h. existentiellen Recht und nicht nach einem Recht, das als solches angesehen wird[49].«

Die »Ursachen der Größe Roms« ..., das ist mehr als die Summe aller Tugenden, glücklicher politischer Veranlagung, bevorzugter geographischer Lage. Es ist die Balance von all dem, vom Innen und Außen, von Vergangenheit und alltäglicher Gegenwart, Gesetz und Chaos. Letztlich bleibt es ein Geheimnis, und jeder mag selbst im stillen seine Gedanken darüber spinnen ...

### 5. *Die Kelten kommen!*

Nun aber zurück auf die geschichtliche Bühne! – Die innere Entfaltung der politischen Kräfte geht einher mit starker Betätigung auf dem außenpolitischen Feld. Nach 450 stellen wir eine zunehmende römische Expansion fest, deren Ergebnisse für die folgende Reichsbildung darum so bedeutungsvoll sind, weil hier die politische und militärische Strategie und Taktik entwickelt werden, die bis zum Ende der Republik wirksam bleiben.

Rom überschreitet den Tiber – Beginn der Nordexpansion! – und holt zum Schlag gegen Veii, den letzten etruskischen Brückenkopf, aus. Die Stadt wird geschleift und versinkt im Niemandsland der Geschichte. Ihre letzte Großtat: der ›Apoll von Veii‹, letzter Höhepunkt etruskischer Plastik.

Rom weiß, was es den Göttern schuldig ist, und schickt als fromme Morgengabe einen prunkvollen Mischkrug aus der Beute nach Delphi. Ergebnis des Feldzugs: Das Nordufer des Tiber ist heimische Flur.

Noch wichtiger wird der Griff nach der Tibermündung. Ein 193 × 120 m großes Castrum, dessen Mauern noch heute bis zu 3 m Höhe erhalten sind, schützt den Hafen. Roms Handels- und Wirtschaftsinteressen sind von nun an über das Tyrrhenische Meer nach Westen und Süden geöffnet. Allenthalben sehen wir

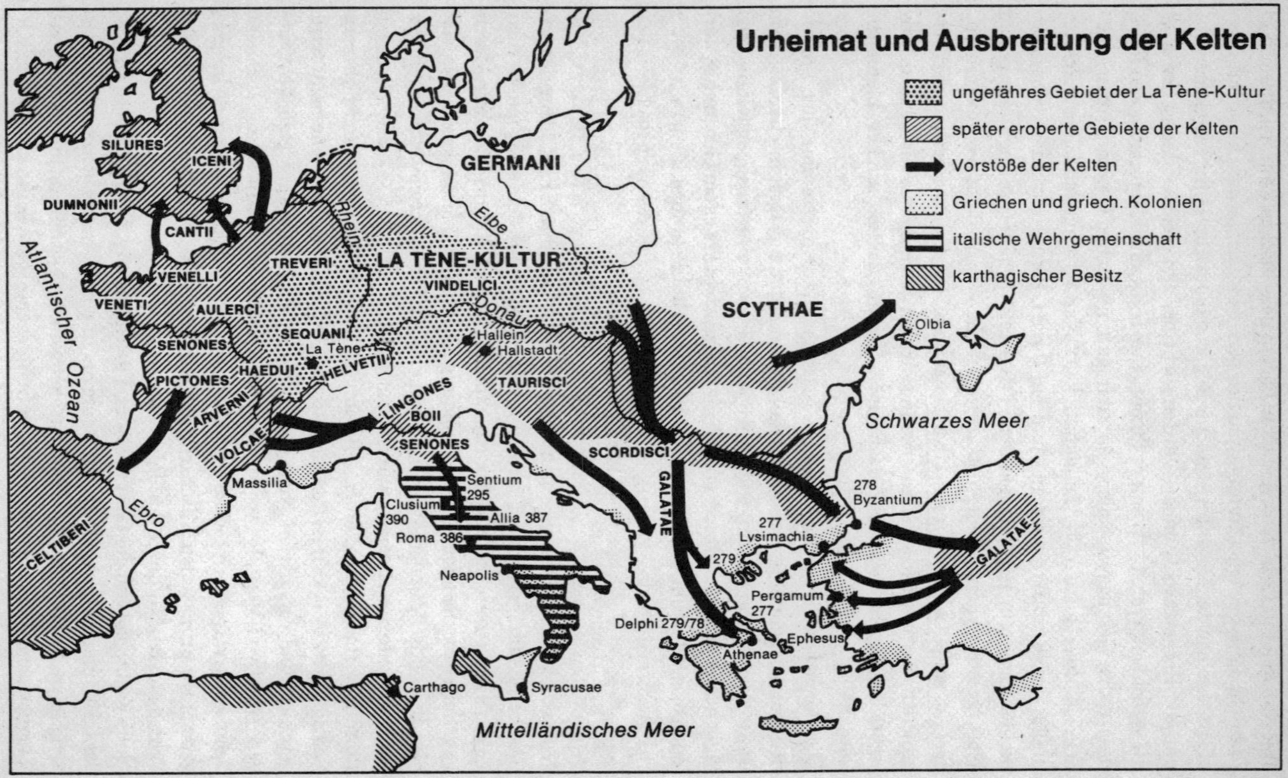
Urheimat und Ausbreitung der Kelten
ungefähres Gebiet der La Tène-Kultur
später eroberte Gebiete der Kelten
Vorstöße der Kelten
Griechen und griech. Kolonien
italische Wehrgemeinschaft
karthagischer Besitz
SILURES
ICENI
DUMNONII
CANTII
VENELLI
VENETI
AULERCI
TREVERI
SENONES
SEQUANI
La Tène
HAEDUI
HELVETII
PICTONES
ARVERNI
VOLCAE
LINGONES
BOII
SENONES
GERMANI
Elbe
Rhein
LA TÈNE-KULTUR
VINDELICI
Donau
Hallein
Hallstadt
TAURISCI
SCORDISCI
GALATAE
SCYTHAE
Olbia
Schwarzes Meer
Atlantischer Ozean
Ebro
CELTIBERI
Massilia
Sentium 295
Clusium 390
Allia 387
Roma 386
Neapolis
Carthago
Syracusae
Mittelländisches Meer
Delphi 279/78
279
277 Lysimachia
278 Byzantium
Pergamum 277
Ephesus
Athenae
GALATAE

Rom am Werk, seinen Horizont zu weiten. Dazu eine moderne Stimme. Hermann Bengtson faßt diese wichtigen Jahrzehnte so zusammen:
»Durch seine Bündnisse mit Latinern und Hernikern ist Rom die bedeutendste Macht in Mittelitalien, neben ihm verharren die anderen Völkerschaften des zentralen Apennin im Zustand weitgehender Zersplitterung. Auch außerhalb Italiens hat sich Rom Freunde erworben (Massilia, Syrakus auf Sizilien). Bereits in dieser frühen Zeit sind die Grundzüge des römischen Wesens klar erkennbar. Roms Haltung wird gekennzeichnet durch einen kriegerischen Geist, durch die Wehrhaftigkeit seiner Bevölkerung, dazu durch staatsmännische Klugheit, die sich im Abschließen von Verträgen dokumentiert. In den Kriegen mit Aequern, Volskern und Etruskern (Veii) verrät das römische Bauernvolk einen hohen Grad von Disziplin und Tapferkeit, die zielbewußte Leitung durch den römischen Senat ist unverkennbar, auch an führenden Persönlichkeiten wird es nicht gefehlt haben, mögen sie auch für uns durch den Schleier der Sage verhüllt werden[50].«
Werfen wir einen Blick auf die Karte! Die mediterrane Welt scheint in einem Zustand friedlicher Koexistenz zu leben: Griechen, Karthager, Syrakus, Massilia, Rom und die italischen Stämme halten sich durch ausgeklügelte Verträge in einer fruchtbaren Balance. Sollte Rom Expansionsgelüste haben – nach dem Fall Veii's lockt das etruskische Kernland –, stände der Weg nach Norden nun offen.
Aber da erweist sich – nicht zum erstenmal –, wie das Schicksal der Südvölker immer wieder entscheidend mitbestimmt wird aus den Tiefen des politisch noch formlosen Nordkontinents.
Wie die Ahnen Roms aus dem Norden kamen, sind es diesmal die Kelten, werden es später Germanen, Hunnen, Ungarn, Mongolen sein. Man vermutet, daß sie unter dem Druck germanischer Völker die süddeutschen Räume verließen. Fächerartig stießen sie nach England, Schottland, Irland, Gallien, Spanien (Keltiberer), Balkan (Skordisker), ja bis Kleinasien vor, wo sie Galater genannt werden. Ein Teil ging über die Westalpen und siedelte um 400 in der Poebene: die spätere ›Gallia Cisalpina‹. Ich möchte hier nicht weiter auf »das Volk, das aus dem Dunkel kam« eingehen; das hat Gerhard Herm in seinem profunden Buch getan[51]. Nur dies: Die Kelten – römischen Historikern folgend – als eine Art ›Hunnen‹ der Antike abzuqualifizieren, das geht an den Erkenntnissen der Archäologen vorbei: Viele Funde erzählen uns »von einem friedlichen Luxusleben in einem durch die Kunst verschönerten Rahmen. Die Kultur, die uns die Ausgrabungen zeigen, ist die der friedlichen Völker, die am stärksten Wurzel geschlagen haben. Die Krieger, die in Italien und Griechenland einbrachen, waren dagegen Wandervölker, die mitten in einer Krise standen[52].«

391 gelangen etwa 30 000 senonische Gallier unter ›Brennus‹, wie die Römer ihn nennen, nach Nord- und Mittelitalien. Bei Polybios heißt es kurz: »Nach einiger Zeit besiegten sie die Römer und ihre Bundesgenossen in einer Schlacht, verfolgten die Fliehenden und eroberten drei Tage später Rom selbst mit Ausnahme des Capitols. Ein Einfall der Veneter (im heutigen ›Venezien‹) in ihr Land (am Po) lenkte sie jedoch von Rom ab. Sie schlossen daher einen Vertrag mit den Römern, gaben ihnen ihre Stadt zurück und kehrten heim. In der Folgezeit waren sie durch innere Kriege beschäftigt[53].«

Was sich hinter dieser trockenen Darstellung des Nichtrömers Polybios beinahe wie ein Manöverbericht liest, wurde für Rom zum Trauma seiner republikanischen Geschichte. So wie es im Mittelalter hieß »Die Hunnen kommen!«, in Rußland »Die Deutschen ...«, in Deutschland »Die Russen ...!«, so lebte in Rom durch die Jahrhunderte die unterschwellige Angst vor »den Kelten«, bis sie abgelöst wurde von »den Germanen«.

Livius, der seinen spätgeborenen Lesern unter Augustus altrömische Werte mit erhobenem Zeigefinger vor Augen führt, schildert denn auch überschwenglich das Durchhaltevermögen der Handvoll Verteidiger auf dem Capitol, den erhabenen Tod der Altconsuln und Magistrate, als die Barbaren in die ungeschützte Stadt eindringen:

»Damit es den Bürgern leichter fiele, sich (in das nahende Unheil, den Untergang der Stadt) zu fügen, erklärten die Greise, die Triumphe erlebt und Consulate verwaltet hatten, öffentlich, sie wollten mit ihnen (den Bürgern) sterben. Mit diesem Wrack ihres Körpers könnten sie keine Waffen mehr tragen, kein Vaterland verteidigen, und sie wollten den Wehrfähigen ihre Lage nicht noch erschweren (indem sie darauf verzichteten, sich hinter den Mauern des Capitols in Sicherheit zu bringen)[54].«

Dann ist er da, der Feind:

»... zogen sie durch die Porta Collina (am Nordtor, zu Füßen des Quirinal, wo die alte Salzstraße ›via salaria‹ in die Stadt führt) und marschierten bis auf den Marktplatz. Dort betrachteten sie rundum die Göttertempel und die Burg (Capitol), die allein einen kriegerischen Anblick bot. Von hier aus verteilten sie sich durch die menschenleeren Straßen zum Plündern. Manchmal stürzten sie sich haufenweise in das nächste Haus, andere rannten zu den weiteren, als ob es nun dort reichere Beute gäbe und allein diese noch nicht durchsucht wären. Dann kehrten sie wieder in dichten Haufen zum Markt oder in seine Nähe zurück. Die Einsamkeit (der verlassenen Stadt) erschreckte sie, und sie fürchteten, bei ihren Streifzügen in eine Falle zu geraten. Als sie hier die Bürgerhäuser verschlossen, die Höfe aber offen fanden, hielten sie es für fragwürdiger, sich in die offenen als in die verriegelten zu wagen. Mit einer gewissen Ehrfurcht schauten

sie die Männer in den Vorhöfen, die in ihrem Schmuck und ihrer Würde, die sie über Menschen erhob, in der Majestät, die aus ihren Zügen und ihrem ernsten Gesicht sprachen, einen Anblick von Göttern boten.
Die Gallier standen und blickten zu ihnen wie zu Göttern auf. Einer der Greise erzürnte einen Gallier mächtig. Er schlug ihm mit einem Elfenbeinstab auf den Kopf, als dieser ihn am Bart zupfte. Mit ihm fing die Schlägerei an, und so wurden auch die übrigen auf ihren Stühlen hingemordet. Als die Großen tot waren, wurde niemand mehr geschont. Die Häuser wurden geplündert und nachher angezündet ...[55].«
Was soll man mehr bewundern, den großartigen Tod der Alten oder dieses magisch gezeichnete Bild des Dichters Livius, des ›Malers‹ unter den römischen Historikern ...
Es folgt die Episode mit den Gänsen der Juno: Die Eroberer versuchen nun, auf geheimen Kletterpfaden bei Nacht auf den Capitolfelsen zu gelangen. Die völlig übermüdeten römischen Wachen schlafen. Nicht einmal die Hunde schlagen an. »Nur den Gänsen blieben sie nicht unerhört.« Ihr Geschnatter und Flügelschlagen bringt die Verteidiger schnell auf die Beine, und der Angriff wird abgeschlagen.
Den Rest haben wir schon bei Polybios gelesen.
Rom ist ein Schutthaufen. In einer Art Massenpsychose geht plötzlich das Gerücht um, man solle Rom verlassen und die Stadt an anderer Stelle – z. B. in Veii – neu errichten.
Da steht der Dictator Camillus, der Retter und ›2. Gründer Roms‹, zornig auf und hält vor Volk und Senat ein Stegreifseminar über römische Geschichte. Wenn der Wortlaut auch sehr stark die Intentionen unseres Livius wiedergibt, haben wir hier gleichwohl ein Zeugnis unmittelbar römischen Geschichtsverständnisses:
»Unsere Vorfahren ...«, beginnt Camillus, »waren Hirten und kamen neu hierher. Sie bauten hier, wo es nur Wald und Sumpf gab, in kürzester Zeit eine neue Stadt. Wir sehen hier das Capitol, die Burg (Arx) und die Göttertempel unversehrt vor uns und bringen nicht so viel Unternehmungsgeist auf, das Abgebrannte neu erstehen zu lassen? ... Wenn ich in meiner Verbannung an meine Vaterstadt dachte, erschienen mir alle diese Dinge, die Berge, die Landschaft, der Tiber, die Gegend, die meinem Blick vertraut waren, und dieser Himmel, unter dem ich geboren und erzogen wurde. Dies alles sollte euch lieber jetzt durch die Liebe, die daran haftet, rühren, Quiriten, als daß euch später die Sehnsucht danach verzehrt, wenn ihr es verlassen habt!
Götter und Menschen haben diesen Platz nicht ohne Grund gewählt, als sie die Stadt bauten: so gesunde Berge, einen so günstig gelegenen Strom, daß er uns

die Früchte des Hinterlandes heranbringt und die Zufuhr vom Meer empfängt. Das Meer ist nahe genug für unseren Vorteil und setzt uns doch nicht durch zu geringe Entfernung der Gefahr fremder Flotten aus.
Es ist also eine Stelle, die als Mittelpunkt der italischen Landschaften einmalig geeignet ist für eine wachsende Stadt. Die Größe dieser noch so neuen Stadt sei der Beweis dafür. Sie steht jetzt bereits 365 Jahre, Quiriten. Viele uralte Völker umgeben euch, und ihr führt schon so lange Krieg. In dieser ganzen Zeit kam euch kein Volk im Kampf gleich ...
Wie, zum Henker, kommt es dann, daß ihr etwas anderes ausprobieren wollt, als das zu nehmen, was die Probe bereits bestanden hat? ... Hier steht das Capitol! ... Hier brennt das Feuer der Vesta! ... Hier sind die vom Himmel geschickten heiligen Schilde und alle Götter, die euch gnädig sind –, wenn ihr dabei bleibt[56]!«
Natürlich bleiben sie! Sonst wäre unser Buch hier zu Ende ...
Die Belagerung hatte 7 Monate gedauert. Um späteren Eroberern die Lust zu nehmen, machte man sich in Eile an den Ausbau der ›Servianischen Mauer‹.

# II. Teil
# Abendländische Weichenstellung: Die Punischen Kriege

»Ich will den merkwürdigsten aller Kriege, die jemals geführt worden sind, beschreiben. Denn kaum jemals kämpften mächtigere Staaten und Völker gegeneinander mit einem solchen Maß von Angriffsgeist und Widerstandskraft. Das Kriegsglück war so wechselnd und der Kampf so unentschieden, daß die Sieger dem Untergange viel näher waren als die Besiegten.«

LIVIUS

»Es ist zu beachten, daß die Römer stets zu beweisen versuchten, alle ihre Kriege seien insofern berechtigt gewesen, als sie nur der Selbstverteidigung oder dem Schutze der Bundesgenossen gegen einen Angreifer gedient hätten.«

B. H. WARMINGTON

# Konkurrenz im Süden

## Karthago

### *1. Auf dem Wege zur Großmacht*

Im Verlauf dieses 4. Jahrhunderts taucht das Schreckgespenst der Gallier zwar noch einige Male auf, aber nun ist Rom gewappnet, und die Liebe zum Boden tut bei den entwurzelten Kelten ein übriges: Am Ende des Jahrhunderts sind sie seßhaft und zeigen den altvorderen Bewohnern, wie man hervorragende Landwirtschaft betreibt. Und daran hat sich bis heute nichts geändert ...

Etrurien, das in zunehmenden Endzeit- und Wahnvorstellungen den Tod bereits vor dem Sterben erlebt – man betrachte die gemalten Horrorgeister in den Gräbern! –, siecht kraftlos dahin und läßt alles mit sich machen. Mit ehemals beherrschenden Städten wie Tarquinii und Caere werden Friedens- und Bündnisverträge geschlossen. Die Leute scheinen froh, daß ihnen jemand die geschichtliche Verantwortung abnimmt.

Um so vitaler die Volsker. Erst nach zähem Ringen werden sie unter römische Obhut gezwungen. 338 fällt ihr Hafen Antium; die Schiffsschnäbel der erbeuteten Segler werden als Trophäe nach Rom gebracht und auf erhöhtem Platz auf dem Forum, zu Füßen des Capitols, aufgepflanzt. Als ›Rostra‹ (wörtlich: ›Schiffsschnäbel‹) überlebt diese Rednertribüne, mehrfach restauriert, den Untergang des Reiches im 5. Jahrhundert.

Im gleichen Jahr wird der altlatinische Bund aufgelöst und durch neue Rechtsordnungen mit hierarchischer Struktur ersetzt. Die Latiner dürfen sich fortan römische Bürger nennen, besitzen aber kein Stimmrecht (›civitas sine suffragio‹). Diese Maßnahmen kommen einer geschickt verkleideten Annexion gleich, wenn wir auch Angehörige ihrer Oberschicht bald als Consuln finden.

Beherrschendes Ereignis des Jahrhunderts sind die Samnitenkriege. Ein Teilstamm dieses zum oskischen Sprachkreis gehörenden Bergvolkes drang im Laufe des 5. Jahrhunderts in die fruchtbaren Ebenen Kampaniens vor, löste die Reste etruskischer Herrschaft auf, jagte sie aus Capua und kassierte alle griechischen Koloniestädte Kampaniens bis Pompeji, außer Neapel. In vielen Zügen ihres archaisch-rustikalen Volkstums sind sie den Römern verwandt, und man zählt sie zu den begabtesten und tapfersten Stämmen Italiens.

Süditalien und Sizilien ist die Wetterecke, der ›Balkan‹ des westlichen Mittelmeeres geworden, da hier die Interessen mehrerer Mächte aufeinanderstoßen: Karthago von Süden; die Städte der Magna Graecia (Großgriechenland) zusammen mit ihren östlichen Mutterstädten; das aufstrebende Epirus unter seinem ehrgeizigen König Alexander, einem Onkel Alexanders d. Großen, von Nordosten; Syrakus von Sizilien; die nördlich angrenzenden Samniten; und schließlich Rom.

Die Folgerichtigkeit, mit der Rom in den nächsten fünfzig Jahren diese verworrene Entwicklung zu seinen Gunsten entscheidet, ist frappierend. Zunächst sieht alles nach einem griechisch-epirotischen Großreich in Süditalien aus unter Führung Alexanders, der Taktik und Strategie des genialen Neffen erfolgreich im Westen kopiert. Rom, dem die aufstrebenden Samniten immer gefährlicher werden, schließt mit ihm ein Präventivbündnis.

Da wird der König von persönlichen Gegnern ermordet, und der Traum eines hellenistischen Großreichs im Westen zerrinnt.

Neapel, vor der Wahl, sich einem der Großen anzuschließen, wählt Rom und bringt Nuceria mit, eine strategisch wichtige Festung Kampaniens zwischen Vesuv und Apennin. Rom hat, wie meist in solchen Fällen, geschickt lanciert und der selbstbewußten Stadt ihre Souveränität mit eigener Regierung, eigenem Heer und eigener Münzprägung belassen.

Das ist eine Herausforderung an den samnitischen Bund, und er antwortet mit Kriegserklärung. Die Zahlen sprechen gegen Rom: Die Samniten bringen 650 000 Bewohner auf die Beine, Rom mit seinem latinischen Bund nur 527 000[1].

»Dagegen verfügte Rom über die straffere Organisation, die zielbewußtere Politik und zumindest anfangs über den propagandistischen Vorteil, daß die Samniten sich eindeutig in den Ruf der Aggressivität gebracht hatten und Rom daher als Schutzmacht ihrer Nachbarn vor ihrem Expansionsdrang auftreten konnte[2].«

Siege und Fehlschläge wechseln auf beiden Seiten; für Rom ist besonders demütigend das berüchtigte ›Kaudinische Joch‹ (321): Das römische Heer unterliegt, in eine Falle gelockt, und muß waffenlos durch ein aus Speeren gebildetes Joch gehen, um sich zu retten. Alles in allem eine samnitische Dummheit: Ein gedemütigt entlassener, aber militärisch ungeschwächter Feind sinnt auf Rache!

Rom bringt prompt seine militärische Taktik und Ausrüstung auf den Stand der Zeit: Weg mit der schwerfälligen Phalanx samt der hinderlichen, zu schweren Stoßlanze und Umrüstung in die Legion, die in leichtbewegliche Einheiten, Manipel (von manus = Handvoll) eingeteilt wird. Die neue Formation wird sich bis Hannibal bewähren.

Von strategisch entscheidender Bedeutung erweist sich der Bau der Via Appia, der ›Königin der Straßen‹, durch den Censor Appius Claudius (312). Zunächst bis Capua erstellt, verlängert man sie später bis Brundisium (Brindisi) im Süden

der Halbinsel. Die erste ›Rollbahn‹ der Geschichte! Sie hat noch gar nichts von ihrer heutigen Poesie; Ruinen verfälschen immer ihren ursprünglichen Zweck. Die Auseinandersetzungen schleppen sich hin. Erschöpfung auf beiden Seiten. Die Samniten versuchen, Etrurien noch einmal zu mobilisieren, doch Rom gibt nicht klein bei. Das werden bald alle seine Widersacher erfahren: Mit dem Rükken zur Wand entwickelt es alle Kräfte der zusammenwachsenden Nation. Jeder eroberte Gebietsstreifen wird durch sogenannte ›coloniae‹ gesichert:
»Das uns geläufige Wort Kolonie ist das lateinische colonia (daher ›Köln‹), von colonus = Bauer. Ihre Kolonien waren eigentlich Ansiedlungen von Bauern in erobertem Gebiet. Die römischen Kolonien aus der älteren Zeit dienten hauptsächlich militärischen Zwecken, der Niederhaltung der eroberten Gebiete. Die Römer nahmen den besiegten Völkern gewöhnlich 1/3 ihres Bodens ab. Dieser wurde an strategisch wichtigen Punkten an römische Bürger – meist dreihundert – vergeben, die in der nächsten Stadt als abgeschlossene Gemeinschaft mit eigenen Beamten und als dauernde Garnison im Feindesland lebten, für die militärische Sicherung des Landes sorgten und bei einem Aufstand das Rückgrat der Verteidigung bildeten. Sie blieben römische Vollbürger und konnten jederzeit in Rom ihre Bürgerrechte wieder aufnehmen. Durch dies Meisterstück der römischen Politik wurde die dauernde Unterwerfung Italiens überhaupt erst möglich[3].«
Es ist eine alte Streitfrage, ob das Vorgehen Roms in jenem Jahrhundert auf aggressiven oder defensiven Bahnen verläuft. Da die Beurteilung der oft kargen Quellen noch nicht abgeschlossen ist – falls dieses Traumziel der Geschichtswissenschaft je erreicht wird –, muß das Urteil immer zwischen Verständnis und Tadel schwanken. Die Wahrheit wird in der Mitte liegen: Rom ist nolens volens in die Sache hineingeschlittert, wodurch in der unmittelbaren Folge eine Kettenreaktion ausgelöst wurde, die sich von Mal zu Mal steigerte und größere Dimensionen annahm. Am Ende steht die Konfrontation mit Karthago!
Diese Auffassung gibt auch der Historiker H. Volkmann wieder in seinem kleinen aber ungemein fesselnden ›Abriß der römischen Geschichte‹, der außerdem den derzeitigen Stand der Forschung zusammenfaßt:
»Der römischen Eroberung im Norden folgte unmittelbar eine Expansion nach Süden, zu der Rom unbeabsichtigt durch äußere Umstände getrieben wurde.«
Er kommt nun auf die folgenden Ereignisse zu sprechen:
»Rom hatte der griechischen Stadt Thurioi auf deren Ersuchen gegen die Lukaner geholfen. Tarent betrachtete diesen Eingriff als Gefährdung seiner eigenen Stellung unter den süditalienischen Griechen. Als eine römische Flotte entgegen einer früheren Abmachung im Golf von Tarent erschien, wurde sie zum Teil von den Tarentinern vernichtet und die römische Besatzung in Thu-

rioi zum Abzug gezwungen. Da die Tarentiner den römischen Gesandten Genugtuung versagten, erklärten die Römer den Krieg. Tarent gewann sofort die Samniten, Lukaner und Bruttier für sich und rief als Heerführer Pyrrhos, den König von Epiros, herbei, der nach dem Beispiel der östlichen Diadochenstaaten sich in Unteritalien und Sizilien ein Reich erobern wollte. Mit den Mitteln der weiterentwickelten hellenistischen Kriegführung, seiner erprobten makedonischen Phalanx, der thessalischen Reiterei und mit den den Römern unbekannten Kriegselefanten schlug er sie zunächst 280 bei Herakleia (in Lukanien, d. V.), drang in Latium bis Anagnia, zwei Tagesmärche von Rom, vor, kehrte dann aber um, da sich der Latinerbund bewährte und fest zu Rom hielt. Nach dem zweiten Sieg 279 bei Ausculum bot er Rom einen Frieden an, den der Senat, durch ein Bündnis mit Karthago ermutigt, ablehnte. Auf die Hilferufe der von den Karthagern bedrängten Griechen ging Pyrrhos nach Sizilien, das er weitgehend befreite. Aber seine harten Anforderungen riefen den Widerstand der sizilianischen Griechen gegen seine Herrschaft hervor; als dann die Lukanier und Bruttier während seiner Abwesenheit von Rom bedrängt wurden, ging er nach Unteritalien zurück. Sein dritter Zusammenstoß mit den Römern 275 bei Beneventum brachte ihm keinen eindeutigen Sieg (›Pyrrhossieg‹ ist seitdem ein geflügeltes Wort für einen Sieg mit unverhältnismäßig hohen Verlusten geworden, d. V.).

Daher gab er das abenteuerliche Unternehmen auf und kehrte nach Epirus zurück. Die im Stich gelassenen Bundesgenossen, vor allem Tarent, konnten sich nur noch Rom unter möglichst erträglichen Bedingungen unterwerfen ... Mit Ausnahme des keltischen Oberitaliens war nun Italien unter Roms Führung geeinigt[4].«

Ein Gebiet von 130 000 km$^2$! Dieser Pyrrhos, eine schillernde Persönlichkeit, war der richtige Mann am falschen Ort: Mit Rom konnte man nicht mehr so umspringen wie mit kleinasiatischen oder griechischen Duodezfürsten. Auf seinem Mißerfolg, der nicht zuletzt durch die Treue der Latiner bewirkt wurde, beruht dieser ungeheure Sprung Roms nach vorn, von der Mittelmacht zur Großmacht! Der römischen Führung wird erst allmählich zu Bewußtsein gekommen sein, was da gleichsam über Nacht geschehen ist. Doch dieser Lernprozeß sollte bald beschleunigt werden, als Gesandte von Messana (Messina) um römische Hilfe gegen die bedrohlich nahe operierenden Karthager baten: Wer Macht hat, trägt Verantwortung!

Damit geht der Vorhang auf für ein Schauspiel in drei Akten, von dessen Ausgang bis auf den heutigen Tag die gesamte Geschichte geprägt werden wird: Der Kampf mit Karthago!

Wenn es bis heute nur eine Handvoll hervorragender und gleichzeitig weiteren Kreisen bekannte Darstellungen dieser Kultur gibt, so hat es zwei Gründe: Erstens existieren keine originalkarthagischen Quellen; zweitens folgte die gesamte Geschichtsschreibung der Neuzeit dem romanozentrischen Blickwinkel – wir übrigens auch! Es hängt eben einfach damit zusammen, daß wir die Erben Roms wurden und nicht die Erben Karthagos.

Wer waren diese Karthager oder ›Poeni‹, wie die Römer sie nannten? Das lateinische Wort hält die Herkunft fest: ›Poeni‹ ist eine Verkürzung von ›Phoenices‹, Phönizier. Dieses seefahrende Volk, von dem Griechenland das Alphabet erbte und an die Welt weitergab, dem Handel und Seeraub zeitweise Varianten der gleichen Betätigung waren, das die frühesten Entdeckerfahrten jenseits der Säulen des Herakles (Gibraltar) bis nach Nordwestfrankreich und darüber hinaus unternahm, dieses Volk spielte in den Anfängen der mediterranen Kulturen die entscheidende Vermittlerrolle zwischen Orient und Okzident. Dabei waren die Motive durchweg kommerzieller Natur: Ähnlich den Spaniern und Portugiesen der Renaissance waren sie ständig auf der Suche nach Eldorado – im Westen, in Spanien und an den Küsten Galliens. Es ging um Gold, Silber, Zinn, Kupfer.

Auf den langen Fahrten von ihren Heimathäfen im heutigen Syrien und Libanon nach Westen benutzten sie Versorgungsplätze und Stützpunkte auf Inseln und geschützten Häfen des Festlandes. Aber anders als die Griechen später nahmen sie dabei vom Hinterland dieser Brückenköpfe kaum Notiz, sondern begnügten sich damit, kleine, befestigte Siedlungen von einigen tausend Seelen an solchen Plätzen anzulegen, die ihre Handelsflotten vor den gefährlichen Nordweststürmen schützten. Mit einer Infrarotkamera aus großer Höhe aufgenommen, würden wir bei Nacht ein feingeordnetes Punktsystem an den Küsten und Inseln des westlichen Mittelmeeres sehen: ausgehend von den phönizischen Mutterstädten, Arados, Byblos, Berytos, Sidon und vor allem Tyros, entlang der nordafrikanischen Küste über Leptis, Sabrata, Thapsos, Karthago, Utica, Hippo bis nach Lixos, Tingis (Tanger), Abyle, Abdera, Malaca und Gades (Cadiz) an der iberisch-afrikanischen Meerenge. Weitere Stützpunkte lagen auf Malta, Sizilien und auf den Balearen.

Diese phönizische Kolonisationstätigkeit reichte vom 12. bis ins 8. Jahrhundert, wurde dann von den Griechen abgelöst, die die Südküsten von Spanien, Gallien (Massilia), Süditalien und Sizilien in Beschlag nahmen.

Schon sehr bald erwies sich Karthago (= Neustadt), eine Gründung von Tyros, der Mutterstadt überlegen. Strategisch, kommerziell und geographisch ungemein günstig an der engsten Stelle des Mittelmeeres gelegen, beherrschte es bald den gesamten Westhandel und überflügelte alle anderen phönizischen Niederlassungen. Nach karthagischem Gründungsmythos 814 (v. Chr.) entstanden, wissen wir dank intensiver archäologischer Arbeit, daß dies etwas später geschah. Es ist für die römische Geschichtsauffassung bezeichnend, daß sie die Stadtgründung der späteren Rivalin etwa in die gleiche Zeit legt, da Rom nach der Sage entstand, um damit anzudeuten, daß Rom von Anfang an dabei war. So spielt auch das archaische Karthago in Vergils Aeneas-Epos eine wichtige Rolle. Hier die Szene, als der Held die Stadt betritt:

»Jene eilten indes, wohin der Fußpfad sie führet,
Und erstiegen bereits schon den Hügel, der dicht um die Stadt her
Sich erhebt und herab auf die hochaufragende Burg schaut.
Staunend betrachtet Aeneas die großen Werke, wo alters
Hütten, bewundert die Pforten, den Lärm und das Pflaster der Straßen,
Hitzig betreiben die Tyrer den Bau; teils türmen sie Mauern
Und erheben die Burg aus emporgewälzeten Quadern,
Teils erkiesen sie Plätze, mit Furchen bezeichnet, zu Häusern,
Wählen den heiligen Rat, die Stätte des Rechts und der Richter.
Einige graben hier an dem Hafen, andere legen
Dort zum Theater den tiefen Grund und hauen aus Klippen
Türmende Säulen, erhabene Zierden der künftigen Bühne[5].«

Diese Zeichnung der Stadt faßt bewußt altertümelnd zusammen, was natürlich in längeren Zeiträumen entstand. Im übrigen zieht Vergil der Stadt ein hellenistisch-römisches Gewand an:

»In der Mitte der Stadt war ein weitum schattender Lufthain,
Wo die Pöner, von Sturm und Woge verschlagen, gleich anfangs
Aus der Erd' ein Zeichen, gezeigt von der Königin Juno,
Ausgegraben, den Kopf von einem streitbaren Rosse:
Denn so würde dieses Geschlecht einst mutig im Kriege
Und Jahrhunderte durch an glänzenden Siegen berühmt sein.
Hier erbaute Dido von Sidon der Juno zu Ehren
Einen herrlichen Tempel, geziert mit köstlichen Gaben
Und dem Bildnis der Göttin ...[6].«

In Wahrheit lag nichts ferner als eine kulturelle und mythische Verbindung mit griechisch-hellenistischen Überlieferungen. Karthago war geistig geprägt von den semitischen Traditionen der Völker des fruchtbaren Halbmonds. In gewissem Sinne war Karthago ›päpstlicher als der Papst‹, wozu Diasporagruppen und Kolonisten in fremder Umgebung immer neigen: Während im Osten Phönizien im Hellenismus aufging, während die hellenistischen Nachfolgestaaten des Alexanderreiches in Kleinasien unter dem Druck der Parther zusammenbrachen, entfaltete Karthago weiter vital seine überkommenen Lebens-, Staats- und Kulturformen.

Die Verfassung des Stadtstaates war oligarchisch, das heißt, eine bevorrechtigte Gruppe des Geburts- oder Geldadels verfügte über die legislative und exekutive Gewalt. Hier ist vor allem die Sippe der Magoniden zu nennen, die seit dem 6. Jahrhundert die Geschicke der Stadt bestimmte. Ähnlich wie in Rom gewann ein aristokratischer Senat seit dem 5. Jahrhundert an Einfluß, während auf den Willen der breiten Masse keine Rücksicht genommen wurde. Dies um so weniger, als die Bevölkerung zahlenmäßig zu schwach war, in großer Zahl Truppen stellen zu müssen. Karthago errang seine militärischen Erfolge zu Lande und zu Wasser immer mit Söldnertruppen aus Iberern, Libyern, Galliern, Griechen und Bewohnern der Balearen.

Dieses kommerziell ausgerichtete System ist in vielem den italienischen Stadtstaaten der Renaissance vergleichbar und zeigt die gleichen Stärken und Schwächen: die Möglichkeit, skrupellos den Willen der Herrschenden durchzusetzen – wie die gefährliche Abhängigkeit von Söldnertruppen, denen Begriffe wie Vaterland, Nation, heimische Tradition völlig fremd waren. Sie verkauften ihre Haut an den Meistbietenden.

Wie tief das religiöse Empfinden noch in Urzeiten zurückreichte, zeigen die kultischen Menschenopfer, wie wir sie später nur noch bei den Azteken wiederfinden. Oberste Gottheit war Baal, der Marduk Altbabyloniens, eine Sonnen- und Vegetationsgottheit. Sie wurde später dem ägyptischen Ammon, dem griechischen Kronos und dem italischen Saturn gleichgesetzt. Ihm zur Seite fungiert Tanit als Schutzgöttin der Stadt, Herrin des Mondes und Spenderin aller Fruchtbarkeit. Vergil setzt sie der Juno gleich – einer Gottheit, die ihren Charakter oft gewandelt hat, von der westsemitischen Astarte mit dem Kult der Tempelprostitution (im Alten Testament von den Propheten immer wieder scharf angegriffen) über die Göttin der Liebe (Aphrodite), des Himmels (Venus), des Krieges (in Ägypten Sachmet) zur Stadtgottheit wie Athene.

Grundlage der exponierten Machtstellung im westlichen Mittelmeer war der Handel: Gold, Silber, Zinn, Kupfer, Eisen werden getauscht gegen Wein, Getreide, Stoff, Keramik im Osten. Die westlichen ›unterentwickelten‹ Rohstofflieferanten werden dabei ebenso mit billigem Kram und Tand übers Ohr gehauen wie in der Neuzeit die exotischen Länder der heißen Zonen.

Immer auf der Suche nach neuen Rohstoffquellen, stießen im 5. Jahrhundert Hanno und Himilko weit ins Unbekannte vor, fuhren entlang der afrikanischen

Küste bis zur Mündung des Niger. Die Transportwege müssen jedoch zu lang und gefährlich gewesen sein, denn wir erfahren später keine Nachrichten mehr über ähnliche Unternehmungen.

Im westlichen Mittelmeer verfügte Karthago über ein absolutes Handelsmonopol und versenkte die Schiffe anderer Staaten, die in dieses Gebiet eindrangen. Eine wichtige Quelle sind in diesem Zusammenhang die frühen Verträge mit Rom aus den Jahren 508 und 348. Polybios, in all diesen Dingen unser Gewährsmann, hat sie zu seiner Zeit (Mitte 2. Jahrhundert) noch selbst eingesehen »auf ehernen Tafeln im Aerarium (Archiv) beim Tempel des Jupiter«. Darin werden die Interessensphären genau gegeneinander abgegrenzt:

»Unter folgenden Bedingungen soll Freundschaft bestehen zwischen den Römern und den Bundesgenossen der Römer und den Karthagern und den Bundesgenossen der Karthager. Die Römer und ihre Bundesgenossen sollen nicht über das ›Schöne Vorgebirge‹ (Kap Farinna unmittelbar im Norden von Karthago, d. V.) hinausfahren, es sei denn, daß sie durch Sturm oder Feinde dazu gezwungen werden. Wenn aber einer durch Gewalt verschlagen und zu landen genötigt ist, soll es ihm nicht gestattet sein, etwas zu kaufen oder zu nehmen, außer was zur Ausbesserung des Fahrzeugs oder zu Opfern nötig ist. Innerhalb von 5 Tagen soll er wieder auslaufen. Die aber, die des Handels wegen kommen, sollen kein Geschäft rechtskräftig abschließen dürfen, es sei denn im Beisein eines Herolds oder Schreibers ... Wenn ein Römer nach Sizilien kommt, soweit es unter der Hoheit der Karthager steht, sollen die Römer in allem Gleichberechtigung genießen. Die Karthager sollen sich aber keine Übergriffe zuschulden kommen lassen ... gegen irgendeinen von den Latinern, soweit sie den Römern untertänig sind ... Einen festen Platz sollen sie nicht in Latium bauen ...[7].«

Ein zweiter Vertrag von 348 modifiziert die Interessensphären noch genauer und betont die starke Stellung Karthagos:

»... In Sardinien (!) und Libyen soll kein Römer Handel treiben oder eine Stadt gründen noch landen[8].«

### 3. *Schuldiger gesucht: Nord-Süd-Konflikt*

Mittlerweile aber haben sich – wie wir sahen – die Kräfteverhältnisse in der süditalienischen Wetterecke grundlegend verändert. Es kann nicht ausbleiben, daß es zwischen den beiden Mächten, die sich auf Wurfweite gegenüberstehen, zu Konflikten kommt, wenn sich ihre Satelliten in die Haare geraten. Und genau das tritt ein!

Oskische Söldner hatten während des Krieges, den Syrakus mit Hilfe des Pyrrhos gegen Karthago führte, im Dienst von Syrakus gestanden. Diese Landsknechte waren über das schnelle Ende des Feldzugs enttäuscht, bemächtigten sich Messanas und hausten in der Stadt wie später die Truppen Karls V. in Rom. Messana wendet sich an Karthago um Hilfe, als Syrakus Anstalten macht, die Stadt zu nehmen. Karthago nutzt die einmalige Gelegenheit, legt in die Stadt mit ihrer festen Akropolis eine ›Schutztruppe‹ und kontrolliert somit die wichtige Straße zwischen Sizilien und der italischen Stiefelspitze.

Ein anderer Teil der Bürger von Messana aber bittet nun Rom um Hilfe. Für Rom ergibt sich die schwierige Frage, was zu tun sei ...

Seit Polybios ist der Disput über die Kriegsschuldfrage des Jahres 264 nicht abgerissen. Greifen wir aus der Fülle drei moderne Stellungnahmen heraus. H. Bengtson schreibt:

»Es kann als sicher gelten, daß keine der beiden Großmächte den Krieg gesucht hat ... Die Ausdehnung der karthagischen Macht schien ihnen (den Römern) aber keine andere Wahl zu lassen[9].«

Ernst Kornemann: »... ist die älteste Expansion Roms über das eigentliche Halbinsel-Italien hinaus nicht von einem großen, von vorneherein ausgedachten Eroberungsplan bestimmt. Welteroberung liegt diesen Großbauern, die damals im römischen Senat saßen, zunächst und auf lange Sicht noch vollkommen fern[10].«

Der Ablauf eines Krieges, besonders eines geographischen und strategisch so überschaubaren wie des 1. Krieges gegen Karthago, ist leichter darzustellen, als seinen tieferen Ursachen nachzuspüren. Darum fordert der Althistoriker Alfred Heuß, daß man Geschichte nicht »rückwärts von ihrem Ende, sondern vorwärts von ihren anfänglichen Gegebenheiten aus« interpretieren muß[11]. Und am Ende stellt er fest: »Rom ist eben in diesen Krieg nicht nur ohne Absicht eingetreten, sondern hat auch während seiner ganzen Dauer an der fehlenden inneren Vorbereitung auf ihn zu leiden gehabt. Nur seine Energie und das Bewußtsein, daß, nachdem der Krieg einmal Tatsache war, mit ihm und seinem Ausgang viel auf dem Spiel stehe, haben nach langen Umwegen schließlich doch ein glücklicheres Ende herbeigeführt. Es ist deshalb dem Charakter des Krieges auch wenig angemessen, ihn einfach als ein Raub- und Kolonialunternehmen zu charakterisieren ...

... In dem Krieg, der aus kleinen Anfängen sich zum Austrag eines weltgeschichtlichen Ringens entwickelte, laufen eben mehr politische Motive zusammen, als sich aus der schließlichen territorialen Verschiebung erkennen läßt, und es ist bei ihm, wie so oft in der Geschichte, daß Ausmaß und Bedeutung des Kampfes keine von Anfang an gesetzten festen Größen sind ... Für den römischen ›Imperialismus‹, wenn wir damit die italische Expansion Roms bezeichnen, ist damit aber gleich in seiner ersten Phase eine charakteristische Note aufgedeckt, die auch sonst seinen Verlauf kennzeichnet[12].«

Dieser 1. Punische Krieg (264–241) wurde gleich von Anfang an erbittert ausgetragen. Zur See hatte Karthago das Sagen, zu Lande waren die karthagischen Söldner den kampferprobten Bürgerlegionen nicht gewachsen: »Zu Lande, das sahen sie, ging ihnen alles nach Wunsch vonstatten. Da aber die Karthager unbestritten das Meer beherrschten, standen die Waagschalen des Krieges im Gleichgewicht«, sagt Polybios[13]. Die römischen Landratten haben keine Erfahrung im Bau von Schlachtschiffen. Aber, Not macht bekanntlich erfinderisch:

Während eines karthagischen Angriffs wagt sich ein punisches Schiff zu weit vor, strandet am Ufer und fällt in römische Hände. »Dieses Schiff nahmen sie jetzt zum Modell und bauten danach ihre ganze Flotte ... Da aber die Schiffe schlecht gebaut und schwerfällig waren, schlug ihnen jemand als eine Hilfe für die Schlacht Vorrichtungen, später ›Raben‹ genannt, vor, die folgendermaßen konstruiert sind: Auf dem Vorderdeck stand ein runder Balken von vier Klaftern Länge, drei Hand breit im Durchmesser. Dieser hatte seinerseits am oberen Ende eine Rolle, um ihn herum aber war eine Leiter gelegt, die querüber mit Brettern benagelt war, vier Fuß breit und sechs Klafter lang. Das Loch des Bretterwerks war länglich und ging um den Balken gleich nach den beiden ersten Klaftern der Leiter herum. Diese aber hatten an ihren beiden Längsseiten noch je eine Seitenwand, die bis zur Höhe der Knie reichte. Am Ende der Leiter war eine Art von Hacke, vorn zugespitzt, angebracht, die am oberen Ende einen Ring trug, so daß das Ganze einer Troghacke, wie sie die Bäcker gebrauchen, ähnlich sah. An dem Ring war ein Seil befestigt, mit welchem man beim Rammstoß der Schiffe die Raben vermittels der am Balken befindlichen Rolle aufzog und auf das Verdeck des fremden Schiffes niederfallen ließ, bald auf das Vorderdeck, bald auch durch eine Drehung der Maschine gegen die von der Seite kommenden Rammstöße. Sobald nun die Raben in die Bretter des Verdecks einschlugen und die Schiffe aneinandergebunden hatten, sprangen sie, wenn sich die Schiffe mit den Breitseiten aneinanderlegten, von überallher auf das feindliche Schiff hinüber, wenn sie dagegen mit dem Bug aneinandergestoßen waren, gingen sie auf dem Raben selbst in dichtgeschlossener Reihe zu zweien hinüber ... Auf diese Weise gerüstet, warteten die Römer auf eine günstige Gelegenheit zur Schlacht[14].«

Sie kommt sehr schnell: Bei Mylae, nordwestlich Messanas, erhalten die Karthager ihren ersten Denkzettel. 50 ihrer stolzen Renner gehen zu den Fischen – fast die Hälfte der Flotte! Die verdutzten punischen Admiräle schlagen sich an den Kopf, es kann doch nicht wahr sein! Aber ja! Rom ist Seemacht geworden.

Nun glaubt Rom sich fähig, offensiv gegen Karthago selbst vorgehen zu können. Seine gelandete Invasionstruppe wird jedoch 256/55 wegen Unfähigkeit der Generäle völlig geschlagen, der Rest gefangengenommen. Zum erstenmal haben sie mit Kriegselefanten, den Panzern der Zeit, schlechte Bekanntschaft gemacht. Nun plempert der Krieg in Sizilien dahin; im gebirgigen Geländekrieg erschöpfen sich beide Seiten. So wäre es lange weitergegangen, hätten nicht die sonst so sparsamen Senatoren allen beweglichen Besitz zu Geld gemacht. Aus diesen Mitteln wird eine Flotte von 200 Schiffen in Rekordzeit aus dem Boden gestampft.

Ein Jahr später – man hat aus den Fehlern gelernt – erringt dieser Verband 241 bei den Ägatischen Inseln vor der Westspitze Siziliens den entscheidenden Sieg und kann den Frieden diktieren. Ergebnis des dreiundzwanzigjährigen Ringens:

Karthago zahlt eine Kriegsentschädigung von 3200 Talenten (ca. 32 Mill. Mark) in zehn Jahren; Syrakus, mit Rom verbündet, bleibt selbständig; das übrige Sizilien wird erste römische Provinz: 10 % des Ernteertrags, 5 % der Hafenumsätze gehen an Rom. Die Insel wird einem Praetor, der ab 227 eigens dazu gewählt wird, unterstellt. In den folgenden Jahrzehnten wird Rom das Letzte aus dem Land herausholen, so daß es sich bis in die Neuzeit nicht mehr davon erholen soll (wenn man von dem normannisch-staufischen Zwischenspiel im 12. und 13. Jahrhundert absieht).

Von nun an gibt es mit Karthago keine Nachsicht mehr; ›Punier‹ wird zum Synonym für Lügner, Geizhals, Geldscheffler, treulosen Krämer. Inwieweit sich dabei ein früher Antisemitismus breitmacht, läßt sich heute nicht mehr ausmachen; zumindest bei den Unterschichten dürfte er seine verderbliche Wirkung gezeitigt haben.

Wir lernen aber auch den ›häßlichen Römer‹ kennen: 238 meutern karthagische Söldner wegen unpünktlicher Zahlung in Afrika und Sardinien. Kaltblütig erpreßt Rom daraufhin die Abtretung Korsikas und Sardiniens und fordert eine erneute Reparationszahlung von 1200 Talenten. Beide Inseln werden nach sizilischem Muster einem Praetor als Provinz zugewiesen, die Einwohner zu Untertanen (peregrini = Fremde) erklärt. Der Praetor hat als Imperiumsträger militärische, magistrale und richterliche Obergewalt. Sehr bald führt Rom den Brauch ein, gewesene Consuln und Praetoren als Pro-Consuln und Pro-Praetoren mit der Statthalterschaft auszustatten. Viele von ihnen benutzten ihre neuen Kompetenzen, um auf bequeme Weise ihre zerrütteten Finanzen wieder in Ordnung zu bringen. Aber davon bei Catilina mehr ...

Karthago gibt nicht auf, trotz der ungeheuren Verluste an Menschen, Land, Geld und Ausrüstung. Und wenn es die folgenden Jahre nicht nur überlebt, sondern in einem erneuten Anlauf seine Stellung als beherrschende Handels- und Seemacht des Westens behauptet, so verdankt es dies einer einzigen Familie: den Barkiden, den ›Blitzen‹, denn der Name leitet sich ab von Hamilkar Barkas, dem Vater der Brüder Hannibal, Hasdrubal, Hanno und Mago. Seine ›Löwenbrut‹, wie er sie stolz nannte.

Hamilkar ist der Mann, der nicht aufgibt. Er war es, der den ungemein schwierigen Kleinkrieg auf Sizilien durchhielt. Er war es, dem man dann bequem die Niederlage bei den Ägatischen Inseln anhängte, der dann aber gut genug war, den Waffenstillstand mit Rom auszuhandeln. Er war es, dem die Niederwerfung des Söldneraufstandes in Libyen (241) gelang. Ein karthagischer Marius, der sich auf eine ergebene Armee und die Gunst der Menge stützte, und dem es so gelang, seinen aristokratischen Widersacher Hanno auszubooten. Hamilkar ist einer der großen Vorläufer der Geschichte – wie Philipp von Makedonien, Alexander's Vater; wie Friedrich Wilhelm I., Friedrichs d. Großen Vater –, die den Söhnen die Bahn vorzeichnen. Ohne Hamilkar kein Hannibal!

Karthago hat einen Krieg verloren, aber nicht seinen Lebenswillen. Hamilkar bringt es mit dem Gewicht seiner Autorität fertig, einen wichtigen Teil der Aristokratie davon zu überzeugen, daß Rom nach nichts anderem als der totalen Vernichtung der Stadt trachte. Die öffentliche Meinung ist auf seiner Seite. Diesen ›Falken‹ halten die ›Tauben‹ entgegen, Karthagos Zukunft liege auf dem Wasser, man solle sich ruhig verhalten, auf den einträglichen Handel verlassen und die römische Wölfin nicht unnötig reizen.

Aber Hamilkar hat überzeugende Argumente: Man ist Rom im Norden und Osten nicht mehr gewachsen, das maritime Patt ist erreicht, Sizilien, Sardinien, Korsika sind römische Provinzen. Man muß weiter westlich eine neue Konzeption entwickeln und von vorne beginnen. Konkret: Die karthagische Herrschaft muß nach dem spanischem Hinterland greifen! Weg von der veralteten phönizisch-punischen Tradition, sich nur auf die Hafenplätze wie Gades, Malaca, Abdera und Mastia zu beschränken!

Der Plan stößt auf starke Kritik der erzkonservativen Aristokratie, aber Hamilkar ist von diesen Leuten nicht mehr zu kontrollieren, Armee und Volk stehen hinter ihm. 238 setzt er mit seiner Truppe nach Spanien über und gewinnt durch Kämpfe und Verträge ein Gebiet, das etwa dem römischen Italien an Größe entspricht. 236 nimmt er die reichen Erzlager der Sierra Morena in Be-

sitz und kann mit dem gewonnenen Edelmetall die letzte Rate der Reparationen an Rom bezahlen.
Wenn das Territorium auch offiziell im Namen Karthagos erobert wird, läßt Hamilkar den spanischen Fürsten keinen Zweifel daran, wer der Herr im Lande ist. »Dieses neue Machtgebilde im südlichen Spanien war schon keine Provinz Karthagos mehr, sondern im Grunde kaum etwas anderes als ein Fürstentum unter einer karthagischen Dynastie[15].«
Für diese eigenartige Konstellation, bei der die Mutterstadt wirtschaftlich und politisch zunehmend von der Provinz und ihrem Statthalter von eigenen Gnaden abhängig wird, gibt es keine Parallele in der Geschichte. Karthago will sich nicht von einem Weltbild lösen, das in Jahrhunderten gewachsen ist und ozeanisch denkt, während Hamilkar bei der bedrohlichen Nachbarschaft Roms erkennt, daß nur eine starke Territorialmacht ein strategisches Gegengewicht bilden kann. Die Zeiten der reinen Handelsmächte ohne Hinterland sind vorbei, Stadtstaaten haben keine Zukunft mehr. Ist daran nicht Tyros zugrunde gegangen? Und was ist mit Sparta, Athen, Korinth? Pfeift nicht auch Syrakus auf dem letzten Loch, in waghalsiger Schaukelpolitik wie ein Seiltänzer auf morschem Seil balancierend?
Hamilkar weiß intuitiv, für Rom ist Spanien zur Zeit »weit hinten in der Türkei«; Rom hat aktuellere, sehr nahe Probleme: Die Po-Kelten regen sich wieder; die Illyrer machen die Seefahrt auf der Adria unsicher. Karthago hat ja seinen Denkzettel bekommen ... Auf alle Fälle, denkt Hamilkar, muß vorsichtig operiert werden. Man darf die Wölfin nicht reizen. Sie muß sich völlig sicher glauben hinter dem Wall der drei großen Inseln. Und Rom fühlt sich sicher, so sehr, daß niemand der sonst so vorausschauenden Senatoren bemerkt, welch eine Hausmacht da vor Roms Hintertür heranwächst.
Zwar fällt Hamilkar 229 während eines Feldzuges gegen die Moretaner; aber für die Nachfolge ist längst gesorgt, das spanische Oberkommando geht auf seinen Schwiegersohn Hasdrubal über.

# Die Herausforderung des Jahrhunderts

## *1. Sohn eines großen Vaters*

Seit über 2000 Jahren beginnt jede Biographie Hannibals mit einer berühmten Kolportage, begründet von Polybios, von allen Späteren übernommen und ausgesponnen:

»In der Zeit, als sein Vater (Hamilkar) die Ausfahrt mit seinem Heer nach Iberien habe antreten wollen, habe er (Hannibal), neun Jahre alt, während Hamilkar dem Zeus ein Opfer darbrachte, zu Seiten des Altars gestanden. Als sein Vater dann nach glücklichem Ausfall des Opfers den Göttern die Spende dargebracht und die übrigen Gebräuche verrichtet hatte, habe er die anderen bei der Opferhandlung Anwesenden ein wenig zurücktreten lassen, ihn selbst aber herausgerufen und freundlich gefragt, ob er ihn auf seinem Zug begleiten wolle. Als er nach Knabenart freudig ja gesagt und ihn sogar noch dringend darum gebeten habe, da habe Hamilkar seine Rechte ergriffen, ihn an den Altar geführt und ihn unter Berührung der Opfer den Schwur tun heißen, niemals ein Freund der Römer zu werden ...[16].«

Daraus klitterte ein Autor unseres Jahrhunderts folgende Szene:

»Noch härter wird der Griff der Hände auf den schmalen Knabenschultern. Das Gesicht des Mannes hat alle Unbeweglichkeit verloren, entbrennt in glühendem Haß, der aus den Zügen alles Menschliche fortwischt, die Stimme dröhnt, daß alle Echos des Tempels erwachen:

›Diesen Altar, der dir in der Ferne das Vaterland versinnbildlicht, erfasse mit beiden Händen und schwöre mir, mein Sohn Hannibal, daß du, wenn ich nicht mehr bin, mein Werk fortführen und zu Ende bringen wirst; daß du dein Leben lang die Römer hassen und bekämpfen wirst, als bis du sie zu Boden geworfen oder selbst deinen Untergang gefunden hast!‹

›Hast!‹ gellt ein Echo nach, ›Hast!‹ – ›Hast!‹ äffen andere aus dem Dunkel der Ecken und Winkel.

Die Erregung des Vaters hat sich nun auch des Jungen bemächtigt. Am ganzen Leibe zitternd erfaßt er mit beiden Händen den Altarstein und ruft mit aller Kraft seiner hellen Knabenstimme:

›Ich schwöre es!‹«[17]

Genug! Ein absoluter Höhepunkt an Kitsch, Pathos und Trivialität! Sie sehen, wie leicht es ist, karg überlieferte Ereignisse zu verfälschen – und wie schwierig, einen guten historischen Roman zu schreiben ...

Aber uns interessiert ja das Faktum, das Polybios anspricht: Wie ist es mit dem Haß Hannibals und Hamilkars auf Rom bestellt?

Mommsen umgeht die besagte Episode, schreibt aber später um so deutlicher: »... freilich haßte er, wie nur orientalische Naturen zu hassen verstehen[18].«

Ihm folgte eine ganze Historikergeneration von Eduard Meyer bis Franz Altheim, der schrieb: »Der Haß gegen Rom trieb ihn an und der Wunsch nach Rache, die er einst als Knabe seinem Vater durch Eid gelobt hatte[19].«

Die moderne Forschung neigt bei der Erörterung emotional gezeichneter Überlieferungen zu betont nüchterner Betrachtung, so W. Hoffmann in seiner glänzenden Hannibalstudie: »Manche Rätsel gibt schon die Erzählung selbst auf. Von dem Inhalt des Gesprächs wußten nur Vater und Sohn. Wer aber hat dieses Geheimnis gelüftet? ... Jene in ihrer düsteren Atmosphäre des Hasses so eindrucksvolle Eidesszene vermag allenfalls zu bestätigen, was wir ohnedies schon wissen, aber nimmermehr reicht sie aus, um zu erklären, wie und warum alles so geworden ist[20].«

Lassen wir einstweilen diese Frage zwischen den Zeilen stehen, bis wir bei passender Gelegenheit eine Antwort suchen können. Mit neun Jahren betritt der junge Hannibal fremden Boden und wird ihn zwanzig Jahre lang nicht verlassen: Spanien. Seine entscheidende Entwicklung vom Kind zum Jugendlichen und Mann vollzieht sich fern von Karthago. Er wird die Stadt in reiferen Jahren als geschlagener Feldherr zum erstenmal wiedersehen – und alles wird ihm kleiner vorkommen. Was er jetzt über Karthago erfährt, stammt vom Vater, von dessen Freunden, vielleicht von der Mutter, deren Namen wir nicht einmal kennen.

Genau wie die letzten liegen diese frühen Jahre im dunkeln. Wir erfahren nichts von Erziehung, nichts von Freunden, Interessen, Streichen und sind auf Vermutungen angewiesen. So ist anzunehmen, daß er in Spanien Griechisch gelernt hat, wie denn gerade zu dieser Zeit ein Strom hellenistischen Gedankenguts nach Westen zieht und der altrömische Dichter Porcius Licinus spötteln kann:

»In dem zweiten Punierkriege trat mit federleichtem Schritt
Sanft die Muse unters wilde waffenfrohe Römervolk[21].«

Er wächst im Lager auf »als der älteste Sohn des Feldherrn Hamilkar. Man sah in ihm den künftigen Erben, und das hob ihn aus der Schar seiner Altersgenossen heraus. Aber anders als in Karthago, wo die vornehme Jugend zusammen mit ihresgleichen erzogen wurde, frühzeitig schon eine festgefügte staatliche Ordnung kennenlernte und vom Fluidum einer uralten Tradition umgeben war, fühlte sich Hannibal auf dem kolonialen Boden gegenüber den Spaniern, aber auch gegenüber den Soldaten, die seinem Vater gehorchten, als der geborene Herr[22].«

Doch anders als in dem ähnlichen Fall des späteren römischen Kaisers Caligula, der seinen Namen ›Stiefelchen‹ (caliga = Stiefel) der Truppe verdankte, die ihn als Lagermaskottchen verpäppelte, muß Hamilkar von Anfang an auf den herrscherlichen Abstand gesehen haben, der jede plumpe Kumpanei verbot. Um so größeren Wert legte er auf die Achtung vor den soldatischen Leistungen des gemeinen Mannes und forderte vom Sohn und designierten Nachfolger die gleichen Strapazen wie von der Truppe. Wie sehr sich diese Erziehungsmethode auszahlte, werden wir später noch öfters sehen.
Beim Tode des Vaters ist er erst 18 Jahre alt. Oberbefehl und Regiment in der barkidischen Provinz gehen an den Schwager Hasdrubal über. Die Wahl ist gut, das Erbe in besten Händen, die Armee erhebt keinen Einspruch. War Hamilkar der Stratege, so ist Hasdrubal der Politiker und Diplomat. – Hannibal sollte beide Begabungen vollendet in sich vereinigen.
Es ist Rom nicht verborgen geblieben, wie Karthago durch die Hintertür Spaniens auf seinen alten angestammten Platz als westliche Großmacht zurückgekehrt ist. Mehr noch: Dieser Hasdrubal gründet an der Südostküste Spaniens ein Carthago-Nova, Neukarthago, und hat das spanische Hinterland fest in der Hand. Die Errichtung dieses neuen Flottenstützpunktes muß die römischen Admirale schockieren, die wie alle Admirale die Zukunft ihres Landes nur auf dem Wasser sehen.
Aber denkt Hasdrubal überhaupt an eine maritime Konfrontation? Vernachlässigt er nicht gerade den Flottenbau, um alle Kräfte auf die Unterwerfung ganz Spaniens zu konzentrieren! In jedem Fall muß er geschickt vermeiden, die Aufmerksamkeit der Wölfin auf seine Maßnahmen zu lenken; denn schon streckt Rom seine diplomatischen Fühler nach Westen aus.
Eines Tages erscheinen seine Gesandten in Carthago Nova. Vorgespräche, Essen, Geheimkonferenzen, Erscheinen in der Öffentlichkeit – der übliche Kanon internationaler Treffen. Wichtig ist, man spricht mit Hasdrubal – nicht mit Karthago! Seine Stellung ist stärker denn je, er benötigt nicht das Placet Altkarthagos. Ergebnis ist der folgenschwere ›Ebro-Vertrag‹:

1. Der Ebro soll Grenzscheide beiderseitiger Interessenssphären sein.
2. Hasdrubal verzichtet darauf, den Fluß mit feindlicher Absicht zu überschreiten.
3. Rom erkennt die karthagische Hoheit südlich des Ebro an.

So aufgesetzt und paraphiert im Jahre 226. Zwischen den Zeilen: Rom behält sich die Freiheit vor, das Gebiet zwischen Ebro und Pyrenäen als römisches Interessengebiet zu betrachten, obwohl es de facto Niemandsland ist. Es ist nicht zu übersehen, daß dieser ›Ostvertrag‹ nur Hasdrubal Verpflichtungen auferlegt und Rom sich mit der ›Anerkennung der gegenwärtigen Grenzen‹ nichts vergibt.

Ein Jahr später ist Hasdrubal tot, ermordet von einem Spanier aus persönlichen Motiven.

## *2. Rom ein Papiertiger?*

Nun wird sich zeigen, ob man das dynastische Prinzip beibehalten kann, ob Karthago Einspruch erhebt, ob die Armee mitzieht. Doch Karthago ist weit, für die Truppe ist Hannibal der legitime Nachfolger Hamilkars, und so geht der Wechsel ohne Zwischenfälle vonstatten. Was interessiert den Fünfundzwanzigjährigen das Gerangel der karthagischen Tagespolitik? Er ist Soldat, Feldherr, Fürst – kein Bürger! Er weiß nur, wie verheerend die Auswirkungen innerer Zerrissenheit sind, wie übel die aristokratischen Neider um Hanno seinem Vater einst mitgespielt haben. Er aber ist nicht in der Enge Karthagos aufgewachsen, sondern in den weiten, großartigen Landschaften Spaniens, wo das Fernweh hinter jedem Gebirgszug lockt.

Einige Landesfürsten, die naiv genug sind, den Machtwechsel für ihre eigenen Zwecke ausnutzen zu wollen, werden prompt aufs Haupt geschlagen. Dabei soll er ein feindliches Heer von 100 000 Mann in alle Winde zerstreut haben. Wird er sich ganz Spanien nehmen? Hat nicht Alexander genauso begonnen? Historische Vergleiche hinken: Alexander war königlicher Souverän seines Landes; Hannibal ist karthagischer Stratege mit eigener Hausmacht, Rom nicht Persien, sondern ein kritischer Beobachter all seiner Schritte. Und wenn Rom aktiv wird, geht es immer um seine Vorteile. Wie im 1. Punischen Krieg beginnt es mit Kompetenzstreitigkeiten um eine Stadt; diesmal ist es Sagunt (bei Valencia).

Polybios liebt geographische Einleitungen: »Diese Stadt liegt auf einem sich bis zum Meer erstreckenden Ausläufer des Gebirges, das die Grenze von Iberien und Keltiberien bildet, etwa 7 Stadien (1,3 km) vom Meer entfernt[23].«

Wie in Messana gibt es in der alten griechenfreundlichen Polis zwei Parteien, eine etablierte römerfreundliche und eine, die größere Vorteile in der Kollaboration mit den Barkiden sucht. Letztere sieht nach den Erfolgen Hannibals im iberischen Hinterland ihre Stunde gekommen und beginnt, unterstützt durch Emigranten, Hannibal in die Hände zu arbeiten. Darauf wenden sich die isolierten Romfreunde mit der Bitte um Intervention an Rom.

Sagunt ist eine Reise wert: Noch im Winter 220 treffen römische Missionäre in Spanien ein. Dazu Polybios:

»Hannibal war mit seinem Heer (nach dem Nordfeldzug) wieder nach Neu-Karthago in die Winterquartiere zurückgekehrt, der Stadt, die gleichsam das Kleinod der karthagischen Herrschaft in Spanien und ihre Residenz war. Dort traf er die römischen Gesandten, gewährte ihnen eine Audienz und hörte sich die römische Stellungnahme zu den schwebenden Fragen an. Die Römer beschworen ihn, sich von Sagunt fernzuhalten, denn die Stadt stehe unter ihrem Schutze, und entsprechend der mit Hasdrubal geschlossenen Vereinbarung den Ebro nicht zu überschreiten.«

Die braven Senatoren, steif daherredend und so überzeugt von ihrer historischen Sendung, daß sie Hannibals Zugeständnisse schon in der Tasche glauben, fallen aus allen Wolken, als sie dessen Antwort hören:

»Hannibal aber, jung wie er war und voller Kriegslust, zudem erfolgreich in seinen Unternehmungen und schon lange entschlossen, mit den Römern zu brechen, erhob den Gesandten gegenüber, als nähme er warmes Interesse an den Saguntinern, Vorwürfe gegen die Römer, daß sie nur kurze Zeit vorher bei inneren Zwistigkeiten in der Stadt, mit der Friedensvermittlung zwischen den streitenden Parteien betraut, widerrechtlich einige der führenden Männer aus dem Wege geräumt hätten, ein Treubruch, den er nicht gleichgültig mitansehen könne, denn es sei bei den Karthagern althergebrachte Sitte, keinem, der Unrecht leide, ihren Schutz zu versagen[24].«

Hätten die Römer Monokel getragen, wären sie ihnen spätestens jetzt heruntergefallen. Nach kurzer interner Beratung entschließen sie sich, beim punischen ›Pentagon‹ selbst vorstellig zu werden, und segeln nach Süden gen Karthago: Die werden dem Heißsporn schon Vernunft beibringen ...! – und: »Sie erwarteten nicht im entferntesten, in Italien Krieg führen zu müssen, sondern in Iberien, und gedachten Sagunt zu ihrer Operationsbasis zu machen.« Das aber muß Hannibal geahnt haben, denn er holt zum ersten seiner großen Präventivschläge aus: Er beginnt die Belagerung Sagunts, während die Römer in Karthago verhandeln. Noch vor deren Eintreffen hat den Stadtrat eine Depesche Hannibals erreicht, in der er klipp und klar seine Maßnahmen darlegt und rechtfertigt, vor einem Nachgeben warnt und um Unterstützung bittet. Der Rat muß ihm willfahren, denn Hannibal schafft mittlerweile in Sagunt vollendete Tatsachen: Nach acht Monaten härtesten Belagerungskrieges fällt die Stadt ...

»Die Beute war ungeheuerlich. Das meiste war zwar von den Eigentümern vernichtet worden, und bei dem Gemetzel hatte die Wut kaum einen Unterschied im Alter gemacht; aber doch blieb deutlich, daß der Wert der verkauften Sachen eine beträchtliche Geldsumme einbrachte und viel kostbares Gerät und Kleidung nach Karthago geschickt wurde.« So schreibt Livius[25] und kommt dann auf Rom zu sprechen:

»Die Senatoren ergriff eine solche Trauer und ein solches Mitleid mit den so schändlich umgekommenen Bundesgenossen und eine große Beschämung darüber, daß man keine Hilfe gebracht hatte[26].«

Das ruft nach Rache! Und wenn man mit »dem ganzen Erdkreis in Italien und vor den Mauern Roms Krieg führen müsse«!

Das sollen sie haben! Aber nicht heimlich. Eine Kriegserklärung muß dem Feind ins Gesicht geschleudert werden. Also geht eine zweite Gesandtschaft ab nach Karthago; sie wird nur eine einzige Frage stellen: Hat dieser Hannibal Sagunt auf Staatsbeschluß belagert und erobert?

Die Antwort Karthagos: »... Ich würde allerdings meinen (– wie modern die Syntax! d. V. –), hier dürfe man nicht fragen, ob Sagunt auf Hannibals Betreiben oder mit Zustimmung des Staates belagert worden ist, sondern ob er es mit Recht oder Unrecht getan hat! – Wenn ihr euch nur an Verträge binden laßt, die auf euer Geheiß hin geschlossen sind, so hätte ja auch uns Hasdrubals Vertrag (der Ebro-Vertrag; d. V.), den er ohne unser Wissen schloß, nicht verpflichten dürfen ... Rede endlich frei heraus, was ihr schon lange sagen wollt!«

Es folgt die berühmte Szene: »Darauf machte der Römer aus seiner Toga einen Bausch und sagte: ›Hier bringen wir euch Krieg und Frieden; nehmt was ihr wollt!‹

Darauf antworteten sie ebenso trotzig mit Geschrei, er solle nur geben, was er wolle. Und als er den Bausch seiner Toga ausschüttelte und erklärte, er gebe ihnen den Krieg, da antworteten alle, sie nähmen den Kampf an und würden ihn auch mit dem gleichen Mut führen, mit dem sie ihn jetzt annähmen...[27].«

Auf der Rückreise über Gallien müssen die Römer grollend zur Kenntnis nehmen, daß gallische Stämme, namentlich die Averner, nicht bereit sind, den Durchzug eines karthagischen Heeres mit Waffengewalt zu verhindern: Hannibals Gesandte waren schon früher da und haben geschickter verhandelt! Man lacht die Römer aus ...

Hatten sie sich mit ihrem voreiligen Versprechen, den Saguntinern zu helfen, übernommen? Hannibal muß es so scheinen: Rom ein Papiertiger! Aber das kann sich in Kürze ändern. Zunächst muß sein Anhang in Karthago gestärkt werden, und ein Teil der saguntinischen Beute fließt in die Taschen seiner Freunde in der Mutterstadt. Außerdem schickt er ein Kontingent seiner spanischen Truppen nach Afrika und tauscht sie gegen libysche Söldner aus. Man kann nie wissen, welche Winkelzüge Hanno plant.

Den nächsten Coup führt er gegen das Niemandsland jenseits des Ebro und baut in dem sicheren Bereitstellungsraum in aller Ruhe seine Armee auf zum Zug gegen den Osten: 90 000 Mann zu Fuß, 12 000 Reiter und 37 Kriegselefanten. Vorerst weiß nur der engste Vertrautenkreis von seinen Plänen. Als sein Stellvertreter wird der jüngere Bruder Hasdrubal in Spanien zurückbleiben, um diese wichtige strategische Basis zu sichern. Er erhält eine Flotte von 50 Fünfruderern, 2 Vierruderern und fünf Dreiruderern, dazu 2550 Reiter,

12 650 Mann Infanterie und 21 Kriegselefanten[28].
Während Hannibal umsichtig an alle Eventualitäten denkt, die Armee aus den Winterquartieren zusammenruft und über seinem strategischen Konzept brütet, sind pausenlos seine Gesandten bei allen gallischen, alpinen und padanischen Stämmen unterwegs, und »er wartete nun sehnsüchtig auf das Eintreffen der Abgesandten der Kelten. Er hatte sich nämlich genau über die Fruchtbarkeit des Landes am Fuße der Alpen und am Po und die Menge seiner Bewohner sowie über ihre Kühnheit im Krieg und, was die Hauptsache war, über ihren Haß gegen die Römer infolge des letzten Krieges unterrichtet[29].«
Die hier eingesetzten Leute dürften es an Gerissenheit, geheimdienstlichem Know-how und Draufgängertum ganz sicher mit Agenten moderner Geheimdienste aufgenommen haben können. Ihre Erkenntnisse und Dossiers klingen optimistisch: »... die Kelten seien bereit und warteten auf ihn; hinsichtlich des Alpenübergangs aber erklärten sie, er sei zwar sehr mühsam und schwierig, aber keineswegs unmöglich.«
Sein strategisches Ziel: um jeden Preis verhindern, daß Rom stärkere Kräfte nach Gallien wirft! In einem gewagten Manöver über die Westalpen nach Süden und ins Kernland des Feindes vorstoßen! Alle Aufmarschpläne der Römer, die den Angriff über die Küstenstraße der Gallia Narbonensis erwarten, über den Haufen werfen! Abmarsch: Anfang August 218; vor Wintereinbruch in Italien sein!
Das klingt so überzeugend logisch und einfach, faß man sich fragt, warum Rom nicht mit dieser Möglichkeit gerechnet hat. Dazu W. Hoffmann, der sich ein Leben lang mit dem Phänomen Hannibal beschäftigt hat: »Es war ein Weg ins Ungewisse, den er hier begann; in manchem dem Zug Alexanders d. Großen zu vergleichen. Gewiß lag das Ziel nicht, wie bei diesem, in nebelhafter Ferne, aber der Weg von Spanien nach Italien war noch nie mit einem großen Heer beschritten worden. Was das für damals bedeutete, begreift man heute kaum mehr. Welch ein Blick gehörte dazu, zu erfassen, daß von dem fernen Spanien aus über Pyrenäen und Alpen hinweg eine Offensive gegen Italien eröffnet werden könnte, und zugleich welcher Mut, das auch durchzuführen. Aber das Unerhörte dieses Unternehmens lag vielleicht weniger in dem Aufsuchen bislang meist unbekannter Wege, als in dem Verzicht auf alle rückwärtigen Verbindungen[30].«
Zur weiteren Sicherung der spanischen Mark zwischen Ebro und Pyrenäen läßt er erhebliche Truppen und einen Teil vom Troß zurück und überquert dann mit 50 000 Mann zu Fuß, 9 000 Reitern und den 37 Elefanten das Gebirge.

## Die Auseinandersetzungen Roms mit Karthago 216 – 202 v. Chr.

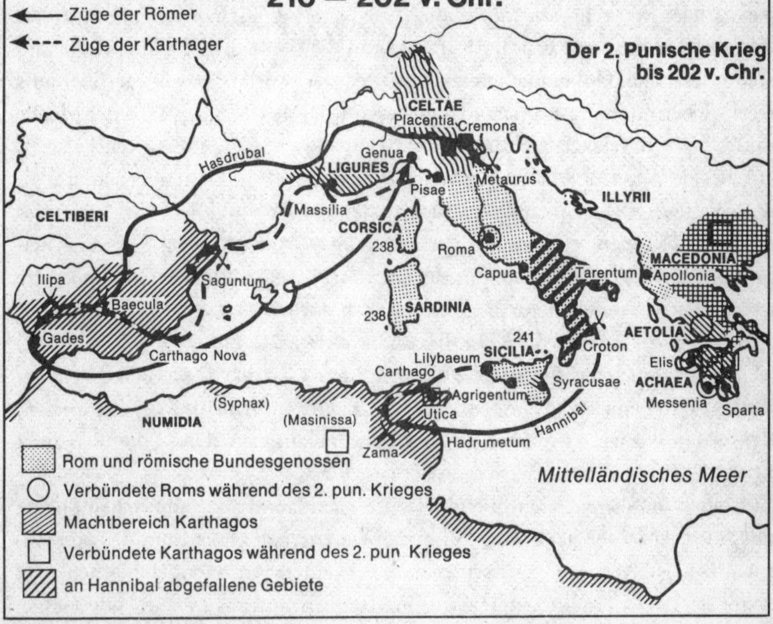

Über eine Linie entlang der heutigen Städte Pergignan, Narbonne und Montpellier erreicht er die Gegend nördlich von Avignon, ohne auf römische Abteilungen zu stoßen.
Zur gleichen Zeit, als Hannibal sich der Rhône nähert, ist P. Cornelius Scipio, Consul 218, mit starken Einheiten und 60 Schiffen unterwegs nach Spanien und macht an einem Mündungsarm der Rhône – dem westlichen – Zwischenstation, damit sich seine Soldaten von der Seekrankheit erholen können ... Nicht weit entfernt, 4 Tagesmärsche stromaufwärts, schlägt sich Hannibal mit einem unfreundlichen Keltenstamm des anderen Ufers herum, der ihm den Übergang über die Rhône verwehren will.
Hannibal schickt eine leichte Abteilung zu einer vier Tagesmärsche weiter oben gelegenen »Insel« – hier mündet die Isère[31] – wo sie den Strom auf Flößen ungestört überschreitet, auf dem Ostufer nach Süden eilt und den überraschten Kelten in den Rücken fällt. Zugleich geht die Hauptarmee zum Angriff über den Fluß. Der Feind wird geworfen und flieht.
Polybios schreibt: »Nachdem auch die Elefanten übergesetzt waren, marschierte Hannibal mit den Tieren und Reitern, mit denen er die Nachhut bildete, stromaufwärts vom Meere her in östlicher Richtung ins Binnenland Europas ... Der römische Consul Publius (Cornelius Scipio) indessen gelangte drei Tage nach dem Aufbruch der Karthager an die Stelle des Flußübergangs und stellte fest, daß die Feinde bereits weitergezogen waren. Er war hierüber aufs stärkste betroffen, da er überzeugt gewesen war, sie würden wegen der Menge und Unzuverlässigkeit der barbarischen Einwohner des Landes niemals wagen, auf diesem Wege (über die Alpen) nach Italien zu ziehen. Da er aber sah, daß sie es doch gewagt hatten, eilte er zurück zu den Schiffen und ließ, dort angekommen, die Truppen sofort an Bord gehen. Seinen Bruder (Cnaeus Cornelius Scipro Calvus) entsandte er nach Spanien, um dort Krieg zu führen; er selbst kehrte so schnell wie möglich zur See nach Italien zurück, um auf dem Wege über Etrurien noch vor den Feinden die Alpenpässe zu erreichen[32].«
Man spürt die Hetze, die Verzweiflung bei dem Gedanken, den Feind in ungedecktes Land einrücken zu sehen. Aber es ist erst ein Bruchteil der Pressionen, die in den nächsten Monaten auf das Land zukommen. Und Hannibal zieht über die Alpen ...
Der jahrzehntelange Streit über die Route, die Hannibal wählte, scheint heute endgültig entschieden zu sein, wobei die Wissenschaft öfters Impulse von Hannibal-begeisterten Außenseitern erhielt, wie zuletzt von dem englischen Arzt Marc de Lavis-Trafford, der jahrzehntelang das in Frage kommende Gebiet

durchwandert und sich schließlich auf dem ›Planay de Bramans‹ in der Nähe des Mont Cenis niedergelassen hat.

Die gelehrte Fehde wurde ausgelöst durch die gegensätzliche Überlieferung bei Polybios[33] und Livius[34]. Man hat Livius mittlerweile klare Irrtümer nachweisen können und hält die polybianische Darstellung, abgesehen von unwichtigen Details, für die authentische[35]. Man nimmt an, daß sein Bericht auf der Schilderung eines Teilnehmers basiert, da nur ein solcher über so ins einzelne gehende Detailkenntnisse von Topographie, Wetterlage und Atmosphäre verfügen konnte.

Hier der Ablauf des gewagten Unternehmens:

In der Nähe des heutigen Valence, bei St. Marcel, biegt Hannibal von der Rhône ins Tal der Isara (Isère) ein und folgt dem Fluß in nordöstlicher Richtung. Nach 142 Kilometern verengt sich das Tal, und der Gebirgsmarsch beginnt. Die ansässigen Allobroger machen Schwierigkeiten, werden aber geworfen. Es geht weiter, versehen mit frischem Proviant. Drei Tage später versucht man, ihn in eine Falle zu locken:

»Die Anwohner des Weges nämlich hatten sich zu einer hinterlistigen Täuschung gegen ihn zusammengetan und kamen ihm mit Zweigen und Kränzen entgegen, was bei fast allen Barbaren ein Zeichen friedlicher Gesinnung ist[36].«

Einheimische Führer wollen ihn in eine Falle locken und leiten den Heerwurm in eine schwierige Schlucht:

»Bei dieser Gelegenheit würden Hannibal und sein Heer den völligen Untergang gefunden haben, wenn er nicht, noch einigermaßen argwöhnisch und das Kommende voraussehend, den Troß und die Reiter in die Vorhut, die Schwerbewaffneten in die Nachhut genommen hätte. Trotz dieses günstigen Umstandes ging eine große Menge von Leuten, Lasttieren und Pferden zugrunde. Denn da die Feinde überhöhend standen und die Karthager seitlich an den Berghängen begleiteten, waren sie in der Lage, teils Felsblöcke auf sie herabzuwälzen, teils im Nahkampf mit Steinen auf sie einzuschlagen, und führten dadurch eine schwere Gefahr und Panik herbei, so daß sich Hannibal genötigt sah, mit der Hälfte des Heeres auf den nackten Felsen einer steilen, unangreifbaren Höhe ohne die Pferde und Lasttiere zu nächtigen, um diese zu decken, bis sie sich während der ganzen Nacht mit Mühe aus der Schlucht herausgewunden hatten.

Als am folgenden Morgen die Feinde abgezogen waren, eilte er den Reitern und Lasttieren nach und marschierte nun weiter bis zur Paßhöhe, ohne noch auf einen geschlossenen Verband von Barbaren zu treffen, immer aber noch hier und dort durch kleinere Überfälle von ihnen belästigt. Sie warfen sich bei günstiger Gelegenheit bald auf die Nachhut, bald auf die Spitze und führten immer einige

Lasttiere davon. Den größten Dienst leisteten ihm dabei die Elefanten. Denn dort, wo diese sich in der Marschkolonne befanden, wagten sich die Feinde nicht nahe heran, aus Angst vor der ungewohnten Erscheinung dieser Tiere[37].«
Nach neun Tagen Gebirgsmarsch wird die Paßhöhe erreicht, der ›Col du Clapier‹, ein südlicher Nebenpaß des Mont Cenis, 2482 m hoch, heute nach dem Bau der Cenisstraße nur noch für Schmuggler interessant. Tiere und Menschen sind am Ende ihrer Kräfte; es ist Oktober, in diesen Höhen hat der Winter bereits begonnen.

»Hier schlug er ein Lager auf und verweilte zwei Tage, um die glücklich Davongekommenen sich erholen zu lassen, zugleich, um auf die Zurückgebliebenen zu warten. Und tatsächlich fanden sich während dieser Zeit viele Pferde, die durchgegangen waren, und viele Tragtiere, die ihre Lasten abgeworfen hatten, unerwartet wieder ein und erreichten den Spuren folgend das Lager.

Da aber schon viel Schnee auf den Höhen lag, denn es war die Zeit kurz vor dem Untergang der Plejaden (daher die genaue Datierung möglich, d. V.) und Hannibal die Mutlosigkeit sah, die sich des Heeres sowohl wegen der vorangegangenen wie der noch zu erwartenden Strapazen bemächtigt hatte, rief er sie zusammen und versuchte sie aufzumuntern, wofür sich ihm als einziges Mittel der Hinweis auf das vor ihnen ausgebreitete Italien bot. Denn das Land lag so zu Füßen der Berge, daß, wenn man beide nebeneinander betrachtete, die Alpen als die Burg von ganz Italien erschienen. Er zeigte ihnen daher die Ebenen um den Po, erinnerte vor allem an die freundliche Gesinnung der dort wohnenden Gallier, bezeichnete ihnen zugleich auch die Gegend, in der Rom lag und richtete dadurch einigermaßen ihren Mut wieder auf[38].«

Nicht zuletzt auf Grund dieser topographischen Angaben ließ sich die Lage des Passes bestimmen. Dazu Meyer: »Direkt vom Paß selber, wenn auch nicht aus der tiefsten Einsattelung, öffnet sich die weite Aussicht auf die 2000 m tiefer gelegene Poebene, von der alle Beobachter wegen ihrer Großartigkeit geradezu begeistert sind[39].«

Es folgt der nicht minder gefährliche Abstieg, wobei Hannibal, so schreibt Polybios, »durch Geländeschwierigkeit und den Schnee nicht viel weniger Leute verlor, als beim Aufstieg umgekommen waren. Denn da der Weg eng und steil hinabführte und der Schnee den Boden, auf den sie zu treten hatten, verdeckte, stürzte alles, was den Weg verfehlte und abglitt, in die Tiefe ... Wenn die Menschen, deren Fuß im unteren Schnee keinen Halt fand, nach ihrem Sturz sich mit den Knien oder Händen aufstützen wollten, um sich wieder aufzurichten, dann rutschten sie nur noch weiter ab, da der Boden über eine lange Strecke hin abschüssig war«[40].

Eine genaue Beschreibung der Gefahren, die sich ergeben, wenn lockerer Pulverschnee auf festgefrorenem Firn liegt, finden wir ebenfalls bei Polybios: »Wenn jedoch die Lasttiere stürzten, dann traten sie bei dem Versuch, wiederaufzustehen, durch den unteren Schnee hindurch und blieben dann mitsamt ihren Lasten wie festgefroren stecken ...«
Erneutes Biwak! Pioniere vor! Der Weg muß freigeschaufelt werden; am Abhang entlang läßt er eine Mauer errichten, »eine mühevolle Arbeit ...« Wir können es nur ahnen.
Dann ist es soweit. Vorsichtig tastet das Heer Schritt vor Schritt den steilen Pfad ab. Am schwersten tun sich nun die Elefanten, »die durch den Hunger arg mitgenommen waren. Denn die Gipfel der Alpen und die Umgebung der Pässe sind völlig baumlos und kahl«.
Drei Tage später erreichte Hannibal das Flachland. Seit dem Aufbruch von Neu-Karthago sind 5 Monate vergangen; die Alpen hat er in 15 Tagen bezwungen. 12 000 Libyer, 8000 Iberer, 6000 Reiter hat er durchgebracht, zusammen 26 000 Mann. Ein zerlumpter, ungewaschener, erschöpfter und schweißiger Haufe! Damit will er Italien erobern? Hat er von Anfang an mit diesen Verlusten gerechnet: von 50 000 die Hälfte?!
Polybios sagt, viele »hatten allen moralischen Halt verloren«, seien »verwildert«. So ist es Hannibals erste Sorge, die demoralisierte Truppe wieder auf die Beine zu bringen, und das fängt, wie jeder ehemalige Soldat weiß, mit dem Essen an: »Hannibal ließ ihnen daher alle Fürsorge angedeihen, ebenso sorgte er aber auch für die Pferde[41].«
Dieser Regenerationsprozeß ist ein langsamer biologischer Vorgang und läßt sich nicht befehlen. Wäre zu diesem Zeitpunkt Scipio mit seiner ungeteilten Armee – ein Kontingent war ja nach Spanien abkommandiert – am Fuße der Alpen erschienen, hätte es für Hannibal ein kurzes aber böses Ende genommen. Als er dann eintrifft, kommt er zu spät – und zu schwach!

## 4. *Charisma und Strategie*

Es bleiben zwei Fragen offen: Wie ist es möglich, daß 50 % der Armee auf der Strecke geblieben sind, und – noch erstaunlicher! – wieso haben die Männer das alles ohne Murren über sich ergehen lassen? Die Verlustzahlen sind so ungeheuerlich, daß man sie nur mit dem Untergang der Grande Armé Napoleons während des Rückzugs aus Rußland vergleichen kann. Der Vorgang wird um so unverständlicher, da Hannibals Bruder Hasdrubal zehn Jahre später ebenfalls mit einem Heer über die Alpen zieht, wobei sich die Verluste in Grenzen halten. Dazu der Hannibal-Kenner Hoffmann:

»Seit dem Aufbruch von Neu-Karthago im Frühjahr 218 hatte er seinem Heer praktisch keine Ruhe gegönnt. Mitten aus den Kämpfen um Nordspanien heraus war er zu seinem großen Marsch angetreten und hatte in dessen Verlauf nirgends einen längeren Aufenthalt eingelegt, nicht einmal angesichts der Alpen im Rhônetal. Die Truppe war bereits erschöpft, bevor sie das Gebirge betrat ... Erst das zusätzliche Zusammenwirken von physischer Erschöpfung, Hunger und Kälte haben also zu diesen ungeheuren Verlusten geführt[42].«

Und er muß gegen die Uhr kämpfen, darf Rom keine Zeit lassen, seine Aufmarschpläne zu entfalten, muß vor allen Dingen verhindern, daß ein römisches Expeditionscorps in Afrika landet.

Zum zweiten: Was ihn und das Heer durchalten läßt, ist sein Charisma als Truppenführer, jene ›göttliche Gnadengabe‹, wie sie eben nur den wenigsten gegeben ist. Er ist während des Marsches überall, packt mit an, schläft unter einem Mantel zwischen seinen Leuten, verzichtet wie Alexander auf Rationen, wenn ein Infanterist sie nötiger braucht. Er scheint unverletzlich, ist beherzt, wägend oder tollkühn – aber vor allem: Er hat immer ein Ziel vor Augen und vermag sich und andere dafür zu begeistern. Was wird er ihnen beim Blick von der Paßhöhe in die Ebene alles erzählt haben! Und sie stehen drumherum und lauschen ihm wie ihrem Vater. Ich meine das wörtlich! Später werden wir Caesar zuhören, wenn er in ausgewachsenen Männern Mut, Reue oder Scham hervorruft, als hätte er Knaben vor sich. Wir leben hier noch in Zeiten, da der Feldherr in direkter geistiger und physischer Berührung auf seine Leute einwirkt. Der gesamte zwischenmenschliche Bereich der ›Kommunikation‹ ist in der Antike viel spontaner, emotionaler als heute, ganz gleich, ob es sich um Armee, Politik, Theater oder die öffentliche Meinung handelt. Schreibtischtäter gibt es in der Antike nicht!

Hinzu kommt bei ihm – wie bei Caesar, Alexander oder Konstantin d. Großen: Wer so handelt, steht unter dem Schutz der Unsterblichen! Wer in rationaler Überlegung in solche Fußstapfen steigen will, muß scheitern, wie kürzlich ein Despot namens Hitler. Aber das ist ein anderes Thema ...

Wie von Hannibal beabsichtigt, wirft die Nachricht von seinem Erscheinen die römischen Generalstabspläne über den Haufen: Das Afrikacorps, bereits auf dem Sprung in Sizilien, muß eiligst zurückgerufen werden. Bis die Männer von der Insel in den Norden marschiert sind, werden sieben bis acht Wochen vergehen.

Scipio steht einstweilen mit seinen Legionen bei Placentia. Ein Himmelfahrtskommando! Denn inzwischen sind große Truppenmengen der ansässigen Kelten zu Hannibal übergegangen. Zwar ist deren militärische Zuverlässigkeit gering, aber sie erschweren dem Römer sein taktisches Konzept. Will er, und damit Rom, nicht das Gesicht verlieren, muß er angreifen!

Am Ticinus, einem Nebenfluß des Po, treffen die Vorausabteilungen beider Heere aufeinander. Die überlegene karthagische Reiterei entscheidet das Treffen; der verwundete Consul flieht. Ein Fanal für alle keltischen Stämme! Man erinnert sich an die Zeiten des Brennus – auf gegen Rom! 14 000 keltische Krieger, darunter 5000 Reiter, verstärken Hannibals Armee.

Aber auch Rom kann sich sehen lassen. In vierzig Tagen hat die Afrika-Armee unter Tib. Sempronius Longus Ariminum erreicht und vereint sich kurze Zeit später mit Scipio. Alle Vorteile liegen auf römischer Seite: Die Legionen sind gegen Karthager wie Kelten kampferprobt und haben manchen Sieg errungen; sie kämpfen im eigenen Lande. Hannibals Truppen bestehen aus einem Völkergemisch, werden zum ersten Mal gegen römische Legionen zum Angriff geführt. Die Zahlen:

| | | |
|---|---|---|
| Hannibal: | 28 000 Mann Fußtruppen | 10 000 Reiter |
| Rom: | 36 000 Mann Fußtruppen | 4 000 Reiter |

Fatal wirkt sich die römische Gepflogenheit aus, daß die Consuln sich im täglichen Oberkommando abwechseln; hinzu kommt die Verwundung Scipios. Er rät vom Krankenlager aus, in der Defensive zu bleiben. Aber Sempronius will unbedingt den großen Feldherrn spielen: »Indem er also den Zeitpunkt (der Schlacht) nicht aus sachlichen, sondern persönlichen Gründen wählte, mußte er notwendig das Richtige verfehlen[43].«

Grundsätzlich verschieden sind die operativen Konzeptionen beider Seiten: Sempronius will mit dem Kern durch die feindlichen Linien stoßen, sie werfen und dann, mit Unterstützung der flankendeckenden Reiterei, die karthagischen Flügel umfassen. Im Grunde die uralte Technik der Phalanx, hier mit Legionen durchgeführt.

Hannibals Plan ist komplizierter, phantasievoller – und darum empfindlicher; seine Verwirklichung wird von minutiöser Planung wie vom taktischen Einfühlungsvermögen, dem Können und der Autorität seiner Unterführer abhängen, die bekanntlich in den Armeen aller Zeiten den Geist einer Truppe bestimmen.

Und dann beginnt die erste große Schlacht auf italischem Boden. Hier der Ablauf:

Vorbereitung: In der Nacht vorher schickt er seinen jüngsten Bruder Mago mit 1000 Reitern und 1000 Infanteristen in einen Hinterhalt südlich des ausgewählten Schlachtplatzes, mit dem Befehl, nach begonnenem Kampf den Legionen in den Rücken zu fallen.

Einleitungsphase: Die numidischen Reiter, eine Elitetruppe, gehen über den Fluß, um plänkelnd die Feinde herauszulocken, indem sie eine Flucht vortäu-

**Die Schlacht an der Trebia 218 v. Chr.**
(nach Krohmayer, Schlachtenatlas)

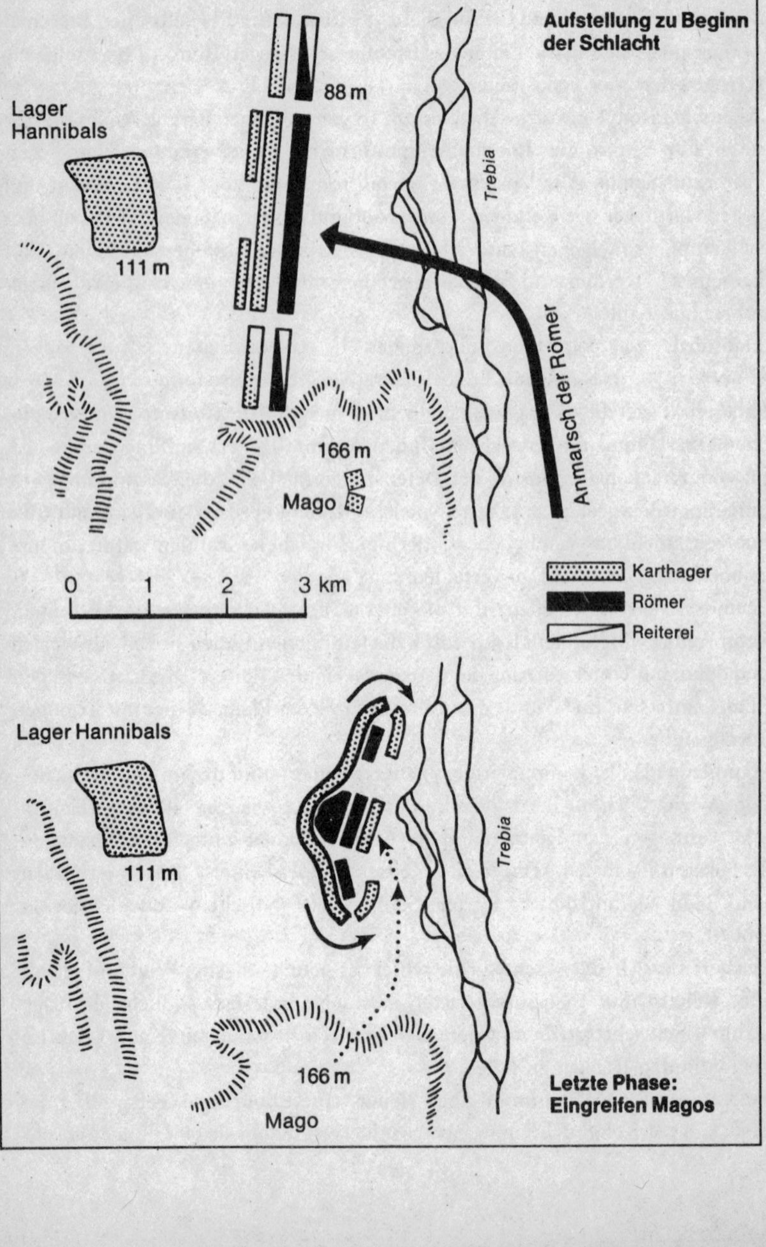

schen sollen. Dies gelingt. Sempronius schickt seine Reiterei gegen sie aus, »mit dem Befehl, den Feind zu packen, sandte dann die Speerschützen zu Fuß, gegen 6000, nach und führte schließlich auch das übrige Heer aus dem Lager, in der Meinung, der Sieg werde durch sein bloßes Erscheinen entschieden sein«[44].

Zweite Phase: Hannibal rückt vor und stellt das Heer in Kampflinie auf. Sempronius reagiert ebenso und geht in geschlossener Formation auf den Feind los.

Dritte Phase: Die Leichtbewaffneten eröffnen das Gefecht, wobei sich bei den römischen Speerschützen schon Ermüdungserscheinungen zeigen. Sie machen den Schwerbewaffneten Platz, in deren Reihen sie zurücktreten.

Vierte Phase: Die karthagischen Reiter greifen als Zange an und bringen den Gegner in Verwirrung. Die römische Reiterei weicht vor der überlegenen karthagischen zurück. Folge: Die römischen Flügel sind entblößt, die karthagischen Lanzenträger und die Masse der Numider dehnen sich aus und werfen sich auf die feindlichen Flügel. Während der ganzen Zeit fechten die Schwerbewaffneten im Kern hart Mann gegen Mann und halten sich die Waage.

Fünfte Phase: In diesem Augenblick jagt Mago mit seinen 2000 Numidern aus dem Hinterhalt und fällt das römische Zentrum von hinten an. Verwirrung, dann Panik sind die Folge.

Ausklang: Den römischen Flügeln droht Einkesselung, sie machen kehrt und fliehen. 10 000 Mann gelingt es, sich in geschlossener Ordnung unangefochten nach Placentia zurückzuziehen.

Diese Schlacht an der Trebia ist in mancherlei Hinsicht ein Muster für die folgende Auseinandersetzung: Hannibal wird immer gezwungen sein, zu Listen und Täuschungen zu greifen, um den römischen Infanteriekoloß erschüttern zu können. Zehntausend ziehen in geschlossener Ordnung davon – welch eine Disziplin, welch ein Drill muß dahinterstehen! Während Tausende um sie herum fallen, hören sie auf die knappen, sachlichen Kommandos zum geordneten Rückzug! Hannibal muß gleich hier gespürt haben, daß er in den nächsten Monaten auf Granit beißen wird.

Aber dieser Tag ist gut gewesen, Mago hat seine Feuertaufe bekommen. Der große Bruder wird ihn loben. Die meisten Gefallenen zählt man unter den Kelten; so wird es auf lange bleiben. Die Götter sind mit Karthago. Ein Wermutstropfen: Infolge der nassen Kälte sind alle Elefanten bis auf einen – Hannibals ›Surus‹ (= der ›Syrer‹; wahrscheinlich ein indischer Elefant) – verendet. Sie haben jedoch schon ihren offensiven Wert verloren, seit römische Stoßtrupps darangingen, ihnen die Sehnen durchzuschlagen. Einige der Riesen haben sich verwirrt und wütend auf die eigenen Reihen gestürzt. Der letzte wird mehr als mythisches Maskottchen gehalten[45].

Noch weiß Rom nicht, welchem strategischen Genie man gegenübersteht;

darum glaubt Sempronius, sich einen legeren Ton erlauben zu können, wenn er an den Senat schreibt: »Es ist eine Schlacht geschlagen worden, bei der mir das Unwetter den Sieg entrissen hat ...[46].« Hat er vergessen, daß Hannibal unter den gleichen Bedingungen angetreten ist?

Obwohl Sempronius in den Quellen schlecht wegkommt, scheint er ein beherzter Mann gewesen zu sein: Während im fernen Rom wilde Gerüchte kursieren – »der Feind werde sofort zum Angriff auf die Stadt ansetzen[47]«! –, schlägt sich Sempronius nach Rom durch und läßt die Consulwahlen für das nächste Jahr durchführen. Im übrigen konnte von einem Angriff auf Rom keine Rede sein. Wir sind mitten im Winter! Hannibal aber ist von allen Informationen aus dem Süden abgeschnitten. Er weiß z. B. nicht, daß der Bruder des Consuls Scipio in Spanien seine Stellung behauptet, weiß nichts von der Stimmung Karthagos. Er muß um jeden Preis nach Süden, in die römischen Kernlande, vorstoßen!

Der übliche Weg entlang der Adria wird von dem neuen Consul Servilius versperrt, während sein Kollege Flaminius das obere Etrurien im Gebiet der Quellen von Arno und Tiber, nördlich von Arretium, hält. Wie will er da durchkommen?

Doch wieder bringt Hannibal die wohlüberlegten Aufmarschpläne der Römer durcheinander, indem er einen Weg und einen Zeitpunkt wählt, die allen Lehrmeinungen der zeitgenössischen Strategie Hohn sprechen: einen Marsch quer über den spätwinterlichen Apennin Ende März!

»Schon bei den ersten unsicheren Zeichen des Frühlings«, sagt Livius, »brach er aus den Winterquartieren auf und führte sein Heer nach Etrurien, um auch dieses Volk (der Etrusker) mit Gewalt oder mit Güte zu gewinnen. Beim Übergang über den Apennin überraschte ihn ein derartig heftiges Unwetter, daß er die Schrecknisse der Alpen bald noch übertraf ...[48].« Sturmböen, Kälteeinbrüche mit Schneetreiben, Regen- und Hagelschauer bringen den Vormarsch zum Erliegen und fordern unter Menschen und Tieren hohe Verluste. In der toskanischen Ebene kommen sie vom Regen in die Traufe: Alle Flüsse führen Hochwasser, die Wege sind verschlammt, ein zäher Brei aus Löß, Lehm und Wasser, die nasse Kälte kriecht durch die Haut. Aber er muß hindurch! »Alle hatten nun zu leiden, und zwar vor allem durch Schlaflosigkeit, da sie vier Tage und Nächte durch Wasser zu marschieren hatten ... Von den Pferden verloren nicht wenige ihre Hufe wegen des ununterbrochenen Marsches durch den Schlamm. Hannibal aber gelangte mit Mühe und Not und unter großen Beschwerden auf dem einzig übriggebliebenen Elefanten (›Surus‹) hinüber, wegen einer schweren Augenkrankheit, die ihn befallen hatte, von Schmerzen gepeinigt, durch die er auch am Ende das eine Auge verlor, da Lage und Umstände weder einen Aufenthalt noch ärztliche Behandlung gestatteten[49].«

Trotz dieses gelungenen Durchbruchs haben sich die Möglichkeiten für Rom nicht entscheidend verschlechtert. Servilius rückt mit seiner Armee von Ariminum nach Süden, Flaminius folgt Hannibal von Arretium nach. Ihr Konzept: Getrennt marschieren, vereint schlagen! Der Plan ist gut ...

## 5. *Ein See im Nebel*

Hannibal muß vermeiden, zwischen die beiden Heere zu geraten, und zieht über Cortona weiter nach Süden, rechts von ihm Rom, hinter ihm Flaminius mit 25 000 Mann. Unentwegt schickt er seine Späher aus, die ihm das Gelände minuziös beschreiben müssen; seit Verlust des einen Auges vermag das überlastete zweite noch nicht sicher Entfernungen zu schätzen. Zwar haben die Schmerzen nachgelassen, aber die Hoffnung auf Genesung ist endgültig dahin. Seine Ausstrahlung auf die Truppe wird dadurch nicht vermindert – im Gegenteil! Von einäugigen Menschen geht etwas magisch Faszinierendes aus: Ist nicht Wotan, der Einäugige, der große Seher?!

Hannibals Ziel: Flaminius schlagen, ehe er sich mit Servilius vereinigen kann! Für den Beobachter muß es scheinen, als ziehe er gegen Rom. Dazu Polybios: »Hannibal zog inzwischen durch Etrurien in der Richtung auf Rom weiter, zur linken eine Stadt namens Cortona und deren Berge, zur Rechten den sogenannten Trasimenischen See, sengend und brennend im ganzen Land, um den Gegner zur äußersten Wut zu reizen. Als ihn aber Flaminius schon beinahe eingeholt und er ein für sein Vorhaben günstiges Gelände entdeckt hatte, traf er seine Anstalten zu einer entscheidenden Schlacht[50].«

»... traf er seine Anstalten ...« – das ist es! Alle seine großen Schlachten werden gleichsam didaktisch geplant. So fatal die Sache selbst ist – es geht um die Vernichtung von Menschenleben! – unser Verstand findet seine intellektuelle Freude an den fein gesponnenen Fäden, die zur Falle werden, und immer kommt unsere verborgene Aggressionslust auf ihre Kosten: Hannibals Konzeptionen sind ›schön‹, im großen Wurf wie im Detail. Auch darin zeigt sich der Widersinn unseres Geistes, daß wir das Töten zu ästhetisieren vermögen. Die mit allen graphischen Finessen gezeichneten Schlachtpläne unserer Atlanten beweisen es ... Trasimenischer See ... Die nordöstlichen Höhen, damals dicht bewaldet, besetzt er, schlägt ein Lager auf und versteckt die Vorhut hinter Hügeln am Ausgang des schmalen Uferstreifens. Die Reiterei bezieht eine versteckte Stellung unmittelbar am Eingang des Weges. Eine perfekte Umfassung, wenn ... ja wenn Flaminius im Eifer des Nachsetzens ohne Feindaufklärung in den Engpaß marschiert.

»Es war ein ungewöhnlich nebliger Tag ...« Flaminius hat, da er gegen Abend ankommt, am Ufer des Sees ein Lager aufgeschlagen, unterläßt es aber, über die Stellung des Feindes Erkundigungen einzuholen. Ein nicht entschuldbarer Leichtsinn! Arglos machen die Legionäre am abendlichen Lagerfeuer ihre deftigen Scherze über den Einäugigen. Es sollen ihre letzten sein ...

Gleich bei Sonnenaufgang bricht Flaminius auf, bestrebt, Hannibal möglichst bald zu erreichen, den er weit vor sich wähnt. Hannibal läßt ihn in aller Ruhe durch den schmalen Küstenstreifen ziehen, bis der letzte Mann in der Falle sitzt.

»Dann gab er die Zeichen zum Kampf und griff das römische Heer gleichzeitig von allen Seiten an. Da der Gegner völlig überraschend vor ihnen auftauchte, dazu die Luftverhältnisse jede Sicht nahmen und die Feinde sich an vielen Stellen zugleich von oben herab auf die Römer stürzten, konnten die Centurionen und Tribunen (etwa: Bataillonskommandeure) nicht nur nicht zu Hilfe kommen, wo es nottat, sondern nicht einmal erkennen, was vorging ... So kam es, daß die meisten, so wie sie in der Kolonne marschierten, unfertig zum Gefecht, niedergehauen wurden, ohne sich wehren zu können, gleichsam verraten durch die Unbesonnenheit ihres Führers. Denn während sie noch überlegten, was sie tun sollten, fanden sie unversehens den Tod ...[51].«

In panischer Angst werfen die Legionäre ihre Waffen weg, stürzen zum Seeufer: »Die meisten gingen, soweit es möglich war, ins Wasser hinein, bis sie nur noch mit dem Kopf herausragten; als dann die Reiter erschienen, hoben sie die Hände, baten, sie am Leben zu lassen und gefangenzunehmen, jammerten laut um Gnade und fanden schließlich teils durch die Feinde, teils auch einer durch den anderen – sie baten sich gegenseitig darum – den Tod.« Spätestens hier hört die Ästhetik auf!

6000 Mann der vordersten Linie gelingt der Durchbruch. Sie schlagen sich zu einem etruskischen Dorf durch. Aber Maharbal spürt sie mit seiner Reiterei auf und nimmt sie gefangen: ein ängstlicher, kopfloser Haufe!

Die Schlacht in Zahlen:

Verluste der Römer: 15 000 Gefallene; 6000 Gefangene; der Rest auf der Flucht zerstreut.

Verluste Hannibals: 1500 Tote, in der Mehrzahl Kelten. Verhältnis der Verluste: 10 : 1!

Das politisch Entscheidende vollzieht sich nach der Schlacht. Hannibal läßt alle gefaßten Bundesgenossen Roms frei und schickt sie, ohne Lösegeld zu fordern, in ihre Heimat. »... Er sei gekommen, nicht um mit den Italikern, sondern um mit den Römern für die Freiheit der Italiker Krieg zu führen[52].«

Wenn ihm das gelingt, Rom von seinen Verbündeten zu isolieren, stehen ihm alle Wege, Tore und Städte nach Rom offen.

**Die Schlacht am Trasimenischen See 217 v. Chr.**
(nach Krohmayer, Schlachtenatlas)

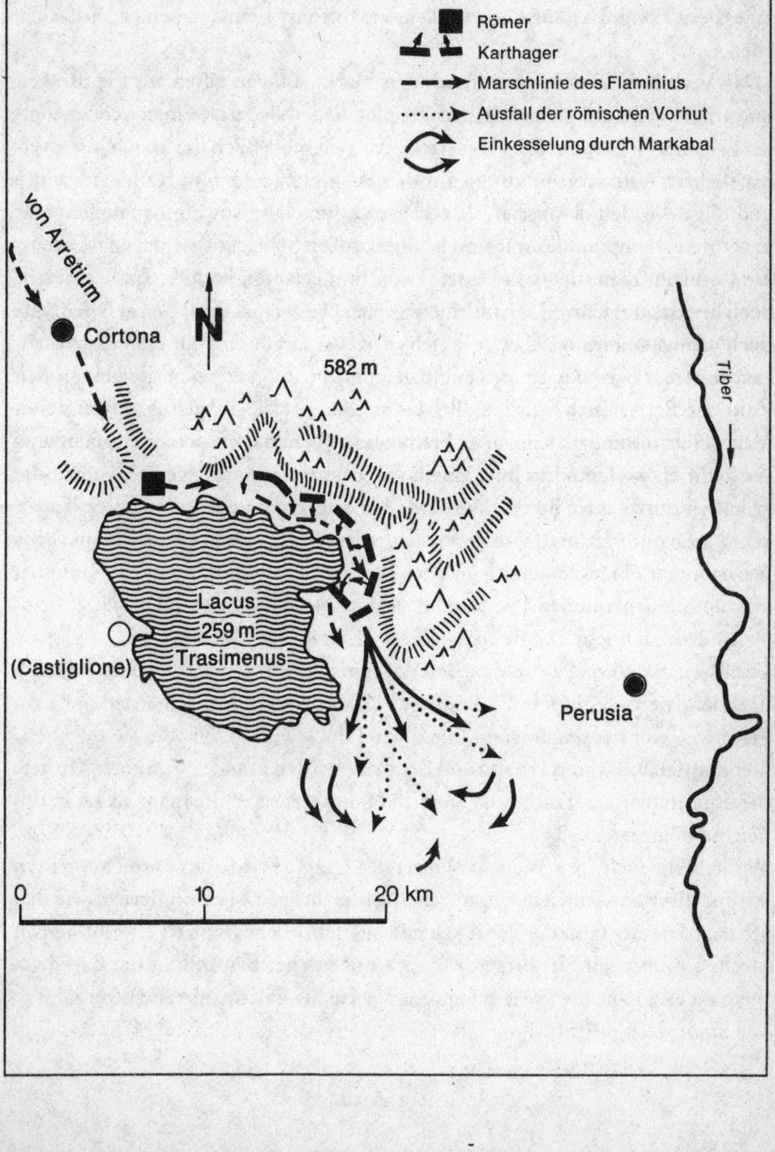

Die Schlacht hat ein nicht weniger dramatisches Nachspiel: Servilius, der ja von Ariminum schwerfällig sich heranpirscht, schickt nun in aller Eile 4000 Reiter voraus, um Flaminius unter die Arme zu greifen. Hannibal, wie immer erstaunlich gut unterrichtet, sendet ihnen den bewährten Maharbal mit seinen iberischen Reitern entgegen: Die Hälfte des römischen Reitercorps fällt, die anderen werden wie Hasen gefangen.

Wie diese Ereignisse auf Rom wirken, erzählt uns Livius in seiner anschaulichen Art:

»Das Volk lief voller Entsetzen auf den Markt. Frauen eilten auf die Straßen und fragten alle, die sie trafen, welche plötzliche Niederlage man denn gemeldet habe und wie es um das Heer stehe. Als sich schließlich die Menge wie in einer dichten Volksversammlung auf den Wahlplatz und zum Rathaus wandte und die Behörden herausrief, da erklärte endlich kurz vor Sonnenaufgang der Praetor M. Pomponius: ›Wir sind in einer großen Schlacht geschlagen worden.‹ Und obwohl man nichts Genaueres von ihm erfahren konnte, sprach es sich doch herum, der Consul sei mit einem großen Teil seiner Truppen gefallen, nur noch wenige seien am Leben, die sich entweder auf der Flucht über ganz Etrurien zerstreut hätten oder vom Feind gefangengenommen seien. Bei der großen Zahl der Betroffenen wurden alle die in ebenso viele Sorgen gestürzt, deren Verwandte unter dem Consul C. Flaminius gedient hatten, weil sie ja nicht wissen konnten, welches Los ihre Angehörigen getroffen hatte. Keiner wußte, was er hoffen durfte oder fürchten mußte. Am folgenden und den späteren Tagen stand an den Stadttoren eine beinahe größere Menge Frauen als Männer. Sie warteten auf einen Angehörigen oder auf Nachricht von ihnen. Sie drängten sich um die Ankommenden, fragten sie aus und waren nicht eher wegzubringen, bevor sie nicht der Reihe nach alles gefragt hatten.

Die Mienen derer, die von den Boten weggingen, waren recht verschieden, je nachdem sie Freudiges oder Trauriges erfahren hatten. Sie wurden auf dem Heimweg von Leuten umringt, die ihnen Glück wünschten oder sie trösteten. Ganz auffallend waren Freude und Schmerz bei den Frauen. Von einer Mutter, die unmittelbar am Tor ihren geretteten Sohn traf, erzählte man, sie sei in seinen Armen gestorben[53].«

Wüßten wir nicht, was sich vor Jahren im Lager ›Friedland‹ abspielte, hätten wir für diese Szenen vielleicht nur ein Achselzucken. Aber ein Bericht wie dieser läßt den Abstand der Jahrtausende auf Jahre schrumpfen. Es gibt keinen zweiten römischen Historiker, der sich mit solcher Sensibilität um das allgemein menschliche Geschehen bemüht wie Livius. Nicht zuletzt darum zählt er vielen als der größte ...

Die gewaltigen Niederlagen machen Rom nicht kopflos, im Gegenteil: Nun zeigt sich die Weisheit der Väter, als sie für Staatsnotfälle das Amt des Dictators schufen. Der Consul Servilius, der einen solchen zu berufen hätte, ist zwar abwesend, aber außergewöhnliche Umstände erfordern außerordentliche Maßnahmen. So erklärt die Volksversammlung – »das war bis auf diesen Tag noch nie geschehen« – den Quintus Fabius Maximus zum Dictator und M. Minucius Rufus zu seinem Reiterobersten (magister equitum). Plutarch rühmt an Fabius »das, was man sonst für Trägheit gehalten hatte, gelassene Ruhe, jenes schüchterne Wesen vorsichtiger Bedachtsamkeit, und seine Art, in keinem Falle rasch oder unüberlegt zu Werke zu gehen – Festigkeit und Beharrlichkeit«[54]. Ein Römer von altem Schrot und Korn! Von Anfang an legt er großen Wert auf öffentliche Darstellung seiner Autorität und erscheint nie ohne seine 24 Lictoren. Das ist kein Protzen, sondern pädagogische Maßnahme: Schaut her, Leute! Ich bin nur Fabius, aber mein Amt, das ist Rom! Kopf hoch! Die Staatsorgane sind intakt!

Er ist fromm, in jenem demütigen altrömischen Sinne, von dem später Cicero schwärmt und dessen Verlust er als Ursache für den Niedergang der staatstragenden Schichten beklagt. Fabius ermahnt das Volk, »sich nicht vor den Feinden zu fürchten, sondern die Götter zu versöhnen und sich ihrer Gnade zu versichern«.

Fabius ist, wie wir heute sagen würden, ein Mann, der keine Schlagzeilen macht. Aber gerade Charaktere wie er bringen den Schlamassel der Geschichte wieder in ordentliche Bahnen. Er ist nicht eitel, sein Ehrgeiz ist nur auf das Wohl des Staates, der res publica, gerichtet. Sein größter Vorzug: Er kann warten!

»Auf solche Weise lenkte Fabius die Gedanken des Volkes auf die Gottheit und eröffnete ihm frohere Aussichten für die Zukunft. Er für seine Person aber setzte die Hoffnung zum Siege auf sich selbst, überzeugt, daß auch Gott durch Tapferkeit und kluges Benehmen Glück verleihe, und rückte nun gegen Hannibal aus, mit dem festen Vorsatz, ihm kein Treffen zu liefern, sondern sein Feuer durch die Länge der Zeit zu bekämpfen[55].«

Und in der Tat beginnt nun für Hannibal ein Kampf gegen die Zeit, wenn es ihm auch nocht nicht bewußt wird. Noch sind alle seine Pläne offensiv, »zuversichtlich auf den Endsieg hoffend«, wie Polybios sagt.

Der Krieg wird grausamer: Weil Rom noch nicht sturmreif ist, wirft er sich auf Umbrien und Picenum, brandschatzt, plündert, kassiert unermeßliche Beute, »daß das Heer das Geraubte nicht mit sich zu führen vermochte«. Alle wehrfähigen Männer, die ihm in die Hände fallen, werden niedergemacht. Diese Strategie der verbrannten Erde wird 150 Jahre später von Spartacus und seinen Scharen noch grausamer kopiert werden – und genau so scheitern wie die Konzeption der ›Bombenteppiche‹ des 20. Jahrhunderts. Hannibal kann verwüsten; Freunde gewinnt er nicht. Keine Stadt in Umbrien und Etrurien öffnet ihm freiwillig ihre Tore.

Der Beuteüberfluß ist so gewaltig, daß Hannibal die von Hungerkrätze befallenen Pferde mit alten Weinen behandeln läßt – man wäscht sie damit! Wir dürfen als sicher annehmen, daß der Andrang zu diesem Pferde-Wasch-Kommando besonders groß war ...

Von Picenum stößt er weiter nach Süden vor ins Gebiet der Samniter, die er als alte Feinde Roms ungeschoren läßt, geht dann nach Westen in die Campania. Seine Requirationen besorgt er vorwiegend in Städten und Gegenden latinischen Rechts, während er die alteingesessene Bevölkerung ungeschoren läßt. Das hat Methode: Wenn irgendwo, dann kann er hier seine strategisch-operative Basis aufbauen. Dazu Hoffmann: »Hier hindurch führten die Straßen von Rom nach Brundisium sowie über Rhegion (Reggio) nach Sizilien, und die zahlreichen Häfen verknüpften Italien mit den Ländern des östlichen und südlichen Mittelmeers ... Anders als in Etrurien und Umbrien bemühte er sich von Anfang an, den Einheimischen nicht als der brutale Eroberer entgegenzutreten[56].«

In Gerunium und Umgebung richtet er die Winterquartiere ein. Wo aber bleibt Fabius Maximus?

Dazu Polybios: »Die Römer folgten ihnen beständig im Rücken, in einer Entfernung von einem oder zwei Tagesmärschen, vermieden es jedoch, sich dem Feinde zu nähern und mit ihm in Gefechtsberührung zu treten[57].«

Fabius' Konzept: Ermattungsstrategie! Das geht soweit, daß er z. B. bei Aecae ein Anerbieten Hannibals zur Schlacht in aller Gemütsruhe ablehnt: »Hannibal näherte sich dem römischen Lager und stellte sich zur Schlacht auf. Nachdem er einige Zeit gewartet hatte, kehrte er, da niemand ihm zum Kampfe entgegentrat, wieder in sein Lager zurück ...[58].« Aber er nimmt die Entwicklung nicht auf die leichte Schulter, wenn auch seine Leute spotten: »Die spinnen, die Römer!«

Bis heute ist die Meinung über Fabius geteilt. Schon die Zeitgenossen nennen ihn ›Cunctator‹, den Zauderer. Sein eigener Reiteroberst Minucius wirft ihm Feigheit vor: »Der Dictator verschaffe ihnen doch immer einen schönen Schauplatz, um es mit anzusehen, wie Italien verwüstet wird und in Flammen steht[59].« Aber der Alte läßt sich durch nichts aus der Reserve locken: »Dann würde ich in der Tat noch furchtsamer sein, als ich jetzt scheine, wenn ich aus

Furcht vor Spötteleien und Lästerungen von meinen Grundsätzen abginge. Furcht für das Vaterland bringt keine Schande.«

Das Verhältnis zu seinem Stellvertreter wird immer gespannter. Livius geht so weit zu sagen, Minucius habe nur deswegen den Staat nicht an den Rand des Abgrundes bringen können, weil er dem Dictator befehlsmäßig unterstand; er sei zwar kühn, aber übereilt, könne sich im Reden schlecht beherrschen[60].

Ohne Vorurteil muß man sagen: Eine erneute Niederlage Roms ist vermieden – aber kein Sieg errungen. Der Erfolg solcher Ermattungsstrategie stellt sich nicht von heute auf morgen ein. Aber Rom wird zunehmend nervös! Nicht alle haben die starken Nerven dieses ›Zauderers‹ ...

Alle Beteiligten haben das sichere Gefühl, daß das neue Jahr (216) eine wichtige Entscheidung bringt. Die römischen Erfolge unter P. Scipio in Nordspanien, die Operationen der römischen Flotte vor den großen Inseln wiegen nicht auf, daß Hannibal im eigenen Lande bisher nicht beizukommen war. Ohne Hannibal regierte in Karthago längst ein römischer Statthalter – aber ohne ihn hätte der Krieg auch nicht begonnen!

Rom rüstet nun gewaltig auf, stellt 80 000 Mann in Waffen auf die Beine: die größte Armee seiner bisherigen Geschichte! Neue Consuln sind gewählt, Terentius Varro und der erfahrene General L. Aemilius Paulus. Ihnen zur Seite der Altconsul Cn. Servilius und der Draufgänger M. Minucius. Keine Zeiten für ›Zauderer‹; Fabius ist bis auf weiteres kaltgestellt.

Den römischen Kräften hat Hannibal nur 50 000 Mann entgegenzustellen, darunter aber seine vorzüglich trainierte und disziplinierte ›Mehrzweckwaffe‹ der 10 000 afrikanischen Reiter unter den intelligenten Generälen Hasdrubal, Hanno und Maharbal, die Rom mehr fürchtet als den Hades. Die römischen 6000 Reiter sind den Numidern nicht nur an Zahl unterlegen.

Der Senat hat seine große Stunde. In grimmiger Einmütigkeit gehen seine Befehle und Ratschläge an alle Kriegsschauplätze:

Eine Legion nach Gallien, um die Kelten zu binden! Material und Ausrüstung nach Spanien zu Scipio! Rückführung der Flotte in den tyrrhenischen Raum! Abgang des Consuls Aemilius Paulus mit frischen Kräften – 8 Legionen! – in den Süden!

Worum es geht, wissen sie: »... ermahnten sie Aemilius und seinen Amtsgenossen beim Auszug, stellten ihnen die Größe der Folgen, die sich aus der Schlacht zum Heil oder Unheil ergeben mußten, vor Augen und trugen ihnen auf, wenn der Augenblick gekommen wäre, den Kampf in rühmlicher und des Vaterlandes würdiger Weise durchzufechten[61].«

Damit nähern wir uns der wohl spektakulärsten Schlacht der gesamten Antike. In die Militärgeschichte ist Cannae als das klassische Beispiel der Umfassungs-

und Vernichtungsschlacht eingegangen, immer wieder studiert und zum Vorbild genommen von Theoretikern und Praktikern der Strategie aller Zeiten, von Caesar über Napoleon bis Hitler, von Frontinus[62] über Clausewitz bis Schlieffen.

Ein Zitat mag für viele stehen. 1913 schreibt Schlieffen am Vorabend des Ersten Weltkrieges: »Die großen Schlachtbedingungen sind unverändert geblieben. Die Vernichtungsschlacht kann heute nach demselben Plane, wie ihn Hannibal in vergessenen Zeiten erdacht hat, geschlagen werden[63].« Die Schlachten beider Weltkriege sollten ihm recht geben.

Grund genug für uns, das gewaltige Treffen aus der Nähe anzusehen. Denn ob es uns paßt oder nicht: Schlachten sind nicht vorweg Verkehrsunfälle der Geschichte, sondern blutige Berührungspunkte verschiedener Ansichten von Weltherrschaft. Das ist zwar tragisch, aber nicht zu ändern!

### 7. *Das Dogma der Vernichtungsschlacht: Cannae*

Anfang August 216 ... Cannae, ein Flecken am rechten Ufer des Aufidus (heute Ofanto), 8 km vom Meer entfernt. Längst in vorherigen Kriegen zerstört, ist nur noch seine Burg intakt; Grund genug für Hannibal, sich ihrer als geschütztem Proviantlager zu bemächtigen. Aemilius Paulus hat schräg gegenüber in 4 km Entfernung ein großes Lager bezogen. Um die punischen Fourageure zu stören und die eigenen Wasserholer zu schützen, errichtet er auf dem anderen Ufer in 2 km Entfernung ein zweites, kleineres Lager und belegt es mit einigen tausend Mann. Hannibal bezieht ein großes Lager gegenüber von Cannae, parallel zum großen Lager der Römer.

Dort wiederholt sich ein ähnliches Dilemma wie kürzlich zwischen Fabius und Minucius: Aemilius, als der Erfahrenere, will die Armee nur nach gründlicher Terrainerkundung einsetzen, Terentius Varro ist fürs Losschlagen aus dem Stand heraus. Meinung steht gegen Meinung: »Man verbrachte die Zeit mehr mit Zänkereien als mit Beratung«, tadelt Livius[64]. Von fataler Wirkung ist wiederum der Umstand, das Oberkommando von Tag zu Tag zwischen beiden Consuln zu wechseln, so daß Terentius Varro am entscheidenden Tag seine Konzeption durchsetzen kann.

Am 2. August 216 rücken die Truppen aus beiden römischen Lagern aus und nehmen auf dem rechten Ufer des Aufidus ihre Gefechtsformation ein. Mit Front nach Süden stehen an diesem Morgen 69 000 Römer: 55 000 Schwerbewaffnete, 8000 Leichtbewaffnete und 6000 Reiter; beide Lager werden gesichert durch eine taktische Reserve von 2600 Schwer- und 7400 Leichtbewaffneten. Die römische Reiterei postiert Varro auf dem rechten Flügel am

## Die Schlacht bei Cannae 216 v. Chr.

(nach Krohmayer, Schlachtenatlas)

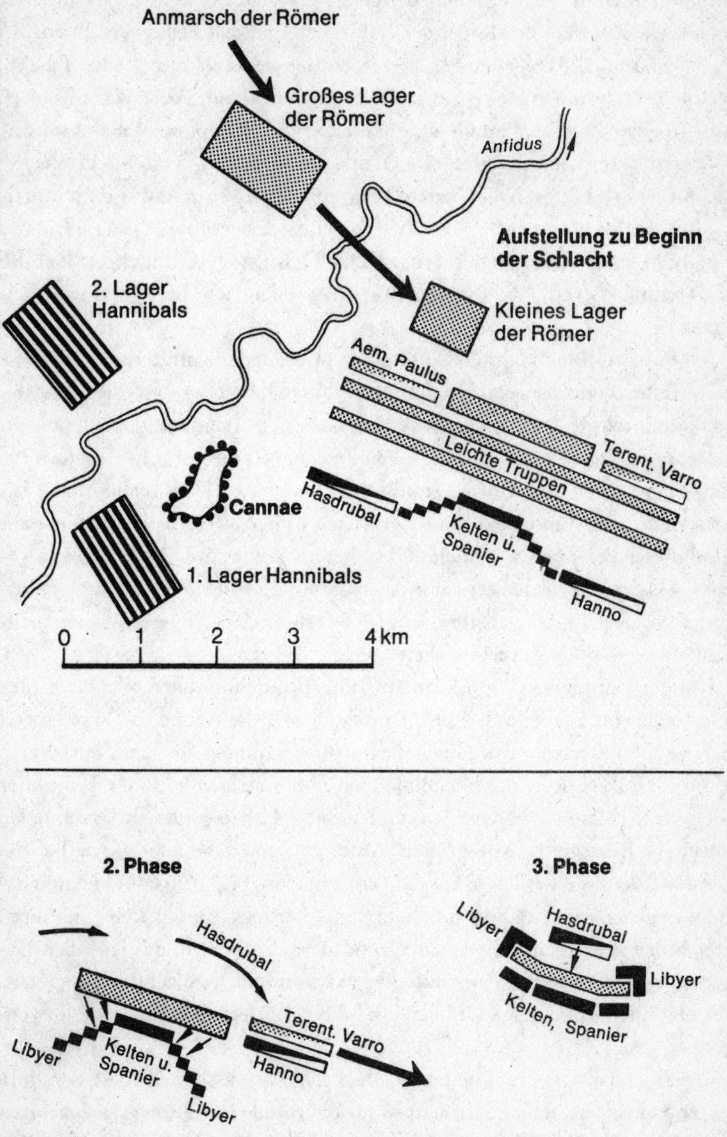

Fluß, anschließend das Fußvolk in so dichter Stellung, daß die Front der Manipel die Tiefe um ein Vielfaches übertrifft. Auf dem linken Flügel steht die Reiterei der Bundesgenossen. Vor das gesamte Heer stellt er die Leichtbewaffneten in zwei Treffen. Sein Ziel: Mit der geballten Kraft der Schwerbewaffneten ins schwache Zentrum der Karthager einbrechen und den Feind vernichten.
Was hat Hannibal dagegenzusetzen: 32 000 Schwerbewaffnete, 8000 Leichtbewaffnete und 10 000 Reiter, zusammen 50 000 Mann. Aber was macht er damit! In einem kunstvollen Gebilde staffelt er die Truppe so, daß das schwache Zentrum, weit auseinandergezogen und vorgeschoben, zum Lockvogel für die Römer wird. Längst hat er Varros Konzept durchschaut und kommt ihm listig entgegen: 55 000 gegen 32 000! Varro sieht sich bereits als Sieger – wie vor zwei Jahren Sempronius an der Trebia. Den Draufgänger Minucius läßt er die Mitte kommandieren, er selbst und Aemilius teilen sich die Reiterei auf den Flügeln.
Bei den Puniern führt Hannibal zusammen mit Mago die mittlere Schlachtreihe, wo Kelten und Spanier in verdünnter Linie stehen: Hier wird die Entscheidung fallen. Hasdrubal – nicht zu verwechseln mit Hannibals gleichnamigem Bruder, der Spanien hält – steht mit den iberischen und keltischen Reitern am linken Flügel; Hanno mit den numidischen Reitern auf dem rechten. Die Libyer stehen rechts und links vom Kern nach hinten versetzt und können auf Grund dieser Perspektive schnell und sicher an Brennpunkte der Schlacht geworfen werden. In vorderster Linie der halbmondförmigen Krümmung haben Spanier und Kelten den geballten Angriff der römischen Manipel – wenn nicht aufzuhalten, so doch durchzustehen.
Alle Libyer kämpfen in römischen Rüstungen mit römischen Waffen, lauter Beutestücke von Trebia und Trasimenischem See; die Kelten, bis zum Gürtel nackt; nach ›Vätersitte‹ mit leinenen, purpurgesäumten Röcken die Iberer.
Die Fronten stehen so, daß die allmählich höher steigende Sonne keines der beiden Heere blendet. Signale, aus archaischen Tuben geblasen, setzen beide Armeen in Bewegung. Mit größter Aufmerksamkeit verfolgt Hannibal die Eröffnung, denn sie wird den Ausgang entscheiden. Hasdrubal und Hanno haben zwar genaue Instruktionen bekommen, aber letztlich wird viel von ihren Maßnahmen abhängen, die sie auf Grund ihrer Einsicht in das jeweilige Geschehen treffen werden. Verständigung während der Schlacht gibt es nicht. Aber Hannibal kennt seine Offiziere und ihren Blick für das taktisch Notwendige.
Die Leichtbewaffneten eröffnen das Gefecht, indem sie schnell vorstoßen, ihre leichten Jagdspeere schleudern und so für die ruhige Entfaltung der schweren Truppen sorgen. Die Chancen halten sich in der Schwebe. Da preschen die ibe-

rischen und keltischen Reiter unter Hasdrubal vor und stürzen sich auf den rechten Flügel der römischen Reiterei. Die Pferde stehen dichtgedrängt, nervös tänzelnd; die Gallier kämpfen nach ›Barbarenart‹: Nach gezielten Hieben und Stößen umklammern sie den Gegner und ziehen ihn vom Pferd. Herrenlose Tiere jagen über das Gelände, Knäuel von Kämpfern am Boden, Keuchen, wütende Schreie, Flüche, Beleidigungen. Die Römer schlagen sich mehr mit Erbitterung als mit Ausdauer, ihre ersten Reihen weichen zurück. Die punischen Reiter sind ihnen 5 : 3 überlegen, und sie nutzen diese Chance, bisweilen zwei gegen einen, ohne Pardon mordend, niedermetzelnd, was ihnen vor die Klinge kommt. Sie treiben die Gegner vor sich her, den Fluß entlang. Fassungslos muß Aemilius zusehen, wie seine Männer wie die Hasen gejagt werden. Von Befehlen kann keine Rede mehr sein.

Es gelingt ihm noch, einen Rest um sich zu scharen. Was nun? Sein Blick geht zur Mitte, wo sich eben die tiefgestaffelten Manipel der Principes, Hastati und Triarii zum Keil formieren und mitten in den karthagischen Halbmond der Kelten und Spanier vorstoßen. Sie werden es schaffen! Während die Schwerter noch am Schenkel baumeln, halten sie das Pilum, die gefürchtete Wurflanze, griffbereit. Wehe dem, den der spitz geschliffene Widerhaken in Schulter oder Hals trifft! Rhythmisch wippen bei jedem Schritt die purpurnen und schwarzen Federn des Kopfschmucks, die den Mann größer erscheinen lassen[65]. Manche tragen Kettenhemden, das Gros die eherne Panzerplatte auf der Brust, die sie ›Herzschützer‹ nennen. Ein Signal: Die Pilen erheben sich im flachen Winkel und schießen nach vorn! Schmerzensschreie auf der anderen Seite. Gegen die zufällig treffenden Geschosse gibt es keinen Schutz – außer Amuletten! Jeder trägt sie. Grimmig entschlossen stoßen die römischen Karées auf die Kelten und Spanier. Der Nahkampf beginnt, und nun wendet sich das Blatt: fünf römische Schwerter gegen drei punische!

Verbissen halten Kelten und Spanier eine Weile stand, Hannibal und Mago mitten unter ihnen. Aemilius stürzt sich mit seinen letzten Getreuen dazwischen, wirft sich ins nächste Handgemenge, feuert die alten Kämpfer an. Weicht der Karthager? Ja! »Sie weichen!« schreit er und reißt alle zum großen Schlag mit.

Hannibal? Zwischen zwei Schwerthieben erfaßt er alles und läßt es geschehen, denn so soll es kommen. Auf fragende Blicke seiner Leute lächelt er grimmig zurück: Laßt sie nur gewähren! Schritt für Schritt geben sie Boden preis. Nicht zu schnell, der Feind darf das böse Spiel nicht zu früh bemerken. Die Kelten gehen allmählich zurück, lassen eine Menge Tote liegen. Die römischen Manipel folgen hitzig, übereilt. Schon im Siegesrausch, stürzen sie in die Bresche, konzentrieren sich ganz auf die Mitte.

Die Kelten sind schon so weit gewichen, daß ihre Flanken auf gleicher Höhe mit den rechts und links anschließenden Libyern stehen, die bisher noch keine Feindberührung haben. Diese dehnen ihre Glieder und schwenken rechts und links im Bogen herum. Plötzlich erkennen die Römer die Falle – zu spät! Sie, die schon einige hundert Meter Kampf hinter sich haben, werden nun in der Flanke und rücklings von ausgeruhten Truppen angefallen. Durcheinander! Widersprechende Kommandos! Aemilius Paulus, von einem Schleuderstein der Balearen schwer getroffen, versucht dennoch, die Ordnung wiederherzustellen. Mit letzter Kraft ordnet er die Scharen neu, läßt sie anrennen. Doch was ihm hier gelingt, geht zwanzig Schritt weiter wieder verloren.

Währenddessen tut sich auf dem linken römischen Flügel wenig. Eine List? ... Nach einigem Geplänkel, das den Gegner nicht mehr als nervös macht, springen 500 Numider von den Pferden und nähern sich, die Schilde auf dem Rükken, der römischen Linie. Aha! Überläufer! Sie legen Schilde und Spieße vor den Offizieren nieder. Varro läßt sie hinter das letzte Glied bringen: »Wartet ab und bewegt euch nicht von der Stelle!« – »Jawohl!« – Warum auch. Sie warten, bis die Schlacht aller Augen in ihren Bann gezogen hat, dann: »Auf!« Plötzlich blitzen Dolche in ihren Fäusten, sie springen vor, nehmen den nächstliegenden Leichen den Schild ab und stoßen die Römer von hinten nieder, zielen auf ungeschützte Rücken, durchschlagen Kniekehlen und verursachen ein fürchterliches Gemetzel. In diesem Augenblick sprengt Hasdrubal mit seinen Leuten vom Fluß daher, wo er die flüchtenden römischen Reiter bis auf den letzten Mann niedergemacht hat. Im Galopp nähert er sich dem römischen Reitercorps Varros. Das genügt, um sie zurückgehen zu lassen. Hasdrubal überblickt die Szene und faßt dann den Entschluß, der die Schlacht entscheidet: Hanno wird mit den römischen Reitern allein fertig werden; Hannibal braucht Verstärkung! Aus dem scharfen Ritt heraus schwenkt er nach rechts und reitet eine Attacke in den Rücken der Römer, die im Zentrum wieder die Oberhand gewonnen haben. Zurück! Neue Formation! Attacke! Eine Schwadron nach der andern reitet ihre todbringenden Angriffe, gegen die kein Kraut gewachsen ist. Zurück! Formation! Attacke! ... Zurück! Formation! Attacke! ...

Aemilius fällt. Minucius fällt. Servilius fällt ... In kleinen Gruppen igeln sich die Legionäre ein, wie sie es gelernt haben: Schilde und Speere nach außen. Umsonst: Attacke! Von allen Seiten eingekesselt, fallen sie, einer nach dem andern. Manche bauen aus Leichen Barrikaden. Attacke! Von Minute zu Minute schrumpft der Kern. Und wieder und wieder schwärmen sie heran, Hasdrubals Reiter. Auf der anderen Seite leiht der Tod Hannibal seine Sense ...

Als Aemilius stirbt, haucht er zu Cn. Lentulus, der die Worte nach Rom bringen wird: »Geh und melde den Senatoren, sie müssen Rom schützen und, noch bevor der schreckliche Sieger ankommt, durch Truppen sichern. Laß mich hier bei meinen gefallenen Soldaten sterben, damit ich nicht nach meinem Consulat als Angeklagter dastehe ...«

Der Rest ist Abschlachten. Gräßlich. Sinnlos. Unbeschreibbar. Einer der blutigen Höhepunkte dieses Viehs, das sich homo sapiens nennt. Ein frühes Muster von Karls Sachsenmord, Dreißigjährigem Krieg, Hitlers ›Endlösung‹. Aber keine Sorge: In 500 Jahren werden weitere Namen diese Tabelle füllen.

Varro ist mit 70 – in Worten: siebzig – Mann die Flucht gelungen, »ein Mann, der sein Amt zum Verderben des Vaterlandes geführt hatte«, wie Polybios anhängt[66].

Am Abend reicht man Hannibal die Zahlen:

60 000 Tote, 10 000 gefangene Römer. Unter den Toten: 2 Quaestoren, 1 Consul, 2 Proconsuln, 31 Militärtribunen (Stabsoffiziere), mehrere Altconsuln, Praetoren, Aedilen, 80 Senatoren. Die größte Niederlage der römischen Geschichte!

An diesem Abend kann er zu Mago sagen: Es gibt in Italien kein römisches Heer mehr ...

Seine eigenen Verluste betragen, wie am Trasimenischen See, wieder etwa ein Zehntel der römischen: 4000 Kelten, 1500 Iberer und Libyer und etwa 200 Reiter sind gefallen.

Was das strategische Fazit der Schlacht angeht, können wir uns Polybios anschließen, wenn er in seiner unterkühlten, sachlichen Art feststellt:

»Zum Sieg der Karthager hatte diesmal wie früher am meisten die Reiterei beigetragen. Dadurch wurde für die Nachwelt der Beweis erbracht, daß es für die Entscheidung im Kriege besser ist, halb so viel Infanterie, aber die völlige kavalleristische Überlegenheit zu haben, als mit völlig gleichen Streitkräften dem Feinde gegenüberzustehen[67].«

Polybios weiß, wovon er spricht, denn er war, bevor er als Geisel nach Rom kam, in seiner Heimat u. a. ein erfahrener Stratege! Und wenn wir einen Blick auf die Kriege der folgenden 22 Jahrhunderte werfen, werden wir ihm beipflichten müssen. Allerdings mußte die Kavallerie heute längst dem Panzer und Kampfhubschrauber das Feld räumen.

## Die Antwort des Jahrhunderts

### *1. »Allerdings haben die Götter nicht einem alles gegeben ...«*

Wir könnten nun fortfahren, landauf landab die Dutzende von Treffen aufzuzählen; wir könnten über entvölkerte, verwüstete Landstriche klagen, wo die Unkräuter ihren stillen Krieg gegen die Kulturpflanzen führen und den Boden auf lange behaupten; würden dem Bauern über die Schulter schauen, wenn er nach unendlichen Mühen die kargen Münzen zählt, die ihm doch bald wieder genommen werden. Aber Elend en masse läßt sich nicht beschreiben; der Versuch bleibt immer im allgemeinen stecken, wie schon bei Livius: »... waren die freien Bauern durch den Krieg hinweggerafft, dazu fehlte es an Sklaven, das Vieh war geraubt und die Landhäuser zerstört oder verbrannt[68].«

Hannibal hat bei Cannae ein Nahziel erreicht. Was nun?

Am Abend des erfolgreichen Tages Kriegsrat im Kreise seiner Offiziere: Hochstimmung! Totale Siege haben Euphorie im Gefolge. Maharbal, Haudegen und Hitzkopf, gibt das Stichwort:

»Damit du weißt, was du durch diese Schlacht erreicht hast: In vier Tagen wirst du als Sieger auf dem Kapitol speisen! Folge mir! Mit den Reitern will ich vorauseilen, damit die Römer erfahren, daß du gekommen bist, und nicht, daß du erst kommen wirst!« Hannibal schien die Lage zu günstig und zu groß, als daß er sie sofort hätte begreifen können. Deshalb sagte er, er lobe den guten Willen Maharbals, aber er brauche Zeit, um seinen Vorschlag zu prüfen. Darauf entgegnete Maharbal:

»Allerdings haben die Götter nicht einem alles gegeben; zu siegen verstehst du, Hannibal, den Sieg zu nutzen verstehst du nicht[69]!«

Und Livius fügt aus dem Abstand zweier Jahrhunderte hinzu:

»Man glaubt ziemlich allgemein, Rom und das Reich haben dem Aufschub dieses Tages ihre Rettung zu verdanken.«

An diesem Satz und an Hannibals undurchschaubarer Haltung hat sich der Streit der Gelehrten entzündet, der bis heute im Gange – und der nie beendet sein wird. Warum greift Hannibal Rom nicht an? Variieren wir einmal Livius' Satz: »Man glaubt heute ziemlich allgemein, Rom und Europa haben dem Aufschub dieses Tages ihre Rettung zu verdanken ...«

Sie meinen, das gehe zu weit? Das sei euro-zentrisch gedacht, eine nicht statthafte Rückprojektion unseres eigenen Denkens? Gewiß! Darum geht es ja! Halten wir uns einmal die Folgen einer gelungenen Invasion der Punier vor Augen: Hätte Hannibal Rom genommen, so wäre Italien auf lange Sicht – wahrscheinlich auf Jahrhunderte – karthagische Provinz geworden. Punisch-Phönizisch hätte Latein als Staatssprache im westlichen Mittelmeer abgelöst. Gallien wäre nicht oder nicht so total unter den Einfluß der mediterranen Kulturen gekommen, sondern sehr früh mit germanischen Invasoren konfrontiert worden. Der gallische Krieg Caesars hätte nicht stattgefunden. Im östlichen Mittelmeer hätte Philipp V. von Makedonien – wir lernen ihn gleich kennen – die Führung übernommen. Die Teilung in eine griechische Ost- und eine karthagische Westregion hätte 600 Jahre vor der tatsächlichen Reichsteilung des römischen Imperiums völlig andere Voraussetzungen für die Entwicklung des nördlichen Kontinents geschaffen. Das Christentum hätte sich nicht von seinen orientalischen Ursprüngen gelöst und wäre eine Religion unter vielen geblieben. Überspitzt: Europa hätte nicht stattgefunden! Ich hätte dieses Buch nicht geschrieben, Sie hätten es nicht gelesen; wir würden mit Sicherheit überhaupt nicht existieren ...

Hannibal ist eine der ganz wenigen historischen Größen, von denen man sagen darf, sie haben die Weichen der Geschichte unwiderruflich gestellt, ganz gleich, wie sie sich in jener Sekunde der Entscheidung festlegten.

Aber Hannibal hat Rom nicht angegriffen, heute nicht und nicht in den nächsten Jahren. Warum nicht?

Wir sprachen zu Anfang seiner Biographie vom kolportierten Haß Hannibals auf Rom. Hätte er Rom so gehaßt, wie viele meinen, dann würde er mit allen Mitteln versucht haben, die gehaßte Stadt zu nehmen und sie in Schutt und Asche zu legen, wie Rom es ein halbes Jahrhundert später mit Karthago getan hat. Aber ist Hannibal ein Fanatiker des Hasses?

In der Forschung ist man heute völlig von diesem mythischen Haßmotiv abgekommen; man sieht vielmehr die ineinander verschränkten wirtschaftlichen und politischen Interessen der verschiedenen Mächte, die da sind: Rom – Karthago – Makedonien – der griechische Osten. Dabei wandelt man wieder mehr in den Spuren des großen Chronisten Polybios, dessen globaler Gesichtskreis seiner Zeit weit voraus war. Polybios hatte, zumal als Grieche, den gleichen objektivierenden Abstand zu den Ereignissen, den wir etwa heute zu den Ursachen des Ersten Weltkrieges haben. Heute einen Haß zwischen ›den‹ Deutschen und ›den‹ Franzosen vorzuschieben, wäre nicht nur böswillig, sondern ganz einfach dumm.

Eine sehr einfühlende Deutung hat ›kürzlich‹ (1959) der Engländer Filton Brown gegeben in seiner Studie »Nach Cannae«[70]:

»Es will mir scheinen, daß es nicht schwer zu verstehen ist, warum sich Hannibal entschlossen hat, Rom zu schonen, wenn wir uns in seine Lage versetzen und versuchen, wie er die Wahrscheinlichkeit nach Cannae abzuwägen. Die guten Beziehungen, welche zwischen Rom und Karthago bis zum Jahre 264 bestanden hatten (vgl. die frühen Verträge! d. V.), waren auf einen Interessenausgleich gegründet; als Pyrrhus in die westliche Welt eingebrochen war, hatte sich Rom als ein nützlicher Pufferstaat erwiesen ... Tatsächlich könnte man sagen, daß die am längsten dauernde Bedrohung für die Sicherheit oder mindestens für die Handelsverbreiterung Karthagos die immer wieder einsetzende Verstärkung der Westgriechen durch die Mächte jenseits der Adria war. Seit Philipp V. von Makedonien auf dem Thron war, hat man wohl kaum irgendein Anzeichen der Verringerung jener Bedrohung wahrgenommen. Und wenn Hannibal Rom aus der Geschichte gestrichen hätte, wäre die wahrscheinliche Folge die Errichtung einer makedonischen Einflußsphäre gewesen, welche nicht nur Syrakus und die anderen abhängigen Staaten der Magna Graecia, sondern auch die führerlosen Staaten in Zentralitalien umfaßt hätte – der Traum eines Alexander, durch das Schwert Hannibals verwirklicht. Wenn diese Einschätzung der Situation richtig ist, dann ist es ebenso unwahrscheinlich, daß Hannibal in einem Anfall von Rachegelüsten Rom zerstört hätte, wie es ausgeschlossen erscheint, daß er, wenn er auf dem Schlachtfeld eine Niederlage erlitten hätte, blindlings um sich geschlagen hätte.«

Und dann dies:

»Worauf es ankam, war: die Kontrolle über das westliche Mittelmeer zurückzugewinnen und Rom zu zwingen, wieder eine italische Macht – freilich nicht mehr! – zu werden[71].«

Unter diesen Gesichtspunkten spielt die Annahme, Rom sei durch Hannibal nicht zu erobern gewesen auf Grund seiner Fortifikation – die übrigens sehr anzweifelbar ist –, eine untergeordnete Rolle.

Man hat in unserem Jahrhundert immer wieder die Parallele zwischen Cannae und der Schlacht bei Tannenberg (August 1914) gezogen, als Hindenburg und Ludendorff im Sinne Schlieffens die Russen unter Samsonow umfaßten und vernichteten, und sogar von einem »Über-Cannae« gesprochen[72].

Das ist nur bedingt möglich. Der israelische Militärhistoriker und Stabsoffizier J. Wallach rückt in seinem »Dogma der Vernichtungsschlacht« die Verhältnisse wieder zurecht:

»In einer Beziehung jedoch läßt sich die Schlacht bei Tannenberg mit der Schlacht bei Cannae vergleichen. Beides waren eindrucksvolle, glänzende militärische Siege, aber keine von beiden ist, obgleich es Vernichtungsschlachten waren, kriegsentscheidend gewesen[73].«

In der ausweichenden Antwort, die Hannibal bei Livius dem Maharbal gibt – es spricht vieles für die Authentizität des Zitats –, schwingt etwas von Resignation mit: Er brauche Zeit ... Aber jeder Tag, den Rom überlebt, ist für ihn verloren! Von dieser Stunde an wird die Sanduhr gedreht, und Körnchen für Körnchen sickert ihm der Erfolg, der Endsieg, davon. Von nun an überschattet Nemesis, die rächende Göttin des übersteigerten menschlichen Willens, alle seine Schritte. Gewiß, er gewinnt Schlachten, ein Routinier der Taktik, aber er verliert nicht wenige! Man kann nicht 10 Jahre lang siegen, wenn man Rom selbst nicht hat.

Karthago, weithin beherrscht von borniertem Krämergeist, hat keinen Blick für die strategischen Dimensionen, die Hannibal in seinem Hirn wälzt.

Die alten Gegner der Barkiden regen sich, nörgeln, intrigieren. Ihnen ist das Hemd näher als der Rock; und dadurch unterscheiden sie sich von den römischen Gentes: Statt ihren ersten Feldherrn, dessen Schlag gegen Sagunt sie vor Jahren lauthals unterstützten, mit frischen Kräften zu unterstützen – die Veteranen des Heeres werden älter, sterben an Krankheit und Kämpfen, sehnen sich nach einem zivilen Leben! –, schickt man immer nur das Minimum. Mal hier einige Tausend, mal dort Verpflegung oder Geld.

Was dieser Mann in den nächsten Jahren leistet, übertrifft die spektakulären Schlachten oder den Alpenübergang bei weitem an Willenskraft und Durchhaltevermögen. Vor Cannae hielt auch das Kriegsglück seine Hand über ihn; nun ist er dazu verdammt, das Begonnene durchzustehen. Er darf vor sich selbst nicht das Gesicht verlieren.

Welch ein sonderbarer Mensch! ... Caesars Leben liegt weithin offen vor uns. Wir spüren den Charme, den er ausstrahlen kann, bewundern seinen Stil in Briefen, Reden, Kriegsberichten, erlauben uns, zu schmunzeln über seine galanten Abenteuer; stutzen, wenn er plötzlich hart und gefühllos zuschlägt; nehmen teil am persönlichen Leid bei Verlust der geliebten Tochter – kurz: Wir erleben die faszinierende Persönlichkeit eines begnadeten Menschen.

Nichts von alledem bei Hannibal. Vergeblich versuchen wir, hinter das Äußere des Einäugigen zu blicken. Man kann ihn zwanzig Jahre lang auf seinen Feldzügen begleiten, und er bleibt ein Fremder wie am ersten Tag ...

Liegt es an den fehlenden Quellen? Wohl nicht. Er entzieht sich schon den Zeitgenossen. Alles, was wir etwa bei Livius in seiner berühmten Studie über ihn erfahren, bleibt an der Oberfläche:

»... Niemals war ein Mann zu zwei ganz verschiedenen Dingen, zum Gehorchen wie zum Befehlen, in gleicher Weise geeignet ... Die Soldaten hatten zu keinem anderen Führer mehr Zutrauen oder Mut. Er besaß die größte Kühnheit, die größte Besonnenheit in den Gefahren selbst. Durch keine Anstrengung konnte sein Körper ermüdet oder sein Geist besiegt werden. Gleich war seine Ausdauer in Hitze und Kälte. Das Maß von Essen und Trinken war vom

natürlichen Verlangen, nicht vom Vergnügen bestimmt. Die Zeit des Schlafens und Wachens wurde nie durch Tag und Nacht bestimmt; was ihm nach der Erledigung seiner Arbeit übrigblieb, widmete er der Ruhe. Aber auch sie wurde weder durch ein weiches Lager noch durch Stille herbeigezaubert. Viele haben ihn oft nur mit einem Militärmantel bedeckt zwischen den Wachen und Posten der Soldaten auf der Erde liegen sehen. Seine Kleidung unterschied sich in nichts von der seiner Altersgenossen; seine Waffen und Pferde dagegen fielen auf. Er war der beste Soldat zu Fuß und zu Pferde; als erster ging er in den Kampf, als letzter verließ er das beendete Treffen.
Diesen so großen Vorzügen des Mannes hielten auf der anderen Seite ungeheure Fehler das Gleichgewicht: unmenschliche Grausamkeit, mehr als punische Treulosigkeit (sie war den Römern sprichwörtlich wie uns etwa der schottische ›Geiz‹, d. V.); nichts galt ihm Wahrheit, nichts war ihm heilig. Er kannte keine Gottesfurcht, anerkannte keinen Eid und empfand keine religiöse Bindung ...[74].«

Dieser Mann ist einem Römer wie Livius völlig unbegreiflich, und der sonst so subtil sich einfühlende Autor kann aus seiner römischen Haut nicht heraus. Wenn er trotz allem einige positive Züge ausbreitet – die übrigens bei Caesar austauschbar wären! –, so tut er dies mit erhobenem moralischen Zeigefinger an die Adresse der jeunesse dorée seiner Zeit: Schaut her! Solche Männer brauchten wir! Aber ihr ...?! Aus dem gleichen Motiv schreibt später Tacitus, wenn er der dekadierenden High-Society die unverdorbenen Germanen als Muster vorhält. Das 18. Jahrhundert wird sich dereinst mit Rousseau am ›edlen Wilden‹ dilettieren. In Rom wird Geschichte immer geschrieben, um den Leser zu erziehen!

Den gläubigen Römer erschreckt vor allem die gottlose Kompromißlosigkeit dieses hellenistisch aufgeklärten Karthagers, die er sich nur als Ausdruck von ›Treulosigkeit‹, ›Grausamkeit‹, ›Religionslosigkeit‹ erklären kann. Rom hat Hannibal nie verstanden, so wie Deutschland Friedrich II. nie verstand. Und wir ...?

Es gibt Charaktere, die ihre inneren Antriebe geschlossen mit ins Grab nehmen. Die Geschichte liebt es, sich bisweilen vor sich selbst zu verstecken. Fragen wir nach dem Sinn? Wir werden ihn nie finden.

### 2. *Flickschusterei gegen Strategie: Das Ende einer Großmacht*

Zurück zu den Ereignissen ...

Das Hauptziel, den Abfall der römischen Bundesgenossen Mittelitaliens, hat Hannibal nicht erreicht. Von da an weiß er, daß er Rom nicht bezwingen wird.

Wie vor Cannae, legt er seine Truppen in den Süden, gewinnt wichtige Zentren und Häfen wie Capua, Lokroi, Kroton und Tarent. Neue Hoffnung weckt das Auftreten Philipps V. von Makedonien, der auf Kosten Roms seine Macht im Westen ausdehnen will; ein »talentvoller Mann voll Verstand und Witz und von gewinnendem Wesen, aber treulos, raubgierig und sinnlich, an Übermut und Frevelsinn wie an ritterlichen Waffentaten ein echter Sohn seiner Zeit«[75]. Dynasten seines Schlags wird der hellenistische Raum in den nächsten 150 Jahren noch mehrmals hervorbringen, jene eigenartige Mischung aus absolutem König, griechischem Strategen und orientalischem Sultan, die allesamt in den Spuren Alexanders d. Großen wandern möchten. Ein Bündnis mit Hannibal kommt ihm wie gerufen, 215 ist es soweit: Die Vertragspartner schließen einen Freundschafts- und Beistandspakt mit dem Ziel, Roms Macht auf Italien beschränkt zu halten. Philipp will sich an der Adria festsetzen.

Aber dazu kommt es nicht. Rom hat seine Fühler schon in Griechenland ausgestreckt und schließt mit Philipps Feinden, dem ›Ätolischen Bund‹, einen Gegenpakt, der den König im Osten bindet. Drei Jahre später gelingt es dem Consul Marcellus, nach zweijähriger Belagerung Syrakus zu nehmen. Die Stadt war nach dem Tode des Römerfreundes Hieron II. zu Karthago übergegangen. Bei der Eroberung findet der große Mathematiker Archimedes den Tod, als er gerade dabei ist, geometrische Figuren in den Sand zu zeichnen, und auf die mürrische Frage nach dem Sinn seines Tuns dem eingedrungenen römischen Legionär unwirsch antwortet: »Störe mir nicht meine Kreise!« Grund genug für den Soldaten, ihn in den Hades zu schicken. Alexander d. Große war da einst höflicher, als der Philosoph Diogenes den König mahnte: »Geh mir aus der Sonne!« Livius fügt zwar entschuldigend hinzu, daß der ungeschlachte Römer ihn nicht kannte, aber dadurch wird die Sache ja nur noch schlimmer: eine Bildungslücke ...! Nun ja, Wissenschaftler haben auch dafür geradezustehen, wenn sie den Generälen in die Hände arbeiten; Archimedes hatte eine Menge Apparate und Maschinen konstruiert, mit deren Hilfe die belagerte Stadt eine größere Anzahl römischer Kriegsschiffe zu den Fischen schickte. Sein ›Griechisches Feuer‹ war bis zum Beginn der Neuzeit ein Vorläufer der heutigen Phosphor- und Napalmbomben.

Von noch größerer Bedeutung ist die Rückeroberung Capuas, als Hannibal zur gleichen Zeit einen Entlastungsangriff gegen Rom inszeniert. Wenn auch sein Erscheinen in Sichtweite der Stadt Furore macht, bleibt das Unternehmen eine halbe Sache. Livius läßt Hannibal sagen: »sich der Stadt Rom zu bemächtigen, fehle es ihm bald an Verstand, bald an Glück[76].« Völlig desillusioniert zieht er sich wieder in den Süden zurück. Er weiß nun, dieser Krieg wird nicht mehr in Italien entschieden werden.

Der alte ›Zauderer‹ Fabius Maximus, nun Consul, nimmt seine Ermattungsstrategie wieder auf, diesmal mit Zustimmung aller. Irgendwann – so die römische Maxime – muß doch der Punkt erreicht sein, an dem Hannibal sich sagen muß, daß ein weiteres Verbleiben im Lande sinnlos ist.

Setzt man die strategischen Konzepte Roms und Karthagos nebeneinander, so fällt auf:

Rom operiert nun großräumig: Die Flotte agiert an wichtigen Punkten und hat die Seeherrschaft; Philipp ist in die Defensive gezwungen; Hannibal in den Süden abgedrängt; in Spanien, der Basis barkidischer Hausmacht, bindet der junge fünfundzwanzigjährige Scipio Hasdrubal mit starken Kräften; Sizilien ist wieder ganz römisch.

Und Karthago? Gibt es überhaupt eine Konzeption, die man Strategie nennen könnte? Jetzt, wo es für Hannibal und seine Veteranen auf Leben und Tod geht, fehlen ihm die 12 000 Mann, die Karthago völlig übereilt nach Spanien geworfen hat. Die Nachwirkungen von Cannae waren überschätzt, und die römische Regeneration unterschätzt worden.

Kriegsentscheidend aber wird, daß dem früh gealterten Einäugigen ein gleichrangiger Gegner erwächst: Scipio. Mit dem Blick des geborenen Taktikers und Strategen erkennt er, daß Hannibal nur mit Hannibal zu schlagen ist: Gebraucht jener Finten, so sind seine noch hinterhältiger; ist die punische Armee locker gestaffelt, wendig, schnell – so seine noch schneller, noch wendiger. Scipios Heeresreform – neben der des Marius zu wenig gewürdigt – rettet Rom und vernichtet Karthago. Er stellt die Manipel so auf, daß sie innerhalb der Legion selbständiger operieren können. Weg mit dem Blockdenken! Die Gefahr einer punischen Umfassung wird dadurch geringer, mehr noch: Gleiches wird von jetzt an mit Gleichem vergolten.

Die Lage spitzt sich wieder zu, als Hasdrubal, Hannibals fähigster Bruder, mit 30 000 Mann über Pyrenäen und Alpen zieht – ohne die Verluste des Bruders! –, um die karthagische Armee in Süditalien zu entsetzen.

In letzter Stunde gelingt es dem römischen Consul Claudius Nero – er hat einen Brief Hasdrubals abgefangen, der den gesamten punischen Operationsplan enthält –, das Entsatzheer am Metaurus, nördlich von Ancona, zu stellen und in einer mörderischen Schlacht zu vernichten. Es gibt moderne Stimmen, die diese Schlacht zu den weltgeschichtlich entscheidenden rechnen: Hätte Hasdrubal gesiegt, dann ... Aber er verliert! Schlacht und Leben! Sechs Tage später wirft man Hasdrubals Kopf in Hannibals Lager. Sein Kommentar: »Hier sehe ich das Schicksal Karthagos ...«

Er weiß, sein Stern ist verblaßt, kurz vor dem Fallen.

Der junge Scipio, obwohl nicht Consul, wird mit proconsularer Gewalt ausgestattet. Er jagt die Punier aus Spanien, rächt so auch den Tod des Vaters. Carthago Nova fällt, dann Gades. Als strahlender Sieger kehrt er nach Rom zurück.

Die Menge vergöttert ihn und wählt ihn nun zum Consul. In einer Meisterrede vor Senat und Volk zerstreut er die Bedenken und Ängste der Zaghaften: Karthago? Ein Papiertiger! Man muß die Punier im eigenen Lande angreifen! Warum hat man es nicht schon früher getan? »... Wir standen, von unseren Bundesgenossen verlassen, durch eigene Kraft und durch römische Truppen. (Eine Übertreibung! Aber geschickt gesagt!) Der Karthager kennt keine Stärke seiner Bürger. Söldner haben sie, Afrer und Numider; die leichtfertigsten Geschöpfe, wenn es gilt, sein Wort zu brechen ...«

Das gefällt den Leuten. Dann aber wechselt er über ins Grundsätzliche, und diese Gedanken erinnern an Bismarck:

»Darin liegt ja eben die Tapferkeit des Mannes und des Feldherrn: *das Glück des Schicksals, wenn es sich bietet, zu ergreifen* und das im Zufall Dargebotene in seinen Plan zu verflechten[77]!« Bei Bismarck ist es der Mantel Gottes, dessen Zipfel man im Vorbeigehen zu greifen hat ...

Dieser junge Mann mobilisiert Kräfte und Reserven, an die niemand mehr geglaubt hat. Nichts beweist besser die Verbundenheit der Italiker mit Rom als dieser Bericht des Livius, dem man den Stolz über das Erreichte anmerkt:

»Die Volksstämme Etruriens versprachen zuerst, daß sie je nach Vermögen den Consul unterstützen würden: Die Bürger von Caere versprachen Getreide und Proviant aller Art für die Matrosen, die von Populonia Eisen, die von Tarquinii Leinwand zu Segeln, die von Volterrae die Mittel zum Anstreichen der Schiffe und Getreide, die von Arretium 3000 Schilde und ebensoviele Helme, Wurfspieße, kurze Spieße und lange Lanzen; sie wollten die volle Zahl von 50 000 Stück jeglicher Art aufbringen, Beile, Schaufeln, Mauerhaken, Mulden und Handmühlen, was für 40 Kriegsschiffe nötig war; dazu kämen noch 12 000 Scheffel Weizen und für die Hauptleute und Ruderer ein Wegegeld. Die Einwohner von Perusia, Clusium und Russellae wollten Tannenholz zum Schiffsbau und eine Menge Getreide heranschaffen; das Tannenholz nahm Scipio aus den Staatswäldern. Die Völker Umbriens, außerdem die Bürger von Nursia, Reate und Amiternum, dazu das ganze Sabinerland versprachen Soldaten. Die Marser, Päligner und Marruciner meldeten sich zahlreich als Freiwillige für die Flotte. Die Bewohner von Camers schickten eine bewaffnete Kohorte mit 600 Mann. Dazu 30 Schiffe, 20 Fünfruderer und 10 Vierruderer. Als die Kiele gelegt waren, betrieb Scipio selbst den Bau so eifrig, daß 45 Tage (!), nachdem das Bauholz aus den Wäldern beschafft war, die Schiffe gebaut, ausgerüstet und zu Wasser gebracht wurden ...[78].«

Diese Begeisterung läßt sich nur noch mit den Ereignissen der Freiheitskriege gegen Napoleon vergleichen.
Karthago schickt – aus was für Gründen auch immer: Es ist eine strategische Dummheit! – 7000 Söldner nach Ligurien, wo Mago sich in der Gegend von Genua festgesetzt hat. Hannibal, völlig im Stich gelassen, faßt den einsamen Entschluß, nach Afrika überzusetzen. Der Transportraum der gecharterten Schiffe ist so gering, daß er das Gros seiner Pferde töten muß. Ein nicht zu verschmerzender Verlust! – Bei Hadrumetum betritt er den heimatlichen Kontinent.
Scipio, schon vor ihm gelandet, gewinnt die Hilfe des Numiderkönigs Massinissa, der sich nach einem römischen Endsieg einen bedeutenden Batzen aus der karthagischen Konkursmasse erhofft – und erhält. Mit seinem Enkel Jugurtha wird Rom noch manchen Strauß zu fechten haben ...
Bei Zama treffen 202 die Heere Scipios und Hannibals aufeinander.
Vor der Schlacht kommt es zu einer Unterredung beider Feldherrn; »... eine Zeitlang schwiegen sie beim gegenseitigen Anblick, von gegenseitiger Bewunderung beinahe starr ...[79]«.
Dann beginnt Hannibal; er ist in den fürchterlichen Jahren zum Weisen geworden: »Wir sind Friedensunterhändler, denen recht viel am Frieden liegt und deren Staaten alles (was wir hier beschließen) auch als richtig anerkennen werden. Ich bin als ein alter Mann in meine Heimat zurückgekehrt, von wo ich als Knabe auszog. Glück und Unglück haben mich so erzogen, daß ich lieber der Vernunft als dem Schicksal folgen möchte; bei dir allerdings fürchte ich Jugend und dauerndes Glück, die dir mehr Mut einflößen, als sich mit Friedensplänen verträgt ... Was ich am Trasimenus, was ich bei Cannae war, das bist du heute ... Ich, Hannibal selbst, bitte um Frieden. Ich würde nicht darum bitten, wenn ich ihn nicht für gut und nützlich hielte ... Wie ich, weil ich ja den Krieg begonnen habe (!), dafür einstand, daß niemand diesen Krieg bereute, bis die Götter selbst neidisch wurden, so werde ich auch dahin wirken, daß niemand mit dem Frieden unzufrieden ist, der durch mich gestiftet ist.«
Aber Scipio reagiert so, wie Hannibal vor 16 Jahren gehandelt hätte: Zwischen ihnen liegen nicht nur Erbfeindschaft, verschiedene Rasse, Sprache, Mentalität, sondern ein Generationsunterschied – Erfahrung gegen Begeisterung, Weisheit gegen Verstand, Vernunft gegen das Recht des Stärkeren, Ratio gegen Bios! Eine Einigung ist unmöglich.
Am nächsten Tag die Schlacht! Auch diesmal entscheidet die Reiterei – die römische! 20 000 von 40 000 Puniern fallen; der Rest geht in Gefangenschaft, das aber heißt: Sklaverei. Hannibal flieht.
Der Friedensvertrag, den Rom nun (201) diktiert, kommt der Vernichtung der

karthagischen Macht gleich:

- Abtretung aller karthagischen Besitzungen außerhalb Afrikas;
- Numidien geht an Massinissa; Rom gewinnt einen ergebenen Verbündeten und Wachhund;
- Auslieferung aller Elefanten und der Kriegsflotte bis auf 10 Schiffe an Rom;
- Karthago darf außerhalb Afrikas keinen Krieg führen; in Afrika selbst nur mit Erlaubnis Roms;
- Karthago hat eine Kriegsentschädigung von 10 000 Talenten (100 Mill. Mark), verteilt auf 50 Jahre, zu zahlen.

Damit fällt Karthago aus dem Kreis der Großmächte zurück in den Status einer Handelsstadt von römischen Gnaden wie Massilia, wie Syrakus, wie Carthago Nova und andere.

Hannibal? Mit bewundernswertem Ethos versucht er, das Beste aus der Situation zu machen und in der inneren Politik der gedemütigten Stadt zu ordnen, was noch Ansätze für einen Neubeginn zeigt. Aber für Rom ist er der Leibhaftige, eine Unperson! Man zwingt die Stadt, ihn auszuliefern. Durch Flucht kommt er dieser Demütigung zuvor und geht ins Exil zu Antiochus III. von Syrien. Nach römischer Intervention rettet er sich zu Prusias I. von Bithynien. Aber Rom läßt ihm nicht einmal mehr das Recht zu leben: Einem Mordkommando kommt er zuvor, indem er sich 183 selbst den Tod gibt: Er nimmt Gift. Bis zuletzt hat er versucht, eine hellenistische Koalition gegen Rom zustande zu bringen. Aber über derlei Träume ist die Geschichte bereits hinweggeschritten.

Seine letzten Worte waren:

»Laßt uns nun der großen Angst der Römer ein Ende machen. Sie hielten es für eine zu langwierige und schwere Mühe, auf den Tod eines alten, gehaßten Mannes zu warten[80].«

Er starb im Alter von 64 Jahren.

Es gibt ein grausames Wort von Plutarch: Hannibal war zuletzt »wie ein Vogel, der zu alt geworden war, um noch zu fliegen, und der seine Schwanzfedern verloren hatte«.

# III. Teil
# Das Jahrhundert der Revolution

»Wie sie da hasten und rennen, den Pfad sich zu suchen des Lebens
Irrenden Laufs, sich messen an Geist, sich streiten an Adel,
Tag und Nacht sich verzehren in rastlos keuchender Mühsal,
Daß sie empor sich drängen zur Macht und zum Steuer des Staates.«

LUCRETIUS, de rerum natura

»Gleich zu sein unter Gleichen,
Das läßt sich schwer erreichen:
Du müßtest, ohne Verdrießen,
Wie der Schlechteste zu sein dich entschließen.«

GOETHE

»Denke daran, daß der Mensch des Menschen Feind ist
Und daß er sinnt auf Vernichtung ...«

GÜNTER EICH

# Tragische Tribunen

## Die Revolution der Gracchen

### *1. Der Bauer bezahlt die Zeche*

Da kehren sie nach langen Jahren zurück, narbenbedeckt, gealtert, ausgelaugt, gebeugt, ergraut, voll schrecklicher Erfahrungen: Sieger in Schlachten, die sie nicht gewollt, in Ländern, die sie vorher nie gekannt, über Menschen, die sie nie interessierten – die Sieger der punischen, makedonischen, spanischen Kriege. Ihnen klingt noch das Pathos der großen Worte im Ohr, mit dem sie, von zackigen Generälcn verabschiedet, auf ihre Dörfer entlassen wurden: »Rom kann stolz auf euch sein!« – Wir kennen das ...

Die Sieger – sobald sie über die Schwelle ihrer Hütte treten, empfangen von Frauen, die ihren Mann gestanden, umringt von rotznäsigem Nachwuchs, der den Vater neugierig prüfend zur Kenntnis nimmt – sobald sie die Ställe, Scheuern, Geräte, Vorräte und alles, was ihre Existenz hier ausmacht, überblicken, da dämmert es ihnen: Mit ihnen bezahlte Rom seinen Aufstieg, man siegte auf ihre Kosten! Da liegen Felder brach, strotzend vor Unkraut, da fehlen Saatgut und Jungvieh, da vegetieren räudige Hunde von elenden Abfällen, da berichtet das Weib von dreisten Überfällen der Wölfe im Winter, es war keiner, sie zu jagen. Da gingen Krankheiten um und rafften die Hungernden dahin. Ja, auch der alte Vater starb. Er war doch noch so rüstig!

»Was hast du uns mitgebracht?« Die Kleinen staunen ihn an, er kommt aus der großen Welt: »Wie sehen die Menschen in Spanien aus? Sahst du den Okeanos? Haben die Menschen dort vier Beine?« Er lächelt. Kinder ... Was hat er mitgebracht? Er holt den abgegriffenen Lederbeutel hervor, öffnet den Riemen, greift hinein: ein paar Münzen, wenig Gold, meist Kupfer, mit fremden Zeichen und Bildern; ein paar Reifen, eine Goldspange – er steckt sie ihr an, sie errötet – ein Amulett, man darf es nicht berühren. Spanien! Würden sie es verstehen? Wie es wimmelte im Lager, vor Numantia, von Weibsvolk und Wahrsagern, von Zeichendeutern und Bettelpriestern, von Krämern, die in ganzen Karawanen mit ihren Karren dem Heer nachzogen, die unentbehrlich geworden waren, wo nicht nur im gerechten Krieg Beute gemacht, sondern auch privatim unsäglich viel geraubt und gestohlen wurde. Die paar Habseligkeiten, den verschreckten überlebenden Einwohnern vom Leibe gerissen, aus letzten Verstecken gezerrt, von Leichen gefleddert, konnte man unmöglich auf den Märschen mitschleppen, alles mußte so bald wie möglich losgeschlagen, verramscht werden. Er sah die schmierigen Krämergesichter vor sich, ihren widerlichen Handel. Aber ein

paar Goldstücke konnte er leichter einstecken, sie auch leichter vor den Langfingern der Kameraden in Sicherheit bringen. Ja, sie wußten, man haute sie übers Ohr. Sie verstanden nichts von Wertsachen, von diesem zierlichen Tand aus glitzerndem Metall und Stein. Was sie brauchten, war die einfache, die runde, handfeste Form: die Münze.
Er blickte auf die Handvoll Gold vor sich auf dem Tisch und wußte, es würde nicht reichen. Trotzdem ging er an die Arbeit, Familie und Vieh mußten ernährt werden. Die heimischen Götter bat er um Segen, wie er ihn als braver Mann erwarten konnte.
Doch hier – wie in abertausend ähnlichen Fällen – zu helfen war nicht Sache von Göttern, deren Huld sich vornehmlich und scheinbar blind auf ein paar Dutzend römischer Familien erstreckte. Dessen wurde sich unser Heimkehrer wie seinesgleichen zunächst nicht bewußt. So, wie sie lebten, war es göttliches Gesetz und menschliche Ordnung; und daß er irgendwann einmal zum Bettler, zum großstädtischen Proletarier werden würde, konnte er an diesem Tage der Wiederkehr und der guten Vorsätze noch nicht wissen, denn bisweilen unmerklich glitt der freie Bauer in wirtschaftliche Not, aus der es schließlich kein Zurück mehr gab.
Im Süden der Halbinsel stand es am schlimmsten. Diese ehemals reichen Landschaften lagen wüst, leer, versengt unter der Sonne Kalabriens. Jahrzehntelang war der Süden in den hannibalischen Kriegen Tummelplatz der Heere gewesen. Hunderte von Ortschaften lagen zerstört, die Kulturen vernichtet. Und keine Ruhepause brachte Erholung: Die sofort einsetzenden hellenistischen Kriege, die Niederschlagung der nach Freiheit und Selbstverwaltung strebenden spanischen Gebiete um Numantia saugten den letzten kampffähigen Mann aus dem Lande, und das waren nach römischer Wehrverfassung in erster Linie die freien Bauern. Sklaven, städtisches Proletariat waren vom Dienst in den Legionen ausgenommen. Das hatte zur Folge: Weithin Verarmung ganzer Landstriche, durch hohen Blutzoll Rückgang der grundbesitzenden freien Landbevölkerung, zunehmende Verschuldung der überlebenden Bauern, Landflucht und Anwachsen des stadtrömischen Proletariats. Auf der anderen Seite nahm der Großgrundbesitz in den Händen der etablierten großen Familien zu, denn die als unrentabel aufgegebenen Kleinhöfe wurden von den Großen zu Spottpreisen ergattert – ein Vorgang, der sich bei allen Völkern und Kulturen mit erschreckender Logik wiederholte. In vielen Fällen lösten die unternehmerisch denkenden neuen Besitzer den unergiebigen Landbau durch hochrentablen Öl- und Weinbau ab oder gingen zur reinen Viehwirtschaft über. Aus dem freien Bauern, Herrn seines Grund und Bodens, wurde – falls er am Ort blieb – der Knecht und Landarbeiter, der ›servus‹. Längst hatte man Catos Satz vergessen:

»Aber aus dem Bauern erwachsen die tapfersten Männer und die wackersten Soldaten, und der frömmste Gewinn und der sicherste folgt ihnen nach, der am wenigsten Haß erregt[1].«

Doch plötzlicher Reichtum hat Konsum im Gefolge, erfüllte Wünsche gebären neue, Wohlstand degeneriert zur Raffgier. Und wahrhaft ungeheuer müssen die Schätze gewesen sein, die auf überladenen Schiffen aus Karthago, Korinth, Pergamon und hundert anderen reichen Orten nach Rom abgingen. Dazu Tausende von Sklaven, von denen im Laufe der Zeit ein Großteil, der sich in Haushalt, Handel und Handwerk bewährt hatte, freigelassen wurde. Freilassung durch den Herrn führte aber den Sklaven ohne weitere Stellungnahme des Staates in das Bürgerrecht – eine Notiz in den römischen Archiven genügte –, und in der Folge wurde der geschlossene Charakter der Bürgerschaft verändert.

Mit den neuen Menschen sickerten fremde Ideen, Verhaltens- und Denkweisen ein. Hatte Rom sich übernommen? Um 1914 stellte der begeisterte Romfreund Theodor Birt in einem damals populären Rombuch erschrocken fest: »Rom, eine einzige Stadt von 300 000 Bürgern, soll ein Reich von annähernd einer Million Quadratmeilen beherrschen, verwalten mit seinem *städtischen* Personal. Man denke sich, Berlin allein sollte mit seinem Magistrat zwei Drittel von Europa unterjocht halten und verwalten. Es war sinnlos, ein Unding[2]!« Gewiß, gemessen an unseren Staatsvorstellungen ein Unding. Bedenken wir ferner das Fehlen moderner Nachrichtenübermittlung und die schwerfälligen Kommunikationsmittel, die langwierigen Reisewege, die Vielfalt der unterworfenen Völker, so grenzt es ans Phantastische zu sehen, wie dieser vergleichsweise kleine Apparat einen riesigen Völkerorganismus unter seinen Willen zwingt. Dies war nur möglich durch das Aufkommen eines unternehmerisch denkenden Standes innerhalb der Ritterschaft.

Während die Patrizier den Beamtenapparat und den Senat fest in ihren Besitz brachten, übernahmen die Ritter in standesgemäßer Betätigung die Ausführung der Finanzgeschäfte des Staates und betrieben in Rom, Italien und den Provinzen ihre zahlreichen Handels- und Bankgeschäfte privater Natur, oft unter dem Deckmantel steuerrechtlicher Staatsinteressen, denn der Staat verpachtete an sie oft die Eintreibung der Steuergelder ganzer Provinzen.

Wie wir sahen, ist das deutsche Wort ›Ritter‹ eine unglückliche Übertragung von ›eques‹, belastet mit den Vorstellungen eines Standes unserer eigenen mittelalterlichen Geschichte; wir würden besser von ›Finanzleuten‹ sprechen. Aber der Begriff ›Ritter‹ hat sich nun einmal in der deutschsprachigen Literatur so sehr eingeschliffen, daß wir es dabei bewenden lassen können. Obwohl es dem senatorischen Adel untersagt war, sich an finanziellen Geschäften zu beteiligen, wickelten viele Senatoren ihre Transaktionen über Strohmänner ab –

u. a. auch später Cicero –, und so ist es nicht verwunderlich, wenn Provinzen, die sich über das skrupellos egoistische Gebaren ritterlicher Steuereinnehmer in Rom beklagen, von gewissen Senatsausschüssen mit scheinheiligen Beteuerungen – »Wir werden der Sache schon nachgehen. Aber alles braucht seine Zeit. Üben Sie sich in Geduld! ...« – abgespeist werden.

Da die Zahl der Angehörigen in den beiden oberen Ständen (Adel, Ritterschaft) nun einmal begrenzt war, bildete sich auf den großen Gütern, in Betrieben (Manufakturen) und im Handel eine Hierarchie von Verwaltungsleuten heran, ein absoluter Machtapparat, gesteuert von einem Kopf, der von Rom oder den ländlichen Villen aus das Ganze unter seinen Willen zwang. Es wird nicht allzu abwegig sein, uns in den schlimmsten Fällen Maffia-Bosse vorzustellen, deren Wille Gesetz, die in ihrem Staat im Staate Herr über Leben und Tod waren. Zumindest dürfen wir heutige multinationale Großunternehmen zum Vergleich heranziehen, denn die Niederlassungen waren über alle Randstaaten des Mittelmeeres – des damaligen Weltmeeres – verstreut, besetzt mit cleveren Funktionären aus aller Herren Länder, straff kontrolliert von einer nur sich selbst verantwortlichen Spitze. In Rom spielte sich das alles sehr vornehm ab im Rahmen von Stadtpalästen, bei festlichen Abendessen wechselten Millionen ihren Besitzer. Und genau wie heute verzahnten sich im Anonymen große Unternehmungen gegenseitig, bereit, aus jeder neuen politischen oder militärischen Konstellation den schnellen Vorteil zu ziehen. Die Geschichte der letzten 2000 Jahre ist hintergründig eine Geschichte des Geldes, leider weithin anonym, und darum müssen wir uns auf den politischen Vordergrund beschränken.

Von all dem wußte unser heimgekehrter Bauer nichts, wie sollte er auch. Wissen wir es heute?

Seit Beginn der imperialen Expansion war besonders ein Problem in den Vordergrund gerückt, der ›ager publicus‹, das Staatsland Roms. Hören wir dazu die Stimme eines damaligen Beobachters, des Historikers Appianus, der 200 Jahre nach unseren Ereignissen seine Geschichte der römischen Bürgerkriege schrieb, im übrigen eine unserer Hauptquellen für diesen Zeitraum. Hier seine berühmte immer neu interpretierte Stelle:

»Die Römer, welche Italien teilweise eroberten, nahmen jedesmal ein Stück des eroberten Landes und erbauten Städte darauf oder führten, wenn schon solche standen, durchs Los aus ihrer Mitte gewählte Kolonisten dahin. Es sollten diese Kolonien die Stelle von festen Plätzen vertreten. Was sie in den eroberten Gebieten jedesmal an urbarem Lande sich zugeeignet hatten, das wurde sogleich an die Angesiedelten frei ausgeteilt oder verkauft oder vermietet. Was aber ... um des Krieges willen unangebaut lag, das nahmen sie sich nicht Zeit zu verlosen, sondern erklärten öffentlich, es sei indessen jedem gestattet, es zu bebauen; nur müßte er eine jährliche Abgabe vom Ertrage, und zwar den zehnten Teil von den Saat-, den fünften von den Baumfrüchten entrichten. Überdies war auf die Viehzucht eine Abgabe vom größeren und kleineren Vieh gelegt. Sie taten dies wegen der Volksmenge des sehr ausdauernd scheinenden italischen Stammes, um im eigenen Lande Bundesgenossen zu haben. Der Erfolg war gerade das Gegenteil. Denn die Reichen hatten sich des größten Teils dieser unverteilten Ländereien bemächtigt. Sie vertrauten den Zeitumständen, daß sie ihnen nicht mehr würden abgenommen werden, und kauften die in ihrer Nähe gelegenen Stücke der Armen zum Teil mit deren Willen, zum Teil nahmen sie sie ihnen mit Gewalt, so daß sie nunmehr weitausgedehnte Felder statt einzelne Landstücke bebauten. Sie gebrauchten dabei Sklaven zum Landbau und zur Viehzucht, weil ihnen freie Leute von der Arbeit weg zum Kriegsdienst genommen worden wären. Auch dieser Besitz von Sklaven brachte ihnen zu gleicher Zeit noch insofern großen Gewinn, als sich diese wegen ihrer Befreiung vom Kriegsdienst ungefährdet vermehren konnten und eine Menge von Kindern bekamen. So zogen die Mächtigen durchaus allen Reichtum an sich, und die ganze Gegend wimmelte von Sklaven. Die Italiker dagegen wurden immer wenigere, und ihr männlicher Mut verschwand, weil sie durch Armut, Abgaben und Kriegsdienst aufgerieben wurden. Traten aber auch Zeiten des Friedens ein, so sahen sie sich in vollkommene Untätigkeit versetzt, weil die Reichen im Besitz des Bodens waren und statt freier Leute Sklaven zum Ackerbau gebrauchten.

Ungern sah längst das Volk diese Lage der Dinge, befürchtend, es möchte künftig ein Mangel an Bundesgenossen aus Italien eintreten und selbst ihre Herrschaft durch diese Überzahl von Sklaven gefährdet werden. Doch sannen sie auf keine Verbesserung, in der Überzeugung, daß es weder leicht noch ganz billig sei, so vielen Männern nach so langer Zeit so große Besitzungen mit den auf ihre eigenen Kosten angelegten Pflanzungen, Gebäuden und anderen Einrichtungen wegzunehmen[3].«

Es war zwar endlich einmal auf Antrag der Volkstribunen zu dem Erlaß gekommen, daß niemand mehr als 500 Joch (125 Hektar) solches Ackerland besitzen, nicht mehr als 100 Stück Großvieh und 500 Stück Kleinvieh halten sollte – aber ein Gesetz ist nur so gut wie der Wille, der dahintersteht; in diesem Sinne fährt Plutarch, unser zweiter großer Chronist dieser Zeit fort: »Einige Zeit tat dieser Erlaß der Habsucht der Reichen Einhalt und half den Armen, die in ihrem alten Besitz auf ihrem Pachtgut blieben und den Anteil bewirtschafteten, den sie von jeher gehabt hatten. Später aber brachten die reichen Nachbarn durch Strohmänner die Pachtverträge dieser kleinen Güter an sich und nahmen schließlich ganz offenkundig unter ihrem eigenen Namen den größten Teil davon in ihren Besitz. Die arme Bevölkerung aber, die von Haus und Hof vertrieben war, genügte nur noch unwillig und ungern der Militärpflicht und dachte nicht mehr daran, Kinder aufzuziehen, so daß sich in Italien bald ein Rückgang an freier Bevölkerung bemerkbar machte und das Land sich mit Kasernen der ausländischen Sklaven füllte[4].«

Aber es gab Männer in Rom, die die Gefahren erkannten und wußten, daß der Fortschritt nur anhielt, wenn das Ganze gesundete. Der Hebel mußte bei den Mißständen der Agrarwirtschaft angesetzt werden, seit jeher das Zünglein an der Waage in Staaten, deren überkommene Struktur bäuerlich ausgerichtet, deren ethische und moralische Stärke aus dem stillen Zweikampf zwischen Landmann und Natur erwachsen war.

### 2. *Schlagwort des Jahrhunderts: »Popular«*

Unter den gegebenen Verfassungsumständen konnte eine Reform nur von oben kommen. Eine Reform! Von Revolution konnte zunächst keine Rede sein, römisch republikanischem Denken war es völlig fremd, eine gewaltsame Umwälzung von unten, kraft einer angenommenen Volkssouveränität ins Auge zu fassen. Wir werden sehen, daß gerade der Mann, der die Schwelle vom Reformator zum Revolutionär überschreitet, daran scheitert: Tiberius Sempronius Gracchus. Er war Sproß der ›Gens Sempronia‹, einer zwar plebejischen, aber ungemein angesehenen Adelsfamilie Roms. Durch die Mutter Cornelia war er Enkel des Scipio Africanus. Der Vater, gleichen Namens wie er, hatte zweimal das Consulat verwaltet (177 u. 163), zwei Triumphe gefeiert und schließlich als Censor die höchste gesellschaftliche Sprosse erreicht, die man als Römer anstreben konnte. In seiner Kindheit (geboren 162) und Jugend muß er noch den grimmigen, kompromißlos konservativen Cato erlebt haben, um den schon zu Lebzeiten Hunderte von Legenden und Anekdoten wucherten. Zwölf Kindern hatte die Mutter das Leben geschenkt, doch nur drei überlebten, außer ihm sein zehn Jahre jüngerer Bruder Gaius und eine Schwester Sempronia. Zwölfjährig verlor er den Vater. »Cornelia übernahm nun die Sorge für die Kinder und das Haus. Sie erzog sie mit so großer Sorgfalt, daß man, obwohl sie unstreitig unter allen Römern die talentvollsten waren, ihre großen Eigenschaften mehr der Erziehung als der natürlichen Anlage zuschrieb[5].« Im übrigen eine Frau, deren Seelengröße, gewachsen am tragischen Leid ihrer Söhne, in der Antike wohl einzig dasteht. Ihre Biographie ist noch zu schreiben.

Wie weit ihr pädagogischer Einfluß tatsächlich ging, läßt sich nicht mehr mit Gewißheit sagen, schon die Alten wußten darüber nichts mit Bestimmtheit zu sagen. Sie war gebildet und stand brieflich in Kontakt mit vielen großen Geistern der Zeit. Der Heiratsantrag des Königs Ptolemaeus von Ägypten an die Witwe spricht für sich.

Mit fünfzehn nahm Tiberius schon am 3. Punischen Kriege teil, ist mit als erster auf der Mauer Carthagos; noch nicht zwanzigjährig, wird er gemäß der Familientradition ins Augurenkollegium aufgenommen, jenes für Rom so wichtige Priesterkollegium, das in Schicksalsfragen der Nation den Rat der Götter einholte. Kurze Zeit später heiratet er standesgemäß die Tochter des amtierenden Consuls Appius Claudius Pulcher. Mit 25 Jahren tritt er in die öffentliche Laufbahn als Quaestor ein und begleitet den Kriegszug nach Spanien. Für einen Fünfundzwanzigjährigen bereits ein stattlicher Fundus an Erfahrungen, wie wir heute meinen; für einen Römer aus bestem Hause das Normale!

Wie kommt ein solcher Aristokrat dazu, eine dem Volk zugewandte, eine ›populare‹ Politik zu machen. Die Alten nennen mehrere Motive, da für sie der Fall ebenso erstaunlich anmutete wie für uns: Es sei der Ehrgeiz der Mutter gewesen; Ermunterung durch das Volk; politischer Übermut, sich vor Gleichaltrigen hervorzutun. Besonders drei Motive dürften der Wahrheit nahekommen: der Einfluß aus einem philosophierenden griechischen Freundeskreis, während des Spanienfeldzuges die Erfahrung der militärischen Dekadenz der römischen Armee, vor allem aber in Etrurien das Erlebnis der dahinsiechenden Landbevölkerung. Erinnern wir uns an die kritischen Berichte Appians und Plutarchs! Plutarch zitiert aus einer Schrift des jüngeren Bruders Gaius, die ihm noch vorlag: »Tiberius habe auf der Reise nach Numantia, als er durch Etrurien kam, wahrgenommen, daß das Land sehr verödet, daß alle Bauern und Hirten fremde barbarische Sklaven waren, und habe sich hier erstmals jenen Plan in den Kopf gesetzt ...[6].«

Die Quellen schweigen darüber, aber wir sehen ihn bei Streitgesprächen im Freundeskreis sich leidenschaftlich engagieren, die Skrupellosigkeit der Reichen anprangern, den Verfall von Moral und Sitte geißeln. Er muß elegantes Latein gesprochen haben, souverän mit den Gefühlen der Zuhörer spielend, doch nie in leidenschaftliches Pathos ausbrechend wie der jüngere, cholerische Bruder: Sein »Vortrag war angenehmer und geeigneter, die Zuhörer zu rühren; dabei war sein Ausdruck rein und sorgfältig gefeilt«, so schreibt Plutarch. Der Mann sagte, was er glaubte, und tat, was er sagte. Wir besitzen das, bei aller Anklage schöne, bildhafte Beispiel aus einer seiner Reden, das uns eindrucksvoll die kraftvolle, mutige Persönlichkeit vorstellt, denn es gehörte Mut dazu, als Aristokrat so vor dem Volk zu reden:

»Die wilden Tiere, die in Italien hausen, haben ihre Gruben; jedes von ihnen weiß seine Lagerstätte, seinen Schlupfwinkel. Nur die, welche für Italien fechten und sterben, können auf nichts weiter als Luft und Licht rechnen; unstet, ohne Haus und Wohnsitz, müssen sie mit Weib und Kindern im Lande herumstreichen. Die Feldherren lügen, wenn sie in den Schlachten die Soldaten ermuntern, ihre Grabmäler und Heiligtümer gegen die Feinde zu verteidigen; denn von so vielen Römern hat keiner einen väterlichen Herd, keiner eine Grabstätte seiner Vorfahren aufzuweisen. Nur für die Üppigkeit und den Reichtum anderer müssen sie ihr Blut vergießen und sterben. Sie heißen Herren der Welt, in Wirklichkeit aber können sie keine einzige Erdscholle ihr Eigentum nennen[7].«

Damit haben wir schon vorgegriffen. Es begann ja nicht mit einem Paukenschlag; Revolutionen gehen eine Weile schwanger. Tiberius ließ sich für 133 zum Volkstribunen wählen, in jenes Amt, dem es u. a. oblag, bei Senatsbeschlüssen, die gegen das Volk tendierten, ihr Veto einzulegen (Veto = Ich erhebe Einspruch), die Volksversammlung einzuberufen und Gesetzesvorschläge einzureichen. Durch Eid waren sie dem Volk verpflichtet, und durch Eid garantierte die Bürgerschaft ihre Unverletzlichkeit (sacrosanctitas). Zur Zeit gab es in Rom 10 Volkstribunen, folglich auch die Möglichkeit, daß das Veto des einen durch das eines anderen aufgehoben werden konnte. Klug hatte Tiberius erkannt, daß nur über das Tribunat Politik in seinem Sinne gemacht werden konnte. Der Zeitpunkt war günstig gewählt, sein Gesinnungsgenosse Mucius Scaevola, senatorischer Führer der ›Reformpartei‹ und älterer Freund, übernahm das Consulat und damit die allgemeine Staatsleitung.

Den ersten Entwürfen und Beschlüssen haftet nichts Revolutionäres an: Es wurde unrechtmäßige Aneignung von Staatsland (ager publicus) verurteilt, eine moralische Feststellung, sonst nichts; es sollten solche, die ohne Rechtstitel Gemeinland bebaut hatten, von diesen Ländereien vertrieben werden: eine dehnbare, äußerst schwierig zu sondierende Aufgabe. Sollten sich gewohnheitsrechtlich, im ›guten Glauben‹ alte Besitzverhältnisse ergeben haben, wurden als obere Grenze 500 Joch (125 Hektar) angesetzt, zu denen noch 250 Morgen zusätzlich für jedes Kind kommen durften. Dann aber kam der entscheidende Gedanke: Das freiwerdende Land soll zu je 7,5 Hektar an mittellose Bürger verteilt werden. Dazu schlägt er drei Kommissare vor, die, vom Volk gewählt, über die korrekte Durchführung zu wachen hätten. Auf einen Nenner gebracht hatte das Gesetz nichts anderes im Sinn als die Wiederherstellung des früheren Gleichgewichts. Tiberius hat ja die Vernunft auf seiner Seite, wie denn auch Plutarch lobt: »In der Tat scheint auch gegen eine solche Ungerechtigkeit, gegen eine solche Habsucht nie ein sanfteres oder milderes Gesetz gegeben worden zu sein[8].«

Vernunft ist eine Sache – Standesinteresse eine andere! Schlagartig und scharf reißt die Kluft zwischen Arm und Reich auf. Die Reichen: »Sie traten in Haufen zusammen und klagten und warfen den Armen ihre seit langer Zeit getroffenen Einrichtungen, die angelegten Pflanzungen und Gebäude vor. Einige fragten, ob sie denn mit den Ländereien auch das ihren Nachbarn dafür bezahlte Geld verlieren würden; andere beriefen sich auf die auf den Ländereien befindlichen Gräber ihrer Vorfahren, und daß sie dieselben als väterliches Erbteil erhalten hätten; andere, daß sie die Mitgift ihrer Frauen darauf verwendet oder die Äcker ihren Kindern mit als Ausstattung gegeben hätten; endlich zeigten die Gläubiger die darauf haftenden Schulden, und überall gab es laute Klagen und Entrüstung.«

Die Armen: Sie klagten, »daß sie vom Wohlstand in die äußerste Armut und hierdurch, weil sie nicht im Stande wären, Kinder zu ernähren, in Kinderlosigkeit versetzt würden; sie zählten alle Feldzüge her, welche sie für die Eroberung dieser Ländereien mitgemacht hatten, und schalten zugleich auf die, welche statt freier Leute, Bürger und Krieger nur Sklaven, ein treuloses, stets feindlich gesinntes und deshalb zum Kriegsdienst unbrauchbares Volk, zu ihren Diensten verwendeten[9].«

Tiberius hatte in ein Wespennest gestochen. Neben der sozialen und gesellschaftlichen Problematik fielen nun ebenso organisatorische Fragen der praktischen Durchführung ins Gewicht: Die Vermengung von Privat- und Gemeindeland stellte einen gordischen Knoten dar; würde er das Schwert und die Kraft haben, ihn zu zerschlagen?

### *3. Die Schaltstelle: Das Volkstribunat*

Bisher war alles legal gemäß den Normen der Verfassung gelaufen, Mißstände waren beim Namen genannt, Ziele für deren Beseitigung abgesteckt worden; nun galt es, sich zu entscheiden.

Derweilen hatte sich die Erregung unter den gegnerischen gesellschaftlichen Gruppen gewaltig gesteigert. Das Landvolk strömte in Mengen nach Rom, an allen Ecken und Plätzen, in Schenken und Palästen tönten erhitzte Diskussionen. Die einen lobten ihn in den Himmel, die anderen wünschten ihn zum Hades: »Er will König werden ...« – »Verräter!« – »Endlich nennt einer die Dinge beim Namen!« – »Demagoge! Er mißbraucht seinen Einfluß bei den Massen!« – »So was endet immer in Tyrannei!« – »Das hätte ich von ihm beim Zeus nicht erwartet! Wir haben auf das falsche Pferd gesetzt!« – »Der Mann muß weg! ... Er ruiniert den Staat! ... Er soll sich ja nicht zu früh freuen! ...«

In der Tat, seine adeligen Gegner verfügten über ein Instrument, um den über alles Herkommen vorpreschenden Tribunen zu bremsen: eben das Volkstribunat! Der Mann, der es handhaben sollte, war schon gefunden, ein Marcus Octavius, einer der Amtskollegen des Tiberius. Was sie ihm versprochen haben, womit sie drohten, wissen wir nicht; er war »ein junger Mann von gesetztem, bescheidenem Charakter, der bis jetzt ein vertrauter Freund des Tiberius war«[10].

Die Volksversammlung sollte einen dramatischen Verlauf nehmen; und als ob Plutarch den Sicherheitsrat der UNO begutachtet, stellt er fest: »Unter den Volkstribunen hat immer der das größte Gewicht, der eine Sache zu verhindern sucht, und alle die anderen zusammen können einen Antrag nicht durchsetzen, sobald ein einziger sich dagegen erklärt.«

Und Octavius erklärt sich dagegen. Tiberius ist außer sich vor Verbitterung. Dies spielt sich alles in plastischer Unmittelbarkeit vor dem Volk ab: Er bringt seine Vorschläge ein. Beifall. Er tadelt die Mißstände. Beifall. Er spricht von besserer Zukunft, Wohlstand für alle. Beifall. Er fordert zur Abstimmung auf. Da erhebt Octavius Einspruch: »Veto!« Tiberius macht dem Kollegen Vorwürfe, spricht seine Vernunft an. Umsonst. Womit haben sie ihn bestochen?! Es nützt alles nichts. So vertagt er die Sitzung auf den folgenden Tag.

Zweite Szene, die gleichen Mitspieler: Von 2000 Anhängern umgeben erscheint Tiberius. Dem Octavius ist etwas unwohl im Angesicht der Emotionen der Menge. Seine Auftraggeber stehen vornehm im Hintergrund und warten ab. Abstimmung: Das Volk erklärt sich für des Tiberius Anträge. Tiberius befiehlt dem Schreiber, den Gesetzesvorschlag dem Volk vorzulesen (damit er rechtskräftig wird). Dieser beginnt stotternd, kommt nicht weit, Octavius legt wiederum sein Veto ein! Der Schreiber schweigt, blickt zu Tiberius, zu Octavius, über die Menge. Zwischenrufe! Schmähungen! Tiberius macht dem Kollegen Vorwürfe, bittet um Einsicht. Umsonst, wie gestern: Octavius besteht auf »Veto!«.

Nun schaltet sich der Senat ein, will – will er? – vermitteln, schlägt jedoch gegenüber dem Mann des Volkes, selbst einer der ihren, einen falschen, hochnäsig spöttischen Ton an. Tiberius bleibt standhaft, ruft für den nächsten Tag wiederum die Volksversammlung ein. Alles ist in der Schwebe, unvereinbar stehen sich die Fronten gegenüber, der Kampf der beiden Tribunen legt die Staatsgeschäfte lahm, jeder spürt drohendes Unheil. »Angesichts dieser Lage der Dinge änderten die reichen Gutsbesitzer ihre Kleidung und gingen traurig und niedergeschlagen auf dem Forum herum. Insgeheim aber schmiedeten sie böse Anschläge gegen Tiberius[11]. Auch Tiberius legt sich einen ›dolon‹ zu, einen Spazierstock mit versteckter Degenklinge (vgl. dolus = List, Betrug).

Der entscheidende Tag bricht an, der Tag, an dem Tiberius Sempronius Gracchus in einem bis dahin unerhörten, nie dagewesenen Schritt die Verfassung

sprengt, die geheiligte Überlieferung Roms bricht; es ist der nicht mehr rückgängig zu machende Schritt vom Reformator zum Revolutionär:
Nach erneutem Veto des Octavius »faßte er ihn öffentlich bei den Händen und beschwor ihn, nachzugeben und dem Volk zu Willen zu sein. Als Octavius diese Bitte wieder abschlug, erklärte Tiberius, sie seien beide Volkstribunen und bei gleicher Macht über wichtige Dinge miteinander völlig uneinig; sie könnten also ohne offenen Krieg die Zeit ihres Amtes nicht aushalten, und da, setzte er hinzu, wüßte er nur die einzige Abhilfe, daß der eine von ihnen des Amtes entsetzt würde«[12].
Gewisse Leute erstarren! Haben sie richtig gehört ...? Er will ... Wird er das wagen?
Tiberius beherrscht souverän die Szene: Jawohl, er läßt abstimmen! Der Volkstribun Marcus Octavius wird seines Amtes enthoben, weil er sich gegen den erklärten Willen des Volkes stellt – und »alsbald war Octavius ein Privatmann und entfernte sich eilig und unbemerkt«[13]. So schnell kann eine hoffnungsvolle Karriere zu Ende gehen.
Natürlich ging das Ackergesetz nun durch, und die Dreierkommission, die das große Werk der Ansiedlung durchzuführen hatte, wurde gewählt. Sie bestand echt römisch aus den engsten Angehörigen des Tiberius: aus dem Antragsteller selbst, seinem zwanzigjährigen Bruder Gaius und seinem Schwiegervater Appius Claudius. In jährlichem Turnus führte ein Mitglied der Dreimänner den Vorsitz; sie sollten bis zur Bewältigung ihrer Aufgabe im Amt bleiben.
Die ganze Ungeheuerlichkeit des Vorgangs läßt sich – wenn wir auf unsere Denkweise umschalten – vielleicht nur mit der Absetzung des französischen Königs Ludwig XVI. 1792 vergleichen, denn hier wie dort stehen sich zwei grundsätzlich verschiedene Staatsauffassungen gegenüber: der Gedanke der überlegenen und absoluten Volkssouveränität, die Tiberius nach griechischem Vorbild vertritt, und das geheiligte Regiment, vom Volk uneingeschränkt und unwiderrufbar den gewählten Beamten übertragen.
Ernst Meyer, einer der besten Kenner des römischen Staates und Staatsgedankens, stellt dazu fest: »Sicher stand es in keinem Gesetz, daß ein Beamter nicht abgesetzt werden könne, aber ebenso sicher widersprach es allen ungeschriebenen, aber gerade deshalb durch die Jahrhunderte geheiligten Staatsgrundsätzen Roms. Das war *reine Revolution*, und es ist sicher, daß Gracchus mit diesem Schritt viele Sympathien verlor von Leuten, die zwar Anhänger des Reformgedankens waren, aber diesen Gewaltakt nicht billigen konnten[14].«
Sogleich stürzt sich der Ausschuß in die Arbeit, verhaspelt sich, wie zu erwarten, in dem besitzrechtlichen Durcheinander. Es fehlt eine klärende, richterliche Instanz! In der Hoffnung, neue Besen kehrten besser, überträgt die Volks-

versammlung ihrem Tribun und der Kommission nun auch noch die Gerichtsbarkeit in den sich allmählich häufenden Streitfällen. Die drei werden Richter in eigener Sache, ein ebenso gefährliches Unterfangen wie neunzehn Jahrhunderte später die fanatischen, maßlosen Urteile des ›Wohlfahrtsausschusses‹ der Französischen Revolution.

Ein Jahr ist zu kurz für solch gigantisches Vorhaben, das sogar in gemäßigteren Zeiten unter bürokratisch perfekteren Voraussetzungen gründliche jahrelange Verwaltungsarbeit brauchen würde. Tiberius weiß dies auch, also erklärt er, daß er sich für das kommende Jahr erneut um das Tribunat bewerben wolle. Ein zweiter Schlag ins Gesicht der Konservativen und Verfassungstreuen. Dieser Mann rüttelt an allen Pfosten des Staates! Ist er nicht auf dem Wege, seine persönliche Politik mit den geheiligten Ämtern des Gemeinwesens zu betreiben? Da seht ihr den Einfluß dieser griechischen Neutöner! Wozu haben wir überhaupt einen Senat? Was soll das Gefasel von Rechten des Volkes? Was ist das denn für ein Haufen, dieses wankelmütige, vulgäre hauptstädtische Proletariat aus weggelaufenen Bauern, Bettlern, Banditen und freigelassenen Barbaren?

Da trifft aus Asien eine Nachricht ein: König Attalos von Pergamon ist gestorben und setzt in seinem Testament Rom als Erben seines Reiches mit Land, Leuten und Schätzen ein. Diese Nachricht kommt für Tiberius genau zum passenden Zeitpunkt: Er braucht Geld, bare Münze; mit der Erbschaft kann man Entschädigungsgelder zahlen. Er verfügt die Bereitstellung der aus der Erbschaft zu lösenden Gelder zu Zwecken der Landverteilung: sein dritter Hieb! Eine nicht zu tilgende Beleidigung des Senats, der ausschließlich für die Außenpolitik und die Führung des Staatshaushaltes zuständig ist. Die keineswegs nur alten Herren dieses Ältestenrates, der sicher auf seinem vierhundertjährigen Fundament steht, der einmal als eine ›Versammlung von Königen‹ galt –, diese Herren sind im Kern ihrer Würde getroffen, in ihrer Ehre gefordert. Dieser Mann muß in seine individuellen Grenzen zurückgewiesen werden. Unverzüglich! Er verdirbt die Masse, die, unfähig zum Regiment, dem Hasardeur in selbstmörderischem Größenwahn auf den Leim geht. Das Reich steht auf dem Spiel, die Gegenwart, die Zukunft – die Vergangenheit: das ›mos maiorum‹, die Sitte der Väter! Schon rumort es unter den Bundesgenossen, sie wollen römisches Bürgerrecht und seine Vorteile, nicht zuletzt Steuerfreiheit, Anteil an der Macht.

Schluß mit dem Wahn! Gewiß, auch Ideale sind im Spiel: Welt als Abbild höherer Ordnung; der sie stört, ist vom Dämon verführt. Vergessen wir schließlich auch nicht den Generationskonflikt: Zu allen Zeiten stehen die Jungen linker als die Alten – wenn wir den abgegriffenen modernen Begriff wagen dürfen.

Da klingt aber auch ein neuer Ton an in der Sprache des Gracchen, voll ehrlicher Emotion, leidenschaftlicher Spiegel seiner Seele, die ja das Gute will und das Schlechte beklagt; ewige Tragik dessen, der die Lawine anstößt und dabei schuldig wird, weil er die Gesetze des Zeitgeistes mißachtet; täte er es nicht, verlöre er sich in Anpassung, verdrängter Reue, endete in Mißmut wie alle die vielen Begabten, die nicht zum Zuge kommen. In solchen zugespitzten Grenzsituationen ist der Mensch sich selbst zum Erbarmen, aber er darf es nicht zugeben, und darin liegt auch seine Größe. Und darum ist dieses Jahrhundert nach Tiberius, diese Zeit des permanenten Umbruchs, der unsrigen so verwandt: Alles Überkommene geht in die Brüche, und nur von ferne sehen wir einen neuen Horizont. Was sind da schon 2000 Jahre Differenz? War es nicht erst gestern, gemessen an den Jahrhunderttausenden menschlicher ›Vor‹-Geschichte? Alle, die an exponierter Stelle politische Verantwortung tragen, sind Gracchen, auch wenn sie im Bett sterben dürfen.

Zurück nach Rom! Tiberius prescht vor: In einem neuen Wahlprogramm tritt er mit weiteren Gesetzesvorlagen hervor, um die hauptstädtische Bevölkerung zu gewinnen; auf die Stimmen der Landleute kann er wegen der Feldarbeit – es ist Sommer – nicht zählen. Sein Programm: Er fordert Verkürzung der militärischen Dienstzeit – sie lag bisweilen bei 20 Jahren –, eine andere Zusammensetzung der Gerichtshöfe auf Kosten des Senats zugunsten der Ritter.

Allmählich begreifen auch die gemäßigten Konservativen – wir würden von Liberalen sprechen –, was auf sie zukommt. Derweilen wirbt Tiberius mit amerikanisch anmutender Cleverness um Stimmen, »und bat umhergehend jeden einzelnen, ihn, der um ihretwegen in Gefahr schwebe, für das nächste Jahr zum Volkstribun zu wählen«[15].

Die Gegenseite reagiert mit gleicher Agitation, malt den Teufel an die Wand. Die Erregung steigt von Tag zu Tag; es ist August, heiß, die Temperamente kochen. In solcher Erregung ist es ein kleiner Schritt zu Gewaltakten und Terror, Rom steht vor einem ›heißen Sommer‹.

### *4. Von der Reform zur Revolution*

Am Tage der Tribunenwahl tritt die Volksversammlung auf dem Capitol zusammen, gleichzeitig versammelt sich der Senat im Tempel der Fides (Treue). Die gegnerischen Gruppen sind einen Steinwurf weit entfernt. Während des Debattierens beobachtet man sich argwöhnisch. Auf beiden Seiten Tumult, Lärm, empörte Ausrufe. Da löst ein Mißverständnis, wie es so oft in zugespitzter Lage geschieht, den Funken aus: Die Bewegungen und Gesten der Senatoren lassen auf baldigen gewalttätigen Angriff schließen, und Tiberius »legt die

Hand an den Kopf, um durch dies Zeichen seine Gefahr zu erkennen zu geben. Einige von der Gegenpartei, die dies gesehen haben, laufen sogleich in den Senat und verkünden, Tiberius habe das Königsdiadem verlangt«[16]. Mit nichts anderem konnte man derart panischen Schrecken öffentlich verbreiten als mit der jahrhundertealten Angst vor der Königsherrschaft, die für Rom immer Tyrannei bedeutete.

Außer sich, stürmen die Männer gegen das Capitol. »Die Begleiter der Senatoren hatten schon Keulen und Knüttel von zu Hause mitgebracht; sie selbst aber ergriffen die Stücke und Beine der vom fliehenden Volk zerbrochenen Bänke und gingen gerade auf Tiberius los, indem sie auf die ihnen im Wege Stehenden hitzig einschlugen. So wurden nun diese Leute bald zum Fliehen gebracht und viele von ihnen getötet. Tiberius selbst ergriff die Flucht, und da ihn einer bei den Kleidern faßte, ließ er die Toga fahren und lief im Unterkleid davon, strauchelte aber und fiel über einige vor ihm liegende Tote nieder. Als er sich wieder aufrichten wollte, gab ihm einer seiner Kollegen (als Tribun), Publius Satureius, mit einem Bankbein den ersten Schlag auf den Kopf ... Von den anderen wurden mehr als 300 mit Knütteln und Steinen getötet, keiner aber durch Eisen ... Man erlaubte seinem Bruder Gaius nicht, den Körper aufzuheben und bei Nacht zu begraben, sondern ließ ihn wie die übrigen in den Tiber werfen[17].«

Die Revolution von oben war gescheitert, da ihr der Boden zur Entfaltung entzogen, die Gesellschaft, aus der Tiberius hervorging, stärker war als er. Das Urteil über ihn schwankt, je nach dem Standort des Betrachters, dies schon in Rom selbst, wo die im folgenden sich ›popular‹ gebärdende Partei, die ja keine war, ihn zum Märtyrer erklärte und als Vorkämpfer für ihre egoistischen Ziele mißbrauchte, während die Konservativen ihn als Urheber des permanenten Bürgerkriegs verdammten.

Aber da ist der Bruder, zehn Jahre jünger, frühreif, temperamentvoll, leidenschaftlich, von innerer und äußerer Beweglichkeit, die wir Nordländer so neidvoll am mediterranen Menschen bestaunen. Gaius ist »rasch und feurig«[18]; bei öffentlichen Reden hält es ihn nicht auf der Stelle, er geht hin und her und »zieht während der Rede die Toga von der Schulter«, was wohl unserem Hochkrempeln der Ärmel vergleichbar wäre. Sein Ausdruck ist »eindringlich und blumenreich«. Laut Plutarch ist er ein Modenarr, liebt den Aufwand; im Zorn kann ihn sein Temperament fortreißen, so daß er seine Rede verwirrt. Der Mord am geliebten, bewunderten Bruder war ein Schock, der aus dem etwas flatterhaften Jüngling einen Mann machte, der fortan nur noch ein Ziel kannte: den Bruder zu rächen und das begonnene Werk zu vollenden. Er betrachtete den politischen Kampf als persönliche Aufgabe.

Zunächst setzte die Ackerkommission ihr Werk fort, denn auch dem Senat lag daran, die aufgebrachten Massen zu besänftigen. Man hat Grenzsteine gefunden in verschiedenen Gegenden Italiens, die Zeugnis von Neuansiedlungen geben. Der Erfolg blieb nicht aus: Die Zahl der freien römischen Bürger stieg von 318 000 im Jahre 130 auf 394 000 im Jahre 125[19]. Doch die italischen Völker, die als Bundesgenossen nützlich waren, ihren Kopf in Kriegen hinzuhalten, muckten auf und forderten einen Status gemäß ihrem Blutzoll für Rom. Tatsächlich stellte ein einsichtiger Consul (Marcus Fulvius Flaccus) 125 den Antrag, die Bundesgenossen unter römisches Recht zu stellen, kam aber damit nicht durch. In verschiedenen Gegenden folgten blutige Erhebungen, die bald niedergeschlagen wurden; doch im Untergrund gärte es weiter.

Das war Wasser auf die Mühlen der Reformer! Sie brachten ihren besten Mann ins Volkstribunat: Gaius Gracchus. In den vorausgegangenen 10 Jahren hatte er im auswärtigen Dienst Erfahrungen sammeln können, so bei der Befriedung der Insel Sardinien, die wie Sizilien unsäglich unter den großen Sklavenerhebungen dieser Jahre gelitten hatte. Wir werden uns später noch damit zu befassen haben.

Größerer Taktiker als der Bruder, spielte Gaius geschickt Ritter gegen Senatoren aus und verfocht seine Ziele unter dem Deckmantel einer – wir würden sagen – ›bürgerlichen‹ Politik. So gelang es ihm binnen Jahresfrist, diese Gesetze durchzubringen: ein Ackergesetz; die in Frage kommenden Bauernstellen umfaßten nun 200 Morgen. Allerdings kam er dem Senat entgegen: Die fruchtbaren Gebiete des ager publicus um Capua, Tarent, in Latium wurden von der Erfassung ausgenommen, denn viele Senatoren besaßen hier Land. Es folgte ein Gesetz über das Heerwesen, mit Erleichterungen des Militärdienstes, ein weiteres über die in Aussicht genommene Gewährung des Bürgerrechts an die Verbündeten. Ein viertes verordnete, daß das Getreide den Armen zu einem niedrigeren Preis verkauft werden sollte. Ein fünftes schließlich befaßte sich mit den Gerichten, und »durch dieses beschnitt er die Macht der Senatoren am allermeisten«[20]. Durch das Richtergesetz bestimmte er, daß die Geschworenengerichte je zur Hälfte aus Senatoren und Rittern bestand. Damit war der zweite Stand gegen die Senatsherrschaft gewonnen, so daß Appian feststellt: »Die Senatoren hatten nur noch die Ehre, die Ritter aber die Macht[21].«

Mit dem Ackergesetz und dem Getreidegesetz betrat Gaius das Gebiet sozialer Reformen, mit dem Geschworenengesetz aber führte er eine Neuerung von größter politischer Tragweite ein. Wie der Bruder zog er die Mittel für die großen Kosten der sozialen Fürsorge aus der Erbschaft des Attalos, gestützt durch das Großkapital, dem er die Steuereintreibung in der neuen Provinz Asia (Pergamon) übertrug: Die Steuerpächter machten ganze Arbeit und erzeugten in den Küstengebieten Kleinasiens jenen Römerhaß, den sich später Mithridates VI. von Pontos für seine Großmachtambitionen nutzbar machen konnte. Ein Jahr ist bald vorbei, die Zeit kann nicht reichen, um all diese Pläne zu Ende zu führen. Die Frage war wiederum, ob die Kompetenzen des Volkstribunats eine ausreichende Grundlage darstellten. Zunächst schien alles zu glücken. Die Wiederwahl für 122 gelang diesmal ohne Schwierigkeiten. Noch nach 2000 Jahren spürt man noch etwas vom modern anmutenden Management, mit dem Gaius die Ausführenden in Trab hält: »Bei all diesen Werken übernahm er selbst die Aufsicht und Verwaltung, ließ sich durch so vielerlei wichtige Geschäfte auf keine Weise ermüden, sondern führte jedes, als wenn es das einzige wäre, schnell und energisch aus, so daß selbst die, welche ihn am meisten haßten und fürchteten, über seine Betriebsamkeit und rasche Tätigkeit erstaunen mußten. Der gemeine Mann aber geriet vollends in Bewunderung, wenn er ihn mit einer Menge von Bauunternehmern, Handwerkern, Gesandten, Beamten, Soldaten und Gelehrten umgeben sah, mit denen er sich auf eine freundliche, gefällige Art unterhielt und jedem von diesen so verschiedenen Leuten die ihm gebührende Ehre erwies, ohne bei aller Höflichkeit seiner eigenen Würde das geringste zu vergeben[22].«

Plutarch bewundert besonders den Straßenbau, »wo er nicht bloß auf Nutzen, sondern auch auf Schönheit und Bequemlichkeit Rücksicht nahm«. Überall in Europa finden sich noch heute Reste dieser Technik, wie kaum etwas anderes Ausdruck römisch imperialen Denkens. Das technische Niveau dieser Tiefbaukonstruktionen wurde erst wieder in neuester Zeit erreicht. Und so baute man damals: »Die Straßen wurden nämlich schnurgerade durch das Feld geführt und teils mit gehauenen Steinen gepflastert, teils mit festgestampftem Sand bedeckt. Alle Vertiefungen, die von wilden Wassern oder Schluchten eingeschnitten waren, wurden ausgefüllt, mit Brücken versehen und erhielten an beiden Seiten eine gleichmäßige Höhe, wodurch das Werk einen völlig ebenen und schönen Anblick bekam. Überdies ließ er die ganze Straße nach Meilen ausmessen (die Meßgeräte können wir heute im Museum bewundern) und steinerne Säulen als Meilensteine errichten. Auch setzte er noch andere Steine in geringer Entfernung voneinander an beiden Seiten des Weges, damit die, welche zu Pferde reisten, ohne fremde Hilfe aufsteigen konnten[23].« Diese Straßen wirkten in ihrer Modernität auf den Betrachter ebenso wie auf uns die ersten Autobahnen.

Doch alle diese Projekte konnten ihn bei den Konservativen nicht beliebter machen, im Gegenteil! Anders als beim Bruder standen sich die Fronten von vorneherein klar gegenüber, der Kampf gegen den Volkshelden war nur eine Frage der Zeit und der Methode.

Für Gaius lief zunächst alles in seinem Sinne. Er und seine Freunde beantragten die Gründung von neuen Kolonien (Pflanzstädten); in Capua und Tarent sollten Bürgersiedlungen geschaffen werden, aber auch außerhalb Italiens faßte er eine Neugründung Carthagos ins Auge. Dem Entschluß folgte, typisch für ihn, die schnelle Ausführung. Er verließ Rom, im Vertrauen auf den Rückhalt bei den Massen.

Sogleich setzte die gegnerische Wühlarbeit ein mit Verleumdungen und den üblichen demagogischen Machenschaften. Durch Standesinteressen verblendet, war man nicht bereit, den großen staatsmännischen Rahmen des gracchischen Entwurfs zu erkennen, wo es doch darum ging, das Zusammenspiel zwischen Provinzbevölkerung und römischer Bürgerschaft auf eine neue, zukunftsweisende Basis zu stellen – im übrigen ein Gedanke, den Caesar aus gleicher Einsicht wie Gracchus, aber aus seiner unumgrenzten Machtstellung heraus wieder aufgreifen sollte.

Das senatorische Gegenprogramm hieß äußerst geschickt: Warum in unbekannte Ferne schweifen, wenn das Glück vor der Tür liegt! Man lockte die öffentliche Meinung mit einem Köder, der auf den ersten Blick mehr verhieß: Gründung von 12 Pflanzstädten in Italien, nicht in einem fremden Land; Ansiedlung von nur römischen Bürgern; Ausschluß der italischen Bundesgenossen. Dieses chauvinistische Programm fand auf Anhieb die Gunst der Masse. Dabei konnte an die Verwirklichung nicht im Ernst gedacht werden. Es war eine dieser politischen Leimruten, auf die bis zum heutigen Tage die Bedürftigen hereinfallen.

Nach seiner Rückkehr setzte Gaius alles auf eine Karte und forderte das Bürgerrecht für alle Latiner und Italiker. Dieser Gedanke setzte in logischer Konsequenz die Agrarreform fort, wenn man das Fundament der staatstragenden Schichten entsprechend den Aufgaben der Reichsverwaltung vergrößern wollte. Das demagogische Gift tat aber bereits seine Wirkung, die Wunschträume des kleinen Mannes klammerten sich an das versprochene Häuschen mit Garten, der Blick für das Ganze war verstellt.

Und wiederum senkt sich, wie vor einem Jahrzehnt, eine giftige Wolke von Agitation, Verleumdung, Lüge, Haß und künstlich erzeugter Existenzangst über die Viertel der kleinen Leute: Am Abstimmungstag werden die Anträge des Gracchus abgelehnt.

Noch ist nicht alles verloren, noch zählen seine Anhänger zu Tausenden, ein harter, unbeirrbarer Kern. Täglich kommt es zu Handgreiflichkeiten, die Stoßtrupps beider Parteien suchen jeden Gelegenheit zum Losschlagen: Weimarer

Republik auf römisch! Mit Pamphleten fängt es an, es folgen Straßenschlachten, Terror, Mord. Ein Beispiel: »Es sollten dem Volk Fechterspiele auf dem Forum gegeben werden, und die meisten Beamten ließen ringsherum Gerüste aufführen, um sie an die Zuschauer zu vermieten. Gaius gab Befehl, alle diese Gerüste wegzureißen, damit die Armen von diesen Plätzen die Spiele umsonst mit ansehen könnten. Da niemand darauf achtete, wartete er die Nacht vor den Spielen ab, nahm dann die ihm unterstellten Handwerker mit sich dahin, riß alle Gerüste weg und wies am folgenden Morgen dem Volk den leeren abgeräumten Platz an[24].«

Gaius zieht eine weitere Konsequenz und verlegt seine Wohnung vom vornehmen Palatin in ein Armenviertel nahe dem Forum, eine Maßnahme, die den Unwillen des Establishments bestärkte.

Daß Gaius nun aber auch trotz seiner volksnahen Politik von den unteren Schichten im Stich gelassen wurde, wäre für uns Heutige völlig unverständlich, wüßten wir nicht um die religiös-magische Mentalität des Römers, seine Abhängigkeit von den ›Prodigien‹, den göttlichen Zeichen.

»Es sind diese Zeichen und Hinweise, die dem Römer davon künden, daß göttliches und menschliches Einvernehmen gestört ist. Prodigien sagen nicht bestimmte Ereignisse voraus. Sie sind keine Vorzeichen und können nicht als solche ausgelegt werden. Und doch ist ihre Mahnung unmißverständlich. Sie zeigen an, daß das friedliche Ineins mit den Göttern bedroht ist. Sie weisen auf den Vollzug eines kommenden Verhängnisses; sie sind Vorläufer und Wegbereiter des Fatums Vorsehung, das sich anschickt, seinen Lauf zu nehmen. Niemals ist gleichgültig, zu welchem Zeitpunkt das Prodigium hervortritt. In der Krise, während der Entscheidung oder bei drohendem Unheil gewinnt es an Gewicht[25].« Soweit Franz Altheim in seiner Römischen Religionsgeschichte.

Halten wir also Ausschau nach Prodigien. Da heißt es bei Plutarch, als Gaius zur Wiedererrichtung Carthagos Vermessungen durchführte:

»... sollen sich widrige Vorbedeutungen ereignet haben. Das erste Feldzeichen wurde vom Winde erfaßt, und als der Träger sich mit aller Kraft entgegenstemmte, in Stücke zerbrochen. Ein Wirbelwind zerstreute die auf den Altären liegenden Opfer und warf sie weit über die Pfähle hinaus, die den Grundriß der Stadt bezeichneten. Diese Grenzpfähle selbst wurden von einbrechenden Wölfen ausgerissen und eine weite Strecke fortgeschleppt[26].«

Natürlich sehen *wir* in allen drei Fällen umweltbedingte Ursachen. Nicht so der Römer. Und ausgerechnet Wölfe! Der Wolf war den Alten Symboltier der Flüchtigen, Verbannten, Ausgestoßenen. Sein Erscheinen galt als Zeichen der Todesnähe. (Eine späte Ahnung davon verspürten wir als Kinder noch beim Lesen von Märchen, in denen der ›böse‹ Wolf Unheil kündete.)

Das Vorkommnis war seinen Gegnern willkommener Anlaß, ein Amtsenthebungsverfahren einzuleiten. Er war ja immer noch Mitglied der ›tresviri agris dandis adsignandis iudicandis‹, der ›Kommission zur Verteilung, Zuweisung und richterlichen Entscheidung in Sachen ager publicus‹, in diesem Fall zur Wiedererrichtung der römischen Kolonie Carthagos und während der Amtszeit strafrechtlich nicht verfolgbar, wie übrigens alle römischen Magistrate. Europa hat diesen Gedanken der Amtsimmunität bekanntlich später übernommen; hin und wieder spielt er in westlichen Demokratien eine entscheidende Rolle, wie zuletzt beim sogenannten Watergate-Skandal um den amerikanischen Präsidenten Nixon.

Man streute also die Nachricht von den Prodigien eifrig unters Volk, unterstützt von einer willigen Priesterschaft, und schließlich berief der Senat eine Volksversammlung ein, um das Gesetz über die Wiedererrichtung der Kolonie aufzuheben.

Die Volksmeinung schwankt lange, wird von den besten Rednern des Senats geknetet. Gaius entgegnet – »einem Rasenden gleich« –, daß der Senat die Geschichte mit den Wölfen erlogen habe! Dann stürmt er mit seinen Anhängern aufs Capitol, wo die entscheidende Versammlung stattfinden soll. Alle Beteiligten sind schwer bewaffnet. Wiederum kommen, wie vor 12 Jahren, durch ein Versehen schreckliche Ereignisse in Gang. Hinter der Säulenhalle des Jupitertempels, wo sich Gaius mit seinen Anhängern aufhält, kommt ein gewisser Quintus Antullius auf ihn zu, sagt etwas und hebt dabei den Arm; das genügte, einen hitzigen Gefolgsmann des Gracchen zu veranlassen, den Mann niederzustrecken. Beim Anblick des blutigen Leichnams stiebt die Menge auseinander, und die Versammlung löst sich auf.

Für den folgenden Tag – es war ja zu keinem politischen Entschluß gekommen – wird dem Consul Lucius Opimius dictatorische Vollmacht zur Wiederherstellung der Ordnung übertragen, das berühmte ›senatus consultum ultimum‹, wodurch sich der Senat selbst zum autoritären Träger der Staatsgewalt erklärte. Die später noch oft angewandte Formel lautete: ›darent operam Consules, ne quid res publica detrimenti caperet‹, zu deutsch: ›die Consuln sollen achtgeben, daß der Staat keinen Schaden nehme‹. Man könnte dies das erste Notstandsgesetz der Geschichte nennen.

Der Senat fordert durch den Consul ultimativ und bedingungslos die Kapitulation der ›Gracchisten‹. Sie wird abgelehnt. Man hat sich auf dem Aventin im Dianaheiligtum verschanzt, von alters her Sammelplatz der plebs, des einfachen Volkes.

Nun gibt der Consul Befehl zum Angriff und Sturm. Unterstützt von kretischen Bogenschützen – sie schießen scharf! – werden die meisten Anhänger des

Gracchen überwältigt. Gaius flieht mit wenigen Getreuen, aber lassen wir Plutarch das grausige Ende erzählen: »Dem fliehenden Gaius setzten nun die Feinde nach, und da sie ihn an der hölzernen Brücke (= Pons Sublicius, die älteste Tiberbrücke Roms) einholten, ließen ihn die beiden Freunde nur forteilen, sie selbst aber stellten sich den Verfolgern entgegen und stritten an der Brücke, ohne jemanden durchzulassen, so lange, bis sie beide getötet waren. Gaius wurde auf der Flucht von einem einzigen Sklaven namens Philokrates begleitet. Alle ermunterten ihn zwar, wie bei einem Wettlauf zu eilen; aber niemand hatte den Mut, ihm beizustehen oder auch nur, worum er sehr bat, ein Pferd zu verschaffen, weil die Verfolger gleich hinter ihm her waren. Indes erreichte er einen kleinen Hain, wo Philokrates erst ihm das Leben nahm und dann sich selbst über ihm durchbohrte[27].«

Sein Kopf wurde abgeliefert und vom Konsul, wie versprochen, in Gold aufgewogen, die überlebenden Genossen streng bestraft, die meisten hingerichtet.

Fragen wir nun nach den Folgen, so stellen wir fest, wie sich eine unüberbrückbare Kluft zwischen Besitzenden und Besitzlosen aufgetan hat. Die beiden oberen Stände, Adel und Ritterschaft, stehen sich von nun ab in latenter Spannung jahrzehntelang gegenüber. Dies alles wird das Hochkommen von ›Volksführern‹ begünstigen, wenn sie geschickt alle Gruppen gegeneinander ausspielen. Die eigentlichen, humanen Ziele der beiden Gracchen, Herstellung eines angenommenen früheren Gleichgewichts, Anhebung der Lebensqualität des Bauernstandes, wurden nicht erreicht; im Gegenteil, dem Rest des freien Bauerntums ging es in der Zukunft schlimmer, sein Niedergang konnte nicht aufgehalten werden. Ein negatives Ergebnis der gracchischen Revolution ist im Erstarken der Senatsherrschaft zu sehen und damit im Einfluß einzelner Familien. Überheblich nannten sie sich von nun ab ›optimates‹, die ›Besten‹, und setzten ihre Standesinteressen mit den Staatsinteressen gleich. Ihre Gegner aus allen Schichten traten unter der Fahne der ›Popularen‹ an, indem sie vorgaben, für die Sache des Volkes, des ›populus‹ zu streiten.

Es ist eine müßige Frage, darüber nachzudenken, wie die Geschichte Roms verlaufen wäre, wenn die beiden Brüder mit ihrem Programm erfolgreich gewesen wären. Aber die Geschichte, dieser Organismus aus Millionen und Millionen Einzelwesen und -kräften, pflegt sich menschlicher Logik nicht zu beugen. Darum hält sie in ihrem Schoß – damals wie heute – Überraschungen bereit, und das noch so fest gefügte Weltbild des Zeitgenossen wird unbarmherzig zum Gerümpel geworfen. Aber vielleicht gerade deshalb sind wir ewig auf der Suche nach dem Dauernden, und darum ist jedes Jahrhundert immer neu fasziniert von Männern wie Gaius und Tiberius Gracchus und ihren Idealen von einem besseren Leben. Gäbe es sie nicht, wäre der historische Ablauf in der Tat nur ein Tummelplatz der niederen Triebe.

# Krieg gegen Jugurtha

## 1. *Eine Szene bei Sallust*

Wenn der Krieg, dem wir uns nun zuwenden, auch nichts weiter als ein »beliebiger Kolonialkrieg«[28] war, ein für den weiteren Verlauf der römischen und europäischen Geschichte unbedeutender Feldzug an der südlichen Peripherie der damals zivilisierten Welt, so gewinnt er für unsere Betrachtung, die ja immer beides – Rom und uns selbst – im Auge hat, gleichnishafte Bedeutung. Wir stoßen auf das, was man so leichthin die ›römische Dekadenz‹ genannt hat, wobei wir es an dieser Stelle nicht so sehr vermutet hätten wie erst gegen Ende des Imperiums. Es gibt in der Geschichte eingefahrene Vorurteile; eins davon will, daß alle Römer des 4. und 5. Jahrhunderts völlig verkommene, laffe, egoistische Mitläufer ohne weiterführende Ideen sind, die sich morgens nur mit Mühe aus dem Bett erheben und die Probleme des Tages mit einem müden Gähnen beiseite schieben. Falsch! »Das ganze Gerede über die römische ›Dekadenz‹ ist Unsinn: Als die Römer am dekadentesten waren – d. h. als sie sich so benahmen, wie wir es heute am schärfsten mißbilligen –, eroberten sie den ganzen Mittelmeerraum. Als sich ihr Verhalten besserte, wurden sie von den Barbaren überwältigt[29].« Machen wir die Probe aufs Exempel! Zurück zu Jugurtha, zu unserem politischen Hexenkessel an der Wende vom 2. zum 1. Jahrhundert v. Chr.!

Die Geschichte schreibt sich die besten Dramen selbst, die Dichter sollten sie nur abschreiben. Wir brauchen unsere Quelle, diesmal Sallust, nur in Szene setzen:

| | |
|---|---|
| Erstes Bild: | Nach der Zerstörung Numantias 133 v. Chr. |
| Ort: | Römisches Lager vor der Stadt; im großen Karrée versammelte Mannschaften. |
| Personen: | P. Cornelius Scipio Aemilianus Africanus Numantinus (so hieß er tatsächlich), siegreicher General und Consul, 52 Jahre alt; Stabsoffiziere (Militärtribunen), adelige Möchtegerne Anfang zwanzig; Quaestoren (Zahlmeister), darunter auch Tiberius Gracchus; noch weiter unten ein kleiner Offizier namens Marius; numidische Hilfstruppen, gesondert gestaffelt, in farbenprächtigem Kriegshabit;<br>ihr Befehlshaber Jugurtha, z. Z. 27 Jahre alt. |

Trompetensignal! Ruhe! Scipio besteigt die geschmückte Tribüne. Er wartet: »Stillgestanden! ... Richt't euch! Die Augen liiiiii ...nks!«
Meldung des Primipilus (Stabsfeldwebel) an einen Tribunen. Weitergabe der Meldung an Scipio.

Scipio: Danke! (Wofür?) ... Rührt euch! (Sie rühren) ... Soldaten! (Mit Feldherrnblick) Ihr habt euch tapfer geschlagen. Ihr habt neuen Ruhm an die römischen Adler geheftet! (Der dritte Mann im vierten Glied rechts: »Dafür kann ich mir nichts kaufen.«) ... Numantia ist nicht mehr. So wird es jeder aufsässigen Stadt ergehen, die es wagt, den Frieden des römischen Volkes zu stören! (Eigentlich war es umgekehrt, aber der Sieger hat immer recht.) Die anfänglichen Schwierigkeiten sind nun vergessen. Ihr habt reiche Beute gemacht. (Sie grinsen.) Auch die Aufgebote unserer Freunde haben ihrem Volk alle Ehre gemacht und gut für die gemeinsame Sache gekämpft. (Sie verstehen leider kein Wort.) Besonders hervorgetan hat sich das Kontingent aus Numidien, geführt von seinem tapferen Fürsten Jugurtha, Sohn des Mastanarbal, Enkel des ruhmreichen Masinissa (Das Letzte geht ihm nur schwer über die Lippen: Was sagt man nicht alles!)
(Beifall)
Alle diese Geschenke (er weist nach hinten auf einen Teil der geraubten Schätze und Menschen) seien ein kleiner Dank für seinen großartigen Einsatz!
(Beifall, Schwerter werden gegen die Schilde geschlagen.)
(Zu den Hilfstruppen)
Ihr, meine Freunde, seid bis auf weiteres entlassen. Kehrt in eure Heimat zurück. Rom dankt euch! (Zu den Römern) Ihr aber seid weiterhin eingedenk der Taten eurer Vorfahren und stets bereit, das Vaterland, die Gräber der Väter, Weib und Kind gegen Barbaren zu verteidigen! (Tiberius Gracchus runzelt die Stirn: Er wird nächstens dazu einige Anmerkungen machen. Wir kennen sie bereits.)
Genug der Worte! Es kann Wein genommen werden. (Streng) Bei Sonnenaufgang sehe ich jeden wieder frisch auf den Beinen!
(Beifall, Hochrufe, Grölen)

Scipio steigt von der Tribüne, die Truppe verkrümelt sich. Scipio winkt Jugurtha zu sich, sie gehen ins Praetorium, das Zelt des Feldherrn.

Scipio: (scheucht mit einer Handbewegung die dienstbaren Geister aus dem Zelt)
Ich habe mit dir zu sprechen, unter vier Augen.

Jugurtha: Warum so intim? Was gesagt ist, genügt!

Scipio: (verhalten) Du bist klug, tapfer, ein Mann mit blendender Zukunft ...

Jugurtha: Aber?

Scipio: (blickt ihn ernst an) Ich könnte dem Alter nach dein Vater sein; ich möchte als Freund mit dir sprechen, als einer, der es gut meint ...

Jugurtha: Wie du redest, steckt ein Vorwurf in jedem deiner Worte.

Scipio: (unbeirrt) In unserer Armee dienen zur Zeit einige, nun – sagen wir – junge Leute aus neuem oder altem Adel, denen Reichtum mehr gilt als Anstand und Ehre ... Du kennst sie!

Jugurtha: (höhnisch) Was geht mich der Lebenswandel römischer Offiziere an!

Scipio: (fixiert ihn scharf) Ich denke sehr viel!

Jugurtha: (hält dem Blick hochmütig stand) Ich höre ...

Scipio: (aufbrausend) Ja, höre! Diese Laffen liegen dir doch seit Wochen in den Ohren!

Jugurtha: (aufreizend höflich) So? Womit denn?

Scipio: Mit scheinheiligen, hochverräterischen Versprechungen! Wenn König Micipsa, dein Onkel, vorzeitig in den Hades geschickt würde, könntest du der Herrscher Numidiens werden! Du seist ein ganzer Kerl, der auf den Thron gehöre. Deine Vettern seien Schwachköpfe. In Rom sei für Geld alles zu haben.

Jugurtha: (lächelnd, teuflisch ironisch) Und wenn es so wäre?

Scipio: So wagst du mit einem Consul zu reden?!

Jugurtha: (bleibt weiterhin vollkommen ruhig, aufreizend ruhig) Nichts, aber auch gar nichts wage ich. Du sprichst mit dem Repräsentanten eines befreundeten Staates, der immerhin gut genug war, mit seinen Leuten für Rom die Kastanien aus dem Feuer zu holen ... Ich wiederhole: Was geht mich der Klatsch x-beliebiger römischer Dandies an, die zufällig den Panzer eines Kriegstribunen tragen! ... Ja, sie liegen mir in den Ohren. Sie sind scharf auf mein Geld, meine Beziehungen, um ihre Schulden in Rom zu bezahlen, ihre Hetären auszuhalten, ihre Lustknaben zu verpäppeln. Ich verachte diese verweichlichten Muttersöhnchen!

Scipio: (›Man weiß nie, wie man bei ihm dran ist‹) Wie schade, daß du kein Römer bist – und ein Glück für dich, daß wir ohne Zeugen sind. (Er konnte nicht wissen, daß wir mithören ...)

Jugurtha: Ich pfeife darauf! Nicht ich bin auf Rom, Rom ist auf mich angewiesen! Warum bin ich sonst hier?

Scipio: (legt ihm die Hand auf die Schulter): Solchen Hochmut rechne ich deiner Jugend und Unerfahrenheit in politischen Dingen an. Aber da ich dich und deine Gier nach Macht kenne, will ich dir diesen Rat geben: Deine Freundschaft zu Rom kann sich nur in Verdiensten um den Staat und das Ganze erweisen, nicht in der Gunst für einzelne. Bestochene Freunde sind keine Freunde! Gefährlich ist es, wenigen abzukaufen, was vielen gehört! Willst du deiner bisherigen Haltung, wie ich sie schätze, treu bleiben, so wird dir Ruhm und Reich von selbst zufallen! Wenn du dich aber überstürzt, wirst du durch dein eigenes Geld jäh zugrundegehen ... Und nun geh und durchdenke alles in Ruhe. Diesen Brief übergib deinem Oheim, dem rechtmäßigen König von Numidien! (Er betont jede Silbe der letzten Worte)[30].

Damit ist Jugurtha entlassen, von jemandem, der es gut mit ihm meint.
Und so lautete der Brief: »Dein Jugurtha hat im Krieg gegen Numantia höchsten Mannesmut bewährt; ich weiß gewiß, daß dir dies Freude macht. Uns ist er wegen seiner Verdienste lieb und wert; daß er es auch dem Senat und Volk der Römer werde, soll unser eifrigstes Bestreben sein. Dich persönlich beglückwünsche ich als dein alter Freund. Da hast du einen Mann, der deiner und seines Großvaters Masinissa wert ist[31].«
Kein Wort über seine Bedenken! Kein Hinweis auf die hochverräterischen, heimlichen Ziele des Neffen! Da wir annehmen können, daß Jugurtha das Schreiben heimlich las, bevor er es dem Empfänger übergab, dürfte er aus dem beschönigenden Inhalt wie aus der vorherigen Unterhaltung mit dem General und Consul den Schluß gezogen haben, daß einflußreiche Leute der Hauptstadt einen Thronwechsel zu seinen Gunsten gern sähen, zumindest stillschweigend zur Kenntnis nehmen würden. Er mußte überzeugt sein, daß es nur eine Frage der Zeit und der Methode war. Wie hatte Scipio gesagt: »... deiner bisherigen Haltung treu bleiben ... wird dir Ruhm und Reich von selbst zufallen.«

## 2. *Palastintrigen*

Scipio Aemilianus konnte sich als Patron des numidischen Königshauses betrachten, denn er, der Sieger über Carthago und Numantia, war Urheber der jetzigen dynastischen Verhältnisse des Atlas-Staates. Auf seinen Einfluß hin hatte Micipsa, jüngster Sohn Masinissas, das Königsdiadem bekommen – und der revanchierte sich als treuer Verbündeter der Großmacht, immer bereit, bei kriegerischen Konflikten Roms Getreide, Elefanten oder Truppenkontingente beizusteuern; im übrigen ein Herrscher mit dem sympathischen Zug, den Krieg um des Friedens willen zu verabscheuen, und lieber seine barbarischen Untertanen mit einem Extrakt griechischer Bildung zu befreunden. Hier trafen sich seine Interessen mit denen Scipios.

Die verdächtig zwiespältige Einstellung des Römers zu Jugurtha und dessen machtpolitischen Träumereien sind nur dann zu verstehen, wenn man die Dynamik, Verstandesschärfe, strategische Begabung und das kalte Draufgängertum des Prinzen mit dem Phlegma, der Passivität, der ziellosen Schöngeisterei des Kronprinzen Adherbal oder der hitzigen, halbstarken, dummen Kraftmeierei des jüngeren Hiempsal vergleicht. Gewiß, er sieht in Jugurtha den geeigneten Thronfolger; aber man darf in so verzwickten Sachen nichts überstürzen. Der Süden muß ruhig bleiben, Scipio läßt lieber die Natur ihren Weg machen. Vier Jahre später ist Scipio tot, man fand ihn morgens so im Bett. In den Wirren der Gracchenzeit wurde sofort der Verdacht laut: Mord! Der Fall wurde nie geklärt, bis heute nicht!

Jugurtha hält sich zunächst an die klugen Empfehlungen des aristokratischen Mentors, die Dinge entwickeln sich ganz von selbst in seinem Sinne. Auch dem königlichen Oheim bleiben die Qualitäten des Brudersohnes nicht verborgen: »Als Jugurtha herangewachsen war, kraftvoll und wohlgestaltet, vor allem aber geistig hochbegabt, da überließ er sich nicht verderblichem Wohlleben und Faulenzen, sondern übte sich nach der Sitte seines Volkes im Reiten und Speerwerfen und Wettlaufen mit den Altersgenossen, und wenn er auch mehr Ruhm gewann als alle, hatten ihn doch alle gern. Auch widmete er manchen Tag der Jagd, erlegte Löwen und andere wilde Tiere als erster oder doch als einer der ersten. Sehr vieles tat er und sehr wenig sprach er von sich selbst[32].« Obwohl Jugurtha als ›Kind eines Nebenweibes‹ von der Thronfolge noch durch den alten Masinissa ausgeschlossen worden war, sah Micipsa sehr früh, »wie der junge Mann immer mehr und mehr an Bedeutung gewann, und geriet darüber in heftige Unruhe und machte sich viel böse Gedanken«. Doch ihn beseitigen zu lassen, das wagte er nicht wegen der Popularität des Prinzen. Und auch von dem Feldzug gegen Numantia kehrte Jugurtha nicht nur lebend zurück – das Unternehmen war als Himmelfahrtskommando gedacht – sondern als Held und Freund des Scipio Aemilianus. Dann dieser Brief! – »Er ließ sich durch die Tüchtigkeit und Beliebtheit des Mannes bewegen (was blieb ihm anderes übrig!), seinen Sinn zu ändern, und suchte Jugurtha durch freundliches Entgegenkommen zu gewinnen. Er nahm ihn sofort an Kindes statt an und setzte ihn zugleich im Testament mit seinen Söhnen zum Erben ein[33].« Armer Micipsa! Der Gutmütige unterschätzt ewig den Gerissenen! Diese Adoption designiert einen Mann ohne jeden Skrupel, einen genialen Meister der Verstellung, einen, der mit kaltem Willen scheinbar leidenschaftslos auf seine Stunde warten kann, und wenn es Jahre dauert. Eine Natur, die alles verneint außer sich selbst; ein Charakter, dem der Zweck alle Mittel heiligt.

Große Szene: Am Sterbebett des Königs.

Personen: Micipsa, schwer atmend auf dem Lager; seine beiden Söhne Adherbal und Hiempsal; Jugurtha; Diener, Quacksalber.

Der König (richtet sich auf, vom Tod gezeichnet; er spricht leise, mit großer Anstrengung. Er sucht die Augen Jugurthas. Mit zitternden Händen tastet er blindlings nach ihm. Jugurtha kommt ihm nicht entgegen):

Ein kleines Kind warst du noch, Jugurtha, hoffnungslos und ohne Mittel, als ich dich nach dem Tode deines Vaters an meinen Hof nahm. Ich war der Meinung, ich würde dir wegen meiner Wohltaten gerade so lieb sein, als wenn ich dein eigener Vater wäre. Und darin habe ich mich ... (er stöhnt, blickt zur Decke) ... nicht getäuscht. (Pause. Er atmet schwer.) Durch deine Tüchtigkeit hast du die Römer zu unseren allerbesten Freunden gemacht ... Jetzt, wo nach dem Laufe der Natur mein Lebensende bevorsteht, bitte und beschwöre ich dich bei meiner Rechten und bei meinem königlichen Wort: Hab' diese beiden lieb, die dir durch Geburt verwandt und durch meine Güte Brüder sind. Nicht Heere und nicht Schätze sind die Stützen des Throns, sondern Freunde, die man sich nicht mit Waffen erzwingen noch mit Gold erkaufen kann; durch treue Dienste werden sie gewonnen ... (er richtet sich auf) Du, Jugurtha, mußt als der ältere und reifere mehr als diese beiden hier darauf bedacht sein, daß es nicht schlimm ausgeht. Denn bei jedem Streit entscheidet der Mächtigere, mag ihm auch Unrecht geschehen, doch als der Schuldige, eben weil er die größere Macht hat ...[34]

Große, wahre Worte, voll Todesweisheit – von Sallust so gesetzt, der ja an Caesars Tragik des Mächtigen, der immer schuldig wird, Entscheidendes für die Gestaltung seines Werkes gelernt hatte. Da sich beide – der ängstlich Sterbende und der versteckt darauf Lauernde – bis in den Kern durchschauen, verstellen sie sich, um ihrer verschiedenen Ziele willen. In seiner unnachahmlichen Kürze trifft Sallust ins Schwarze: »Jugurtha durchschaute zwar die Künstlichkeit in den Worten des Königs[35] und trug auch selbst ganz andere Gedanken in seinem Herzen, trotzdem gab er mit Rücksicht auf die gegenwärtige Lage eine begütigende Antwort.« So muß man es machen!

Tage später ist der König tot, und man erweist ihm mit aller Pracht die letzten Ehren, »wie es bei Königen Brauch ist« – so der Republikaner Sallust. Unverzüglich geht es an die Teilung der Erbschaft. Die Prinzen kommen zusammen, um sich über die anstehenden Fragen zu verständigen. Obwohl die folgende Szene zur Ausgestaltung reizt – sie erinnert in ihrer Dichte und ernsten Komik an ein nicht geschriebenes Shakespeare-Drama –, wollen wir uns an die Quelle halten; kürzer, prägnanter und plastischer geht's nicht:

»Hiempsal aber, der jüngste von ihnen, hatte eine trotzige Art und sah schon längst auf Jugurtha wegen seiner unedlen Abkunft hochmütig herab, weil er ihm mütterlicherseits nicht ebenbürtig war. So setzte er sich dem Adherbal zur Rechten, damit Jugurtha nicht in der Mitte von den dreien säße; denn dies gilt bei den Numidern als Ehrenplatz ... Von seinem Bruder gedrängt, dem Alter nachzugeben, ließ er sich dann doch bewegen und rückte widerwillig auf die andere Seite. Als sie nun hier ausführlich über die Verwaltung des Reiches sprachen, warf Jugurtha unter anderem die Bemerkung hin, alle Beschlüsse und Verordnungen der letzten 5 Jahre müßten aufgehoben werden, denn in dieser Zeit sei Micipsa durch seine Altersschwäche nicht ganz zurechnungsfähig gewesen. ›Das ist auch meine Meinung‹, erwiderte Hiempsal, ›denn in den letzten drei Jahren ist ja auch Jugurtha durch Adoption in die königliche Familie aufgenommen worden.‹ Dies Wort drang Jugurtha tiefer ins Herz, als einer je gedacht hätte. Von Groll und Furcht gepeinigt, bewegte er seit dieser Zeit nur eines in seinem Innern, all sein Dichten und Trachten war darauf gerichtet, wie er Hiempsal überlisten könne. Als das zu langsam vorwärtsging und die Wut in seinem Herzen sich nicht legte, beschloß er, sein Vorhaben durchzuführen, es gehe, wie es wolle[36].«

### 3. *Wer schamloser lügt, braucht mehr Geld*

Bis zu diesem Punkt handelte es sich um einen, wenn auch zunehmend dramatischen, Familienzwist des numidischen Königshauses am Rande der Welt. Durch die nächsten Schritte Jugurthas jedoch kommen Ereignisse ins Rollen, die zwangsläufig römische Interessen berühren werden. Der Machtdämon läßt ihn nicht mehr los und lauert auf die lang ersehnte Stunde des Zuschlagens. Die

Gelegenheit ist bald gefunden, dem Beobachter – heute wie damals – stockt der Atem: Nachdem die Prinzen sich getrennt hatten, begaben sie sich in verschiedene Ortschaften »in der Nähe der Schatzkammer«, denn keiner traute dem anderen. Hiempsal, der Jüngste, quartierte sich nichtsahnend bei einem von Jugurtha bestochenen Trabanten ein:
»Den bot ihm der Zufall als Werkzeug dar; so machte er (Jugurtha) ihm reiche Versprechungen und veranlaßte ihn, unter dem Vorwande, er wolle nach seinem Eigentum sehen, ins Haus zu gehen und sich Nachschlüssel für die Türen zu verschaffen – denn die richtigen Schlüssel wurden immer dem Hiempsal übergeben – im übrigen werde er selbst zur rechten Zeit mit einer großen Schar kommen. Der Numider tat rasch, was ihm aufgetragen war und ließ Jugurthas Soldaten gemäß der Weisung nachts in sein Haus. Kaum waren sie eingedrungen, da zerstreuten sie sich, um den Fürsten zu suchen; jeden, der im Schlafe lag oder ihnen entgegentrat, erschlugen sie, durchstöberten alle Winkel, sprengten alle verschlossenen Türen auf und brachten mit Lärm und Aufruhr alles durcheinander – da fand man schließlich Hiempsal in der Kammer einer Magd verborgen, wohin er sich gleich in seiner Angst und Unkenntnis der Örtlichkeit geflüchtet hatte. Die Numider überbrachten seinen Kopf Jugurtha, wie ihnen befohlen war. Die Kunde von diesem Frevel verbreitete sich in ganz Afrika ...[37]« und, wie wir annehmen dürfen, auch in Rom.
Dieser Vetternmord ist erst der Anfang ... In einem Blitzkrieg tauchen plötzlich überall seine Truppen auf und jagen den erschrockenen Menschenfreund Adherbal vor sich her. Tausendfach bewährte Strategie des Aggressors: Der Überraschungsangriff läßt dem Gegner keine Zeit für organisierte Gegenmaßnahmen, ihm bleibt nach verlorener Schlacht mit nervösen, demoralisierten Truppen nur die Flucht, zunächst auf rettendes römisches Gebiet, später nach Rom. »Nun hatte Jugurtha seine Pläne durchgesetzt und war Herr von ganz Numidien.«
Unsere Empfindungen sind geteilt: Natürlich verdammen wir kalten Mord aus rein persönlichen Machttrieben; wir erfanden uns Gesetze, um solch aggressives Verhalten in seine Grenzen zu weisen; wir haben Mitleid mit dem kleinen gutmütigen Exkönig, der ins Exil gehen muß – und trotzdem narrt uns immer wieder unser Bewußtsein: Im stillen bewundern wir die kalte Größe des reinen Machtmenschen, der, seelisch scheinbar unbeteiligt, die Figuren auf seinem Spiel nur nach dem Prinzip von Ursache und Wirkung setzt; und wenn wir ganz ehrlich sind, zollen wir dabei unseren eigenen geheimen Herrschgelüsten Respekt! Sehen Sie, und an dieser Stelle erfahren Sie intuitiv, wie schwierig die Frage nach der historischen Objektivität zu beantworten ist, denn Beschäftigung mit Geschichte ist immer ein Hinabsteigen in die eigenen brodelnden Tie-

fen unserer ungebändigten Vorzeitseele. Wenn wir uns dies bewußt machen, sollten wir toleranter mit den negativen Größen der Geschichte sein: Sie können sich nicht mehr wehren. Denn alles, was Kultur oder Zivilisation genannt wird, ist nur eine dünne Schicht, unglaublich verletzlich – darunter ist immer nur das Chaos!

Der vertriebene König in Rom, ein unerfahrener, verängstigter junger Mann aus der barbarischen Provinz. Was hat er zu bieten, wen hat er im Rücken, wie hoch ist der Einsatz: Ein makabres diplomatisches Spiel beginnt. Wie ein Bettler muß er sich auf die Suche nach einflußreichen und trotzdem integren Männern machen, denen Gerechtigkeit nicht nur eine populäre Floskel ist. Längst schon haben Jugurthas Agenten mit ihrer Wühlarbeit und der Vergiftung der öffentlichen Meinung begonnen. Lange vor dem Eintreffen des verjagten Vetters haben sie strategische Punkte der außenpolitischen Szene besetzt – von wo man sie nur mit noch mehr Bestechungsgeld vertreiben könnte. Jugurtha hat auch die Fäden zu alten Freunden aus der Zeit vor Numantia nie abreißen lassen: »Jugurtha? Ach ja, der Draufgänger! 16 Jahre soll das schon her sein? Ein treuer Freund! Man muß dem Mann doch helfen, sein Geld anzulegen! ..«

Die Fronten zwischen Optimaten und Popularen haben sich verhärtet in den letzten Jahren. Jugurtha kennt die großen Familien, die schwachen Stellen ihrer Repräsentanten. Instinktsicher geht er die labilen Naturen an, er kennt sie alle, wenn nicht persönlich, dann durch seine Spione. Seine flinken Boten sind viel unterwegs in diesen Tagen; meist sieht man sie nach der Abenddämmerung in die Häuser gewisser Senatoren huschen, nachdem das Rendezvous in belanglos scheinendem Gespräch auf dem Forum vorbereitet wurde. Heute macht man das über Telefon schneller und intimer.

Jugurtha geht generalstabsmäßig vor, nichts soll dem Zufall überlassen bleiben: »... schickte er nach einigen Tagen Gesandte mit viel Gold und Silber nach Rom und wies sie an, sie sollten vor allem seine alten Freunde reich beschenken, sodann neue gewinnen, kurz, durch Bestechung ungesäumt ihr Möglichstes versuchen[38].«

Wie man einflußreiche Leute besticht, ist uns aus der allerjüngsten Geschichte allzu bekannt. Stellte doch dazu neulich ein integrer Mann fest: »Korruption ist schlimm. Das Vertuschen von Korruption schlimmer.« – Aber, wie soll man's denn sonst machen?

»Als die Gesandten in Rom angekommen waren und nach des Königs Weisung seinen Gastfreunden und anderen einflußreichen Männern, die damals im Senat die erste Rolle spielten, kostbare Geschenke überreicht hatten (– wer redet da von Korruption? Es sind nur Geschenke! –), da trat ein solcher Wandel in der Stimmung ein, daß Jugurtha statt bitteren Hasses Gunst und Zuneigung beim

Adel fand. Manche suchten, mit Versprechungen oder mit barem Geld gewonnen, durch Besuche bei einzelnen Senatoren darauf hinzuwirken, man solle nicht zu hart mit ihm verfahren[39].«

Der Gipfelpunkt politischer Dekadenz wird erreicht, wenn man solches liest: »Wie nun die Gesandten ihrer Sache sicher zu sein glaubten, wurde an einem bestimmten Tage eine Senatssitzung für beide Parteien angesetzt.« Lesen Sie den Satz noch einmal! ... Haben Sie nicht den Eindruck, als ob Jugurtha der Führer des Senats sei, der Sitzungen des hohen Hauses nach eigenem Gutdünken einberuft und die Tagesordnung festsetzt? Aber es wird noch toller kommen ...

Senatssitzung: Zuerst spricht Adherbal, seine Rede hat alle unsere Sympathien! Geschickt stellt er die freundschaftlichen Beziehungen zwischen Rom und Numidien in den Vordergrund: »Senatoren! Mein Vater Micipsa hat mir auf dem Sterbebett eingeschärft, nur in der Verwaltung des numidischen Reiches solle ich meine Aufgabe sehen, das eigentliche Hoheitsrecht aber stehe euch zu; auch solle ich mich mit aller Kraft bemühen, im Frieden wie im Kriege dem römischen Volke rechten Nutzen zu bringen, euch solle ich als meine Blutsfreunde, euch als meine Verwandte ansehen: Handle ich so, dann würde ich eurer Freundschaft Heeresmacht und Reichtum und die Stützen meines Thrones finden ...«

So geht es eine Stunde lang! Für uns peinlich; kaum jemand würde sich heute öffentlich so erniedrigen – oder? Der rührselige pathetische Stil ist aber zeitgemäß, an die Psychologie römischer Gerichtsreden angelehnt, und es ist anzunehmen, daß ein römischer ghost-writer ihm die Feder geführt hat. Immer wieder werden Größe und Großmut der Römer gepriesen, die alten Bande gelobt, die verpflichten ... Auf uns wirkt dies alles äußerst gekünstelt, aufdringlich rhetorisch und floskelhaft, voller gefühlloser Phrasen – für ihn war es notwendig! Nur so konnte er im Senat Gehör finden und auf Erfolg hoffen. Eingestreute klagende Passagen: »Eheu miserum! Ach ich Ärmster! Ist das der Erfolg deiner Güte, mein Vater Micipsa? ... von Haus und Hof vertrieben, verlassen und ohne Mittel zu einem standesgemäßen Leben – wohin soll ich mich wenden? Wen soll ich anrufen? Etwa fremde Völker und Könige? Die doch alle unserer Familie wegen unsrer Freundschaft mit euch feind sind? ...« Die ewige Klage des Emigranten im Exil; dann, gegen Ende: »Unschlüssig bin ich, was ich tun soll ... wäre nur der Tod in meiner Lage ein ehrenvoller Ausgang ... So aber mag ich nicht leben und kann nicht sterben ohne Schande[40].«

Er hat geendet, setzt sich, peinliches Schweigen. Aber da stehen sie, längst sprungbereit, Jugurthas Gesandte:

»Hiempsal ist wegen seiner Grausamkeit von den Numidern getötet worden,

Adherbal hat ohne Veranlassung den Krieg begonnen und beklagt sich nun nach seiner Niederlage, daß ihm seine böse Absicht nicht geglückt ist. Jugurtha läßt den Senat bitten, ihn nicht anders einzuschätzen, als man ihn vor Numantia kennenlernte, und auf die Worte eines Feindes nicht mehr Wert zu legen als auf seine Taten[41].«

Lügen! Verleumdung! Üble Nachrede! All das, was Politik so verteufeln kann. Die verlogenen Phrasen sind für die Öffentlichkeit bestimmt, die Entscheidung ist ja bereits vorher in geheimen Zirkeln vorbereitet worden. Das Ungeheure geschieht: »Die bestochenen Freunde der Gesandten, außerdem noch viele Senatoren, die durch persönlichen Einfluß gewonnen waren, äußerten sich geringschätzig über Adherbals Worte, Jugurthas Verdienste dagegen hoben sie in den Himmel. Kraft ihrer angesehenen Stellung, ihrer Redegabe, kurz, mit allen Mitteln kämpften sie für die verbrecherische Schandtat eines fremden Menschen, als gelte es nur ihrem eigenen Ruhm. Die wenigen dagegen, denen Recht und Gerechtigkeit mehr bedeuteten als Reichtum, waren der Meinung, man müsse Adherbal zu Hilfe kommen und Hiempsals Ermordung streng bestrafen.« Es siegt also die Partei, die ›Geld und Gunst‹ höher stellte als die Wahrheit.

Die Demoralisierung des hohen Hauses hat aber ihren tiefsten Punkt noch nicht erreicht – wir werden sehen. Zunächst muß ein Entschluß gefaßt werden; er lautet – für den unwissenden Zeitgenossen sehr salomonisch: Teilung des Reichs zwischen Jugurtha und Adherbal.

Man braucht einen Koordinator, der die geschmacklose Maßnahme durchführt, und hat nicht lange zu suchen: L. Opimius bietet sich an, uns schon bekannt als Speerspitze der Adelspartei bei der Beseitigung des G. Gracchus; ein Mann, der als Consul die Überlegenheit des Adels aufs schärfste gegen die Plebejer ausnutzte. Numidien wird in zwei Hälften zerschnitten, die Reststaaten stehen sich von Beginn an feindlich gegenüber – Ost-Westkonflikt im kleinen, mit dem Unterschied, daß bei beiden die ›Schutzmacht‹ Rom heißt, getreu dem Prinzip des ›Divide et impera!‹ vorgehend, ein Grundsatz, den Caesar in Gallien und Pompeius in Asien so vollendet handhaben sollten.

»Bei der Teilung wies man Jugurtha das Stück Numidiens zu, das an Mauretanien grenzt (heute Nordalgerien und östliches Marokko) und reicher war an Akkerland und Menschen; den andern Teil, der mehr dem Aussehen als dem inneren Wert nach besser war, weil er mehr Häfen und mehr schöne Häuser hatte, den bekam Adherbal[42].« Dies geschah im Jahre 117 v. Chr.

Bis auf den heutigen Tag erweisen sich geteilte Staaten als Konfliktherde par excellence, ganz gleich, ob das Ziel der ›Wiedervereinigung‹ ideologisch oder auf Grund einer angenommenen Volkssouveränität angestrebt wird; beides spielte damals noch nicht die unheilvolle Rolle der Gegenwart, das machten die Dynasten unter sich aus. Der moderne Begriff ›Nation‹ ist auf die Völker und Staaten des antiken Nordafrika noch nicht in unserem Sinne anwendbar. Jugurtha kann sich einstweilen die Hände reiben, hat er doch weit mehr erreicht, als er zunächst hoffen konnte. Aber er hat erst die Hälfte! Nun spornen *ihn* die kürzlich Bestochenen an, das Ganze zu wagen, spekulieren sie doch auf weitere Gelder des so spendablen Fürsten, der über scheinbar unerschöpfliche Goldquellen verfügt. Zunächst beginnt er einen schamlosen Kleinkrieg, schleppt mal hier, mal dort Menschen, Vieh und andere bewegliche Beute fort, steckt Dörfer in Brand und durchstreift plündernd – ein König als Raubritter – den größten Teil des Landes mit seiner Reiterei, steigert die Hiebe von Mal zu Mal, zieht sich wie ein Wolf mit der Beute auf sein Gebiet zurück. Irgendwann muß der Gedemütigte doch erbittert zurückschlagen! Jugurtha braucht einen Anlaß zum offenen Krieg. Adherbal aber – »ein Freund der Ruhe und des Friedens, sanftmütig, wehrlos gegen Unrecht, mehr furchtsam als furchtbar«[43] – Adherbal fühlt sich ihm in offener Schlacht nicht gewachsen und baut naiv auf die Freundschaft mit Rom, kann einfach nicht fassen, daß die Supermacht, deren Vertreter allenthalben den ›Frieden des römischen Volkes‹ auf den Lippen führen, solchen Verbrechen tatenlos zusieht. Wir mit unserem anerzogenen Gerechtigkeitssinn vermögen es auch nicht, haben uns aber an die Fakten zu halten: Rom schweigt. Adherbal glaubt an das Gute in Jugurtha und schickt Gesandte zu ihm, um sich »über das angetane Unrecht zu beschweren«. Er wird sie zunächst lange warten lassen, er ist ja so beschäftigt. Warten zermürbt den Bittsteller, uralte Taktik der Hochmütigen! Dann Audienz. Statt einer Antwort tobt er, wirft mit Beleidigungen um sich, droht, brüllt, flüstert gefährlich, wirft die Gesandten schließlich vor die Tür. Es steckt etwas Hitlerisches in ihm: »... wuchs die Gier Jugurthas um so mehr, denn in Gedanken hatte er Adherbals ganzes Reich schon eingenommen. Nicht wie zuvor mit einer plündernden Streifschar, sondern mit einem großen, wohlgerüsteten Heer begann er nun den Krieg und trachtete unverhohlen nach der Herrschaft über ganz Numidien. Wohin er vordrang, verwüstete er Städte und Felder, schleppte Beute weg und mehrte so bei den Seinen den Kampfesmut, bei den Feinden den Schrecken.« Vor kurzem hieß das: ›Seit fünf Uhr wird zurückgeschossen!‹ Endlich rafft Adherbal sich auf und stellt sich dem Angreifer, d. h. er versucht es – aber sein Lager wird nachts überrumpelt. Wieder läßt er alles stehen und liegen, flieht nach Cirta, dem heutigen Constantine. Jugurtha setzt nach, schließt die Stadt ein: Hungerblockade. In letzter Verzweiflung gelingt es Adherbal, zwei Getreue durch die feindlichen Linien mit einem Schreiben nach Rom zu schicken. Der Inhalt: Dumme Entschuldigungen, daß er es wage, die Großmacht wiederum zu belästigen in der Sache; Anklagen, ohnmächtige Beteuerungen. So handelt jemand in allerletzter Bedrängnis.

Wieder gelingt es dem Einfluß Jugurthas zu verhindern, daß ein römisches Heer nach Afrika geschickt wird. Das hohe Haus begnügt sich mit einer diplomatischen Mission und entsendet ›Beobachter‹. Jugurtha habe sich schleunigst zu einem ›hearing‹ unter Ausschluß der Öffentlichkeit in die römische Provinz zu begeben. Er sucht in Eile vollendete Tatsachen zu schaffen, setzt die Belagerung Cirtas fort, und nach vielen »unnütz verschwendeten Worten« mußten die Gesandten ohne Erfolg wieder abziehen. Die halben Maßnahmen Roms sind in der Luft greifbar. Unverzüglich schlägt Jugurtha zu, benutzt – wie fast immer – eine Finte: Er verspricht Adherbal das Leben, den italischen Kaufleuten in der Stadt freien Abzug. Daraufhin öffnet Adherbal die Tore, gibt die Stadt preis. Es ist sein letzter Irrtum: Jugurtha läßt ihn fangen und unter Qualen hinrichten, ebenso – ohne Qualen – alle Numider und Ausländer, sofern sie in Waffen angetroffen werden.

Und Rom? Das Ränkespiel der Bestochenen scheint endlos weitergehen zu wollen; überlange Senatsreden sollen die Urteilsbildung verschleppen. Da! Endlich steht ein Mann auf, dem vor so viel Niedertracht die Galle überläuft, und hält vor dem Volk eine einpeitschende energische Rede, ein wahlverwandter Nachfahre der Gracchen: der Volkstribun Gaius Memmius. Es gelingt ihm, das Gewissen des Staates wachzurütteln, soweit es sich in Personen greifen läßt. Aus Angst vor dem Volk, diesem anonymen Stimmtier, wird ein Heer ausgehoben und unter Alarm gesetzt; eine erneute diplomatische Intervention Jugurthas wird abgewiesen. Das Heer setzt unter dem neuen Consul Calpurnius nach Afrika über, zur großen Überraschung Jugurthas. Er gibt nicht auf, spinnt von neuem seine diplomatischen Fäden und zeigt sich als Meister der psychologischen Kriegsführung. Er, der sich doch nie scheut, als erster das Schwert zu ziehen, belehrt den einfältigen, aber raffgierigen Römer über die Schlechtigkeit jeglichen Krieges (»Denk doch nur an die Tränen der Mütter! ...«), und so bleiben die Anfangserfolge des Calpurnius – »er machte viele Gefangene und nahm einige Städte im Sturm«[44] – ein blasses Strohfeuer; der Krieg zieht es vor, einzuschlafen vor so viel römischer Unfähigkeit. In persönlichen Unterhandlungen erkauft sich Jugurtha einen Waffenstillstand, schickt anschließend auch das dabei versprochene Getreide, Elefanten, Vieh, Pferde und Geld. Doch die Stimmung in Rom hat sich geändert; prompt reagiert Gaius Memmius, klagt öffentlich auf Korruption, beschimpft die Reichen, wiegelt die Massen gegen den Senat und dessen Fehlgriff in der Figur des Calpurnius auf. Mit Erfolg. Der Praetor Cassius, ein Mann von gutem Ruf, wird nun nach Afrika geschickt, um den barbarischen Thronräuber und Mörder nach Rom zur Verantwortung zu ziehen. Wird er diesmal kommen? Wie heißt es bei Reinecke Fuchs, als er den Kopf in der Schlinge hatte:

»Ängstlich dachte Reinecke nun: O möcht ich in diesen
Großen Nöten geschwind was glücklich Neues ersinnen ...
...
Laßt uns alles bedenken und helfe, was helfen kann, denn hier
Gilt es den Hals, die Not ist dringend, wie soll ich entkommen[45].«

Nur ist die Schurkerei Jugurthas der Reineckes noch überlegen; das ›Böse‹ bei Reinecke ist noch schön, das des Jugurtha teuflisch! Hören wir Sallust:

»Damals lebte in Rom ein Numider namens Massiva, ein Sohn Gulussas, Masinissas Enkel; der war beim Thronstreit der Könige gegen Jugurtha aufgetreten und hatte sich deshalb nach der Übergabe von Cirta und Adherbals Ermordnung aus seiner Heimat geflüchtet. Ihn beredete Spurius Albinus, der im nächsten Jahr nach Bestia zusammen mit Quintus Minucius Rufus Consul war, er solle sich beim Senat um den Thron Numidiens bewerben; er stammte ja von Masinissa ab, und Jugurtha sei wegen seiner Freveltaten durch der Römer Haß und Angst belastet. Der Consul, dem der Krieg willkommen war, wollte lieber alles aufwühlen als die Erregung allmählich zur Ruhe kommen lassen. Ihm selbst war die Provinz Numidien, Minucius war Mazedonien zugefallen. Als nun Massiva wirklich begann, sein Ziel zu verfolgen, da meinte Jugurtha bei seinen Gönnern nicht genügend Schutz zu finden, denn den einen hemmte sein böses Gewissen, einen anderen sein schlechter Ruf und Angst; so trug er seinem nächsten und getreusten Freund Bomilkar auf, er solle mit Geld, seinem altbewährten Mittel, Meuchelmörder gegen Massiva dingen, am liebsten so geheim wie möglich; falls es nicht recht vorwärts gehe, solle er den Numider irgendwie ums Leben bringen. Bomilkar führte unverzüglich seines Königs Auftrag aus. Er ließ durch Leute, die in derlei Geschäften Meister waren, Massivas Kommen und Gehen, schließlich seinen Aufenthalt zu jeder Stunde auskundschaften; dann, als der rechte Augenblick gekommen war, stellte er ihm eine Falle. Einer nun von denen, die zum Mord gedungen, fiel etwas unbesonnen über Massiva her. Wohl erschlug er ihn, aber er selbst wurde ergriffen und erklärte sich auf vieles Zureden, besonders des Consuls Albinus, zu einem Geständnis bereit. Man erhob Anklage gegen Bomilkar, mehr nach Recht und Billigkeit als nach dem Völkerrecht – er stand ja im Gefolge eines Mannes, der unter freiem Geleit nach Rom gekommen war. Gewiß war nun Jugurtha dieser schweren Schandtat offensichtlich überführt; trotzdem gab er es nicht auf, gegen die Wahrheit anzukämpfen, bis er merkte, der Abscheu über seine Tat sei mächtiger als Geld und Gunst. Obwohl er also bei der ersten Verhandlung fünfzig von seinen Freunden als Bürgen gestellt hatte, war er doch mehr um seinen Thron als um die Bürgen besorgt und schickte deshalb Bomilkar heimlich nach Numidien; denn er war in Sorge, seine übrigen Landsleute könnten aus Furcht ihm künftig den Gehorsam weigern, wenn jener hingerichtet würde. Und er selbst reiste nach wenigen Tagen dorthin ab, als ihm vom Senat Weisung wurde, Italien zu verlassen. Nach seinem Abzug aus Rom soll er immer wieder stumm zurückgeblickt und zuletzt gerufen haben: ›Welch eine feile Stadt! Wie schnell wird sie zugrunde gehen, wenn sie einen Käufer findet!‹[46]«

Lassen wir die letzten 20 Jahre noch einmal Revue passieren: Nun wissen wir, was römische Dekadenz ist! Wenn wir auch keine weitere Quelle von der Qualität Sallusts über diese Jahre besitzen, können wir doch getrost – nein: betroffen! – annehmen, daß dies kein Einzelfall war. Um so erstaunlicher, wie dieser Stadtstaat mit dem Klotz eines Imperiums am Bein diese Jahre überlebte.

Bis hierher sind wir den Ereignissen auf Schritt und Tritt gefolgt, angewidert von der zerfallenen politischen Moral eines großen Teils der bisher staatstragenden Schicht. Wie kaum an einer anderen Stelle sehen wir die Brüchigkeit des Systems, die tiefen Risse im Verfassungsgebälk, die Gefahren, die da lauern. Dieses Gebilde ist reif für eine Dictatur! Und der Mann, der sie etablieren wird, ist schon dabei, Stufe für Stufe den Weg nach oben zu machen. Zur Zeit holt er sich seine Meriten als Stabsoffizier mit diplomatischer Mission im Krieg gegen Jugurtha: Sulla.

Wenn sich dieser schmutzige Krieg auch noch sechs Jahre hinzieht – es ging letztlich nur noch um die Ergreifung Jugurthas –, und so reich die Geschichte dieser Fehde auch an militärischem Auf und Ab, an Eifersüchteleien der römischen Generäle und an Anekdoten auf beiden Seiten ist, müssen wir doch den Schauplatz verlassen und uns entscheidenderen Dingen in Rom selbst zuwenden. Wenn Sie mehr wissen wollen über das Ende dieses genialen Usurpators, so lesen Sie bei Gelegenheit doch mal Sallusts Darstellung zu Ende (vgl. Literaturverzeichnis). Hier in Stichworten der letzte Akt des Dramas:

Um dem militärischen Hickhack – »Wir siegen! Wir siegen nicht ...« – ein Ende zu machen, schickt man eines Tages einen Haudegen von General namens Gaius Marius in die Kampfzone, der sich wie eine Klette an den Feind hängt; ein Mann, bei dem die listigen Machenschaften des Numiderkönigs nicht verfangen. Ein Bauernsohn, der die militärische Ochsentour hinter sich hat, einer, der wahrhaft durch die Schule der Armee gegangen, die ihm zur

Heimat wird; ein Praktiker, der alles über den militärischen Leisten schlägt: »Wo ha'm Se jedient?« Persönlich integer und ohne Eitelkeit, aber besessen von dem Wunsch nach Befehlsgewalt, kommandiert er erst die Kompanie, dann die Legion, die Armee, schließlich den Staat. Alles muß strammstehen, warum, wüßte er nicht zu sagen. Diesem amusischen starren Charakter – zur Intrige gehört ästhetisches Gefühl! – ist selbst ein Jugurtha nicht gewachsen.
Marius bringt König Bocchus von Mauretanien, zu dem Jugurtha schließlich floh – er ist sein Schwiegervater –, dazu, den Numider auszuliefern, was ihm allerdings ohne das pragmatisch diplomatische Geschick seines I A Sulla nicht gelungen wäre. Hier wurzelt auch ihre wachsende Eifersucht der späteren Jahre. Damit war der Krieg zu Ende gebracht: Marius bekommt seinen Triumph, wird erneut zum Consul gewählt und von den Gegnern der hochnäsigen Adelsclique als Vorkämpfer der Popularen gegen die Etablierten gefeiert. Nach dem Pomp des Triumphzuges läßt er Jugurtha hinrichten. Numidien wird endgültig geteilt: Einen Teil wirft man Bocchus hin für seinen treuen Verrat, der östliche Teil geht an Gauda, den letzten Enkel der Massinissa-Dynastie, den Rest schluckt Rom. Wenden wir uns nun diesem eigenartigen Mann zu, der auf lange Zeit die Geschicke Roms bestimmen sollte.

# Vom Bauernsohn zum »3. Gründer Roms«

## Marius

### *1. Mann ohne Ahnen*

Gaius Marius hieß er – mehr nicht? Mehr nicht! Schon die Alten wunderten sich über das Fehlen des Cognomen (Beinamen). Und dieser nach römischer Auffassung namenlose Mann hält den Rekord als siebenmal gewählter Consul! Ein Mann ohne Ahnen, ohne Adel, ein Mann aus der Provinz, ohne Vermögen, ohne Bildung, ohne rhetorisches Können, ein ›homo novus‹; für das römische Volk aber ›Unser Marius!‹ Für alle der ›Dritte Gründer Roms‹, für uns eine der erstaunlichsten Figuren der Geschichte, ein Mensch, über den die Urteile bis heute schwanken.

Wenn der sogenannte ›Marius‹ im Museo Nazionale von Neapel glaubhaft ist, war er stiernackig, breitgesichtig, mit etwas verschwommenen Backenpartien; in erfreulichem Gegensatz dazu eine kräftige, gerade Nase, aufmerksam gehobene Brauen, die die Augen größer erscheinen lassen als sie sind; sehr energisches Kinn, darüber ein erstaunlich weich anmutender Mund mit leicht schmollender Unterlippe; alles in allem ein einfaches Gesicht ohne Pose, die untere Partie hart, trotz der Hängebacken. Über allem eine versteckte Trauer, überspielt vom Willen zu befehlen. Kein Herrscher, ein Haudegen! Wir kennen auch heute solche Gesichter von Zeitgenossen und haben auf Anhieb das Gefühl, sie müßten ununterbrochen mit ihrem Jähzorn kämpfen, da ihnen alles nicht schnell genug erledigt wird. Vielleicht meint Plutarch das gleiche Abbild, wenn er plaudert: »Von dem Antlitz des Marius habe ich zu Ravenna ein marmornes Bild gesehen, welches ganz der ihm zugeschriebenen Härte und Strenge entspricht. Denn da er von Natur mutig und kriegerisch, aber durch Erziehung mehr zum Soldaten als zum Staatsmann gebildet war, so konnte er bei der großen Gewalt, die er oft in Händen hatte, seine Erregung nicht mäßigen[47].« Wir freuen uns über die gleichen Gedanken des großen Biographen, denn er – der 200 Jahre später schrieb –, ist wie wir auf Indizien angewiesen. Wir haben den Hitzkopf schon in Numidien kennengelernt, wo er mit dem Intrigenspiel eines Jugurtha kurzen Prozeß machte, allerdings unter diplomatischer Assistenz seines Stabsoffiziers Sulla.

Wie bei allen Emporkömmlingen wissen wir über Kindheit und Jugend sehr wenig, denn antike Autoren interpretieren die Anfangsjahre eines Großen immer durch die Brille der späteren Taten. Leider! Ob er nun Sohn eines Ritters oder Bauern war, ist nicht endgültig zu klären und für seinen weiteren Weg unerheblich, denn durch seine ländliche Herkunft stand er außerhalb der stadtrömischen politischen Tradition. Bei Plutarch ist er von »ganz geringen und armen Eltern geboren, die von ihrer Hände Arbeit lebten«. Erst später sah er die Stadt und wurde mit der städtischen Lebensart vertraut; vorher hatte er seine Wohnung in einem zum Gebiet von Arpinum gehörigen Ort namens Cereatum und führte da ein Leben, das im Vergleich mit den feineren Sitten der Stadt ziemlich rustikal, aber mäßig und den Gebräuchen der alten Römer ganz ähnlich war[48]. Man nimmt heute an, daß die Größe des väterlichen Hofes ihm die ritterliche Qualifikation ermöglichte.

Jahrgang 156, gehörte er also der Generation des 2 Jahre jüngeren Gaius Gracchus an und wird als ›Zugereister‹ und Nichtadeliger mit großem Interesse den öffentlichen Ausführungen der großen Tribunen gefolgt sein. Aber er hat zu wenig Einblick in das Ganze, um an den tagespolitischen Ereignissen aktiv mitzuwirken. Der militärische Bereich zieht ihn stärker an: Er braucht Ordnung, klare Kompetenzen, unmißverständliche Entscheidungen. Hier setzt er sich ganz ein, fordert das Letzte von seinem Körper auf Märschen und in Kämpfen, vertauscht Koller und Rüstung nur ungern mit der zivilen Toga. Er fällt bald angenehm auf: Seine ersten Sporen verdient er sich unter den Augen des großen Scipio Aemilianus 134/33 vor Numantia im Feldzug gegen die Keltiberer. Hier lernt er sowohl Jugurtha als auch Tiberius Gracchus kennen, kann den Charakter des Afrikaners studieren und dessen schon jetzt hochverräterische Ambitionen. Er findet Gönner und Freunde, die den erfolgreichen jungen Offizier auf politische Bahnen lenken. So sehen wir ihn bald in der römischen Tagespolitik agieren, doch beweist er darin keine glückliche Hand, fällt eher durch seine persönliche Integrität auf. Der Clan der Meteller hält seine Hand über ihm.

Glücklich und in seinem Element ist er immer nur an der Spitze römischer Kohorten; die vorher zu verwaltenden Ämter sind ihm mehr notwendiges Übel, so die Praetur 115, von der wir nichts Nennenswertes erfahren.

An der Front aber lebt er auf und räumt in kurzer Zeit mit dem letzten Aufgebot der um ihre Freiheit ringenden Iberer in Spanien auf.

In dieser Zeit geht er eine wichtige Bindung ein, die ihm den Einbruch in die aristokratische Front ermöglichen soll: Er heiratet die vornehme, etwas verarmte Patrizierin Julia aus einem der ältesten Adelsgeschlechter. Sie und ihr Anhang hoffen, im Schatten des aufsteigenden neuen Mannes auf die vorderste politische Bühne zu gelangen. Daß er durch diese Ehe Caesars Onkel werden sollte, konnten weder er noch Tante Julia wissen.

Marius ist ein Mann, den nichts davon abbringt, an seine kommende Größe zu glauben; hat er sich doch zunächst durch diese Heirat zwischen zwei Stühle gesetzt – die anfängliche Publicity bei der Menge hat durch die familiäre Wen-

dung zur Aristokratie erheblich gelitten; seine Mißerfolge im politischen Kleinkrieg machen ihn für die Spitzen der Gesellschaft uninteressant. Es fehlt ihm dazu die derzeit moderne Griechenbildung, die sich darin erweist, mit möglichst vielen passenden oder unpassenden Griechenzitaten um sich zu werfen: »Bauer bleibt Bauer!« Einladungen zu Diners werden seltener; alles sieht sehr nach einer subalternen Durchschnittslaufbahn aus. Tante Julia ist frustriert, sie hatte mehr erwartet. Mit knapper Not erreicht er die Praetur (115), verplempert seine Kraft an zweit- und drittklassige Aufgaben. In zwei Jahren wäre das Consulat fällig – er ist dann 43 –, aber er hat nichts zu bieten, Generäle sind schlechte Redner, man übergeht ihn.
Aus dieser Zeit stammt sein Haß auf die zwei Dutzend Familien, die in allen politischen Stellwerken ihren Mann sitzen haben. Am meisten kränkt ihn der Hochmut dieser Leute, und wir sind geneigt, den jungen Hitler zum Vergleich heranzuziehen: Genau wie dieser ist er nachtragend und wird seinen Gegnern später alles bis ins kleinste zurückzahlen; die Währung wird Blut sein!
Derweilen hatte Jugurtha seinen Privatkrieg begonnen und beherrschte mit seinem Geld den halben Senat, wie wir sahen. Q. Caecilius Metellus, derzeitiger Proconsul und Oberbefehlshaber in Numidien, entsann sich seines Schützlings Marius und berief ihn als Legaten pro praetore (als Adjutanten im Generalsrang mit praetorischer Machtbefugnis) in seinen Stab. Bei Männern wie Metellus zählten noch Eigenschaften, wie sie Marius laut Sallust besaß: »Fleiß, Rechtlichkeit, reiches militärisches Wissen; auch war er im Felde tapfer, anspruchslos daheim, über Genußsucht und Geldgier erhaben, nur auf Ruhm versessen[49].«
Marius, der fast ein Jahrzehnt im Schatten gestanden hatte, war durch diese Initiative des Metellers mit einem Schlag in die erste Reihe der politisch Handelnden gestellt; vor allem: Das Sprungbrett zum Consulat war geschaffen! (Julias Briefe müssen wieder freundlicher geworden sein ...) Es ist immer wieder frappierend zu sehen, wie das gereizte Selbstgefühl eines Emporkömmlings durch das elitäre Gehabe der herrschenden Schicht – oder was sich dafür hält – zu ungeheuren Kraftanstrengungen provoziert wird, die schließlich das ganze System zum Wanken bringen. Immer wieder unterschätzen die politischen Patenonkel die sprengende Kraft solcher Individuen.
Der halbgebildete General, bäuerlich provinzieller Herkunft, wird in den Offizierskasinos geschnitten; nach Erziehung und Bildung paßt er nicht in diesen Kreis preziöser Causerie und derber Protzerei um Bettgeschichten und Kavaliersdelikte – zu allen Zeiten bei den Söhnchen zu reicher Väter das Erprobungsfeld falsch verstandener Männlichkeit. Durch seine Herkunft stand er der Ritterschaft näher und spielte gerne deren Vertrauensmann. Dies aber mußte

das Mißtrauen des erzkonservativen Metellus wecken und führte zwischen den beiden schroffen Naturen zu immer neuen Zusammenstößen, die durch die Formlosigkeit und Direktheit des Marius noch an Schärfe gewannen. Wie so oft bei den Alten, spielten ominöse Prophezeiungen eine anstachelnde Rolle: »Um diese Zeit hatte in Utica dem Gaius Marius bei einem Dankopfer für die Götter der Priester eine große und wunderbare Zukunft angekündigt; er solle also all seine Pläne im Vertrauen auf die Götter ausführen, sein Glück recht oft versuchen; alles werde gut gelingen[50].« Das zunächst so freundschaftliche Verhältnis zu Metellus schlug um, Metellus war einer Bewerbung des Marius um das Consulat zunehmend abgeneigter, da er als hervorragender Kenner der politischen Lage Roms um den Fortbestand der alten Verfassung fürchtete, wenn dieser politisch unerfahrene Neuling mit seinem Hang zur Vereinfachung an die Schaltstelle der Macht gelangte. Mit allen möglichen dienstlichen Gründen verzögerte er eine Abreise seines Stabsoffiziers nach Rom. Doch Marius setzte seine römischen Kontakte ein und erreichte schließlich seine Beurlaubung aus dem aktiven Dienst. Ritterschaft und Volkstribunat hatten inzwischen den Boden in Rom bereitet: »Der Feldherr (Metellus) wurde wegen seines Adels angefeindet, der ihm bis dahin Ehre gebracht; den anderen (Marius) machte seine niedere Herkunft noch beliebter[51].«

Dann folgt die für damals erstaunliche Feststellung, daß der Mensch das Produkt seiner Umwelt ist: »Bei beiden war übrigens die Parteileidenschaft entscheidend – nicht ihre persönlichen Vorzüge oder Mängel.«

In Rom feiert der sogenannte Volkswille wieder einmal Urständ: Die »Handwerker und Bauern, deren Vermögen und Kredit auf ihrer Hände Arbeit ruhte, ließen ihre Geschäfte liegen und drängten sich um Marius und vergaßen über seine Verehrung ihre eigenen Interessen«[52]. Der Adel, eingeschüchtert vom zunehmenden Brodeln in den unteren Schichten, muß zähneknirschend zusehen, wie diesem ›homo novus‹ das Consulat übertragen wird. Und wer soll den Krieg gegen Jugurtha zu Ende bringen? »Marius! Marius! Marius!« – »Aber ihr könnt doch nicht einfach den Metellus ...?!«

Und ob sie können! Der Beschluß des Senats, der dem Metellus Numidien zugedacht hatte, wird vom Tisch gefegt. Die Geister der Gracchen regen sich. Ist das schon wieder Revolution? Aber nein, man hat augenblicklich andere Probleme: Im Norden braut sich ein neuer Sturm zusammen; zum erstenmal rütteln germanische Barbaren an den Grenzen, nicht Hals über Kopf, zunächst mehr schüchtern, ohne Plan – ein Spähtrupp der späteren Völkerwanderung.

Werfen wir einen Blick auf die nördliche Interessensphäre Roms während der letzten Jahre. Die riesigen Räume zwischen Spanien und dem heutigen Rußland waren weithin ›terra incognita‹, abgesehen von abenteuerlichen Reiseberichten früher griechischer Geographen sowie Spekulationen, die man aus Homers Mythen abgeleitet hatte. Römische Expeditionscorps tasteten sich im Rahmen der punischen und iberischen Kriege Schritt für Schritt vor. So kam es ab 125 zur Eroberung des Gebietes zwischen den Seealpen und den Pyrenäen, der Provinz Gallia Transalpina, die später dem ganzen Land den Namen gab. Strategische Gesichtspunkte waren ausschlaggebend; die Landverbindung nach Spanien wurde durch den Bau einer Militärstraße und durch Festungen gesichert, etwa durch die Anlage von Aquae Sextiae, die ›Bäder des Sextius‹. Der Nordosten der Adria war bereits seit 181 römisch, doch beschränkte man sich auf die Sicherung der Seewege und Hafenplätze und griff nicht auf das Hinterland über. Wirtschafts- und Handelsinteressen lenkten den Blick auf die Alpenpässe und das Quellgebiet von Rhein und Donau. Auch hier saßen keltische Stämme: die Helvetier an beiden Seiten des Oberrheins, in Bayern und Böhmen die Boier, in Steiermark und Kärnten die Taurisker. Die Eisenerzgruben von Noreia (nördlich von Klagenfurt) waren bereits in prähistorischen Zeiten lockende Ziele für Eroberer.
115 stieß Rom über die Ostalpen nach Norden vor. M. Livius Drusus erreichte 111 die Donau, nachdem drei Jahre zuvor ein Heer des C. Portius Cato völlig aufgerieben worden war. Rom befand sich also auf einem Schritt vor Schritt setzenden Vormarsch nach Norden und Nordosten, vorsichtig die Möglichkeiten abtastend. Die Geschichte Mitteleuropas hätte einen anderen Verlauf genommen, wenn bereits damals das Genie eines Caesar die operative Planung und taktische Durchführung in die Hand genommen hätte: Germanien und der westslawische Raum – in dem allerdings damals noch keine slawischen Stämme ansässig waren – wären *vor* Gallien erobert worden, römisch-griechische Kultur, Sprache und Religion hätten diesen Raum grundlegend verändert, wir sprächen heute ein dem Französischen ähnliches Idiom. Die Folgen für die weitere Entwicklung Europas und der Welt wären unausdenkbar. Doch Geschichtsschreibung hat sich mit dem ›Wie es war‹ und nicht mit dem ›Wie es hätte sein können‹ zu befassen.
Rom hatte noch nie zuvor mit germanischen Völkerschaften Kontakte oder Konflikte; man nannte alles, was nördlich der Alpen und in Gallien wohnte, ›Kelten‹. Caesar war der erste, der auf die ethnischen Unterschiede zwischen Germanen und Kelten hinwies. Wir kommen darauf zurück.

Die schrittweise Expansion nach Norden wurde unterbrochen durch den jähen Zusammenprall mit zwei germanischen Völkern, den Kimbern und Teutonen. In mehreren Treffen wurden römische Armeen vernichtend geschlagen, Grund genug, uns die ›Teutonen‹ näher anzusehen.

Die Alten hatten geradezu abenteuerliche Vorstellungen von diesen Menschen, die da irgendwo im finsteren, kalten, nassen Norden am Rande der Welt wohnten, quasi als eine Art irdischer Marsmenschen. Bei Plutarch treffen sich, wie immer, viele Quellen; daher gibt sein Bericht weit verbreitete Vorstellungen wieder: »Weil diese Völker mit anderen in gar keinem Verkehr standen und von so weit her kamen, wußte man nicht, wer sie eigentlich waren oder aus welchen Gegenden sie wie eine Wolke über Gallien und Italien hereinbrachen.« Der aufgeklärte Plutarch kennt natürlich schon den Begriff Germanen, er schreibt ja als Zeitgenosse des Tacitus und hat dessen völkerkundliche Studie ›Germania‹ gelesen (die im übrigen auch für uns noch die Hauptquelle über das Leben unserer Vorfahren dieser Zeit ist). Plutarch fährt fort: »Aus ihrer besonderen Körpergröße, aus ihren blauen Augen und dem Namen Cimbern, den die Germanen den Räubern zulegten, vermuteten die meisten, daß sie zu den germanischen Völkerschaften, die am Nordmeer wohnen, gehören[53].«

Man vermutete sie teils an der Nordsee, teils am ›Maiotischen See‹ (= Asowsches Meer) bis hinunter ans pontische Skythien. Ursachen und Ziele ihrer Züge waren ebenso unbekannt wie die genaue Marschroute, die sogar über Asien geführt haben sollte. »Der größte und kriegerischste Teil von ihnen wohne in den entferntesten Gegenden am äußersten Meer und besitze ein schattiges, finsteres Land, das wegen der dichten Wälder, die sich bis an die herkynischen (= bei Caesar der Schwarzwald, bei Plinius und Tacitus das Gebiet des Thüringer Waldes südostwärts bis nach Ungarn) erstrecken sollen und von der Sonne wenig beschienen wird ... Auch seien dort die Tage an Kürze und Länge den Nächten völlig gleich und teilen das Jahr in zwei Hälften.« Homer siedelte dort in seiner Odyssee die Unterwelt an:

»Allda liegt das Land u. die Stadt der kimmerischen Männer.
Diese tappen beständig in Nacht und Nebel; und niemals
Schaut strahlend auf sie der Gott der leuchtenden Sonne,
Weder wenn er die Bahn des sternichten Himmels hinansteigt,
Noch wenn er wieder hinab vom Himmel zur Erde sich wendet:
Sondern schreckliche Nacht umhüllt die elenden Menschen[54].«

Tacitus schließlich, unser bester Gewährsmann, stellt sachlich fest: »In derselben Ausbuchtung unmittelbar am Meer wohnen die Cimbern[55].« Aus dem Kontext geht hervor, daß er Jütland im Norden Dänemarks meint.

Von dort also zogen sie los, wahrscheinlich durch eine katastrophale Springflut ihrer Existenzgrundlagen beraubt. Wenn auch die Räume, durch die sie zogen, unendlich dünn besiedelt waren – der größte Teil war nordischer Urwald und Sumpfgebiet; im Gebiet des heutigen Norddeutschland wohnten nur einige Hunderttausend Menschen – so pochte jede ansässige Völkerschaft auf ihren Lebensraum. Man kannte keine Bodenverbesserung durch Düngung, die Rodungen reichten nur für einige Jahre, dann zog man weiter und überließ die Brache der fruchtbaren Willkür der Natur. Kein Augenzeugenbericht verzeichnet die Entbehrungen, Krankheiten, den Tod in der Fremde, die Machtkämpfe, hinhaltenden Verhandlungen, den Zorn der Götter, das Gefühl des Ausweglosen, die dauernde Konfrontation mit dem grenzenlosen Land – kurz: das Geworfensein zwischen Vergangenheit und Zukunft dieser schriftlosen Völker. Alles, was wir über sie wissen, kommt aus römischen Quellen, mit allen Vorurteilen des Zivilisationsmenschen gegenüber dem Barbaren. Denken Sie etwa an die ersten Berichte der spanischen Eroberer über Azteken, Inkas und Mayas, an ihre magisch-naive Verzeichnung des Fremdartigen, die bis heute nachwirkt, dann empfinden Sie ähnlich wie ein Römer, der staunend von jenen unbekannten Kimmerern am Eingang der Unterwelt hörte! Unser heutiges Interesse steigt allerdings noch dadurch, daß diese Kimbern und Teutonen Stammesverwandte unserer eigenen Vorfahren waren.

Mit der verbreiteten Deutschtümelei des 19. Jahrhunderts verballhornte Mommsen sie durchweg als ›Deutsche‹ (vgl. Teutonici). Aber Mommsen ist auch einer der ersten, der mit wenigen Strichen ein realistisches, lebendiges Bild des gewaltigen Trecks entwarf:

»Es war ein wunderbarer Zug, dessen gleichen die Römer noch nicht gesehen hatten; nicht eine Raubfahrt reisiger Leute, auch nicht ein ›heiliger Lenz‹ in die Fremde wandernder junger Mannschaft, sondern ein wanderndes Volk, das mit Weib und Kind, mit Habe und Gut auszog, eine neue Heimat sich zu suchen. Der Karren, der überall bei den noch nicht seßhaft gewordenen Völkern des Nordens eine andere Bedeutung hatte als bei den Hellenen und den Italikern und auch von den Kelten durchgängig ins Lager mitgeführt ward, war hier gleichsam das Haus, wo unter dem übergespannten Lederdach neben dem Gerät Platz sich fand für die Frau und die Kinder und selbst für den Haushund. Die Südländer sahen mit Verwunderung diese hohen schlanken Gestalten mit den tiefblonden Locken und den hellblauen Augen, die derben stattlichen Frauen, die den Männern an Größe und Stärke wenig nachgaben, die Kinder mit dem Greisenhaar, wie die Italiener verwundert die flachsköpfigen Jungen des Nordlandes bezeichneten. Das Kriegswesen war wesentlich das der Kelten dieser Zeit mit kupfernen, oft reichgeschmückten Helmen und mit einer eigentümlichen Wurfwaffe; daneben war das große Schwert geblieben und der lange schmale Schild, neben dem man auch wohl noch einen Panzer trug. An Reiterei fehlte es nicht; doch waren die Römer in dieser Waffe ihnen überlegen. Die Schlachtordnung war wie früher eine rohe, angeblich ebensoviel Glieder tief wie breit gestellte Phalanx, deren erstes Glied in gefährlichen Gefechten nicht selten die metallenen Leibgürtel mit Stricken zusammenknüpfte. Die Sitten waren rauh. Das Fleisch ward häufig roh verschlungen. Heerkönig war der tapferste und womöglich der längste Mann. Die Einleitung zum Kampf machten Verhöhnungen des Feindes durch unschickliche Gebärden und ein entsetzliches Gelärm, indem die Männer ihr Schlachtgebrüll erhoben und die Frauen und Kinder durch Aufpauken auf die ledernen Wagendeckel nachhalfen. Der Kimbrer focht tapfer – galt ihm doch der Tod auf dem Bett der Ehre als der einzige, der des freien Mannes würdig war –, allein nach dem Siege hielt er sich schadlos durch die wildeste Bestialität und verhieß auch wohl im voraus den Schlachtgöttern darzubringen, was der Sieg in die Gewalt der Sieger geben würde. Dann wurden die Geräte zerschlagen, die Pferde getötet, die Gefangenen aufgeknüpft oder nur aufbehalten, um den Göttern geopfert zu werden. Es waren die Priesterinnen, greise Frauen in weißen linnenen Gewändern und unbeschuht, die wie Iphigeneia im Skythenland diese Opfer vollzogen und aus dem rinnenden Blut des geopferten Kriegsgefangenen oder Verbrechers die Zukunft wiesen. Wieviel von diesen Sitten allgemeiner Brauch der nordischen Barbaren, wieviel von den Kelten entlehnt, wieviel deutsches Eigen sei, wird sich nicht ausmachen lassen; nur die Weise, nicht durch Priester, sondern durch Priesterinnen das Heer geleiten und leiten zu lassen, darf als unzweifelhaft deutsche Art angesprochen werden. So zogen die Kimbrer hinein in das unbekannte Land, ein ungeheures Knäuel mannigfaltigen Volkes, das um einen Kern deutscher Auswanderer von der Ostsee sich zusammengeballt hatte; ihre schwerfällige Wagenburg mit der Gewandtheit, die ein langes Wanderleben gibt, hinüberführend über Ströme und Gebirge, gefährlich den zivilisierten Nationen wie die Meereswoge und die Windsbraut, aber wie diese launisch und unberechenbar, bald rasch vordringend, bald plötzlich stockend oder seitwärts und rückwärts sich wendend. Wie ein Blitz kamen und trafen sie; wie ein Blitz waren sie verschwunden, und es fand sich leider in der unlebendigen Zeit, in der sie erschienen, kein Beobachter, der es wert gehalten hätte, das wunderbare Meteor genau abzuschildern[56].« Soweit Mommsen.

### *3. Rom kennt keine Parteien mehr*

Droht ein Zweifrontenkrieg? Selbst die Auguren sind ratlos, die Sibyllinischen Bücher schweigen. Der Krieg in Afrika zieht sich noch zwei Jahre hin, im Nor-

den zerreiben die anstürmenden Barbaren ein Corps nach dem anderen. Im Jahre 105 kommt es durch Eifersüchteleien zwischen den Heerführern bei Arausio (Orange) im Rhônetal zu einer der furchtbarsten Niederlagen in der römischen Kriegsgeschichte. Falscher Ehrgeiz zweitklassiger Generäle kostet einige -zigtausend Legionäre das Leben, und zwei konsularische Heere existieren nicht mehr: 80 000 Römer decken das Schlachtfeld im Rhônetal. Entsetzen, wie zu Zeiten Hannibals, würgt die römische Bürgerschaft. »Sie kommen! Sie walzen alles vor sich nieder!« Wie sagte Plutarch: Eine »dunkle Wolke« verfinsterte das Land, Mommsen verglich sie mit Blitz und Flutwelle. Wissen die Anstürmenden, welche schreckliche Wirkung sie hervorrufen?
Anscheinend ja, denn nun fassen sie den Entschluß, gegen Italien vorzurücken und »sich in keinem anderen Lande eher festzusetzen, als bis sie Rom zerstört und ganz Italien ausgeplündert hätten«[57]. Und dennoch wirkt dieses Vorhaben auf uns, die wir ja den Fortgang kennen oder ahnen, irgendwie rührend naiv: Rom zerstören – daran war selbst ein Hannibal gescheitert!
Aber Rom steht unter Schockwirkung! Schlechte Nachrichten erreichen mit Windeseile ihr Ziel. Diese hier ruft Panik hervor. Man sieht in den Angreifern Kelten und kramt die alten Berichte hervor über den ersten todbringenden Galliereinfall unter Brennus. Optimisten wehren ab: Man hat Hannibal überlebt, warum nicht diese zivilisationslosen, schrecklichen blondhaarigen Riesen aus dem nordischen Nebelreich der Sage. Militärs verweisen auf die Fakten: Rom verfügt über die stärksten Mauern des Erdkreises; man redet es sich wenigstens ein. Fromme Frauen gehen von Tempel zu Tempel, flehen die Götter an, reinigen mit ihren Haaren den Fußboden der Heiligtümer, so wie es ihre Urgroßmütter beim Anmarsch der Karthager taten[58].
Die Lage ist ernst, todernst; die Katastrophe von Arausio riß den letzten Schutzwall vor dem Mutterland nieder, das seit hundert Jahren keinen Feind mehr auf seinem Boden gesehen hatte. In schlotternder Angst erwartet man Brand, Mord, Plünderung, Zerstörung. Man entsinnt sich, daß man Götter hat und erinnert sie an ihre Pflicht, Rom zu beschützen und zu bewahren: allenthalben Hochkonjunktur für die zahlreiche Priesterschaft, Tag und Nacht brennen die Opferfeuer, Matronen weihen ihren kostbarsten Schmuck; prächtige Stiere und neugeborene Lämmer gießen ihr hellrotes Blut über die Altäre; Neureiche bangen um ihr gerafftes Gut und geloben hastig den Bau von Tempeln. In den Schmieden gehen die Feuer nicht mehr aus, metallisches Kriegsgerät jeder Art wird zehntausendfach gehämmert. Das Chaos hat wieder einmal die größte Ordnungsmacht der Antike herausgefordert! Rom zeigt immer dann seine Stärke, seine Größe, wenn die Substanz angegriffen, das Erbe der Väter bedroht, sein Recht auf Gestaltung der Welt ihm bestritten wird!

Geld, Waffen und Gerät liegen bereit – wo ist die Armee, wo der Feldherr, es zu benutzen und dem Feind an die Kehle zu springen? Das Reservoir an Rekruten aus freien Bauern und Bürgern ist dahingeschmolzen, ist in den permanenten Kriegen des Jahrhunderts geschrumpft, ausgeblutet. Unmöglich, in der gebotenen Eile aus dieser Quelle ein neues Heer zu schöpfen.

An dieser Stelle erhalten wir eine klassische Lektion über den zeitweisen Primat der Außenpolitik gegenüber einem in anarchischem Parteienkampf zerrissenen Gemeinwesen: Das Erscheinen der Germanen stoppt abrupt den Zerfallsprozeß der Verfassung und zwingt den Blick aller auf die Verantwortung für das Ganze. Die drängenden Probleme der inneren Politik werden – zwangsläufig – auf Eis gelegt: Rom kennt keine Parteien mehr.

Der jugurthinische Skandal und seine Beendigung waren für Marius mehr eine Vorbereitung aufs Examen, ein Sandkastenspiel im Vergleich zu den Aufgaben, die im Norden warteten. Die Spitzenpolitiker aller Lager müssen sich eingestehen, die einzige Hoffnung liegt in der erprobten afrikanischen Armee dieses ›Rommel‹ Marius. Mehr noch, dieser hemdsärmelige kantige Mann legt ultimativ einen Plan vor zur Reform der Armee – eine Reform, ja, aber die Folgen erwiesen sich für die kommenden Jahrzehnte als revolutionär. Politik interessiert ihn überhaupt nicht; dieser Mann ohne Ahnen, der nur Marius heißt, denkt, handelt und lebt nur in strategischen Dimensionen. (Bei seinem späteren zeitweisen Rückzug ins Privatleben könnte als Motto der Ausspruch des letzten Königs von Sachsen angesichts der Revolution stehen: »Macht euern Dreck alleene!«) Darin liegt seine Beschränktheit, ihm fehlt die intellektuelle Beweglichkeit und geistige Größe Caesars, darin liegt aber auch seine große Möglichkeit zur Gestaltung. Er ist kein Theoretiker à la Clausewitz; Krieg ist ihm nicht Fortsetzung der Diplomatie mit anderen Mitteln, Krieg ist ihm der Vater aller Dinge, sein Lebenselexier. Im Frieden begeht er die größten Dummheiten.

Es wird klar, daß nur permanente Wirren einen solchen Mann nach oben tragen; in unseren satten kapitaldemokratischen Zeiten kümmern sie als unzufriedene Choleriker mürrisch dahin, deren Liebe den Rosen und Hunden gilt; ihnen fehlt in Friedenszeiten zum Aufstieg geistige Wendigkeit; Pluralismus ist ihnen in der Seele zuwider, bei ihnen ist ja ja und nein nein; sie wollen mit dem Kopf durch die Wand; wenn die Wand fehlt, lassen sie's!

Arausio! Zunächst braucht man Sündenböcke. Der Consul Caepio scheiterte bei Arausio, Caepio ist Aristokrat, also sind die Patrizier schuld am tödlichen Dilemma. Caepio muß über die Klinge springen und geht in die Verbannung. Die Mißstimmung in Volk und Ritterschaft, die um ihr Geld bangt, bewirkt, daß fünf Jahre hindurch kein Adeliger zum Consul gewählt wird (105–101)!

Allenthalben beherrschen die Popularen das Feld, wie nie zuvor und nie danach.
Bereits im letzten Jahr des Jugurthakrieges beginnt Marius mit seiner Heeresreform. Da sind zunächst die rein militärischen Änderungen: Er vereinfacht das Nachschubwesen. Der in allen vorherigen Kriegen so schwerfällige Troß wird radikal verkleinert; dafür bürdet er dem einzelnen Kämpfer mehr Gepäck auf. Seither hängt dem Legionär der Spitzname des ›Marianischen Maulesels‹ an. Erfolg: Die Truppe wird beweglicher, unabhängiger von Ochsenkarren und schwerfälligem Gefährt. Gerade diese Neuerung sollte 50 Jahre später bei der Eroberung Galliens ihre Früchte tragen. Die Legion wird zu einer schnell beweglichen taktischen Truppeneinheit umgebaut. Dem einfachen Legionär wurde damit ungleich mehr als früher aufgebürdet: Rüstung, Schwert, Schild, Wurfspeer (pilum) wogen an die 15 kg. Er trug nun auch seine Verpflegung, vor allem ungemahlenes Getreide, selbst – bis zu 25 kg. Da allabendlich ein befestigtes Lager bezogen wurde, balancierte er noch zwei oder mehr Schanzpfähle auf dem Marsch; außerdem schepperten an Riemen Spaten, Sägen, Beile und Taue, Handmühlen und Geschirr – und irgend jemand mußte ja auch die Lederzelte befördern. Natürlich trug dies nicht einer allein, dennoch: Wenn wir bedenken, daß Caesar mit solchen Soldaten täglich bis zu 40 Kilometer zurücklegte – oft in Eilmärschen – dann können wir uns staunend ein Bild von der Zähigkeit, Härte, Stärke und Gesundheit dieser Männer machen. Der kriegsmäßige Marsch einer modernen Division mit ihrem Wagenpark, der waffentechnischen Maschinerie zu Lande und in der Luft ist dagegen eine Spazierfahrt. Wohl zu keiner Zeit wurde der Masse der Einzelkämpfer mehr abverlangt als in der militärischen Ära nach Marius. Der junge Mann verpflichtete sich auf 20 Jahre. Heirat war ihm untersagt; vor den festen Lagern blühte das älteste Gewerbe. Ständige Begleiterinnen konnten für sich und ihre Kinder allerdings nach Ablauf der Dienstzeit des mittlerweile vierzigjährigen Mannes auf alsbaldige Eheschließung, gesellschaftliche Rehabilitierung und staatliche Unterstützung rechnen: auf den kleinen Hof in eroberten Gebieten, die Kneipe an der Ecke, die freie Wohnung im Verwaltungsgebäude eines Latifundiums. ›Mutter Courage‹ vor 2000 Jahren: Keine Chronik verzeichnet diese tapferen Einzelschicksale; hineinzuversetzen vermögen wir uns kaum, denn die Kargheit und Härte dieser einfachen Lebensläufe übersteigt unsere an Bequemlichkeit und staatlicher Fürsorge orientierten Vorstellungen, von den hygienischen und sanitären Mißständen der Wohnverhältnisse ganz zu schweigen! Das auf uns gekommene Geschichtsbild ist ja weithin das der gesellschaftlichen und politischen Elite, die Historiker der Zeit gehören in den Kreis der oberen Schichten. Stellen wir aber einstweilen dieses Thema zurück ...

## 4. Der General als Patron

Die zweite Neuerung des Marius können wir – nach Gracchus – getrost als die umwälzendste Maßnahme dieses Jahrhunderts der Revolution ansehen; dennoch spielte sie sich ganz im stillen ab: Der consularische Mann ohne Ahnen gibt ganz einfach bekannt, jeder, der sich körperlich dazu imstande fühle, könne sich zur Armee melden, dies unabhängig von seinem Vermögen und gesellschaftlichen Rang – und natürlich freiwillig. So weit – so gut. Was soll daran neu sein? Eine Söldnertruppe, eine Berufsarmee. Uns Heutigen selbstverständlich, war sie auch nicht die erste der Antike. Persien mietete sich ganze Armeen in Griechenland. Karthagos militärische Kraft zu Lande beruhte auf gemieteten Truppen; die Sicherheit der Nachfolgestaaten des Alexanderreiches basierte auf den Schwertern gekaufter Truppen. Doch wir sind in Rom, dem zugleich chauvinistischsten und kosmopolitischsten Gemeinwesen des Altertums! Alle bisherigen römischen Heere bestanden aus Wehrpflichtigen, nach dem Census – wir würden sagen: nach der Einkommensteuererklärung – aus dem bäuerlichen und bürgerlichen Mittelstand ausgehoben. Doch diese Quelle war versiegt. So greift Marius auf das großstädtische Proletariat zurück, ein schon jetzt unerschöpfliches Reservoir. Voraussetzung bleibt lediglich der Nachweis des römischen Bürgerrechts.

Zwei Gedanken sind entscheidend: Ausrüstung und spätere Versorgung durch den Staat und freiwillige Verpflichtung gegenüber ... wem? Gegenüber dem Staat? dem Feldherrn? De iure gegenüber dem Gemeinwesen, aber de facto – wie sich bald zeigen sollte – gegenüber dem erfolgreichen General! In der Politik ist die beste Lösung immer die Wahl des kleinsten Übels. Zwar war mit dieser Maßnahme des großen Pragmatikers das proletarische Elend eingedämmt, die jungen Leute, die sonst hippy-like an den Ecken herumlungerten, nachts die Straßen verunsicherten und tagsüber mit dreistem Lärm die Kneipen füllten, sind für zwei Jahrzehnte von der Straße geholt, aber es ist keine Frage: Diese Proletarisierung des Heeres und Militarisierung des Proletariats wirft schon sehr bald drohende Schatten in die Zukunft. Diese Männer gehen vorab für ihren Feldherrn, der ihnen reiche Beute verspricht, durchs Feuer, der Staat und sein ethischer Anspruch sind ihnen zu abstrakt geworden. Dieser Staat hat sie bisher im Stich gelassen. So betrachten sie nach römischer Tradition ihren Feldherrn als Patron, der für sie als seine Clienten nach Ablauf der Dienstzeit oder bei Verwundung zu sorgen hat. Daß er dies als Prokurist der Republik tut, ist ihnen gleichgültig. Für den Veteranen bleibt er auch nach dem Ausscheiden aus dem aktiven Dienst »Unser Marius!«, denn er ist der erste Mensch, der sich ernsthaft um sein Elend gekümmert hat. Dieses Phänomen der persönlichen

Bindung an den ›väterlichen‹ Feldherrn (Patron kommt ja von ›pater‹ = Vater) spielt bisweilen bis in die neueste Geschichte eine mehr oder weniger entscheidende Rolle, und ein Großteil der Politik lebt von der Vaterfigur. In Rom macht das Beispiel Schule, und die Entwicklung zum Berufsfeldherrn tritt immer offener zutage, wenn wir an Sulla, Pompeius und schließlich Caesar denken. Wir würden heute sagen, daß die Sachzwänge stärker als die Ideologie waren. Es war ein Unding geworden, den gewaltig angewachsenen Reichsorganismus mit jährlich wechselnden Beamten und Militärs im Griff zu halten, wo außen und innen Entwicklungen im Gang waren, zu deren Verständnis und Bewältigung jahrelange Erfahrung die Voraussetzung bildete. Der Althistoriker Ernst Kornemann faßte es in einem Satz so zusammen: »Als Führer des Berufsheeres entstand damit ganz von selbst nach einiger Zeit der Berufsfeldherr, der mit einem größeren Heereskommando ausgestattet wurde und bis zur Lösung seiner ihm gestellten kriegerischen Aufgabe an der Spitze des Staates zu stehen bestrebt war[59].«

Fazit: Gegen alle Einsprüche konservativer Kreise rief man Marius aus Afrika zurück und wählte ihn zum zweitenmal zum Consul. Das Volk »vertrat die Meinung, es sei nicht das erste Mal, daß das Gesetz hinter das Wohl des Staates treten müsse«[60].

Zunächst aber wird gefeiert: Marius erhält seinen Triumph, die Menge das lange entbehrte Schauspiel, jene Mischung aus Kirmes, Circus, Biorama, Raritätenkabinett, Truppenparade und religiösem Weihefest, allseitiger Höhepunkt im Leben der Stadt und der Landbevölkerung im Umkreis von fünfzig Meilen. Ganz von fern erinnert der Umzug des Prinzen Carneval an den römischen Brauch. Da es leider noch keine Fernsehaufnahmen gab, müssen wir uns bei der Beschreibung des Spektakels auf das Wort beschränken; doch die Darstellung eines römischen Triumphzuges darf in keinem Rombuch fehlen.

Die Dramaturgie der Bildfolge ist der eines ausgelassenen Carnevalszuges frappierend ähnlich: Städtische Beamte liefen schon seit den frühen Morgenstunden mit großem Eifer über das Marsfeld und wiesen den Teilnehmern ihre Plätze an, hakten Namen auf ihren Listen ab, stauchten schläfrige Wachen zusammen, kontrollierten die Vollzähligkeit der Mitwirkenden. Zu festgesetzter Stunde setzt sich der Riesenwurm aus Menschen, Tieren und Wagen in Bewegung. Zunächst geht es am Tiber entlang, beim Forum Boarium, dem Viehmarkt, schwenkt er in die Stadt ein. Schon von weitem kündigt er sich durch das Lärmen und Rufen der Menge und den dumpfen Schlag der Trommeln an. Wir stehen an der Via Sacra, dort, wo sie im Bogen auf das Forum einmündet, in der Nähe des runden Vestatempels. Alles reckt die Hälse: Ja, er kommt! Väter setzen die Kleinsten auf ihre Schulter; Gedränge, jeder will den besten

Platz. Wir lassen einen kleinen Jungen vortreten, er lächelt dankbar zurück. Der Zug kommt!

Vorneweg Magistrate und Senatoren, alle in neuesten Togen; an der Spitze der ›Princeps Senatus‹, der ›Erste des Senats‹, dienstältester Consular, Parlamentspräsident. Sie schreiten langsam, die kunstvollen Falten des feierlichen Gewandes dürfen nicht verrutschen. Zu keiner Zeit gab es ein erhabeneres Kleidungsstück, das einen gehenden Menschen mehr adelte, indem es alle Schönheitsfehler wie Bauch, zu kurze oder dünne Beine unter der gleichsam schwebenden Hülle verbirgt und die Blicke auf Kopf und Hände lenkt. (Dürer hat das genial in der Darstellung seiner vier Apostel nachempfunden.) Dieses Gewand vergeistigt noch den größten Dummkopf! Und was für Köpfe: Da sind sie alle einträchtig versammelt, an die dreihundert, die Spitzen des Staates und der Gesellschaft. Ein Reporter hätte Mühe, diese Physiognomien in ihrer Selbstdarstellung zu beschreiben: die Alten, Weisen, die Patriarchen; die Eitlen, die Gecks, Zyniker, Ironiker; die Bauerngesichter; die Nasen, Münder, Kinnpartien; die Lebemänner, Enttäuschten, Überdrüssigen; die Herrischen, die Mitläufer, die Dümmlichen; die Art ihres Blickens, ihren Gang, ihre Haltung. Sie kommen in der Tat daher wie eine Versammlung von Königen. Die Attitüde des Großartigen, der festen Tradition, des Fortgangs alles Geschichtlichen strahlt von diesem weißgekleideten, geruhsam schreitenden Staatsorgan aus. Was bei einem heutigen daherstolzierenden Schützenverein als lächerliche, verlogene, kitschige Pose erscheint – damals ist es überzeugende Darstellung von Macht, Würde, Hoheit. Dabei prunken sie nicht einmal mit ihren Reichtümern, Gütern, Schätzen, Orden – sondern mit sich selbst.

Uns Heutigen ist solch direkte, naive Selbstdarstellung völlig verloren, da wir in unserem Massenzeitalter der herausragenden Person mißtrauen; personale Selbstdarstellung gerinnt uns höchstens zum Personenkult. Unsere Machthaber verstecken sich hinter Anonymität, man bekommt die Spitzen der Welt nur noch auf Staatsbegräbnissen en masse zu Gesicht – auch wenn sie schreiten, fehlt das Entscheidende: die Toga! Nur einer darf sich noch das Pathos des verschwenderisch erhabenen Gewandes leisten: der katholische Priester; aber auch bei ihm ist es nur noch Rudiment eines längst in Frage gestellten Weltbildes.

Wir werden jäh aus unseren besinnlichen Gedanken gerissen: Die Tonfolgen der Horn- und Tubabläser klingen in unseren an der Klassik geschulten Ohren schrecklich archaisch, wir hatten mehr erwartet. Doch sie sind bald vorbei, gefolgt von einer Horde Gassenjungen. Aufbrausender Beifall kündigt einen Höhepunkt an. Hinter lorbeergeschmückten Trägern der Legionsstandarten und Feldzeichen balancieren herkulische Gestalten die riesige Statue des Jupiter Optimus Maximus, des ›besten und größten Vaters des Lichts‹, Reichsgott und

Schirmherr der Stadt und des Erdkreises. Schweigend starrt die Menge ihn an – ihm hat sie ja alles zu verdanken, was wären die Menschen ohne die Götter! Und nun die Haupt- und Staatsaktion: die Beute! Statuen, Vasen, Krüge, Schalen aus Gold und Silber, Haufen von Waffen und Gold, immer wieder Gold. Man wird es Jupiter weihen und dann im Staatsschatz horten. Heil dem Jupiter, dem Besten, dem Größten! Schon kommt die nächste Gruppe, Flötenspieler, mit angenehmeren Tonfolgen und komplizierten Rhythmen, die sich in ostinaten Formen wiederholen. Hinter ihnen eine kleine Aufregung: Einer der völlig weißen Opferstiere bockt, der Führer muß ihn mehrmals energisch am Nasenring ziehen, dann trollt er sich weiter. Prächtige Exemplare, makellos hell, die Hörner vergoldet, um den Hals die rituellen Bänder geschlungen. Zur Seite eilen Knaben mit goldenen Schalen; sie werden das Blut auffangen.

Was nun kommt, läßt sich kaum beschreiben. Die Menge scheint von einem Dämon erfaßt zu werden: Schreie werden laut, Flüche, Verwünschungen; beleidigende Ausrufe tönen über die Straße; Steine, Hölzer, faule Früchte und Eier werden geworfen, einige spucken; höhnisches Gelächter dazwischen, schamlose Witze, unflätige Schimpfwörter, die Leute sind kaum zu halten, und die begleitenden Legionäre haben alle Hände voll zu tun, die Emotionen der Menge in Grenzen zu halten, um den Ablauf des Zuges nicht zu stören. Da kommt er! Jugurtha! Der Urheber des Ganzen, der Sohn des Hades, der Verräter, der Mörder, Verbrecher, Lügner, Eidbrecher! Alle nur erdenklichen Schimpfwörter werden ihm zugeworfen. Als wir später bei Plutarch nachlesen, stellen wir fest, daß er gute Quellen hatte; es stimmt: »Während des Aufzuges verlor er, wie man sagt, seinen Verstand ..« In der Tat, es irrlichtert in seinen Augen, ein idiotisches Grinsen zuckt über das Gesicht. Der Mann scheint wahrhaftig nicht mehr bei Verstand zu sein. Weiß er, was ihn erwartet?

Das Spießrutenlaufen setzt sich nach rechts fort. Die mitlaufenden Familienmitglieder sind zum Erbarmen, junge Frauen weinen; sie, die neulich noch über ein Heer von Sklaven regierten, werden den Rest ihres Lebens dienend, erniedrigt, wenn sie Glück haben, als Mätresse in reicher Umgebung verbringen. Weitere Gefangene folgen; alles Leute, die mit Jugurtha kollaboriert haben; ein Teil ist gefesselt. Zur Auflockerung ein Bläserchor mit gebogenen weithin schallenden Hörnern. Dann erneut Gefangene, Krieger, Offiziere: Sie müssen die von Rom erbeuteten Waffen, auf einer riesigen Plattform gestapelt, die Speere zu einem Strauß gebündelt, selbst tragen und der Menge vorführen; der schwärzeste Tag in ihrem Leben! Hunderte scharf bewachter Gefangener trotten hinterher, den Kopf gesenkt, angstvoll die Blicke der neugierig gaffenden Menge meidend, verwirrt von dem für sie unbegreiflichen Schauspiel.

Da brandet links Beifall auf, Jubel- und Hochrufe! Die Gesichter strahlen; der ausgelassene Lärm steigert sich zu einem enthusiastischen Chor; keiner, der nicht mit Stimme, Mimik oder Gesten seine Sympathie ausdrücken könnte; da ist Klatschen, Hochwerfen der Arme, Außer-sich-Sein, Tränen der Freude. Alle Gefühle freudiger Hingabe, religiöser Verzückung, gestauter Emotionen schlagen ihm entgegen: ihm, dem triumphierenden Imperator! Der Mensch ein Gott, Gott als Mensch!: Marius! Als Jupiter gekleidet, in purpurner, goldbestickter Tunika, darüber die purpurrote Toga, in der Hand das elfenbeinerne, vom Adler des Gottes gekrönte Szepter, das Gesicht rot geschminkt, wie etruskische Götterstatuen, im Haar den Lorbeerkranz, so schwebt er gleichsam auf dem vergoldeten zweirädrigen Triumphwagen, grüßend und segnend die rechte Hand erhoben. Was denkt dieser Mensch? Was es auch sei, er wird gewarnt vor dem Hochmut; hinter ihm steht ein Sklave und flüstert ihm pausenlos zu: »Respice post te, hominem te esse memento!« – »Blicke hinter dich und vergiß nicht, daß du ein Mensch bist!« – Darüber gäbe es nur noch den Wahnsinn ... Um den Prunkwagen herum gaukeln ausgelassen ›ludiones‹, Schauspieler, sie tanzen und springen zur Leier nach alten etruskischen Weisen. Dahinter strahlende Gesichter der aus der Gefangenschaft wieder befreiten römischen Bürger. Ihre kahlgeschorenen Köpfe sind mit der Mütze der Freigelassenen bedeckt. Bekannte und Freunde winken sich ausgelassen zu. Und endlich die siegreiche Armee! Dies ist ihr Tag, und in Liedern, närrischen Rufen, Spott- oder Lobgedichten auf den Feldherrn streifen sie die harte Disziplin der letzten Wochen und Monate für einen Tag ab. Leider sind keine dieser Verse auf Marius überliefert; über den triumphierenden Caesar sangen sie: »Römer, hütet eure Frauen; wir führen einen kahlköpfigen Liebhaber vorbei!« Oder – in bezug auf die zerrütteten Staatsfinanzen: »In Gallien hast du dein Geld verhurt, hier mußtest du Schulden machen.« Ob er wollte oder nicht, der Feldherr muß gute Miene zum närrischen Spiel machen; und bei Marius können wir auf Grund seines soldatischen Werdegangs durchaus Toleranz und Humor in diesen Dingen voraussetzen.

Nachzutragen ist noch das Ende Jugurthas: »Nach beendetem Triumph wurde er ins Gefängnis geworfen. Dabei rissen ihm einige mit Gewalt das Kleid vom Leibe, andere, die der goldenen Ohrgehänge sich zu bemächtigen eilten, rissen ihm das Ohrläppchen zugleich mit ab, und als er so nackt und bloß in eine tiefe Grube hinabgestoßen wurde, rief er voller Verwirrung mit grinsendem Lachen: »Beim Herkules! Wie kalt ist euer Bad![61]« Nach 6 Tagen stirbt er an Erschöpfung im Alter von 53 Jahren. (Dies im übrigen ein in der Geschichte ›beliebtes‹ Todesdatum ihrer Größen; in Klammern das Alter zum Zeitpunkt ihres Abtretens: Caesar [56], Pompeius [58], Wallenstein [51], Napoleon I. [52],

Hitler [56]. Von den Genannten starb nur Napoleon eines natürlichen Todes; aber alle wurden gezwungen, vor der Zeit die Macht aus den Händen zu geben.)

## *5. Manipel, Kohorten, Legionen und ein Haudegen*

Zurück zur militärischen Großwetterlage:

Der Süden – Cyrenaica, Numidien, Mauretanien – ist im römischen Sinne ›befriedet‹ und bleibt es bis zum Einfall der Vandalen. Marius stürzt sich unverzüglich in die neue Aufgabe. Zunächst gilt es, die eben zusammengetrommelte Armee zu trainieren, disziplinieren und abzuhärten. Er »übte sie auf mancherlei Art im Laufen, hielt sie zu starken Märschen an und zwang sie, nicht nur ihr Gepäck selbst zu tragen, sondern auch ihre Speisen mit eigener Hand zu bereiten«[62].

Das Glück ist auf seiner Seite, die Germanen treten wie eine »hereinbrechende Flut zurück und überschwemmen Spanien« – so der diesmal poetische Plutarch. Dann folgt eine seiner so ungemein prägnanten Charakterzeichnungen: »Sein sonst so finsteres und mürrisches Wesen, seine unerbittliche Härte im Strafen kam ihnen (dem Heer) jetzt, da sie gewöhnt waren, sich keinen Fehler oder Ungehorsam zuschulden kommen zu lassen, sehr gerecht, ja sogar heilsam vor, und sie glaubten, daß sein aufbrausender Charakter, seine rauhe Stimme, sein wilder Blick, womit sie nach und nach vertraut geworden waren, nicht für sie, sondern nur für die Feinde furchtbar sei. Mehr als alles andere gefiel den Soldaten seine Unparteilichkeit, die er als Richter bewies[63].«

In aller Eile geht Marius nach Norden ab – aber der Feind läßt sich Zeit. Alles kann Marius ertragen, nur nicht Leerlauf: ›Gammeln‹ ist das Schlimmste, was eine Armee demoralisieren kann.

Nach Besichtigung der Gegend plötzlicher Befehl: »Mit Spaten und Hacke antreten!« Seine Vermessungstechniker haben schon vorgearbeitet und in der Ebene Strecken abgesteckt. Die Armee kämpft nicht, die Armee gräbt! Dazu Plutarch: »Die Mündungen der Rhône waren nämlich durch die Flut des Meeres verschlammt und von den eindringenden Wellen mit Sandbänken verstopft, so daß für die Proviantschiffe nur eine schmale und beschwerliche Einfahrt übrig blieb. Marius ließ daher durch seine Armee, die eben nichts zu tun hatte, einen großen Kanal graben, leitete darein einen guten Teil des Flusses und führte ihn herum bis zu einem bequemen Platz an der Küste, wo er einen tiefen Ausfluß ins Meer bekam, der gegen Wind und Wellen geschützt war und große Schiffe tragen konnte[64].« Dieser Kanal, die ›Fossa Mariana‹, begann bei Arles und ermöglichte großräumigen Handelsverkehr zwischen dem Einzugsgebiet der Rhône und dem westlichen Mittelmeer, übrigens sehr zur Freude der geschäftstüchtigen Massilier (= Einwohner von Marseille), deren Wohlverhalten in den kommenden Konflikten mit dem Norden damit auf lange Zeit gewonnen war, denn Marius schenkte der Stadt nach dem Krieg den wichtigen Verkehrsweg.

Das alles zog sich hin; man konnte gründliche Arbeit machen, denn zum Glück verunsicherten die Kimbern derweil Nordspanien, die Teutonen brandschatzten Gallien bis Aquitanien. Marius ließ sich von niemandem zu einer gefahrvollen Expedition in diese unbekannten Regionen provozieren, sondern wartete klug ab und bastelte weiter an seiner Armee. Und so sah eine der neuen, straff organisierten Legionen aus:

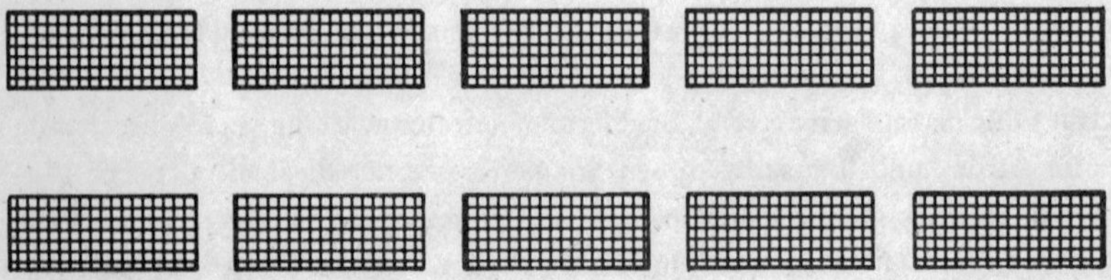

Abb. 1 Kohorten-Legion in 2 Treffen

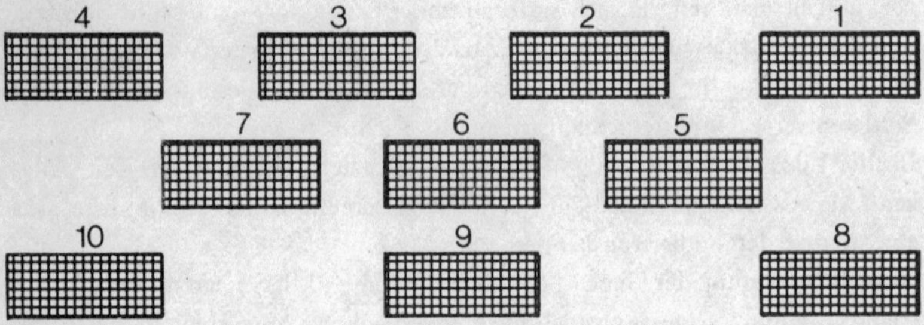


Abb. 2 Kohorten-Legion in 3 Treffen

In beiden Fällen handelt es sich um die Gefechtsformation (vgl. Abb. 1 und 2). Die jeweilige Art der Offensivstellung hing vom Gelände, der Stellung und Formation des Feindes und der eigenen Taktik ab. Caesar bevorzugte später die dreifach gestaffelte Legion (vgl. Abb. 2), die ihm größte Beweglichkeit, Sicherheit und Schlagkraft bot. War die erste Gefechtslinie ermüdet oder angeschlagen, so zog sie sich durch die Korridore zwischen den deckenden Kohorten des zweiten Gliedes zurück, welches gleichzeitig vorrückte. Die Iststärke der Legion schwankte zwischen 4000 bis 6000 Mann. Caesar bevorzugte die operativ ›leichtere‹ kleine Form. Das entscheidend neue dieser Taktik erkennen wir, wenn wir uns die frührepublikanische Manipularlegion ansehen (vgl. Abb. 3). Der Manipel (wörtlich: Handvoll, Bündel; hier: Schar) ist der dreißigste Teil einer Legion, der dritte Teil einer Kohorte, umfaßte zwei Centurien (Hundertschaften) und war im frühen Heer 120 bis 200 Mann stark. Wir haben sie schon durch die Beschreibung Polybios' kennengelernt, wollen hier daher nur das Neue gegenüberstellen. Dazu der Historiker Kornemann: »Die gleichzeitige Verleihung des Adlers als Feldzeichen der Legion hängt offenbar mit der Umwandlung derselben aus einem Armeekorps in eine taktische Truppeneinheit zusammen ... Als taktische Einheiten der Legion waren bisher die kleinsten Truppenkörper, die Manipeln, benutzt worden. Jetzt wurde an ihrer Stelle und an Stelle der veralteten Dreikampfweise die viel größere Kohorte zur Dispositionseinheit, wie das längst im bundesgenossischen Heer der Fall gewesen war. Gleichzeitig wurden die Kavallerie und die Leichtbewaffneten auch formell aus dem Legionsverband ausgeschieden, bei den verschiedenen Truppenteilen eine gleichmäßige Bewaffnung durchgeführt und die schwere Wurfwaffe des Pilum verbessert[65].«

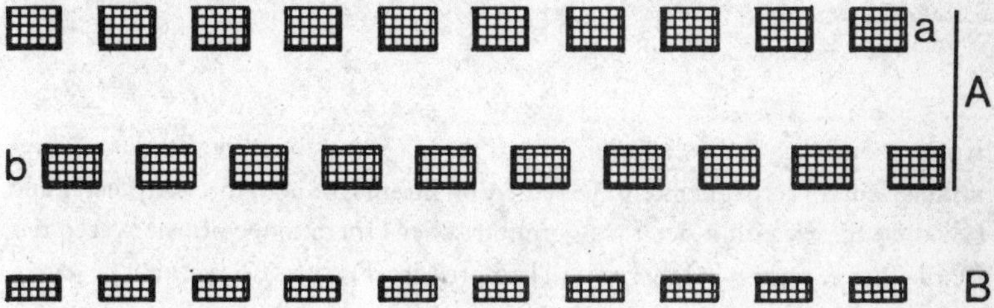


Abb. 3 A = Pilum-Bewaffnete (a = Hastati, Speerträger; b = Principes, Name des zweiten Treffens, in gleicher Stärke wie die Hastati; der Name bedeutet soviel wie »angesehen, bedeutend«); B = Spießträger (Triarii, drittes Glied, von »tres = drei«, die ältesten und tüchtigsten Soldaten; mobile Schlachtreserve in halber Stärke der Hastati. C »= Velites = die Leichtbewaffneten«; sie wurden später, in der Kohortenlegion, durch die Auxiliartruppen der Verbündeten ersetzt.

Zwar behielt Marius die Unterabteilungen der Manipel bei, vereinigte sie jedoch zu den schlagkräftigen, im Ernstfall selbständig operierenden taktischen Einheiten der Kohorten., Bataillonen in Stärke von 600 Mann. Die Hierarchie der Chargen wurde beibehalten und blieb im großen und ganzen bis zum Ende des Reiches so bestehen. An der Spitze der Legion stand ein Legat senatorischen Ranges, unter ihm 6 Militärtribunen, von denen einer senatorischen, die anderen ritterlichen Ranges waren. Diese Stabsoffiziere waren nicht Berufsoffiziere, sondern bekleideten ihre Stellung für einige Jahre, als Voraussetzung ihres weiteren zivilen Aufstiegs. Den Kern der Armee bildeten die Centurionen (Hauptleute, Kommandanten der Centurien = Hundertschaften). In einem komplizierten Beförderungssystem konnten sie bis zum ›Primipilus‹ der ersten

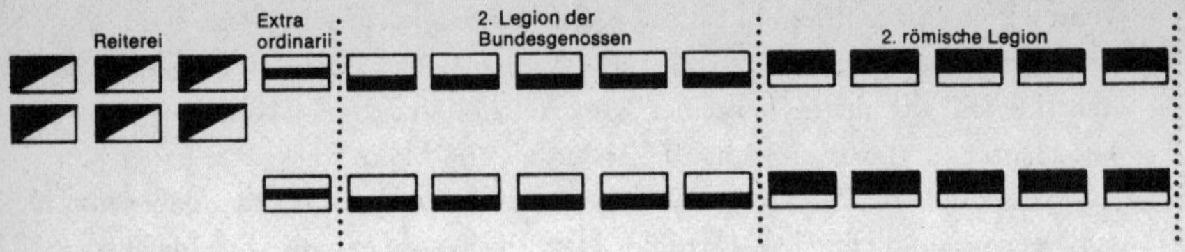


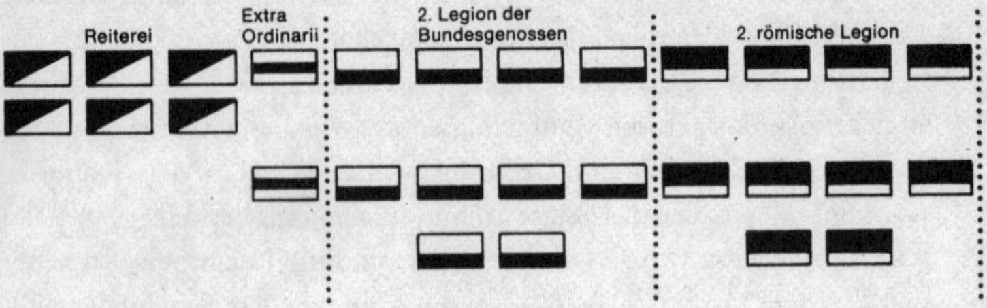


Kohorte aufsteigen. Stolz ließen sie auf ihren Grabsteinen die Stationen ihres militärischen Werdegangs einmeißeln. Von ihrem Können, ihrer Autorität und Loyalität hing weithin der Erfolg militärischer Operationen ab; sie waren das Bindeglied zwischen Feldherrn und kämpfender Truppe. Caesar hebt in seinen Kriegsberichten mehrmals ihre Leistungen namentlich hervor.

Die Abstände von Mann zu Mann überschritten in der Idealform nicht 120 Zentimeter, durften jedoch nicht geringer sein, um die Kämpfer nicht beim Agieren mit Lanze und Schwert zu behindern. Besonderes Training erforderte die Entfaltung dieser Formation aus dem Marsch heraus. Hier liegt – bis heute – die Achillesverse jeder beweglich kämpfenden Truppe, sobald sie unter Feindberührung ohne Bereitstellungsraum unverzüglich zum Angriff übergehen muß. Rechts und links nahmen die Auxiliartruppen (Hilfstruppen) und an den Flügeln die Reiterei, meist ebenfalls aus Verbündeten bestehend, Aufstellung. Die Kavallerie sollte in weitem Boden den Feind in die Zange nehmen oder die Umklammerung durch die feindliche Reiterei verhindern. Der Legat, vergleichbar unserem Divisionskommandeur, kontrollierte und befehligte vom rechten Flügel aus. Hornsignale gaben seine Befehle weiter. In der Schlacht wo es auf persönliches Vorbild, mitreißenden Schwung und Kampfgeist ankommt, führt er natürlich in vorderster Linie. Es wird noch über 2000 Jahre dauern, bis er und sein Stab hinter der Front die taktischen Fäden in

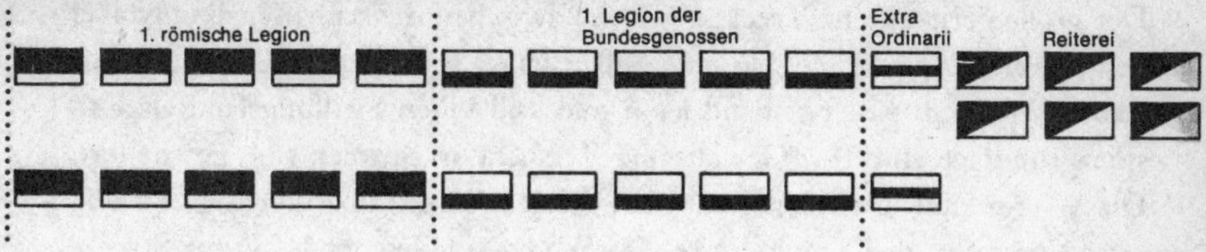


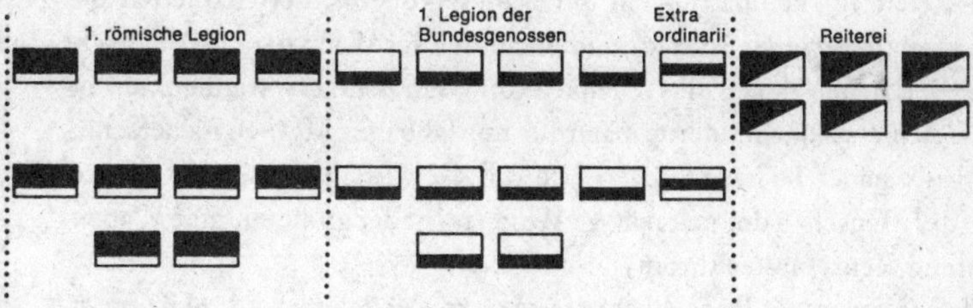


Abb. 4 und 5 zeigen zwei Möglichkeiten der Offensivstellung mehrerer Legionen mit Auxiliartruppen und Reiterei.

der Hand hält und Entscheidungen auf Grund von Informationen trifft, die ihm durch technische Nachrichtenmittel blitzschnell, aber weithin anonym zugeleitet werden. Doch bis dahin befinden wir uns noch in der Ära des ›Feldherrnhügels‹ – seit jeher beliebtes Thema von Historienmalern. (Bei einem modernen Kriegsmanager mit Kopfhörer, Funkgerät, Feldtelefon und Computer fehlt die Möglichkeit zur großen pathetischen Geste: Der Hintergrund der »tobenden« Schlacht fehlt. Das kann man dramatisch auf die Bühne bringen, aber nicht mehr malen!)

### *6. Germanische Weltendämmerung*

Das neu ausgehobene Heer bringt 40 000 Mann an die Nordfront; den Kern bilden erfahrene Veteranen des Jugurthakrieges, die hier rasch in den Unteroffiziers- und Offiziersrängen Karriere machen. Verstärkt wird die Armee durch die Reste der in Gallien geschlagenen Heere. Obwohl es zwei Jahre hindurch zu keiner Schlacht kommt – die Armee macht derweil in ›Peace-Corps‹ –, hält man die Lage in Rom für so ernst, daß man den ahnenlosen Emporkömmling Jahr für Jahr zum Consul wählt mit wechselnden Kollegen. Der zweite Mann hat derweil den römischen Verwaltungskram zu bewältigen; für subalterne Gemüter immer eine zufriedenstellende Aufgabe.

Der große germanische Treck, geworfen zwischen die seßhaften Randvölker des Imperiums, pendelt wie eine Billardkugel scheinbar ziellos durch die Räume Westeuropas: Niemand kann und will ihnen Siedlungsland als Existenzgrundlage abtreten. Gewaltsame Versuche in Spanien sind gescheitert. Die Winter sind furchtbar, natürliche Auslese sorgt unbarmherzig und teilnahmslos dafür, daß Kranke, Alte, Sterbende und Gebärende auf der Strecke bleiben. ›Recht auf Heimat!‹ – ein unbekannter Begriff; der Starke hat das Land, der Landbesitzende ist stark und pocht mit der Waffe darauf! Vielleicht erwachsen in solchen Zügen die Gedanken von Welten- und Götterdämmerung heran, die sich erst Jahrhunderte später für uns faßbar in Mythen niederschlagen. Der aus seiner bodenständigen Umwelt Geworfene erfährt das Unterwegssein des Menschen doppelt nah; ist Wotan nicht der große einsame Wanderer, während Zeus-Jupiter thront?!

Solch subtile Wertungen lägen einem Marius fern – und das ist gut so! Kontemplative Schicksalsbetrachtung bringt das Geschehen nicht weiter. Und wenn durch ihn Hunderttausende vor die Hunde gehen, stehen Millionen bereit, ohne Skrupel die Vernichtung zu rechtfertigen. Geschichte als kausaler Geschehensablauf kennt keine Schuld; wie könnten wir es sonst wagen, der Blutspur dieses römischen Jahrtausends zu folgen! Es ist angebracht, uns an dieser Stelle einmal völlig klarzumachen, daß die Hegemonie einer Kultur oder Zivilisation, wenn sie in ihren besten Jahren auch friedfertig und träge daherkommt wie unsere eigene, zuvor durch die Unterwerfung oder gar Vernichtung anderer Kulturen erst möglich wurde. Die Geschichte Roms und seiner christlichen Erben, bis hin zu unserem Ost-West- oder Nord-Süd-Konflikt beweist dies in ununterbrochener Folge. Es scheint ein historisches Gesetz zu sein, daß sich die jeweils etablierten Kulturkreise bis hinunter zum ›kleinen Mann‹ für den Nabel der Welt halten. Und noch in der allerchristlichsten Demut steckt Hybris gegenüber allem Nichtchristlichen. Ein Buch über Rom ist daher immer ein Buch über uns selbst, da wir, nicht zuletzt durch die Übernahme römischer Begriffsstrukturen, bei aller Verschiedenheit der Sitte moralisch keinen Schritt weiter gekommen sind als Rom. Die letzten Kriege bewiesen es erneut: Macht verdirbt den Charakter, nicht nur der Machthaber, sondern auch ihrer Trabanten, Mitläufer und Ohne-mich-Täter. Technischer Fortschritt? Wir benutzen ihn vorab – die Etats der Staaten sprechen Bände – zur Bereitstellung von Vernichtungswaffen nie gekannten Ausmaßes. Daß wir sie zur ›Verteidigung‹ umfunktionieren, schafft sie und die dahinterstehenden Anstrengungen nicht aus der Welt. Plädoyers für den ›gerechten‹ Krieg sind leicht aufzubauen und scharf zensierende Betrachter der römischen Geschichte sind geneigt, Rom in der Sache Zugeständnisse zu machen. Doch wir kommen nicht umhin: Rom hat sich von Anbeginn an zur Gewalt entschlossen! Kaum ein Ereignis zeigt dies so naiv offen, wie das ›Einschreiten‹ (es müßte ja eigentlich heißen: der Mord!) gegen diese ›geschichtslosen‹, ›barbarischen‹ Landbettler aus dem Norden.

Es geht nun Schlag auf Schlag: Die komplizierte militärische Maschinerie läuft auf Hochtouren. In mehreren Schlachten werden die Heimatlosen zusammengehauen, aufgerieben, liquidiert, wie unsere Sprache es so brutal offen nennt, so als ob es um Wühlmäuse oder Unkraut ginge. Sehen wir uns dieses Gemetzel näher an.

Zunächst begehen die Germanen den entscheidenen Fehler, sich in zwei Heerhaufen zu teilen, nachdem sie sich erst kurze Zeit vorher getroffen haben. Damit scheint es sicher, daß sie nichts von den umwälzenden militärischen Maßnahmen in der römischen Provinz Südgallien gewußt haben. Die Ansichten über die Motive dieser Teilung in zwei Heersäulen sind bis heute geteilt: schlechte Verpflegungslage; Streit zwischen den Heerkönigen; falsche Informationen über die römische Strategie; der Plan, Rom zur Zersplitterung seiner Kräfte zu zwingen ...; was es auch war, Marius ist über alle Unternehmungen des Feindes unterrichtet durch seine Spione. Er läßt die Teutonen ›auflaufen‹, bei Aquae Sextiae kommt es zur ersten Schlacht, in der Marius einen ersten entscheidenden Sieg davonträgt. Ein Teil der Häuptlinge und der Heerkönig fallen in seine Hände. Plutarch, der sich auf frühere Autoren stützt, fügt hinzu: »die Massilier hätten mit den Gebeinen der Erschlagenen ihre Weinberge eingehegt, auch sei die Erde durch die vielen verwesten Leichname und die im folgenden Winter gefallenen Platzregen so sehr gedüngt und von der tief eindringenden Fäulnis so sehr durchtränkt worden, daß sie im nächsten Frühjahr eine unglaubliche Menge von Früchten getragen ...[66]«.

Die von diesen makabren Ereignissen noch unberührten Kimbern quälen sich derweil in den Alpen ab und gelangen, wahrscheinlich über den Brenner, in das gepriesene Land. Die Berge tragen schon den ersten Neuschnee, und die Germanen fahren auf ihren großen Holzschilden über die frisch verschneiten Abhänge zu Tal. Es sollte ihre letzte Gelegenheit zu ausgelassenem Spiel sein in diesem Spätherbst des Jahres 102 v. Chr.

Der bei Trient mit einem Kontingent stehende Legat Catulus kann in dem engen Tal seine Truppen nicht entfalten, wird von den Heranrückenden erdrückt und zieht sich unter starken Verlusten über den Po zurück. Übertriebene Gerüchte über Größe und Wildheit der Nordmenschen hatten die Truppen verängstigt, Angstpsychose lähmte den Kampfgeist. Immer wieder, bis zu Caesars Kämpfen gegen Ariovist und später noch in Britannien, stoßen wir auf diese Reaktionen der Legionäre, wenn sie dem Fremden gegenüberstehen. Wir ha-

ben keinen Grund, aufgeklärt zu lächeln: Jede Zivilisation hat ihre apokalyptischen Gespenster, die unsrigen heißen A- und H-Bomben!
Zum erstenmal verbringen Germanen einen Winter in Italien. Welche Wundergeschichten werden ihnen die ansässigen Kelten über Roma erzählt haben ... Neue Hoffnung keimt: Im Frühjahr wird man es schaffen, Menschen und Vieh werden ausgeruht sein.
Marius hat einige Wochen in Rom verbracht, auf einen neuerlichen Triumph verzichtet, um im kommenden Frühjahr nach dem ›Endsieg‹ den Gipfel des Ruhms zu ersteigen. Auch er kehrt mit frischen Kräften an die Front zurück.
Die Kimbern waren mittlerweile poaufwärts gezogen, wichen aber einer Schlacht aus, »unter dem Vorwand, daß sie die Teutonen erwarteten und sich über ihr langes Ausbleiben verwunderten«[67]. Marius reibt sich die Hände: Können sie lange warten! Als sich schließlich die Schreckensnachricht vom Untergang des Brudervolkes verbreitet, wollen sie nicht daran glauben, halten alles für eine römische Finte. Erneut fordern sie, ihnen »soviel Land und Städte zu geben, als sie nötig hätten«. Darauf Marius brutal und zynisch zu den Bittstellern: »Um eure Brüder seid ganz unbekümmert, die haben von uns schon Land bekommen und werden es für immer behalten[68].« Wie sagten wir weiter oben: Macht verdirbt den Charakter! Solche Sätze verraten mehr über einen Menschen als die umständliche Aufzählung seiner Taten.
Schließlich fordern sie ihn zum Kampf, in jener offenen Art, die wir schon von Homer kennen, und die sich bis zum Untergang des Rittertums halten konnte: »Boiorix, der König der Kimbern, kam jetzt mit einem kleinen Gefolge zum römischen Lager geritten und forderte Marius auf, an einem ihm beliebigen Tage und Orte herauszukommen und mit ihm um den Besitz des Landes zu kämpfen.«
Marius spielt scheinheilig den Erstaunten, sagt natürlich zu. Indem er sich Ort und Zeit der Schlacht aussuchen kann, hat Rom bereits halb gewonnen. Er wählt die Ebene bei Vercellae in Piemont, nahe am Fluß Sesia. Hier kann er die Reiterei voll entfalten.
Die Schlacht ist furchtbar. Jahreszeit und Wetter begünstigen die Römer: Die Kelten »waren gewöhnt, Kälte zu ertragen; daher wurden sie durch die Hitze ganz entkräftet, gerieten keuchend in einen heftigen Schweiß und mußten (wegen der Sonne) die Schilde vor das Gesicht halten«.
Das Ende ist Apokalypse: »Die Römer trieben die Fliehenden bis zu ihren Verschanzungen zurück, und hier eröffnete sich ihnen ein höchst tragischer Anblick. Die Weiber standen in schwarzer Kleidung auf den Wagen und töteten die Flüchtlinge ohne Rücksicht, ob sie ihre Männer, ihre Väter oder Brüder waren; mit eigenen Händen erdrosselten sie die kleinen Kinder, warfen sie unter

die Räder und die Füße der Lasttiere und brachten sich dann selbst um ... Obwohl viele auf diese Weise umkamen, wurden doch mehr als 60 000 Mann zu Gefangenen gemacht, aber die Zahl der Toten soll zweimal so hoch gewesen sein[69].«

Damit war der Sturm aus dem Norden abgewehrt. Erst als man die Gefangenen in den Bergwerken und auf den Gütern zu Sklaven abrichtete, wurde den Besitzern bewußt, welcher Gefahr sie da entgangen waren. Von nun an weiß man, was es heißt, gegen Germanen antreten zu müssen. Der ›Furor Teutonicus‹ setzte sich auf Jahrhunderte in den Gemütern fest.

Damit können wir dieses Kapitel abschließen, müssen aber auf einen für die Zukunft Europas entscheidenden Sachverhalt hinweisen: Durch die römischen Erfolge wurde eine Sperre nach Norden errichtet, die es verhinderte, daß weitere Völkerschaften aus den Bereichen von Nord- und Ostsee gen Süden aufbrachen. Dies wiederum verhinderte eine planlose Zersplitterung der germanischen Kräfte vor dem Zusammenbruch des Reiches.

Marius auf dem Gipfel seines Ruhms! Wäre er zu diesem Zeitpunkt abgetreten, dann hätte er der Nachwelt das Bild eines ›großen‹ Römers hinterlassen. Aber er hatte das Pech, noch 15 Jahre zu leben, Zeit genug, das angesammelte Kapital an Glanz und Gloria weit unter Wert zu verschleudern. Schließlich wird er zwischen den Fronten des Bürgerkrieges zerrieben werden. Denn dies fehlte ihm: politisches Augenmaß! Aber das erfahren wir im folgenden Kapitel ...

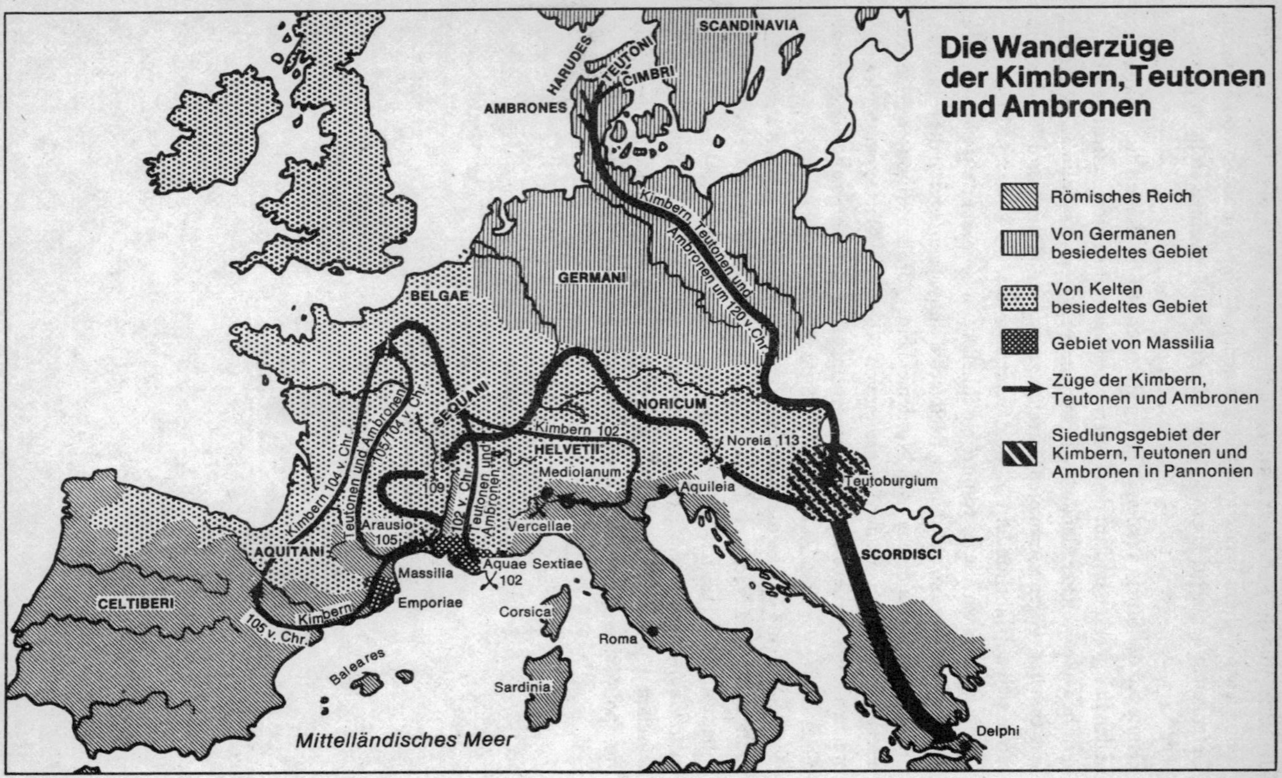
Die Wanderzüge der Kimbern, Teutonen und Ambronen
Römisches Reich
Von Germanen besiedeltes Gebiet
Von Kelten besiedeltes Gebiet
Gebiet von Massilia
Züge der Kimbern, Teutonen und Ambronen
Siedlungsgebiet der Kimbern, Teutonen und Ambronen in Pannonien
SCANDINAVIA
HARUDES
TEUTONI
CIMBRI
AMBRONES
GERMANI
BELGAE
SEQUANI
HELVETII
NORICUM
AQUITANI
CELTIBERI
SCORDISCI
Kimbern, Teutonen und Ambronen um 120 v. Chr.
Kimbern 102
Noreia 113
Teutoburgium
Aquileia
Mediolanum
Vercellae
Aquae Sextiae
102
109
102 v. Chr.
Teutonen und Ambronen
105/104 v. Chr.
Teutonen und Ambronen
Kimbern 104 v. Chr.
Arausio
105
Massilia
Emporiae
Kimbern
105 v. Chr.
Corsica
Roma
Sardinia
Baleares
Delphi
Mittelländisches Meer

# Ein Mann verliert sein Gesicht ...

## *1. Die lächelnde Maske: Sulla*

Populäre Rombücher neigen dazu, über das vergangene Geschehen eine Glorìole des Großartigen und makellos Erhabenen auszubreiten. Je weiter eine Epoche zurückliegt, um so leichter läßt sich da mit der Wahrheit schludern: Wer kann es schon nachprüfen!

Wir haben im folgenden nicht vor, uns auf solche Art Sand in die Augen zu streuen, sondern wollen die Dinge beim Namen nennen, den sie verdienen; das aber heißt – vorweg: Zu keiner Zeit wurden in Rom üblere Verbrechen begangen als in den Jahren, durch die wir nun streichen. Wer die Quellen studiert, dem sträuben sich die Haare, und er fragt sich: Wie ist das möglich!? Wenn er sich aber an die Pogrome des eigenen Jahrhunderts erinnert, darf er sich nicht wundern, in Rom auf Verwandtes zu stoßen!

Um Sulla zu verstehen, muß man Marius kennen. Größere Gegensätze als die beiden Zeitgenossen sind kaum zu finden. Das beginnt schon mit der Herkunft: Den einen prägen Kindheit und Jugend auf dem Lande, einfache Sitten, ständiger Kontakt mit der schwer arbeitenden Bauernbevölkerung; dort gilt das einfache, klare Wort; der Handschlag wird dem komplizierten Vertrag vorgezogen. Die Frau ist ehrbare Herrin des Hauses, ruhender Punkt der Familie. Marius' Verhältnis zum anderen Geschlecht blieb immer sachlich, unpreziös, einfach; Amouren und Tändeleien sind ihm zeitlebens zuwider. Bäurische Plumpheit ist seine Stärke im Umgang mit den Bauernsöhnen seiner Armeen. Eine ehrliche Haut, ein Kraftmensch, Raufer, eckig, brüsk und bellend wie ein Dorfhund ist er. Vor allem von einer außerordentlichen, praktisch zupackenden Intelligenz!

Sulla! In allem das Gegenteil! Aus altem patrizischen, aber heruntergekommenen Hause, einem Zweig der Cornelier. Früher Tod der Mutter. Äußerst bescheidene, ja enge Wohnverhältnisse in einem römischen Mietshaus. Unter der Obhut einer Stiefmutter erzogen, die ihm später ein ansehnliches Erbteil hinterläßt. Er lernt bald, sich anzupassen, steht früh unter der deprimierenden Spannung zwischen dem Anspruch des großen Namens – unter den Vorfahren ist ein zweifacher Consul P. Cornelius Rufinus 290 und 277 – und den erniedrigenden Gegebenheiten des Alltags. Spielgefährten und Jugendfreunde aus den Unterschichten. Er beherrscht ihren Jargon, ist verschlagen wie sie, erobert draufgängerisch Mädchenherzen und läßt sie gelangweilt hinter sich. Eine

Sprachbegabung mit Hang zum Schauspielerischen; Meister der Überredung, Charmeur, wenn es zum Ziel führt. Grausam aus Überlegung. Wenn er will, kann er weinen – nicht wie Achill aus gerechtem Zorn – eher wie Odysseus aus Taktik. Ein loser Vogel, immer in Gesellschaft von zwielichtigen Charakteren, Männchen oder Weibchen, vorzugsweise Mimen und Clowns aus der Theaterwelt. Eine Spielernatur, ein Hasardeur, immer bereit, alles auf einmal einzusetzen. Dabei nicht nachtragend: Dem widerspricht nicht das später inszenierte Blutbad, das eher seinem Hang zu grausamer Vernichtung entspricht. Nur in einem äußerst empfindlich: Er hält sich für schön! Es muß jene Art von Schönheit gewesen sein, die von den Augen ausgeht und das Spielerische seines Charakters, die Fähigkeit zur momentanen ganzen Hingabe wie auch deren plötzlichen Umschlag ins Herrische spiegelt – Eigenschaften, die Frauen von jeher anziehen, weil sie sie bändigen wollen.
Hierher gehört auch die Notiz Plutarchs: »Er verliebte sich in eine wohlhabende Buhlerin namens Nikopolis und gewann durch seinen gefälligen Umgang und die Reize seiner Jugend ihre Gegenliebe so sehr, daß er von ihr, als sie starb, zum Erben eingesetzt wurde[70].«
Er beerbt ja auch seine Stiefmutter. Wie Caesar begleiten ihn zeitlebens Frauen, ist er fast ein halbes Dutzend mal verheiratet. Vielleicht liegt in dieser substantiellen Wesensverwandtschaft die Ablehnung durch den Späteren; wie Caesar vertraut er auf sein ›Glück‹: Sulla Felix! Natürlich unterscheiden sie sich: Sulla ist ungeheuer eitel! In Anspielung auf sein blatternarbiges Gesicht sagte ein athenischer Spötter: »Sulla sieht der Maulbeere ähnlich, die mit Mehl bestreut ist!« Später munkelte man in Rom, diese Bemerkung sei der Grund für die Eroberung Athens und das folgende Blutbad gewesen. Solcherlei Kurzschlüsse wären bei Caesar undenkbar, der tapfer die Spötteleien über seine Glatze ertrug.
Seiner Fähigkeit, im entscheidenden Augenblick einen guten Eindruck zu machen, sei es bei Schrittmachern, Vorgesetzten, vor dem Volk, in der Armee, verdankt er viel – wenn nicht das meiste seines schnellen Aufstiegs. Aber dahinter verbirgt sich seine unkalkulierbare Spielernatur. So sieht ihn Plutarch: »In seinem übrigen Verhalten scheint er sehr unbeständig und sich selbst ungleich gewesen zu sein. Er raubte viel und verschenkte noch mehr; er erwies unerwartete Ehrenbezeugungen und ebenso unerwartet beschimpfte er; er schmeichelte denen, die er brauchen konnte, und begegnete denen mit Härte, die seiner bedurften, so daß man nicht weiß, ob er von Natur mehr übermütig oder mehr einschmeichelnd gewesen ist. Denn seine Ungleichheit im Strafen, daß er um der geringsten Ursachen willen die Todesstrafe zuerkannte und die ärgsten Verbrechen ungeahndet hingehen ließ, daß er die gröbsten Beleidigun-

gen willig verzieh, unbedeutende Fehltritte hingegen mit Hinrichtung und Einziehung der Güter bestrafte, könnte man vielleicht so erklären, daß er von Natur zornig und rachsüchtig gewesen ist, aber seine Wut zuweilen aus Rücksicht auf seinen Vorteil gemäßigt hat[71].«

Kurz: Ein Mann mit Maske!

Als Soldat hat er Schneid und steigt schnell in den unteren Chargen auf. Und darin wieder Caesar ähnlich, hat er einen sechsten Sinn im Umgang mit der Truppe: Unter ihm gab es keine einzige Meuterei; 16 Legionen sind insgesamt zu ihm übergelaufen. Er brachte es fertig, aus der Armee und ihrem Feldherrn eine Interessengemeinschaft zu machen: Die Feldzüge bedeuteten ihm nicht zuletzt Wirtschaftsunternehmen, mit deren Hilfe er schließlich zum reichsten Mann Roms avancierte. Was das bedeutet, erkennen wir, wenn wir seinen Famulus Crassus zum Vergleich heranziehen, dessen Vermögen mit 200 Millionen Sesterzen angegeben wird. Zum Vergleich: Ein Legionär erhielt im Jahr 480 Sesterzen, die Kosten für eine Legion belaufen sich damals auf 3 Millionen[72].

### 2. *Politischer Konkurs: Marius*

Der Aufstieg Sullas bewirkt den politischen und menschlichen Ruin des Marius. Marius ist nun – im Geburtsjahr Caesars (100) – 56 Jahre alt, hat noch 14 Jahre vor sich. Aber was macht er damit! Alle Autoren aus Antike und Neuzeit sind sich einig, daß dieser Mann als Politiker versagt; ihre Reaktionen streuen von Mitleid bis zur Verachtung. Letzteres steht uns nicht an, Mitleid ist die Ausrede der Herzlosen – halten wir uns ans Erstaunen!

Ändert er sich? Nein. Ändert sich Rom? Nein ... Was sonst? Salopp gesagt dies: Man benutzt ihn als falschen Deckel für einen überkochenden Topf! Oder so: Er soll versuchen, auf zwei Pferden zugleich zu reiten!

Gleich nach Vercellae geht's los: Das ›Stillhalteabkommen‹ zwischen Popularen und Konservativen ist abgelaufen. Die inneren Probleme drängen abrupt nach oben. Zunächst entläßt Marius die Truppen, ganz gemäß den Normen der ungeschriebenen Verfassung – und begibt sich damit seines Machtinstrumentariums. Von nun an kann er sich nur auf seinen Ruhm, auf seine Vergangenheit stützen. Gewiß, das ist viel, sehr viel! Kein Mann vor und nach ihm ist bei den Massen so beliebt wie er. Er weiß es und baut darauf seine Zukunft. Er war der richtige Mann im richtigen Augenblick an der richtigen Stelle! Aber nun hat sich die Konstellation geändert.

Zunächst geht er daran, Veteranen und Bedürftige mit Land zu versorgen. Der Geist der Gracchen regt sich bei den Popularen, die mit einem Aufguß des alten

Programms persönliche Ziele verfolgen und zum entscheidenden Schlag gegen die sterile Nobilität ausholen wollen. Diese Neo-Gracchisten reden Marius ein, er sei der Mann, um endlich reinen Tisch zu machen. Marius hat die Demütigungen der frühen Jahre nicht vergessen und geht mit Freuden darauf ein. Die Startlöcher scheinen gut besetzt: Er ist Consul (zum 6. Mal), seine politischen Freunde Glaucia und Saturninus halten wichtige Schaltstellen als Praetor und Volkstribun besetzt. Warum lange reden, wenn es mit dem Schwert besser und schneller geht: Saturninus schickte bereits einen unbequemen Mitbewerber in den Hades. Er fungiert zunehmend als demagogischer Einpeitscher der Massen, während sich Glaucia und vor allem Marius geschickt taktierend im Hintergrund halten.

Bei der Vorbereitung der anstehenden Gesetze – es geht wieder um Ackerzuteilungen an Veteranen und Koloniegründungen außerhalb Italiens – kommt es zu erbitterten Zusammenstößen. Der Radikalismus der Neo-Gracchen zieht bald die um ihre Pfründe fürchtenden Ritter ins senatorische Lager. Irgendwie dämmert Marius seine zwielichtige Rolle, denn als er zum Schwur um die Einhaltung des Gesetzes kommt – das er selbst initiiert hat – redet er ungeschickt drumherum: Er wolle schwören und dem Gesetz gehorsam sein, wenn es verfassungsmäßig sei ...

Aber Marius ist nicht mehr Herr seiner Entschlüsse; die Geister die er gerufen, beherrschen die Straße. Da spielt er die alte Feindschaft zu Metellus Numidicus wieder hoch, macht aus dem Ehren- einen Buhmann, versucht von sich abzulenken. Umsonst! Die Augen Roms liegen auf ihm: Wird er dem gewissenlosen Treiben des Scharfmachers Saturninus und dessen Spießgesellen Einhalt gebieten? Wie lange kann er dem Saturninus noch durch die Finger sehen und dessen anarchische Frechheiten und Gewalttätigkeiten hingehen lassen? Ist er nicht der Consul?!

Es stehen Wahlen an, und Glaucia will Consul werden, koste es was es wolle. Bei einer Wahlversammlung läßt er seinen Gegenkandidaten Memmius von Anhängern mit Stöcken totschlagen: SA marschiert!

Das Maß ist voll! Weitere Demütigungen wollen Senat und Ritterschaft nicht mehr hinnehmen. Theodor Mommsen hat die Szene, die nun folgt, prächtig geschildert:

»Der Senat forderte den Consul Marius auf einzuschreiten, und dieser gab in der Tat sich her, das Schwert, das er von der Demokratie erhalten und für sie zu führen versprochen hatte, nun für die konservative Partei zu ziehen. Der Senat selbst erschien bewaffnet auf dem Markt, an der Spitze sein grauer Vormann Marcus Scaurus. Die Gegenpartei war wohl im Straßenlärm überlegen, aber auf einen solchen Angriff nicht vorbereitet; sie mußte nun sich wehren, wie es ging. Man erbrach die Tore der Gefängnisse und rief die Sklaven zur Freiheit und unter die Waffen; man rief – so heißt es wenigstens – den Saturninus zum König oder Feldherrn aus; an dem Tage, wo die neuen Volkstribune ihr Amt anzutreten hatten, am 10. Dezember 10 v. Chr., kam es auf dem großen Markte zur Schlacht, der ersten, die, seit Rom stand, innerhalb der Mauern der Hauptstadt geliefert worden ist. Der Ausgang war keinen Augenblick zweifelhaft. Die Popularen wurden geschlagen und hinaufgedrängt auf das Capitol, wo man ihnen das Wasser abschnitt und sie dadurch nötigte sich zu ergeben. Marius, der den Oberbefehl führte, hätte gern seinen ehemaligen Verbündeten und jetzigen Gefangenen das Leben gerettet; laut rief Saturninus der Menge zu, daß alles, was er beantragt, im Einverständnis mit dem Consul geschehen sei; selbst einem schlechteren Mann, als Marius war, mußte grauen vor der ehrlosen Rolle, die er an diesem Tage spielte. Indes war er längst nicht mehr Herr der Dinge ...[73]«

Hier endet die Karriere des Haudegens. Was noch folgen wird, ist Zehren vom alten Kapital; von nun an geht es bergab; und je älter er wird, um so törichter werden seine Pläne und Ziele. Nicht daß er nicht weiterhin die ›ehrliche Haut‹ wäre, der gute General – nein: sein einfaches Gemüt zerbricht schließlich – politisch und körperlich ein Wrack! – am eigenen Unvermögen, das politisch Wesentliche zu erkennen und das Mögliche zu tun.

Männer wie er sind nicht mehr gefragt. Es braucht Köpfe, die je nach Bedarf zum Schwert oder zur Intrige greifen, die es fertigbringen, das ›Wohl des Staates‹, das Funktionieren von Wirtschaft, Handel und Politik von ihrem Dasein abhängig zu machen und so – im Verfolg persönlichster Ziele – in der Öffentlichkeit zum Garanten der res publica zu werden.

Leider ist man erst hinterher klüger: »Verhängnisvoll war«, schreibt Vogt, »daß die persönliche Machtstellung des Marius den im Interesse des Staates notwendigen Reformen nicht zugutekam. Marius, von beiden Parteien mißbraucht, zog sich aus der Politik zurück[74].«

Sie werden schon bemerkt haben, wie sich die Dinge immer verzwickter darstellen und wie Sie sich anstrengen müssen, den roten Faden im Auge zu behalten. Da es nun immer verrückter wird – Köpfe, Pläne, Ziele tauchen aus der Menge auf und sinken zurück auf die Schutthalde der Geschichte –, bleibt uns nichts anderes übrig als der gepriesene ›Mut zur Lücke!‹ Ansonsten müßten wir über jedes dieser greulichen Jahre ein eigenes Buch schreiben, was im übrigen bereits mit großem Gelehrtenfleiß geschehen ist. Wir sollten daher an dieser Stelle einmal den ungezählten großen und kleinen Stubenhockern danken, denn ohne ihre Mühen würden wir uns bei unserem Gang durch die Jahrhunderte längst verirrt haben!

Lassen wir Marius für eine Weile seine Ruhe, er braucht sie! Auf uns warten in diesem Kapitel drei wichtige Themen: der Bundesgenossenkrieg, Mithridates VI. Eupator und natürlich Sulla. An dem schmierigen Abgang unseres Haudegens werden wir leider nicht vorbeikommen ...

Das Gerangel zwischen Rom und Italikern zeigt gewisse Ähnlichkeiten mit dem Verteilungskampf Arbeitgeber – Arbeitnehmer zu Anfang des 20. Jahrhunderts. Aber wozu es in unserem Jahrhundert jahrzehntelanger Arbeitskämpfe bedurfte, um aus Kapital und Arbeit relativ nüchterne Tarifpartner entstehen zu lassen, dazu brauchte man damals lediglich 3 Jahre. Doch die haben es in sich! Für die römische Oligarchie kommt der Aufruhr aus heiterem Himmel, für uns nicht, da wir einen Blick für derlei Entwicklungen gewonnen haben.

Revolutionäre Umbrüche bei den Alten finden plötzlicher, temperamentvoller statt als in unseren technokratischen Zeiten. Verglichen mit unserer pluralistischen Gesellschaftshydra, die man nur verändern kann, indem man an möglichst vielen Stellen Hebel und Keile ansetzt – wir nennen das meistens Weltkrieg – genügt es damals, den monopolistischen Übermut der oberen 200 Familien zu reizen, und schon spuckt die Hydra aus 200 Köpfen Gift.

Was wollen sie denn? Die italischen Vettern ersten und zweiten Grades fordern ultimativ römisches Bürgerrecht! »Die tapfersten und mächtigsten Völkerschaften Italiens«, schreibt Plutarch, »vereinigten sich jetzt gegen Rom, und es fehlte nicht viel, da sie nicht nur mit Waffen und Mannschaft reichlich versehen waren, sondern eine Menge großer Feldherrn fanden, die an Mut und Geschicklichkeit den römischen nicht nachstanden, so hätten sie die Herrschaft dieser Stadt vernichtet[75].«

Das ist es! Sie müssen nicht erst Zeit verplempern mit dem Aufbau straffer militärischer Organisationen, sie besitzen sie bereits, Rom war ja ihr Lehrmeister. Und Köpfe haben sie auch vom Schlage eines Tell, Andreas Hofers oder Bolivars. Was einem Hannibal nicht gelungen war, bringt Rom nun selbst zuwege: Die Marser, Samniten, Sabiner, Hirpiner, Lucaner und wie sie alle heißen, schließen sich überraschend schnell zusammen zu einer Konföderation mit eigenem Hoheitsrecht, eigenen Magistraten, eigener Metropole: Corfinium, am Schnittpunkt wichtiger Abruzzenstraßen, wird Bundeshauptstadt ›Italia‹. Letzter Affront gegen Rom: Man prägt eigene Münzen in oskischer Schrift und läßt den italischen Stier auf die ohnmächtig sich duckende römische Wölfin stürzen. Ein italischer Senat von 500 Mitgliedern, 2 Consuln und 12 Praetoren kopiert perfekt römische Staatsform.

Beide Seiten stellen ultimative Bedingungen – und dann geht's los!

Die Auseinandersetzung wird von beiden Seiten mit großer Grausamkeit ge-

führt und lange »schwankt das Kriegsglück«. Um so erstaunlicher, wie schnell man zu zivilisierteren Formen der Auseinandersetzung zurückfindet. Rom gewährt allen, die die Waffen strecken, das römische Bürgerrecht. Wenn auch gezwungen durch das Schwert und einen sehr hohen Blutzoll, ist dieses Zugeständnis eine der klügsten Maßnahmen der ausgehenden Republik gewesen und schuf Ansätze zu einer römischen Nation zwischen Po und Messana.
»Civis Romanus sum ...« Sie können als Neubürger an den politischen Entscheidungen teilnehmen, wenn auch die langen Reisewege künftige Aktivitäten auf diesem Gebiet von vorneherein beschränken. Damit ist der Vetternkrieg beendet und die Provinzialen nehmen wieder Spaten, Hacke, Hammer und Pflug zur Hand: Der neue Bürgeradel verpflichtet!
Und Rom selbst? Es gibt einen politischen Kriegsgewinnler: »Durch diesen Krieg, der mit mannigfaltigen Ereignissen und Zufällen abwechselte, gewann Sulla an Macht und Ansehen ebensoviel, wie Marius verlor[76].«
Beide Feldherren waren an exponierter Stelle im Niedermetzeln der Vettern sehr erfolgreich gewesen, nur wird Marius von vielen Zipperlein geplagt, »denn Marius war jetzt in seinen Unternehmungen sehr langsam und zeigte in allem zu viel Bedächtigkeit und Trägheit, es sei nun, daß das Alter die Kraft und das Feuer in ihm auslöschte, oder daß er sich, wie er selbst sagte, mit einem an Neuralgie leidenden und schwachen Körper über seine Kraft aus Furcht vor Schande dem Kriegsdienste unterzogen hatte«. Immerhin ist er nun 65! Da helfen nicht warme Decken und heiße Tees; er hat es vor sich selbst verscherzt. Saturninus spukt durch seine Träume ... Könnte man es nicht noch einmal, ein letztes Mal versuchen? Wer einmal Macht geschmeckt hat ... aber wir sagten das schon. Was nun folgt, beweist den kleinen Schritt vom Erhabenen zum Lächerlichen: Hätte er doch nur sein neuralgisches Leiden gepflegt! Nicht daß das, was er von nun an treibt, irgendwelche Folgen für die Geschicke Roms hätte – nein, er zerstört sein Image, vor Rom, vor der Geschichte!
Zuvor müssen wir aber den Schauplatz wechseln. Er hat ja noch eine Galgenfrist ...

### *3. Alchimist auf dem Königsthron: Mithridates VI.*

Der Mann, der nun unsere Aufmerksamkeit fordert, könnte bei Jugurtha in die Lehre gegangen sein und hätte die Akademie der intriganten Künste ›summa cum laude‹ verlassen: Mithridates VI. Eupator, das Stehaufmännchen des Jahrhunderts, geistiger und – wie er behauptete – leiblicher Nachfahre der Großkönige von Persien wie auch Alexanders d. Großen. Noch als vertrockneter Greis gefeit gegen alle Anschläge, nur eben dem letzten nicht. Dieser orientalische Fürst zwingt Rom zu einem Dreißigjährigen Krieg im Osten, verschleißt eine ganze Garnitur römischer Feldherrn, spinnt seine diplomatischen Fäden bis nach Spanien, kollaboriert mit Spartacus. Er ist immer bestens informiert über das innenpolitische Gerangel der Hauptstadt, vermag stets mit nachtwandlerischer Sicherheit die Gunst der Stunde, den richtigen Augenblick zum Bestechen, Intrigieren, Sabotieren oder Losschlagen zu wählen und versteht es bei alledem, auf der diplomatischen Bühne als Gentleman mit römischen Gesandtschaften zu plaudern.

Mithridates ist auf Jahrhunderte der letzte große Orientale, der Rom erfolgreich die Stirn bietet; seine Nachfolger sind unterdurchschnittliche Duodezfürsten von römischen Gnaden.

Der 1. Mithridatische Krieg – wir werden drei kennenlernen – beginnt nicht mit einem Fenstersturz, sondern dem ersten Massenmord der Geschichte, der ›Vesper von Ephesos‹. Aus makabren Gründen lieben wir es, solche Greueltaten poetisch zu verfremden: Aus dem Hinschlachten der französischen Hugenotten 1572 wird die ›Bartholomäusnacht‹ (auch ›Bluthochzeit‹ genannt); aus den Nazipogromen von 1938 die ›Reichskristallnacht‹ ... Ephesos war damals eine Großstadt mit 9 km Mauerring und einem Flächeninhalt von 345 Hektar, bedeutender Hafen und eine der uralten ionischen Metropolen zu Füßen Asiens, die bis ins 9. Jahrhundert zurückreichten. Nach den unruhigen Zeiten der Perserkriege Zankapfel zwischen Athen und Sparta, dann wichtiger Umschlagplatz des Alexanderreiches, nach dessen Zerfall zum kurzlebigen Diadochenreich des Lysimachos von Thrakien gehörend, wurde es schließlich von Pergamon geschluckt und kam durch die Erbbestimmung des kinderlos verstorbenen Attalos III. 133 an Rom, das sich sogleich an die Romanisierung von Land und Leuten machte.

Das aber hieß Auslieferung an die römisch-ritterlichen Steuerhyänen, die Jahr für Jahr das ›Letzte‹ herauspreßten und immer noch einen Rest für den Nachfolger übrigließen. Da die Menschen ja immer von neuem gebären, geht der Vorrat an Sklaven nie aus, der größte Teil des Agrarbodens ist ohnehin unter römischer Kontrolle, jeder »Halm hatte für den römischen Zehntherren zu wachsen«! wie Mommsen sagt.

Die Folge: Demütigung! Erbitterung! Heiliger Zorn! Man wird es ihnen heimzahlen! Aber Fluchen allein genügt nicht, es muß jemand kommen, der den Funken ins Pulverfaß wirft. Natürlich Mithridates – aber nicht sogleich!

Bezeichnend für ihn und seine Strategie, daß er zuvor incognito eine Informationsreise durch die römische Provinz und durch Bithynien macht, um sich über die derzeitigen Verhältnisse der Region zu unterrichten. Geld öffnet alle Türen: Durch Mittelsmänner zeichnet sich ihm ein klares Bild der innenpolitischen Malaisen Roms ab.

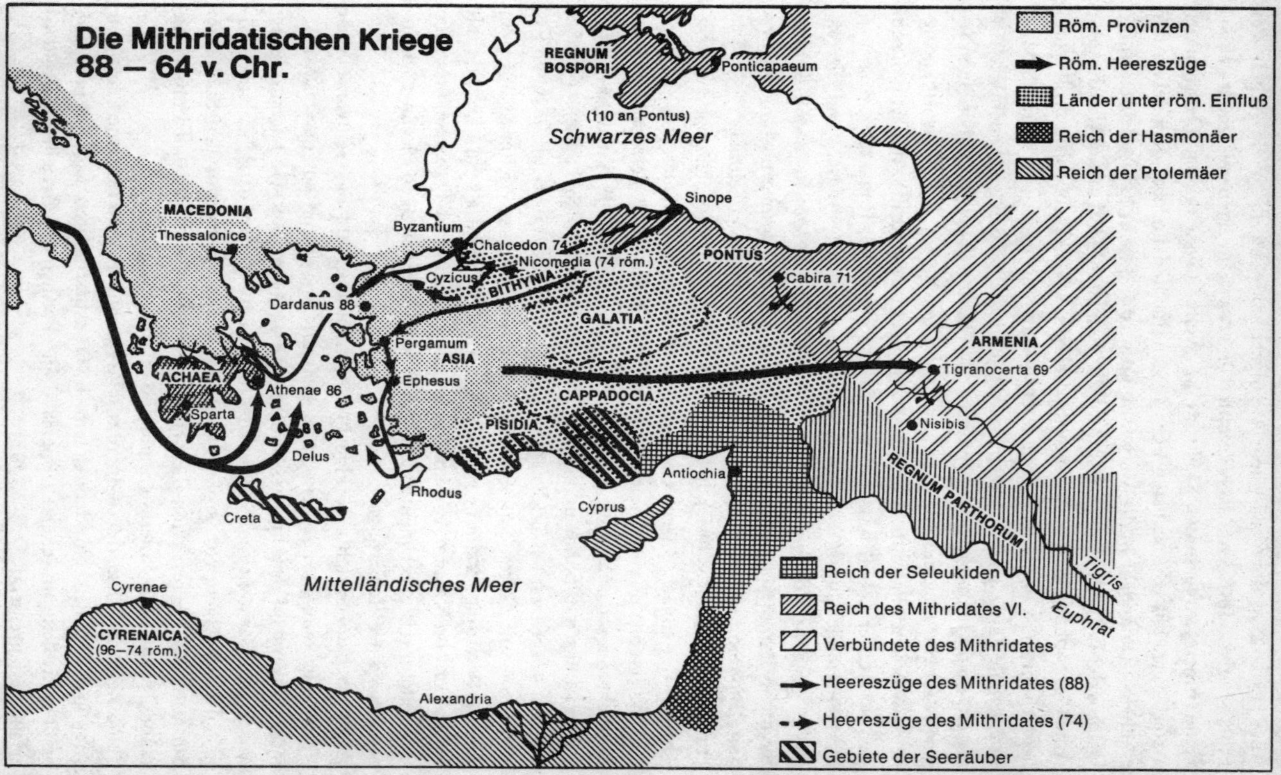
Die Mithridatischen Kriege
88 — 64 v. Chr.
Röm. Provinzen
Röm. Heereszüge
Länder unter röm. Einfluß
Reich der Hasmonäer
Reich der Ptolemäer
Reich der Seleukiden
Reich des Mithridates VI.
Verbündete des Mithridates
Heereszüge des Mithridates (88)
Heereszüge des Mithridates (74)
Gebiete der Seeräuber
REGNUM BOSPORI
Ponticapaeum
(110 an Pontus)
Schwarzes Meer
MACEDONIA
Thessalonice
Byzantium
Chalcedon 74
Nicomedia (74 röm.)
Sinope
PONTUS
Cabira 71
Cyzicus
BITHYNIA
Dardanus 88
GALATIA
ARMENIA
Pergamum
ASIA
Ephesus
ACHAEA
Athenae 86
Sparta
Tigranocerta 69
CAPPADOCIA
PISIDIA
Nisibis
Delus
Rhodus
Antiochia
Creta
Cyprus
REGNUM PARTHORUM
Tigris
Euphrat
Mittelländisches Meer
Cyrenae
CYRENAICA
(96–74 röm.)
Alexandria

Aber er hat Zeit, denn er ist kein Anfänger: Seit er auf der Welt ist (geb. um 130), ist er von Intrigen, Machtkämpfen und Mord im eigenen Clan umgeben. Seine frühen Jahre könnten Stoff für eine zweite Odyssee geben. Da stirbt der Vater, als er elf ist; die nächsten Verwandten trachten ihm nach dem Leben; der elfjährige König geht in die Verbannung, was in diesem Fall bedeutet: in die Wildnis der Gebirgstäler von Pontos. Er lebt von der Hand in den Mund, stählt seine Gesundheit als Jäger, lernt die Sprachen des Volkes, beobachtet alles und behält sehr viel. In diesen Jahren wächst – notgedrungen, um zu überleben – eine geniale Fähigkeit heran: sich überall und jederzeit den gegebenen Verhältnissen, dem Hier und Heute, anzupassen. Was ihn dabei noch über einen Jugurtha erhebt, ist seine Zähigkeit, nie nachzugeben, aus Kalkül aber im geeigneten Moment alles aufs Spiel zu setzen. Gefühle sind ihm nur Mittel zum Zweck; wen er liebte, wissen wir nicht, wen er haßte: Rom!

Es ist unmöglich, nach 2000 Jahren ein klares Bild seines Wesens und Charakters zu gewinnen, da wir völlig auf römische Quellen angewiesen sind. Wollen Sie mehr über diesen Mann erfahren, so lesen Sie die immer noch nicht überholte Biographie von Th. Reinach[77] (vgl. Literatur-Verzeichnis).

Durch eine Palastrevolution holt man Mithridates an die Macht; ein Zwanzigjähriger, der zunächst nach Alexanders Vorbild unter Konkurrenten, Feinden und zahlreichen ›Freunden‹ aufräumt. Binnen kurzem füllt sich der Hades mit den Schatten seiner Mutter, eines Bruders, einer Schwester; in späteren Jahren folgten drei seiner Söhne und einige Töchter. Einen großen Teil seiner Mußestunden – sagen wir besser: Neigung, denn Muße kannte er nicht – nehmen Experimente mit Giften und Gegengiften ein. Der erste Alchimist auf dem Thron! Allerdings treibt er angewandte Alchemie, und als ein Fürst, der allenthalben von Neidern, Konkurrenten und zwielichtigen Trabanten umgeben ist, treibt er das experimentelle Studium der Gifte sozusagen als einen wichtigen Zweig der Regierungsgeschäfte.

Zunächst baut er sich eine Hausmacht auf und erhebt das Schwarze Meer (›Pontos Euxeinus‹) zu seinem ›mare nostrum‹, analog zu Rom, das das Mittelmeer zunehmend als römisches Binnengewässer betrachtet. Und dann zeigt er, was er kann: Er stößt vom Südrand des Meeres in die kleinasiatischen und nördlichen Randgebiete vor, erobert von Pontus aus die griechischen Städte am Südrand des Meeres, dann die benachbarten Fürstentümer und kann so die Handelswege nach Innerasien und Indien kontrollieren.

Seine Reiseeindrücke durch die römische Provinz müssen für seine Pläne sehr günstig ausgefallen sein, denn an einem vorausbestimmten Tage des Jahres 88 heißt es in allen römischen Etappenstädten: ›Freiheit den Griechen! Schuldenerlaß! Bodenreform!‹

Nehmen wir Ephesos: Scheinbar aus dem Nichts heraus tauchen die Sturmabteilungen auf; in wenigen Minuten sind die öffentlichen Gebäude besetzt, römische Villen in Brand gesteckt, geht's an die ›Endlösung der Römerfrage‹ ... Alles, was nach Römer oder Italiker aussieht, gleich ob Männer, Frauen, Kinder, Greise, verfällt dem Dolch, dem Schwert, dem Strick, dem Feuer. 80 000 – in Worten: achtzigtausend! – werden Opfer der Rache des neuen ›Dionysos‹, wie seine Anhänger ihn schon nennen. Nach anderen Berichten waren es 150 000. Dem römischen Statthalter in Ephesos ließ er, um seine allbekannte Habgier endgültig zu sättigen, flüssiges Gold in den Hals gießen. Der Mann ging elend zugrunde. Sie sind erschrocken? Ich auch ... Und was ist mit Mylai?

Zwar hat der ›neue Dionysos‹ geschickt die innere Krise Roms genutzt, sich aber einen entscheidenden Fehler geleistet. Nicht nur Römer, sondern auch Italiker, Kaufleute vor allem, Samniten, waren unter den Toten. Damit hat er sich der Chance begeben, zwischen Rom und die Vettern einen Spaltkeil zu treiben.

Die Folgen sollen sich bald schon zeigen, als der Bundesgenossenkrieg wider Erwarten der griechischen Beobachter relativ schnell beigelegt werden kann. Zunächst aber nimmt er nach persischem Vorbild großartig Besitz von den Ländereien an der Westküste Kleinasiens, teilt sein Reich in Satrapien ein und verlegt seine Residenz von Sinope am Südrand des Schwarzen Meeres nach Pergamon. Das ist Programm! Der Blick geht nach Westen!

Wie hatte es getönt? ›Freiheit den Griechen!‹ Dieser Ruf köderte von nun an über 2000 Jahre hinweg bis in unser Jahrhundert die patriotischen Hellenen. Zunächst sieht alles günstig aus ...

Ehepolitik spielt bei Mithridates eine wichtige Rolle. Durch Verheiratung seiner Tochter Cleopatra mit Tigranes von Armenien wie durch die Zusage gegenseitiger Unterstützung kann er sich im Rücken abstützen und den begehrlichen Blick nach Westen richten. Dieser Tigranes ist neben Mithridates eine der interessantesten orientalischen Herrscherpersönlichkeiten der Zeit, dennoch können wir ihn – unser Blickwinkel liegt ja auf Rom – nur kurz streifen:

Mit ihm betreten die Armenier zum ersten Mal machtpolitisch die Bühne. Durch die Pufferlage seines Landes ist Tigranes zunächst zu einer Schaukelpolitik gezwungen: im Westen lauern Pontus und die römische Provinz, im Süden das wachsende Partherreich der Arsakiden und der Rest des Seleukidenreiches. Ihm kommt der Antrag des Mithridates wie gerufen: Beide besetzen Kappadokien, das schon durch die Heirat von Mithridates' Schwester Laodike mit Ariarathes VI. (dem letzten Nachkommen des letzten persischen Satrapen von Alexander d. Gr.) eng an Pontus gebunden war.

Die strategischen Hilfsquellen an Material, Waffen, Nahrungsmitteln und

Menschen konnten Mithridates wohl annehmen lassen, zu einem totalen Schlag gegen die westliche Großmacht sei die Stunde gekommen.
›Freiheit den Griechen!‹ ... Träume von alten Herrlichkeiten werden wach; besonders Athen geht dem ›neuen Dionysos‹ ohne Bedenken auf den Leim. Unter dem Einfluß eines gewissen Aristion – wahrscheinlicher: Athenion – schlägt es sich auf die Seite des Mithridates, erobert mit dessen Hilfe Delos und macht dort die ansässige italische Kaufmannschaft nieder, plündert den Tempelschatz der Insel – Delos war Hauptumschlagsplatz des Sklavenhandels im östlichen Mittelmeer – und träumt von der Wiederherstellung eines ›Attischen Seebundes‹ unter seiner Führung.
Dies alles dringt nach Rom; Überlebende der ›Vesper‹ berichten von den Unmenschlichkeiten ... Die Stadt steht vor einer schier unlösbaren Aufgabe: Im eigenen Lande der schwärende Bundesgenossenkrieg, im eigenen Hause Klassenkampf, in der eigenen Provinz Erhebung! Die Griechen sagen sich los! Athen verloren! Und über allem die drohende Wolke: Mithridates!
Rom hat noch nicht die reife Erfahrung kommender Jahrhunderte im Umgang mit dem Orient. Ist denn keine Unterabteilung des Auswärtigen Amtes zuständig? Es gibt kein AA. Zuständig für auswärtige Fragen ist der Senat. Doch keiner der besseren Herren fühlt sich zu einer Mission in den Osten gedrängt. Man beratschlagt lange, wägt Personen und die hinter ihnen stehenden Gruppen ab: Da ist Sulpicius Rufus, Popularer, Marianer, der auf seine Stunde wartet. Hinter ihm die Ritterschaft, die in Asien ihre Steuer-Felle davonschwimmen sieht. Kann man ihm trauen? Was ist mit Marius? Wird er sein Gesicht wiederfinden oder erneut durchdrehen? Dann ist da noch Lucius Cornelius Sulla! 50 Jahre alt, hochmütig, eitel, aber hochintelligent. Hat er sich bisher nicht legal verhalten? War er nicht mehr oder weniger erfolgreich als praetorischer Statthalter der Provinz Kilikien? Man könnte es mit ihm versuchen, trotz seiner unverschämt hohen Schulden – oder gerade deswegen!
Aber wie eine Armee auf die Beine bringen ... Denn es sind ja drei Feuer zugleich zu löschen: in Rom die Revolution niederhalten, die italischen Vettern ducken, in Asien Krieg führen.

## 4. *Der Marsch auf Rom*

Man wählt also Sulla zum Consul, der mit einem Kontingent vor Nola in Campanien steht und die letzte Glut des Bundesgenossenkrieges in dieser Gegend austritt. Sein Kollege wird Q. Pompeius Rufus (nicht der Vater des Pompius Magnus, der Cn. Pompius Strabo heißt und Consul des Vorjahres war), ein alter Freund des Metellus Numidicus und ergebener Anhänger Sullas und der

Optimaten. Die Wahl wie auch die Vergabe der beiden wichtigen Operationsfelder – Oberbefehl in Italien und Feldzug gegen Mithridates – gehen glatt und mit großer Mehrheit der Wähler durch: Pompeius bekommt Italien, Sulla den Osten. Rom scheint ruhig und lächelt über den militärischen Frühsport des Marius auf dem Marsfeld: Er geht nämlich alle Tage dorthin, »wo er sich mit jungen Leuten übte und zeigte, daß sein Körper noch immer fähig sei, die Waffen zu tragen und sich auf dem Pferde zu halten, obwohl er im Alter durch Dicke und Fettheit ziemlich schwerfällig geworden war«[78].

Tatsächlich spekuliert der Nimmersatt auf ein Kommando im Osten: »Die Gründe, welche Marius zu seiner Rechtfertigung vorbrachte, wurden vollends abgeschmackt befunden; denn er gab vor, er wolle nur mitgehen, um seinen Sohn im Kriegswesen zu unterrichten.« Ist das Verkalkung? Die genau hinsehen – und wir gehören dazu – wissen: Ihn treibt der Haß auf seinen ehemaligen Stabsoffizier, der ihm Jugurtha weggeschnappt hat. Sulpicius – »in allem ein großer Bewunderer und Nachahmer des Saturninus«[79] – steckt dahinter; er braucht Marius als Galionsfigur. Sulla scheint ihn falsch eingeschätzt zu haben, denn er förderte seine Wahl zum Volkstribunen.

Sulpicius hat sich mittlerweile mit einer Privatarmee von 3000 Bewaffneten umgeben und schickt sich an, aus 600 jungen Männern eine Art Gegensenat zu bilden. Er beherrscht die Straße, begeistert die Masse, kann sich auf die Ritterschaft und deren Gelder stützen, die sich nach dem finanziellen Zuwachs aus dem Osten sehnen. Marius und Sulpicius fühlen sich ihrer Sache sehr sicher, denn sie bringen diesen Gesetzesvorschlag ein: Zurücknahme des Oberbefehls in Asien von Sulla und dessen Übertragung auf Marius.

So nebenbei »führte er ein Gesetz ein, daß kein Ratsherr mehr als 2000 Drachmen Schulden haben dürfe –, und er selbst hinterließ bei seinem Tode eine Schuldenlast von 3 Millionen Drachmen«[80]. Kommentar überflüssig ... Ebenso ›nebenbei‹ tötete er bei einem Handgemenge den Sohn des Consuls Pompeius; der Vater kann fliehen.

Sulla ist mittlerweile bei seiner Armee vor Nola angelangt, um in Kürze nach Asien abzugehen. So scheint es. In Wirklichkeit wälzt er andere Probleme ... Für alle Fälle hält er eine vorbeugende Rede an die Männer, »und ermahnte sie, ohne jedoch seine Absicht deutlich auszusprechen (denn er wagte noch nicht, von einem solchen Kriege zu sprechen), seine Befehle bereitwillig zu befolgen. Die Soldaten aber, welche verstanden, was er im Sinne hatte, und fürchteten, um den Feldzug (gegen Mithridates) zu kommen, sprachen offen Sullas Gedanken aus und forderten ihn auf, sie unbedenklich gegen Rom zu führen«[81].

Zuvor aber befördern sie die von Sulpicius gegen sie ausgeschickten Praetoren – wenn nicht in den Hades, so in den Straßendreck, nachdem sie ihren Lictoren die Fasces zerbrochen, ihnen selbst die mit Purpur besetzten Kleider vom Leib gerissen und sie in jeder Weise gedemütigt hatten. Die Ärmsten hatten den Auftrag, einen möglichen Vormarsch Sullas gegen Rom zu stoppen und ihn, wenn möglich, seines Amtes zu entheben. Wenn möglich ... Das zeigt, wie sicher sich die populare Gruppe fühlt und wie falsch sie die tatsächliche Verteilung der Kräfte einschätzt.

Nun aber bestürmen ihn seine Soldaten, gegen Rom und die Verfassungsbrecher Marius, Sulpicius und Genossen zu marschieren.

Marius hat als Antwort in der Stadt bereits mit ›Säuberungsaktionen‹ begonnen, »und ließ die Freunde Sullas in der Stadt umbringen und ihre Häuser plündern«[82].

Wie ungeheuerlich ein bevorstehender Angriff einer römischen Armee auf Rom wirkt, zeigt das Verhalten von Sullas Offizieren, die durchweg den Oberschichten angehören und nicht unter den Sympathisanten von Marius und Sulpicius zu suchen sind: »Die Anführer, mit Ausnahme eines einzigen Quaestors, eilten nach Rom, weil sie es nicht über sich bringen konnten, ein Heer gegen das Vaterland zu führen[83].«

Doch das stört Sulla wenig. Für ihn ist die Stunde seines Lebens gekommen ... Es fasziniert uns immer aufs Neue, das Geschick eines Landes, einer Epoche vom Willen eines einzigen Menschen abhängen zu sehen. Die Dramen der Weltliteratur leben von solchen Augenblicken. Für Sulla ist die Entscheidung um so drückender, als es keinen Präzedenzfall gibt – Caesar kann sich später an Sullas Vorbild orientieren! Sullas Rubicon liegt in ihm selbst: Wie immer in solchen Grenzsituationen hängen persönliches Schicksal und Zukunft des Gemeinwesens am gleichen Faden.

Für ihn stellt es sich so dar: Kann er einem fadenscheinigen, durch Terror erpreßten Beschluß eines eingeschüchterten Senats Folge leisten? Wenn schon im Senat solche Memmen sitzen, denen ein stilles Dahinvegetieren von Marius' und Sulpicius' Gnaden angenehmer ist als die Ehre des Hauses, die Sitte der Väter, das Ansehen des Staates, dann muß er sie mit Gewalt an ihre Pflichten als Bewahrer der Geschicke Roms erinnern. Die Alternative: Zurücktreten ... Aber dann ist sein Leben keinen Pfifferling mehr wert!

Vor allem: Sie werden nicht mit seinem totalen Gegenschlag rechnen, der alles bisher Dagewesene in den Schatten stellt. Er lächelt bitter: Wie aufgescheuchte Hühner sieht er sie aus den Toren flüchten, kopflos, überrumpelt, gedemütigt. Sein Entschluß steht fest: Angriff!

Was nun folgt, läuft beinahe wie von allein; die militärische Maschinerie, einmal unterwegs, kann nicht mehr gestoppt werden. Die Armee marschiert. Pompeius, der zweite Consul, ist ganz seiner Meinung, er hat noch einen Sohn zu rächen.

Sulla hat geträumt: Eine Göttin reicht ihm einen Donnerkeil, und er zerschmettert damit seine Feinde. Ein etruskischer Wahrsager bestärkt ihn, die Götter sind auf seiner Seite. Auf gegen Rom – für Rom! Nun sind alle Skrupel gefallen: Einer zweiten Delegation, die man ihm hastig entgegenschickt, sagte er zwar zu, auf der Stelle zu warten; der Senat werde ihm Gerechtigkeit widerfahren lassen ... Dummes Gequatsche! Kaum sind sie weg, Weitermarsch!

Vom Senat Gerechtigkeit widerfahren lassen? Pah! Das, was er sich unter einem Senat vorstellt, gibt es schon lange nicht mehr. Er wird mit einem eisernen Besen kehren müssen. Nur weiter, keine Zeit verlieren! Sie müssen überrascht werden, aus allen Wolken fallen! Der Spieler Sulla hat seine helle Freude an den nahenden dramatischen Verwicklungen ...

Allmählich dämmert es denen in der Stadt: Aber wird er es wagen, das Pomerium, die geheiligte Grenze, die einst Romulus mit dem Pflugschar zog, mit Waffen zu überschreiten? Unmöglich! Jupiters Blitz wird ihn zerschmettern! ... Er lächelt: Jupiter ist auf seiner Seite. Die Götter sprechen im Traum zu ihm. Nicht er verletzt heilige Abgrenzungen, die da drinnen tun es.

Die Tragik des Marius besteht unter anderem auch darin, daß das von ihm geschaffene Berufsheer nun zu seiner eigenen Vernichtung eingesetzt wird. Mars regiert die Stunde! Und er wird auf lange das Heft nicht mehr aus der Hand legen. Das Heer ist der entscheidende Machtfaktor geworden. Sulla weiß es, er wußte es schon lange.

Er besetzt mit einer Legion das caelimontanische Tor, wo die Stadt am Austritt der Via Tusculana in spitzem Winkel nach Osten auskragt. Die Mauer ist wegen ihres weiten Ausgreifens schlecht zu verteidigen. Pompeius nimmt die Porta Collina im Nordosten, eine dritte Legion besetzt die Hölzerne Brücke, eine vierte bleibt in Reserve: »Mit den beiden anderen Legionen zog Sulla in die Stadt, für einen Feind gehalten[84].«

Panik unter den Popularen; immer wenn ihnen das Wasser bis zum Hals steht, bleibt ihnen als letzte Weisheit ›Freiheit den Sklaven!‹ Erstaunlich die Passivität der Bevölkerung – oder auch nicht: Man will ja nur seine Ruhe, sein Auskommen, sicheren Verdienst, am Abend einen Schoppen Wein. Zu allen Zeiten dasselbe. Es hagelt lediglich von einigen Dächern Steine und Ziegel auf die Truppen, doch Sullas Drohung, die Stadt in Brand zu setzen, läßt sehr schnell Ruhe einkehren.

Der Staatsstreich gelingt; die Überrumpelten sind zu verblüfft, lassen alles stehen und liegen und fliehen. Sie ahnen, was auf sie zukäme, wenn sie blieben: »So sehr beraubte ihn (Sulla) der Zorn und die Leidenschaft aller vernünftigen Überlegung, daß er nur auf die Befriedigung seiner Rache bedacht war und nur seine Feinde vor Augen hatte, auf seine Freunde und Verwandte aber keinerlei Rücksicht nahm[85].«

Marius wird durch die Carinae, in der Gegend des Tempels der Tellus zurückgedrängt, versucht sich zu halten; aber seiner Proklamation zu Befreiung der Sklaven folgen nur 2 oder 3 Leutchen, woraus man auf drei Ursachen schließen könnte: die Treue der Sklaven, den fallenden Stern des Marius oder die mangelnde Publizierung des Aufrufs. Er gibt auf und verläßt die Stadt. Mittlerweile ist es dunkel geworden, und sobald er außerhalb der Mauer ist, zerstreuen sich alle Begleiter, die er bei sich hatte. Vae Victis! (Wehe den Besiegten!) Seine Gedanken an diesem Abend müssen schrecklich gewesen sein: Wie einen räudigen Hund hat man ihn davongejagt, wie einen tollwütigen Fuchs würde man ihn totschlagen. Immerhin, er lebt! Und hängt an seinem Leben, wie ein alter Bauer. Er wird sich rächen!

Sulla ist Herr der Stadt. Nun muß sich zeigen, ob er mehr ist als nur ein Juntageneral, ob in ihm etwas von einem Staatsmann steckt. Alle Welt erwartet von ihm etwas, ob es zum Fürchten sein wird, bleibt abzuwarten. Er hat nicht viel Zeit zum Konzipieren großer Pläne, denn er will in den Osten. Die Nachrichten von den Greueltaten des ›neuen Dionysos‹ verbreiten sich und werden kräftig aufgebauscht. Sulla kommt das gelegen: Je größer der Feind, um so größer wird sein Sieg sein. Auf dem Ostfeldzug kann er persönliche Interessen – Ruhm, Geld, Beute – mit der Verteidigung des Vaterlandes verbinden. In Rom läßt er sich als Befreier feiern, während er nur die dringlichsten Maßnahmen improvisiert; wenn er in Asien interveniert, muß er in Rom den Rücken frei haben – das Umgekehrte gilt ebenso. Senat, Ritterschaft und Plebs haben sich den Maßnahmen des allmächtigen Consuls und Generals zu beugen:

12 Marianer werden für vogelfrei erklärt; Sulpicius wird ergriffen, niedergemacht, sein Kopf auf die Rednertribüne am Forum aufgepflanzt. Marius selbst soll gejagt werden, auf seinen Kopf stehen Prämien.

Nur ein einziger Senator, der greise Augur Mucius Scaevola – der Vater der römischen Rechtswissenschaft – findet den Mut zu dieser Entgegnung: »Du magst mir die Kolonnen deiner Soldaten zeigen, mit denen du das Rathaus umstellt hast, du magst mir immer wieder den Tod androhen, niemals wirst du mich dahin bringen, aus Sorge um mein noch kurzes greises Leben den Marius, der Rom und Italien gerettet hat, als Staatsfeind zu rächen[86].« Scaevola hatte zwar Sympathien für die populare Gesetzgebung, war aber ein Gegner jeder Radikalität, ganz gleich von welcher Seite sie ausging. Die Antwort ist seiner stoischen Lebenshaltung würdig. Er ist einer der Lehrer des jungen Cicero. Für die Stimmung in Rom ist die Bemerkung Plutarchs bezeichnend: »Der Senat ließ sich's zwar nicht merken, wie sehr ihn Sullas Handlungsweise kränkte, aber das Volk gab ihm seinen Haß und Unwillen durch die Tat selbst deutlich genug zu verstehen[87].«

Das hieß konkret: Sullas Kandidaten für das nächste Consulat werden ignoriert. Das Volk wählt Cinna, der uns und Rom noch beschäftigen wird.

Cinna, wie Sulla der berühmten ›Gens Cornelia‹ angehörend, liebäugelt mit den Plänen des gestürzten Sulpicius, spielt aber vor Sulla den loyalen Nachfolger im Amt und schwört ihm öffentlich Treue mit vielen Worten von hohem Pathos, wie es sich unter solchen Umständen gehört. Daß Sulla nicht daran glaubt, ist klar, aber vor dem Volk muß er sich zu diesem Zeitpunkt an den Wahlmodus halten, wie Hitler vor dem Ermächtigungsgesetz. Weitaus mehr beschäftigt ihn eine andere Sorge: Wo ist Marius?

### 5. *Wo regiert wird, fallen Köpfe: Proskriptionen*

Wir wissen es ... Der letzte Akt seines Lebens könnte einem drittklassigen Krimi entnommen sein und beweist, wie das Leben bisweilen einen Hang zum Kitsch hat. Hier die Stationen seiner Flucht:

Zunächst schlägt er sich nach Ostia durch, wo ein Freund ein Schiff bereithält, und segelt an der Küste entlang Richtung Süden. Ein Sturm zwingt zur Landung beim Vorgebirge Circaeum (heute Monte Circello), wo einst die homerische Circe hauste. Ohne festen Plan irrt er niedergeschlagen und entkräftet – er hat sehr an der Seekrankheit gelitten – an der Küste umher. Zwei Hirten, die ihn erkennen, raten ihm, die Gegend zu meiden, sullanische Häscher durchstreifen zu Pferde das Gebiet. Die Nacht verbringt er sorgenvoll in einem Gebüsch.

Am folgenden Tag wankt er mit letzter Kraft weiter an der Küste entlang. Und hier können wir unvermittelt einen tiefen Blick in sein Innerstes tun; Plutarch hat es, wie immer fein geordnet, festgehalten: Marius »tröstete seine Begleiter und beschwor sie, vor der letzten Hoffnung, zu der er sich im Vertrauen auf einige alte Orakel aufraffe, den Mut nicht sinken zu lassen. Er erzählte ihnen nämlich, in seiner Jugend, als er noch auf dem Lande lebte, hätte er mit seinem Gewand ein herabfallendes Adlernest, das sieben Jungen enthielt, aufgefangen. Seine Eltern, voller Verwunderung darüber, hätten die Wahrsager befragt und diese haben die Antwort erteilt, aus ihm werde der berühmteste Mann werden, und es wäre ihm beschieden, die höchste Würde und Gewalt siebenmal zu erhalten ...« Ob erfunden oder nicht, er glaubt daran; an diesem Tiefpunkt seines Lebens kehren seine Gedanken zu den bäuerlichen Wurzeln zurück, zum einfachen Leben auf dem Lande, zu den Eltern. Plutarch fügt noch hinzu: »Soviel ist indessen gewiß, daß Marius während seiner Flucht und in den äußersten

Nöten oft gesagt hat, er werde noch zum siebtenmal Consul werden[88].« Es wird wohl stimmen, denn der Glaube kann bekanntlich Berge versetzen.
Zuvor aber folgen die größten Demütigungen seines Lebens. Er wird verraten, gefangen und in der Stadt Minturnae in Gewahrsam gesteckt. »Nach einiger Beratung fanden die Häupter und der Rat von Minturnae für gut, den Mann ohne weiteren Verzug hinrichten zu lassen. Kein Bürger wollte dies ausführen, endlich aber ging ein Reiter, der von Geburt ein Gallier, oder wie andere wollen, ein Cimbrer war, mit dem Schwert zu ihm hinein. Der Teil des Zimmers, in dem Marius lag, hatte wenig Licht und war ziemlich dunkel; da schien es, wie man erzählt, dem Soldaten, als wenn die Augen des Marius eine helle Flamme aussprühten und aus dem dunklen Winkel die donnernde Stimme hervorkäme: ›Kerl, du unterstehst dich, den Gaius Marius umzubringen?‹ Darauf riß dieser sofort aus, warf sein Schwert von sich und eilte durch das Haus, indem er immer wieder schrie: ›Ich kann den Gaius Marius nicht töten!‹[89]«
Die Leute zeigen Reue vor dem Cimbernsieger und geben ihm freies Geleit. Zu Schiff entkommt er nach Africa, um die Dinge auf sich zukommen zu lassen. Während Sulla in Asien voll und ganz mit Mithridates beschäftigt ist, spitzen sich die Ereignisse in Rom zu; Cinna läßt seine Maske fallen: Cinna hatte Sulla geschworen, die Partei des Marius ganz zu verlassen und völlig die Sache des Senats zu verfechten. Aber kaum hatte Sulla Italien verlassen, als Cinna das Gesetz, mit dem die italienischen Bundesgenossen den 35 Tribus der Römer einverleibt werden sollten, wieder aufgriff und mit Gewalt seine Durchführung anstrebte. Sein Kollege Octavius Nepos widersetzte sich, und darüber kommt es zu Zusammenstößen auf dem Forum: »Nach einem hitzigen Gefecht behielt Octavius die Oberhand, wies den Cinna, der gar zu tyrannisch regieren wollte, aus der Stadt und machte an dessen Stelle den Cornelius Merula (der flamen dialis, Priester des Jupiter war) zum Consul. Cinna brachte daher aus dem übrigen Italien eine große Macht zusammen und ging damit auf die Feinde los[90].«
Als Marius von dieser römischen Entwicklung erfährt, glaubt er seine Stunde gekommen. Auf nach Rom! Ein Schweif von tausend popularen Emigranten begleitet ihn. »Da er wußte, daß Octavius, einer der trefflichsten Männer, sein Amt auf die rechtmäßigste Art verwalten wollte, Cinna hingegen dem Sulla verdächtig war und die eingeführte Verfassung umstürzen wollte, so beschloß er, sich mit seiner Macht zu diesem zu schlagen.« Kaum wieder in Italien, hält er Reden an die Rebellenarmee des Cinna, läßt sich feiern und lebt sichtlich auf. Betont theatralisch erscheint er in schlechter Kleidung mit langem Haar und Bart, »den er seit dem ersten Tag seiner Flucht hatte wachsen lassen, als ein mehr als siebzigjähriger Greis, mit betont langsamen Schritten einhergehend, um recht mitleidswürdig zu erscheinen«.

Wir müssen, glaube ich, kapitulieren, wenn wir einsichtige Motive für das Verhalten des Cimbernsiegers in diesen letzten Monaten seines Lebens finden wollen. Dritter Gründer Roms? Es hätte nicht viel gefehlt, und er hätte die Stadt als Schutthaufen hinterlassen! War er senil? Keineswegs; und ihn mit dem Hinweis auf seinen ›primitiven Verstand‹ abzutun[91], scheint denn doch zu sehr durch die Brille der römisch aristokratischen Geschichtsschreibung gesehen. Marius blieb immer, der er von Anfang an war: ein Bauer als General, der durch die politischen Umstände in einen politischen Clinch geschoben wurde, den er nie begriffen hatte. Einen Menschen moralisch zu verdammen ist schon immer einfacher gewesen, als seine Qualitäten zu loben, und die Poeten stürzen sich mit Feuereifer auf die Zwielichtigen. Bei Marius ist der abgrundtiefe Haß auf Sulla der Motor seiner letzten Verirrungen. Dieser hochnäsige Aristokrat – so sieht er es – hat ihm die Meriten gestohlen! Das begann mit Jugurtha, ging über in den Bundesgenossenkrieg. Am tiefsten muß ihn kränken, wie der andere sein Werk, die neue Armee, im Interesse persönlichster Ziele gegen den Staat mißbraucht. Alles an diesem aalglatten Macchiavellisten ist ihm zuwider, an erster Stelle seine geniale Anpassungsfähigkeit, die ihm selbst völlig abgeht. Denn er selbst ist trotz allem nach wie vor die ehrliche Haut, stur, gerade weil er seinen Antrieben so offen nachgibt, ein anarchischer Mensch, der ohne Zögern das Schicksal der Stadt zu seinem eigenen macht. Er könnte dies nicht, wüßte er nicht die Massen hinter sich. Er ist ja einer der ihren, kulturlos, unliterarisch, amusisch, politischer Tagelöhner. Die Leute haben das Gefühl: man muß ihm helfen! Ein Spätgeborener, der Letzte seiner Art. Nach ihm wird es keinen Marius mehr geben. Das ist weder gut noch schlecht, sondern eben ein Faktum.
Bei der Landbevölkerung ist sein Ansehen in keiner Weise geschmälert; binnen wenigen Tagen hat er eine ansehnliche Macht um sich versammelt, »freie Landleute und Hirten«. Die Ressentiments der Italiker gegen die römische Aristokratie sind längst noch nicht abgebaut. Cinna hat sich zum Anwalt dieser Leute gemacht, 30 Legionen kann er aus diesem Anhang auf die Beine bringen. Just in diesem Augenblick stößt Marius zu ihm und bietet seine Mitarbeit an.
Die Magie seines Namens zieht immer noch alle Bedürftigen an. In Etrurien laufen ihnen die unendlich gedemütigten Feldsklaven der Grundbesitzer zu. Sie schenken ihnen die Freiheit und ziehen mit diesem buntscheckigen, aber grimmig entschlossenen Haufen gegen Rom.
Was vor drei Jahren noch – selbst für Marius – ein Tabu war, wird nun Methode: der militärische Schlag gegen die heilige Hauptstadt!
»Bei dieser Lage der Dinge«, schreibt Plutarch, »schickte der versammelte Senat Abgeordnete an Cinna und Marius und ließ sie bitten, in die Stadt einzuziehen, aber die Bürger zu schonen. Cinna empfing die Abgeordneten auf seinem

Stuhl sitzend und erteilte ihnen eine freundliche Antwort. Marius, der neben dem Stuhl stand, sagte zwar nichts, aber seine finstere Miene und seine hämischen Blicke verrieten deutlich genug, daß er die Stadt sogleich mit Blut überschwemmen würde ... Er rückte mit einer Art Leibwache, die er unter den versammelten Sklaven ausgelesen hatte, in die Stadt ein. Diese Leute töteten sogleich eine große Menge Bürger teils auf ausdrücklichen Befehl, teils auf bloßen Wink von ihm ... Von der Zeit an brachten sie, wie auf ein verabredetes Zeichen, alle diejenigen, deren Anrede oder Gruß er nicht erwiderte, gleich auf der Straße um, so daß selbst seine Freunde voller Angst und Sorge waren, sooft sie sich ihm näherten, um ihn zu grüßen[92].«

Der Haß auf das aristokratische Regiment treibt den an zunehmender Neuralgie leidenden Kimbernsieger in einen Blutrausch, wie ihn die Stadt zuvor noch nicht erlebte. Da sterben völlig unbeteiligte Männer, da werden längst vergessene Rivalitäten aufgerührt; nach dem Motto ›Wo regiert wird, fallen Köpfe!‹ schont man niemanden, und wenn er nur einst zu Sulla ›Guten Tag!‹ gesagt hätte. Jeder Name, der in diesem Zusammenhang auftaucht, bedeutet eine Tragödie: Lutatius Catulus! Sein Vergehen bestand darin, zusammen mit Marius bei Vercellae gesiegt zu haben. Man eröffnet gegen ihn einen Scheinprozeß; er entzieht sich dem Urteil durch Selbstmord ... Cornelius Merula! Er wird zum Selbstmord getrieben, weil er mehr oder weniger gegen seinen Willen anstatt Cinnas Consul geworden war: ein völlig unpolitischer, frommer Mann ... Marcus Antonius! der angesehenste Redner der Zeit, Intellektueller, und darum verdächtig, wird ermordet ...

Das Morden bleibt nicht auf Rom beschränkt: »Jede Straße, jede Stadt war mit Soldaten angefüllt, die die Entflohenen oder Versteckten aufspüren oder verfolgen mußten[93].«

Auch das Töten will organisiert sein! Man stellt Listen auf und läßt bereits geschehene Pogrome nachträglich von dem Stimmtier auf dem Marsfeld legalisieren. Neue Namenslisten werden ›genehmigt‹: An erster Stelle Sulla! »Sullas Freunde wurden sämtlich ermordet, sein Haus eingerissen, sein Vermögen eingezogen und er selbst für einen Feind des Vaterlandes erklärt; seine Frau und seine Kinder jedoch entgingen den Nachsuchungen[94].« Es gelingt Metella, sich mit den Kindern zu Sulla durchzuschlagen, und »sie drang in ihn, der Stadt zu Hilfe zu eilen«[95]. Der General schwankt einen Augenblick: »Auf der einen Seite kam es ihn schwer an, sein bedrängtes Vaterland hintanzusetzen, auf der anderen Seite aber wollte er nicht gern weggehen, ohne ein so gewaltiges Werk wie den Mithridatischen Krieg zu Ende geführt zu haben.« Er bleibt. Es ist die strategisch richtige Entscheidung!

Derweilen steigert sich das römische Chaos bis zum Ekel: Die Köpfe der Ermordeten werden auf dem Forum ausgestellt und »niemandem erlaubt, einen Ermordeten zu bestatten, sondern Raubvögel und Hunde zerrissen so angesehene Männer«[96]. Die von Cinna und Marius angeheuerten Sklaven fallen in die Häuser ein, rauben und morden, wen sie antreffen, foltern die Herren, schänden Knaben, Mädchen und Frauen[97].

Da endlich raffen sich Cinna und Sertorius, ein Gegner der sullanischen Politik, doch kein Anhänger der Marianer, auf und lassen die Mordbande von regulären Truppen nachts in ihrem Lager niederhauen: Die Revolte frißt ihre Kinder! Marius hat seine Rache gekostet; ist er zufrieden? Allmählich dämmert ihm, was er angerichtet. Und nun bricht er zusammen, Körper und Geist zerfallen, er hat schreckliche Träume und Gesichte, findet keinen Schlaf mehr. Daß man ihn zum siebten Mal zum Consul wählt, läßt zwar seine Prophezeiung eintreten, bedeutet ihm nun aber nichts mehr. Übergroß verfolgt ihn bei Tag und Nacht der Schatten Sullas, wird ihm zum Komplex: Wie vor 2 Jahren wird er ihn aus der Stadt jagen. Ihn befällt Seitenstechen, er zittert oft, stürzt sich zur Ablenkung in Völlerei, trinkt unmäßig. Und wieder gibt uns Plutarch durch eine Notiz einen subtilen Einblick; es ist, als ob der Vorhang für einen Augenblick zur Seite gezogen wird: »... Marius sei mit einigen Freunden nach dem Abendessen spazierengegangen, habe sich mit ihnen über die Ereignisse seines Lebens von den ersten Jahren an unterhalten und nach Erzählung des häufigen Glückswechsels sich geäußert, ein kluger und verständiger Mann dürfe sich nicht länger auf das Glück verlassen. Darauf habe er von den Anwesenden Abschied genommen und sei nach einem Krankenlager von 7 (!) Tagen gestorben. In dieser Krankheit zeigte sich, wie einige erzählen, seine Ehrsucht in ihrer ganzen Größe und artete zuletzt in heftigen Wahnsinn aus, indem er, in der Einbildung, er kommandiere als Feldherr gegen Mithridates, unter lautem Geschrei und Jauchzen, wie er sonst in Schlachten gewohnt war, mit dem Körper allerhand Stellungen und Bewegungen machte. Eine so heftige und untilgbare Begierde nach dem Kommando in jenem Kriege hatten Ehrgeiz und Eifersucht in ihm entzündet[98].«

Marius starb im Alter von 72 Jahren am 13. Januar 86 an einer Lungenentzündung[99]. Noch nie war eine Krankheit so segensreich.

# Sulla

### *1. Römischer Alltag: Zum Beispiel Publius Pansa ...*

Können Sie noch? ... Vielleicht sollten wir eine Pause einlegen, um uns von den Schrecknissen zu erholen. Wollten Sie nicht einen Bummel durch die Stadt machen; ist Ihnen die Lust nach den letzten drei Jahren vergangen; ... Nein? – Nun, ich warne Sie: Dieses Rom der achtziger Jahre ist ein Drecknest! Sie werden sich mit Sicherheit verlaufen, denn die Straßen haben bis auf einige wenige keine Namen, sind eng und düster; die Häuser verzichten auf Nummern. Abseits von Forum und Palatin, also gleich um die Ecke, wird es eng, schmuddelig, stickig. Sie kennen doch Bilder der Altstadt Neapels oder Hongkongs ... Ratten, faulender Müll, hohe finstere Wände, Wäsche von Wand zu Wand, Gestank; energische aber schmuddelige Matronen, Hunde jeder Provenienz, dicke Kater. Aber temperamentvolle Leute, wie heute: Hier hat das Vokabular der Komödien des Plautus seine Wurzel; hier wird geredet, geredet, geredet – und gemeckert! Schuld haben »die da oben ...«! Natürlich. Wer kümmert sich denn schon um das Elend des Stimmtiers!? Hier ist römische Subkultur, von der wir so gut wie gar nichts wissen. Es wird ähnlich sein wie in New York im farbigen Viertel. Wer hier geboren wird, kommt nicht raus. »Spiel nicht mit den Schmuddelkindern ...« Die Leute der Carinae, des Vicus Longus, vom Palatin ganz zu schweigen, meiden nach Sonnenuntergang diese Gassen. Einige Hunderttausend Leute wohnen, leben, essen, gebären und sterben hier. Die meisten gehen irgendeinem Tagewerk nach, aber nicht alle. Die Arbeitslosenquote liegt bei 30 %, steigt von Jahr zu Jahr. Sie alle lassen nichts auf ihren Patron kommen, wenn er einmal, zweimal im Jahr seinen Geldbeutel öffnet, seine öffentliche Tafel deckt, seine Wahlbestechungsgelder verteilt. Politik interessiert sie überhaupt nicht. Sie sind völlig den machtpolitischen Launen und Kräften der Großen ausgeliefert. Manchmal kocht ihr Temperament über, dann greifen sie zu Dachziegeln, wenn sie meinen, auf der richtigen Seite zu stehen; daß sie immer auf der falschen stehen, werden sie sich nie eingestehen. Die einzelnen Stadtviertel, die Tribus, sind Dörfer für sich, mit eigenem Ehrenkodex, eigenen Dialektfeinheiten, eifersüchtig auf ihren speziellen Status bedacht.

Wenn wir an einer Abendmahlzeit bei Publius teilnähmen, würden wir den Abstand von 2000 Jahren vergessen. Da sitzen sie alle am Tisch versammelt: Publius Pansa (›der Plattfuß‹), pater familias; natürlich spielt er den Herrn im

Haus, aus Überzeugung, schlägt gern mit der Faust auf den Tisch, brüllt – und weiß, daß *sie* den ganzen Kleinkram regelt, und er fürchtet ihr Gezeter. Er hängt an ihr, aus Gewohnheit: Liebe spielte bei der Heirat damals keine Rolle, Not schweißt zusammen. Er sieht aus, wie eben jemand aussieht, der körperlich hart arbeitete, einen praktischen Verstand hat, im Alter an allerlei Wehwehchen kränkelt, keine Zähne mehr im Mund hat und die Rinde vom Brot schneidet; der vor seinem Weib auf der Hut ist und den Enkeln spannende Räuberpistolen erzählt: »Ja, damals, in Spanien! ... Das waren noch Zeiten! ...« Vielleicht war's auch Afrika, aber das macht keinen Unterschied. Als er Soldat war, verfluchte er die Armee, nun ist es plötzlich die große Zeit seines Lebens. Er hat seine Welt beisammen, samt den Göttern. Man redet nicht viel darüber, sie sind da, waren da, werden immer da sein.

Hin und wieder denkt er an den Hades ... Ob er wirklich den Odysseus sehen wird? Er hat viele Bekannte, gute Nachbarn, zwei, drei enge Freunde, auf die er sich verlassen kann bis in den Tod, der vierte starb vor einem Jahr. Fieber. Er redete irre. Ein Gott war in ihm ...

Sein Großvater war noch Bauer, er hat ihn oft als Kind besucht. Manchmal kam der Alte auch in die Stadt, schimpfte über die neuen Sitten, über den Luxus, packte dabei Mitbringsel aus dem Sacktuch: im Herbst Nüsse, Kastanien, im Sommer Käse, im Frühling ein Huhn, ein lebendiges Huhn, im Winter allerlei Holzschnitzereien zum Spielen.

Die Augen lassen nach; zwar opfert er eifrig dem Aesculap, meistens einen Hahn, bespricht sich auch mit dem alten Priester, der selbst den grauen Star hat und kaum noch sieht. Beide hoffen auf ein Wunder. Vielleicht mag der Gott keine Hähne mehr ... Was soll's, er kann sich auf seine Frau verlassen; sie ist jünger, rüstig, zupackend, schmeißt den Laden. Je älter sie beide werden, um so näher kommen sie sich. Es wird einen prächtigen Grabstein geben. Er spart schon lange daran.

Von Politik hält er schon lange nichts mehr, wählt mehr aus Gewohnheit als aus Überzeugung. Marius war sein Mann! Bauernsohn! Jähzornig wie er selbst in jungen Jahren. Hart im Nehmen und im Trinken. »Wenn das unser Marius wüßte!« war seine stereotype Redensart, besonders nach dem Tode des Haudegens. Bei Marius wußte man immer, woran man war. Sulla? Pfui! Er spuckt beinahe auf den Boden – läßt es aber, als er den Blick von ihr sieht. Er kennt ihn und seinesgleichen von nächtlichen Sauftouren, wenn die adelige Clique mit ihrem Tingel-Tangel-Anhang von Mimen, Tänzern, Kurtisanen durch die Gassen lärmte. Kein Mädchen war vor ihnen sicher. Ach, wie oft hat er's seiner Tochter eingeschärft: »Bleib anständig! Die Kerle wollen doch immer nur dasselbe ... Und dann werfen sie dich weg!«

Sie tat's dennoch; nein, nicht mit Sulla und dieser parfümierten Bande – es gibt ja genug hübsche junge Männer. Dann war's passiert: Carrinas, der Töpfergeselle, hat sie geschwängert. Zuerst wollte er ihn umbringen: Sein Großvater hätte ihn umgebracht! Gut, daß er das nicht mehr erlebt hat. Aber dann hat Mutter sich ins Zeug gelegt. Geweint hat sie, vor Carrinas. Und das Mädchen hat geheult. Auch vor Carrinas. Und er hat mit der Faust auf den Tisch geschlagen und hat gebrüllt. Carrinas hat dagestanden und nichts gesagt. Da hinten in der Tür hat er gestanden, die Arme hat er hängen lassen und hat nicht gewußt, was er sagen sollte. Und da hat er ihm leid getan. Er hat ja keinen Vater mehr gehabt. Der ist in Afrika geblieben, bei diesem verdammten Jugurtha. Und dann haben sie geheiratet. Sie war die hübscheste Braut, die er je gesehen. Sie war im dritten Monat, aber die Leute haben nichts gemerkt. Sogar den alten Priester hat er eingeladen; sie haben viel getrunken und über die Götter gesprochen.

Heute ist Carrinas fein raus: Er hat schon sieben Sklaven, sind auch zwei von Vercellae dabei, baumlange Kerls, aber lieb zu den Kindern. Seit sich so viele Neubürger niederlassen, kommt er mit der Arbeit kaum nach, verdient gut, trotz der Inflation, wie sie das ja nennen. Einfaches Geschirr macht er, für's Essen, nicht zum Hinstellen, wie die Neureichen. Den Nippes holen sie sowieso bei den Griechen. Und jetzt ist er Großvater! Gleich zweimal! Zwillinge haben sie bekommen! »Wenn das der Marius ...« Der für seine Tribus zuständige Aedil hat ihm auf die Schulter geklopft, bei der Anmeldung für die Bürgerliste: »Ein gutes Omen für die Zukunft!« hat er gesagt, »Solange Rom Zwillinge hervorbringt ...«, den Rest hat er vergessen, »... hervorbringt!« hat er gesagt. Er hat es allen erzählt. Er ist der stolzeste Großvater des Viertels! Wenn da nur nicht sein Sohn wäre ... Seit einem Jahr fort von zu Hause. Was ihn damals lockte, war weniger Sulla und sein Ruf, sondern das asiatische Abenteuer. Für lange Jahre hat er sich verpflichtet, hofft natürlich wie alle die jungen Burschen auf Beute, Geld – vor allem: das eigene Stück Land, wenn er's überlebt. Denn die Verluste sollen hoch sein, hört man. Andererseits: Die jungen Burschen haben es heuer leichter in der Armee – er meint's jedenfalls, denn er kennt sie nur vom Hörensagen. Die Chancen aufzurücken sind gestiegen. Wenn er auf sich hält, kann er Centurio werden. Die Nachbarn werden staunen: »Das ist mein Sohn!« wird er sagen; und dann werden sie zusammen einen trinken gehen. Das Glöckchen an der Haustür bimmelt, Mutter kommt von der Nachbarin zurück. Er sieht's ihr an: die alte Witwe ist tot, ihr Schatten schon im Hades. Es gibt viel Arbeit für die nächsten Tage, denn die Verwandten – sie halten sich für was Besseres – kümmern sich nicht um die Alte. Endlich werden die jungen Leute, die vor fünf Tagen da waren, eine Bleibe bekommen; die Wohnung hat

zwei Zimmer, liegt im ersten Stock, ist auch trocken. Er wird mit dem Verwalter reden.
Es ist spät geworden. »Mußt du wieder die Rinde herumliegen lassen?« keift sie. Er ist froh, ihre Stimme zu hören, denn ohne sie käme er nicht mehr zurecht. Er brummt etwas Unverständliches und streift die Krümel vom Tisch. Dann setzt er sich in den Korbsessel am Herd und schaut ihr zu: Sie näht den Zwillingen neue Tuniken. Zärtlich streift sie über den Stoff und lächelt ... Nach einiger Zeit schläft er im Sessel ein ...

### 2. *›Neuer Dionysos‹ gegen ›Liebling der Aphrodite‹*

Der Sohn hat derweil schon einige hundert Meilen hinter sich gelassen. Sie liegen schon wochenlang vor Athen.
Mythische Bezüge werden von Sulla ausgegraben und propagandistisch unter die Griechen gestreut: Nicht Mithridates, der ›neue Dionysos‹, der da in der Öffentlichkeit im Mantel Alexanders d. Großen stolziert, ist der legitime Erbe – er, Sulla, ist es! Rom wurde von Troja gegründet! Aeneas ist Stammvater, Aphrodite die schützende Göttin! Blitzartig hat er erkannt – für einen Römer erstaunlich – wie ganz anders die religiöse Mentalität des griechischen Ostens auf die Verknüpfung von Göttlichem und Menschlichem reagiert. Indem er den trojanischen Mythos aufgreift und handhabt, kann er sich als stammverwandten Westtrojaner empfehlen, gesegnet von der siegverheißenden Aphrodite. Das alles ist nicht neu; schon seit dem 3. Jahrhundert traten Römer bei ihren diplomatischen Missionen unter der aeneischen Groriole auf, empfahlen sich als Neo-Trojaner und taten's auch öffentlich kund: so Titus Flaminius, als er sich auf den Weihegaben für den delphischen Apoll (197) ›Titos Aeneadas‹ nannte. Und was in Delphi geschah, sprach sich alsbald herum, war verbindlich. Derlei Public Relations sind für Sulla jedoch nicht propagandistisch genug; er braucht schnelle Erfolge – also bessere Empfehlungen und wendet sich an den Pressesprecher des Gottes – pardon! – er geht nach Delphi und läßt orakeln. Die Antwort der Pythia zeigt, wie gut die Griechen über die strategische Großwetterlage unterrichtet sind: »Traue mir, Römer (– aber sicherlich! –)! Große Macht hat Kypris (= Aphrodite) in ihrer Fürsorge dem Geschlecht des Aeneas gegeben. Du aber gib allen Unsterblichen jährlich Gaben und vergiß das Folgende nicht! Nach Delphi bringe Geschenke! (Priester müssen ja auch was zum Knabbern haben!) Es gibt eine Gottheit unter dem schneebedeckten Tauros, wo Karer eine große Stadt bewohnen, benannt nach Aphrodite. Schicke ein Beil dorthin, und du wirst Macht in Fülle erhalten[100].«
Sie scheinen ihren Bittsteller gut zu kennen: Macht in Fülle – ja, das will er! Wie

sehr er in seinen Machtvorstellungen befangen ist, zeigen seine Träume. Er – wie jeder antike Mensch – glaubt an sie. Auf das geweihte Beil, das er zum Heiligtum der Göttin schickt, läßt er gravieren: »Dies weihte ich, Sulla der Feldherr, dir, Aphrodite, als ich im Traume dich durch das Heer einhergehen und bewaffnet mit den Waffen des Ares dich kämpfen sah[101].«

Auch dies spricht sich herum: ›Epaphroditus‹, ›Liebling der Aphrodite‹, nennt er sich. Sie lächeln? Gehen Sie nur zufällig einige unserer gängigen Werbeslogans durch, und sie werden da ganz andere Assoziationen finden, die das Volk kirren sollen. Wie will Sulla denn sonst die in magischen Begriffen befangene breite Masse des Osten ansprechen? Solange es den kleinen Mann gibt – und es sieht so aus, als würde es ihn noch lange geben – gehören zum Machtkampf Emotion, Irrationales, Demagogie, Pathos, Religion, gebunden in einer Person, die es dem Stimmtier vorspielt: Machtmenschen sind gute Schauspieler. Und in diesem Fall ist Sulla auch nicht von einem Mithridates zu schlagen, denn er glaubt selbst an das, was er spielt!

Das belagerte Athen horcht auf und wägt im stillen ab: Wer spielt besser? Der ›neue Dionysos‹ oder der ›Liebling der Aphrodite‹ ...? Sulla hilft bei der Antwort nach: Mit allen Mitteln der damaligen Kriegskunst berennt er die feste Stadt, baut Dämme, unterminiert die Mauer, schneidet alle Verbindungen nach draußen ab. Der Spottvers von der ›bestäubten Maulbeere‹ tönt von der Mauer. Die Antwort wird fürchterlich sein.

»Er war nämlich von einer starken und hartnäckigen Begierde besessen, Athen einzunehmen, es sei nun, daß er eine Ehre darin suchte, mit dem Schatten des ehemaligen Ruhms dieser Stadt zu fechten, oder, daß er über die Schmähungen und Hohnreden erbittert war, womit der Tyrann Aristion ihn und Metella bei jeder Gelegenheit von der Mauer herab beschimpfte und zum Zorn reizte.[102].«

Es gelingt einigen athenischen Ratsherrn und Priestern, den Dictator von Mithridates' Gnaden zu bewegen, zwei aus seinem Gefolge – Plutarch nennt sie ›Zechkumpane‹ – zu Sulla zu schicken, um zu verhandeln. Sulla gibt ihnen auf ihre prahlerischen Reden die Antwort: »Geht, ihr guten Leute, und packt eure schönen Reden wieder ein. Ich bin nicht von den Römern geschickt worden, um in Athen Geschichte zu studieren, sondern um Rebellen zu bezwingen.«

Nun, aus seiner Sicht hat er recht. Spätere sahen es anders: Weder in Religion noch Moral, Lebenshaltung oder politischem Handeln erscheint er als ein Mensch von rationaler Formung oder nur als einer, der danach Verlangen hätte. »Gebunden an seinen irrationalen Glauben und den Lebensstil der römischen Adelskaste, von einer schier archaischen Härte des Gemüts, gleichgültig gegenüber den Forderungen philosophisch begründeter Moral, problemlos und undurchdringlich, mußte er den hellenistisch gebildeten Geistern seiner Zeit eher einem Barbaren als einem kultivierten Menschen gleichen ... Wie hätte sein sich nie erschließendes Wesen bei Mit- und Nachwelt auch Sympathie finden können.« So sieht ihn der Althistoriker Helmut Berve[103].

Doch es ist noch zu früh zu einem Fazit. Der Zufall hilft ihm und spielt ihm Informationen über eine schwache Mauerstelle zu: Am ›Heptachalkos‹, einem festen Platz, ist die Mauer schwach besetzt, hier krallt er sich fest und erzwingt den Einbruch. Es war Verrat im Spiel.

Wir wollen diesmal auf eine Reportage des Schreckens verzichten – es ist ja immer das gleiche Bild. Das auf dem Kerameikos vergossene Blut soll, »wie viele behaupten«, durch das westliche Tor bis in die Vorstadt geströmt sein. Die meisten Athener konnten infolge der Hungerblockade kaum noch laufen, Tausende werden niedergemetzelt, auch Frauen und Kinder.

Erst als ihn zwei athenische Aristokraten – sie waren aus der Stadt verbannt – »fußfällig baten und Fürbitte für die Stadt einlegten, und er selbst nun seine Rache befriedigt hatte, sagte er vieles zum Lobe der alten Athener und erklärte endlich, er wolle den Lebendem um der Toten willen verzeihen«.

Damals – wie heute und immer – schreitet der Sieger zur Demontage der volkswirtschaftlichen Existenzgrundlagen des Besiegten. Festung und Hafen von Piraeus werden geschleift, die Werften und Schiffshäuser in Brand gesteckt. Zurück bleibt ein Schutthaufen. Nach getaner Arbeit erklärt er die Stadt für ›frei‹. Von diesem Tiefschlag hat sie sich nie mehr erholt und lebte bis in unsere Tage von den politischen Gnaden anderer.

Um so mehr ist sie von nun an bedacht auf ihre geistigen Traditionen. Bei den römischen Snobs, die ihre burschenherrlichen Jahre in Athen verbringen, hinterläßt sie, trotz modischer Sophisterei, mehr als nur oberflächliches Abfragewissen. Der gebildete Römer betrachtete diese Stadt als seine geistige Heimat – wie wir es bei Cicero hörten –, auch wenn Alexandria größer war und mit seiner Universalbibliothek protzen konnte. Schließlich gehörte eine Bildungsreise nach Athen zum guten Ton, so wie der Deutsche des 18. und 19. Jahrhunderts nach Rom, der Amerikaner des 20. Jahrhunderts nach Europa pilgert. Im Grunde ist es immer die gleiche romantische Sehnsucht nach den historischen Wurzeln des eigenen Ichs, eine Art zeitliches Fernweh. Im 2. Jahrhundert n. Chr. konnte sich Pausanias mit seinen Reiseberichten aus Griechenland einen Namen als ›Baedeker‹ machen; er schreibt unter anderem:

»Auf der Agora in Athen steht außer anderen Dingen, die nicht bei allen Menschen bekannt sind, auch ein Altar des ›Mitleids‹, dem die Athener als dem Gott, der am meisten für das menschliche Leben und die Wandlungen des Geschicks nützlich sei, allein von den Griechen Ehren erweisen[104].« Sie werden schon ihre Gründe dafür gehabt haben.

Während Athen sich fortan bemitleidet, schmiedet Sulla strategische Pläne. Bisher war die proletarische Armee nicht besonders auf ihre Kosten gekommen, Sulla muß sie bei Laune halten. Auf Unterstützung aus Italien kann er nicht rechnen, im Gegenteil, man schickt eine Armee *gegen* ihn aus.
Aus dieser Sicht müssen wir Sullas rücksichtsloses Vorgehen gegen Athen und Piraeus sehen, wie auch die Plünderungen der Tempelschätze von Epidauros (Aesculaptempel), Olympia (Zeustempel) und Delphi (Apollotempel). Plutarch erwähnt auch, daß er besonders viele Mittel brauchte, »um die Truppen anderer Feldherrn zu bestechen und an sich zu locken, (und) gegen die seinigen bis zur Verschwendung freigebig war«[105].
Athen hat er zwar gezüchtigt, doch der Urheber des Ganzen spottet seiner und operiert ungestört in Thrakien und Makedonien. Sulla benötigt einen schnellen militärischen Erfolg, denn die Lage in Rom ist unsicher. Von Norden rückt Taxilles, des ›Dionysos‹ Oberbefehlshaber im Westen, mit 60 000 Mann Fußvolk, 12 000 Reitern und 90 Sichelwagen an.
Nun faßt Sulla einen kühnen Entschluß, der den Feldzug entscheiden sollte: Er »verließ diese dürftige Gegend (in Attika), die schon in Friedenszeiten kaum ihre Einwohner ernähren konnte, und marschierte nach Boiotien. Viele glaubten zwar, daß seine Rechnung nicht aufginge, weil er Attika, ein bergiges, für die Reiterei ungeeignetes Land, verließ und in die offenen und geräumigen Ebenen Boiotiens zog, da er doch wußte, daß die Hauptstärke der Barbaren in ihrer Reiterei und ihren Wagen bestand. Aber er mußte es nun, wie gesagt, um dem Hunger und Mangel zu entgehen, auf eine Entscheidungsschlacht ankommen lassen«[106].
Der Armee des Taxilles hat er nur 1500 Reiter und 15 000 Mann Infanterie entgegenzustellen. Was dies aber völlig aufwog, waren römischer Drill, militärische Disziplin, kämpferische Erfahrung und Selbstvertrauen der Berufssoldaten. Sulla läßt alle Mittel seiner Feldherrnkunst spielen, gebraucht Finten wie Hannibal, ist immer dort, wo der Feind ihn nicht vermutet.
Die Entscheidung fällt bei Chaironeia, Plutarchs Vaterstadt. Vor allem bewährt sich nun die Taktik der marianischen Kohortenlegion! Sulla trägt einen glänzenden Sieg davon, wobei sein persönliches Vorbild – er kämpft in vorderster Linie – mit ausschlaggebend war.
In seinen Memoiren trägt er allerdings dick auf: Er will nur 14 eigene Leute verloren haben, während nur 10 000 Feinde die Schlacht überlebten[107].
Zum Dank weiht er Siegeszeichen den helfenden Gottheiten Ares, Nike – und natürlich der Aphrodite, »weil er den erfochtenen Sieg dem Glücke nicht weniger als der Klugheit und Tapferkeit verdanken zu müssen glaubte«. (Zu Plutarchs und Pausanias' Zeiten standen die Monumente noch.) Damit aber Apoll

und Zeus nicht zu kurz kommen, requiriert er bei den Thebanern Land, Güter und Geld und weiht die Reparationen den Olympischen, »damit von dem Ertrage diesen Göttern (und ihren Priestern!) die Gelder wieder erstattet werden sollten, die er ihnen genommen hatte«.

Die Gottheiten scheinen mit dem Geschäft zufrieden gewesen zu sein, denn sie erhoben keinen Einspruch. Dies geschah gegen Ende des Frühjahrs 86.

Flaccus, Consul dieses Jahres, von der marianischen Junta gegen Sulla zu einer Strafexpedition ausgesandt, fand nun nicht mehr den Mut, gegen den glückhaften Sieger einzuschreiten. Ein Teil seiner Armee läuft sogleich zum Liebling der Aphrodite über, und Flaccus versucht nun – er will sein Gesicht nicht verlieren – auf eigene Faust gegen Mithridates zu operieren, aber es bleiben Mükkenstiche.

Der ›neue Dionysos‹ gibt nicht auf, eine Schlacht ist verloren, nicht der Krieg. Er schickt eine zweite Armee von 80 000 Mann über See nach Westen. Wieder ist Boiotien die Walstatt. Diesmal wendet Sulla die Taktik des festen Platzes an, mit gewaltigen Grabensystemen, um die asiatische Reiterei an der Entfaltung zu hindern. Uneinigkeit der mithridatischen Generäle, unklare Strategie, schlechte Bewaffnung – »sie nahmen Bündel von Pfeilen in die Hand, stachen damit wie mit Schwertern auf die Feinde ein« – vor allem aber wieder Sullas persönlicher Einsatz bringen auch hier die Entscheidung: »Alle umliegenden Seen und Sümpfe wurden mit Blut und Leichen gefüllt, und noch heute (d. h. 200 Jahre später) findet man eine Menge barbarischer Bogen, Helme, Säbel und Stücke von eisernen Harnischen, die im Morast vergraben liegen«[108]. Plutarch wohnte in der Nähe, wird als begeisterter Amateur-Archäologe die Reste in Augenschein genommen haben und einige der Trophäen über den Kamin gehängt haben.

Sulla muß sich beeilen, wenn er die Ernte selbst einbringen will. Immerhin wollte Flaccus schon den Bosporus überschreiten – da wird der unbeliebte General und Consul von eigenen Leuten ermordet, sein Legat Fimbria übernimmt das Kommando und beginnt mit der Verwüstung der Provinz Asia.

Zur gleichen Zeit gelingt es dem Licinius Lucullus, Quaestor in Sullas Armee, die Seeherrschaft in der Ägäis wiederzuerlangen. Unter dem Druck dieses Mehrfrontenkrieges nimmt Mithridates über seinen Feldherrn Archelaos Verhandlungen mit Sulla auf. Dann trifft man sich im August 85 zu Dardanos, nördlich von Troja, am Hellespont. Hier die Szene:

»Beide kamen daher in Dardanos, einer Stadt in der Troas, zusammen. Mithridates hatte dort 200 Ruderschiffe und ein Landheer von 20 000 Mann Fußvolk, 6000 Reitern und vielen Sichelwagen; Sulla hingegen hatte nicht mehr als 4 Kohorten und 200 Reiter bei sich. Mithridates ging auf ihn zu und reichte ihm die Hand; Sulla aber fragte ihn, ob er auf die von Archelaos eingegangenen Bedingungen den Krieg beenden wollte. Als nun der König schwieg, fuhr Sulla fort: ›Dem Bittenden kommt es doch zu, zuerst zu reden, Sieger haben das Recht zu schweigen.‹ Als hierauf Mithridates eine weitläufige Verteidigung begann, und den Krieg teils den Göttern zuzuschreiben, teils die Schuld auf die Römer selbst zu wälzen suchte, unterbrach ihn Sulla und sagte: ›Ich habe es längst von anderen gehört und sehe es jetzt selbst, daß du in allen Redekünsten bestens geübt bist, da es dir nicht an fadenscheinigen Gründen fehlt, solche schlechten und ungerechten Handlungen zu verteidigen.‹

Nun hielt er ihm alles, was er getan hatte, vor, machte ihm darüber bittere Vorwürfe und fragte ihn noch einmal, ob er das mit Archelaos Verabredete genehmigen wolle? Endlich willigte Mithridates in alles ein, und nun erst begrüßte ihn Sulla, fiel ihm um den Hals und küßte ihn; ... So segelte nun Mithridates, nachdem er 70 Schiffe und 500 Bogenschützen übergeben hatte, nach Pontos zurück[109].«

Der 1. Mithridatische Krieg ist beendet!

Sullas Truppe aber ist über den fadenscheinigen Frieden ungehalten, mault und fordert den Kopf des neuen Dionysos. »Er entschuldigte sich aber gegen sie damit, daß er nicht imstande gewesen sei, mit Fimbria und Mithridates zugleich Krieg zu führen, wenn sich beide gegen ihn verbündet hätten.«

Das ist eine faule Ausrede: Als er anschließend gegen Fimbria zieht, läuft dessen Armee zu ihm über, und Fimbria begeht Selbstmord. Für ihn ist dies wichtiger: Je länger er Rom fernbleibt, um so fester sitzen seine Gegner dort im Sattel. Sein Ziel ist erreicht, er besitzt eine Armee, die für ihn durchs Feuer geht – Soldaten müssen bekanntlich meckern! – und verfügt über die größte Geldsumme der Zeit. Daß der Vertrag mit Mithridates nicht schriftlich fixiert worden ist, spielt im Augenblick keine Rolle, birgt aber bereits den Keim zu einem zweiten Waffengang in sich.

Wir sehen hier Sulla als Pragmatiker par excellence am Werk! 150 000 tote Römer und Italiker hatte der ›neue Dionysos‹ immerhin in den Hades geschickt. Die allzeit ›informierten Kreise‹ durchschauen natürlich das Manöver – und hätte es damals eine römische Börse gegeben, so wären gewisse Aktien gestiegen.

Sulla verfaßt auch schnell ein ›Weißbuch‹ und schickt es nach Rom. Es trieft vor Lob seiner Verdienste um das Vaterland. Wenn man das – bei Appian[110] stehende – Schreiben aus der farblosen indirekten Wiedergabe in wörtliche Rede setzt, spürt man noch heute etwas von dem monumentalen Stolz dieses Mannes und von der niederschmetternden Wirkung des Inhalts auf die Empfänger. Das Schreiben muß wie ein Blitz eingeschlagen haben und die bisher ziemlich

gleichgültige Haltung gewisser senatorischer Herren bis ins Mark getroffen haben. Wir nehmen uns die Freiheit, den Text syntaktisch und stilistisch – nicht inhaltlich – unserem Sprachempfinden anzugleichen:
»... Was habe ich nicht schon als Quaestor in Libyen gegen Jugurtha erreicht! Was habe ich nicht als Legat gegen die Cimbern, als Propraetor in Kilikien, als General im Bundesgenossenkrieg und als Consul zum Wohle des Staates erkämpft! Und nun erst habe ich die größten Völkerschaften Asiens bezwungen: Ionien, Phrygien, Karien, Kilikien, Paphlagonien habe ich wieder botmäßig und Rom untertan gemacht! Mithridates wurde von mir in seine Grenzen zurückgewiesen und die Gefahr im Osten gebannt!
Und jene, die, von Cinna verbannt und aus dem Vaterland gestoßen wurden, haben bei mir ihre Zuflucht gefunden. Ich habe sie in ihrer Hilflosigkeit aufgenommen und ihnen ihr Unglück erleichtert. Und der Dank? Dafür hat man mich, den Retter, zum Feind des Vaterlandes erklärt. Meine Feinde haben mein Haus zerstört, meine Freunde getötet. Meine Gemahlin, meine Kinder sind unter Gefahr für Leib und Leben zu mir geflohen.
Aber in Kürze werde ich wegen dieser ruchlosen Taten und im Namen des Vaterlandes gegen alle die als gerechter Rächer kommen, die das alles gewissenlos verübt haben. Allen übrigen aber und den Neubürgern werde ich wegen nichts einen Vorwurf machen.«
Appian fährt fort: »Bei der Verlesung dieses Briefes wurden alle Senatoren von Furcht ergriffen, und sie schickten Gesandte, welche ihn mit seinen Feinden aussöhnen und ihm melden sollten, wenn er eine Sicherheit wünsche, so möge er es dem Senate sobald als möglich zu wissen kundtun ...«
Wer den Wind sät, wird Sturm ernten! Ganz Rom spürt intuitiv, wie sich da etwas Furchtbares zusammenbraut. Der Senat duckt sich schon im voraus.
Schauen wir uns einmal an, mit welchen Ergebnissen der ›Liebling der Aphrodite‹ nach Hause kommen wird.
Der außenpolitische Teil seines Briefes war natürlich reichlich übertrieben: Von einer Neuordnung des Ostens konnte keine Rede sein. Dies sollte Pompeius vorbehalten bleiben. Immerhin, er hat den Status quo ante wiederhergestellt und an manchen Orten einiges dazugewonnen; hat den Griechen nun endgültig ihre ›Freiheit‹ geschenkt. Aber beim Geld hört die Freundschaft auf: Die Provinz Asia muß 20 000 Talente, eine enorme Summe, als Buße zahlen. Einzelne romtreue Gemeinden erhalten die lokale Selbstverwaltung, wie Rhodos und Ilion etwa, das alte Troja. Überall sonst streunen schon wieder die römischen Steuerhyänen.
Alles in allem hat man den Eindruck von großer Eile, denn Sulla geht nirgends ins Detail, wozu er ja auch keine Zeit hat. Um so mehr kümmert er sich um die Wünsche der Truppe.

Die Männer werden in Bürgerquartieren logiert, und jeder Wirt hat neben freier Kost pro Mann und Tag 16 Drachmen zu entrichten, das Vierfache des üblichen Soldes. Centurionen erhalten 50 Drachmen und zivile Kleidung. Geht man von 40 000 Mann aus, so ergeben sich für 6 Monate noch einmal 20 000 Talente[111].

Die Provinz steht vor dem Ruin, viele Küstenbewohner retten sich in die Piraterie, seit eh und je hier mehr ein Kavaliersdelikt, doch nun Existenzgrundlage der Geschröpften, besonders in Kilikien.

Aber dies alles interessiert Sulla nicht. Er braucht für die bevorstehende Auseinandersetzung Geld und eine ihm blind ergebene Soldateska.

So nebenbei requiriert er in Athen und Umgebung alles, was nach Kunst aussieht, beschlagnahmt die Universalbibliothek des Bücherliebhabers Apellikon von Teos – darunter der literarische Nachlaß des Aristoteles – und läßt alles nach Rom verschiffen. Macht lockt die Musen – wie auch umgekehrt, das Verhältnis beider zueinander ist nicht eine Frage der Moral, sondern des Geschmacks.

## *3. Machtergreifung*

Bisher hat Sulla keine einzige Schlacht verloren, den römischen Dolchstoß abgewehrt und alle Aufgaben, die er sich selbst gestellt hat, gelöst; der Rücken ist frei und er kann sich nach vorne wenden. Nun geht es darum, die Stellung, von der er überzeugt ist, daß sie ihm zukommt, zu erobern. Auf die Armee kann er sich verlassen: »... als sie sahen, daß er viel Geld brauchte, legten sie zusammen, und jeder gab nach seinem Vermögen. Sulla nahm das dargebrachte Geschenk nicht an, lobte aber die Soldaten wegen ihres guten Willens, ermunterte sie und fuhr nun hinüber, wie er selbst sagte, gegen fünfzehn feindliche Feldherren, welche 450 Kohorten unter ihrem Befehl hatten[112].« Dies ist eines der übertriebenen sullanischen Statements; es wären 270 000 Mann gewesen! Aber er ist sich durchaus über die numerische Stärke der gegnerischen Truppen im klaren. Cinna hat ihm zwar den Gefallen getan, sich kürzlich von meuternden Truppen erschlagen zu lassen, aber da sind andere Marianer, die ihn wettmachen: Carbo, sein langjähriger Kollege im Amt, dann Scipio Asiagenus und Norbanus, beide Consuln von 83. An verschiedenen Plätzen heben sie insgesamt 100 000 Mann aus; schlecht für Sulla, wenn sie sich zu einem Truppenkörper vereinigen. Dem muß er zuvorkommen, und es gelingt auch:

Norbanus schlägt er bei Capua aufs Haupt, mit Scipio beginnt er Verhandlungen. Schon wie einst in Numidien lernen wir den gerissenen Fuchs kennen: »Sulla wußte unter mancherlei Vorwänden die Sache immer in die Länge zu ziehen und ließ indessen die Soldaten des Scipio durch die seinigen, die so gut wie ihr Feldherr in den Künsten der Täuschung und des Betrugs geübt waren, verführen. Sie gingen in das feindliche Lager, mischten sich unter die Truppen und gewannen sie sofort durch Geld, teils auch durch Versprechungen oder durch Schmeicheleien und gutes Zureden. Endlich, als Sulla mit 20 Kohorten gegen das Lager anrückte, begrüßten seine Soldaten die des Scipio, diese erwiderten den Gruß und gingen zu ihm über. Scipio aber wurde in seinem Zelt, von allen verlassen, gefangengenommen, später aber wieder freigelassen. So hatte Sulla mit 20 Kohorten, wie mit Lockvögeln, 40 feindliche gefangen und führte sie alle in sein Lager[113].«

Aber die Lage ist nicht so einfach wie vor dem ersten Marsch auf Rom. Diesmal ist der Gegner seit langem vorbereitet, geht offensiv vor; an Überrumpelung ist nicht zu denken. An allen Orten ist das Land in Bewegung. Die italischen Vettern halten den Atem an; die Samniten stellen sich offen auf die Seite der Marianer. Rom selbst schwankt.

Und da, mitten in diese geladene Ruhe vor dem Sturm, platzt eine Meldung, die Freund wie Feind schockiert: Der altehrwürdige Jupitertempel, das Heiligtum der Nation, ist bis auf die Grundmauern eingeäschert! Rom hat seinen ›Reichstagsbrand‹! Jupiter gibt ein Zeichen – nur legt es jeder nach seinen Wünschen aus.

Bei Sulla klingt das so: »... kam ihm der Sklave eines gewissen Pontius entgegen und sagte, er habe ihm im Namen der Bellona den Sieg und die Übermacht in diesem Kriege zu verkünden; wenn er sich aber nicht beeilte, würde das Capitol in Asche gelegt werden. Und dies soll auch am folgenden Tage erfolgt sein (6. Juli 83)[114].« Ein gutes Beispiel sullanischer Öffentlichkeitsarbeit, denn: ob der Tempel mit oder ohne Hilfe brannte – die Götter fördern seinen Sieg, erst recht nach dem Brand; und die Gläubigen glauben es.

Opportunisten – Machtmenschen sind es immer – gelten Gesetze nichts, Gewohnheitsrecht ist ihnen verdächtig, Amtspersonen sind suspekt, denn all dies steht ihren Zielen im Wege, auch wenn sie's nur sehr selten zugeben.

Ein Beispiel: Pompeius. Mit einem einzigartigen Coup führt er sich in die Geschichte ein:

»Pompeius hielt sich damals in Picenum auf, weil er dort Güter hatte ... Er sah nun, wie die edelsten und besten Bürger Hof und Haus verließen und von allen Seiten in das Lager Sullas eilten. Er aber wollte nicht mit leeren Händen erscheinen, sondern, um sich Sulla zu verpflichten, auf eine ehrenvolle Art an der Spitze einer Armee zu ihm gehen ...·In einem Alter von nicht mehr als 23 Jahren legte sich Pompeius, ohne von jemandem zum Feldherren ernannt zu sein, aus eigener Macht das Kommando zu ... Er warb Soldaten an (unter den Clienten seiner Familie) und setzte, wie sich's gehörte, Oberste und Hauptleute über sie ... In kurzer Zeit brachte er drei vollzählige Legionen zusammen, schaffte Lebensmittel, Lasttiere, Wagen und andere zur Ausrüstung notwendige Dinge herbei und zog nun damit zu Sulla, nicht etwa eilig und darauf bedacht, sich zu verbergen, sondern in langen Aufenthalten unterwegs, um den Feinden zu schaden und alle Gegenden, durch die er kam, so viel als möglich von Carbo abwendig zu machen[115].«

Als dies in Rom die Spatzen von den Dächern pfeifen, entrüsten sich die Verfassungstreuen wie die Marianer. Das darf doch nicht wahr sein! Sulla wird ihn gefälligst in seine jugendlichen Grenzen weisen, der Junge ist doch erst 22 Jahre alt. Aber es kommt ganz anders:

»Als ihn nämlich Sulla auf sich zukommen sah, und die Armee, die sich durch stattliche junge Männer auszeichnete, in Parade aufgestellt sah, sprang er vom Pferde, und sobald er, wie gewöhnlich, als Imperator begrüßt worden war, begrüßte er Pompeius wiederum als Imperator (!), zur Verwunderung aller, daß Sulla einem jungen Manne, der noch nicht einmal zum Senat gehörte, einen Titel beilegen würde, um dessentwillen er mit einem Scipio und Marius Krieg führte. Auch sein übriges Verhalten entsprach ganz diesen ersten Höflichkeitsbezeugungen, da er immer, wenn Pompeius auf ihn zukam, vor ihm aufstand und sein Haupt entblößte, eine Ehre, die man ihn nicht leicht bei einem anderen, so viele angesehene Männer auch bei ihm waren, erweisen sah[116].«

Einfach geschmacklos! tuschelt man hinter der Hand. Dem Greenhorn fehlt doch jede Legitimation! Wir sehen, wie aus der alten Ordnung eine Farce geworden ist, nur wagt es keiner auszusprechen.

Pompeius aber nutzt tolldreist und mit jugendlicher Unbedenklichkeit die Gunst des Augenblicks und schert sich den Teufel um überkommene Normen des cursus honorum. In der gesamten Geschichte gibt es nur einen Parallelfall: den jungen Napoleon.

Zweites Beispiel: Marius junior, Sohn des Haudegens. Unter Brechung des Staatsrechts wird er, neben Carbo, im Alter von 27 Jahren zum Consul gewählt, weit vor dem vorgeschriebenen Alter und ohne die Verdienste etwa eines Scipio Africanus.

Trotz des Eklats mit Pompeius erhält Sulla die Unterstützung weiter Kreise der Nobilität, denn er hat als Gegenleistung die Wiederherstellung der alten Ordnung versprochen. Aus ganz Italien führen sie ihm ihre Hintersassen zu. Entscheidend wirken sich auch der Werbeeifer von Leuten wie M. Licinius Crassus, das skrupellose Draufgängertum eines Catilina und Verres, die militärische Begabung des Pompeius aus.

Der gegnerischen Seite fehlen solche zielstrebigen Köpfe, wenn wir von Carbo

und dem Ehrenmann Sertorius einmal absehen. Dieser fähigste General der Marianer wurde auf Grund seiner lästigen Integrität als Statthalter nach Spanien abgeschoben. Sein Schicksal wird uns noch beschäftigen.
Der Süden ist in Sullas Hand; es ist nur noch eine Frage der Zeit bis zu seinem Einzug in Rom, denn unerbittlich, wie steif fließende Lava, kommt er der Stadt und seinem Erfolg näher. Er ist so besessen von seiner gottgewollten Sendung, daß der Zwang zum Erfolg seine Träume mit siegreichem Schlachtenlärm erfüllt.
Für die Popularen sieht es schlecht aus: Als letzte Rettung wird ein Volkssturm der im Bundesgenossenkrieg noch nicht unterworfenen Bergbewohner um den Fuciner See – die Marser – mobilisiert. Aber Sulla und seine Generäle sind schneller, im rechten Augenblick an den Gefahrenstellen. So schlägt Sulla die 85 Kohorten des Marius junior – es könnten bei voller Sollstärke 51 000 Mann gewesen sein, doch müssen wir auf Grund der hitzigen Aufrüstung wohl weniger annehmen – und wir müssen Sullas Angaben wie immer mißtrauen: Er will 20 000 Feinde erschlagen, 6000 Gefangene gemacht, aber selbst nur 23 Mann verloren haben[117].
Carbo gibt auf, flieht nach Afrika, um in Marius' senior Pfaden zu wandeln; wir können ihn vergessen.
Nun geht es Schlag auf Schlag: Marius junior setzt sich in Praeneste (Palestrina) fest, einer durch kyklopische Mauern von 4,5 km Umfang geschützten Bergfeste in 750 m Höhe. Ganz Sohn des Vaters, gibt er – schon in aussichtsloser Lage – den Befehl, die angesehensten seiner Gegner in Rom ermorden zu lassen, was prompt geschieht, und begeht dann Selbstmord.
Sulla läßt die Stadt belagern und nach furchtbarer Verwüstung die Bevölkerung dezimieren. Derweil braut sich vor Rom etwas zusammen, womit er nicht gerechnet hat: Unter der fachmännischen Führung des Samniters Pontius Telesinus schlägt sich ein straff diszipliniertes Corps aus Samnitern und Lukanern – den »streitbarsten und bittersten Feinden der Römer« – gegen Rom durch. Man ruft Sulla als Feuerwehrmann zu Hilfe. Es wird die hitzigste und mörderischste Schlacht des gesamten Krieges. Während der ›Glückliche‹ auf dem linken Flügel um Haaresbreite zwei mit tödlichem Haß geschleuderten Speeren entgeht – sein Reitknecht schlägt mit der Peitsche nach dem Pferd des Feldherrn, und es macht den rettenden Satz zur Seite –, entscheidet Crassus den Ausgang auf dem rechten Flügel. Sulla wird es ihm nie vergessen.
Der anschließende Ausspruch des ›Glücklichen‹ stammt nicht vom 20. Juli 1944 n. Chr. sondern vom 1. 11. 82 v. Chr. an der Porta Collina:
»O du Pythischer Apoll (Hitler nannte seinen Apoll ›Vorsehung‹) ..., hast du denn den glücklichen Cornelius Sulla, den du in so vielen Kämpfen zu einem

glänzenden Ruhm erhobest, bis an die Tore der Vaterstadt geführt, um ihn da noch niederzuwerfen und mit seinen Mitbürgern auf die schimpflichste Art umkommen zu lassen[118]?«

Natürlich nicht. Statt dessen werden in Kürze einige Tausend anderer Denkart ins Gras beißen, denn Apoll ist bekanntlich sehr nachtragend und der beste Bogenschütze unter den Olympischen.

### *4. Mord auf dem Boden der Verfassung*

Den Kopf von Marius junior schickt der sullanische Stadtkommandant von Praeneste an Sulla; der läßt ihn auf dem Forum vor der Rednertribüne aufstellen, wie es mittlerweile ein lieber Brauch geworden ist, und kommentiert lachend: »Man muß erst rudern lernen, ehe man das Steuer führen will!« Zwar nicht besonders geistreich, aber sein Anhang lacht aus vollem Halse[119].

Ein unvorstellbares Morden, Hängen, Würgen, Ersäufen, Köpfen, und was es sonst noch an Tötungstechniken gibt, ist in den popularfreundlichen Städten im Gange. Neapel: der größte Teil der Bevölkerung erschlagen; Praeneste: Die männliche Bevölkerung wird hingerichtet, die Stadt, »damals eine der reichsten«, zerstört. Was sich da im einzelnen als Vorahnung der Apokalypse abspielt, mag als Beispiel der Bericht Appians über den Untergang von Norba, einem Nest in Latium am Rande der Pontinischen Sümpfe, zeigen – eine Stadt, von der Plinius in seiner Naturgeschichte sagt, daß sie zu seiner Zeit nicht mehr existiert hat. Appian schreibt:

»Norba, eine andere Stadt, leistete noch kräftigen Widerstand, bis Aemilius Lepidus durch Verrat in der Nacht eindrang, und die Einwohner im Unwillen über den Verrat teils sich selbst, teils gegenseitig töteten, andere sich mit Schlingen erwürgten, noch andere ihre Türen verrammelten und die Häuser in Brand steckten. Da sich ein luftiger Wind erhob, wurde die Stadt so sehr ein Raub der Flammen, daß von ihr keine Beute mehr übrigblieb. So starben denn auch die Einwohner von Norba den Heldentod.«

Den Gipfel sullanischer Kaltblütigkeit und Gefühlskälte zeigt die folgende makabre Szene: 6000 gefangene Feinde läßt er im Circus Flaminius provisorisch einsperren, »berief dann den Senat in den Tempel der Bellona, und während er hier anfing eine Rede zu halten, mußten seine dazu abkommandierten Soldaten die 6000 Mann niederhauen. Das Jammergeschrei so vieler Menschen, die in einem engen Raum niedergemetzelt wurden, drang, wie begreiflich, bis in den Tempel (– er lag gleich nebenan –); als die Senatoren darüber erschraken, sagte Sulla mit unveränderter ruhiger Miene, sie sollten nur auf seine Rede

achtgeben und sich um das, was draußen vorgehe, nicht bekümmern; es würden auf seinen Befehl einige böse Leute gezüchtigt[120].«
Glauben Sie mir, ich habe keine Lust mehr, durch dieses Blut zu waten – denn es ist noch kein Ende abzusehen. Es hat auch keinen Zweck, uns auf ein beschauliches Podest zu retten und dieses Gemetzel vorher nie gekannten Ausmaßes von außen zu betrachten. Dieser Mann strahlt eine eisige Kälte aus, die jede menschliche Zuneigung und den Versuch zum Verstehen auf dem Wege zu ihm erstarren läßt. Bis vor kurzem fehlte uns jeder Maßstab; nun haben wir ihn: Hitler. Die Ähnlichkeit ist frappant. Beide fühlen sich von der ›Vorsehung‹ berufen; beide sind zur Freundschaft unfähig; beide gehen von selbsterfundenen vagen mythischen Vorstellungen aus und knüpfen an einer fernen Vergangenheit an mit dem Recht des Stärkeren. Bei dem einen ist es Altrom, bei dem anderen Altgermanien. Beides hat es so, wie sie sich es vorstellten, nie gegeben. Beide neigen zu Lässigkeit gegenüber buchstabenmäßiger Tradition, sehen ihren Trabanten durch die Finger, wenn deren Taten nicht der gängigen Moral entsprechen; beide zeigen sentimentale Rührung und Weichheit – der eine gegenüber weinenden Frauen, der andere zu Hunden und Kindern. Sie unterscheiden sich nur in den Mitteln der Vernichtungstechnik – und in ihrem Ende. Aber so weit sind wir noch nicht. Sollen wir sie hassen? Hüten wir uns, diesen bequemen Ausweg zu nehmen!
Das bisherige Morden konnte noch unter dem Deckmantel ›militärischer Notwendigkeit‹ eingeordnet werden, das folgende bedarf des legitimierten Systems, der sanktionierten ›Ermächtigung‹, der obrigkeitlichen Organisation, ja Planung. Die Voraussetzungen sind schnell geschaffen: »Sie wählten ihn zum Dictator, damit er Gesetze gebe, wie er sie für gut halte, und damit er den Staat ordne[121].« Und weiter: »Um noch einen Schein von der alten Verfassung zu wahren, erlaubte Sulla den Römern, Consuln zu wählen. Er selbst aber stand als Dictator, wie als König regierend, über den Consuln.« Frühe Ahnung einer Praesidialdiktatur mit zwei Staatsministern. Wir wollen uns nun nicht in verfassungsrechtliche Details und Spitzfindigkeiten verlieren – darüber sind ganze Bibliotheken vollgeschrieben worden – sondern Sullas Maßnahmen und ihre Folgen zusammenfassen, da wir sonst nicht die folgenden Ereignisse dieses Jahrhunderts verstehen.
Zunächst sehen wir einen Staatsmörder von bisher nicht gekannten Ausmaßen beim grausigen Geschäft, und das wörtlich! Die Ware: Köpfe; der Preis: das Vermögen der Geächteten; die Methode: Denunziation; die Werbung: plakative Proskriptionslisten an Mauern und Toren. ›Proskribieren‹ heißt in der Tat wörtlich: eine Ware ›ausschreiben‹!
Es sind gewiß schon mehr Menschen auf Staatskosten in den Hades geschickt

worden, aber noch nie geschah es in einer so unverfrorenen, menschenverachtenden Weise in aller Öffentlichkeit! Und dies in Rom, das zur gleichen Zeit einen Cicero heranreifen läßt, das so stolz auf seine Rechtsnormen ist, dessen Geschichtsschreiber sich an einer angenommenen inneren Größe ihres Volkes aufrichten. Aber Rom ist mehr als all das, wie Deutschland eben nicht nur ein Elysium für fernöstliche Goethebewunderer ist. Zu gewissen – besser: ungewissen – Zeiten brechen in allen Kulturen chaotische Instinkte durch, für die man vergeblich rationale Begründungen sucht, die ebensowenig mit den so beliebten Anhängseln der Urzeit abgetan werden können. Der sogenannte homo sapiens ist immer archaisch, denn von einer charakterlich ethischen Evolution kann man mit Blick auf die vergangenen 10 000 Jahre wahrlich nicht reden. Lediglich die Annehmlichkeiten des technischen Fortschritts steigern den Hang zum Bequemen, und damit die Manipulierbarkeit der Massen.

Was uns an Rom ja immer wieder fasziniert, ist die Parallelität des Menschlichen, gleichsam ein riesiges Bühnenwerk, in dem man vom epischen, tragischen, komischen übers politische bis zum absurden Theater alles wiederfindet, was unseren eigenen Alltag durchzieht. Und immer geht es um Macht ...

Zurück zu Sulla. Überschlägt man die Daten der Quellen, so kommt man für das erste Halbjahr nach der Machtergreifung auf 4700 Morde, davon 2000 begangen an Rittern und Senatoren. Eine Zahl, die sich in der Antike mit ihrem weniger empfindlichen Individualismus durchaus sehen lassen kann. Der Tod in der Statistik sagt wenig, nur Beispiele rütteln auf. Hier sind einige:

»Quintus Aurelius, ein unpolitischer Mann, der an der gegenwärtigen Not keinen Anteil zu haben glaubte, als daß er andere Unglückliche bedauerte, ging auf den Markt und las die Liste der Geächteten. Als er sich selbst darunter fand, rief er aus: ›Wehe mir Armem! Das Landgut bei Albanum ist mein Ankläger!‹ Er war auch kaum einige Schritte fortgegangen, als er von einem, der ihn suchte, ermordet wurde[122].«

Pompeius hat endlich Carbo gefangen, läßt dessen Getreue umbringen. »Den Carbo aber, welcher dreimal Consul gewesen war, stellte er gefesselt zu seinen Füßen, schalt ihn vor der Volksversammlung, ließ ihn töten und schickte seinen Kopf an Sulla[123].«

»Nichts aber schien unerhörter und abscheulicher als die Taten des Lucius Catilina. Dieser hatte noch vor der Entscheidung des Krieges seinen Bruder ermordet und bat jetzt Sulla, diesen Mann, als lebte er noch, mitzuächten, was auch geschah. Um sich gegen Sulla dankbar zu erweisen, tötete er Marcus Marius, einen Anhänger der Gegenpartei, brachte Sulla, der eben auf dem Forum saß, dessen Kopf und ging dann zu dem Weihwasserkessel des nahegelegenen Tempels des Apollo, wo er seine Hände abwusch[124].«

Oder dies, aus den ersten Tagen des Regiments: »Sulla erklärte nun sogleich 80 Bürger in die Acht, ohne irgendeine Magistratsperson zu fragen. Da alle deswegen unwillig waren, ächtete er einen Tag danach weitere 220 Personen und am dritten Tage nochmals ebenso viele. Darauf sagte er in einer öffentlichen Rede an das Volk, er habe jetzt die, auf welche er sich besinnen könne, in die Acht erklärt; die anderen, die ihm entfallen wären, wolle er ein anderes Mal verurteilen ... Er versprach dem, der einen (Geächteten) umbringen werde, zwei Talente (20 000 Mark) zur Belohnung für seine Mordtat.«

Der aufgespießte Kopf ist die neue Staatsflagge! Das Geschrei der Opfer die Hymne! Die Angst der Garant des eisigen inneren Friedens! Der Urheber des Ganzen aber bekommt eine vergoldete Reiterstatue mit der Inschrift: ›Cornelius Sulla, der glückliche Feldherr!‹[125] Sie steht mitten auf dem Forum und gefällt ihm. Und bei Sonnenaufgang spiegelt sich das Tagesgestirn am glatten Metall. Da setzt sich ein Spatz aufs Haupt des Imperators und kackt ihm ins Gesicht ... Aber niemand hat es gesehen.

## 5. *Eine neue alte Verfassung*

Nachdem er alles, was ihn stört, vom Tisch gefegt hat, bastelt er an einer neuen Verfassung. Ist er doch ›Dictator legibus scribundis et rei publicae constituendae‹, etwa: ›Dictator für die Neuordnung des Staates und der Gesetze‹, und dies ohne Befristung. Eine verfassunggebende Versammlung im Alleingang.

Kein Wunder, daß auch antike Autoren wie Appian das Kind beim Namen nennen, der damals verstanden wurde, und von ›Königsherrschaft‹ sprechen, was damals immer totalen Absolutismus und Tyrannei meint. Modern gesprochen vereint er alle drei Gewalten de facto in seiner Hand, wenn er auch nach außen hin noch so bedacht ist, die Ämter vorzuschieben, die er des Überlebens wert hält. Aus dem ›Dictator‹ ist ein ›Diktator‹ geworden.

Und nun geschieht etwas völlig Unerwartetes. Nach gut einem Jahr Herrschaft gibt er die Macht aus der Hand und tritt zurück. Die Einzelheiten gleich genauer ... Glaubt er, daß die Ordnung, die er dem Staat gegeben hat, ohne ihn auskommt? Hier die wichtigsten seiner Maßnahmen:

Um dem Mißbrauch des Volkstribunats vorzubeugen, schreibt er vor, daß ein Tribun ab sofort nur noch mit Zustimmung des Senats Anträge vor die Volksversammlung bringen kann. Ein Tribun kann außerdem nicht die senatorische Ämterlaufbahn einschlagen. Damit ist jugendlichen Heißspornen und popularen Demagogen ein Riegel vorgeschoben, das Amt ist ein totes Gleis.

Der Senat zeigt erhebliche Lücken, da einige hundert Mitglieder ihre Köpfe verloren haben. Er schaut sich unter seinen Anhängern um und steckt 300 von ihnen in die purpurverbrämte Toga; die Zahl der Senatoren steigt auf 600. Den Rittern nimmt er ihre so liebgewonnenen Richterstühle und reserviert sie nur noch für Senatoren.
Die Kriminalgerichtsbarkeit entzieht er dem Einfluß des Pöbels und bildet Geschworenengerichtshöfe – die übrigens bis in die Kaiserzeit amtieren.
Die Altersgrenzen zur frühestmöglichen Erlangung staatlicher Ämter wird neu festgelegt: 29 Jahre für die Quaestur, 39 für die Praetur, 43 zur Erlangung des Consulats. Außerdem legt er fest, daß das Consulat nur ein zweites Mal, und zwar nach Ablauf von 10 Jahren, angestrebt werden kann.
Die Provinzverwaltung legt er in die Gewalt ehemaliger Magistrate, in der Regel gewesene Consuln und Praetoren. Der aktive Dienst soll in Rom stattfinden. Bei Amtsmißbrauch, Wahlbestechung, Befugnisüberschreitung als Statthalter drohen harte Strafen. Das Bleibende zeichnet sich keimhaft ab, das die Jahrhunderte überdauert: die Unterscheidung zwischen Zivil- und Strafrecht.
Sie haben längst bemerkt, wie das Ganze auf eine Stärkung der senatorischen Staatssäule hinausläuft, auf Eindämmung der so schwer kalkulierbaren Kräfte von unten. Eine konservative Revolution!
Und wie meist bei Umbrüchen klammert sich der ehemalige Rechtsbrecher um so stärker an das neu proklamierte Recht. Der große Staatsmörder wird zum strengen Garanten der neuen alten Ordnung. In einer grandiosen Arbeitsleistung kümmert er sich um die Einrichtung der neuen Ordnung. Mittlerweile haben riesige Vermögen ihren Besitzer gewechselt. Die Güter der proskribierten Marianer werden zu Spottpreisen unter seinen Anhängern versteigert. Sulla sitzt dabei und sorgt für ›gerechte‹ Zuteilung der Beute.
Crassus liegt in diesem Rennen ganz vorn und legt hier den Grundstock seines Vermögens. Sullas Privatsekretär ergattert – um ein Beispiel zu nennen – den Besitz des geächteten Sextus Roscius im Wert von 6 Millionen Sesterzen für sage und schreibe 2000 Sesterzen. Ein Wertverlust von 3000 %[126]!
Die Sklaven der Geächteten setzt er mit einem Federstrich in Freiheit; sie nennen sich dankbar und hochtrabend ›Cornelii‹ und bilden eine zuverlässige anonyme Reservearmee. Es waren 10 000 Leute. Weiteren Rückhalt findet er bei seinen 100 000 Veteranen, die er überall in Italien angesiedelt hat.
Dann, als er meint, genug gearbeitet zu haben, feiert er einen pomphaften Triumph, größer als alle vorherigen Roms.
Als er dann Anfang 79 alle Staatsämter aus der Hand gibt, glaubt Rom an einen Scherz, an eine üble Falle. Aber es stimmt!
Vor einer einberufenen Volksversammlung teilt er seine Abdankung mit:

»Wenn ihr verlangt, werde ich eine Rechenschaft meiner Taten ablegen ...« Er blickt fragend in die Runde. Keine Hand rührt sich, Schweigen. Dann entläßt er die 24 Lictoren, die Leibwache und geht zusammen mit Freunden als Privatmann auf dem Forum umher, vom Volk bestaunt und gefürchtet.
»Beim Nachhausegehen schmähte ihn nur ein Knabe und wagte, da ihn niemand zurückhielt, dem Sulla bis an seine Wohnung unter Schimpfworten zu folgen. Dieser, welcher sich gegen die größten Männer und Städte jähzornig gezeigt hatte, ertrug ruhig das Benehmen des Knaben und sagte nur beim Hineingehen ins Haus die prophetischen Worte: ›Dieser Knabe wird bewirken, daß niemand, wenn er einmal eine solche Gewalt in Händen hat (wie ich), sie wieder niederlegt.« Das berichtet staunend Appian[127] und spielt gleichzeitig auf Caesars Kommentar an, der gesagt haben soll[128], Sulla habe sich wie ein ABC-Schütze verhalten, als er die Dictatur niederlegte: »Sulla nescisse litteras, qui dictaturam deposuerit.« Wir kommen bei Caesar darauf zurück.
Nun könnten wir guter römischer Schulpraxis folgen und für die Abschlußprüfung als Rhetor eine Rede entwerfen, wie sie Sulla vor dem Volk gehalten haben könnte. Wir kämen nicht weiter damit. Mit Sicherheit kann man dies sagen: Sein Rücktritt kam – im Hinblick auf die neu errichtete alte Ordnung – zu früh! Aber wenn wir so argumentieren, geschieht es ja aus der Perspektive der folgenden historischen Entwicklung. Sulla ist ein Paradebeispiel dafür, wie die nach Kausalitäten ausspähende Geschichtsanalyse vor den psychologischen Fragen einer so schillernden Persönlichkeit zurückscheut.
Man darf ihn auch nicht an Caesar messen, so wie man einen Wolf nicht am Schäferhund mißt oder umgekehrt. Es ist sehr wahrscheinlich, daß Sulla, der sein Leben lang auf die inneren Stimmen seiner Träume wie auf die Horoskope chaldäischer Astrologen hörte, einem Wink von dieser Seite Gehör schenkte: »Sulla sah sein Ende nicht nur voraus, sondern schrieb auch gewissermaßen selbst davon. Denn er schloß das 22. Buch seiner Denkwürdigkeiten zwei Tage vor seinem Tode und meldet darin, die Chaldäer hätten ihm geweissagt, daß er nach einem ruhmreichen Leben auf der Höhe seines Glücks sterben werde[129].« Plutarch weiß, wovon er schreibt, denn auf diesem Gebiet war er Fachmann. Auch sonst bleibt er der Alte, die Spielernatur, der Charmeur, der Freund des Künstlervölkchens.
In diesem letzten Jahr vergibt er noch gewaltige Bauaufträge: Der Jupitertempel des Capitols soll prächtiger neu erstehen; am Fuße des Götterberges beginnen die Arbeiten am Tabularium, dem Stadt und Reichsarchiv, dessen Schätze und Akten bisher über alle Tempel verstreut waren. Er erneuert die Mauern Roms, Ostias und von Alba Fucens (am Fuciner See), die Theater in Pompeji, Alba, Bovianum Vetus (in den Abruzzen) und Faesulae (bei Florenz). Er

schmückt Tibur (Tivoli), Cora (Cori in Latium), Tarracina (Terracina), Pompeji und Paestum (Lukanien) mit neuen herrlichen Tempeln. Der Gipfel republikanisch monumentaler Baukunst wird erreicht in Praeneste mit der Errichtung des gewaltigen Fortuna-Heiligtums. Sowohl vor der Bevölkerung wie der Göttin hat er ja einiges gutzumachen.

Daß der Vulkan in seinem Innern nur schläft, zeigt sein letzter Zornausbruch, einen Tag vor dem Ende: Er hat erfahren, daß der Bürgermeister von Puteoli mit der Beitragszahlung zum Wiederaufbau des Jupitertempels zögerte – der Mann rechnet mit dem baldigen Tode des Dictators und will Zeit gewinnen. Sulla läßt ihn kommen und donnert ihn in einer fürchterlichen Eskapade zusammen.

»Aber durch das Schreien und die heftige Bewegung brach das Geschwür auf, und er warf eine Menge Blut aus, wovon er so entkräftet wurde, daß er eine schlechte Nacht hatte und dann starb.«

Als tiefere Ursache nimmt man heute allgemein eine Hautkrankheit und Lungentuberkulose an[130].

Der Volksmund erfand die Geschichte von Würmern und Läusen, die ihn auffraßen, wie später Herodes. Sulla starb im Alter von 60 Jahren. Er erhielt, nicht zuletzt auf Drängen seiner Veteranen, ein Staatsbegräbnis, das für die Kaiser der folgenden Jahrhunderte Vorbild wurde.

Zum Abschluß zwei Stimmen über den Mann, der das Rad der Geschichte mit Gewalt zurückdrehen wollte. Sallust, geboren 86 im Todesjahr des Marius, schreibt aus dem Abstand der folgenden Generation:

»Sulla stammte aus altem adligen Geschlecht, doch seiner Familie Glanz war durch der Väter Tatenlosigkeit schon fast erloschen. In griechischer und lateinischer Literatur war er gleich gut und gründlich ausgebildet; auch war er hochbegabt, begierig nach Genuß, begieriger nach Ruhm. In seiner Muße liebte er die Üppigkeit, doch von Geschäften hielt ihn kein Vergnügen je zurück; nur hätte er in seinem Eheleben mehr auf Anstand sehen können. Er war beredt und schlau, dabei mit aller Welt gut Freund; um Absichten zu heucheln, besaß er unergründliche Verschlossenheit; er lebte höchst verschwenderisch, zumal mit Geld. Und mochte er als der Glücklichste von allen gelten, so hat vor seinem Sieg im Bürgerkrieg das Glück doch niemals seine Leistung überstiegen, und viele waren ungewiß, ob seine Tapferkeit oder sein Glück wohl größer war. Was er dann freilich später tat – ich weiß nicht, ob mir Scham oder Unwille mehr verbietet, hier davon zu sprechen.«

Hans Volkmann kommt am Ende seiner Studie über den Dictator zu diesem Fazit: »Den Prozeß der Entartung, in dem die alten Werte entwertet wurden, hat Sulla wesentlich beschleunigt. Der Preis, für den er die äußerliche Ordnung im Staatsgefüge wiederherstellte, war zu hoch ... Darin lag Sullas Schuld, daß er den moralischen Schaden, den er anrichtete, zu gering anschlug und daher dessen Folgen nicht beheben konnte. In ihm und seiner Geschichte wird die schwere Verantwortung sichtbar, die jeder Politiker erwägen muß, bevor er sich entschließt, neue Kräfte zu entfesseln, die in die Psyche jedes einzelnen eingreifen[131].«

# Pompeius

## *1. Die Erben Sullas*

Pompeius ... wer diesen Namen nennt, assoziiert augenblicklich Caesar. Und daran krankt das Pompeiusbild bis heute. Immer wieder mißt man ihn an einem Antipoden, der es zunächst gar nicht war. Auch Gegensätze müssen wachsen. Das Verhältnis der beiden wandelt sich erst in den 5 letzten Jahren zum Kampf auf Leben und Tod. Es ist ein alter Streit unter den Gelehrten, wer von beiden denn das Entscheidendere für die zukünftige Form des Reiches getan hätte; wir wollen am Ende darauf zurückkommen.

Dies können wir vorweg behaupten: Man wird nie klären können, was sie im Innersten voneinander hielten. Ihr Verhalten zueinander ist oft ambivalent, bisweilen rätselhaft. Wenn einmal ein Buch geschrieben wird über ›Die großen Zweiten‹ der Geschichte, dann hätte Pompeius einen ersten Platz darin. Seine Tragik: Er wurde nie der Kopf, nie die bestimmende Kraft der Epoche, obwohl er alle Anlagen dazu mitbrachte – bis auf eine ... aber davon später.

Wenn man über Pompeius schreibt, kommt man kaum gegen den Trauerflor seiner späten Jahre an. Dabei fing alles so herrlich dynamisch an!

Den selbsternannten siebenundzwanzigjährigen General kennen wir bereits. Sein spontaner Entschluß zum aktiven Eingreifen sollte sein ganzes weiteres Leben bestimmen. Wäre es in einem monarchischen System selbstverständlich, daß ein junger Prinz mit gewichtigen Kommandos betraut wird, so muß sich Rom erst an den außergewöhnlichen jugendlichen Feldherrn gewöhnen. Und bewundert wird er von vielen Seiten. Mommsen, bei dem er schlecht wegkommt, spöttelt: »Es war das ein Unglück für den Bewunderten wie für die Bewunderer; aber es war natürlich[132].« Mommsen kann sich schon zu Anfang seines Pompeiusbildes, das er an seinem Idol Caesar mißt, den Sarkasmus nicht verkneifen; wir wollen versuchen, objektiver zu sein.

Sulla ist tot, Friede seiner Asche, Rom atmet auf. Aber wie soll es nun weitergehen? Das Verschwinden eines Diktators ist das Schlimmste, was er sich und seinem System antun kann. Wenn Rom auch keine Parteien im modernen Sinne kennt, so erheben nun doch an allen Ecken und Enden Interessengruppen ihr Haupt.

Die alten liberalen Aristokraten, die immer noch an das Gute im Menschen glauben, verbinden sich zwangsläufig mit popularen Köpfen, soweit diese noch vorhanden sind. Diese kennen nur ein Ziel: Wiederherstellung des alten Volkstribunats, denn nur mit diesem Instrument können sie gegen die Restauration ankämpfen. Hinter ihnen steht eine große, schweigende Mehrheit: Enterbte, entrechtete Söhne fordern Rache; da wartet ein verbittertes Heer von Emigranten auf Heimkehr und Rehabilitierung; das städtische Stimmtier will seine kostenlose Brotzuteilung wiederhaben.

Gehen wir übers Forum, so hören wir allenthalben nur Meckern und Murren. Man weiß so recht nicht, wer denn da oben die Fäden in der Hand hält. Dabei geht es den Leuten nicht schlecht: An den Staatsbaustellen gibt es Arbeit in Fülle, nur die Preise für Sklaven und Brot sind gestiegen. Es wird Zeit, irgendeinem Barbarenfürsten auf die Finger zu klopfen. Das Piratenunwesen wird auch immer schlimmer; von vier Getreideschiffen geht eins verloren: »Aber das interessiert die da oben ja nicht ...!« Wenn dann einer von denen da oben mit seinem Clientel-Anhang vorbeischreitet, verstummen die Nörgler, man macht heuchlerisch in Ehrerbietung.

Das Stimmtier hat keinen Kopf, die Popularen haben keinen Kopf; die oppositionellen Kräfte zersplittern sich, verpuffen in kraftloser Kritik. So ist es für die Erben Sullas zunächst einfach, das Regiment einigermaßen in der Hand zu behalten.

Die Erben Sullas: Was sie einstweilen zusammenhält, ist nicht das aufgesetzte neue alte System, sondern das eifersüchtige Festkrallen an der unter Sulla erreichten Position. Denn alle, wie sie da sind, entwickeln kein neues Gedankengut, sondern zehren von ihrem Erbteil. Lediglich Pompeius ist noch zu jung, als daß er sich in Schablonen ordnen ließe. Seine Karriere hat außerhalb der Legalität begonnen, und diese Sonderstellung im Staat wird er ein Leben lang verteidigen und schließlich daran scheitern.

Dann ist da Crassus, Jahrgang 115, skrupelloses Finanzgenie, Spezialist im Aufspringen auf abfahrende Züge. Da wir ihn während des Spartacusaufstandes näher kennen lernen, hier nur einige Schlaglichter: Von Hause Aristokrat, aus Berufung zum Geld hingezogen, grenzenlos rührig, wenn er Glitzerndes ergattern kann. Ein Mann mit vielen Gesichtern, darauf bedacht, das richtige im geeigneten Moment zu zeigen; größter Bauunternehmer Roms, potentester Geldverleiher und Gläubiger der Stadt, Besitzer schließlich eines Vermögens von 170 Millionen Sesterzen. Ehrgeizig, sich in der Öffentlichkeit als Anwalt, auf dem ›Felde der Ehre‹ als General einen Namen zu machen; jovial, wenn es sein muß, volkstümlich, wenn es Nutzen bringt. Eine antike Mischung aus Rothschild und Goering. Zur Zeit macht er in Sullaner und wirft ein scheeles Auge auf den Grünschnabel Pompeius, denn er ist 10 Jahre älter. Man braucht ihn, wenn Zwielichtiges zu organisieren ist, er läßt sich nicht lange bitten. Informiert ist er immer.

Von der ganz alten Garde ist niemand übriggeblieben außer dem Umfaller Cethegus und dem klugen Consul von 91, Lucius Philippus. Die einflußreichsten aristokratischen Machthaber gehören der jüngeren Generation an: Q. Metellus Pius (Consul 80), enger Freund Sullas, Q. Lutatius Catulus (Consul 78), Sohn des Vercellae-Siegers, und die beiden Brüder und Offiziere Lucius und Marcus Lucullus. Seine große Stunde wird Lucius erst haben, wenn er sich aus der Politik zurückgezogen hat, um seine ›lukullischen‹ Gastmähler zu erfinden.
Dann ist da der Schmarotzer Lepidus, alter Marianer, im rechten Augenblick bei der Eroberung von Norba – wir waren dabei – auf die Seite des ›Glücklichen‹ übergewechselt, und dafür reichlich bedacht mit Proskriptionsgütern. Sulla durchschaute ihn, konnte aber seine Wahl zum Consul 78 neben seinem Duz-Freund Catulus nicht verhindern, da der Grünschnabel Pompeius sich öffentlich für seine Kandidatur einsetzte. Sullas Kommentar: »Wahrhaftig! Ein Meisterstreich, junger Mann, daß nun Lepidus vor Catulus gewählt wurde, der größte Lump neben dem allerbesten Mann! Jetzt heißt's für dich: nicht schlafen, da du deinen einzigen Feind stärker gemacht hast[133]!«
Warum wir das hier erwähnen: Dieser Lepidus bringt nach Sullas Tod neuen destruktiven Schwung in das anarchische Treiben und macht den Versuch eines Staatsstreiches mit den Mitteln, die ja nun mehrmals vorexerziert worden sind. Man trägt wieder ›links‹, sprich »popular«: Lepidus propagiert die Wiederherstellung der Besitzverhältnisse von 82, zielt auf Rückberufung der Verbannten, und in der Hinterhand hält er wohl auch die Wiedereinrichtung des alten Volkstribunats bereit.
Aber er ist nicht der Mann, solche umstürzlerischen Pläne mit Verve durchzukämpfen. Zwar rückt er mit einem bewaffneten Haufen gegen Rom, aber diesmal entscheidet der Senat schnell und schickt den gewesenen Consul Catulus sowie Pompeius in die Bresche: Lepidus gibt auf und flieht nach Sardinien, wo er einen geruhsamen Lebensabend verbringt.
Wir haben noch die Lobgesänge des sullanischen Leichenschmauses im Ohr, die ewiggleichen ›Mögen die Götter ...!‹-Sprüche – aber Sullas System knistert bereits, aus Haarrissen werden Spalten, die kein kritischer Beobachter mehr übersehen kann.
Und ausgerechnet jetzt rumort es in Spanien, der so wichtigen Kolonie im Westen: Die reichen Gold-, Silber- und Zinnvorkommen finanzierten fast alle spätrepublikanischen Kriege. Rom hatte geerbt, was Karthago aufgebaut hatte. Dabei war es nie gelungen, das ganze Land unter Kontrolle zu bringen. Während des ganzen 1. Jahrhunderts v. Chr. haben die Bürgerkriege ihre Ableger auf der unruhigen Halbinsel und spiegeln das stadtrömische Desaster.
Im Augenblick ist es Sertorius, der die römischen Machthaber herausfordert.

Wir könnten diesen Mann übergehen, ohne daß unser Gesamtverhältnis des historischen Ablaufs Schaden nähme. Doch das faszinierende Römertum dieses Republikaners nimmt uns gefangen; ist er doch – neben Caesar – der einzige, der es fertigbringt, Pompeius in mehreren Schlachten zu schlagen. Außerdem ist er ein Lichtblick in diesen dunklen Zeiten.

### 2. *Staatsexamen bestanden*

Schon die alten Autoren begeistern sich an der rechtschaffenen Männlichkeit – virtus, wie der Römer sagt – dieses Offiziers. Immer wieder ist von seiner ›edlen und erhabenen Denkungsart‹ die Rede. Seine Biographie in Stichworten: Römischer Ritter aus ›hochangesehener Familie‹ aus Nursia; früher Tod des Vaters, sorgfältige Erziehung durch die Mutter. Anwaltstätigkeit in Rom, dann Wechsel in die militärische Laufbahn; schneidiger Soldat und Offizier mit früh sichtbaren Führungsqualitäten. Erfolgreiche Operationen unter Marius gegen Cimbern und Teutonen, Kriegstribun in Spanien; gilt »überall als ein Mann, der ein tätiges, wirksames Leben zu führen gedachte«[134]. Verlust eines Auges, später Anlaß, Parallelen zu Hannibal zu ziehen. 88 verhindert Sulla seine Kandidatur zum Volkstribun – er wird es dem Dictator nie vergessen. Sertorius ist einer jener hochherzigen Menschen, die sehr lange brauchen, bis sie sich außerhalb der Legalität begeben, dann aber mit ganzer Kraft für das, was sie als gut erkannt haben, kämpfen. Von Spanien aus, in äußerer und innerer Emigration, versucht er einen Gegenschlag. Mit großem Feingefühl für die Mentalität der Bevölkerung gewinnt er ihr Vertrauen und beginnt, ein eigenes Privatimperium aufzubauen. Dabei kopiert er die römische Verfassung bis ins Detail mit Senat, Beamtenschaft, Lictoren. Er diszipliniert die einheimische Miliz, befriedigt auch ihre Eitelkeit: »Überdies schmückte er ihre Helme reich mit Gold und Silber, ließ ihre Schilde bemalen und lehrte sie, buntgestickte Ober- und Untergewänder zu tragen, durch welchen Aufwand und Eifer für ihren Putz er sie ebenfalls an sich fesselte[135].«

Vor allem aber legt er den Grund für die kulturelle Romanisierung des Landes, die man nicht hoch genug einschätzen kann. Stammen doch bereits 150 Jahre später zwei der bedeutendsten Kaiser aus dieser Provinz, Trajan und Hadrian. »Mehr als alles andere gewann ihm das, was er an den Kindern tat, ihre Herzen. Er ließ nämlich die edelsten aus allen Stämmen in Osca (heute Huesca in Aragonien), einer großen Stadt, zusammenkommen und bestellte für sie Lehrer der griechischen und römischen Wissenschaften. Im Grunde dienten ihm diese Kinder als Geiseln, er gab aber vor, er lasse sie unterrichten, um sie einst als Männer bei der Regierung und Staatsverwaltung zu brauchen. Die Eltern freu-

ten sich dann sehr, wenn sie ihre Söhne in purpurverbrämten Kleidern züchtig in die Schulen gehen sahen, daß Sertorius ihre Lehrer besoldete, öfter Prüfungen anstellte, den Würdigen Preise austeilte und ihnen den goldenen Halsschmuck schenkte, der bei den Römern ›bulla‹ genannt wird« (eine goldene Halbkugel, als Hängeschmuck getragen, enthielt ein Amulett gegen den bösen Blick).
Sertorius ist dabei, sich in Spanien eine verläßliche Hausmacht aufzubauen; alle mit den römischen Zuständen Unzufriedenen schlagen sich zu ihm durch. Er kann jeden Mann gebrauchen in seinem Emigrantensenat und setzt die mit dem Verwaltungsapparat bestens vertrauten Freunde als Quaestoren und Praetoren ein; alle Offiziersstellen werden mit Römern besetzt. Alles sieht danach aus, als ob er von Spanien aus zum großen Schlag gegen das sullanische Regime in der Heimat ausholen will – so wie Sulla vom Osten, Caesar demnächst von Gallien aus.
Der römische Senat zögert trotz schwerer Bedenken nicht allzu lange – man vergleicht Sertorius bereits offen mit Hannibal – gegen den Einspruch des Catulus, dem Pompeius ein außerordentliches Kommando (›extraordinarium imperium‹) zu übertragen. Pompeius steht – nach dem Schlag gegen Lepidus – ja noch vor der Stadt und beginnt sich zu langweilen. Ausschlaggebend ist die schlagfertige Argumentation des Realisten L. Marcius Philippus, der auf die Frage eines verwunderten Senators, »ob er es denn für so nötig halte, den Pompeius an Stelle eines Consuls abzuschicken, antwortete: ›Das eben nicht – sondern für beide!‹, wodurch er zu verstehen geben wollte, daß die damaligen Consuln zu gar nichts taugten«[136]. Ein andermal stellt er gutgelaunt vor dem Senat fest: »Und so bitte ich euch zu überlegen, wie verdreht die Welt ist[137]!«
Dieser ›Witzbold‹ Philippus ist uns noch einige Sätze wert: Er war Consul (91) und Censor (86), hatte sich dennoch innere und äußere Unabhängigkeit bewahrt und bewegte sich »sehr selbständig zwischen den Fronten«. Der Siebenundfünfzigjährige ist ohne Zweifel die führende Autorität des Senats, mit Augenmaß für das Mögliche und Notwendige. Cicero lobt an ihm »größte Freimütigkeit in der Rede, Reichtum an Witz; ziemlich fruchtbar war er auch in der Auffindung, ungezwungen in der Darlegung der Gedanken; im Wortgefecht hatte sein Witz den Charakter des Stechenden und Beißenden«[138]. Kurz: das so seltene Salz in einer Parlamentssuppe! So nennt er sich selbst ironisch den ›Freund des Alexander‹, um damit sein Zurücktreten vor dem jugendlichen Pompeius zu entschärfen[139].
Männer wie Philippus bringen Pompeius auf seine steile Bahn. Zum zweitenmal ist er im Besitz eines Militärkommandos mit proconsularem Imperium, ohne die verfassungsmäßigen Voraussetzungen zu besitzen.

1
Nach seinen langen Irrfahrten findet Aeneas, der trojanische Held und Sohn der Aphrodite, im Reich des Königs Latinus eine neue Heimat. Er heiratet die Tochter des Königs, Latinia, und gibt nach dem Tod des Königs Latinus dem Volk den Namen »Latiner« (Livius, Vergil). Auf diesem Relief sind Aeneas und sein Gefährte Achates abgebildet, die beide den Göttern für die glückliche Beendigung ihrer Mittelmeerfahrten den Göttern opfern und ihnen dafür danken, daß sie hier in Latium eine neue Heimat gefunden haben. Nach der Sage sollen die Etrusker zur selben Zeit in Italien angekommen sein.

2
Die Wölfin ist weithin das Sinnbild der Gründung Roms. Sie soll nach der Sage die Zwillingsbrüder Romulus und Remus, die am Tiber ausgesetzt wurden, so lange gesäugt haben, bis sie der Hirte Faustulus fand und zu sich nahm (Livius). Die Zwillingsbrüder Romulus und Remus, die Söhne der Rhea Silvia, der Nachfahrin des Aeneas (nach Livius), sind als die sagenhaften Gründer Roms (753 v. Chr.) in die Geschichte eingegangen. Etruskische Künstler haben diese hier abgebildete Wölfin aus Bronze geschaffen. Die Plastik ist gleichzeitig ein Zeugnis hoher etruskischer Kunstfertigkeit.

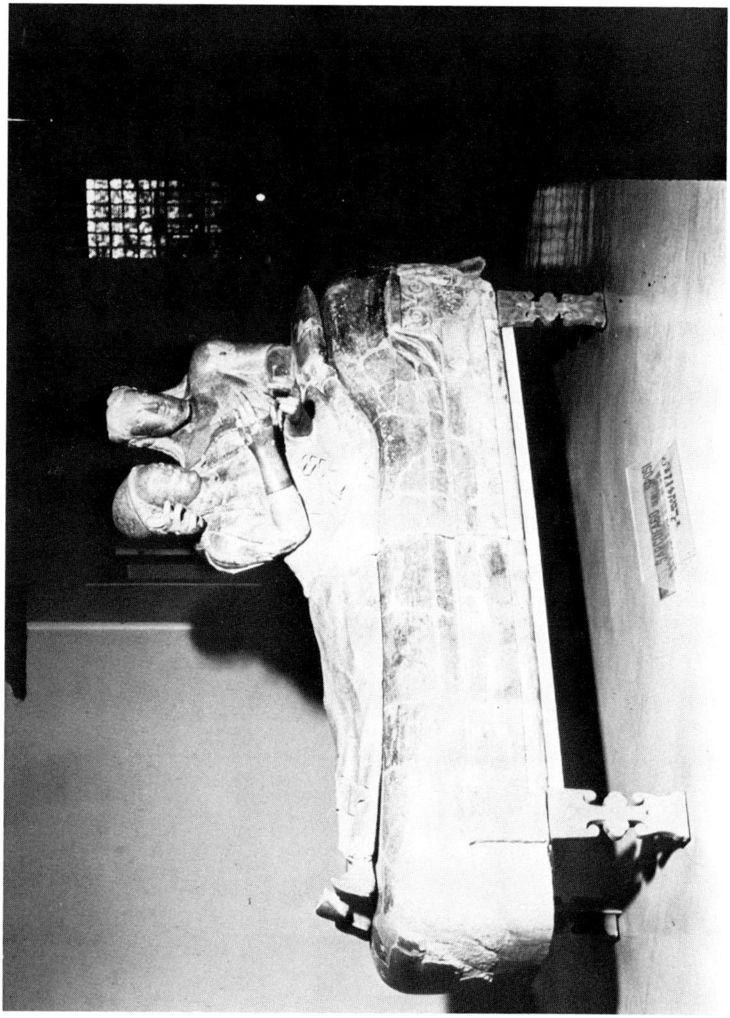

3
Etruskisches Grabmal aus dem 6. Jahrhundert v. Chr., gefunden in Caere. Es ist aus Ton gefertigt und gilt ebenfalls als eines der großen etruskischen Meisterwerke.

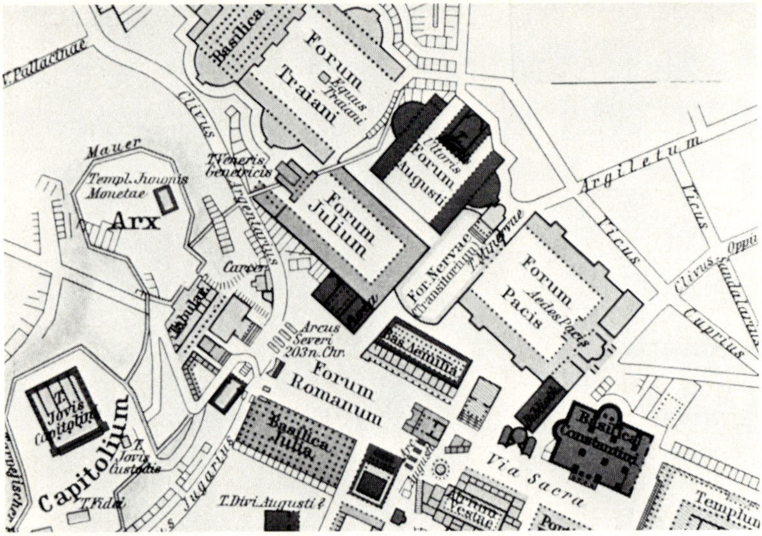

4
Plan des Forum Romanum. Die Sieben Hügel umschließen das Forum Romanum, das den Mittelpunkt der ganzen Stadtanlage bildet. Die Basilica Aemilia, ferner die Gebäude Comitium, Saturntempel, Dioskurentempel und Vestatempel bilden den Kern und sind zugleich die ältesten Bauwerke. Fast moderner Stadtplanung entsprechend, liegen die Horti (Parks), also Grünanlagen, am Stadtrand hinter den Sieben Hügeln.

5
Saturntempel, eines der ältesten Bauwerke auf dem Forum Romanum (geweiht 497 v. Chr.). Er war dem alten latinischen Gott Saturn, dem Gott der Saat und der Anpflanzungen, geweiht, und stand im Mittelpunkt des Saturnalienfestes, das zehn Tage lang nach beendeter Ernte (Mitte Dezember) zur Erinnerung an die glückliche Herrschaft des Saturn in Latium gefeiert wurde.

6
Via Appia. Am Ende des 6. Jahrhunderts v. Chr. war die etruskische Königsherrschaft beseitigt, und die res publica der Römer mit ihren vielfältigen Ämtern hatte sich allmählich gefestigt. Die Römer konnten darangehen, die Herrschaft in Italien auszubauen. Als Aufmarschlinie gegen die Samniter ließ Appius Claudius (im Zweiten Samnitenkrieg) die Via Appia von Rom bis nach Capua legen; bald wurde sie bis nach Brundisium erweitert.

7
Römische Legionäre (Relief am Konstantinsbogen). Der römische Legionär war Fußsoldat. Er kämpfte in geschlossenen Reihen und hatte darin seinen festen Platz. Der große Langschild schützte den Legionär, dazu ein Lederpanzer von den Schultern bis unter die Hüften, und als Kopfschutz diente ihm ein Helm. Als Waffe benutzte er das Kurzschwert und die Lanze. Jede Legion hatte ihren Adler als Feldzeichen oder als Heeresstandarte.

8

Römischer Adler mit Eichenkreuz und Palmzweig. Er ist aus Onyx gearbeitet und stammt vermutlich aus der Zeit um 27 v. Chr. Onyx war ein im Altertum besonders beliebter Stein, der zur Verzierung von Geräten, Gefäßen und Kleidern verwendet wurde.

9
Römisches Kriegsschiff (Relief an der Trajanssäule). Die See war den Römern zunächst ein fremdes Element. Als sie jedoch ihre Herrschaft in Italien gefestigt hatten, wuchs die Bedrohung durch außeritalische Mächte.

10
Hannibal gilt als die Persönlichkeit und der überragende Heerführer des Zweiten Punischen Krieges, in dem er für Karthago die verlorenen Gebiete zurückerobern wollte. Livius schrieb und urteilte über Hannibal: »Non omnia nimirum eidem dei dedere: vincere scis, Hannibal, victoria uti nescis« (zu deutsch: »Nicht alles haben die Götter wahrhaftig demselben Mann gegeben: Du verstehst es zu siegen, Hannibal, den Sieg aber nicht auszunutzen«, Livius). Dieser Satz drückt die ganze Tragik Hannibals aus.

11
Berühmt sind die Elefanten, die Hannibal bei seinem Zug über die Alpen mit nach Italien brachte; jedoch überlebten die meisten der mitgeführten Tiere die Strapazen der Gebirgsüberquerung nicht. Die übriggebliebenen Kriegselefanten erregten zwar bei den Römern größtes Erstaunen, sie beeinflußten jedoch den Ausgang der Kämpfe unwesentlich. (Das Foto zeigt einen Ausschnitt einer campanischen Schale.)

12
Lucius Iunius Brutus, erster römischer Consul nach der Vertreibung der Könige. Wie die Wölfin gehört dieser Kopf in die Reihe bedeutender Denkmäler etruskischer Bronzeplastik. Diese Skulptur stammt etwa aus dem dritten Jahrhundert v. Chr.

13
Sarkophag des Lucius Cornelius Scipio Barbatus, gefunden im großen Familiengrab der Scipionen an der Via Appia. Die Inschrift, in altertümlichem Latein geschrieben, gibt Auskunft über seine Taten, seinen Charakter, seine Ämter (Consul 298 v. Chr. und tat sich im Dritten Samnitenkrieg 298–290 v. Chr. hervor). Er gehörte der berühmten Familie der Scipionen an, die wie andere gentes (Sippen, Familien) den Kern des römischen Staates bildete.

14
Gneius Pompeius. Er war ein reichbegüterter Mann, der nach Sullas Tod große militärische Ehren errang, so in Spanien im Krieg gegen Sertorius, im Seeräuberkrieg sowie in den Mithridatischen Kriegen. Pompeius gehörte zu jenen mächtigen Männern, die – als die res publica erste Zerfallserscheinungen äußerte – ihre Möglichkeiten nutzen wollten. Mit Caesar und Crassus schloß er das sogenannte erste Triumvirat. Sein Leben endete tragisch: Von Caesar besiegt, wurde er bei seiner Landung in Ägypten ermordet.

15
Im zweiten Jahrhundert v. Chr. hatte sich das Römische Reich auch auf Kleinasien ausgedehnt. Dieses Relief am Septimius Severusbogen auf dem Forum von Rom zeigt je einen an den Händen gefesselten Parther, der von einem Römer geführt wird.

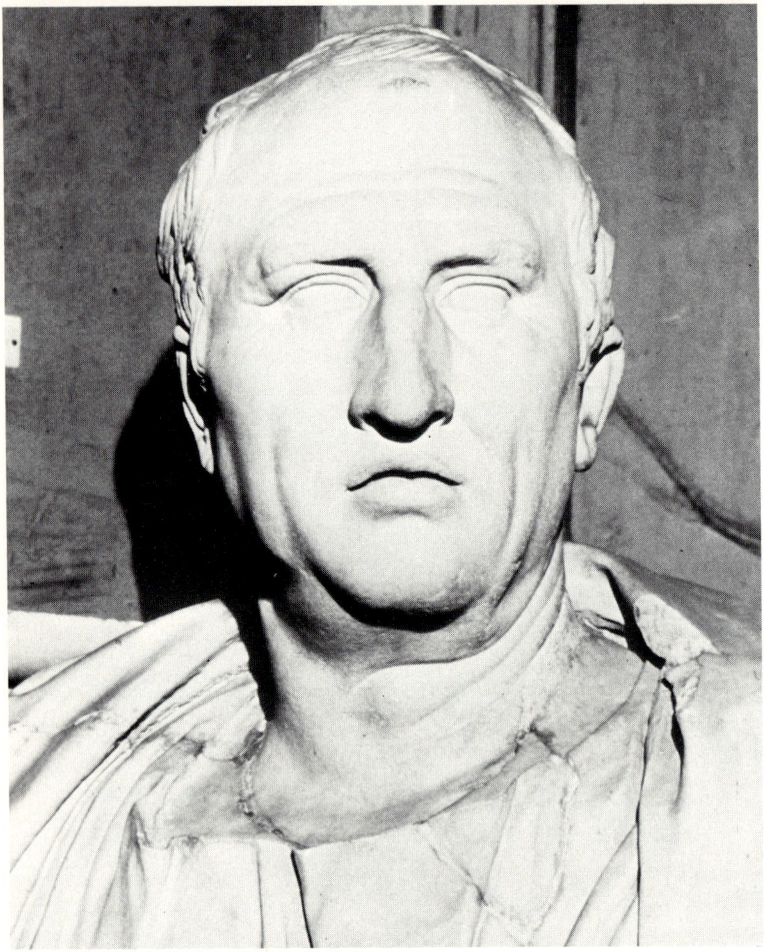

16
Marcus Tullius Cicero, geboren im Jahre 106 v. Chr. in Arpinum. Er war nicht nur einer der bedeutendsten römischen Redner, sondern neben Demosthenes gilt dieser Ruhm für ihn in der gesamten Zeit der Antike.

17
Gaius Iulius Caesar, hier abgebildet auf einem der berühmten Buca Denare vom Jahre 45 v. Chr. Diese Münze zeigt eines der seltenen Bilder, das den lebenden Caesar porträtiert. Die meisten übrigen Porträts, die überliefert sind, stammen aus der Zeit nach seinem Tode.

18
Palatin (Palastberg): Er gehört zu den ältesten Siedlungsbezirken der Stadt Rom. Im zweiten und ersten Jahrhundert v. Chr. gehörte es zum guten Ton, auf dem Palatin zu wohnen. So besaßen Caesar, Cicero, Atticus und andere vornehme Römer hier ihre Wohnhäuser. Auch spätere Kaiser bauten ihre Paläste auf dem Palatin, so auch Augustus und die Flavier. Die gewagteste Architektur dürfte jedoch der Palast des Augustus aufweisen.

19
Eine Straße in Ostia mit römischen Wohnhäusern. Diese Häuser wurden als Spekulationshäuser gebaut. In solchen Straßenzügen wohnten die ärmeren Römer. Die Räume dieser Häuser waren sehr klein, fließendes Wasser gab es meist nicht. Die Häuser hatten nach vorn bis zu ca. sechs Stockwerke, die Hinterhäuser konnten noch höher gezogen werden. In den oberen Stockwerken gab es nur vereinzelt und in unregelmäßiger Anordnung Fenster. Martial berichtet von einem armen Römer, der bis zu 200 Stiegen zu seiner Kammer emporsteigen mußte.

Mit 30 000 Mann zu Fuß und 1000 Reitern bricht er auf und ahnt nicht, daß er sechs Jahre brauchen wird, um den Gegner niederzuringen. Denn Sertorius hat in Mithridates einen Verbündeten gefunden. Der ›neue Dionysos‹ tüftelt schon die ganze Zeit an einem erneuten Waffengang gegen Rom und handelt über V-Männer in Spanien einen Vertrag mit Sertorius aus: Sertorius, als ob er Herr des Reiches wäre, garantiert territoriale Ansprüche des Königs im voraus. Die Mittel des Pompeius erschöpfen sich, während Sertorius sich auf seine loyalen einheimischen Fürsten stützen kann. Pompeius schreibt einen Brandbrief nach Rom:

»... Müde des Schreibens und überdrüssig der Gesandtschaften habe ich alle meine privaten Mittel und Kredite erschöpft, während indessen von Euch in einem Zeitraum von drei Jahren kaum der Bedarf eines Jahres gewährt wurde. Bei den unsterblichen Göttern, seid Ihr der Meinung, ich könne an Stelle des Aerariums (Staatsschatz) treten oder ein Heer ohne Lebensmittel und Sold unterhalten? ... Helft Ihr nicht, wird – gegen meinen Willen – das Heer und mit ihm der ganze spanische Krieg von hier nach Italien übersetzen[140].«

Da bricht eine Fronde im eigenen Lager des Sertorius aus: Der Consul von eigenen Gnaden wird während eines Gelages ermordet. Doch die Mörder überleben die Tat nicht: Pompeius läßt sie alle hinrichten. Zuvor hatten sie gehofft, sich mit der Korrespondenz des Sertorius freikaufen zu können. Doch die Briefe werden – ungelesen – verbrannt. Pompeius wußte zwar um den hochverräterischen Inhalt der Schreiben mit »den angesehensten Männern in Rom, welche, mit der gegenwärtigen Lage der Dinge unzufrieden, die Verfassung umändern wollten und Sertorius nach Italien einluden. Pompeius befürchtete daher, daß daraus noch blutigere Kriege als die beendeten entstehen mochten[141].

Seine Aufgabe in Spanien ist erledigt. Auf dem Rückmarsch errichtet er – die Parallele zu Alexander d. Großen ist offensichtlich! – auf dem Pyrenäenpaß ein Siegesmal. In der Inschrift behauptet er, er habe 876 Städte erobert: eine zeitgemäße Übertreibung! Poseidonius, der griechische Philosoph, hatte in einem ähnlichen Falle gespottet, der Sieger habe die Türme als Städte gezählt[142].

Pompeius hat die Bewährungsprobe bestanden; außerdem hat er es verstanden, die einheimischen Machthaber für sich einzunehmen und sozusagen das Erbe Sertorius' anzutreten. Noch sein Sohn wird von Spanien aus zum letzten verzweifelten Gegenstoß gegen Caesar ausholen. Beim Eintreffen in Norditalien wird er mit dem Ende des großen Sklavenkrieges konfrontiert, dem wir uns nun zuwenden.

## Der Aufstand des Spartacus 73 v. Chr.

### *1. »... verkaufend in fern entlegene Inseln«*

Sie haben bestimmt schon einmal den grandiosen Anfang der Ilias gehört oder gelesen:

»Singe den Zorn, o Göttin, des Peleiaden Achilleus,
Ihn, der entbrannt den Achäern unnennbaren Jammer erregte
Und viel tapfere Seelen der Heldensöhne zum Hades
Sendete, aber sie selbst zum Raub den Hunden hinlegte
und den Vögeln umher. So ward Zeus' Wille vollendet ...«[143]

Worum geht es? Achill ist zornig, weil Agamemnon ihm seine Kriegsbeute, die Fürstentochter Briseis, vorenthält und für sich beansprucht. Achill wird erst wieder kämpfen, wenn der Streitfall aus der Welt geschafft ist.

Somit dreht sich das Hintergrundgeschehen des Epos um den Besitz – einer Sklavin! Dies erscheint uns erstaunlich, ja befremdend, da wir in einer Zivilisation leben, die keine Sklaven kennt. In der gesamten Antike aber war Sklaverei eine Einrichtung, die niemals – auch nicht vom Christentum – in Frage gestellt wurde, und jeder verstand Achills Kummer und Zorn: Seine Ehre war beleidigt worden. So ermahnt der greise Nestor denn auch später Agamemnon bei einem Essen:

»... Doch du, hochherzigen Geistes,
Hast den tapfersten Mann, den selbst die Unsterblichen ehrten,
Schmählich entehrt, denn du nahmst sein Geschick ihm ...«[144]

Homer ist ja ein verschlüsseltes Lexikon über das Leben der mykenisch-heroischen Kultur zwischen 1200 und 1000 v. Chr. Und so finden wir auch an einigen Stellen Nachrichten darüber, wie man in die Sklaverei geraten kann. Gegen Ende folgt der berühmte Zweikampf zwischen Hektor und Achill. Bevor aber Hektor antritt, warnt ihn sein Vater, der greise Priamos, von der Mauer herab und klagt:

»Ach, der Söhne so viel und so tapfere raubte mir jener,
Mordend teils und verkaufend in fern entlegene Inseln ...«[145]

»Mordend teils und verkaufend ...« – Hier ist natürlich vom Krieg die Rede. In homerischer Zeit wurden Sklaven durch Gefangennahme im Kriege erworben, seltener durch Raub in Friedenszeiten, obwohl es auch dafür einige Belege gibt. Und über Mangel an Kriegen kann man während der gesamten Antike nicht klagen. Aus der römischen Geschichte kennen wir da genauere Zahlen: Im

Krieg gegen die Samniter (307 v. Chr.) versklavte Rom 7000 Samniter; 262 wurden im 1. Punischen Krieg 25 000 Einwohner von Agrigent versklavt; Scipio erbeutete 201 vor Karthago 20 000 Anwohner; während des Gallischen Krieges führte Caesar die 53 000 Einwohner von Atuaticum und die 20 000 von Alesia in die Sklaverei. Insgesamt hat er ca. 150 000 Gallier erbeutet. Marius führte 90 000 Teutonen und 60 000 Kimbern unters Joch ... usw.
Solche gewaltigen Zahlen kennen wir aus der griechischen Geschichte nicht. Die Griechen waren in Stadtstaaten zersplittert, die sich eifersüchtig befehdeten, und sie führten keine Eroberungskriege im großen Stil wie Rom. Sie waren gezwungen, größere Mengen Sklaven von Sklavenhändlern zu kaufen, die sich durch Generationen auf dieses Geschäft spezialisiert hatten. In den ersten Jahrhunderten des Jahrtausends v. Chr. rekrutierten sie sich besonders aus Phöniziern, die damals mit ihren Handelsschiffen die Meere beherrschten.
Aber in Athen – wie in anderen Städten – gab es noch eine zweite Möglichkeit, Sklaven zu erwerben oder auch selbst Sklave zu werden. Plutarch – er ist ja eine wahre Fundgrube aller Bereiche des antiken Lebens – berichtet über die Lage der Stadt um 600 v. Chr.:
»Da nun damals die Ungleichheit zwischen arm und reich gleichsam den Gipfel erreichte, so befand sich die Stadt in einer höchst kritischen Lage ... Denn das ganze niedere Volk war verschuldet ...«[146] Dieses Problem der Verschuldung der unteren Schichten finden wir ähnlich in Rom. Es hängt eng zusammen mit zwei Erscheinungen: Zunahme der Sklaverei und Aufkommen der Geldwirtschaft: ein »circulus vitiosus«. Plutarch fährt fort:
»Wenn sie unter Verpfändung ihres Leibes Schulden aufgenommen hatten, so wurden sie von den Gläubigern abgeführt und dienten teils im Lande als Sklaven, teils wurden sie in die Fremde verkauft. Viele waren auch genötigt, ihre eigenen Kinder zu verkaufen, kein Gesetz verbot das – und das Land vor der Hartherzigkeit der Gläubiger zu verlassen.« In gemäßigterer Form kennen wir Ähnliches, wenn wir an die Landflucht der Bauern der Neuzeit denken.
Halten wir fest: Man wurde Sklave durch Gefangennahme im Krieg oder als Schuldner durch Verkauf des eigenen Körpers und seiner Arbeitskraft. Das Anwachsen der Sklavenzahl hing eng zusammen mit dem Aufkommen der Geldwirtschaft; denn nun konnten die Händler Sklaven nach Gutdünken auf Vorrat kaufen. Zur Zeit Homers mußte man den Wert eines Sklaven noch in Naturalien angeben. In den folgenden Versen wird dem Verlierer eines Wettkampfes eine Sklavin als Trostpreis ausgesetzt:
»Doch dem Besiegten stellt er ein blühendes Weib in den Kampfkreis,
Klug in mancherlei Kunst und geschätzt vier Rinder an Werte[147].«
Aber die Zeit des Tauschhandels ist nun längst vorbei, in Griechenland wie in

Rom. Bewohner heruntergewirtschafteter Landstriche wie Kilikien (vgl. S. 200) machten einträgliche Geschäfte als Piraten und Menschenräuber. Noch im Jahre 66 v. Chr. geißelte Cicero die Zustände entrüstet vor dem römischen Senat:

»... Wer reiste zur See, ohne sich der Gefahr des Todes oder der Sklaverei auszusetzen, da er auf einem von Piraten erfüllten Meer reisen mußte? Soll ich die Gefahr der Boten nennen, die von auswärtigen Völkern zu euch kamen, wenn Abgesandte des römischen Volkes freigekauft werden mußten?! ... Soll ich anführen, daß aus Misenum die Kinder eines Praetors von den Räubern entführt wurden[148]!?«

Verstehen Sie diese Entrüstung keineswegs als Verdammung der Sklaverei! Für Cicero ist es opportun, die Zustände so darzustellen – wie sie allerdings sind – um die Senatoren für den Oberbefehl des Pompeius einzunehmen.

Durch Krieg, Menschenraub und hartnäckige Gläubiger gab es Sklaven in Fülle. Welche Aufgaben hatten sie?

In Athen unterschied man schon früh zwischen Staatssklaven und Privatsklaven. Die Behörden verwandten sie beim Straßen-, Wege- und Tempelbau; als Gehilfen der Beamten; im Polizeidienst als Helfer bei der Ergreifung von Verbrechern; als Gefängniswächter und Henker; als Schreiber und Wachtruppe; in den staatlichen Silberbergwerken am Kap Laureion.

Welche Rolle sie für die Einkünfte des Staates spielten, erfahren wir aus einem Vorschlag – heute würde man aide-memoire sagen –, den Xenophon, ein Schüler des Sokrates, machte:

»Jetzt will ich auseinandersetzen, wie die Silbergruben dem Staate am nützlichsten sein würden. Es wäre gut, wenn der Staat öffentliche Sklaven hielte, bis auf jeden Athener drei Sklaven kämen ... Öffentliche Sklaven müßte man mit einem Siegel (auf der Stirn) kennzeichnen und eine strenge Strafe für ihre Ausfuhr und ihren Verkauf festsetzen. Wer wollte sie dann noch stehlen? ... Arbeit gibt es in Hülle und Fülle ... Schließlich gibt es viele, Athener wie Fremde, die körperliche Arbeit nicht ausführen wollen oder nicht können, als tüchtige Aufsichtsbeamte aber gern ihren Lebensunterhalt verdienen würden.

Wenn fürs erste 1200 Sklaven zusammenkämen, würde der Staat schon durch den Ertrag in 5 oder 6 Jahren nicht weniger haben als 6000. Wenn von dieser Anzahl jeder einen Obolus Reingewinn einbrächte, wäre der Ertrag 60 Talente im Jahr ... Und wenn es volle 10 000 Sklaven sind, wird der Ertrag jährlich 100 Talente sein ...«

Das wären heute etwa 5 Millionen Mark pro Jahr! An diesem Beispiel sehen wir, daß der Sklave als Sache, Besitz, als Geldanlage und nicht als Person und

beseeltes Wesen gewertet wird. Diese Auffassung, die während der gesamten Antike galt, drückt Aristoteles klipp und klar so aus:
»Es fragt sich, ob es Menschen gibt, die von Natur Sklaven sind, und ob es gerecht ist, wenn diese anderen dienen: Herrschen und Dienen gehören zu den notwendigen Einrichtungen des Lebens. Manche lebende Wesen weisen gleich bei ihrer Entstehung so große Unterschiede auf, daß die einen zum Dienen, die andern zum Herrschen bestimmt erscheinen[150].«
Den gleichen Gedanken – er könnte abgeschrieben sein – drückt Caesar 300 Jahre später in einer Rede an eine meuternde Legion Ende 49 v. Chr. bei Placentia so aus:
»Die Natur hat nun einmal die heilsame und notwendige Anordnung getroffen, daß der eine befiehlt und die anderen gehorchen[151]!«
Der Sklave hat also nur einen Nachteil: Er ist ein Mensch! Aber das wäre zu einfach. In den Komödien der Griechen und ihrer römischen Adepten wird der Sklave beinahe immer als ausgeprägte, pfiffige, selbstbewußte Persönlichkeit dargestellt, wie etwa in dem folgenden Dialog zwischen Herr und Sklave: Der Herr ist verliebt und braucht die kundigen Vermittlerdienste seines Sklaven:

Agorastocles: »Schon manchen Auftrag gab ich, Milphio, dir,
Bedenklich, zweifelhaft, ja zum Verzweifeln schier,
Den du mit Klugheit, Feinheit, Mut, Besonnenheit
In deinem Diensteseifer bestens mir besorgt.
Für so viel schöne Taten, ich bekenn' es gern,
Schuld' ich die Freiheit nebst dem wärmstem Danke dir.

Milphio: Es ist gar hübsch, wenn einem so zur rechten Zeit
ein altes Sprichwort einfällt. Deine Schmeicheleien
Sind eitel Possen, sind, wie man zu sagen pflegt,
Pure Seifenblasen.
Heut schmeichelst du, und gestern hast du nahezu
drei Ochsenhäute auf meinem Rücken abgewetzt[152].«

Oft wird der Sklave in den Stücken des Plautus aber auch als faul, hinterhältig und träge gezeichnet, wie hier:

Ballio: Marsch heraus! Ihr faulen, ihr nichtsnutzigen Kerle,
Die ich zum Unglück erworben mir und die nie
Daran gedacht, mir irgend etwas recht zu tun:

Ein totes Kapital, wenn man nicht mit der Peitsche kommt.
Noch niemals sah ich Menschen mehr den Eseln gleich,
So hart ist ihre Haut mit Schwielen abgegerbt;
Schlägt man auf sie, tut man sich selbst nur noch mehr weh.
Den Galgenschwengeln geht sonst nichts im Kopf herum,
Als daß sie bei gebotener Gelegenheit
Rauben, stehlen, an sich reißen, trinken, essen, fliehen:
Das ist ihr ganzer Pflichtenkreis.
Eher könnte man die Schafe Wölfen anvertrauen
Als diese da dem Haus zu Hütern geben ...[153].«

Dennoch: Solcher Vortrag mußte wohl ein wissendes Schmunzeln beim Publikum hervorrufen; man spielte sich da vor, wie es zum Teil wirklich war, dramatisch zugespitzt und ironisch überhöht! Im Grunde herrscht hier die gleiche Atmosphäre wie unter den gerissenen Dienern in Molières Komödien, die von Plautus sehr stark beeinflußt sind. Wenn Sie ein lebendiges Abbild antiken Alltagslebens sehen wollen, dann müssen Sie Plautus und Terenz lesen!
Sklaven konnte man also wie eine Ware kaufen. Wie haben wir uns nun den Hergang vorzustellen ...

## 2. *Titus kauft Sklaven*

Rom ... Es war um die vierte Stunde. Mühsam bahnt sich Titus, der Neffe des reichen Gutsbesitzers Tib. Volcacius Tullus, einen Weg durch die Menge. Um diese Zeit herrscht auf den Straßen um das Forum der meiste Verkehr. Es ist verboten, morgens mit Wagen durch die Stadt zu fahren. Das wäre aber auch kaum möglich, denn schon so muß man aufpassen, nicht von der lärmenden, schwatzenden und drängenden Menge erdrückt zu werden. Darum hat Titus seinen Wagen außerhalb der Mauer an der Porta Collina abgestellt.
Zwischen ehrenwerten Bürgern und Beamten in der Toga sieht man auch Männer des Volkes in der einfachen Tunica, Sklaven mit kahlgeschorenem Kopf und buntgekleidete Orientalen, die sich überall ein wenig zu schaffen machen. Zwischen den Bogengängen der Basilika Aemilia drängen sich die Kauflustigen an den Ständen der Händler. Die eifrigsten Geldwechsler lassen, um die Leute auf sich aufmerksam zu machen, ihre golden glänzenden Münzen über die Tische rollen und sind bereit, jedes Geldgeschäft auszuführen. In der Nähe der Rostra, der uralten Rednertribüne, befindet sich der Mittelpunkt der Stadt, ja des Reiches. Von hier aus laufen die Straßen in alle Himmelsrichtungen des Imperiums. Hier ist das Zentrum des Zentrums, Tummelplatz der Be-

völkerung, ohne Unterschied von arm und reich, alt und jung, frei oder unfrei. In den Amtsräumen der Magistrate werden wichtige Staatsgeschäfte erledigt, und je kleiner der Aufgabenbereich der Beamten, um so wichtiger ihre Gebärde und Geste. Die Basilika Aemilia war seit jeher Treffpunkt von Rittern, Bankiers, Steuerpächtern und sonstigen Finanzleuten; von den bisweilen hart am Rande der Legalität stehenden Verhandlungen dringt nicht viel an die Öffentlichkeit: Sie spinnen ihre Fäden bis in die entlegensten Winkel des Reiches, vom Euphrat im Osten bis zu den Säulen des Herakles im Westen.

Aus der Gegend des Castor- und Vestatempels hört man schon von weitem das Lärmen der Menge, eingestreut das Gezeter von Advokaten, die sich im Wortgefecht für ihre Clienten ereifern. Dabei hat der Prozeß noch gar nicht begonnen, man erwartet die heute zu Gericht sitzenden Praetoren.

Von der anderen Seite nähert sich ein Trauerzug. Voraus werden die Wachsmasken der Vorfahren des verdienstvollen Mannes getragen. Die Anweisungen der Ordner des Zuges, das pietätvolle Murmeln der Menge, die sich neugierig zusammendrängt, das Weinen der Angehörigen und das Geheul der Klageweiber werden übertönt vom schrillen, atonalen Klang der Totenhörner.

Titus kommt selten in die Stadt, da ihn vielerlei Aufgaben bei der Führung des Gutes voll beanspruchen. Er ist kein Stadtrömer, und so staunt er immer wieder über dieses exotische Durcheinander der Metropole, das Gefühle und Sinne verwirrt. Während er schauend und sinnend die Via Sacra, die Heilige Straße, die zum Capitol führt, überquert, wird er auf einmal unsanft zur Seite geschoben, und schon tönt es hart neben ihm:

»Platz schafft dem Crassus! ... Platz dem edlen Marcus Licinius Crassus!«

Mit anmaßenden Gebärden, einen Stab durch die Luft schwingend, räumt ein riesiger germanischer Sklave als Ausrufer die Straße frei für seinen Herrn. Eine prunkvoll ausstaffierte Sänfte nähert sich. Nachlässig lehnt Crassus auf seiner Liege, die von dunkelhäutigen orientalischen Sklaven getragen wird. Kostbare Armspangen und Ringe glitzern prahlerisch in der Sonne. Gelangweilt überschaut Crassus das bunte Treiben und neckt ein zahmes Äffchen, das ihm spielerisch in die Finger beißt.

Sagt man von ihm doch, er sei der reichste Mann der Stadt, ja des Reiches! Das einfache Volk gafft und staunt.

Während Titus dem Zug eine Weile versonnen nachblickt, schließt sich rasch wieder die Gasse, eine Horde Straßenjungen folgt lärmend und hofft auf einige Kupfermünzen; das Völkchen geht wieder seinen Geschäften nach.

Auch Titus nimmt seinen Weg wieder auf, verläßt das Forum und biegt in eine seitliche Geschäftsstraße ein. Zahllose fahrende Händler treiben hier ihr Gewerbe, preisen ihre alten Wasser- und Sanduhren an oder tauschen sie gegen zerbrochene Glassachen, kaufen und verkaufen alte Schuhe, Geschirr, Messer, vergilbten Papyrus oder Pulver gegen den bösen Blick. Marktschreier, wie immer von einem Haufen Neugieriger umgeben, versteigern den billigsten Tand; andere bieten gebrauchte Bücherrollen zum Kauf. Wer Hunger verspürt, kann sich an den scharf gewürzten Speisen und an der Wurst der Garküchen den Magen verderben. Alle überbieten sich im Anpreisen ihrer ›einmaligen‹ Artikel und suchen durch drollige, bisweilen anzügliche Verse und Gebärden die Käufer auf sich aufmerksam zu machen. Wie immer machen die Bäcker von Erbskuchen, einer römischen Spezialität ›Zum Mitnehmen!‹ glänzende Geschäfte. Schlangenbeschwörer, Schwert- und Feuerschlucker zeigen ihre Künste den Leuten, die mit offenem Munde zuschauen.

Hier und da verweilt Titus einen Augenblick; doch sogleich stürzen sich einige Hausierer mit ihren billigen Nichtswürdigkeiten auf den gutgekleideten Römer, der nach Verdienst aussieht, und schnell sucht Titus das Weite.

Hier, im Zentrum, ist die Zahl der Läden unabsehbar. Bewundernd bummelt er an den verlockenden Auslagen vorbei. In manchen Straßen häufen sich die Geschäfte gleicher Ware, und große Luxusläden wechseln mit dunklen Löchern, in denen fleißige Handwerker auf Bestellung schaffen.

Da ist die Sichelschmiedstraße; der ›Vicus Ungentarius‹, die Straße der Parfümverkäufer; der ›Vicus Vitrarius‹ der Glaser; die Straße der ›Tonsores‹, der Haarschneider. Und was gibt es nicht alles zu kaufen: die Dachziegel und kostbaren Steine, die Gemüse, Früchte und Weine Italiens; die Getreidesorten Ägyptens und Afrikas; das Öl aus Spanien; das Wild, das Holz und die Felle Galliens; das Pökelfleisch aus Baetica; die Datteln der Oasen; die verschiedenen Marmorsorten der Toscana, Griechenlands und Numidiens; der Porphyr der arabischen Wüste; das Blei, Silber, Kupfer der iberischen Halbinsel; das Elfenbein Mauretaniens; Gold aus Dalmatien; Bernstein aus dem fernen Germanien, von dem man nur erst den Namen kennt; Papyrus vom Nil; Glas aus Phönizien und Syrien; Stoffe aus dem Orient; Weihrauch aus Arabien; ja Korallen aus Indien und Seide aus dem sagenhaften China ... Dies alles wird in ungeheuren Speichern und Lagerhallen, besonders an den Tiberhäfen, gehortet.

Und überall wird gebaut: fünf, sechs, ja sieben Stockwerke hoch! Denn das Bauland wird immer knapper und teurer! Titus fällt ein, was er über Crassus gehört hat: Er pflege, wenn irgendwo ein Brand ausbricht, seine aus Sklaven bestehende Privatfeuerwehr an den Brandort zu schicken, ›rette‹ die benachbarten Häuser, kaufe dann dem verarmten Ruinenbesitzer den wertlosen Haufen Steine samt Bauplatz ab und errichte in Kürze mehrstöckige Mietshäuser, die ›insulae‹. Im Volk gehe das Gerücht, er ließe Brände künstlich legen – doch

sei das nicht zu beweisen ... Tatsache sei, daß er aus den Mieteinnahmen Hunderter von Häusern sein Vermögen vervielfache.
Vorsichtig umgeht Titus die Baustelle einer neuen ›insula‹ und paßt auf, nicht von herunterfallenden Steinen erschlagen zu werden. Das Quietschen der Aufzüge, die Schreie der Vorarbeiter und das Fluchen der Handwerker hat er noch eine Weile im Ohr, bis er endlich in ruhigere Viertel gelangt. Die Straßen werden nun enger und düsterer. Putz bröckelt herab, es riecht nach Fäulnis. Trotz der hochschattigen Wände der Gassen senkt sich bereits ermüdende Schwüle zwischen die Häuser. In wenigen Stunden wird sie das geschäftige Treiben der Menschen lähmen und schließlich zum Erliegen bringen. Er beschleunigt seine Schritte, erschrickt jäh über eine schwarze Katze, die unvermittelt aus einer düsteren Türnische springt. Ein blinder Alter mit leeren Augen ertastet sich mit dem Stock den Weg. Zwielichtige Gesellen folgen ihm, halten an, als Titus sich nähert, glotzen mit herausfordernden, heimtückischen Augen. Er tastet für alle Fälle nach seinem Dolch und denkt, daß es nicht ratsam ist, nachts allein durch dieses Viertel zu gehen.
Endlich lichtet sich die Straße wieder, und er erreicht das Forum Boarium, den großen Handelshafen am Tiber. Das Gelände ist kaum wiederzuerkennen; seit seinem letzten Aufenthalt sind bereits neue große Magazine und Speicher aus dem Boden gewachsen. Kräftige Sklaven entladen breite Lastkähne, schleppen auf quietschenden, von Ochsen gezogenen Karren Getreide in die Lagerhallen am Kai. Berge von Salz, Gestein und Sand häufen sich entlang dem Ufer. Etwas abseits verkaufen mürrische Bauernweiber Gemüse und Obst und handeln einen guten Preis aus mit den Dienerinnen reicher Häuser; Bauern treiben ihre mageren oder fetten Kühe zum Verkauf, am Stock über der Schulter hängt ihre Wegzehrung im Beutel. Die Verwalter der großen ritterlichen Reedereien eilen geschäftig mit Warenlisten hin und her, begutachten, kommandieren, führen rechnend Selbstgespräche, haken Listen ab.
Der leichte Ostwind trägt Fisch- und Küchendünste aus den nahegelegenen Schenken herüber. Durch den Eingang einer Spelunke erkennt er Legionäre beim Würfeln. Ein weinseliger Bauer torkelt vorüber und freut sich, im Selbstgespräch lallend, über den eben getätigten Handel.
Titus bleibt stehen, um sich über die Richtung zu orientieren, schreitet dann entschlossen über eine Kreuzung, paßt auf, daß er mit seiner Toga nicht den Straßenschmutz und Kot berührt, betritt dann eine seitlich vom Hafen abzweigende Straße.
Auch hier reihen sich Magazine und Lagerhäuser aneinander, und erst, als er sich mehr und mehr vom Hafen entfernt, verliert die Straße ihren nüchternen, handelsmäßigen Charakter. Protzige Toreinfahrten, mit Säulen und Bögen

verzierte Arkaden lockern im Wechsel die Straßenfront auf. Das Getriebe der Passanten nimmt wieder zu – hier ist die Straße der Sklavenhändler.
Oft muß Titus zur Seite treten, um einer marschierenden Kolonne von eben verkauften Sklaven Platz zu machen, die von finsteren Aufsehern vorbeigeführt wird. Etwa zwanzig Schritt vor ihm drängt sich die Menge um einen Laden. Die Hinteren recken die Köpfe, stellen sich auf die Zehen, und schließlich ist die gesamte Breite der Straße verstopft.
Titus schickt sich an, sich mit Hilfe der Ellbogen einen Weg durch die Leute zu zwängen, rafft schon seine Toga – als ihm von hinten jemand kräftig auf die Schulter schlägt:
»Ah, Titus, sieht man dich auch noch mal! Wie schmeckt dir die Stadtluft? – Rufen dich die Geschäfte nach hier, oder bist du unter die Müßiggänger geraten?«
Erschrocken fährt Titus herum und blickt verdutzt in das fröhlich grinsende Gesicht eines alten Bekannten.
»Publius, alter Freund! Sei gegrüßt!«
Sie umarmen sich, und Titus fährt fort:
»Ich? Müßiggänger? Wo denkst du hin? Nein, beim Herkules, ich kann über Mangel an Arbeit nicht klagen, ganz im Gegenteil.«
Er hält inne und zieht Publius aus dem Gedränge an den Straßenrand. Publius lächelt verschmitzt:
»Ah, ich verstehe ... Nachdem ihr den letzten verschuldeten Bauern das Land genommen habt, fehlt es euch an Arbeitskräften. Aber warum laßt ihr die Bauern denn nicht länger auf den Feldern arbeiten?«
»Du hast gut reden, es sind ja keine Bauern mehr da! Sie gehen alle in die Stadt und ziehen das ungewisse aber freie Leben hier dem sicheren Dasein eines Kolonen vor.«
Unverhofft ereifert sich Publius: »Und wir können uns hier mit ihnen herumschlagen! Schau dich doch nur um! Wie sie überall herumlungern! Sie haben kein Dach über dem Kopf. Und zum Arbeiten keine Lust! Kommen nur auf krumme Gedanken! Was meinst du, wie gefährlich es ist, nachts allein über die Straßen zu gehen! Aber das ist nicht das Schlimmste ...«
»Was denn?«
»Nun, daß sie jedem, der ihnen Brot und Spiele verspricht, bei den Wahlen ihre Stimme geben! Du müßtest nur einmal hören, wie ihnen die Crassus, Caesar, Curius und wie sie alle heißen, um den Bart reden! Wir, die ehrbaren Handwerker und Kaufleute, wir werden ganz in den Hintergrund gedrängt. Können froh sein, wenn wir unser Auskommen haben. Die großen Werkstätten mit ihren Sklavenheeren, die arbeiten natürlich billiger als wir!«

Publius hat sich so ereifert, daß ihm der Schweiß auf die Stirn tritt, er wischt ihn mit dem Ärmel schniefend fort. Titus hat ihm aufmerksam zugehört, meint aber nun beschwichtigend:
»Na, na ... So schlecht scheint's dir aber nun doch nicht zu gehen, alter Junge! Du bist doch auch hier, um Sklaven zu kaufen, oder nicht?«
»Nun, ja ...«, Publius lächelt wieder, »ich hörte von dem günstigen Angebot heute. Es ist eine neue Ladung aus Kleinasien angekommen. Lucullus hat wieder einmal eine Schlacht gegen Mithridates gewonnen ... und ...«
»Und?«
Publius strahlt: »Ja, demnächst heiratet meine älteste Tochter, und da dachte ich, ihr einige Sklaven als Mitgift zu schenken. Man muß ja etwas auf sich halten heutzutage ...«
»Dann beeil dich!« ermuntert ihn Titus. »Die besten sind bald verkauft. Wir plaudern auch schon zu lange hier. Ich muß auch hinein; um diese Zeit bin ich angemeldet.«
Publius faßt seinen Arm: »Falls du später noch Zeit hast, schau mal bei mir herein! Ich habe einen guten Falerner im Keller! ... Vale!«
Und weg ist er! Titus schaut ihm eine Weile nach und meint lächelnd, daß er der Alte geblieben ist: immer munter und flink, wenn es um seinen geschäftlichen Vorteil geht. Publius besitzt eine gutgehende Töpferei mit 12 Sklaven und beliefert ihn schon seit Jahren mit Gebrauchsgeschirr und einfachem Hausgerät. Besonders seine tönernen Öllampen brennen sehr gut. Sein Geschäft floriert besser denn je.
Titus blickt nach der Sonne: Gleich Mittag. Er muß sich beeilen. Das Gedränge der Neugierigen vor dem Laden hat etwas nachgelassen, und er erkennt nun die Auslagen besser. Als Blickfang stehen vor dem Eingang einige gut gewachsene Schwarze auf einer drehbaren Bühne. Zum Zeichen, daß sie erst vor kurzem aus Übersee eingetroffen sind, hat man ihnen einen Fuß mit Gips bestrichen. Jeder trägt am Hals einen Zettel mit allen für den Käufer wichtigen Angaben: Herkommen, Alter, Fähigkeiten, Kenntnisse, Beruf, und vor allem, ob er ein fugitivus, ein geflohener und wieder eingefangener Sklave ist.
Entsprechend wechseln die Preise.
Es riecht nach Schweiß. Die Gaffer der Straße begutachten die Gestalten, machen sich gegenseitig mit jener übertrieben zur Schau gestellten Fachkenntnis des kleinen Mannes, der sich solche Dinge nicht leisten kann, auf Einzelheiten, Vorzüge und Schwächen aufmerksam. Man vergleicht die Preise mit denen der Konkurrenz. Manche betasten die Muskeln, prüfen die Zähne, kneifen in Arme und Beine, um die Festigkeit des Fleisches festzustellen. Statuen gleich verharren die Schwarzen auf ihrem Podest, trotzig die Jungen, in ihr Schicksal ergeben die Alten.

Titus wirft nur einen kurzen Blick auf sie, zwängt sich durch die Neugierigen und betritt entschlossen den Laden. Im Dämmerlicht des Atriums erkennt er im Hintergrund Tigranes, den syrischen Händler, und einen albern herausgeputzten glatzköpfigen Römer, der lebhaft gestikuliert und offenbar in erregter Stimmung ist, denn er läßt Tigranes nicht zu Wort kommen.
Titus wartet höflich in einiger Entfernung, doch der Römer spricht so laut, daß er sehr bald den Grund seines Unwillens erfahren hat.
»Ich wiederhole: Wenn du mir eine schwangere Sklavin verkaufst, so verlasse ich mich auf dein Wort, daß sie gesund ist ...«
Und der Händler entgegnet: »Du weißt selbst, daß sich bei Schwangeren Komplikationen ergeben können! Das wußtest du vorher! Und immerhin war im Preis ja der Nachwuchs inbegriffen!«
Er wendet sich unwillig ab, bemerkt den neuen Kunden und hofft, den lästigen Querulanten schnell loszuwerden:
»Verzeih, Clodius, aber ein Kunde wartet. Geh nach Hause und freue dich des Söhnchens! In einigen Tagen ist es ja soweit ...«
Er verbeugt sich übertrieben und will sich entfernen; aber Clodius hält ihn barsch fest:
»Halt! ... Das ist noch nicht alles! Der Koch, den du mir angedreht hast, ist ein miserabler Giftmischer! Selbst die Hunde verschmähen seinen Fraß!« Ununterbrochen schimpft er weiter, bis Tigranes zischt:
»Du siehst doch, daß ein Kunde wartet! Wer weiß, wie du die Sklavin behandelt hast. Sie stammte aus guter Familie!«
Er will gehen, doch eisern hält ihn der Römer fest:
»Ich warne dich!« – er droht mit der anderen Hand, »ich habe gute Beziehungen beim zuständigen Ädil! Und ich kenne das Gesetz ... Da heißt es klipp und klar: »Wenn eine Sklavin schwanger verkauft wird, so sind alle darüber einig, daß sie gesund ist.«
»Und im Gesetz steht auch«, unterbricht ihn nun Tigranes, »der Händler, der versichert hat, sein Koch sei ganz ausgezeichnet, muß für das Beste in dieser Kunst einstehen. Wer ihn aber einfach als Koch bezeichnet hat, hat Genüge getan, wenn er auch nur einen mittelmäßigen Koch stellt.« Und mit großer Geste: »Du willst mich, den bekanntesten und angesehensten Sklavenhändler Roms, doch wohl nicht die Gesetze meines Handels lehren?!«
Außer sich, brüllt nun Clodius in höchster Stimmlage: »Das ist Betrug! Wenn du dich weigerst, die Sklavin zurückzunehmen, werde ich dafür sorgen, daß du mit einer empfindlichen Ordnungsstrafe belegt wirst!«
»Also bitte«, sagt Tigranes und holt tief Luft, »bring sie mir zurück. Aber glaube ja nicht, daß ich dies aus Furcht tue. Es ist lediglich Dienst am Kunden.

Doch nun laß mich endlich in Frieden. Die Götter mögen dich beschützen ...«
Aber ohne Gruß ist Clodius bereits mit kurzen schnellen Schritten seiner nicht allzu langen Beine hinaus, ununterbrochen Beschimpfungen über diese Sklavenhändler ausstoßend, auf die man sich heute nicht mehr verlassen könne.
Erleichtert blickt Tigranes auf, erkennt Titus, und im gleichen Augenblick verwandeln sich Haltung und Gesichtsausdruck: Er kommt geschäftig näher. Seine goldenen Ohrringe baumeln wie Glöckchen, die Augen strahlen beflissene Dienstbereitschaft aus.
»Ah, welch ein Tag!« beginnt er honigsüß, indem er mit ausgebreiteten Armen auf Titus zuschreitet, »welch ein Tag! Der edle Titus Volcacius Tullus beehrt mich mit seinem Besuch! Mögen die Götter dir ein langes Leben schenken.« Er verbeugt sich beinahe bis zum Boden.
Titus entgegnet trocken: »... damit du noch lange gute Geschäfte mit mir machen kannst, nicht wahr, Tigranes!«
Vollendeter Schauspieler und Schmeichler, antwortet der Händler:
»Oh, ich kenne doch deinen guten Geschmack! Wählt doch keiner so mit Bedacht wie du! Edler Titus!«
»Laß die langen Reden, kommen wir zum Geschäft«, versetzt Titus sachlich; doch Tigranes behält seinen öligen Ton bei:
»Oh, ich habe schon alles vorbereitet. Du bekommst natürlich wie immer das Beste vom Besten.«
Der Händler macht eine einladende Handbewegung und führt Titus durch den hinteren Laden, vorbei an der Bronzestatue des Mercur, des Gottes der Händler und Diebe, öffnet eine eiserne Tür am Ende des Ganges und läßt Titus vortreten.
Sie befinden sich nun in einem weiten, viereckigen Hof. Er wird von einer hohen Mauer eingeschlossen, deren oberes Ende mit scharfkantigen Glas- und Flaschensplittern gespickt ist. Einige Türen führen in angrenzende Räume ohne Fenster.
In der Mitte des Platzes sitzen zwei bewaffnete Wächter in schmutzigen grauen Tuniken und würfeln. Beim Erscheinen ihres Herrn raffen sie die Würfel schnell zusammen und erheben sich scheinheilig grinsend. Tigranes tut so, als ob er es nicht bemerkt habe.
Einige hundert Sklaven sind an den Wänden angekettet. Stumm dösen die meisten in der prallen Sonne vor sich hin. Keine Bewegung, kein Blick verrät, daß sie die beiden Eintretenden zur Kenntnis genommen haben. Eine Unzahl von Fliegen hat sich auf den schweißigen Körpern und Gesichtern niedergelassen, und nur wenige versuchen, sich ihrer durch plötzliche Schläge mit der Hand zu erwehren. Unwillkürlich muß Titus an eingespannte Pferde denken, deren

Flanken zucken, um die stechenden und saugenden Quälgeister zu verjagen. Befriedigt blickt Tigranes in die Runde und fragt:
»Kommst du heute in bestimmter Absicht ... eh, ich meine, brauchst du Arbeiter, Diener, Köche oder Zwerge? ... Zwerge sind ja jetzt der letzte Schrei! Sempronius kaufte gestern gleich deren vier als Spaßmacher ... oder soll ich ...?«
»Nein, laß nur!« unterbricht ihn Titus. »Ich schaue mich erst einmal um.«
»Tja, dann beginnen wir gleich hier!«
Tigranes beginnt den Rundgang bei einer Gruppe älterer Männer. Sie kauern stumpfsinnig am Boden und schauen nicht auf, als die beiden an sie herantreten. Der Händler stößt mit dem Fuß nach einem von ihnen und befiehlt:
»He, Alter! Los, steh auf und sag dein Sprüchlein! ... Na, wird's bald oder muß ich dir nachhelfen?!«
Er gibt dem alten Mann, es scheint ein Iberer zu sein, einen Fußtritt. Der Alte versucht sich aufzurichten, kommt aber nicht auf die Beine. Ein erneuter Tritt veranlaßt ihn, mit hoher, zittriger Stimme seinen auswendig gelernten Satz stotternd herunterzuleiern:
»Ich... ich kann f... ff... fegen, ko... kochen, auf d... die K... Ki... Kinder aufpassen, HHHH... olz schlagen... und...«, er kommt nicht weiter, denn Tigranes versetzt ihm einen Schlag mit der Lederpeitsche. Angeekelt hält Titus ihn zurück:
»Laß ihn! Diese hier sind mir sowieso zu alt. Zeige mir den Nachwuchs!«
»Dann komm mit nach drüben ...« Während der Alte wieder erlöst in seine Stumpfheit zurücksinkt, gehen sie zur gegenüberliegenden Ecke des Hofes. Dort hocken oder sitzen, mit besonders starken Ketten gefesselt, kräftige junge Männer. Die Hinteren blicken neugierig auf, die Vorderen schauen stolz zu Boden.
Dies kann der entscheidende Augenblick für ihr weiteres Leben sein! Einige versuchen, in den Zügen von Titus Gesicht zu lesen: Er ist in ihrem Alter, um dreißig; er wirkt offen, ruhig, beherrscht. Aber nichts verrät seine Gedanken. Unbeteiligt, doch prüfend blicken seine Augen von einem zum andern.
Und schon beginnt Tigranes wieder mit seinen Lobpreisungen:
»Hier findest du die Blüte der Jugend! Gerade das richtige Alter! Sie lassen sich noch gut abrichten ... Schau sie dir nur an! Etwas Besseres findest du in ganz Rom nicht ... He, du da! ... Ja, dich mein ich ... Steh auf!«
Die Ketten des Angesprochenen klirren. Mit jugendlicher Frische erhebt er sich. Sachlich stellt Titus seine Fragen:
»Wie heißt du und was ist deine Heimat?« – Der Sklave antwortet mit starkem

*Der Sklave …*

asiatischen Akzent, doch selbstsicher auf griechisch: »Man nennt mich Selenus. Ich komme aus Pontus.«
»Wie wurdest du Sklave?«
»Im Kriege des Königs Mithridates gegen Lucullus. Die meisten hier sind meine Landsleute.«
»Was ist euer Beruf?«
»Viele sind Soldaten. Ich bin Schmied.«
Titus blickt aufmerksam auf seine Hände und nickt befriedigt: »Gut, euch kann ich gebrauchen ... Eh, Tigranes, veranlasse das Nötige. Zwanzig von diesen Leuten lasse ich in den nächsten Tagen holen. Daß sie mir aber gut ernährt werden. Schwächlinge kannst du behalten!«
Tigranes öffnet gekränkt Mund und Augen: »Habe ich dich schon jeh enttäuscht?!« ...

### *3. Ein Teufelskreis: Ohne Sklaven geht nichts*

Wir müssen hier abbrechen, denn wir wollen keinen historischen Roman schreiben! Warum ich Ihnen diese Szene vorsetzte: Sie sollten spüren, daß Sklavenkauf damals eine völlig alltägliche, nüchterne Angelegenheit war. Ein frappierender Vergleich bietet sich an: Der Kauf eines Autos! Besonders eines Gebrauchtwagens! Ich überlasse es Ihnen, die Parallelen zu ziehen ...
Titus hat kräftige junge Männer gekauft, die auf den Feldern seines Besitzes, in den Wein- und Olivenplantagen, aber auch als Hirten schwer arbeiten mußten. Wo man geht und steht, stößt man auf Sklaven. Sie erledigen Botengänge – auch über weite Entfernungen, besorgen Einkäufe, befördern Post, tragen Sänften, bilden die Privatarmee mancher Senatoren und Ritter, bauen Häuser, Straßen, Brücken, Tempel, Kloaken und Villen; sie bilden, kostbar gewandet, Staffage als Türhüter, Hausmeister und Sekretäre und übernehmen in Gang, Gebärde und Geste das stolze Gehabe ihres adeligen Herrn oder laufen in Lumpen wie ihr armer Besitzer, dessen ganzer Reichtum in seinem einzigen Sklaven besteht.
Am schlimmsten hatten es die ›fugitivi‹, geflohene Sklaven, die man wieder eingefangen hatte. Sie mußten ihre Arbeiten oft gefesselt verrichten im berüchtigten ›ergastulum‹, einem kerkerartigen Arbeitsraum – oder mit Ketten zwischen den Füßen in den Weinbergen. Viele trugen einen eisernen Halsring mit Inschriften wie:
»TENE ME NE FUGIAM!« – »Halte mich, damit ich nicht fliehe!«, oder: »CUM REVOCAVERIS ME DOMINO ZONINO ACCIPIS SOLIDUM!« – »Wenn du mich zu meinem Herrn Zonin zurückbringst, erhältst du einen So-

lidus.« Das war ein Goldstück. Aus solchen Versen erkennen wir, daß diese schwer arbeitenden Landarbeiter immer wieder versuchten zu fliehen. Rom hat im Laufe seiner Geschichte einen gewaltigen Codex an Rechtsvorschriften über die Behandlung von Sklaven und ihren Status hervorgebracht, der – echt römisch – alle Möglichkeiten minutiös ins Auge faßte und regelte. Ich erinnere Sie an den Streit zwischen Tigranes und Clodius: Die zitierten Gesetze sind authentisch (aus dem »Corpus Juris«)!

Um diese Zeit, im 1. Jahrhundert v. Chr., lag die Zahl der Sklaven auf einem Latifundium der oberen Größe bei 400 Sklaven. Das war nicht immer so. Der alte Cato kam 100 Jahre früher auf seiner Olivenplantage von 60 Hektar noch mit 13 Leuten aus. Das waren im einzelnen:

1 Verwalter; dessen Frau; 5 Knechte; 3 Ochsentreiber bzw. Pflüger; 1 Eselstreiber; 1 Schweinehirt; 1 Schafhirt. Zur Erntezeit wurden zusätzliche Sklaven bei einem Unternehmer gemietet. Cato, ein äußerst sparsamer Gutsherr, gab in seinem Buch über die Landwirtschaft folgenden Rat: »Viel verkaufen! – Wenig kaufen!« Herr Colbert dachte 1700 Jahre nach der gleichen Maxime. Man nannte es Merkantilismus.

In der Praxis sah das so aus: »Der Hauswirt mustere das Vieh ... Er verkaufe die alten Ochsen, den Ausschuß an Rindvieh, die schlechten Schafe, die Wolle, die Häute, das alte Wagenzeug, das alte Eisenwerk, die alten und kränklichen Sklaven und alles, was überflüssig ist[154].«

Bei Plutarch erfahren wir über Catos Umgang mit seinen Sklaven weitere, erstaunliche Einzelheiten:

»Cato hielt eine große Menge Sklaven, die er aus den Kriegsgefangenen kaufte, am liebsten solche, die noch ganz jung waren und sich wie junge Hunde oder Fohlen noch erziehen ließen. Jeder Sklave mußte entweder notwendige Arbeiten verrichten oder schlafen, und Cato war denen, die einen guten Schlaf hatten, wohlgesonnen, weil er glaubte, daß sie gutmütiger wären als die, die munter blieben, und daß sie sich nach genossenem Schlafe zu jedem Geschäft besser brauchen ließen. In der Meinung, daß Sklaven um der Wollust willen die größten Leichtfertigkeiten verüben, gestattete er ihnen für ein bestimmtes Geld, seinen Mägden beizuwohnen, untersagte ihnen aber allen Umgang mit anderen Frauen ... Die Eintracht seiner Sklaven erregte Furcht und Verdacht in ihm ... Immer suchte er sein Gesinde in Zank und Uneinigkeit untereinander zu halten ...[155].«

Dies ist aber nur die eine Seite. Immer wieder erfahren wir, wie die Haussklaven zum festen Familienverband gehörten. Catos Frau »... stillte ihren Sohn und legte oft auch die Kinder der Sklaven an ihre Brust, um ihnen durch die gemeinsame Nahrung eine Zuneigung zu ihrem Sohn einzuflößen«.

Und ganz ähnlich, wie heute von der ›guten alten Zeit‹ geschwärmt wird, meinte man auch damals, früher sei alles besser gewesen, was in diesem Fall allerdings zutrifft, wenn Plutarch über die frühe Republik sagt:
»Damals behandelte man die Sklaven noch mit großer Milde, und die Herren gingen mit ihnen sehr liebevoll und vertraulich um, weil sie bei der Arbeit selbst mit Hand anlegten und mit ihrem Gesinde dieselbe Lebensart führten[156].«
Das hatte sich im 2. und 1. Jahrhundert grundlegend geändert. Hunderttausende von Sklaven verdrängten die freien Kleinbauern, Handwerker und Tagelöhner von ihren Arbeitsplätzen. Die ununterbrochenen Kriege forderten einen hohen Blutzoll. Man hat errechnet:
In den Jahren 200 bis 150 v. Chr. starben 94 000 Römer in Kriegen, im Jahresdurchschnitt 1880. In der gleichen Zeit wurden 250 000 Kriegsgefangene erbeutet.
Wie eine wuchernde Krebsgeschwulst wuchs da eine Krise heran, die sich schließlich in immer größeren Erhebungen Luft machte. Es war ein Teufelskreis: Der freie Römer wurde zum Kriegsdienst herangezogen, seinen Arbeitsplatz nahmen Sklaven ein. Neue Kriege dezimierten die Bürgerschaft, vermehrten die Sklavenmassen. Innerhalb von 60 Jahren bis 73 kam es zu drei großen mörderischen Sklavenkriegen.
Rom in den siebziger Jahren – eine Weltstadt? Nein, noch halb Dorf, viele Holzbauten, Gründerjahre-Atmosphäre: Hast du was, bist du was! Noch ist der städtische Mittelstand der Handwerker und Händler gesund, wenn auch schon Manufakturen mit ihren unfreien Arbeitern und der Spezialisierung – etwa auf billiges Geschirr – die Preise drücken. Noch kommt aus neuen Provinzen frisches Geld herein, täglich loben neue Nachrichten die Erfolge des Lucullus im Osten und preisen den tapferen loyalen Pompeius, der in Spanien mit dem Usurpator Sertorius kurzen Prozeß machen wird. Der Denar rollt – in Italien herrscht Friede!

### *4. Ein Gerücht aus Capua ...*

In diese Stille bricht ein Gerücht, gibt das ›Haben-Sie-schon-gehört ...?‹ auf den Rängen des Circus Flaminius, im Theater und auf dem Forum weiter: Sklavenaufstand in Capua! 200 ... 1000 ... 5000? Capua ist weit, es ist nicht die erste Erhebung. Eine so große Stadt wird selbst damit fertig werden!
Doch das Gerücht bleibt, wandelt sich, geifert durch die Quartiere der kleinen Leute, beunruhigt Senatoren und Ritter, die in der Gegend Land besitzen, ruft schließlich den Senat zusammen: Es stimmt! Der Bote aus Capua hat den Hergang berichtet: 200 Sklaven sind aus der Gladiatorenkaserne des Lentulus Va-

tia ausgebrochen, nachdem sie mit Messern, Beilen und Bratspießen aus der Küche die Wachen niedergemacht haben. Der wilde Haufe stürmt durch die Straßen! Wer ihm in den Weg tritt, ist des Todes!
Der Zufall will, daß ausgerechnet in diesem Augenblick ein mit Fechterwaffen beladener Wagen durch die Stadt fährt. Die Fuhrleute flüchten und überlassen die Beute den Rasenden: Schwerter, Spieße, Dolche. Sie sollen plündernd und mordend durch die Campania ziehen. Ihr Ziel ist unbekannt. Man kennt aber den Namen des Anführers: Spartacus.
Rom hat sein Thema! Die Masse verfolgt begeistert alle neuen Nachrichten und reicht sie weiter. Der Senat tagt; man wird kurzen Prozeß machen mit der Bande. Zwar hat der Haufe die eilig aus Capua beorderte Miliztruppe geschlagen und damit weitere Waffen erbeutet. Doch ist dies kein Grund zu irgendwelcher Unruhe, denn der Senat hat schon den Praetor Appius Clodius Glaber mit 3000 Mann zu einer Strafexpedition ausgesandt. Er will sie am Vesuv, wo sie sich verschanzt haben, einkreisen und vernichten.
Clodius kommt am späten Nachmittag an, hält es – gegen alle militärische Regel! – nicht für nötig, gegen diese entlaufenen Strolche ein festes Lager mit Wall, Graben und Palisaden zu errichten, und läßt seine Leute sorglos schlafen gehen – es sind meist unerfahrene junge Rekruten, die noch nie Blut gesehen haben.
In der Nacht nun ... aber lassen wir Plutarch berichten, der die Szene mit sichtlichem Behagen am dramatischen Detail schildert: Als Clodius sie auf dem Berge belagerte, »der nur einen einzigen und beschwerlichen und deshalb sorgfältig bewachten Zugang hatte, auf allen übrigen Seiten aber steil und abschüssig und oben mit vielen wilden Weinstöcken bewachsen war, schnitten sie die brauchbaren Reben ab, flochten daraus starke Leitern, die lang genug waren, daß sie von der Spitze des steilen Felsens, wo sie befestigt wurden, bis auf den flachen Boden reichten, und ließen sich an diesen ganz sicher herunter, bis auf einen einzigen Mann.
Dieser blieb der Waffen wegen zurück, ließ, nachdem seine Kameraden herabgestiegen waren, die sämtlichen Gerätschaften hinunter und rettete sich zuletzt ebenfalls. So kamen sie nun den Römern, die von dem allem nichts wußten, in den Rücken, setzten sie durch ihr plötzliches Erscheinen in Schrecken und bemächtigten sich, nachdem jene die Flucht ergriffen hatten, des ganzen Lagers ...[157]«
Bereits zu diesem Zeitpunkt, als erst einige Steine die kommende Lawine ankündigen, zeigen sich die besonderen Umstände, die Spartacus begünstigten und Rom bald in eine verzweifelte Lage bringen sollten: Italien war militärisch entblößt. Seit drei Jahren schon kämpft Pompeius mit einem starken Kontin-

gent in Spanien, Lucullus ist in Asia beschäftigt. Mithridates hatte ja im festen Vertrauen auf seine Rüstungen und Bündnisse den zweiten Krieg gegen Rom begonnen. Außerdem baute er seine Strategie darauf, daß Rom von Sertorius völlig in Anspruch genommen sei. Just in dem Augenblick, als Rom mit starken Kräften in einen Zweifrontenkrieg an den westlichen und östlichen Grenzen verkrallt war, begann Spartacus seinen Aufstand! Plante er von Anfang an eine Erhebung großen Stils? War er über die politischen, wirtschaftlichen und militärischen Verhältnisse unterrichtet?

Nach dem Fehlschlag des Praetors Clodius, mit der Hinterlassenschaft von einigen hundert Toten, begreift man in Rom allmählich den Ernst der Lage, schiebt sich im Senat gegenseitig Verantwortung und Schuld für das klägliche Versagen zu, schimpft über diese Halbsoldaten, die vor Sklaven davonlaufen. Als besonders entehrend erweist sich der Umstand, ausgerechnet vor Gladiatoren das Hasenpanier ergriffen zu haben. Allenthalben hört man das »Wäre doch Pompeius hier!« Aber der derzeitige Liebling des Volkes und erste Feldherr des Reiches weilt im fernen Spanien und ist nicht abkömmlich.

Kundschafter aus dem Süden brachten neue Hiobsbotschaften: Viele Hirten und Schäfer aus jenen Gegenden schlugen sich zu den Aufständischen, »lauter handfeste, im Laufen geübte Leute«, wie Plutarch notiert. Da sie die Gegend kannten, rüstete Spartacus einen Teil von ihnen mit schweren Waffen aus, verteilte die übrigen als Vorposten, Meldegänger, Reiter und erhielt so schlagfertige, schnellbewegliche Abteilungen. Unvermittelt erwies er sich schon hier als Stratege vom Fach, der souverän die vorhandenen Mittel und Kräfte einsetzte und von seinen Leuten eiserne Disziplin forderte, denn seine Truppe ging ja nun schon in die Zehntausende.

In und um Capua lagen die großen Gladiatorenschulen. Erst im Jahre 88 v. Chr. hatten die italienischen ›Bundesgenossen‹ Roms nach zähen kriegerischen Auseinandersetzungen das Bürgerrecht erhalten, hatten aber längst nicht ihren Widerstand gegen den totalen Herrschaftsanspruch Roms aufgegeben, zumal da hier ererbte Abneigungen der nur wenig assimilierten Griechen Süditaliens aus der ehemaligen ›Magna Graecia‹ mit ins Gewicht fielen. Außerdem war die Zahl der Sklaven kleinasiatisch-griechischer Abkunft unter der Bevölkerung groß, womit die damalige Sprachregelung auch Thraker und sonstige Randvölker einschloß.

Nicht zuletzt spielte die Erinnerung an Hannibal und seinen Rachezug gegen Rom besonders hier, im mittleren Süden, eine anstachelnde Rolle. Die Erhebung fand auch besonders starken Zulauf durch keltische und germanische Sklaven, deren Körperkraft jedem römischen Legionär Schrecken einjagte.

Was hatte Rom diesem gefährlichen Brodeln entgegenzusetzen? Zunächst schickte man als zweiten Feldherrn Publius Varinus mit stärkeren Kontingenten in die Kampfzone und meinte, mit der zahlenmäßig stärkeren Truppe, mit römischer Militärtechnik und mit römischem Drill der zusammengewürfelten Bande aus aller Herren Länder beizukommen. »Aber sie schlugen zuerst dessen (des Varinus) Unterfeldherrn Furius, der 2000 Mann bei sich hatte, in einem Gefecht in die Flucht; sodann lauerte Spartacus dem Cossinius, dessen Ratgeber und Kollegen auf, der mit einer bedeutenden Streitmacht gegen ihn abgeschickt worden war, und es fehlte wenig, so hätte er ihn bei Salinae, wo er badete, gefangen.« Mit ›Salinae‹ meint Plutarch einen Ort an der Westküste zwischen Herculanum und Pompeji, ›Salinae Heracleae‹ – die Salinen des Herkules, wo damals Salz aus dem Meer gewonnen wurde. Diese Mitteilung zeigt, daß Spartacus einen Bewegungskrieg führte, dauernd den Standort wechselte und den Römern durch seine Schnelligkeit immer einen Zug voraus war. Übrigens nahm er dem verdutzten Feldherrn, der nur mit Mühe und Not nach dem Bade sein Leben rettete, alles persönliche Gepäck ab, jagte ihn bis ins römische Lager und nahm es ein, wobei Cossinius mit vielen der Seinen das Leben ließ.

Die Eroberung eines römischen Lagers bedeutete für Spartacus ein Geschenk der Götter. Alles, was man zur Durchführung militärischer Operationen brauchte, war hier vorhanden: Waffen, Schwerter, Dolche, Schilde, Lanzen – das gefürchtete römische ›pilum‹ mit weicher Eisenspitze, die sich beim Aufprall verbog und vom Gegner nicht mehr geschleudert werden konnte –, Handwerkszeug, Zugtiere, Wagen, Karren, Geschirr, Zelte, Riemen, Ketten, Seile, Spaten, Schaufeln, Hacken, Holz, Balken, Proviant – und Geld! Ganz abgesehen von den erbeuteten Adlern, den mythischen Ehrenzeichen der Legion, deren Verlust mit dem Tode geahndet wurde.

Rom konnte zu all dem nur erbittert mit den Zähnen knirschen. Mahner erhoben ihre Stimme, nicht aus Menschlichkeit oder Liebe zur Kreatur, sondern aus praktischem römischem Denken: Es mußte ja so kommen! Hätte man doch statt der Sklaven Land für verschuldete Bauern gekauft! Soll man die Leute doch im eigenen Lande für Rom arbeiten lassen! Wenn das so weitergeht, werden wir an unseren Sklaven ersticken! ...

Doch es gibt Männer, denen jede Krise recht ist, um nach oben zu kommen. Schon lange wartete Crassus auf seine Stunde. Er mußte sich eilen, wenn er im Hinblick auf die Volksgunst mit Pompeius gleichziehen wollte. Nannte man Pompeius doch schon ›den Großen‹!

An dieser Stelle flicht Plutarch eine Bemerkung ein: »Spartacus war nun schon sehr mächtig und furchtbar, aber er dachte noch sehr bescheiden ...« Dieser Satz verrät mehr als eine ganze Abhandlung, verrät im übrigen – wie auch an anderen Stellen – Plutarchs Sympathie für den Helden. Plutarch war Grieche – ein Römer hätte so wertfrei nicht geschrieben, soweit ein römischer Historiker es überhaupt der Mühe wert hielt, diese entwürdigenden Ereignisse in einem Satz zu erwähnen. Plutarch dagegen schreibt objektiv: Spartacus war »ein Thraker aus dem Stamme der Maider, der nicht nur einen kühnen Mut und große Körperkraft besaß, sondern sich durch Verstand und Sanftmut weit über seinen Stand erhob und mehr griechische Bildung verriet, als sich von seiner Geburt erwarten ließ.« Dies ist aber auch der einzige Hinweis auf den Menschen Spartacus, von dem im übrigen nur ein einziger wörtlicher Ausspruch – wir werden ihn am Schluß noch hören – überliefert ist.

Spartacus war Thraker, nach Plutarch nomadischer Herkunft und gehörte wahrscheinlich dem ansässigen oberen Adel an. Wie und wann er nach Italien kam, wissen wir nicht, vielleicht im Verlauf der Mithridatischen Kriege, wobei er also in den Reihen der Verbündeten des pontischen Königs gekämpft hätte. Nach anderer Version diente er im römischen Heer, war geflohen und dann von den Römern wieder aufgegriffen und in die Fechterschule zu Capua gesteckt worden. Letzteres würde erklären, woher er seine waffenmäßige Geschicklichkeit – ersteres, woher er seine Kenntnisse römischer Strategie und Taktik hatte. Nach Plutarch begleitete ihn seine Frau, die auch in der folgenden Geschichte – Anekdote oder Legende? – eine Rolle spielt: »Als er zuerst nach Rom zum Verkauf geführt wurde, sah man, wie erzählt wird, eine Schlange sich ihm im Schlafe um das Gesicht herumwinden. Seine Frau, von gleicher Abkunft mit ihm, die eine Wahrsagerin und durch die bacchischen Mysterien begeistert war, erklärte dies für die Vorbedeutung einer großen und furchtbaren Macht, die für ihn ein unglückliches Ende nehmen würde. Diese Frau war auch damals (gemeint ist die Zeit nach dem Ausbruch) bei ihm und begleitete ihn auf der Flucht[158].«

Es bleiben Rätsel. Wurde er sogleich in die Sklaverei gebracht oder war er zunächst in römischen Militärdiensten? Woher stammte sein Wissen, seine Bildung, die ihn »weit über seinen Stand«, d. h. über seine ›barbarische‹ thrakische Herkunft, als Sklave erhob? Was gab den direkten Anstoß für den Ausbruch und die so überzeugend schnelle Organisation der Erhebung? Hatte er Informationen über den Krieg im Osten, die ihn zum Losschlagen bewogen? Schließlich: Aus welcher Quelle schöpfen Plutarch und Appian ihr Wissen von den Ereignissen? Beide lebten ja erheblich später!

Keine dieser Fragen ist nach über 2000 Jahren klar zu beantworten. Sogar die hervorragende russische Althistorikerin Elena Marija Štaerman, die der Erforschung der antiken Sklavenfrage wichtige Impulse gegeben hat, muß eingestehen: »Eine endgültige Lösung dieser (Spartacus-)Frage ist heute bei dem Zustand unserer Quellen offensichtlich nicht möglich[159].« Wir können nur mit den wenigen Mosaiksteinen, die wir haben, puzzeln und im übrigen aus den allgemeineren Fakten der römischen Geschichte Vermutungen ableiten.

Nach den großen Anfangserfolgen wollte Spartacus seine Leute dazu überreden, die Abwesenheit der Armeen des Lucullus und Pompeius zu nutzen, nach Norden zu ziehen und Italien zu verlassen; Gallien, Germanien und Thrakien wären dann leicht zu erreichen. Er sprach zu ihnen mit begeisternden Worten! Was könnte ihnen schon passieren – waren sie nicht 70 000 Mann!?

Aber da machte sich Krixos, der vierschrötige Kelte, zum Sprecher der Gegenpartei, redete von Haß, Raub, Plünderung, Rache. Jeden Peitschenhieb solle man heimzahlen, jeden Fußtritt, jeden Schlag ins Gesicht! Keinen Stein wolle er auf dem anderen lassen.

Die Unbesonnenen johlten. Krixos ist ihr Mann! Man hob ihn auf die Schultern. Es folgten Gelage, Fressen, Saufen, Huren. In den nächsten Tagen teilte sich das Sklavenheer: Alles, nur dies durfte nicht passieren. Spartacus blickte sorgenvoll in die Zukunft.

Spartacus war ein Mann von Bildung und Sachverstand; er wußte die Möglichkeiten sehr genau abzuschätzen und war bemüht, den buntgewürfelten Haufen zu disziplinieren. Doch hier scheiterte er an animalischer Aggressivität, an leidenschaftlichem Haß und dem Mangel an Beurteilungsvermögen bei Männern, die die Umstände zu dem machten, was sie nun waren: geschundene, leidende Kreaturen, denen der Blick in eine überschaubare Zukunft verstellt ist.

Die Folgen traten bald ein. Das nun unter dem Kelten Krixos selbständig operierende Sklavenheer wurde von den Römern in Apulien vollständig vernichtet. Doch Spartacus war schon auf dem Wege nach Norden. Er erreichte unbehelligt die Poebene. Vor ihnen lag die Freiheit – da sank den Getreuen beim Anblick des schneebedeckten Hochgebirges der Mut, sie pochten nun auf ihre Stärke und zwangen ihn zur Umkehr. Und nun begann ein fürchterliches Morden, Plündern, Verwüsten, Brandschatzen ... Selbst die Städte der Bundesgenossen entgingen nicht ihrem Schicksal.

In Rom jagte ein Gerücht das andere. Er wolle die Stadt angreifen! Er sei auf dem Marsch! Er lagere schon beim zehnten Meilenstein! Türen wurden verbarrikadiert, Schätze vergraben, Frauen und Mädchen versteckt, Kinder, Alte und Gesinde in Sicherheit gebracht. Die Regierung verhängte eine Nachrichtensperre.

»Der Senat wurde nunmehr nicht bloß durch die Schmach und Schande des

Aufruhrs beunruhigt; die Gefahr setzte ihn jetzt in solche Furcht, daß er die beiden Consuln wie zu einem der wichtigsten und schwierigsten Kriege abschickte ...
Spartacus wurde von Lentulus (= Gnaeus Cornelius Lentulus, Consul 72) auf allen Seiten mit großen Streitkräften umringt, er ging aber auf dessen Legaten los, schlug sie in einem blutigen Treffen in die Flucht und bekam alles Gepäck in seine Gewalt. Als er hierauf nach den Alpen zog, kam ihm Cassius, der Praetor (als solcher Statthalter) von Gallien (Narbonensis) am Po mit 10 000 Mann entgegen, aber dieser wurde ebenfalls in einem Treffen mit großen Verlusten geschlagen und konnte nur mit Mühe selbst den Händen der Feinde entrinnen ...[160].«

Tatsächlich näherte sich Spartacus mit seinen 120 000 Mann Rom. ›Spartacus ad portas!‹ – Drohend hing das Racheschwert über der Stadt. Wie um einen Vorgeschmack kommender Maßregeln zu geben, ließ er als Totenopfer für den gefallenen Krixos 300 gefangene Römer hinrichten.

Rom wird von Panik ergriffen, der Senat gleicht einem Schwarm aufgescheuchter Hühner. Aus dem Volk werden Drohungen gegen einzelne Senatoren laut; es gibt Zusammenrottungen, Geschäfte schließen, Handel und Wandel geraten ins Stocken.

Da endlich befiehlt der Senat ›voller Unwillen‹ den beiden Consuln, das Kommando niederzulegen. Nach hitzigen Auseinandersetzungen geht der Antrag einer Minderheit durch, den Marcus Licinius Crassus zum Oberbefehlshaber im Sklavenkrieg zu ernennen. Geht von ihm doch das Wort, nur der sei reich zu nennen, der, ohne mit der Wimper zu zucken, ein Heer von 100 000 Mann auf die Beine stellen könne. Und Crassus tut es: Aus eigenen Mitteln kauft er Ausrüstungen und Waffen für 12 Legionen! Der Aufstand währt nun schon über zwei Jahre.

### *6. Auf Hannibals Spuren*

Ähnlich wie bei Hannibal erhebt sich hier die Frage: Warum hat Spartacus Rom nicht angegriffen? Spartacus wird als kühler Rechner seine Gründe gehabt haben, von einer Belagerung der Hauptstadt Abstand zu nehmen. Schließlich kannte er aus eigener Anschauung die ungeheuren Verteidigungswerke der Stadt, deren Reste uns noch heute beeindrucken; den Hauptgrund dürfen wir aber wohl in der zunehmenden Verwahrlosung und Disziplinlosigkeit seiner Armee sehen. Ein Angriff auf Rom hätte zähes Durchhalten, wochen- und monatelanges Belagern bedeutet. Außerdem hätte Pompeius die Stadt mit Sicherheit entsetzt, um so schneller als ›Retter des Vaterlandes‹ zur absoluten Macht aufzusteigen. So aber zog der Thraker an der Stadt vorbei nach Süden und nährte seine Truppen aus dem Lande.

Rom aber gewann Zeit und rüstete auf. Crassus schmeichelte sich, Leute aus allen politischen Lagern in seinem militärischen Kreis zu haben. Der Grund lag mit darin, daß man selbst in Rom nicht genau zu sagen wußte, auf welcher Seite denn nun Marcus Licinius Crassus eigentlich stand: auf seiten der Popularen, die ›im Namen des Volkes‹ die alten Geschlechter entmachten wollten – oder war er verkappter Optimat, Mitglied jener Gruppe von Adeligen, die extrem konservativ an der überkommenen Verfassung festhielt, koste es, was es wolle? Die Urteile über ihn schwankten zwischen Geizhals, Halsabschneider, leutseligem Schwätzer und Schmeichler, treuem Freund und beispiellosem Verschwender. Und obwohl er sich meisterlich darauf verstand, jedermann durch Schmeicheleien zu gewinnen, so ließ er sich seinerseits von allen durch Schmeicheleien sehr leicht beeindrucken. Man erzählte auch von ihm, daß er, so geizig und gewinnsüchtig er auch war, andere, die ihm hierin gleich waren, am meisten haßte und schmähte. Der einzige, der ihn von Anfang an bis in die tiefste Seele durchschaute und ihn zu seinem Werkzeug machte – war Caesar! Aber davon später ...

Während der langen Abwesenheit des Pompeius in Spanien hatte er zunächst darauf verzichtet, ebenfalls Kriegsruhm zu erwerben. Er widmete sich ganz zivilen Geschäften, so daß er sich bald durch Dienstwilligkeit, durch gerichtliche Verteidigung, durch Darlehen, vor allem durch Empfehlung und Unterstützung derer, die sich beim Volk um Ämter bewarben, eine bedeutende Hausmacht schuf. Crassus war unermüdlich, anderen zu dienen, zeigte sich nicht selten auf dem Forum und erschwerte niemandem den Zutritt zu ihm. In all diesen Dingen das Gegenbild des sich elitär gebärdenden Pompeius! Zudem war er von durchaus majestätischer Erscheinung, besaß hinreißende Beredsamkeit und einen gefälligen, einnehmenden Gesichtsausdruck.

Trotz allem wußte er, daß er, wenn es um die Macht in Rom ging, an Pompeius nicht vorbeikommen würde, und so suchte er durch eine schnelle, siegreiche Beendigung des Sklavenkrieges seine militärischen Fähigkeiten unter Beweis zu stellen. Doch zunächst erzielte die frisch ausgehobene Armee unter Crassus gegen die geniale Taktik des Spartacus in Apulien nur geringe Fortschritte.

Crassus blieb zunächst an der Grenze von Picenum, dem römischen ›Ager Picenum‹ und heutigen Gebiet von Ancona, stehen, baute feste Lager, um Spartacus, der dorthin marschiert war, zu empfangen. Zugleich schickte er aber seinen Legaten Mummius auf einem Umweg hinter den Feind, mit dem strikten Befehl, dem Feind zwar zu folgen, ohne ihn jedoch zu reizen oder sich gar in ein Treffen einzulassen. Die alte Methode des »Zauderers«!

Diese Taktik des Crassus, den Feind durch stetes Beobachten nicht zur Ruhe kommen zu lassen, war gut und hätte irgendwann zur Hauptschlacht geführt, wenn nicht Mummius im Übereifer den Fehler begangen hätte, eine nach seiner Meinung günstige Gelegenheit auszunutzen und die Nachhut des Thrakers zu reizen.

Spartacus erkannte augenblicklich die Chance und schlug mit geballter Kraft zu: Viele Römer wurden getötet, viele konnten sich nur unter Zurücklassung der Waffen und Adler retten.

Crassus tobte; er brauchte unbedingt Erfolge, also mußte er ein Exempel statuieren. Nur mit wenigen kargen Worten schildert Plutarch einen Vorgang, der damals zum üblichen Kanon der Strafen in der Armee zählte, die ›decimatio‹ (unser Wort ›dezimieren‹ hat hier seine Wurzel):

»Crassus empfing den Mummius mit harten Vorwürfen, gab den Soldaten andere Waffen und ließ sich von ihnen Bürgen stellen, daß sie diese besser bewahren wollten. Die ersten 500 aber, die an der Flucht am meisten schuld waren, teilte er in 50 Dekaden (je 10 Mann) und ließ von jeder einen Mann, den das Los traf, hinrichten, (insgesamt also 50 Legionäre!). Diese Art der Todesstrafe ist mit großer Schande verbunden und wird vor den Augen des ganzen Heeres unter schrecklichen und unheimlichen Gebräuchen vollzogen[161].«

Nach Appian ließ er die gesamte Armee dezimieren und mehr als 4000 Mann hinrichten. Doch klingt dies sehr unwahrscheinlich. Indirekt erkennen wir jedoch daraus die Stärke der römischen Truppe: Es müssen an die 50 000 Mann gewesen sein.

Zwar war auf diese brutale Weise die Disziplin wiederhergestellt, die Truppe erneut kampfbereit, doch Spartacus ging ihm nun aus dem Wege und zog durch Lukanien dem Meere zu. Der Weg nach Norden kam nach dem Fiasko am Fuße der Alpen nicht mehr in Betracht.

In verzweifelter Hoffnung klammerte er sich an einen letzten Ausweg: An der Südspitze Italiens lagen die Schlupfwinkel kilikischer Seeräuber. Pompeius sollte erst in einigen Jahren mit ihnen abrechnen; zur Zeit waren sie die Herren des Meeres, wenn man von den gelegentlich kreuzenden Kriegsflotten Roms absieht. Spartacus nahm mit ihnen Kontakt auf, versprach ungeheure Summen und machte eine große Anzahlung: Sie sollten ihn und seine Armee nach Sizilien übersetzen ...

Sizilien war zu einem beispiellosen Ausbeutungsobjekt der Römer geworden. Seit der Eroberung der Insel im 1. Punischen Krieg saugte man aus dem Lande, was irgendwie von Nutzen war. Vornehmlich wurde Sizilien Kornkammer Roms, bevor es von Ägypten auf den zweiten Platz verdrängt wurde. Skrupellose Pächter, meist Ritter, arbeiteten mit ebenso skrupellosen Statthaltern zusammen, bis Cicero in seiner berühmten und mutigen Gerichtsrede gegen den Statthalter Verres den Finger auf die Wunde legte: »Unter diesem Praetor (Verres) haben die Sizilier weder ihre Gesetze noch unsere Senatsbeschlüsse noch gemeinschaftliches Recht gehabt. Nur soviel besitzt jeder noch in Sizilien, wie der Unachtsamkeit dieses habsüchtigsten und lasterhaftesten aller Menschen entging oder von seiner Sättigung übrigblieb ... Verres hat 40 Millionen Sesterzen aus Sizilien widerrechtlich an sich genommen ...[162].«

Hier wurden Sklaven in der Tat wie Vieh gehalten, man holte das Letzte aus ihnen heraus, überließ Kranke und Alte ihrem Schicksal. Das führte dazu, daß viele Sklaven flohen und sich in Banden zusammenschlossen. Doch für Nachschub war ja gesorgt. In Delos im östlichen Mittelmeer kamen täglich bis zu 10 000 Sklaven unter den Hammer, und von der Schnelligkeit des Geschäftes ging die Rede: »Kaufmann, lande an, lad aus, alles ist verkauft.«

Besonders Sizilien war von einer unglaublichen Menge unfreier Arbeiter überschwemmt. Barbarische Syrer, ein Menschenschlag von unverwüstlicher Zähigkeit und Geduld, bildeten die Mehrzahl. Im Ackerbau lebten die armen Knechte unter der Aufsicht eines selbst unfreien Verwalters herdenweise zusammen. Ihre Wohnungen bildeten die wohlverwahrten Arbeiterkasernen, halb unterirdische Gebäude mit vielen schmalen Fenstern, die so hoch über dem Boden angebracht sein mußten, daß sie nicht mit der Hand erreicht werden konnten. Mit Fesseln belastet, auf Stirn und Gliedern gebrandmarkt, zogen sie am frühesten Morgen zu harter Arbeit aus; es war dafür gesorgt, daß sie bis Sonnenuntergang in Atem gehalten wurden. Kein Ruhe- und Feiertag war den Unglücklichen vergönnt.

Beneidenswert waren den Ackerknechten gegenüber diejenigen, welche in den Bergen und auf freier Heide die Herden weideten. Man erlas dazu junge, stark gebaute und gewandte Leute, die den Anstrengungen des ruhelosen Wanderns auf steilen Triftenpfaden gewachsen waren. Sie sollten laufen, Lasten tragen, mit den Waffen umgehen können, damit sie das Vieh vor Räubern und wilden Tieren zu schützen vermochten.

Nahrung wurde ihnen von ihren Herren nicht gesondert geliefert, sie ernährten sich von den Herden. Aus zottigen Tierfellen, die sie vom Kopf bis zu den Füßen bedeckten, schauten verwegene, wettergebräunte Gesichter. Ausgerüstet mit dem derben Hirtenstab, der furchtbaren Keule oder Lanze und begleitet von einer Meute starker Hirtenhunde, nutzten sie ihre relative Freiheit nicht selten zur Wegelagerei.

Bald waren in ganz Sizilien Weg und Steg unsicher. Täglich hörte man von Raubmord und Gewalttat. So mußte es kommen, wie es manch rechtschaffener Römer befürchtete: Sie taten sich in Banden zusammen mit den geflohenen

Sklaven, wählten Anführer und erhoben sich 136 v. Chr. unter dem Sklaven Eunus gegen ihre Unterdrücker.
Sie schlugen alle ihnen in den Weg tretenden römischen Truppen, die Erhebung griff auf das Festland über, und nur unter großen Anstrengungen gelang es schließlich 132, die Führer gefangenzunehmen und die Aufständischen niederzuwerfen; 20 000 wurden zur Abschreckung der übrigen gekreuzigt. Zwischen 104 und 101 kam es dann zu weiteren Erhebungen auf Sizilien, die erst nach Zugeständnissen Roms ihr Ende fanden. Und schließlich war der Schwelbrand vor 19 Jahren erneut entfacht und mußte durch einen Consul niedergeschlagen werden.
Dies alles wußte Spartacus, und er hoffte, von dieser Insel aus zum großen Schlag gegen Rom ausholen zu können.
Doch die Kiliker, die mit ihm einen Vertrag gemacht und schon große Geschenke erhalten hatten – die Summen werden in die Millionen gegangen sein –, betrogen ihn und segelten davon. Ihre Gründe sind unbekannt. So brach Spartacus wieder von der Küste auf und lagerte sich mit seinem Heer auf der Halbinsel bei Rhegion, heute Reggio di Calabria. Er saß in der Falle!
Crassus jubelte und sah sich bereits auf dem Triumphwagen über die Heilige Straße zum Jupitertempel auf dem Capitol fahren. Er rückte dem Thraker nach, hielt aber auf Abstand, denn er wollte unter möglichst geringen eigenen Verlusten den Feind bezwingen. Folgen wir Plutarch: »Er erkannte bald durch die Lage der Gegend, die er in Augenschein nahm, was hier zu tun war. Er entschloß sich nämlich, die Landenge durch eine Mauer zu versperren, um zugleich seinen Soldaten Beschäftigung zu geben und den Feinden die Lebensmittel abzuschneiden.
Es war zwar eine große und schwere Aufgabe, aber er brachte sie doch wider Erwarten in kurzer Zeit zustande und führte nicht nur über die Landenge (es handelt sich um die kalabrische Halbinsel) von einem Meer zum anderen einen Graben, der dreihundert Stadien (= 54 km) lang und 15 Fuß (1 Fuß = 30 cm) tief und breit war, sondern errichtete auch jenseits des Grabens eine Mauer von ungemeiner Höhe und Stärke.
Spartacus kümmerte sich anfangs nicht darum und verachtete das Werk; als er aber wegen des Mangels an Lebensmitteln vorrücken wollte und sich nun völlig eingesperrt sah, aus der Halbinsel aber nichts nehmen konnte, wartete er eine finstere von Sturm und Schnee begleitete Nacht ab und füllte einen nicht großen Teil des Grabens mit Schutt, Bauholz und Baumzweigen aus, so daß er ein Drittel seines Heeres hinüberführte[163].«
In der Aufregung überschätzte Crassus die Möglichkeiten des Feindes und dachte sogleich an Schlimmeres: Spartacus könne es nun einfallen, erneut auf

Rom loszuziehen. Nichts zeigt deutlicher als diese Mitteilung der Quellen, welch eine Panik das Sklavenheer immer noch hervorzurufen imstande war! Doch wiederum begingen die Rebellen einen großen Fehler, denn wieder trennte sich ein Teil vom Hauptheer und bezog am Lukanischen See (der See lag nicht weit vom Tyrrhenischen Meer in der Nähe von Paestum) ein eigenes Lager.

Scheinbar muß Spartacus sich in der Nähe aufgehalten haben, denn als Crassus diesen Haufen überfiel und vom See wegtrieb, erschien er unvermutet mit dem Kern der Truppe »und tat der Flucht Einhalt« wie Plutarch sagt. Wir tappen wieder im dunkeln, denn wir kennen nicht die Gründe für den erneuten Abfall eines Teiles, können diesen Ereignissen auch nicht klar entnehmen, wieso Crassus wiederum den kürzeren zog, obwohl Spartacus doch nur ein Drittel der gesamten Armee durch die Mauerbresche gerettet hatte.

Nachdem Crassus einige Zeit vorher an den Senat geschrieben hatte, es sei nötig, den Lucullus (– es ist der Bruder des Proconsul –) aus Thrakien und den Pompeius aus Spanien herbeizurufen, bereute er dies jetzt. Er sah, wie die verzweifelte Lage die Aufständischen immer kopfloser machte und wendete alles an, den Krieg noch vor Ankunft der beiden Generäle in Italien zu beenden. Und es schien sich alles in seinem Sinn zu entwickeln.

Der Zusammenhalt des Sklavenheeres und der Glaube an die gemeinsame Sache müssen gebrochen gewesen sein. Vermutlich ein Zerwürfnis zwischen Spartacus und seinen Unterführern führte zu einer neuen Spaltung des Sklavenheeres. Crassus nutzte die Gunst der Stunde, schickte 6000 Mann los, um einen Hügel in der Nähe des Feindes als strategisch wichtigen Punkt besetzen zu lassen: »Diese suchten zwar, dem Feinde unbemerkt zu bleiben und verhüllten zu dem Zwecke ihre Helme, wurden aber von zwei Weibern, die zu den Feinden hielten, wahrgenommen und befanden sich schon in großer Gefahr, als Crassus noch schnell herbeieilte und eine Schlacht lieferte, die unter allen die erbittertste war, in der er 12 300 Feinde erlegte, unter diesen aber nur zwei im Rücken verwundet fand; alle übrigen waren auf ihrem Posten und im Kampfe mit den Römern gefallen.«

Bewußt hebt Plutarch an dieser Stelle die besondere Tapferkeit der kämpfenden Sklaven hervor und tritt damit der allgemeinen römischen Auffassung, daß Rebellen eben feige und unsoldatisch seien, entgegen. Eine ähnliche Stelle findet sich in Sallusts ›Verschwörung des Catalina‹, wo die tapfere Kampfesweise der Verschwörer hervorgehoben wird. Aber dort sind es Römer!

Doch immer noch nicht hat Crassus sein Ziel, eine Haupt- und Entscheidungsschlacht, erreicht! Und so bemerken wir staunend, daß Spartacus bis zu diesem Zeitpunkt nicht ein einziges Treffen verloren hat, daß vielmehr alle Scharmützel, die zugunsten Roms endigten, auf das Konto der abgefallenen Haufen kamen.

Spartacus ging nun dem Crassus aus dem Wege, um günstigere Gelegenheiten abzuwarten. Er hoffte darauf, daß der Römer ihm eine Vorausabteilung nachschicken würde. Tatsächlich folgten ihm Quintus und Scrofa, zwei Generäle des Crassus, unter kleinen Gefechten in die petelischen Berge an der Ostküste Kalabriens. Spartacus stellte sie jedoch und schlug sie dermaßen aufs Haupt, daß sie kaum den schwer verwundeten Scrofa in Sicherheit bringen und ihr Leben retten konnten.

Diese Operation verrät wie keine andere das militärische Genie des Thrakers, das durchaus den großen Heerführern der Geschichte an die Seite zu stellen ist: Es bedeutet, daß er seine Restarmee aus dem Marsch heraus, ohne Zeit und Raum für Bereitstellungen zu haben, nach rückwärts gegen den Feind wirft und ihn in die Flucht schlägt! Bei einem Caesar oder Pompeius hätten sich die antiken wie die neueren Autoren gegenseitig überboten in Lobpreisungen über deren strategisches Können – aber Spartacus war für sie eben *nur* ein Sklave!

Es war sein letzter Sieg, denn nun wurden seine Leute leichtsinnig, frech und übermütig, wollten einer entscheidenden Schlacht nicht mehr aus dem Wege gehen und meuterten gegen die klugen, aber anderslautenden Befehle ihrer Führer. Spartacus scheint bei dieser Auflehnung resigniert zu haben. Vermutlich sah er keine Möglichkeit mehr, zu einem guten – das aber hieß: siegreichen Ende zu kommen. Das Schicksal nahm seinen Lauf:

»... Crassus eilte jetzt, eine entscheidende Schlacht zu liefern, lagerte sich dem Feinde gegenüber und ließ seine Soldaten einen Graben ziehen. Die Sklaven machten dagegen Ausfälle und schlugen sich mit den Arbeitern herum. Von beiden Seiten eilten nun immer mehr Leute zu Hilfe, und so stellte endlich Spartacus, da er die Notwendigkeit sah, das ganze Heer in Schlachtordnung auf.

Als ihm das Pferd vorgeführt wurde, zog er sein Schwert, stach es auf der Stelle nieder und sagte: »Siege ich, so werde ich viele schöne Pferde von den Feinden bekommen; unterliege ich aber, so brauche ich auch dieses nicht mehr.« Hierauf drang er in blutigem Kampfe durch viele Bewaffnete gegen Crassus selbst vor, verfehlte ihn aber und tötete zwei Hauptleute, die ihm entgegentraten. Am Ende, als die Seinen flohen, war er allein, wurde von der Menge umringt und nach tapferer Gegenwehr niedergemacht[164].«

6000 Sklaven wurden gefangengenommen. Crassus ließ sie an der Via Appia zwischen Capua und Rom ans Kreuz schlagen. Es war der letzte große Aufstand, der Rom bis ins Mark traf.

Obwohl – oder gerade, weil wir so wenig von ihm wissen, ist Spartacus eines der großen Geheimnisse der römischen, ja der antiken Geschichte. Es bleibt zu hoffen, daß irgendwann in der Zukunft neue Quellen über ihn erschlossen werden ...

### 7. *»Mein lieber Tiro ...«*

Es ist bezeichnend, daß die städtischen Sklaven nicht an dem Aufstand teilnahmen, wie man es auf den ersten Blick erwarten würde. Immerhin waren am Ende des 1. Jahrhunderts v. Chr. 280 000 von den 850 000 Einwohner Roms Sklaven, genau ein Drittel! Wenn auch nicht alle städtischen Sklaven in den feineren Häusern einen so gebildeten und sensiblen Herrn hatten wie Tiro, der Sklave Ciceros, so dürfen wir doch annehmen, daß das Verhältnis zwischen Herr und Sklave in vielen Fällen ähnlich war.

Während einer Reise nach Griechenland erkrankte Tiro, und Cicero mußte ihn zurücklassen. Aus der Heimat schrieb er folgenden Brief an ihn:

»An Marcus Tullius Tiro

Mit mir grüßen dich Terentia (Ciceros Gattin), Tullia (seine Tochter), mein Bruder (Quintus) und Neffe vielmals. Zwar vermisse ich allerorten deine mir so nützlichen Dienstleistungen, dennoch aber ist es mir nicht so sehr meinetwegen als um deiner selbst willen leid, daß du dich unwohl befindest. Da aber, wie Curius schreibt, dein Fieber schwächer geworden ist, so hoffe ich, daß du bei gehöriger Sorgfalt eine desto bessere Gesundheit erlangen werdest. Laß es dir nur als eine Pflicht der Rücksicht gegen uns wie gegen dich selbst jetzt vor allem angelegen sein, deine Wiederherstellung auf jede mögliche Weise zu fördern. Ich weiß wohl, wie schmerzlich du dich nach uns sehnst (!), aber es wird sich alles geben, wenn du einmal gesund bist. Ich will nicht, daß du deine Rückreise beschleunigst; du könntest sonst durch Seekrankheit zu leiden haben und in dieser Winterzeit eine gefährliche Überfahrt bekommen ...[165].«

Wüßten wir nicht, daß der Brief an einen Sklaven gerichtet ist, könnte man meinen, zwei Freunde korrespondieren hier miteinander –, nun, sie waren ja auch Freunde! Tiro gab nach dem Tode Ciceros seinen literarischen Nachlaß heraus. Zum Zeitpunkt des Schreibens war Tiro bereits ein ›libertus‹, ein Freigelassener; doch das tut der Tatsache keinen Abbruch, daß er als Sklave gekauft worden ist!

In der Kaiserzeit verminderte sich die Zahl der Sklaven erheblich, und dies besonders aus zwei Gründen:

Rom führte nun keine Eroberungs- sondern Verteidigungskriege, und die ›Lieferung‹ von Sklaven ließ nach. Außerdem wurden immer mehr Sklaven freigelassen, blieben aber weiterhin eng mit ihrem ehemaligen Herrn verbunden und konnten als freier Mann dessen Interessen oft viel besser wahrnehmen. Dies führte dazu – so moderne Berechnungen –, daß schließlich mindestens achtzig Prozent der Bevölkerung Roms aus der Sklavenschaft hervorgegangen sind[166]. Das ging so weit, daß Augustus, als die Freilassungen überhandnahmen, dem Mißbrauch steuerte und das Mindestalter für einen freizulassenden Sklaven auf 18, das Höchstalter auf 30 Jahre festsetzte.

Aber es nützte wenig: Freilassung von Sklaven wurde geradezu eine Mode! In den kaiserlichen Haushalten unter Nero und Claudius stiegen sie in mächtige Vertrauensstellungen auf; ihr Wort hatte bei Entscheidungen von Staatsinteresse Gewicht.

Auch die Behandlung der Sklaven wurde humaner, jedoch nicht durch den Einfluß des Christentums, wie immer wieder behauptet wird, sondern aus einem ganz einfachen Grund: Sklaven waren zu kostbar geworden!

Die Möglichkeiten zum Erwerb von Sklaven waren beschränkt. Sie ergaben sich nun lediglich durch Nachkommenschaft der eigenen Sklaven, durch Kindesaussetzung und Kinderverkauf der ärmeren Schichten und durch den Kauf teurer Sklaven aus den Grenzländern des Reiches.

Bis zum Ende des Römischen Reiches aber galt der Satz des Aristoteles: »Herrschen und Dienen gehören zu den notwendigen Einrichtungen des Lebens ...« Hat sich daran eigentlich etwas geändert ...?

# Ein neuer Alexander?

## *1. Friedlicher coup d'état*

Einen Aristokraten wie Pompeius interessiert das Los von 70 000 Sklaven nicht: Unkraut muß ausgerissen werden. Überhaupt läßt das Schicksal unterprivilegierter Menschen – wir sprechen da von ›Entwicklungsländern‹ – die Gemüter der Herrschenden kalt. Cicero ist da ganz Zeitgenosse; in einem berühmten Brief an seinen Bruder Quintus schreibt er: »... sollten diese Asiaten ja auch einmal bedenken, daß ihnen die ganze Last und Not eigener Kriegführung und eigener Parteipolitik im Innern dadurch erspart wird, daß sie dem Römischen Reich angehören. Da sich dieses Reich aber nun einmal nicht ohne Steuern und Zölle aufrechterhalten läßt, sollten sie es sich eigentlich ruhig gefallen lassen, wenn sie diesen ewigen Frieden und ihr schönes ruhiges Leben, das sie genießen, mit einem Teil ihres Überflusses erkaufen müssen[167].«

Pompeius kehrt aus Spanien als der große Sieger heim, doch seinen senatorischen Auftraggebern ist nicht ganz wohl bei der Frage, welche Ziele der außergewöhnliche General für die nächste Zukunft hat. »Das Gefährlichste war dabei, daß er als Nicht-Senator ganz eigenartig außerhalb des Systems stand, dessen Spielregeln alle anderen banden«, schreibt Matthias Gelzer.

Und Pompeius weiß um den Wert seiner Person und ihres politischen Gewichts. Wenn er auch durch Anlage, Werdegang und Stellung als Außenseiter rangiert – obwohl er diesen Weg bewußt gesucht und scheinbar nur so seine Daseinsbefriedigung findet –, steht er loyal zum Staat, wie er zur Zeit von der oligarchischen Gruppe repräsentiert wird. Aber wie lange? Gebranntes Kind scheut das Feuer, der Senat bleibt mißtrauisch; die Marius, Cinna, Lepidus sind nicht schnell zu vergessen. Pompeius braucht eine handfeste Basis: Äußerst geschickt bringt er unters Volk, er wolle die alten Rechte der Volkstribunen wiederherstellen, dem Senat verspricht er sofortige Entlassung der Armee nach angemessenem Triumph: »Die Liebe und Zuneigung der Römer zu ihm war auch so groß, daß sie dergleichen gern hörten und nachsagten[168].«

Er erhält beides: Triumph und Consulat! Sein Ziel: Versöhnung der widerstreitenden Parteien. Lobenswert! Den Anfang hatte er schon in Spanien gemacht.

Nun ist da aber noch Crassus, zwar alter Waffengefährte unter Sulla, aber auch Hauptsieger über Spartacus, finanziell völlig unabhängig, »der reichste, beredteste und vornehmste unter den damaligen Staatsmännern, der selbst den Pompeius und alle anderen stolz verachtete«[169]. Dennoch wagt er eine Kandidatur nicht ohne Pompeius' Einverständnis. Als guter Beobachter und Rechner erkennt er dessen wachsenden Einfluß auf die Massen und geht ein Wahlbündnis mit dem jüngeren ein, sich – nach außen – völlig dem Programm des Kollegen einordnend.

Pompeius fühlt sich geschmeichelt, »und verwendete sich eifrig für ihn beim Volk«. Doch bald nach der Wahl zerfällt diese taktische Freundschaft schnell: »Sie waren in allen Dingen uneins. Im Senat hatte Crassus den größeren Einfluß, beim Volk aber Pompeius; denn er war es, der ihm das Volkstribunat zurückgab und damit einverstanden war, daß der Vorsitz in den Gerichtshöfen durch ein Gesetz wieder den Rittern übertragen wurde.«

Damit sind wir schon bei den beiden wichtigsten Maßnahmen seines Consulats: Wenn man berücksichtigt, daß Pompeius keinerlei Erfahrungen auf dem Feld senatorischer Tagespolitik hatte und das komplizierte Zusammenspiel der Bürokratie nicht kannte, fordert sein Erfolg unseren Respekt. Daß er sich von zuständigen Beamten des ›Apparates‹ beraten läßt, tut dem keinen Abbruch.

Sie müssen bedenken, daß einer modernen Regierung zur Durchführung ihrer Programme mindestens vier Jahre zur Verfügung stehen, dazu ein Heer von beamteten Fachleuten, das in die Tausende geht. Durch unsere Kommunikationstechnik ist es gewährleistet, eine wichtige Verordnung – etwa eine Geschwindigkeitsbegrenzung auf den Autobahnen – an einem Tage 60 Millionen Menschen bekannt zu machen. Der römische Consul ist nur ein Jahr im Amt, hat einige persönliche Sekretäre, seine 12 Lictoren und zwei Dutzend Hilfskräfte unteren senatorischen Ranges. Dazu die rasche Folge der Verhandlungen in Senat und Volksversammlungen, letztere wieder kompliziert unterschieden nach Klassen und Zuständigkeiten. Er steht immer unter Zeitdruck! Hinzu kommt, daß Rom keine Parteien in unserem Sinne kennt, die auf Parteitagen mehr oder weniger klare Programme aufstellen, an denen sich die Wähler orientieren können.

Wenn wir auf den letzten hundert Seiten von Optimaten, Popularen, Aristokraten, Oligarchen, Patriziern ... usw. reden, so sind dies ja keine eindeutigen Gruppen mit ›Godesberger ...‹ oder ›Ahlener Programm‹. Es sind eher pressure groups, die ihren persönlichen oder ihren Gruppenegoismus befriedigen wollen, und wir finden Demagogen in allen Lagern. So kommt es, daß wir neben den Namen der herausragenden Köpfe kaum Leute von Format finden, denn diese Männer sind froh, »schlecht und recht die laufenden Geschäfte zu erledigen«[170]. Zu mehr reicht es nicht. Allenthalben macht sich Schlendrian breit; die Exekutivämter der Verfassung sind nicht in der Lage, die Entwicklung weiterzubringen: Man regiert das Reich immer noch mit den Magistraten einer mittleren Großstadt von heute.

Die Erfolge von Pompeius – oder Sulla – beruhen daher nicht so sehr auf ihrer consularischen Gewalt, als auf der überconsularen Macht im Staate. Diese außerordentliche Selbsteinschätzung spielt Pompeius bewußt aus:

»Pompeius mied nach und nach den Markt und erschien nur selten in der Öffentlichkeit, immer aber in Begleitung einer großen Menge (seiner Clienten). Jetzt war es schwer, ihn ohne einen Haufen Volks zu sprechen oder nur zu sehen. Am liebsten zeigte er sich von einer zahlreichen Menge Clienten umringt, da er sich dadurch ein gewisses äußerliches Ansehen zu geben suchte und glaubte, daß er seine Würde durch Unterredung oder Vertraulichkeit mit gemeinen Leuten nicht schmälern dürfe. Denn für Männer, die durch Waffen groß geworden sind und sich in die bürgerliche Gleichheit nicht finden können, ist das friedliche Leben eine Klippe, an der ihr Ruhm leicht scheitern kann. Da sie gewohnt sind, im Kriege an erster Stelle zu stehen, wollen sie es auch in Friedenszeiten, und die, welche es im Kriege zu nichts bringen konnten, halten es für unerträglich, nicht in der Politik wenigstens eine führende Rolle zu spielen ...[171].« Eine der zeitlosen Weisheiten Plutarchs!

Pompeius' Werben um Publicity bei der Menge ist gekünstelt und wird es zeit seines Lebens bleiben. Dennoch ist er augenblicklich zum Freund des Volkes avanciert, und der Umschwung, den er da ganz friedlich zustande bringt, ist ungeheuer! Die Hauptstützen des sullanischen Staatsbaus fallen: ein friedlicher coup d'état!

Aber ist damit die mittlerweile schon 60 Jahre lang schwelende Staatskrise beseitigt? Wurstelt man nicht wieder nur an unwichtigen Teilen der Maschinerie, statt ihr ein neues Getriebe einzubauen?

Mommsens Urteil ist vernichtend: »Zu nichts war er weniger geschaffen als zum Staatsmann. Unklar über seine Ziele, ungewandt in der Wahl seiner Mittel, im kleinen wie im großen kurzsichtig und ratlos, pflegte er seine Unschlüssigkeit und Unsicherheit unter feierlichem Schweigen zu verbergen und, wenn er fein zu spielen meinte, nur mit dem Glauben andere zu täuschen und sich selber zu betrügen[172].«

Man hat das Gefühl, als vermag er den Rahmen des Consulats nicht zu füllen, und Gelzer schreibt vorsichtig: »Die Art, wie Pompeius sich als Consul beiseite schieben ließ, zeigte bereits, daß er ein solcher Staatsmann nicht war[173].«

Im Vergleich etwa zu Cicero ist es nicht möglich herauszufinden, was Pompeius in den ›stillen‹ Jahren beschäftigt; sein Lebenslauf enthält viele weiße Flecken. Den antiken Geschichtsschreiber interessiert vornehmlich der aktive, handelnde Mensch. Die Zeiträume ›zwischen den Jahren‹ bleiben weithin im dunkeln, obwohl gerade dort die inneren Entwicklungen stattfinden, die uns interessieren. So können wir nur festhalten, daß Pompeius sich zwei Jahre aus der aktiven Politik ins Private zurückzieht. Er wartet wieder, bis man ihn rufen wird.

### 2. *Seeräuberkrieg*

Zu dieser Zeit wird der gesamte Mittelmeerbereich von einer chronischen Krankheit befallen: Piraten beherrschen die Seewege. Kein römisches Schiff ist sicher vor den Freibeutern. Plutarch schreibt:
»Die Macht der Seeräuber hatte ihren Ursprung in Kilikien und beschränkte sich anfangs nur auf gewagte und verborgene Unternehmen; allein während des Krieges mit Mithridates bekamen diese Räuber mehr Mut und Kühnheit, da sie sich in den Dienst dieses Königs stellten. Als die Römer sich dann in den Bürgerkriegen vor den Toren Roms selbst bekämpften, lockte das ohne Schutz gelassene Meer sie immer weiter vor und förderte ihre Ausbreitung, so daß sie nicht nur Seefahrer angriffen, sondern sogar Inseln und Küstenstädte plünderten ... An vielen Orten hatten die Seeräuber eigene Häfen, Ankerplätze und befestigte Leuchttürme. Die Flotten, die sie ausschickten, waren nicht nur durch ausgesuchte Mannschaften, durch die Geschicklichkeit der Steuerleute, durch die Schnelligkeit und Leichtigkeit der Schiffe zu diesem Handwerk trefflich ausgerüstet, sondern, so groß die Furcht auch war, die sie verbreiteten, noch beleidigender war ihr dreister Stolz, da sie mit goldenen Segelstangen, mit purpurnen Segeln und versilberten Rudern prangten und sich sozusagen noch mit ihren Verbrechen auf eine übermütige Art brüsteten. An allen Küsten hin herrschten Trinkgelage mit Flötenspiel und Gesang, und die Entführung obrigkeitlicher Personen sowie die von den eingenommenen Städten erpreßten Brandschatzungen gereichten der römischen Herrschaft zur wahren Schande. Die Zahl dieser Raubschiffe belief sich auf über tausend und die von ihnen eroberten Städte waren beinahe vierhundert.«
Sehr beliebte Objekte waren die reichen Tempelschätze der Heiligtümer von Klaros, Didyma, Samothrake, Epidauros, Aktion, Samos und Lakinion.
»Am meisten aber ließen sie ihren Frevel an den Römern selbst aus, sie wagten sich sogar landeinwärts und verwüsteten die am Meere gelegenen Landgüter. Einst entführten sie sogar zwei Praetoren in ihren Pupurkleidern mit ihren Sklaven und Lictoren und fuhren mit ihnen davon ... Das Schmählichste war jedoch folgendes: Wenn ein Gefangener sich darauf berief, daß er ein Römer sei und seinen Namen sagte, stellten sie sich ganz erschrocken und bestürzt, schlugen sich an die Hüfte und flehten fußfällig um Verzeihung. Jener glaubte ihnen

dann, weil er sie demütig und beängstigt sah. Darauf zogen ihm einige Schuhe an, andere hängten ihm eine Toga um, damit er nicht wiedererkannt werden sollte. Wenn sie nun den Mann eine geraume Zeit gehöhnt und mit ihm ihr Spiel getrieben hatten, ließen sie endlich mitten im Meer eine Leiter hinab, befahlen ihm hinabzusteigen und wünschten ihm eine glückliche Reise. Wenn er aber nicht mutwillig ging, so stürzten sie ihn mit Gewalt ins Meer.
Diese Macht nun verbreitete sich über das ganze Mittelländische Meer, so daß Schiffahrt und Handel gänzlich darniederlagen[174].«

Piraterie und Bandenunwesen sind immer Anzeichen für Störungen im sozialen und ökonomischen Bereich; hier rächt sich Roms Kurzsichtigkeit, hellenistische Regionen wie Barbarenland auszuquetschen. In Rom steigen die Preise für alle Importwaren, besonders für Grundnahrungsmittel. Aber nicht das Bedürfnis der Massen, sondern die ritterlichen Steuereinnehmer, die ihre Felle davonschwimmen sehen, bringen Abwehrmaßnahmen zuwege. Man sucht Schuldige ... Was treibt denn eigentlich dieser Lucullus in Asien?

Nun, dieser Ehrenmann hatte aus eigenem Antrieb in der Provinz eine Schuldenregulierung durchgeführt, die den Einwohnern Luft zum Atmen schaffte. Die Leute stottern ja immer noch an ihren 20 000 Talenten ab, mit denen Sulla sie bestraft hatte.

Mit den übelsten Mitteln verleumderischer Demagogie wurde gegen den rechtschaffenen Statthalter Lucullus nun ein Kesseltreiben veranstaltet. Man wirft ihm Hochmut, Überschreitung seiner Kompetenzen vor, zieht schließlich sein Eheleben in den Dreck. Doch die, die ihm am Zeug flicken, sägen am eigenen Ast, denn Lucullus ist der loyalste Vertreter der Optimaten. Nichts zeigt die Unfähigkeit des hohen Hauses deutlicher, als dieser Rufmord. Intrigen und Kabalen verdunkeln völlig den Blick für die Sachprobleme des Ostens. Ausgerechnet Pompeius zögert nicht, dem Mann den letzten Stoß zu versetzen: Lucullus wird abgesetzt und sein Kommando dem Consul M. Acilius Glabrio zugewiesen.

Mithridates nutzt die Gelegenheit: Nach Bekanntwerden einer Meuterei schlägt er die führerlosen Legionen, und das in sieben Jahren mühsam Erreichte ist für die Katz!

Doch all dies scheint die Verantwortlichen in Rom nicht zu stören; unfähig, das Ganze zu sehen, zersplittert sich der Stadtstaat in Parteienkämpfe. Man macht wieder in Volkstribun: Aulus Gabinius funktioniert das Amt, das einmal als Kontrollorgan zum Schutz des Plebs erdacht worden war, wieder um zur demagogischen Schaltstelle ersten Ranges. Aber anders als Gracchus handelt er auf Weisung, denn hinter ihm steht – noch in den Kulissen – Pompeius! Der Schlag gegen Lucullus geht auf sein Konto. Der zweite folgt vier Wochen später, Anfang 67. Diesmal geht es »Über die Einsetzung eines Feldherrn gegen die Seeräuber«.

Bei den Verhandlungen um den Oberbefehl kommt es zu tumultartigen Szenen. Jeder weiß, daß Pompeius der Drahtzieher im Hintergrund ist, der seine Anhänger vorschiebt. Und Gabinius fordert für den zu ernennenden Machthaber im voraus eine noch nie dagewesene Machtfülle:

1. Absolutes Oberkommando zur See;
2. Unbeschränkte Gewalt über die betroffenen Provinzen, 400 Stadien landeinwärts (72 km);
3. 15 Legaten (Unterfeldherrn) senatorischen Ranges als Gehilfen;
4. Unbegrenzte Geldmittel (»Soviel, als ihm beliebt«);
5. Eine Flotte von 200 Schiffen;
6. Anwerbung und Anzahl der Soldaten nach eigenem Gutdünken.

Gabinius hat seinen Antrag verlesen, setzt sich. Das Volk antwortet mit stürmischem Beifall, »aber die vornehmsten und angesehensten Männer des Senats waren der Meinung, daß eine so ungenaue Bestimmung der Macht mehr Furcht und Neid erregen müßte«. Alle widersetzen sich – bis auf Caesar! Interessant sein Motiv: »Dieser verteidigte den Vorschlag, freilich am wenigsten aus Rücksicht auf Pompeius, sondern weil er sich gleich von Anfang an beim Volk einzuschmeicheln und beliebt zu machen suchte[175].« Caesar ist jetzt 32.

Die übrigen machen bittere Vorwürfe. Der Consul Calpurnius Piso steht auf und schleudert Pompeius ins Gesicht:

»Wenn du hier den Romulus spielen willst, wirst du auch wie er enden!« Das heißt, er werde von den Senatoren zerrissen werden, eine Anspielung auf eine zweite Version der alten Sage. Auf dieses Bonmot hin stürzt sich die Menge auf ihn selbst, und nur das Einschreiten des altehrwürdigen Sulla-Duzfreundes Catulus rettet ihm das Leben. Einige Senatoren werden nun handgreiflich gegen Gabinius; da droht die Menge das Gebäude zu stürmen, und man bricht eilig die Sitzung ab. Aber die Leute bleiben und halten den Markt besetzt. Die ›Väter‹ greifen zum letzten Mittel und lassen ihre Tribunen interzedieren (Einspruch erheben); doch Gabinius zögert keine Sekunde, nach Gracchen-Manier die ›Verräter‹ an der ›Sache des Volkes‹ vom Volk auf der Stelle absetzen zu lassen. So einfach geht das nun schon! Man läßt Kritiker nun nicht mehr zu Wort kommen, brüllt sie nieder.

Bezeichnend für Pompeius, den heimlichen Urheber des Spektakels, daß er sich völlig zurückhält, schweigt und andere die Kastanien aus dem Feuer holen läßt. Wie spottet später der geistreiche M. Caelius Rufus brieflich bei Cicero: »Es ist nämlich seine Art, anders zu reden als er denkt, aber ohne so viel Geist zu besitzen, daß nicht zum Vorschein käme, was er heimlich wünscht[176].«

## Die Neuordnung des Ostens durch Pompeius

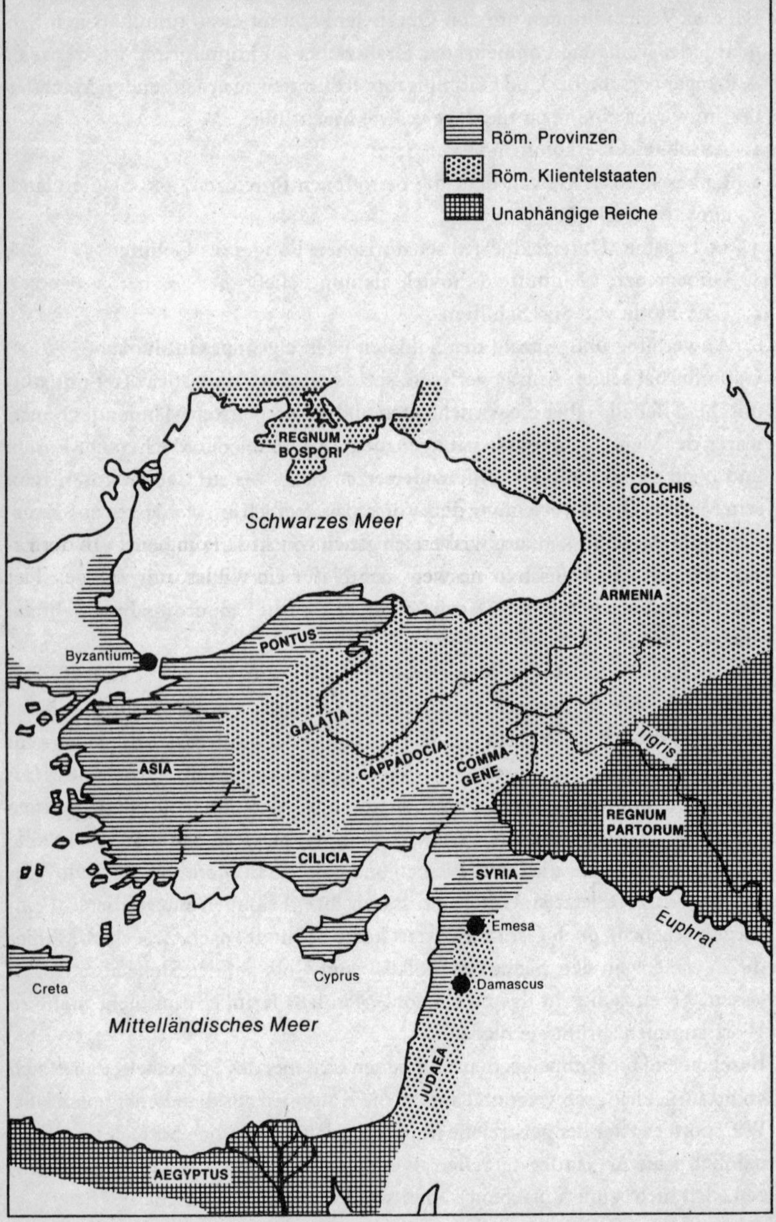

Aber Pompeius erreicht, was er will, und erhält sogar mehr: 500 Schiffe, 120 000 Mann Fußtruppen, 5000 Reiter, 24 Legaten, 2 besondere Quaestoren. Erster Erfolg: »Dadurch fiel nun sogleich der Preis aller Marktwaren.«

Er ist Held des Tages, Liebling des Stimmtiers; man schwärmt schon euphorisch, daß der bloße Name des Pompeius dem Kriege ein Ende gemacht habe. Was nun folgt, übertrifft allerdings alle Erwartungen, und Cicero kann im folgenden Jahr ausrufen: »Welcher Name war je berühmter auf Erden, wessen Taten waren den seinen gleich[177].«

Wie ein reinigendes Gewitter fegt Pompeius in 40 Tagen das westliche, in 6 Wochen das östliche Mittelmeer sauber. In der Tat eine gewaltige militärisch strategische wie organisatorische Leistung! Pompeius ist der erste, der alle Ressourcen und Kräfte des Reiches bündelt und punktuell gezielt einsetzt. Und gerade an dieser Stelle zeigt sich wieder einmal die Kluft zwischen den Möglichkeiten der Weltmacht und dem ach so kleinlichen Gerangel der römischen Fraktionen. Pompeius ist der Größte, heißt es bei den Massen, die sich an den billigen Preisen der Nahrungsmittel erfreuen.

Pompeius denkt weiter: Das Übel muß an der Wurzel gepackt werden. 20 000 Piraten haben sich ihm ergeben und müssen nach römischem Kriegsrecht mit Hinrichtung oder Sklaverei rechnen. Nicht so Pompeius! »In der Erwägung, daß der Mensch keineswegs von Natur ein wildes, ungeselliges Tier ist, sondern nur durch die Laster ausartet und durch Gewohnheiten, Veränderung des Wohnorts und die Lebensart zur Kultur zurückgeführt wird, beschloß er, diese Leute nicht wieder aufs Meer zu lassen, sondern sie auf dem Land anzusiedeln und sie durch Gewöhnung an das Stadtleben und den Ackerbau eine sanftere Lebensart kosten zu lassen[178].«

Er siedelt sie in den verödeten Gegenden Kilikiens an und greift damit erstmals ordnend in diese Wetterecke der Geschichte ein. Prompt wird in Rom gemekkert wegen der übertriebenen Fürsorge, die er Seeräubern zuteil werden läßt. Er überhört das und zeigt damit einen neuen Geist im Umgang mit unterworfenen Völkern, aus dem dereinst die PAX ROMANA hervorgehen wird.

### *3. » ... die ganze Macht der Römer einem Mann unterstellt!«*

Wie zu erwarten, regen sich in Rom Neid, Eifersucht und Angst in den optimatischen Kreisen, als man zur Kenntnis nehmen muß, auf welche Sprossen der neue Alexander geklettert ist. Nicht genug damit: Während Pompeius selbstherrlich – »weil er sonst nichts zu tun hatte« – durch die eroberten Städte reist und Audienzen gibt, bringt der Nachfolger des Gabinius im Amt des Tribunen, Manilius, ein Dekret in Vorschlag, daß Pompeius alle Provinzen und

Streitkräfte, die bisher dem Lucullus unterstanden, erhalten soll, dazu die Provinzen Kilikien und Bithynien, das Oberkommando zu Lande und zur See gegen Mithridates und Tigranes.

»Dies hieß nichts anderes, als die ganze Macht der Römer einem einzigen Manne zu unterstellen«, konstatiert Plutarch und fügt hinzu: »Indes nahmen die Edlen und Vornehmen in Rom jetzt wenig Rücksicht auf Lucullus, der dadurch um den Ruhm seiner großen Erfolge kam und nicht für den Krieg als vielmehr für den Triumph einen Nachfolger erhielt, obwohl sie die Ungerechtigkeit und Undankbarkeit, die dem Manne widerfuhr, einsahen; sie gerieten nur über die dem Pompeius verliehene Macht in Furcht, und da sie diese als eine wirkliche Tyrannei betrachteten, ermunterten sie einander insgeheim, sich dem Dekrete aus allen Kräften zu widersetzen und ihre Freiheit nicht aufzugeben[179].

Besonders der Alt-Sullaner Catulus bietet seine ganze Beredsamkeit auf, um den Antrag zu Fall zu bringen – ohne Erfolg. Da beginnt er zu toben, schreit den versammelten Senat an, er solle sich nach dem Beispiel der Vorfahren nur nach einem Berge oder Felsen umsehen, auf den er flüchten und seine Freiheit behaupten könne. Da aber erhebt sich Cicero und hält seine erste große politische Rede »Für den Oberbefehl des Pompeius«, wir zitierten bereits daraus. Cicero ist ein ›homo novus‹ und benötigt den Rückhalt des Stärkeren, um nach oben zu kommen. Der Zeitpunkt ist äußerst geschickt gewählt, und im Grunde rennt er mit seiner Bravourrede ja offene Türen ein, da die Einsichtigen, allen voran die Ritterschaft, für das Kommando des Pompeius eintreten. Pompeius wird ihm diese Laudatio denn auch nicht vergessen, die seine Verdienste in den höchsten Tönen feiert: »So hat denn *ein* Gesetz, *ein* Mann, *ein* Jahr nicht nur von diesem Elend und dieser Schande befreit, sondern zugleich bewirkt, daß wir endlich einmal wahrhaft als die Macht erschienen, die zu Wasser und zu Lande über alle Völker und Stämme gebietet[180].«

Der Antrag des Manilius geht in allen 35 Bürgerbezirken durch, und Pompeius verfügt über die konzentrierten Machtmittel des Reiches, wie kein Römer vor ihm. Sein Kommentar beim Empfang der Briefe, die ihm den Volksbeschluß anzeigen:

»O diese unaufhörlichen Kämpfe und Kriege! Wie viel besser wäre es, ein unbekannter Mann zu sein, wenn ich niemals von Kriegsdiensten befreit werde, nie dem Neid entgehen und mit meiner Frau ruhig auf dem Lande leben soll[181].«

Für Plutarch war »diese heuchlerische Sprache selbst seinen vertrautesten Freunden widerwärtig«. Es ist einer jener doppelzüngigen Sätze, mit denen sich der neue Alexander sein Bild für die Nachwelt verdorben hat.

So reizvoll es wäre, dem Feldzug gegen Mithridates im Troß zu folgen – wir müssen darauf verzichten, um noch anderen Zeitgenossen Raum zu geben. Hier der Ablauf in Kürze:

Die Intrigen des pontischen Königs haben Asien nicht zur Ruhe kommen lassen. Er hat inzwischen sein Einflußgebiet auf Kosten des in den letzten Zügen liegenden Seleukidenreiches ausgeweitet. Nach 74 übernahm Lucullus die schwierige Aufgabe, den Feind zu stellen. Es gelang ihm, in zähem Ringen über Bithynien bis an die pontischen Grenzen vorzustoßen und dem ›neuen Dionysos‹ eine große Niederlage beizubringen, wobei 10 000 Feinde bei Kyzikos gefallen sein sollen.

Mithridates floh zu seinem Schwiegersohn Tigranes nach Armenien. Seine Flotte war schon vor Tenedos vernichtet worden. Tatkräftig begann Lucullus mit dem Wiederaufbau der heimgesuchten Provinzen und kam – wie wir sahen – mit den Steuerpächtern in Konflikt. Immerhin konnte er zwei Jahre lang in Ruhe wirken. Dann machte er sich an die Verfolgung des Königs; aber sein Glücksstern hatte ihn verlassen, die römische Clique erklärte ihn kurzsichtig für abgesetzt.

Die unklare Befehlslage verführte die Leute zu Befehlsverweigerungen und Gammelei. So ist die Lage beim Eintreffen von Pompeius im Jahre 66.

Das Treffen beider Imperatoren endet nach freundlicher Begrüßung mit einem Fiasko: »Sie machten einander die bittersten Vorwürfe, der eine dem Lucullus wegen seiner Geldgier, dieser dem Pompeius wegen seiner Herrschsucht, und nur mit vieler Mühe konnten sie von ihren Freunden auseinandergebracht werden.«

Das geht so einige Tage weiter, indem einer die Befehle des andern an seine Truppe usurpiert, bis Lucullus resigniert und abreist.

Unverzüglich beginnt Pompeius mit neuen Operationen gegen Mithridates und zeigt sich als Meister der Diplomatie, Kriegführung und Truppenbehandlung. Zunächst verteilt er seine Flotte zwischen Phönizien und Bosporus, macht sich dann auf die Suche nach dem Heer des Königs. Der hat sich mit 30 000 Mann auf einem Berg an der Grenze von Pontus verschanzt, zieht aber ab, aus Angst vor Wassermangel. Pompeius erreicht das Terrain, beginnt echt römisch mit dem Bau von Brunnen und errichtet ein festes Lager.

Mithridates zieht sich zurück und schlägt sich bis zum Euphrat durch, Pompeius ihm nun immer auf den Fersen. In einem nächtlichen Überfall erobert er das feindliche Lager und 10 000 Tote bedecken am anderen Morgen den Platz. Mit 800 Reitern flieht Mithridates nach Armenien zu Tigranes, doch dieser verweigert jede Hilfe: Er hat sich mit einem Aufstand seines eigenen Sohnes Tigranes auseinanderzusetzen. Um sich die Gunst der Römer zu erhalten – und sein Territorium nicht zu verlieren, setzt er ein Kopfgeld auf die Ergreifung des flüchtigen Schwiegervaters.

Pompeius dringt in Armenien ein und nimmt die Huldigung von Tigranes Vater und Sohn entgegen. Dann ordnet er die territorialen Verhältnisse nach dem Prinzip des ›divide et impera‹ (›teile und herrsche‹) und läßt beiden Fürsten ihren Thron als römische Vasallen (Herbst 66).

Mithridates wendet sich nun nach Norden, um von der Krim aus den Krieg fortzuführen. Er trägt sich sogar mit dem Plan, die Donau aufwärtszuziehen und von Norden her in Italien einzufallen. Aber dort regiert Pharnakes, sein Sohn, bereits als König von römischen Gnaden und zwingt den Vater zum Selbstmord.

Pompeius, der nichts davon weiß, hat sich mittlerweile nach Süden gewendet und besetzt das in anarchischen Zuckungen vergehende Restreich der Seleukiden in Syrien. Antiochia wird Hauptstadt der neuen Provinz Syria.

Daß Mithridates tot ist, weiß er ja noch nicht. Als der Tod des Königs bekannt wird, »war die ganze Armee darüber, wie leicht zu denken, voller Freude und feierte Opfer und Gastmahle, als wenn in der Person des Mithridates viele tausend Feinde gefallen wären«[182].

In Damaskus wird Pompeius mit inneren Streitigkeiten des Judentums konfrontiert. Im Streit zweier Prinzen des hasmonäischen Hauses entscheidet er sich für Hyrkanos und unterstützt damit die pharisäische Richtung. Deren Auffassung, daß neben dem geschriebenen Gesetz gleichrangig die Tradition als Quelle des Glaubens zu stehen habe, kommt seiner realpolitischen Auffassung näher.

Darauf verschanzt sich der ausgebootete Aristobolus mit den Sadduzäern – die Tradition und Volksfrömmigkeit ablehnten zugunsten strenger Schriftgläubigkeit – in Jerusalem auf dem Tempelberg. Nach dreimonatiger Belagerung fällt die Stadt. Flavius Josephus, dem jüdischen Historiker, verdanken wir eine Beschreibung der Szene:

»Von allen Seiten umzingelten sie nunmehr das Heiligtum und töteten von den Juden die einen auf der Flucht und im Tempel, die andern aber nach kurzer Gegenwehr.

Da verharrten zahlreiche Priester, ohne sich stören zu lassen, bei den kultischen Verrichtungen, auch wenn sie die Feinde mit gezückten Schwertern gegen sie vorstürmen sahen. Inmitten ihrer Weiheopfer wurden sie niedergemacht und während der Rauchopfer, und die Sorge um den Gottesdienst galt ihnen mehr als die eigene Rettung. Die meisten fanden übrigens den Tod durch Gegner aus dem eigenen Volk, und zahllose stürzten sich in die tiefen Schluchten hinab. Es gab auch welche, die, von Sinnen ob ihrer aussichtslosen Lage, die an die Mauer anschließenden Gebäudeteile in Brand steckten und dabei selbst den Tod fanden. 12 000 Juden kamen ums Leben, während die Römer nur wenige Tote, jedoch viele Verwundete zu beklagen hatten ...

Pompeius begab sich mitsamt seinem Stab in den Tempel, wohin nach heiligem Gesetz, nur der Hohepriester seinen Fuß setzen darf. Er sah sich alles an, was darin war, den Leuchter mit den Lampen, den Tisch, die Opferschalen und Räuchergefäße, alles aus massivem Gold, die gestapelte Menge von Räucherwerk und den Tempelschatz von annähernd 2000 Talenten. Doch berührte er nichts davon und auch keines der heiligen Geräte; er befahl vielmehr am ersten Tag nach der Eroberung den Tempeldienern, den Kultraum zu reinigen und dem Brauche gemäß die Opfer darzubringen. Darauf machte er den Hyrkanos wieder zum Hohenpriester ... So machte er sich das Volk, wie es sich für einen tüchtigen Feldherrn gehört, mehr durch Güte als durch Schrecken gefügig[183].

Damit betrachtet Pompeius den Ostfeldzug als beendet und tritt über Kilikien die Rückfahrt nach Rom an. Unterwegs hat er reichlich Gelegenheit, die Maßnahmen der letzten vier Jahre zu durchdenken. Was hat er erreicht?

Eine Inschrift in der Stadt Miletopolis im Süden des Marmarameeres rühmt ihn als »Imperator zum dritten Mal, Heiland und Wohltäter des Volkes und ganz Asias, Beaufsichtiger von Land und Meer«[184] – und vereinigt auf irrationale Weise die verschiedenen Seiten seiner Person und seines Wirkens auf die Völker Kleinasiens. Wir können es nüchterner so sagen:

Nachdem Rom bisher im Osten mehr zerstört als aufgebaut hatte, wird es sich durch Pompeius seiner Verantwortung als überlegene Ordnungsmacht bewußt. Mit dem Scheitern des Mithridates bleibt der Osten offen für die hellenistisch-römische Kultur und erhält durch die klare territoriale Provinzeinteilung ein festes Gefüge, das – aufs ganze gesehen – schließlich Westrom lange überdauern wird und später im byzantinischen Reich aufgeht. Zugleich bildet der Osten eine Brücke, auf der orientalische Denkformen, nicht zuletzt auf religiösem Gebiet, in den Westen gelangen. Durch Pompeius ist Rom an die geographischen Grenzen seiner imperialen Möglichkeiten im Osten gelangt, indem das Mittelmeer nun tatsächlich zu einem römischen Binnenmeer, und Rom zur *Weltmacht* aufsteigt. Von nun an hängt das Schicksal aller Randvölker auf 500 Jahre von Rom ab. Pompeius darf sich auf dem Höhepunkt seiner Laufbahn fühlen:

»Nach all diesen Taten schmeichelte er sich, Italien mit weit größerem Glanze als irgendein anderer vor ihm betreten zu können[185].«

# Gentleman, Genie, Monarch: Caesar

## Ein Sohn aus bestem Hause: Anfänge

### *1. Verborgene Jahre: Homer als Lehrer*

Wir sind bei der beherrschenden Gestalt des Jahrhunderts angekommen und lassen uns auf das Wagnis ein, einen Mann, über den Tausende von Büchern – Abhandlungen, Romane, Essays, Dramen, Dissertationen – geschrieben worden sind, gleichsam so im Vorbeigehen zu betrachten. Aber dabei wird es nicht bleiben; Caesar fesselt jeden, der ein Gespür für die Tragik der Macht hat, und läßt ihn nicht los. Über keinen antiken Menschen – Jesus vielleicht ausgenommen – ist so viel geschrieben worden. Aus immer neuen Blickwinkeln versucht man sein Bild zu erfassen; in immer neuen Anläufen wird die Überlieferung gesichtet, sondiert, gedeutet. Allein die Biographien seit Beginn der Neuzeit gehen in die Hunderte. Die wissenschaftlichen Untersuchungen füllen Bücherwände.

Wo anfangen, wenn man vor einem solchen Berg von Literatur steht – woher den ›Mut zur Lücke‹ nehmen? Es ist wie mit seinen steinernen Porträts, die erhalten sind: Man steht davor und fragt sich, welches ist das wahre, das ›richtige‹! An die zwanzig Büsten sind auf uns gekommen, jede zeigt einen anderen Kopf: Thema mit Variationen. Schon die Alten waren sich nicht einig, welche die authentische sei.

Über Caesar schreiben heißt immer über das Verhältnis von Individuum und Masse nachdenken, heißt Stellung nehmen zu Erscheinungen, die bis heute nichts von ihrer Aktualität verloren haben: Imperialismus, politischer Mord, Diktatur, beste Staatsform ... usw.

Zwangsläufig entsteht auf diese Weise neben dem Caesarbild ein Spiegel der eigenen Welt, denn man mißt Caesar intuitiv mit der Elle der eigenen Zeit und der Welt, in der man lebt. Will jemand den Zeitgeist vergangener Jahrhunderte kennenlernen, so lese er Caesarbiographien. Aus dem Gesagten wird klar, wie subjektiv die folgenden Gedankengänge sein werden. Dennoch: Wer Geschichte erzählt, muß Stellung nehmen!

Es erstaunt immer wieder aufs neue zu sehen, wie langsam, ja schwerfällig seine politische Karriere beginnt. Wäre er, immerhin schon Anfang vierzig, nach seinem Consulat gestorben, so stünde sein Name neben anderen in der Consularliste der römischen Annalen, und damit hätte sich's! Erst im Nachhinein entdeckten seine Biographien – antike wie neuzeitliche – frühe genialische Spuren.

Antike Geschichtsschreibung rollte das Leben eines Großen gleichsam von hinten auf, und moderne Autoren sind willig gefolgt. Nun liegen gewiß jedem Menschen Anlagen zugrunde, die ihn in einer bestimmten Weise handeln lassen; die Frage ist nur, ob sie dabei schon eine verkleinerte Vorwegnahme alles Späteren darstellen. Wir wollen diese Frage nicht aus den Augen verlieren.

Über Kindheit und Jugend wissen wir fast nichts, da die ersten Kapitel von Plutarchs wie Suetons Caesarviten verloren sind; beide Autoren setzen etwa mit seinem 15. Lebensjahr ein. Aus Rudimenten anderer Schriftsteller wie aus dem zeitgemäßen Erziehungs- und Bildungsgang eines jungen Aristokraten läßt sich ein grobes Bild dieser Jahre rekonstruieren.

Es war keineswegs der vornehmste Stadtteil Roms, wo er am 13. Juli 100 v. Chr. geboren wurde. Die Subura war ein dichtbevölkertes Viertel im Nordosten des Forums. Die Gens Iulia, eine der ganz alten Sippen Roms – Uradel! – spielte in dieser Zeit keine ihrem vornehmen Anspruch gemäße Rolle, tat dies schon lange nicht mehr. Ihre große Zeit lag bereits im Nebel sagenumwobener Vorzeit.

Caesars Name, der übrigens ›Kaisar‹ und nicht ›Zäsar‹ gesprochen wurde, wobei der Laut hinter dem ersten -a- zwischen einem -e- und -i- liegt: ›Kaēisar‹ – Caesars Name hält zwei Ereignisse fest, ein mythisches und ein vielleicht historisches. Nach dem Untergang Trojas floh Aeneas und gelangte nach langer Irrfahrt an die Gestade Italiens, wo seine Nachkommen Rom gründeten. Laut Homer, Vergil und anderen war er Sohn des Anchises und der Aphrodite-Venus. Von Aeneas' Sohn Iulus (lat. Ascanius) nun leitete Caesar seinen Geschlechtsnamen »Julius« ab und somit seine Abstammung von Aphrodite-Venus. Ob er selbst an den Mythos glaubte, ist eine andere Frage. Jedenfalls benutzte er die Sage, wie wir gleich sehen werden, zu politischen Zwecken, und nach ihm hat sie für das julisch-claudische Kaiserhaus eine eminent politische Rolle gespielt. Pierre Grimal spricht in diesem Zusammenhang geradezu von einer ›Theologie der Macht‹, indem sie die Herrschaftsansprüche der Gens Iulia rechtfertigte. (Das Habsburgische Königshaus griff aus ähnlichen Motiven im Mittelalter auf den gleichen Mythos zurück.)

Die Ableitung des ›cognomen‹ (= Beinamen) ›Caesar‹ ist ebenso umstritten, kann aber einen historischen Kern haben. In der spätantiken ›Historia Augusta‹ (Kaisergeschichte) heißt es: »Die besten Gelehrten und Kenner nehmen an, der erste Träger habe diesen Namen erhalten, weil er in der Schlacht einen Elefanten getötet hatte, der in der Sprache der Karthager ›caesar‹ heißt[186].« Dies könnte im 1. Punischen Krieg geschehen sein. Caesar glaubte daran und ließ auf Münzen einen Elefanten abbilden.

Um an Einfluß zu gewinnen, war die Familie seit längerem verwandtschaftliche Bindungen zu plebejischen Adelshäusern eingegangen, so auch der Vater, der Aurelia, eine Cousine der drei Brüder Aurelius Cotta (Consuln von 75, 74 und 65) heiratete. Diese Frau, die bis 54 v. Chr. lebte, hat entscheidende Bedeutung für Charakter und Bildung des einzigen Sohnes, und die Alten stellten sie spontan Cornelia, der Mutter der Gracchen, an die Seite. So holte sie u. a. den hervorragenden Gelehrten M. Antonius Gnipho, einen Lehrer der Rhetorik, ins Haus, den auch der junge Cicero hörte.
Caesar war nun zehn Jahre alt und lernte Latein und Griechisch lesen und schreiben. Als ›Fibeln‹ wurden die lateinische Odyssee-Übersetzung des Livius Andronicus (3. Jahrhundert) und Homers Original benutzt. Die Wirkung des Stoffes auf den offenen, wachen Geist des Jungen können wir nicht hoch genug ansetzen.
Wie sehr diese gebildeten Aristokraten später in griechischer Literatur zu Hause sind, zeigt die Leichtigkeit, mit der in Briefen, Reden und Gesprächen Zitate eingeflochten werden. Man lernte damals bedeutend mehr auswendig als in unserem fast völlig optisch ausgerichteten Zeitalter und kannte den Homer wie Luther die Bibel. Man dichtet auch, es gehört zur rhetorisch gelenkten Bildung, es muß aber immer Spiel bleiben, da eine ernsthafte Beschäftigung damit Sache von Schulmeistern wäre. Man will nur dilettieren, und wir machen uns eine gute Vorstellung des aristokratischen Kulturlebens, wenn wir die europäischen Höfe des 17. und 18. Jahrhunderts zum Vergleich nehmen: Wer auf seine Contenance hält, sagt es auf Griechisch, dem Französisch der Alten.
Daneben spielen Ermahnungen zu altrömischer Sitte eine große Rolle; Interpretationen römischer Spruchweisheit werden Teil des unterrichtlichen Gesprächs gewesen sein: »Nichts weiß, wer alles gleichmäßig weiß« ... »Der weiß nicht, wohin er will, der vielen Fußspuren folgt!« ... »Befrage die Sachen selbst! Nachdenken allein genügt nicht!« ... »Schnell gelernt, noch schneller vergessen«[187]! Doch wieviel mehr sagten dem jungen Caesar die Weisheiten des Euripides zu, besonders diese, die er später oft im Munde führte: »Falls man sündigen muß, so ist die Sünde, die in der Tyrannis liegt, die herrlichste; in allem anderen muß man fromm sein[188].«
Die frühe und intensive Beschäftigung mit griechischen Mythen schlug sich in eigenen Werkchen nieder: »Auch gibt es einige Sachen, die er als Knabe und als ganz junger Mensch verfaßt haben soll, wie ›Das Leben des Herkules‹, ›Oedipus, eine Tragödie‹, desgleichen ›Gesammelte Sentenzen‹[189].« Was gäben wir um ihre Kenntnis! Sehr früh muß sich seine sprachliche Eleganz und Klarheit, wie wir sie später an seinen Kommentarien und Briefen bewundern, gezeigt haben. Cicero schwärmt von ihm: »Wer ist ihm überlegen an Schärfe

oder an Reichtum der Gedanken? Wer an Schmuck oder Eleganz des Ausdrucks?«

Neben dieser mehr aufgesetzten Bildung wuchs er mit zunehmendem Alter durch eigenes Anschauen in das praktische politische Leben der Zeit hinein und machte sich seine eigenen Gedanken über die Wirren der neunziger Jahre. Das Forum, die politische Bühne, lag ja gleich um die Ecke der Subura.

Entscheidend für sein ganzes Leben wurde die verwandtschaftliche Bindung zu Marius, und damit die frühen Kontakte zu den führenden Köpfen der ›Volkspartei‹. Iulia, die Schwester des Vaters, war mit Marius verheiratet. Wir können uns gut vorstellen, wie der Junge bei politischen Gesprächen im Hause die Ohren spitzt und als Dreizehnjähriger Zeuge des Marianischen Blutrausches wird – wie über die Optimaten und den abwesenden Sulla zynisch hergezogen wird. Dann stirbt Marius plötzlich während seines 7. Consulats, und Tante Iulia wird sich enger an das Haus des Bruders angeschlossen haben und dem aufgeweckten Jungen auf seine vielen Fragen Erstaunliches aus dem Leben des Cimbernsiegers erzählt haben.

### 2. *Sohn der Venus*

Bald schon wird der Vierzehnjährige Objekt der Sippenpolitik: Lucius Cornelius Merula war Opfer der Revolution geworden. Merula war ›flamen dialis‹, Priester des Jupiter gewesen, Träger eines Amtes, das nach uralter Tradition nur an Angehörige des Patriziats vergeben wurde mit der Bedingung, daß der patrizische Priester ebenfalls mit einer Tochter aus altadeligem Hause vermählt sein mußte. Der Inhaber des Amtes mußte ein wahres Vorbild sittlichreligiöser Lebensführung sein: Er muß immer für das Opfer bereit, das heißt rein sein; er darf keine vergorenen Speisen und Getränke zu sich nehmen, darf keine Leiche berühren noch an einer Beerdigung teilnehmen; darf nicht reiten, noch Waffen oder ein Heer sehen – kurz: in den verderbten Zeiten schien sich kein geeigneter Kandidat zu finden, und irgendwer aus der Sippe sagte: »Warum nicht Gaius?«

Seine Verlobung mit einem reichbegüterten ritterlichen Mädchen wurde gelöst, und man vermählte ihn mit Cornelia, der Tochter Cinnas. Urheber des Planes wird noch Marius unter tatkräftiger Unterstützung von Tante Iulia gewesen sein. Wir wissen nicht, ob der junge Caesar mit innerem Engagement bei der Sache war oder nur den gehorsamen Sohn und Neffen spielte. Ein Vierzehnjähriger geht religiöse Bindungen von der Art eines ›flamen dialis‹ nicht opportunistisch ein, schon gar nicht als Angehöriger einer Familie, in der zu dieser Zeit erzkonservative Damen aus besten Häusern den Ton angeben: Um diese Zeit starb sein Vater als Praetor in Makedonien; Tante Iulia war bereits Witwe, Caesars Schwiegermutter ebenfalls, denn Cinna wird 84 erschlagen.

Der als rächender Gott heimkehrende Sulla verhindert jedoch die Übernahme des Priesteramtes durch den mittlerweile Siebzehnjährigen; ja er »dachte sogar daran, ihn aus dem Wege zu räumen. Und als einige ihm vorhielten, er habe doch keinen Grund, einen so jungen Menschen töten zu lassen, antwortete er: ›Ihr habt doch keinen Verstand! Seht ihr denn nicht, daß in diesem Knaben mehr als ein Marius steckt[190]‹!?«

Woher Sulla diese intime Kenntnis hat, bleibt im dunkeln ... Der Umwelt gegenüber legte Caesar eine eigenartige Lässigkeit an den Tag, wenn es etwa um Konventionen der Kleidung ging; andererseits betrieb er eine geradezu stutzerhafte Körperpflege. Sueton, die ›Hofklatsche‹ unter Trajan und Hadrian, hält eine Fülle solcher für seine aristokratischen Leser wichtigen Details fest: »Er (Caesar) wird geschildert als ein Mann von hohem Wuchs, weißer Hautfarbe, wohlgerundet schlanken Gliedern, einem etwas vollen Gesicht, schwarzen, lebhaften Augen und guter Gesundheit ... In der Pflege des Körpers war er fast zu peinlich, so daß er sich nicht nur sorgfältig scheren und rasieren, sondern, wie ihm einige nachgesagt haben, sogar die einzelnen Haare am übrigen Körper ausrupfen ließ und sich über die eintretende Entstellung durch eine Glatze gar nicht zufriedengeben konnte, zumal da er deshalb häufig Witze seiner Feinde ertragen mußte[191].« Wir erwähnten schon die respektlosen ausgelassenen Witzeleien seiner Legionäre während eines Triumphzuges: »Städter, hütet eure Weiber! Unser Glatzkopf zieht ein!«

»Daher hatte er sich gewöhnt, das spärliche Haar über den Scheitel von hinten nach vorne zu legen; und von allen Ehrenbezeugungen, die Senat und Volk ihm zuerkannt hatten, nahm und benutzte er keine lieber als das Recht, stets einen Lorbeerkranz zu tragen. Auch in bezug auf seine Tracht erzählt man Eigentümlichkeiten von ihm. Er trug nämlich das senatorische mit breiten Purpurstreif versehene Unterkleid an den bis auf die Hände reichenden Ärmelenden mit Fransen besetzt und nie anders als oberhalb des Streifens, und zwar sehr lose, gegürtet. Daher habe sich das von Sulla einmal geäußerte Wort verbreitet, der die Aristokraten oft (!) ermahnte, sich vor dem schlechtgegürteten Burschen in acht zu nehmen[192].«

Aber damit sind wir schon vorausgeeilt ... – Der Siebzehnjährige ist glücklich verheiratet, und Tante Iulia, die diese Ehe mit Cinnas Tochter vermittelt hatte, konnte ihre Freude daran haben; erst recht, als nach knapp einem Jahr eine Tochter Iulia geboren wurde. Caesar, in dessen Leben Frauen mehr als nur eine begleitende Rolle gespielt haben, hat keine mehr geliebt als diese Tochter. Sie soll ihm sehr ähnlich gesehen haben.

Mittlerweile errichtete der siegreiche Sulla sein reaktionäres System und forderte den Neffen des Marius und Schwiegersohn Cinnas ultimativ auf, seine Ehe mit des letzteren Tochter zu lösen, wobei er bei dem jungen Mann auf gleiches Entgegenkommen rechnete wie bei Pompeius. Aber Caesar ist nicht Pompeius: Er bietet dem Dictator die Stirn! Ist es Liebe? Trotz? – Beides! Sulla reagiert hart und befiehlt Ächtung, Enteignung des Besitzes und setzt ein Kopfgeld auf die Ergreifung des widerspenstigen jungen Aristokraten.

Große Aufregung bei den 4 Frauen; Ratschläge, die nicht durchführbar sind! Er hört sich alles ruhig an, entscheiden muß er allein: Flucht! Auf der Stelle! Trotz des Fiebers! »Caesar trieb sich eine Weile heimlich im Lande der Sabiner herum, fiel aber schließlich, als er sich trotz seiner Krankheit jede Nacht in ein anderes Haus tragen ließ, in die Hände der Soldaten Sullas, welche jene Gegenden durchsuchen und die Versteckten festnehmen mußten[193].«

Mit zwei Talenten (ca. 20 000 Goldmark) kauft er sich vom Anführer der Schergen frei. Er wird dem Mann sein Entgegenkommen nie vergessen. Auf Fürsprache sullanisch gesinnter Verwandter gibt Sulla schließlich nach – aber Caesar ist das Pflaster in Rom zu heiß geworden, und er geht im Gefolge des Propraetors Minucius Thermus nach Osten. Sulla aber tat die prophetischen Worte:

»Nun, so habt ihr euren Willen. Aber ich sage euch: Der, dessen Rettung ihr so sehr wünscht, wird euch und der Aristokratie dereinst den Untergang bringen ...[194].«

Als Offizier nahm er an der Belagerung von Mitylene auf Lesbos teil, ging auch in diplomatischer Mission nach Bithynien zu Nikomedes IV., wo er am orientalischen Pomp des Hoflebens Gefallen fand und länger blieb als notwendig – der römische Klatsch hängte ihm später allerlei an, bis hin zu homoerotischen Beziehungen zum König –, und erhielt auf der Rückfahrt wegen hervorragender Tapferkeit vor Mitylene die ›corona civica‹, das EK-I der Zeit.

Sullas Tod (78) veranlaßte seine Rückkehr in die Heimat. Sogleich begann er, sich als Anwalt ein Sprungbrett für die hohe Politik zu schaffen, wagte keck den rhetorischen Zweikampf mit den besten Advokaten der Zeit, Qu. Hortensius und seinem Onkel Lucius Aurelius Cotta. Wenn er auch verlor, wurde man auf den hervorragenden Redner aufmerksam. Besonders die populare Gruppe merkte auf: Da war jemand, der sich mutig in der Öffentlichkeit als Anti-Sullaner gab!

Es folgt das berühmte Intermezzo mit den Seeräubern: Da Rom ihm keine politischen Möglichkeiten gab – die Reaktion beherrschte Senat und Forum – »beschloß er, sich für einige Zeit nach Rhodos zurückzuziehen, teils um der gegen ihn erwachten gehässigen Stimmung aus dem Wege zu gehen, teils um dort in

voller Muße und Ruhe den Unterricht des Apollonius Molo, des damals berühmtesten Lehrers der Beredsamkeit, zu genießen«.
Auf der Überfahrt wurde er von Piraten, die sich auf Menschenraub spezialisiert hatten, gefangen. »Anfänglich lachte er die Seeräuber, da sie nicht mehr als 20 Talente (100 000 Goldmark) Lösegeld forderten, höhnisch aus, ob sie denn nicht wüßten, wen sie da gefangen hätten, und erbot sich freiwillig, ihnen 50 zu zahlen ... Er behandelte sie so verächtlich, daß er, sooft er sich schlafen legte, ihnen befehlen (!) ließ, still zu sein. 38 Tage lebte er unter ihnen auf eine Art, daß sie eher seine Leibwache zu sein schienen als er ihr Gefangener, und trieb mit ihnen Scherz und Spiel ohne die geringste Furcht. Er setzte zuweilen Gedichte und Reden auf und las sie ihnen vor; diejenigen, die sie nicht bewunderten, nannte er geradezu Barbaren, drohte ihnen auch oft unter Lachen, daß er sie aufhängen lassen würde. Die Räuber hatten darüber eine große Freude und betrachteten diese freimütigen Reden bloß als unschuldige Schwänke[195].«
Das hätten sie besser nicht getan, denn kaum auf freiem Fuß, stellte er einen Stoßtrupp aus Mitylenern zusammen und kaperte die Piratenschiffe. Die dabei erbeuteten Reichtümer »betrachtete er als seine rechtmäßige Beute«. Die Gefangenen ließ er, wie versprochen, kreuzigen, nachdem sie – Sueton rühmt es als Zeichen seiner ›Milde‹ – zuvor erdrosselt worden waren.
Diese Episode zeigt in allen Zügen den Caesar der späteren Jahre: Er handelt völlig auf eigene Faust, greift blitzschnell zu und verbindet das Ganze noch mit jener selbstsicheren Eleganz, daß man nicht weiß, ob man mehr die Todesverachtung oder die gleichsam ästhetische Dramaturgie bewundern soll.
Skrupellos nutzt er auch die finanzielle Gunst der Stunde: Er braucht Geld! Also nimmt er es sich! Mancher Stubengelehrte hat ihm dies zum Vorwurf gemacht ... Ich überlasse es Ihrem Urteil.
Er bleibt noch eine Weile unter dem Kommando des Praetors M. Antonius, der seinen Kleinkrieg gegen die kilikischen Seeräuber macht und nicht so recht von der Stelle kommt. Im folgenden Jahr wird er an Stelle seines Vetters M. Aurelius Cotta in das Kollegium der pontifices gewählt: Wir dürfen die Initiative bei seiner Mutter Aurelia suchen und bei den gleichen Männern, die sich bei Sulla für ihn eingesetzt hatten.
Ein Wort zu den ›Pontifices‹: Man könnte das Kollegium der 15 als ›Staatspriester‹ bezeichnen, deren Aufgabe es war, den Kult der Vesta, der Penaten (der Hausgötter und besonderen Beschützer der Stadt), der kapitolinischen Trias (Jupiter, Juno, Minerva) sowie der priesterlosen Gottheiten durchzuführen und zu beaufsichtigen. Sie standen den Magistraten bei Weihe-, Opfer- und Gebetshandlungen bei, indem sie ihnen die heiligen Texte vorsagten. Vor allem waren sie die ›Chefs‹ der Vestalinnen, deren Verurteilung und Bestrafung bei

›blutschänderischen‹ Vergehen ihnen oblag. Mit einem Wort: Sie regelten seit altersher durch das ›ius divinum‹, das göttliche Recht, die Beziehungen zwischen Menschen und Göttern. Höchste Autorität hatte der ›pontifex maximus‹, dessen gleichsam monarchische Amtsgewalt über das Kollegium noch aus der Königszeit stammte. Er war den Magistraten gleichgestellt, da er das Recht hatte, Volksversammlungen einzuberufen, der Bevölkerung die Feste des Monats anzuzeigen oder die Priester der höheren Gottheiten einzusetzen.
Caesar ist nun 27 Jahre alt; seine bisherigen Erfolge entsprechen durchaus den Möglichkeiten eines Sohnes aus altadeligem Hause. Er hat es verstanden, mit seinen Pfunden zu wuchern – aber noch ist nichts von seiner kommenden Größe zu entdecken: Er gilt als weich.
Für die folgende Zeit erfahren wir keine politischen Aktivitäten, wissen auch nicht, ob er als einer der für 72 gewählten 24 Kriegstribunen am Spartacuskrieg teilnimmt. Statt dessen erfahren wir viel von seiner verschwenderischen Lebensweise: Er lebt die nächsten 10 Jahre immer über seine Verhältnisse; die Beute der Piraten und die Erbschaft des Nikomedes kamen im richtigen Augenblick. Um diese Zeit schätzte man seine Schulden auf 1300 Talente (7 Mill. Goldmark). Hierher gehören auch die Nachrichten in Suetons ›Who-is-who?‹:
»Seine Wohnung hatte er zuerst in der Subura, in einem bescheidenen Haus; seit seiner Wahl zum Oberpriester aber auf der Via Sacra (Heilige Straße) in einem dem Staat gehörenden Palast. Daß er ein großer Freund einer prächtigen und geschmackvollen Einrichtung gewesen sei, haben viele berichtet. Eine Villa am Nemisee, die er von den Fundamenten an neu erbaut und mit großen Kosten vollendet hatte, ließ er, wie erzählt wird, weil sie seinem Geschmack nicht vollends entsprochen hatte, völlig niederreißen, obschon er damals noch ein unbedeutender Mann war und tief verschuldet[196].«
Tagespolitisch hören wir immer noch nichts von ihm, während Pompeius und Crassus 70 gemeinsam das Consulat bekleiden. Das in alten Formen wiederhergestellte Volkstribunat stand ihm als Patrizier nicht offen, gleichwohl trat er als popularer Gesinnungsgenosse auf.
Die erste Stufe der senatorischen Laufbahn erreichte er mit der Wahl zum Quaestor. Diese Finanzbeamten standen den höchsten Stadt- und Provinzmagistraten als Leiter der Finanzverwaltung zur Seite. Wie wenig diese Stellung seinen Vorstellungen und Ambitionen entsprach, erfahren wir aus zwei Äußerungen:
»Als Quaestor feierte er seine Vaterschwester Julia (Tante Julia) sowie seine Gattin Cornelia, die beide gestorben waren, nach der Sitte in öffentlichen Lobreden auf der Rednertribüne des Forums. In der Lobrede auf seine Tante lautet sein Bericht über ihren und des Vaters mütterlichen und väterlichen

Stammbaum so: ›Meiner Tante Julia mütterliches Geschlecht stammt von Königen, das väterliche ist mit den unsterblichen Göttern verwandt. Denn von Ancus Marcius (dem vierten sagenhaften König von Rom) stammen die Marcii Reges (Reges = Könige), deren Name ihre Mutter führte, von der Venus die Julier, zu deren Geschlecht unsere Familie gehört. Es ist also in diesem Stamm hier die unverletzliche Majestät der Könige, welche auf Erden die meiste Macht haben, dort die Heiligkeit der Götter, deren Untertanen die Könige sind[197].‹«

Sullanische Hörer spotten über den größenwahnsinnigen Stutzer in der leichtgegürteten Toga; dem Volk aber gefallen die Worte – noch mehr aber, daß er im Leichenzug die Masken von Marius mitführt! Ein klares Bekenntnis für die Volkspartei. Für uns das früheste Beispiel seiner außerordentlichen Selbsteinschätzung.

Die zweite Äußerung stammt aus dem folgenden Jahr, als er dem Propraetor von Spanien als Quaestor zugeteilt ist:

»Während er dort im Auftrag des Praetors die Kreistage (der Iberer) bereiste, um Recht zu sprechen, fiel ihm bei seiner Ankunft in Gades (Cadiz) der Anblick einer Statue Alexanders d. Großen bei dem dortigen Herkulestempel schwer aufs Herz; und als sei er seiner Tatenlosigkeit überdrüssig, weil er, wie er sich ausdrückte, noch nichts Denkwürdiges vollbracht habe in einem Alter, in welchem Alexander bereits den Erdkreis erobert, forderte er dringend seine Entlassung, um so bald wie möglich jede günstige Gelegenheit zu größeren Unternehmungen in Rom benutzen zu können[198].«

Von nun an sucht er jede Möglichkeit zum Aufstieg, knüpft auf der Rückreise in den transpadanischen Gemeinden der Po-Ebene wichtige Beziehungen an, die ihm Jahrzehnte später noch von Nutzen sein werden: Er macht ihnen Hoffnungen auf das römische Bürgerrecht – eine ähnlich vermessene Kompetenzüberschreitung wie die Hinrichtung der Piraten nach eigenem Recht!

### 3. *Im Windschatten des Pompeius*

Wieder in der Hauptstadt, heiratet er Pompeia, eine Enkelin des Consuls von 88 und Enkelin Sullas. Es ist immer typisch für ihn, mehrere Eisen im Feuer zu haben, und zeitgenössische Beobachter hätten seinen politischen Standort nicht ohne weiteres feststellen können – wir im übrigen auch nicht, wenn wir nicht wüßten, wie er sich nach allen Seiten offenhält. Das zeigt schon bald die Unterstützung des Pompeius, als es um die Übertragung von dessen außerordentlichem Kommando gegen die Seeräuber und gegen Mithridates geht. Ähnlich wie Cicero braucht er den Erfolg des Pompeius, um weiterzukommen.

Pompeius' Dank folgt auf dem Fuße: Caesar wird Aedil. Das Amt war einjährig, auf Rom beschränkt und ohne Imperium, d. h. ohne die durch Fasces (Rutenbündel) symbolisierte Form der Amtsgewalt, hatte auch keine militärischen Kompetenzen. Zum Aufgabenbereich des Aedilen gehörten Aufsicht über Tempel, öffentliche Straßen, Gebäude und Marktverkehr, die Sorge für die Kornzufuhr und das Recht zur Verhängung von Strafen und Geldbußen sowie Strafanträgen beim Volksgericht. Ihr amtlicher Titel lautete ›curatores urbis annonae ludorumque solemnium‹, etwa: ›Inspektoren zur Beaufsichtigung der städtischen Kornzufuhr und der feierlichen jährlichen Festspiele‹. Dies eine typisch römische Begriffsbildung, die nicht adäquat zu übersetzen ist. Die Aedilen richteten u. a. die ›ludi Romani‹, die Festspiele zu Ehren des Jupiter ein, jene Mischung aus feierlicher Prozession, Wettspielen, Gladiatoren- und Ringkämpfen, Tänzen, Wagen- und Pferderennen, die ganz Rom aus dem Häuschen brachten.

Zwar stellte die Staatskasse dazu Mittel bereit, doch war seit längerem die Gepflogenheit eingerissen, daß die Aedilen erhebliche Gelder aus ihrer Privatschatulle beisteuerten, um sich das Stimmtier für den weiteren Aufstieg zu kirren. Als Zugabe veranstaltete Caesar noch Gladiatorenkämpfe zu Ehren seines vor 20 Jahren verstorbenen Vaters und ließ 320 Fechterpaare in silbernen Rüstungen auftreten! Er erreichte sein Ziel: ›Caesar‹ war in aller Munde.

Seine Schulden wachsen ins Ungeheuerliche:

»Während seines Aedilenamtes verschönerte er nächst dem Forum, dem Comitium (d. h. dem Volksversammlungsplatz zwischen Forum, Rostra und Curia) und den Basiliken auch das Capitol mit provisorisch errichteten Säulengängen, welche dazu dienen sollten, bei der Überfülle der Gegenstände einen Teil der Prachtgeräte auszustellen[199].«

Gerissen verstand er seinen Aedilen-Kollegen Bibulus an den Kosten zu beteiligen, ihm aber die Schau zu stehlen, so daß dieser klagte: »Mir ist es ergangen wie Pollux: Der Tempel auf dem Forum gehört beiden Zwillingen (den Zeussöhnen Castor und Pollux), heißt aber nur Castortempel. So heißen die von mir und Caesar veranstalteten Spiele ›Caesars Spiele‹.«

Schließlich ließ er sogar noch die Via Appia ausbessern.

Es scheint mir wichtig, an dieser Stelle Caesars ›Image‹ in Augenschein zu nehmen, wie es sich den Zeitgenossen und dem Chronisten darstellt, hier Plutarch:

». . . In Rom selbst erwarb sich Caesar durch seine Beredsamkeit als Verteidiger viele Sympathien und machte sich zugleich durch sein höfliches und freundliches Benehmen im Umgange, da er gegen jedermann zuvorkommender war, als sich von seinem Alter erwarten ließ, beim einfachen Volk sehr beliebt. Auch

seine Tafel, die Gastmahle, die er gab, und überhaupt seine prachtvolle Lebensart verhalfen ihm zu einem immer mehr zunehmenden Ansehen im Staate. Anfänglich glaubten seine Neider, daß dieses Ansehen, wenn erst sein Vermögen aufgebraucht sei, bald wieder verschwinden würde, und ließen es ungestört unter dem Volk aufblühen. Nachdem es aber eine solche Größe erreicht hatte, daß gar nichts mehr dagegen auszurichten war, und er nun offenbar auf den Umsturz des Staates abzielte, sahen sie zu spät ein, daß man nie den Anfang einer Sache für so gering und unbedeutend halten dürfe, daß er nicht durch anhaltende Betriebsamkeit groß werden und bei einer geringschätzigen Behandlung sich zuletzt über alle Hemmnisse hinwegsetzen würde.
Cicero, der als erster die lächelnde Miene seiner Staatskunst gleich der lächelnden Stille des Meeres verdächtig und gefährlich gefunden zu haben scheint und hinter der Maske der Freundlichkeit und Heiterkeit einen kühnen, unternehmenden Charakter versteckt sah, sagte einst, er erblicke in allen Anschlägen und politischen Unternehmungen dieses Mannes nichts als tyrannische Absichten[200].«

Wir kommen am Ende auf das Caesarbild der Zeitgenossen zurück. Cicero ist in diesen Jahren der einzige, der intuitiv Caesars totalen Machtanspruch erkennt. Bei der ersten Gelegenheit wirft er ihm Knüppel zwischen die Beine:
65 v. Chr. war der ägyptische König Ptolemaios XIII. Auletes (der Flötenspieler) vertrieben worden; ein Gerücht behauptete, der ermordete Vorgänger habe das Land dem römischen Volk vererbt. Caesar greift zu: Über Volkstribunen erstrebt er eine außerordentliche Statthalterschaft, um die Inbesitznahme durchzuführen. Diesen kecken Versuch vereitelt aber Cicero durch eine schnelle Rede vor dem Senat.
Von nun an wird man allenthalben auf den ›Stutzer‹, den ›leichtgegürteten Playboy‹, den Verschwender, Frauenheld und Gentleman aufmerksam. Er ist ins Rampenlicht der großen Politik getreten, wenn er seine Fäden zunächst auch noch im dunkeln spinnen muß. Kontakte hat er in allen Lagern. Ein Mann ist zur Zeit besonders wichtig für ihn und wird es bleiben, solange er lebt: Crassus! Ohne ihn wäre er verloren, denn er deckt in den nächsten 6 Jahren seine Schulden, die eines Königs nicht unwürdig wären. Das Verhältnis der beiden grundverschiedenen Männer – hier der biedere, naive ›Stadtrat‹, der sich zum Staatsmann berufen fühlt, dort der genialische, mit allen intellektuellen Wassern gewaschene Machtpolitiker – ihr Verhältnis zueinander beruht vornehmlich darauf, daß der eine den andern als Katalysator seiner Ziele benutzt. Seit 65 ist Crassus Censor und hat das höchste moralische Amt erreicht, das die Republik zu vergeben hat, aber mit zunehmendem Alter träumt er von absoluter Macht. Wie alle geistig nicht wendigen Naturen überschätzt er seine Fähigkei-

ten, glaubt, Caesar zu einem Gefolgsmann machen zu können. Natürlich läßt ihn Caesar in diesem Glauben ...

Über Rom liegt eine trügerische politische Windstille, es ist die Ruhe vor dem Sturm. Crassus meint, während der Abwesenheit des Pompeius in Rom ein brauchbares Machtvakuum entdeckt zu haben. Er weiß allerdings nicht so recht, was er von Caesars Verhältnis zu Pompeius halten soll; hat sich doch Caesar öffentlich für den Oberbefehl des Generals ausgesprochen.

Als es wieder einmal um die Lösung der permanent schwelenden Agrarfrage geht – das Thema ist immer ›in‹ – sieht das Gespann Crassus-Caesar eine erneute Chance, außerordentliche Gewalten zu ergattern. Ende 64 schieben sie den neugewählten Volkstribun Servilius Rullus in den politischen Ring; er beantragt:

- Verminderung des städtischen Proletariats durch Ansiedlung auf Staatsland in Campanien;
- Beaufsichtigung der Maßnahme durch 10 Kommissare über fünf Jahre, sie sollen mit praetorischem Rang ausgestattet sein.

Keine Frage, daß die Massen Caesar den Vorrang gegeben hätten. Aber wieder ist es der zum Consul designierte Cicero, der die Pläne der Popularpolitiker zu Fall bringt und sich so beste optimatische Beziehungen sichert. Caesar und Crassus spüren überall die wachsamen Augen der Gegner. Wäre der Coup gelungen, so hätten beide eine großartige Plattform für weitere Umwälzungen zur Verfügung gehabt: Alles hätte so schön legal ausgesehen!

Von nun an ist Caesar im politischen Kleinkrieg rastlos tätig und zieht alle Register seiner durch und durch pragmatisch denkenden und handelnden Natur. Die vordergründige Hauptrolle in diesem Spiel der ausgehenden sechziger Jahre spielt ein anderer: Catilina ...

## Catilina und seine Verschwörung

### *1. Rom, 8. November 63*

Wohl kaum ein anderes Ereignis der römischen Geschichte hat sich so schlagwortartig überliefert wie ›Die Verschwörung des Catilina‹. Wer sich auch nur am Rande mit römischer Geschichte befaßte, verbindet mit diesem Vorfall ganz bestimmte Vorstellungen: Catilina wurde zum Pseudonym des skrupellosen Intriganten, des intelligenten Umstürzlers, des über Leichen gehenden Opportunisten, dem äußere und innere Schranken nichts bedeuten. Er kennt nur ein Ziel: Macht!

Wie kam es zu solcher Breitenwirkung eines historischen Details, das in wenigen Monaten des ausgehenden Jahres 63 v. Chr. unter dem Consulat des Marcus Tullius Cicero abrollte – und im übrigen keinen entscheidenden Einfluß auf den Verlauf der römischen Geschichte nahm? Greifen wir mitten hinein! ...

Rom. 8. November 63. Senatssitzung im Tempel des Jupiter Stator (»des, der die Feinde zum Stehen bringt«). Volles Haus. Seltsames Schweigen. Da und dort nur Bemerkungen hinter der Hand zum Nachbarn. Argwöhnische Blicke zwischen politischen Gegnern, nervöse Ängstlichkeit bei unbedeutenden Mitläufern; erregte Hinterbänkler stellen Mutmaßungen an. Alte Patrizier überspielen ihre Unruhe mit betont gelangweilten Blicken und Gesten. Die Jungen mustern erwartungsvoll, und ohne ihre Neugierde zu verbergen, das Verhalten der alten Hasen, tauschen ironische Bemerkungen aus, deuten heimlich auf Cato, der nur mit Mühe gegen den Schlaf ankämpft. Doch wie eine Bestie kann er, plötzlich hellwach, zum unüberwindlichen Gegner werden. Stoiker müßte man sein! Lediglich einige Lictoren laufen wichtigtuerisch mit Papieren, Nachzügler suchen eilig ihren Platz. Caesar tritt ein, mit 37 Jahren bereits Pontifex Maximus. Ein Skandal für gewisse Leute! Er geht verhalten, nickt und grüßt lächelnd zu Freunden hinüber, setzt sich – nein: nimmt Platz, preziös die Falten seiner Qualitätstoga ordnend. Getuschel um ihn herum. Er genießt es; was kann man ihm schon anhängen?! Das sportlich kurz geschnittene Haar ist nach vorne gekämmt; noch reicht es, die wuchernde Stirnglatze zu verbergen. Ein heimlicher Blick zu Catilinas Platz: noch unbesetzt.

Cicero, der Consul, bemerkt ihn, sie nicken sich lächelnd zu, mit jener graziösen Unverbindlichkeit, die zugleich in den anderen hineinlauert, nichts preisgibt und zum Geschäft gehört. Doch Caesar entgeht nicht das leichte Zittern der Finger des Consuls, die Schlafschatten unter den hellen Augen, der betont

energisch gekniffene Mund. Kein Zweifel, der Consul ist nervös.
Aber da kommt er: Catilina! Blaß, hastig, groß, hager, stieren Blicks, den Kopf leicht nach vorn geneigt, eilt er an den vorderen Reihen vorbei, nimmt ohne Umschweife Platz, nestelt an seinen Fingern; sie sind feucht. Man rückt rechts und links, vor und hinter ihm von ihm ab. Er bemerkt es wohl, versucht es zu übersehen, indem er lässig die Beine übereinanderschlägt. Hundert Augenpaare belauern, betasten ihn. Der Consul rettet ihn aus der peinlichen Lage, denn Cicero erhebt sich.
Ein Wink! Langsam schließen sich die gewichtigen Bronzetüren. Durch den Spalt blitzen die Rüstungen einiger Ritter auf, die den Tempel und seinen kostbaren Inhalt bewachen. Man muß also mit allem rechnen. Die unruhigen Gesprächsfetzen von draußen verebben.
Cicero tritt vor, streift das Lampenfieber der letzten Stunden ab. Er wirkt nun ruhig, gesammelt, läßt die Augen über die Versammelten schweifen und gebraucht den einfachsten aller rhetorischen Tricks: Er wartet; alle warten. Und plötzlich fixiert er den einsam sitzenden Catilina:
»Quo usque tandem abutere, Catilina, patientia nostra? Quamdiu etiam furor iste tuus nos eludet ...? Wie lange noch, Catilina, willst du unsere Geduld mißbrauchen? Wie lange noch soll dein wahnsinniges Treiben uns höhnen? Wo ist die Grenze deiner Prahlerei und hemmungslosen Frechheit? Hat die nächtliche Besetzung des Palatiums[201] keinen Eindruck auf dich gemacht? Merkst du nichts von den Polizeistreifen in der Stadt, nichts von der Unruhe des Volkes, nichts vom Zusammenhalt aller anständig gesinnten Bürger? Sind dir die starken Sicherheitsmaßnahmen, die zum Schutze des Senats getroffen sind, gleichgültig? Lassen dich die Blicke und Mienen der hier versammelten Männer kalt? Merkst du nicht, daß deine hochverräterischen Pläne allgemein bekannt sind? Siehst du nicht, daß durch das Wissen aller dieser Männer deine Verschwörung in Fesseln verstrickt ist? Ja, meinst du denn, wir wüßten nicht, was du in der vorletzten Nacht getrieben hast, wo du in der letzten Nacht gewesen bist, wen du um dich versammelt und welche Pläne du gefaßt hast?«
Er geht einige Schritte vor, hebt die Hände: »O tempora! O mores! Was sind das für Zeiten! Was für Sitten! Der Senat durchschaut dies alles, der Consul sieht's. Und trotzdem lebt dieser Mensch noch! Er lebt? Nein, er kommt sogar in den Senat, er nimmt an einer Sitzung des Staatsrates teil und bestimmt und bezeichnet mit seinen Blicken jeden einzelnen von uns als Schlachtopfer seiner Mordwut[202]!«
Cicero spricht lange. Die Rede steigert sich zu einer beispiellosen Anklage. Dieser Sturzbach der Worte fesselt alle. Wie Blöcke gehen diese Sätze, die da mit eigenartig hoher, aber klarer Stimme im Raum entstehen, auf den Angeklagten

nieder. Cicero baut ein logisches Gerüst seiner Beweisführung auf, zitiert die Großen der Vergangenheit als heilige Zeugen. Und der Senat lauscht: Kein Zwischenruf zerreißt den kunstvoll gesponnenen Faden, der allmählich zum Netz wird ...

### 2. *Skrupel sind nur hinderlich*

Verlassen wir für eine Weile diesen Schauplatz, um die Ereignisse, Kräfte und Personen aufzuspüren, die das Geschehen bis zu diesem Punkt vorantrieben. Lucius Sergius Catilina wurde im Jahre 108 v. Chr. aus einem Geschlecht geboren, das wie das julische des größeren Caesar den Anspruch erhob, Aeneas zum Ahnen zu haben und damit von der schönsten aller Göttinnen – Venus – abzustammen. Kindheit und Jugend fallen in eine Zeit des staatlichen und gesellschaftlichen Umbruchs, mit dem Schwinden traditionsgelenkter Denkweisen, der totalen Öffnung Roms nach außen. Solche Zeiten tragen mit einer erstaunlichen Regelmäßigkeit intelligente, weltoffene und willensstarke Naturen nach oben, die ihren eigenen Gesetzen zu folgen scheinen. Zunächst folgte der übliche ›cursus honorum‹, die Ämterlaufbahn für einen Sohn aus adeligem Hause. Als Offizier nahm Catilina am Bundesgenossenkrieg teil, als sich die unterworfenen Italiker ein letztes Mal aufbäumten. Seine Familie war berühmt durch militärisch hervorragende Vertreter in vergangenen Kriegen, und in Catilina steckte etwas von einem Haudegen: »Es gab nichts, was er nicht selbst anfaßte, unternahm und mit wachem Geist ins Werk setzte; Kälte, Hunger und Durst machten ihm nichts aus.« Und Sallust rühmt auch seine Tollkühnheit, verbunden mit Tücke und Unbeständigkeit. Machen wir es uns nicht zu einfach! Das negative Charakterbild des späteren Verschwörers wurde von politischen Gegnern nach dem Scheitern des Umsturzversuches gezeichnet, voran von Cicero selbst. Und Sallust tadelt an anderen allzu gerne die Stellen, die den Charakter seiner eigenen frühen Jahre verdunkeln. Doch davon später.

Zunächst hangelte sich der junge Offizier im Windschatten Sullas hoch: eines seiner willigsten Werkzeuge, wenn es darum ging, Köpfe der Volkspartei rollen zu lassen (was er übrigens in einem sicher überlieferten Fall selbst bewerkstelligte). Unter anderem übersah er einst geflissentlich, daß es sich in einem Fall um den Bruder seiner damaligen Frau handelte. Seinen eigenen Bruder, der seine politischen Auffassungen – oder was er dafür ausgab – nicht teilen mochte, hatte er bereits vorher ins Reich der Schatten geschickt und sicherte sich nachträglich Straffreiheit, indem er ihn posthum auf die gerade rechtzeitig veröffentlichte Proskriptionsliste Sullas setzen ließ. Kein Wunder, wenn wir unter seinen Freunden einen Verres finden, von dem er noch einiges lernen konnte, wenn es um die Ausbeutung einer Provinz ging – damals Kilikien, Sizilien kam später an die Reihe. Vorerst aber sicherte er seinen aufwendigen Lebenswandel aus den Überschüssen der zu Spottpreisen ergatterten Güter proskribierter Gegner. Trotzdem konnte er nicht lange aus dem vollen schöpfen, da die Mittel seinen Ansprüchen niemals genügten. So rettete ihn nach der Praetur (68 v. Chr.) eine Statthalterschaft in der Provinz Africa (heute Tunesien und Libyen) vor dem Ruin. Mit dem gewohnten Schneid gelang es ihm, seine zerrütteten Vermögensverhältnisse aus unterschlagenen Steuerabgaben der Kolonie zu regenerieren – und die Provinz für nachfolgende Statthalter mit ähnlichen Ambitionen uninteressant zu machen.

Doch, wie er bald erkennen mußte, hatte er sich hier eine Fußangel gelegt, die ihn im folgenden Jahr an der Kandidatur zum Consulat hindern sollte: Gesandte der erschöpften Provinz verklagten den ehemaligen, nun ins Privatleben zurückgekehrten Propraetor und fanden schließlich beim amtierenden Consul L. Volcacius Tullus, einem Mann von altem Schrot und Korn, Gehör und Unterstützung. Ein von ihm einberufener Senatsausschuß – Amerika war noch nicht entdeckt! – hielt sich noch einmal an Gesetz und Herkommen und legte die Bewerbung des allzu skrupellosen Statthalters zu den Akten. Wir – und Catilina – sind am Wendepunkt seiner Karriere angelangt. Aus der bislang legitim betriebenen Kandidatur um das höchste Staatsamt wurde nun ein systematischer Kampf mit allen Mitteln und Begabungen, die ihm zur Verfügung standen. Und, wie immer in Krisenzeiten, gingen persönliches, hemmungsloses Machtstreben eines Egoisten und das in Parteiungen zerrissene Gemeinwesen eine schicksalhafte Bindung ein.

Es folgte ab 66 das, was man später die 1. Catilinarische Verschwörung genannt hat, wobei es angeblich um die Ermordung der Consuln von 65 ging. Fest steht, daß Crassus und Caesar die Fäden im Hintergrund zogen: Es galt dem im Osten von Sieg zu Sieg eilenden Pompeius einen Knüppel zwischen die Beine zu werfen. Catilina ließ sich willig als Galionsfigur vorschieben; ein Mann wie er hatte auf Grund seines bisherigen Lebenswandels nichts von seinem guten Ruf zu verlieren, da er ihm schon seit längerem abhanden gekommen war. Wegen übereilter Organisation und mangelhafter Information zwischen den beteiligten Killern sickerte der Anschlag durch, und es kam zu einem für Catilina eklatanten Fehlschlag: Als er losschlagen wollte, waren die in Sold genommenen Banden nicht pünktlich zur Stelle, und der Auftraggeber tobte. Den im Dunkeln agierenden Drahtziehern Caesar und Crassus gelang es, sich geschickt und schadlos abzusetzen, sich von dem gottlosen Plan öffentlich zu distanzieren und im übrigen weiter im trüben zu fischen, ohne auf ihren guten Leumund verzichten zu müssen, den sie für die nächsten Jahre noch dringend brauchten – denn Caesar wollte Caesar werden.

Catilina sah erst rot – dann schwarz: Auch für das Jahr 64 konnte er sich nicht zur Plattform der ihn rettenden Kandidatur hochziehen, weil man ihm erneut mit einem Prozeß über die Ausbeutung einer gewissen Provinz winkte. Wenn auch Cicero damals zu einem etwaigen Freispruch meinte, es sei das gleiche, als wenn man behaupte, es sei mittags dunkel, wurde Catilina freigesprochen. Noch einmal davongekommen, setzte unser machtbesessener Umstürzler alle Hoffnungen auf die Wahlen für 63. Die Agitation läuft auf vollen Touren, immer noch kann er auf die wohlwollende Neutralität gewisser Hintermänner rechnen: Crassus und Caesar arrangieren sich und warten ab. Unser bester Chronist Sallust drückt sich vorsichtig so aus: »So glaubten damals auch manche Leute, M. Licinius Crassus habe von dem Plan gewußt; weil Pompeius, ihm persönlich verhaßt, der Führer eines großen Heeres war, habe Crassus jede beliebige Macht als Gegengewicht gegen des anderen Gewalt gern anwachsen sehen, zugleich in der Hoffnung, bei einem Erfolg der Verschwörung leicht ihr Führer zu werden«. Solche Spekulationen sind uns Heutigen ja nicht neu, denn noch immer läßt man sich von anderen gerne die Kastanien aus dem Feuer holen und redet sich ein, nun selbst die Flamme zu kontrollieren. Ein Franz von Papen könnte davon einiges erzählen. Doch zurück nach Rom!

Welche Ziele verfolgte Catilina nach den bisherigen Fehlschlägen? Sein Programm bietet für jeden etwas! Plutarch sieht es so: »Die von Sulla erlassene Verfassungsänderung war zwar anfangs hart und untragbar erschienen, bürgerte sich jedoch im Laufe der Zeit durch Gewöhnung ein, und man schien zufrieden damit zu sein. Es gab jedoch einige, die den jetzigen Zustand der Dinge aus eigennützigen Absichten, nicht zum allgemeinen Wohl, zu erschüttern und umzukehren suchten, da Pompeius noch gegen die Könige von Armenien und Pontos Krieg führte und in Rom keine ausreichende Macht sich befand, die den Revolutionären hätte Widerstand leisten können ... Rom sah sich der Gefahr einer Revolution wegen des unnatürlichen Gegensatzes zwischen Arm und Reich am stärksten ausgesetzt, da die größten und angesehensten Häuser durch Schauspiele, Gastmähler, Erkaufung der Ämter und kostbare Bauten verarmt, die Reichtümer hingegen bei wenigen gemeinen Leuten zusammengeflossen waren, so daß es nur eines kleinen Stoßes bedurfte, und jeder, der den Versuch wagen wollte, die an sich schon gebrechliche Verfassung leicht umstürzen konnte[204].«

Binnen kurzem gelingt es Catilina, aus allen Schichten einen Anhang von Unzufriedenen um sich zu scharen, Sallust nennt namentlich 11 Senatoren, 4 Ritter, »dazu viele aus den römischen Siedlungen und Landstädten, die daheim zum Adel gehörten. Außerdem waren an dem Plan manche Adelige mehr insgeheim beteiligt, die eher eine Aussicht auf Gewaltherrschaft als Not oder eine andere Zwangslage dazu veranlaßte«[205].

Und natürlich darf die Jugend nicht fehlen, denn wer sie hat, hat bekanntlich die Zukunft: »Übrigens begünstigte die Jugend in großer Zahl Catilinas Unternehmen, besonders aber die vom Adel: Während sie die Möglichkeit hatten, in aller Ruhe ein prächtiges oder doch behagliches Leben zu führen, zogen sie das Ungewisse dem Gewissen, den Krieg dem Frieden vor.« Leider schweigt sich Sallust über Haartracht und Kleidung dieser jungen Umstürzler aus, nach unseren Erfahrungen dürften wir eigentlich langhaarige, vollbebartete Greise von 20 Jahren annehmen, die den Konsum verdammen und doch von ihm stimuliert werden.

Zunächst werden Gefühle mobilisiert, Buhmänner gesucht, die unzufriedenen Gemüter angeheizt – in vielem ein 21-Punkte-Programm à la Hitler: Catilina fordert und verspricht Schuldentilgung, Ächtung der Reichen, Besetzung von Staats- und Priesterämtern, Plünderung der Wohlhabenden. Man wurstelt vorerst noch im geheimen, doch eines Tages hält Catilina im hintersten Teil seines Hauses eine programmatische Rede: »Meine Pläne habt ihr alle, der eine hier, der andere dort, gehört. Nun aber glüht mein Herz von Tag zu Tag mehr bei dem Gedanken, welches Lebensschicksal uns erwartet, wenn wir uns nicht selbst die Freiheit schaffen. Denn seit der Zeit, da unser Staat in die völlige Abhängigkeit weniger Machthaber geriet, waren ihnen stets Könige und Fürsten steuerpflichtig, Staaten und Völker mußten Abgaben zahlen; wir andern alle, tüchtige, brave Leute, vornehm und gering, wir sind Masse geworden, ohne Einfluß, ohne Ansehen, denen untertan, die uns fürchten müßten, wenn die alte Republik noch lebte. So ist denn alles, Einfluß, Macht, Ehre, Reichtum in ihrer Hand oder in der Hand von ihren Kreaturen; uns ließen sie nur Gefahren, Zurücksetzung, Prozesse, bittere Armut. Wie lange wollt ihr eigentlich das noch ertragen, meine tapferen Freunde? ...«

Es folgen Diffamierung des Gegners, Appelle an Wille und Mut, die Aufforderung zur Tat und das Versprechen: »Weder mein Kopf noch mein Arm sollen euch fehlen. Als Consul werde ich dies alles, wie ich hoffe, mit euch zusammen leisten, wenn ich mich nicht täusche und ihr es nicht vorzieht, lieber Sklaven als Herren zu sein[206].«

Im Juli findet die Wahl für 63 statt, man muß sich beeilen: Die Agitation läuft, die Manipulation der Massen scheint zu glücken, auch die militärische Absicherung macht Fortschritte. Für alle Eventualitäten kauft er sich eine Gladiatorenbande zusammen, und den Skeptikern unter seinen Anhängern streut er mit einer geheimen Mitteilung Sand in die Augen: im diesseitigen Spanien stehe Piso, in Mauretanien P. Sittius mit einem Heere, beide Anhänger seines Plans. Au-

ßerdem bewerbe sich C. Antonius, hoffentlich sein künftiger Amtsgenosse, der mit ihm eng befreundet sei und durch alle möglichen Nöte arg bedrängt sei. Dieser Antonius stand in der Tat vor dem Bankrott und konnte sich nur durch einen totalen Ausverkauf seines Viehs und Verpfändung seiner Weidegüter über Wasser halten. Seine Hirtensklaven hielt er wohlweislich zurück und funktioniert sie zu einer schlagkräftigen SA um, die vor nichts und niemandem zurückschreckt. Burschen dieses Schlages bildeten seinerzeit wie 2000 Jahre später das überzeugendste Instrument, um Andersdenkende von der Richtigkeit der eigenen Argumente in einem schnellen Lernprozeß zu überzeugen. Die Sache mit Sittius war dagegen übertrieben: Dieser ruinierte Geschäftsmann aus Nuceria (bei Capua) sollte mit Hilfe seiner Beziehungen zum König von Mauretanien – einem Nutznießer der römischen Parteienkämpfe – eine Truppe auf die Beine stellen, was ihm aus verschiedenen Gründen nicht gelang.
Catalina reibt sich vorerst die Hände, denn die Dinge entwickeln sich in seinem Sinne – oder in dem der Hintermänner Crassus und Caesar. Kleinbürgertum und Proletariat sind auf seiner Seite, das Völkchen hält in den Schenken Lobreden auf den Freund und Beschützer des kleinen Mannes. Die gelangweilte adelige Jugend geht für den Haudegen durchs Feuer. Gewisse adelige Damen suchen Kontakte zu dem kommenden Mann.
Wie immer, wenn alle anderen Mittel versagen, bilden persönliche Diffamierung und haßerfüllte Bloßstellung letztes Propagandamittel des Gegners, sozusagen als Fortsetzung der Wahlkampagne mit anderen Mitteln. Man kramt alle früheren Schandtaten des gefährlichen Demagogen hervor, man erfindet neue: »Was? Wissen Sie denn nicht, daß bei seinen geheimen Zusammenkünften Wein mit Menschenblut vermischt getrunken wird?« – »Er soll ja seinen eigenen Sohn umgebracht haben, weil Orestilla, seine zweite Frau, ihn nicht leiden konnte ...« Man ging soweit zu behaupten, Orestilla sei seine eigene im Ehebruch gezeugte Tochter gewesen. Selbst der – in Worten – so noble Chronist Sallust kann nicht umhin, auf gewisse schwarze Flecken hinzuweisen: »Meines Wissens glaubten manche Leute, die Jugend, die in Catilinas Haus verkehrte, habe dort ganz sittenlos gelebt. Dies Gerücht war nicht mit Sicherheit zu beweisen, aber es hielt sich mehr aus anderen Gründen. Schon in früher Jugend hatte Catilina viel schändliche Unzucht getrieben, so mit einem Mädchen aus adeligem Hause, mit einer Priesterin der Vesta und sonst mancherlei, das gegen menschliches Recht und göttliches Gebot verstieß. Schließlich packte ihn leidenschaftliche Liebe zu Aurelia Orestilla, an der außer ihrer Schönheit kein anständiger Mensch kaum je etwas Lobenswertes fand. Weil sie aus Furcht vor dem erwachsenen Stiefsohn Bedenken hatte, die Ehe mit ihm zu schließen, hat Catilina, was für sicher gilt, den eigenen Sohn ermordet und so das Haus für die

verbrecherische Hochzeit freigemacht. Diese Tat war wohl vor allem der Grund zur Beschleunigung seines frevelhaften Unternehmens. Denn seine schmutzige Seele, mit Gott und der Welt zerfallen, konnte weder im Wachen noch im Schlafe Ruhe finden: so quälte das böse Gewissen seinen aufgeregten Sinn. Daher seine blasse Farbe, der stiere Blick, sein bald hastiger, bald langsamer Gang: Kurz, seine ganze Haltung und Miene verrieten den Wahnsinn[207].«

Eine frühe Freudsche psychologische Studie aus dem 1. Jahrhundert vor Christus! Sallust war Zeitgenosse!

All diese Dinge zerrt man nun auf die öffentliche Bühne, trägt man – wörtlich – zu Markte. Doch was nützt es? Die Armen, Enttäuschten, Verluderten, Enteigneten, die Tagediebe, Kinderreichen, gerichtlich Verfolgten, die Abenteurer und manche Idealisten setzen auf diesen Mann: »Auf solche Freunde und Genossen konnte Catilina sich verlassen«, versichert Sallust. Konnten sie sich auf ihn verlassen?

### *3. Der große Gegner: Cicero*

Einziger ernst zu nehmender Gegner ist M. Tullius Cicero, ein ›homo novus‹ (neuer Mann), wie die patrizische Sprachregelung jenen leicht abwertend bezeichnete, der als erster seines Geschlechts den Zugang zum Senat gewonnen und für sich und seine Nachkommen die Nobilität begründet hatte. Der Aufstieg zur ganz auf konservativer Autorität ruhenden, ungemein selbstbewußten Führungsschicht war noch im 1. Jahrhundert mit solchen Schwierigkeiten verbunden, wie man sie analog nur finden würde, wenn man annähme, der Sohn eines protestantischen Bauern wolle zum katholischen Kardinal aufsteigen. Es scheint sich in der Geschichte zu wiederholen, daß Außenseiter, allein auf die Kraft ihres Verstandes und Willens gestützt, in Krisenzeiten ihren steilen Weg bis zur Spitze der Gesellschaftspyramide machen, wie es uns etwa die Blitzkarrieren eines Wallenstein, Napoleon oder Hitler zeigen. Caesar gehört übrigens, wie wir noch sehen werden, nicht in diese Gruppe. Und Cicero? Sein späteres Zögern, seine Ängstlichkeit, seine halben Maßnahmen, seine falschen Schlußfolgerungen? Vergessen wir nicht, daß er, der gebildetste Mensch seiner Zeit, gerade auf Grund seines intellektuellen Niveaus die unwiderrufliche Entscheidung scheute. Er ist zu vielschichtig, zu relativierend, zu empfindsam, als daß man ihn sich als eine Figur Shakespearscher Dramen vorstellen könnte, die einem Caesar so gerecht werden. Seine Dramen schrieb er sich selbst: die großen Reden. Rhetorisches Können, mühsam in griechischer Theorie und römischer Praxis erlernt, bildete neben psychologischem Fingerspitzengefühl die Voraussetzung einer politischen und gesellschaftlichen Karriere. Aber für einen Außenseiter war es die Ochsentour! Nach sorgfältiger, von einem liebevollen Vater geleiteter Jugendbildung war Cicero in Rom als Anwalt tätig geworden. Sein mutiges und erfolgreiches Auftreten machte ihn in Kürze zu einem der erfolgreichsten Advokaten Roms. Wegen falscher Redetechnik den Anstrengungen dieses Berufes zunächst nicht gewachsen, ging er 79 für zwei Jahre nach Griechenland, der damaligen ›Alma mater‹, und erwarb sich bei Apollonius auf Rhodos – »Du mußt vor allem leiser sprechen!« – die volle Beherrschung der Rhetorik. Zurück in der Hauptstadt, folgten in der vorgeschriebenen Reihenfolge die Ämter des ›cursus honorum‹: Quaestur in Sicilien (76), Aedilität (69) und Praetur (66). Im vorgeschriebenen Mindestalter von 43 Jahren – »suo anno«, wie er später immer wieder stolz und eitel betonte – kandidierte er nun für das Consulat von 63. Bei dem wüsten demagogischen Treiben Catilinas sah er die Chance, an ihm vorbeizuziehen. Die skrupellose Hetze, die radikalen Ziele Catilinas und seiner Hintermänner – Crassus und Caesar liegen nach wie vor auf der Lauer – erregten allmählich das Unbehagen der Senatsmehrheit. Cicero goß Öl ins Feuer, hielt eine flammende Senatsrede, in der er die staatsgefährdenden Umtriebe, die Charakterlosigkeit, den rein persönlichen Machthunger Catilinas und seiner Bande angriff, und glaubte schon jetzt an die ›concordia bonorum‹, die ›Eintracht der Guten‹. Daß diese ›Guten‹ die Mächtigen waren, deren ›Eintracht‹ immer jenseits von gut und böse steht, sollte ihm erst an seinem tragischen Ende zwanzig Jahre später klar werden. Zunächst begeisterte man sich am Pathos seiner Illusionen und ließ den neuen Mann mal machen. Nun spielt in der schwelenden Machtprobe zwischen den catilinarischen Revoluzzern und dem Establishment eine sonst unbekannte Fulvia eine entscheidende Rolle. Sallust, unser Chronist, widmet dem Vorfall ein Kapitel, und wir sollten es nicht auslassen:

»Unter den Verschwörern war auch Quintus Curius, ein Mann aus guter Familie, doch tief versunken in Laster und Verbrechen, den die Zensoren wegen sittenlosen Lebenswandels aus dem Senat gestoßen hatten. Dieser Mensch war ebenso unzuverlässig wie frech: Er legte keinen Wert darauf zu verschweigen, was er gehört hatte, ja die eigenen Verbrechen zu verbergen. Kurz, er tat und sagte, was ihm gerade einfiel. Schon lange hatte er mit Fulvia, einer Frau aus adeligem Hause, ein ehebrecherisches Verhältnis. Als er ihr infolge seiner Armut weniger Geschenke machen konnte und sich deshalb ihre Gunst verscherzte, fing er plötzlich an zu renommieren und ihr goldene Berge zu versprechen, manchmal auch mit der Waffe zu bedrohen, wenn sie ihm nicht zu Willen sei; mit einem Wort, er benahm sich jetzt noch toller als gewöhnlich. Wie nun Fulvia den Grund seines ungewöhnlichen Benehmens merkte, hielt sie diese

schwere Gefahr für den Staat nicht geheim, sondern sie erzählte – ohne ihre Quelle zu verraten – in weiteren Kreisen, was sie von der Verschwörung Catilinas irgendwie erfahren hatte.
Dies vor allem bestimmte die Neigung der Leute, das Consulat dem Marcus Tullius Cicero zu übertragen. Denn vorher kochte der größte Teil des Adels vor Eifersucht und hielt es gleichsam für eine Entweihung des Consulats, wenn es einem namenlosen Emporkömmling übertragen wurde, mochte er auch noch so tüchtig sein. Jetzt aber, als die Gefahr näher kam, mußten Eifersucht und Adelsstolz zurücktreten[208].«

Unter solch trüben Zukunftsaussichten trommelte die Oligarchie ihre Gefolgschaften zusammen – »Ihr wißt hoffentlich, wen ihr zu wählen habt?!« – und man wählte Cicero. Und prompt spottete Catilina über ihn, zur Verhöhnung seiner Wähler, er sei ein ›homo novus‹, ein Fremder, aus einem spießigen Provinzkaff! Die ›Machtergreifung‹ hatte also nicht stattgefunden. War die Republik gerettet?

Die Leute bleiben mißtrauisch, besonders die kleinen: »Der Ehrgeiz zerfrißt ihn!« – »Ich kenne den Typ! Sie vergessen später, woher sie kamen!« – »Er ist doch nur eine Kreatur der Reichen. Wenn die ihm das Wasser abdrehen, verdurstet der doch!« Intellektuelle im Besitz der Macht sind der Menge unheimlich. Literarische, musische Menschen, plötzlich an der Spitze des Staates, fühlen sich zunächst unwohl, unsicher. So auch Cicero. Doch ihn rettet seine Eitelkeit über die ersten öffentlichen Auftritte hinweg: Er hat es weiter gebracht als sein Vater.

Und Catilina? Nach dieser erneuten Niederlage gab es für ihn nur noch den Weg der Gewalt.

### 4. *Anhang in allen Lagern*

Er fühlte, daß es diesmal um das letzte ging. Aufgewachsen in den politischen Lebensformen eines Zeitalters, das erfüllt war von nicht enden wollenden inneren Wirren und Bürgerkriegskatastrophen, war er genau vertraut mit den tief eingefressenen Schäden, die am Mark des römischen Staates zehrten, und noch mehr mit den mannigfachen Schlagworten, welche die vielen tief klaffenden Gegensätze widerspiegelten, die verschiedenen Stände gegeneinander hetzten und zum Nutzen ehrgeiziger Großer am Narrenseil gängelten. Um den Staat aus den Angeln zu heben und die Bruchstücke in seinem Sinne neu ordnen zu können, brauchte er vor allem eine Revolutionsarmee. Interessenten gab es in Fülle: Vor allem unzufriedene Veteranen aus der Zeit Sullas, »welche den Gewinn ihrer früheren Gewalttätigkeiten verschwendet hatten und nun ähnliche

Ereignisse wünschten«. Ein Praktiker und Organisator, der die Stimme seines Herrn in die militärische Tat umsetzt, ist bald gefunden in C. Manlius, einem ehemaligen, sehr erfahrenen Hauptmann aus Sullas Armee, der sein ganzes bedeutendes Vermögen verschwendet hatte, ein Landsknechtführer vom Schlage eines Georgs von Frundsberg: tapfer, ergeben, skrupellos, erfahren im Aufbrechen von Mauern, Toren und Geldkassetten, umgeben von einem Schwarm narbengesichtiger Piraten, die nicht lesen und schreiben, aber durch Zahnlükken im hohen Bogen spucken können; Männer, denen die Zukunft nicht viel bedeutet, die immer von ihren großen gestrigen Taten reden, denen die Plünderung einer Stadt Lebenshöhepunkt bedeutet. Und irgendwo hinter ihrem proletarischen Ehrenkodex sitzt die Sehnsucht nach dem kleinen Hof, der treuen Frau am Herdfeuer, den sich tummelnden Kindern, der bürgerlichen, nein, der bäuerlichen Ordnung. Was geht sie Rom und seine Probleme an. Catilina füttert sie mit Hoffnungen, erzeugt Bedürfnisse, verspricht alles. Er ist ihr Mann. Ja, sie lieben ihn. Wie ist sonst zu erklären, daß sie demnächst für ihn ihr Leben wegwerfen werden? Daneben kann der Usurpator sich auf eine große ›schweigende Mehrheit‹ stützen: auf die alteingesessene etruskische Bevölkerung, in deren Mythen und Kulten Erinnerungen an die große Vergangenheit wach geblieben sind. Catilina ist für sie ein Hoffnungsschimmer. Man muß abwarten. Und dies ist Catilinas Generalstabsplan: Beim Anmarsch dieser Truppen soll auch in Rom selbst losgeschlagen werden. Erschwerend mußte sich für ihn auswirken, daß sich Caesar und Crassus von ihm abwendeten und seine erneute Candidatur nicht befürworteten. Trotz oder wegen seiner mittlerweile gewaltigen linken Anhängerschaft wurde er auch diesmal nicht für das Consulat des kommenden Jahres gewählt. »Da beschloß er, offen Krieg zu führen und aufs Ganze zu gehen.« Er hatte ja bereits überall in Italien an geeigneten Orten Waffen aufstapeln lassen, borgte auf seinen oder seiner Freunde Namen Geld und brachte alles zu Manlius. Wie so oft spielen auch diesmal Frauen in seinem politischen Geschäft eine Rolle: »Damals soll Catilina sehr viele Leute jeden Standes an sich gezogen haben, darunter auch einige Frauen, die früher ihren gewaltigen Aufwand durch Preisgabe ihres Körpers bestritten, dann aber riesige Schulden aufgehäuft hatten, als das Alter wohl ihrem Erwerb, aber nicht ihrer Verschwendungssucht eine Grenze setzte. Catilina glaubte, durch sie könne er die städtischen Sklaven aufhetzen, die Stadt in Brand stecken, ihre Männer entweder mit sich verbinden oder ums Leben bringen.« Kürzer kann man das plötzlich umschlagende operative Denken dieses Mannes nicht ausdrücken: »... ihre Männer entweder mit sich verbinden oder ums Leben bringen.«

Er selbst ist in Rom ununterbrochen tätig, plant Anschläge gegen die Consuln, bereitet Brandstiftung vor, besetzt geeignete Plätze mit Bewaffneten, ermahnt alle, schlagfertig und bereit zu sein, ist Tag und Nacht auf den Beinen und läßt sich weder durch Schlaflosigkeit noch durch Strapazen erschöpfen. Aber es geht ihm alles noch zu langsam, und er ruft die Verschwörer im Hause des M. Porcius Laeca zu einer letzten Besprechung zusammen. Wir kennen sogar die Straße: Es ist die Gasse der Sichelschmiede. Lauschen wir der klassischen Kürze Sallusts über die dortigen Beschlüsse: »Hier beklagt er sich bitter über ihre Lässigkeit und eröffnet ihnen, er habe Manlius zur Truppe vorausgeschickt, die er zum bewaffneten Aufstand angeworben hatte, ebenso andre Leute an sonst geeignete Plätze, um endlich loszuschlagen. Er selbst wünsche zum Heer zu stoßen, wenn er nur erst Cicero unschädlich gemacht habe; der sei das schlimmste Hindernis für seine Pläne.

Während alle anderen bestürzt und unentschlossen waren, bot der römische Ritter C. Cornelius seine Hilfe an, und mit ihm der Senator L. Vargunteius; sie beschlossen, gleich nachher noch in dieser Nacht mit Bewaffneten zu Cicero zu gehen, als wollten sie ihm ihren Morgenbesuch machen, und den Ahnungslosen unversehens in seinem eigenen Hause niederstechen[209].« Somit ist der entscheidende Entschluß gefaßt: Diese Nacht, die Nacht vom 7. auf den 8. November 63, muß die Entscheidung bringen. Das Leben Ciceros hängt am berühmten seidenen Faden.

Aber: »Sowie Curius merkt, welch schwere Gefahr dem Consul droht, läßt er Cicero schleunigst durch Fulvia von dem geplanten Anschlag unterrichten.«

Damit kehren wir zurück in die Senatssitzung im Tempel des Jupiter Stator, »des, der die Feinde zum Stehen bringt«, am Morgen des 8. 11. Nachdem wir nun die Vorgeschichte kennen, verstehen wir, welch unerhörte Dreistigkeit Catilina besitzt, sich nach dieser Nacht in dieser Versammlung sehen zu lassen. Doch Cicero ist dies gerade recht, denn so kann er ihm seine Anklagen vor vollem Hause ins Gesicht schleudern. Wie dramatisch diese 1. Rede des Consuls gegen Catilina auch ist: Er hat keine Beweise, die ausreichten, den Mann festnehmen zu lassen. Catilina weiß es, daher kann er sich die Dreistigkeit seiner Anwesenheit leisten. Außerdem sitzen einige seiner Anhänger unter den Senatoren, zumindest solche, denen ein Umsturz gelegen kommt. So bleibt dem Consul nichts, als Catilina aufzufordern, aus eigenem Entschluß in die Verbannung zu gehen, die Stadt zu verlassen. Auf welch unsicherem Boden Cicero steht, gibt er selbst gegen Ende zu, und hier zeigt sich der vollendete Taktiker, der das Feuer schürt, damit er das Eisen bald schmieden kann: Nach dem Tempo der vorherigen Sätze wird er eine Pause eingelegt haben, um mit gesenkter, scheinbar sachlicher Stimme, wie nebenbei, das Schändlichste der ganzen Situation des Hohen Hauses beim Namen zu nennen, ohne sich selbst

zu gefährden: »Indes ...«, sein Blick schweift über die Köpfe, »es gibt in dieser Körperschaft einige, die entweder die drohenden Dinge nicht sehen oder das, was sie sehen, verschleiern.« Es knistert vor Spannung, wird er sie beim Namen nennen, die Caesar, Crassus, Lentulus, Cethegus? Er legt seine ganze Kraft in Stimme, Ausdruck und Gestik, läßt die Beteiligten unter seinem Blick Parade ziehen und bemerkt zornig ihr Zusammenzucken: »Sie haben durch ihre schwächliche Haltung Catilinas Hoffnung genährt und die Verschwörung, als sie im Entstehen war, durch ihr Nichtglaubenwollen gestärkt. Unter dem Eindruck ihres Ansehens würden viele, nicht nur übelbeleumdete, sondern uneingeweihte Bürger ein scharfes Vorgehen gegen Catilina als grausam und despotisch bezeichnen.« Die Ungenannten atmen auf. Cicero fährt fort: »Das aber weiß ich bestimmt: Wenn er ins Lager zu Manlius geht, wohin es ihn zieht, wird es keinen geben, der in törichter Verblendung die Verschwörung nicht sehen will, keinen noch so Ruchlosen, der sie nicht zugibt.« Den Schluß bildet die feierliche Verdammung unter Anrufung Jupiters, Schirmherr dieses Tempels und der Stadt Rom.
Catilina? Er erhebt sich, zu jeder Heuchelei bereit: »Glaubt doch nicht alles unbesehen von mir: Ich stamme aus guter Familie. Ich habe von früher Jugend an mein Leben so geführt, daß ich mich zu den besten Hoffnungen berechtigt fühle; ich selbst habe als Mann von altem Adel ebenso wie meine Vorfahren die größten Verdienste um das römische Volk aufzuweisen. Ja, meint ihr denn, mir sei es um den Untergang des Staates zu tun, während Marcus Tullius, ein Provinzler, ein zugewanderter Neubürger der Stadt Rom sich als Retter aufspielt?« Wilde Zwischenrufe, Geschrei, Tumult. Kein Wort zu verstehen, nur dies, von rechts hinten: »Staatsfeind! ... Hochverräter!« Da ruft er voller Wut: »Wenn ich also umstellt bin und von meinen Gegnern geradezu ins Verderben gejagt werde, *so will ich den Brand, der mich verzehren soll, unter Trümmern erstikken!* (Dieser Gedanke wäre eines Goebbels würdig gewesen!)

## 5. *Doppeltes Spiel*

Dann stürzt er aus der Versammlung nach Hause und geht in tiefer Nacht mit wenigen Begleitern in Manlius' Lager ab, nachdem er vorher den römischen Häuptern der Verschwörung dringend anrät, alles für den Umsturz bereitzustellen, »Mord, Brandstiftung und andere Kriegsgreuel vorzubereiten«. Er selbst werde demnächst mit einem großen Heer vor die Stadt rücken.
Daß er ungehindert aus der Stadt gelangt, zeigt, welche Kreise die Verschwörung bereits gezogen hat. Trotz herbstlicher Kühle – wir haben Mitte November – brodelt es auf den Straßen und Plätzen. Gerüchte entstehen, widerspre-

chen sich, jagen einander; in einer Zeit ohne Zeitung, Rundfunk und Fernsehen erfährt man alles auf der Straße; Gruppen erregt Diskutierender auf dem Forum. Regierungstruppen besetzen strategische Punkte, verstärken die Wachen an den Stadttoren. Läden schließen, Handel und Wandel geraten ins Stocken. Einiges von Ciceros Rede sickert durch, die Urteile darüber sind geteilt.
Daß die Dinge nicht so einfach liegen, wie Cicero sie am folgenden Tag der Menge auf dem Marsfeld darstellt, zeigt ein Brief des Manlius an den Senator Q. Marcius Rex, Consul von 68, der abmarschbereit mit einem Heer vor der Stadt weilte, um nach Faesulae nördlich von Florenz in Etrurien zu gehen, bereit, die Aufständischen zu vernichten. In diesem Schreiben heißt es u. a.: »Götter und Menschen seien unsere Zeugen, Feldherr: Nicht gegen unser Vaterland haben wir die Waffen erhoben noch auch um irgend jemandem ein Leid zu tun ... Elend und mittellos sind wir und haben durch die brutale Härte von Wucherern meist unsere Heimat, unser Hab und Gut verloren ... Wir wollen keine Macht und keinen Reichtum, woraus ja doch nur alle Kriege und Streitigkeiten unter die Menschen kommen; nein, Freiheit wollen wir ... Dich und den Senat beschwören wir: Sorgt für eure unglücklichen Mitbürger, gebt uns den Schutz des Gesetzes wieder ... zwingt uns nicht, danach zu fragen, wie wir unser Leben vor unserm Untergang so teuer als möglich verkaufen.«
Das Schreiben und sein Inhalt können von Sallust, unserem Chronisten, nicht aus der Luft gegriffen sein, da die Freunde und Verwandten des inzwischen verstorbenen Marcius Einspruch erhoben hätten.
Nun nehmen die Dinge ihren Lauf, die Fronten sind klar. Cicero hält am 9. 11. vor dem Volk eine lange Rede, worin er sich rechtfertigt, die Verschwörer als Untermenschen abqualifiziert, die Bürger zu Wachsamkeit und Verteidigungsbereitschaft auffordert. Die Regierung habe alle Maßnahmen ergriffen, die Armee stehe bereit: »Wer aber sich in der Stadt rührt und von mir nicht nur bei einer Tat, sondern schon bei dem Versuch einer solchen gegen das Vaterland ertappt wird, der soll merken, daß in unserer Stadt wachsame Consuln sind, ausgezeichnete Behörden, ein entschlossener Senat, daß es Waffen gibt und ein Gefängnis, das nach dem Willen unserer Vorfahren zur Strafvollstrekkung für ruchlose und erwiesene Verbrechen bestimmt ist.« Von diesem tapferen Satz sollte er bis ins Alter zehren.
Das Volk vertraut auf den Mann und geht beruhigt nach Hause. Die Spannung in der Stadt löst sich etwas: Die erste Runde ging unentschieden aus. Was wird folgen? Diese Lage ist Situationen in gewissen modernen Staaten zu vergleichen, die vom Fieber innerer Zerrüttung ergriffen, die Wahl zwischen Militärdiktatur unter pseudo-linken Parolen und dem Schlendrian einer sogenannten gemäßigten Mitte-Rechts-Regierung haben – wobei in beiden Fällen die tat-

sächlichen feudalen Herren die Fäden aus dem Hintergrund ziehen. Das Mißverhältnis zwischen Arm und Reich war ins Ungeheuerliche gewachsen, wobei durch die erzkonservative Politik Sullas aus taktischen Gründen gigantische Vermögen ihren Besitzer gewechselt hatten. »Viele dachten an Sullas Sieg; sie sahen, wie manche aus gemeinen Soldaten Senatoren geworden waren und andere so reich, daß sie wie Könige in Saus und Braus lebten, und so erwartete jeder, falls er die Waffen nähme, für sich die gleichen Vorteile bei einem Sieg ... Und die, deren Eltern durch Sullas Sieg geächtet waren, denen ihr Hab und Gut entrissen und ihr Recht als freie Bürger verkümmert war, sie erwarteten gewiß nicht mit anderer Gesinnung den Ausgang des Kampfes. Schließlich wollten alle, die zu einer anderen als zur Senatspartei gehörten, lieber den Staat zerrüttet sehen als selbst weniger Einfluß haben.« Dies sagt Sallust, der zur Zeit der Ereignisse Anfang zwanzig war.

Rom hat das Glück, in dieser Lage einen Mann an der Spitze zu haben, dem im entscheidenden Augenblick das Ganze wichtiger ist als die Teile. Hier finden wir bestätigt, daß ein aus den Randzentren der Macht kommender Mann, nicht vorbelastet mit den Problemen eines ererbten Vermögens und den Streitereien eines adeligen Clans, den Blick für das Ganze hat, den Mut zu Idealen, die einst diesen Staat groß machten; ein Mann, dessen geistige Kraft in diesen entscheidenden Augenblicken den Egoismus der großen Geschlechter im Gesamtinteresse bündelt; ein Mann, der glaubt, was er sagt! Und damit ist die Verschwörung zum Scheitern verurteilt: Das Vaterland muß verteidigt werden. Vivat Patria!

Doch Catilina sieht nichts verloren, hofft auf den entscheidenden militärischen Sieg in Etrurien. In mehreren Briefen an verschiedene Senatoren versucht er, den Machthabern Sand in die Augen zu streuen: er sei von lügenhaften Beschuldigungen umstrickt, er begebe sich freiwillig in die Verbannung nach Massilia (heute Marseille), damit nicht aus dem Zerwürfnis eine Revolution entstehe. Weil man ihn des wohlverdienten Consulats beraubt habe, habe er sich nach seiner Gewohnheit der Sache der Bedrückten angenommen, nicht wegen des bevorstehenden Bankrotts. Weil er das Consulat mit Unwürdigen besetzt sehe, habe er versucht, sein ihm verbliebenes Ansehen zu retten.

In logischer Konsequenz seines Anspruches umgibt er sich mit den Insignien eines Consuls, läßt Fasces vor sich hertragen und bezieht Stellung im Lager des Manlius bei Faesulae. Sowie man das in Rom erfährt, erklärt der Senat Catilina und Manlius zu Staatsfeinden. Für die übrigen Verschworenen setzt er eine Frist fest, vor deren Ablauf sie die Waffen niederlegen sollen. Die Consuln werden beauftragt, Truppen auszuheben: Ciceros Amtsgenosse Antonius soll

mit einem Heer Catilina schleunigst verfolgen, Cicero den Schutz der Stadt übernehmen. Antonius hat einiges gutzumachen!
Catilina ist wie immer rastlos tätig: Es gelingt ihm, 20 000 Mann zusammenzutrommeln aus den verschiedenen Schichten seiner Anhänger, darunter nicht wenige abenteuerliche Leute aus Rom. Doch nur jeder vierte Mann kann bewaffnet werden, die übrigen tragen Spieße und Lanzen, manche nur angespitzte Pfähle. Aus politischen Gründen, um sich nicht bloßzustellen, nimmt er keine Sklaven auf, die zu Tausenden entlaufen waren. Ja sogar Senatorensöhne der gegnerischen Partei treten zu ihm über. Wie die folgende Anmerkung Sallusts zeigt, geht der Riß quer durch die Familien: ». . . gab es außer den Verschworenen noch viele, die gleich anfangs zu Catilina übergingen. Zu diesen gehörte Fulvius, eines Senatoren Sohn; ihn ließ der eigene Vater zurückholen und mit dem Tode bestrafen[210].« Es gibt also noch Patriarchen aus den Anfangszeiten Roms, wie wir sie in diesen Wirren nicht mehr vermuteten. Eine Mahnung für uns, nicht vorschnell bei allem moderne Analogien zu suchen!
Ende November erscheint Antonius, der zweite Consul, im Feld; Anlaß für Catilina, Ausweichmanöver durchzuführen und Rom zu verwirren: Will er nun nach Gallien oder gegen Rom ziehen? Dazwischen erregte Dispute unter den römischen Verschwörern: Man hatte verabredet, nach der Ankunft Catilinas im Heer in der Stadt selbst loszuschlagen; dem P. Lentulus fehlte jedoch dazu der Schneid. Er will nur losschlagen, wenn Catilina gleichzeitig mit dem Heer vor der Stadt steht. Er hätte auch keine Skrupel, die Sklaven beim Angriff zu verheizen, und versteht in der Sache nicht die politischen Bedenken des Chefs. So setzt er auf eigene Faust den Umsturztermin erst auf den 17. Dezember fest, auch gegen den Willen der Mitverschworenen in Rom. In einem persönlichen Schreiben an Catilina spielt er den Entschlossenen: »Bedenke, wie schlimm es mit dir steht, und vergiß nicht, daß du ein Mann bist! Überlege, was deine Lage erfordert! Hilfe mußt du bei allen suchen, auch den Geringsten. Warum lehnst du die Sklaven ab? In der Stadt sind die befohlenen Maßnahmen getroffen. Rücke unverzüglich an[211]!«
Aber Catilina fühlt sich noch nicht stark genug zum Losschlagen. Er braucht dringend Verstärkungen. Über Strohmänner nimmt er Kontakt auf zu den Gesandten der gallischen Allobroger, die gerade in Rom weilten. Sallust bringt die Episode in ungemein plastischer und lebendiger Darstellung: »So gab er (Catilina) einem P. Umbrenus den Auftrag, die Gesandten der Allobroger aufzusuchen und sie möglichst zur Teilnahme am Kriege zu bewegen. Leicht glaubte er sie zu einem solchen Entschlusse bringen zu können, denn sie waren von privater und öffentlicher Verschuldung bedrängt, und der gallische Stamm war ja seiner ganzen Art nach kampfesfreudig. Weil Umbrenus in Gallien Handelsge-

schäfte betrieben hatte, war er den meisten Stammeshäuptlingen bekannt und kannte sie auch selbst. Sowie er also die Gesandten auf dem Forum zu Gesicht bekam, erkundigte er sich gleich mit ein paar Worten nach den Verhältnissen ihrer heimischen Gemeinde, und mit scheinbarem Bedauern über ihre schlimme Lage fing er an, sie auszufragen, welchen Ausweg sie für ihre schlimme Lage erhofften. Kaum hört er, wie sie über der Beamten (= Steuereinzieher) Habgier jammern, wie sie den Senat anklagen, bei dem es ja doch niemals Hilfe gäbe, und wie sie für ihr Elend nur im Tode Rettung sehen, da ruft er:

›So will ich euch denn einen Weg zeigen, auf dem ihr aller bösen Not entrinnen könnt – nur müßt ihr Männer sein!‹

Auf diese Worte bitten ihn die Allobroger voll größter Hoffnung, sich ihrer zu erbarmen; nichts sei so hart und so schwer, was sie nicht mit Freuden tun wollten, wenn es nur ihren Staat von seiner Schuldenlast befreie.«

Die Überredung gelingt, die Gallier versprechen Hilfe. Doch weiter: »Lange waren die Allobroger im Zweifel, wozu sie sich entschließen sollten. Auf der einen Seite standen Schulden, Kriegslust und reicher Gewinn, falls man auf Sieg hoffen durfte; auf der anderen aber größere Machtmittel, gefahrlose Politik und statt unsicherer Hoffnung sicherer Lohn. Bei ihrer Erwägung siegte schließlich der Glücksstern (fortuna) unseres Staates. So entdeckten sie dem Q. Fabius Sanga, der meist die Interessen ihres Staates (als Patron) in Rom vertrat, den ganzen Anschlag, wie sie ihn erfahren hatten. Cicero, durch Sanga von dem Plan unterrichtet, weist die Gesandten an, sie sollten große Anteilnahme für die Verschwörung heucheln, auch die übrigen Verschwörer besuchen, schöne Versprechungen machen und sich Mühe geben, um sie möglichst handgreiflich zu überführen ... Die Allobroger kommen nun nach Ciceros Weisung durch Vermittlung des Gabinius mit den übrigen zusammen. Von Lentulus ... verlangen sie eine eidliche Verpflichtung, um sie in gesiegeltem Schreiben ihren Landsleuten zu überbringen. Anders werde man sie nicht leicht zu einem so wichtigen Schritt bewegen können. Die andern stellen das Schreiben ohne Argwohn aus[212].« Der Coup gelingt: An der Mulvischen Brücke wird den Galliern und ihren landesverräterischen Begleitern aufgelauert, das gesamte Beweismaterial fällt Cicero in die Hände.

### *6. ›Falke‹ gegen ›Taube‹*

Nun liegt die Verschwörung offen zutage, Leugnen nützt nichts: Der Brief an Catilina verlangte in bestimmtem Ton, er sollte so rasch als möglich auf Rom marschieren.

In der Senatssitzung am 5. Dezember erfolgt die Abrechnung mit den gefaßten Hochverrätern. Und hier betritt Caesar, für uns zum erstenmal sicher faßbar, das Podium: In einer meisterhaft aufgebauten Rede setzt er sich – aus taktischen Gründen – für eine maßvolle Bestrafung der Verschwörer ein: »Ihr Vermögen soll beschlagnahmt werden, sie selbst sind in Landstädten, die über die meiste Macht verfügen, in festem Gewahrsam zu halten, und niemand darf künftig ihre Sache dem Senat vorlegen oder vor die Volksversammlung bringen; wer dagegen handelt, den soll der Senat für einen Staatsfeind und Gegner des Gemeinwohls erklären.«

Die Senatoren sind uneins, bis Cato auftritt und schonungslose Bestrafung fordert. Mit sarkastischer Ironie geht er auf Caesars Argumente ein: »Mit schönen und wohlgesetzten Worten hat Gaius Caesar soeben hier im Senate über Leben und Tod gesprochen; er hält wohl für Märchen, was man sich von der Unterwelt erzählt, wo die bösen Menschen weit fort von den Guten an ganz entsetzlichen und grauenhaften Stätten hausen ...« Nach scharfer Verurteilung persönlich taktischen Denkens fordert er: »Sie sollen wie auf frischer Tat ertappte Schwerverbrecher nach dem Brauch der Väter zum Tode verurteilt werden.« Catos Antrag wird zum Senatsbeschluß erhoben. Noch zur gleichen Stunde werden die Verurteilten in Gegenwart Ciceros hingerichtet. Hier die makabre Szene: »Wenn man im Staatsgefängnis links ein wenig emporsteigt, ist dort ein Raum, Tullianum genannt, etwa 12 Fuß unter der Erde; ihn sichern von allen Seiten Mauern und oben ein Gewölbe, von steinernen Bogen getragen. Durch Schmutz, Finsternis, Gestank ist sein Eindruck ganz entsetzlich. Lentulus wurde in diesen Raum hinabgestoßen, und mit dem Strang erdrosselten ihn die Henker, deren Amt dies war, als Rächer todeswürdiger Verbrechen.« Mit ihm starben vier weitere Häupter der Verschwörung. Cicero wurde von der Menge auf den Schultern nach Hause getragen, man jubelte ihm als ›Vater des Vaterlandes‹ zu. Von diesem Tage sollte Cicero sein ganzes Leben zehren.

Im Lager Catilinas trifft bald darauf die Nachricht der römischen Ereignisse ein, »da laufen die meisten auseinander, die nur Hoffnung auf Raub und Freude am Umsturz zum Kriege verlockt hatte«. Ein harter, grimmig entschlossener Kern bleibt ihm. Er führt ihn in Eilmärschen durch rauhes Gebirge in die Gegend von Pistoria. Vielleicht wollte er später nach Gallien ausweichen als ein zweiter Sertorius? Von Süden her rückt Antonius heran, angetrieben von seinen Stabsoffizieren, die den zwielichtigen Charakter des Kommandeurs und seine zweifelhafte Rolle in der Verschwörung kennen. Schließlich eingekreist, entscheidet sich Catilina zum Angriff. Und jetzt noch, in seiner letzten anfeuernden Rede, schiebt er die Sache des Volkes, der Armen, kurz populare Ziele vor; und auch dies: »Denkt dran, Soldaten: daß ihr Reichtum, Ehre, Ruhm, ja

Freiheit und Vaterland in euren Fäusten tragt ... Immer droht denen im Kampfe die größte Gefahr, die sich am meisten fürchten: Kühnheit ist wie eine Mauer!«

Ein harter Kampf entbrennt, er selbst ficht in vorderster Linie, »den Bedrängten eilt er zu Hilfe, frische Kräfte holt er als Ersatz für die Verwundeten herbei, für alles sorgt er, kämpft selbst auch tapfer mit und tötet manchen Feind: Eines wackeren Soldaten und guten Führers Pflicht erfüllt er gleichermaßen«. Schließlich wird er kämpfend niedergestoßen: »Catilina fand man fern von den Seinen unter den Leichen der Feinde; er atmete noch ein wenig und trug noch den Trotz in seinen Mienen, den er im Leben gezeigt hatte.«

Trotz Sallusts kritischem Gesamturteil spüren wir seine Hochachtung vor dem Ende des Haudegens, denn selbst dem politischen Gegner spricht man nicht seine männliche ›virtus‹ ab, sofern er sie wie hier beweist. Hüten wir uns, den modernen, mittlerweile schalen Begriff des ›Heldentums‹ zum Vergleich heranzuziehen: Das Pathos des späteuropäischen Helden wäre einem Römer völlig fremd gewesen; ›virtus‹ ist einfach eine grundlegende, erstrebenswerte römische Charaktereigenschaft, völlig abseits von unserer moralischen Wertung.

Die Verschwörung zerschlagen, die Revolution ein Haufen Asche: War es nur ein böser Spuk?

Matthias Gelzer, einer der besten Kenner dieser Jahrzehnte, urteilt so: »Schon im Altertum hat man die Bemerkung gemacht, daß Catilinas Name darum, weil er in Ciceros Werken eine so ungeheure Rolle spiele, viel bekannter geworden sei, als er tatsächlich verdiente. Zum Offizier und Parteigänger besaß er zweifellos eine ungewöhnliche Begabung, aber zur politischen Führerschaft reichte sie nicht aus. Nirgends begegnet uns ein neuer und ursprünglicher Gedanke, und die Durchführung war, abgesehen von dem Verzweiflungskampf bei Pistoria, jämmerlich. Dagegen darf die allgemeine geschichtliche Betrachtung wohl zufrieden sein damit, daß die Quellen über diese Episode so reichlich fließen. Sie gewähren uns einen tiefen Einblick in die Epoche der revolutionären Zersetzung, von welcher der damalige Römerstaat heimgesucht wurde.«

Und für Cicero wird das harte Durchgreifen in Kürze noch Folgen haben.

# Der Macher

## oder die Verfassung findet nicht statt

### *1. Niemand hat Caesar Hörner aufgesetzt!*

Es ist Caesar gelungen, alle Klippen der Catilinarischen Verschwörung zu umschiffen.

Obwohl man um seine Mitwisserschaft wußte, trat er mutig und entschieden für das Leben der gefangengesetzten Verschwörer ein, brachte maßgebliche Stimmen auf seine Seite und wurde erst durch den kühnen und kompromißlosen Moralisten Cato geschlagen. Das Ende der Sitzung drohte in einen Tumult umzuschlagen; Caesar blieb trotzdem hartnäckig bei seiner Auffassung, »man solle nicht den menschlichen Teil seines Antrages verwerfen und nur die härteste Bestimmung zur Anwendung bringen« – das hieß: Verbannung, Polizeiaufsicht in fremden Städten. Lebenslange Haft sei eine härtere Strafe als der Tod.

Cato sucht nun auf Caesar selbst den Verdacht der Beteiligung zu werfen. Da erhebt sich Caesar demonstrativ, will den Saal verlassen. Draußen wartet eine Gruppe ritterlicher Heißsporne, lauter junge Leute. Es werden Schwerter entblößt und in solcher Nähe gegen ihn gezückt, daß die ihm zunächst Sitzenden von ihm zurückweichen. Sein Freund Curio deckt ihn schnell mit seiner Toga und »Cicero selbst soll die Jünglinge, die immer nach ihm hinsahen (und auf den Befehl zum Zustoßen warteten) durch einen Wink zurückgehalten haben, entweder aus Furcht vor dem Volk oder weil er die Ermordung des Mannes für ungerecht und gesetzwidrig hielt«[214]. Seine und Caesars Feinde machen es ihm später zum Vorwurf.

Das Ereignis muß Caesar bis ins Innerste getroffen haben, denn er bleibt fast das ganze Jahr den Senatssitzungen fern, obwohl er Praetor ist. Über dieses Jahr der Praetur liegen uns keine besonders bemerkenswerten Nachrichten vor – wenn wir vom Clodiusskandal, der nicht auf sein Konto ging, absehen.

Es gibt einige Nachhutgefechte in der Catilina-Affäre, nichts persönlich Auffallendes. Sueton meint lakonisch: »Er fühlte sich dem Zusammenhalt der Aristokratenpartei nicht gewachsen ...« Plutarch ähnlich: »Seine Amtszeit verlief ohne Zwischenfälle.« Aus dem Vorjahr haben wir einen wichtigen Nachtrag zu machen: Mit Hilfe großangelegter Stimmungsmache hat er die höchste sakrale Würde errungen und die Wahl zum Pontifex Maximus durchgesetzt. Das kommt in den Augen der Erzkonservativen einem Sakrileg gleich. Schon vorher hatte Sulla-Duzfreund Catulus – er lebt immer noch! – Caesars marianisches Gebaren so kommentiert: »Caesar greift unsere Verfassung nicht mehr mit unterirdischen Minen, sondern mit Sturmmaschinen an.« Catulus' cholerisches Temperament neigte immer schon zu dramatischen Vergleichen, wie wir sahen. Wie hoch Caesar das Amt einschätzt, hören wir von ihm selbst; am Tage der Wahl – Catulus war Gegenkandidat – »nahm er von seiner Mutter, die ihn weinend bis an die Tür begleitete, mit den Worten Abschied: ›Heute wirst du, liebe Mutter, deinen Sohn entweder als Pontifex Maximus oder als Verbannten sehen[215].‹« Sie kennt seine Schulden! Er gewinnt die Wahl, denn er hat die Massen hinter sich.

Der pikante Clodius-Skandal fehlt in keinem Caesar-Roman und wird bis zum Unerträglichen ausgesponnen. Uns interessiert er hier vor allem, weil er Caesars geniale Fähigkeit zeigt, aus jeder noch so unbequemen Situation das politisch Beste herauszuschlagen. Salopp gesagt: Er schießt aus der Hüfte – und trifft.

Kurz der Hergang, wie ihn Plutarch erzählt:

»Publius Clodius war ein Mann von vornehmer Geburt, der wegen seines Reichtums und seiner Beredsamkeit in großem Ansehen stand, aber an Ausschweifung und Frechheit keinem der Römer, die wegen ihrer Liederlichkeit berüchtigt waren, im geringsten nachstand. Dieser liebte Caesars Gemahlin Pompeia und erwarb auch ihre Gunst. Allein ihre Zimmer standen unter genauer Aufsicht, und Aurelia, Caesars Mutter, eine tugendhafte Matrone, war der jungen Frau stets zur Seite und machte den Verliebten die Zusammenkunft schwierig und gefährlich.

Nun haben die Römer eine Göttin, die sie BONA DEA nennen. Nach den Griechen, die sie Gynaikeia, die Weibliche, nennen, war sie eine der Mütter des Dionysos, die nicht genannt werden darf. Daher errichten die Frauen, die das Fest (am 1. Mai) feiern, Hütten mit Weinreben bedeckt, und zu Füßen der Göttin liegt, der Mythologie gemäß, eine heilige Schlange. Kein Mann darf sich bei der Feier des Festes einfinden, selbst nicht einmal in dem Hause sein, und die Frauen sollen für sich allein bei dem Opfer viele Gebräuche verrichten, die mit den orphischen übereinstimmen. Wenn also das Fest herbeikommt, muß der Consul oder Praetor, in dessen Hause es gefeiert wird, mit allen männlichen Personen das Haus verlassen. Die Frau übernimmt es dann (als Herrin), trifft die gehörigen Anordnungen und vollzieht die wichtigsten Zeremonien bei Nacht; Scherz und Musik begleiten die nächtliche Feier.

Damals nun hatte Pompeia dieses Fest zu veranstalten. Clodius, der noch keinen Bart hatte und deswegen leicht verborgen zu bleiben dachte, begab sich, als Harfenspielerin verkleidet, dahin, zumal er von Gesicht einem Mädchen ziemlich ähnlich sah. Er fand die Türe geöffnet und wurde von einer Dienerin der Pompeia, die um die Sache wußte, ganz sicher hineingeführt.

Diese lief nun voraus, um Pompeia davon zu unterrichten; da sie aber zu lange ausblieb, getraute sich Clodius nicht, an dem Ort, wo er zurückgelassen wurde, stehen zu bleiben, und irrte mit sorgfältiger Vermeidung der erleuchteten Räume in dem weitläufigen Hause herum, bis ihm eine der Dienerinnen Aurelias begegnete, die ihn in der Meinung, es sei eine Frau, zum Spielen (auf der Harfe) aufforderte. Da er sich weigerte, zog sie ihn in die Mitte und fragte ihn, wer er sei und woher er komme. Clodius antwortete, er warte auf Pompeias ›Abra‹ (= vertraute Dienerin), verriet sich aber durch seine Stimme.
Die Dienerin Aurealias sprang nun sogleich mit lautem Geschrei nach den erleuchteten Räumen zu der Versammlung und rief, sie habe einen Mann ertappt. Die Frauen gerieten darüber in größte Bestürzung, Aurelia aber brach die Mysterien auf der Stelle ab, bedeckte die Heiligtümer, gab dann Befehl, die Türen zu verschließen, und ging mit Fackeln durch das ganze Haus, um Clodius aufzusuchen. Man fand ihn endlich in der Kammer der Dienerin, die ihn hereingebracht hatte, versteckt, und die Frauen, die ihn bald erkannten, warfen ihn zum Hause hinaus. Diese gingen dann noch in der Nacht auseinander und erzählten ihren Männern, was vorgefallen war[216].«
Die Geschichte macht die Runde durch alle Viertel. Man schmunzelt anzügliche Witze, schlägt sich wiehernd auf die Schenkel. Caesars eigene Untreue ist stadtbekannt – nun hat er die Quittung samt Hörnern!
Wie verhält er sich? Clodius wird von einem Volkstribunen verklagt wegen ›Ruchlosigkeit‹ ... Und Caesar? »Er schickte sogleich den Scheidungsbrief an Pompeia; als er aber als Zeuge in der Sache aufgerufen wurde, erklärte er, ihm sei von allem, was man Clodius vorhalte, nichts bekannt. Diese Antwort fand man sonderbar, und auf die Frage des Klägers, warum er sich dann von seiner Frau geschieden hätte, erwiderte er:
›Weil ich verlange, daß meine Frau nicht einmal der Schatten eines Verdachts trifft.‹«
Clodius wird freigesprochen. Wir werden dieses enfant terrible des Jahrzehnts bald wiedertreffen. Caesar geht unbeeindruckt als moralischer Sieger aus der Affäre hervor. Niemand hat ihm Hörner aufgesetzt! Und auf Clodius kann er demnächst rechnen!

### 2. *Drei Männer – ein Ziel: Triumvirat*

Zunächst wartet Spanien darauf, Caesars Schulden aus der Welt schaffen zu dürfen. Seine Gläubiger erheben großes Geschrei, wollen ihn nicht aus der Stadt lassen. Da kann nur einer helfen: Crassus. »Dieser bedurfte der Jugend und des unternehmenden Geistes Caesars, um den Absichten des Pompeius

entgegenzuarbeiten. Daher befriedigte er die drängendsten und lästigsten Gläubiger und verbürgte sich für 830 Talente (etwa 4,15 Millionen Goldmark!), worauf Caesar endlich in seine Provinz abreisen konnte[217].«
Auf der Hinreise kommen sie über ein armseliges gallisches Dorf. Seine Begleiter fragen lachend, ob es hier wohl auch Rangstreitigkeiten unter den Großen gebe. Er erwidert:
»Ich persönlich wollte doch lieber bei diesem Völkchen der Erste – als in Rom der Zweite sein ...«
Mit dieser Maxime tröstet sich bis heute der größere Teil der Menschheit – ich nehme an, Sie auch. Wenn nicht, können Sie bei Caesar einiges lernen.
Mitte 60 kehrt er aus Spanien zurück mit wichtigen neuen Erfahrungen auf militärischem und verwaltungstechnischem Gebiet. Das nächste Ziel wartet bereits: Das Consulat! Noch in Spanien haben ihn seine Soldaten zum Imperator ausgerufen, womit ihm in Rom der Triumph zusteht. Nun verbietet aber die uralte sakrale Bestimmung, daß ein Imperiumsträger, der einen Triumph feiern will, die geheiligte Bannmeile der Stadt, das Pomerium, überschreitet. Andererseits ist seine persönliche Anwesenheit in der Stadt notwendig, will er erfolgreiche Wahlpropaganda durchführen. Er bittet den Senat um Dispens von der üblichen Regelung.
Aber da legt sich der erzkonservative Cato quer, hält eine Dauerrede, »daß der ganze Tag verstrich«. Der Senat gähnt, aber man kann den Mann nicht am Reden hindern. Caesar entscheidet konsequent: Er läßt den Triumph fahren und begibt sich unverzüglich in die Stadt.
Hier hat sich mittlerweile eine ganz neue Konstellation ergeben: Pompeius ist wieder da! Caesar weiß natürlich längst um den Stand der Dinge, bezweifelt aber die so gepriesene loyale Haltung des Reichsgenerals zu den Optimaten, an die doch alle glauben.
Einiges ist geschehen: Kaum hat Pompeius italischen Boden betreten, erwartete jeder einen coup d'état à la Sulla. Aber was macht er? Ohne Aufforderung von Senat oder Volk entläßt er seine siegreichen, ihm treu ergebenen Truppen! An dieser Maßnahme scheiden sich die Geister – damals wie heute. Pazifisten halten ihm den Verzicht zugute, weil er neuen Bürgerkrieg vermied. Aggressivere Beobachter sehen darin Beschränktheit, so Mommsen: »Zum zweitenmal hatte Pompeius abgedankt[218]!«
Eine Menge Querelen bedrücken den Senat: Die Clodius-Affäre kommt nicht zur Ruhe, weil rechtschaffene Männer darin nicht nur draufgängerisches Abenteurertum sehen, sondern den Zerfall der staatlichen Moral und Autorität, wie sie sich im Prozeß und anschließenden Freispruch zeigten. Populare Gesinnungsgenossen des Clodius schießen sich schon auf Cicero ein; sie brauchen ei-

nen Buhmann: ›Cicero ist ein Mörder!‹ ... Die Hinrichtung der catilinarischen Terroristen wird seine Fallgrube werden.
Crassus sieht seine Felle davonschwimmen, seit Pompeius wieder da ist.
Caesar hat auf seinen Triumph verzichten müssen. Seit Ciceros Erfolgen bei der Niederschlagung der Verschwörung fühlt sich die konservative Partei stark – stark genug, um Pompeius' Forderungen brüsk abzulehnen: Keine Anerkennung seiner in Asien getroffenen Maßnahmen! Keine Versorgung seiner Veteranen mit Land! Die Anträge ›seiner‹ Volkstribunen kommen nicht zum Ziel.
So bringt es die mangelnde Weitsicht der Senatsmehrheit dahin, daß sich drei Männer zu einer geballten Kraft vereinigen, die durch die Exekutivorgane des Staates nicht mehr zu kontrollieren sind: Hinter Crassus stehen seine Millionen, hinter Pompeius seine unzufriedenen Veteranen, hinter Caesar ... sein politischer Intellekt!
Er ist der Macher! Ihm gelingt es, die Zwistigkeiten, den Neid, die Eifersucht, die persönlichen Abneigungen zwischen Crassus und Pompeius abzudecken, wegzaubern kann er sie nicht. Er baut politische Knüppeldämme. Sein Pragmatismus bezwingt alle emotionalen Widerstände. So entsteht das Erste Triumvirat (60). Natürlich finden die Absprachen im geheimen statt: »Nichts solle im Staat geschehen, was einem von den dreien mißfalle[210].«
Caesars Wahl zum Consul ist gegen die Widerstände mit wohlwollender Unterstützung des Cicero, der sich Pompeius nach wie vor verpflichtet fühlt, durchgegangen. Mit Mühe – d. h. mit Bestechung – gelingt es den Optimaten, wenigstens in Bibulus einen Mann ihrer Couleur als zweiten Consul durchzubringen. Der Unbestechliche, Cato, billigt es ausnahmsweise, weil »eine solche Bestechung zum Wohle des Staates sei«.
Bezeichnend sind Ciceros Einschätzung der Lage und die Illusionen, denen er anhängt. An Freund Atticus schreibt er im Dezember 60: »Caesar wird bei allen Schritten sich nach meiner und des Pompeius Ansicht richten und sich's angelegen sein lassen, eine Vereinigung des Crassus mit Pompeius zustande zu bringen. Gehe ich darauf ein, so steht in Aussicht: eine innige Verbindung mit Pompeius; mit Caesar, wenn mir's beliebt, desgleichen; Aussöhnung mit meinen alten Gegnern (= Clodius und Genossen); Friede mit der großen Masse; Ruhe für meine alten Tage ...[220]«
Er und seinesgleichen – heute nennen sie sich die ›wehrhaften Demokraten‹ – können nicht wissen, daß sie das endgültige Ende der Republik einläuten. Können sie es wirklich nicht? Wenn man vom Rathaus kommt, ist man klüger. Aber sie sitzen *im* Rathaus!
Bis zu diesem Zeitpunkt hat Caesar mit legalen Mitteln Stufe um Stufe der politischen Hierarchie erstiegen, ganz im Gegensatz zu Pompeius, dessen Platt-

form eine Aneinanderreihung von außerordentlichen Kommandostellen bildet. So beruht Caesars derzeitige Stärke auf sicherem Verfassungsgrund, er verfügt über die Schalthebel der Macht. Die beiden anderen sind auf ihn angewiesen. Um dieser Einseitigkeit vorzubeugen, verheiratet er seine nun dreiundzwanzigjährige Tochter Iulia mit Pompeius. Tatsächlich hält das Bündnis, so lange sie lebte, denn der bedeutend ältere Pompeius liebt sie innig: Frauen machen Geschichte! Er selbst heiratet – zum drittenmal – Calpurnia, Tochter des anständigen L. Calpurnius Piso, eines kultivierten Epikureers, der dafür 58 das Consulat erhält.

Caesar weiß, daß es diesmal um mehr geht als eine persönliche Fehde zwischen ihm und seinem Kollegen Bibulus – dem er das Oberpriesteramt vor der Nase weggeschnappt hat –: In den beiden Consuln stehen sich die auf den Tod verfeindeten Staatsauffassungen der Zeit gegenüber.

Mit Crassus und Pompeius im Rücken, geht er unverzüglich die anstehenden Probleme an, versucht aber zunächst alles, um mit seinen optimatischen Gegnern zu einem honorable agreement zu gelangen, ja hofft, sie zur Mitarbeit zu gewinnen.

Dennoch zeigen bereits die ersten Senatssitzungen die ideologische Verkrustung. Kommen Sie, setzen wir uns auf die hinterste Bank und lauschen ...!

## *3. Der Taktiker*

Volles Haus. Der Princeps Senatus eröffnet die Sitzung mit der Bekanntgabe der Tagesordnung: Gesetzentwurf des Consuls Gaius Iulius Caesar, betreffend die Verteilung des ager publicus.

Caesar erhebt sich, tritt vor zum Rednerpult. Das Gesicht ist härter geworden, zeigt schon die stark ausgeprägten, waagerechten Stirnfalten, zu denen senkrecht die beiden Grate von der Nasenwurzel vorstoßen. Beim Wechsel des Mienenspiels überschneiden sie sich, besonders, wenn er, den Blick herausfordernd auf die Versammelten gerichtet, die rechte Braue abrupt anhebt. Der auf den ersten Blick weiche Mund kann überraschend ins Ironische, ja Zynische wechseln, aber ebenso schnell ins Anmutige. Verspieltes Lächeln gewinnt dann die Oberhand, meist, wenn es um ernsteste Dinge geht. Dann wieder schiebt er die an sich schwach konturierte Unterlippe gespannt vor, strafft den Unterkiefer, daß die Backenknochen plastisch hervortreten und die dünnen, sehnigen Wangen sich nach innen neigen. Sitzt man ihm dann zufällig gegenüber, so trifft einen der schwarze Blitz seiner Augen, und nur wenige vermögen dem Blick standzuhalten. Er weiß es, macht darum wenig Gebrauch davon. Dieses Gesicht ist dauernd in Bewegung. Cicero überlegt, ob man es schön nennen könnte, wird aber dann vom Inhalt der Rede abgelenkt. Sparsame Gesten begleiten das Gesagte: Die feingliedrigen Hände passen zu diesem Gesicht. Sehr weiße Hände, mit Fingern, die die Mitte halten zwischen hoher Sensibilität und zupackender Energie, mit schön geformten Nägeln, denen man die Pflege ansieht.

Seine Ausführungen sind in sehr sachlichem Ton gehalten, nur an einigen Stellen spielt er geschickt Emotionen hoch:

Er erkläre sich zu jeder Verbesserung bereit, hoffe dabei auf die Mitarbeit der Opposition. So könne es nicht weitergehen. (Zu Bibulus gewandt:) Das Gemeinwesen werde leiden, wenn sie sich entzweiten. (Bibulus verzieht keine Miene.) Vernunft müsse oberstes Gebot sein. Es gehe nicht um Einzelinteressen, sondern um das Ganze. Das könne man immer wieder aus der Geschichte Roms lernen, daß nur Vernunft den Staat weiterbringe. (Er könnte nun endlich konkret werden, geht es durch viele Köpfe ...)

Die res publica gleiche einem chronisch Kranken, dem man immer wieder die rettende Operation verweigert und ihn statt dessen mit Tees, Umschlägen, Wässerchen und revolutionären Wechselbädern behandele. In den Provinzen herrsche Ordnung, in Rom selbst aber das Chaos! Täglich steige die Zahl der Besitzlosen. (Aha, er läßt die Katze aus dem Sack!) Einem Geschwür gleich wachse die Zahl der Unzufriedenen. Seien sie auch ohne Besitz (nun hebt er die Stimme:) »... so sind sie doch freie römische Bürger, Nachfahren römischer Ahnen! ... Ist euch denn Spartacus keine Lehre gewesen?! Kein Einsichtiger kann übersehen, daß ein sozialer Notstand vorliegt, wie ihn Rom noch nie gekannt hat!« (Beifall bei seinen Freunden ...) Rom sei überfüllt von Müßiggängern, und noch immer habe sich Müßiggang als aller Laster und Verbrechen Anfang erwiesen. Dabei lägen weite Strecken Italiens unbebaut. Wenn man die durch staatliche Schlamperei arbeitslos Gewordenen durchfüttere, könne man das Geld gleich zum Fenster hinauswerfen. Dabei sei das Geld mit dem Blut und dem Schweiß hunderttausender tapferer Bürger beschafft worden ... »Was aber unter Gefahr für Leib und Leben von Bürgern erworben ist, muß auch zu ihrem Schutz verwendet werden!« (Tosender Beifall seiner Anhänger)

Mit den Mitteln und den Steuern der durch den ›großen‹ Pompeius erworbenen neuen Provinzen (anhaltender Beifall für Pompeius, der strahlt ...) ... mit diesen Mitteln solle Land auf dem freien Markt gekauft werden. Der Wert solle nach dem letzten Census festgesetzt werden, die campanische Feldmark sei davon auszuschließen (Beifall der dort begüterten Senatoren).

Er kommt zum Schluß und steigert das Tempo:

»Alle gegenwärtigen Besitzverhältnisse werden ohne Nachprüfung der Rechtsgrundlagen anerkannt; jede Beunruhigung der Landbesitzenden muß vermieden werden.

Der Bodenspekulation muß durch folgende Maßnahmen vorgebeugt werden:

a) Der zugewiesene Grund und Boden darf 20 Jahre lang nicht weiterverkauft werden. Er ist nach dieser Frist völliges Eigentum der Angesiedelten.
b) Eine Kommission von 20 Fachleuten hat Kauf und Verteilung des Bodens zu planen und durchzuführen ...«

Er macht eine Pause – nun muß der entscheidende Satz kommen: Wird er für sich die Führung durch ein außerordentliches Imperium beantragen? Aller Augen lauern auf seinem Gesicht. Er lächelt, reckt sich, sagt schließlich, langsam und nicht ohne Pathos:

»Ich werde mich damit begnügen, das Gesetz entworfen und beantragt zu haben ... Ich bitte nun um eure Stellungnahme ...«

Gelassen faltet er seine Unterlagen zusammen, wird von einem Lictor zu seinem Platz geführt.

Ratlose Blicke unter seinen Gegnern: Es gibt keine sachlichen Einwände gegen das Programm! Man hatte ein Pamphlet, Agitation, Angriff erwartet und bekommt statt dessen ein bis ins Detail durchkonzipiertes Sachprogramm. Caesar der Macher! Sich und seinen Namen hat er völlig herausgehalten – aber die Massen werden *ihn* feiern! Sein Programm ist der einzige Weg, um aus dem Schlamassel des römischen Proletariats herauszukommen. Warum kam kein Konservativer auf solche Ideen? Naja, reden kann man darüber, Abstriche hätte man immer noch machen können. Aber er ist der Mann, der es macht. Sullas Sprüche über den »Leichtgegürteten« gehen ihnen durch den Kopf. Einzige Möglichkeit zur Gegenwehr: Zeit gewinnen!

Da ist er auch schon vorne, in seiner verwaschenen Naturtoga, den verbissenen Zügen, mit dem absolut humorlos schief gekniffenen Mund (... die Pfeife war noch nicht erfunden). Und schon bellen seine abgehackten Sätze über die Köpfe: Marcus Procius Cato! Er hat sich gut vorbereitet, entfaltet Zitate aus drei Jahrhunderten, spricht leise, brüllt dann plötzlich und hemmungslos an Stellen, wo es niemand erwartet, tötet mit ausgestrecktem Zeigefinger unsichtbare Gegner, greift persönlich an. Er wechselt im Tonfall durch alle Stimmlagen, ereifert sich, daß die Schläfenadern schwellen. Solchen Vulkanausbrüchen folgen Passagen der Windstille, der einschmeichelnden Wortmelodie – und dann bebt aus heiterem Himmel plötzlich wieder der Raum unter seinen vernichtenden Angriffen und wütenden Schreien.

Was er sagt, ist im Grunde immer das gleiche, variiert an immer neuen Beispielen. Aber wie er es sagt! »Das Bestehende darf nicht verändert werden!« Das kommt leise, auch dies: »Sicherheit geht vor ...« Dann plötzlich brüllend, das Tempo steigernd: »Wir müssen wieder Sicherheit schaffen ... Fortschritt? Ja! Aber auf dem Boden, auf dem sicheren Boden des Alten! Ich habe ... (empörter Zwischenruf) ... Jawohl, ich habe ... auch wenn das hier nicht allen paßt, was ich sage, mich wird niemand daran hindern, meine Rede hier zu Ende zu bringen! ... Ich habe noch im Ohr, was gewisse Herren auf gewissen privaten Empfängen über diese armen Leute (er wird ganz leise, beinahe zärtlich), die ... eh ... sie ... eh ... vor kurzem ... eh ... von ihren Gütern ... eh ... (brüllend) davongejagt haben ... (wieder leise) ... was sie über sie gesagt haben, und denen sie jetzt hier (brüllend) Honig ums Maul schmieren! ...«

So geht das weiter. Er redet, redet, redet ... Stunde um Stunde. Seine Taktik ist klar: Hinauszögern der Abstimmung bis Sonnenuntergang. Dann kann nicht mehr abgestimmt werden.

Caesars Freunde werden unruhig, murren. Caesar selbst bleibt gelassen. Er hat damit gerechnet. Er unterbricht den Redner, lenkt scheinbar ein; er sei bereit, die Stellen seines Entwurfs, die dem hohen Hause nicht zusagten, zu ändern ... Aber Cato ist nicht mehr zu bremsen. Unter dem Beifall seiner optimatischen Freunde lehnt er jeden Kompromiß ab; er ereifert sich von neuem. Bibulus sekundiert ihm mit zornig untermalenden und zustimmenden Zwischenrufen.

Da werden Caesars Mundwinkel hart, alle Liebenswürdigkeit gefriert. Er winkt einen Amtsdiener herbei und befiehlt auf Grund seiner consularischen Strafgewalt, den aufrührigen Senator ins Gefängnis abzuführen. Cato – Stoiker! – leistet keinen Widerstand, will sich abführen lassen. Aber da stürzen seine Freunde herbei, einige wollen ihm spontan in den Kerker folgen.

Caesar hält inne: Märtyrer dienen nicht ihm und seiner Sache. Laut erklärt er: »Ich habe euch Senatoren zu Richtern und Herren über das Gesetz gemacht, damit, wenn eine Bestimmung von euch nicht gebilligt wird, sie nicht vor die Volksversammlung gebracht zu werden braucht. Da ihr aber nicht in die Vorberatung eintreten wollt, werde ich durch euren Widerstand gezwungen, daß ich – entgegen meiner Absicht – alles dem Volk zur Entscheidung vorlegen muß[221].«

Dann hebt er die Sitzung auf.

### *4. Zwang zum Erfolg*

Die alten Führungskräfte sind unfähig, aus ihrem elitären, stadtstaatlichen Klassenegoismus herauszutreten und die Gefahren der auf engstem Raum vegetierenden Elendsmassen zu erkennen. Das Elend selbst interessiert diese Herren schon gar nicht.

Wir lernen Caesar als Taktiker kennen, der gezwungen ist, von Stunde zu Stunde seine Entscheidungen zu treffen, ohne allerdings *sein* Gesamtprogramm aus den Augen zu verlieren. Aber für ihn ist zu diesem Zeitpunkt alles in der Schwebe: Die erste große Auseinandersetzung seines Consulats beweist ihm die begrenzten Möglichkeiten des höchsten Staatsamtes, das zudem geteilt ist. Nun zahlt sich die verschwenderische Wahlpropaganda seiner Wahlkampagnen aus: Er wendet sich direkt an die Volksversammlung.

Zwar versucht Bibulus diese Möglichkeit zu sabotieren, indem er ›ungünstige Vorzeichen‹ feststellt und außerdem alle Tage, die für Versammlungen noch freigehalten waren, zu Feiertagen erklärt. Doch Caesar setzt sich souverän darüber hinweg. Zwar schreit Bibulus am nächsten Morgen trotzig vor der Menge: »Ihr werdet das Gesetz in diesem Jahr nicht bekommen, und wenn ihr auch alle wollt[222]!« Aber rechts und links von Caesar haben sich Crassus und Pompeius postiert. Caesar fragt sie:

»Habt ihr meine Vorschläge gehört?« – Aber ja! Beide bekräftigen ihren Willen. »Da ermahnte er sie, ihm gegen diejenigen beizustehen, die sich mit dem Schwert zu widersetzen drohten[223].« Pompeius tritt vor und beweist in einer kurzen Rede, daß die Senatsmehrheit wider besseres Wissen handele. Durch die glücklichen Feldzüge seien ja die Mittel da, die Ländereien zu kaufen. Er versucht sich sogar in homerischem Pathos:

»Wenn jemand wagt, das Schwert zu zücken, werde ich auch meinen Schild aufnehmen[224].«

Dazu Plutarch: »Durch diese Rede stieß er die Aristokraten vor den Kopf, da sie sie weder mit seiner eigenen Würde noch mit der dem Senat schuldigen Achtung vereinbaren konnten und sie überhaupt für toll und unbesonnen hielten. Das Volk hingegen bezeigte darüber eine ungemeine Freude[225].«

Pompeius hat sich zwischen zwei Stühle gesetzt und bis auf weiteres seine Glaubwürdigkeit bei der optimatischen Gruppe verloren. Crassus begnügt sich mit kräftigem Kopfschütteln. Er ist durchaus mit Caesar zufrieden.

Unter dem Druck der drei starken Männer leistet der Senat den Eid, sich der Durchführung des Ackergesetzes nicht zu widersetzen ... Aber: Kommt Zeit, kommt Rat.

Bibulus jedoch zieht sich in sein Haus zurück und läßt sich für den Rest des Jahres nicht mehr auf der politischen Bühne blicken. Prompt reagiert der römische Volkswitz, indem er die nach den Namen beider Consuln übliche Datierung des Jahres so angibt: Es geschah »unter dem Consulat des C. IULIUS und des C. CAESAR«.

Caesar ist rastlos tätig; Gesetz auf Gesetz passiert die Volksversammlung. Hier die wichtigsten:

– Die ›acta Pompei‹ legalisieren die Maßnahmen des Generals in Asien;
– den Steuerpächtern wird ein Teil der Pachtsummen erlassen; Folge: Erleich-

terung für die Provinzen;
- 20 000 Bürger werden in der Campania angesiedelt;
- Capua wird wieder aufgebaut;
- Gesetze gegen Erpressung und überhöhte Forderungen in den Provinzen werden erlassen;
- Ptolemaios Auletes von Ägypten und der Germanenfürst Ariovist werden mit dem ehrenvollen Titel ›Freund und Bundesgenosse des Römischen Volks‹ belehnt (was bei Ariovist noch Folgen haben wird).

Alle diese Gesetze waren längst überfällig; sie erfüllen außerdem Crassus' und Pompeius' Bedürfnisse – und dennoch sind sie nur ein Fetzen Papier. Nach römischer Auffassung kann Caesar nach Ablauf des Consulats der Prozeß gemacht werden, und den Gegnern wäre es ein leichtes, ihn aus formaljuristischen und damit politischen Gründen zu verurteilen; seine Gesetze wären dann automatisch ungültig.

Dies muß verhindert werden! Caesar braucht ein Amt, das ihm Immunität vor seinen politischen Feinden verschafft. Anders gesagt: Das unantastbare Imperium des Consuls Caesar muß in das ebenso unantastbare Imperium des neuen Amtes übergehen. Ein Proconsulat bietet sich an.

Das Volk überträgt ihm – nachdem es von einigen Volkstribunen entsprechend geknetet worden ist – die »Gallia Cisalpina«, das diesseitige Gallien bis zum Rubikon, dazu Illyrien an der Adria als proconsularische Provinz.

Er muß sich ungemein gefreut haben: »Gegen den Willen und unter dem Stöhnen meiner Gegner habe ich erreicht, was ich wünschte; jetzt kann ich allen auf der Nase herumtanzen[226]!«

Die ›Väter‹ hatten vorgehabt, ihn mit der ›Beaufsichtigung der italischen Straßen‹ abzuspeisen.

Da stirbt unverhofft der Proconsul des jenseitigen Galliens, der ›Gallia Narbonensis‹ ... Schnelle Absprache mit Pompeius: Der General besetzt den Markt in einer Blitzaktion mit Truppen und bringt es sehr schnell dahin, daß Caesar ganz Gallien diesseits und jenseits der Alpen nebst Illyrien verliehen wird. Militärische Ausstattung: 4 Legionen; Dauer: 3 Jahre.

Natürlich folgen Querelen, Versuche des Consuls Bibulus, einen Rechenschaftsbericht vorzulegen – und Caesar öffentlich anzuklagen –, aber Volkstribunen hindern ihn daran. Ein Praetor versucht ihm in letzter Minute ein Bein zu stellen und fordert von Caesar den Offenbarungseid. Doch Caesar macht dem verkrampften Hickhack ein Ende, indem er die Grenze des Pomeriums überschreitet: Von nun an ist er Proconsul, Imperiumsträger und immun gegen alle juristischen Spitzfindigkeiten! Er bleibt aber noch in der Nähe der Stadt, um die weitere Entwicklung abzuwarten. Das Consulat ist in den sicheren Händen von Parteigängern, der eine ist der dem Pompeius treu ergebene Aulus Gabinius, der zweite Consul heißt L. Calpurnius Piso, hauptberuflich Caesars Schwiegervater. Hinter diesen stehen andere Vertrauensleute, bis zu den Tribunen. Mit dieser politischen Clientel wird die ›außerparlamentarische‹ Junta fast 5 Jahre lang bestimmend in die Geschicke der Stadt und des Reiches eingreifen. Wie hieß es bei Sueton: »Nichts solle im Staat geschehen, was einem von den dreien mißfalle!«

Die Frage ist nur, wie lange wird das rein private Bündnis, das die res publica aus den Angeln hebt, dauern? Wir schreiben das Jahr 59 ...

## Gallien und die Folgen …

### *1. »Alles Übel kann nicht von den Schülern kommen«: Lateinunterricht heute*

»Gallia est omnis divisa in partes tres …« – Vielleicht gehören Sie zu denen, die schon sehr früh mit der lateinischen Sprache ihre Bekanntschaft machten; dann spüren Sie noch heute die gehobene Neugierde, als Sie zum erstenmal mit dem Originaltext eines ›echten‹ Römers konfrontiert waren. Mit Sicherheit war es Caesar, und der oben zitierte lapidare Satz ist nie aus Ihrem Gedächtnis geschwunden.

Aber ich gehe gewiß nicht fehl, wenn ich unterstelle, daß Ihre anfängliche Neugier – vielleicht sogar Begeisterung – nach einigen Stunden in eine qualvolle Pflichterfüllung und trockene Paukerei zerrann. Ich gestehe, mir ging es ebenso. Mein Interesse an dieser sogenannten ›toten‹ Sprache kam erst viel später wieder, ausgelöst durch die intensive Beschäftigung mit der Geschichte Roms.

Jules Marouzeau (1878–1964), Doyen der französischen Altphilologen, fragt in seinem fesselnden Buch ›Das Latein‹[227]:

»Wenn man schlecht Latein kann, kommt das daher, daß man es nicht richtig lernt? … Sicher ist, daß die erfahrensten Erzieher, wenn sie sich über das Ergebnis ihrer Bemühungen Rechenschaft ablegen, den Schluß ziehen, der – wie ich sehe – dem Resultat einer der heute so beliebten Rundfragen entspricht: ›Unkenntnis der Antike und im besonderen Bankrott der Grammatik‹. Etwas stimmt also nicht. Alles Übel kann nicht von den Schülern kommen …«

Dazu kommt dies: Lateinunterricht und Römische Geschichte lagern in zwei verschiedenen Schubladen unserer ›geschulten‹ Gehirne. Eine Ungeheuerlichkeit ist da geschehen: Es ist praktisch gelungen, dem Geschichtskörper Rom die Haut abzuziehen, sie wieder künstlich aufzublasen und das Ergebnis für das Ganze auszugeben. Die Knochen läßt man dann dem Kollegen von der Geschichte übrig, die Innereien wirft man weg.

Die tödliche Langeweile so vieler Lateinstunden resultiert aus dieser abstrakten Körperlosigkeit; Lateinunterricht ist nicht Mittel zum Zweck, sondern Selbstzweck, l'art pour l'art geworden! Immer noch wird Wissen mit Verstehen, Kennen mit Erkennen verwechselt. So doziertes Latein wirkt immer aufgesetzt, das snobistische Hantieren mit modischen lateinischen Fremdwörtern täuscht über die Leere nicht hinweg.

Eine der verantwortlichen Ursachen liegt im 19. Jahrhundert. Man nahm das, was aristokratische Autoren Roms überlieferten, für das allein wahre Bild des Ganzen und gefiel sich im elitären Nachplappern großartiger Gedanken. Ein Beispiel für dieses Sich-Hochangeln an einem pathetischen Rombild soll es verdeutlichen. In seinem damals weit verbreiteten Buch »Römische Charakterköpfe« schreibt Th. Birt – sonst ein verdienstvoller Wissenschaftler – um die Jahrhundertwende:

»Unter Größe verstehe ich nicht speziell das sittlich Außerordentliche, das zum Heiligenleben führt, obgleich wir auch dem begegnen werden, sondern die Kraft der Person, die unendliche Machtgebiete (!) sich zu unterjochen weiß. Die großen Menschen waren es, und sie sind es noch heute, die die Geschichte machen. Schlimm, wenn sie fehlen! Die Masse fühlt wohl, was not täte, aber sie vermag als solche nichts und wird es nie vermögen. Die Tat gehört dem einzelnen, der die Nation vertritt[228].«

Wir haben mittlerweile einige Geschichtslektionen erhalten, die uns zu nüchterner Betrachtung zwangen. Unsere historische Bildung besteht mehr in der Einsicht, daß zunächst alles zu relativieren ist. Wir vermeiden Endurteile, weil wir selbst erleben, wie alles in Fluß ist. Im Extremfall gerinnt das sogar zu ohnmächtiger Verleugnung von allem Überkommenen. Dabei ist diese Sichtweise keineswegs neu; die Antike kannte sie: »panta rhei« – »Alles fließt«, sagt Heraklit von Ephesos (550–480) und: »Man kann nicht zweimal in denselben Fluß steigen.«

Wir fragen uns, warum uns vieles bei der ersten Begegnung mit lateinischer Literatur so fremd geblieben ist. Wenn Sie die Fülle der Zitate dieses Buches auf ihren atmosphärischen Gehalt untersuchen, so haben Sie – erstaunt oder ärgerlich? – bemerkt, daß sie sehr wenig oder nichts hergeben, was das alltägliche Drum und Dran, das im Augenblick Empfundene, das Musische oder Lyrische betrifft. Darin liegt ja gerade die Problematik aller Versuche, das politische und private Leben der Antike für uns Heutige nachvollziehbar, begreiflich – kurz: interessant zu machen.

Was bieten denn die Quellen? Nach Marouzeau dies:

»Lebensbeschreibungen großer Männer, erbauliche Geschichten und Gedanken, contiones und narrationes. In dieser Literatur trägt der Mann die Toga und schreitet ehrwürdigen Schrittes einher; man sieht nichts als kurulische Sessel, Lictoren, Triumphe und Volksversammlungen; das Atrium verbirgt uns die Küche und der Tempel den Laden; Rom erscheint hier nicht als eine Stadt von 300 000 Seelen mit volkreichen Vorstädten, überfüllen Straßen und lärmigen Häusern, sondern schrumpft zu einer Art pompöser Dekoration zusammen, die in groben Umrissen ein Forum, einen Tempel, eine Tribüne wiedergibt. In seiner Literatur plaudert der Römer nicht, er hält eine Ansprache; wenn er spa-

zierengeht, dann unter einer Säulenhalle, wenn er reist, dann wie durch Zauberei, ohne daß wir etwas von seinem Wagen, seinem Schiff, seiner Kleidung oder seinen Reisezwischenfällen hören. Es fehlt alles Natürliche. Während in einem Dialog Platons die Personen sich auf dem Gras ausstrecken oder barfuß im Wasser des Ilissos plantschen (Phaidros), bringt man in einem Dialog Ciceros (De oratore) Kissen, um sich unter einer Kolonnade niederzulassen. Es fehlt die Realität: Cicero schreibt von Kilikien, wie er von Tusculum schreibt, ohne den östlichen Himmel oder die fremdländischen Sitten heraufzubeschwören ...
... Was nicht den Schriftsteller, seine Umgebung und seine Welt betrifft, existiert nicht. Die Leute aus dem Volk sind nur ein unbestimmtes Kollektiv (plebs), das man gerne mit einem verächtlichen Wort bezeichnet ... Die Frau tritt kaum in Erscheinung: Die Literatur kennt ein halbes Dutzend, das glänzende Taten vollbracht hat; im übrigen ist sie nur die anonyme Matrone, Mutter ihrer Kinder, eine streng moralische Person ... Auch das Kind hat keine Persönlichkeit: es ist nur die Hoffnung der ›gens‹, der Erbe des häuslichen Kultes und der häuslichen Tradition. Seine Spiele, seine lustigen Einfälle, sein Geplapper, all das existiert nicht. Das Kind ist ein kleiner Römer, und damit fertig. ... Was bietet uns also der Römer an Stelle seines Lebens? Seine Mentalität ...[229].«
Aber es gibt auch Fälle, »wo der Römer schreibt, ohne zu wissen, daß er für uns schreibt, und dann ist er, wie nicht anders zu erwarten, am lebendigsten«[230]. Etwa in Ciceros Briefen.
Weil aber nun die offiziellen Quellen – römische Geschichtsschreibung ist immer offiziell! – so monumental karg daherkommen, reizen sie gerade dadurch den modernen Beobachter, zwischen den Zeilen zu lesen. Außerdem kann er sich auf die Fülle der wissenschaftlichen Erkenntnisse aus Philologie, Sozial- und Kunstgeschichte, Archäologie, Numismatik und wie sie alle heißen, stützen.
Und dennoch: Er wird sich selbst in einen halben Römer verwandeln müssen, denn Rom ist herrisch!

### 2. *Imperialismus oder Sachzwang? – Caesar greift ein*

Kehren wir zurück zum Gang der Ereignisse und zu Caesar. Was wir von ihm selbst über Gallien und seinen dortigen Krieg erfahren, ist nicht das, was wir in den Memoiren eines deutschen, englischen oder russischen Generals des Zweiten Weltkrieges über einen Feldzug in Afrika, Frankreich oder Rußland lesen würden. Caesars Bericht ist vorab eine scheinbar unpersönliche Beschreibung der militärischen Ereignisse, ist Rechenschaftsbericht und Propagandaschrift in

## Caesar erobert Gallien

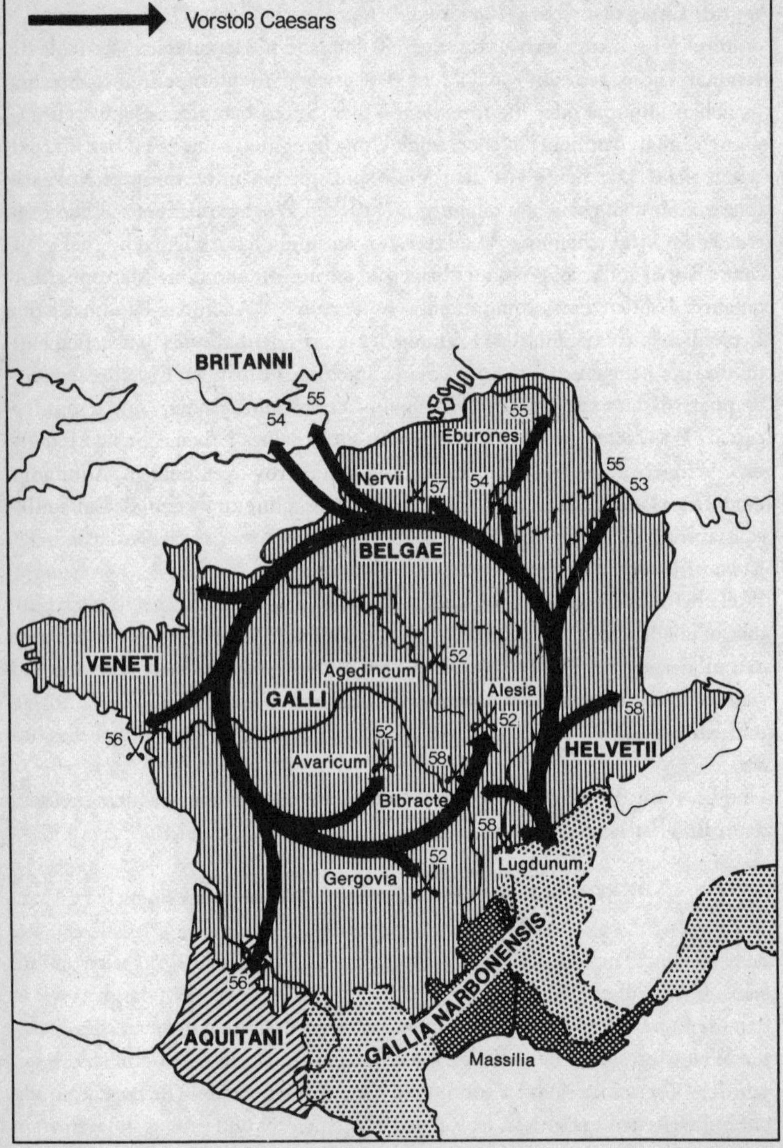

einem, ist ›commentarius rerum gestarum‹ – Bericht über die getanen Dinge. Er selbst tritt völlig zurück als Person; es heißt immer: »Caesar tat dies und das …« Darin liegt Methode! Es soll so objektiv klingen wie aus dem Munde eines Unbeteiligten. Uns aber wird es nicht genügen; darum brauchen wir Hintergrundinformation.

»Gallien ist in drei Hauptteile gegliedert …« Das wendet sich an den Römer, der das Land dem Namen nach kennt, das sich aber irgendwo am Rande der nördlichen Welt verliert. Gallien ›jenseits der Alpen‹ umfaßt nach Caesar das heutige Frankreich, die Schweiz, reicht im Osten bis zum Rhein, der von der Quelle bis zur Mündung Grenze nach Germanien bildet. Bewohnt wird dieses riesige Gebiet von keltischen Stämmen, deren Zweige bis nach Britannien, Süddeutschland und zur Poebene, der Gallia Cisalpina, reichen.

Damals wie in Mittelalter und Neuzeit bilden die großen schiffbaren Flußsysteme mit ihren fruchtbaren Becken, das Fehlen zentraler Hochgebirge und die von Meeren und hohen Randgebirgen abgeschirmte Lage die Voraussetzung für seinen agrarischen Reichtum – und als Folge davon die für Mitteleuropa im Vergleich zu den mediterranen Kulturen relativ hohe Zivilisation.

Caesars Unterscheidung der drei Teile nach »Sprache, Gebräuchen und Gesetzen«[231] führte in der Folge zur Einteilung in die Provinzen Belgica, Aquitania und Celtica (oder Lugdunensis, nach der Stadt Lugdunum = Lyon). Der südliche Randstreifen wurde schon 117 v. Chr. als militärisches Vorfeld römische Provinz, ›Gallia Narbonensis‹, benannt nach dem Hauptort Narbo (Narbonne). Das Land bewohnt eine Fülle von Stämmen, die – in wechselnden Koalitionen – um die Vorherrschaft streiten und denen es nie gelungen ist, einen Gesamtstaat zu etablieren. Eine alte Streitfrage war, ob es besser monarchisch oder aristokratisch zu regieren sei. Für eine starke fremdländische Macht mußte es ein leichtes sein, diese Querelen hegemonial auszunutzen.

Diese Macht ist schon am Werk: Der erwähnte Ariovist und seine germanischen Sueben. Sie überschritten 62 den Rhein und besiegten zusammen mit den linksrheinischen Sequanern die Häduer, die nach der Vorherrschaft über Mittelgallien streben.

Die Sequaner müssen Ariovist ein Drittel des Ackerlandes abtreten. Daraufhin schicken die um ihre Haut bangenden Häduer ihren Führer Diviciacus nach Rom mit der Bitte um Beistand. Der Senat verweist sie wohlwollend an den Proconsul der Narbonensis. Und damit hat sich's.

Für alle Fälle – niemand konnte damals die weitere Entwicklung voraussehen – erklärte Caesar als Consul den Ariovist zum ›Freund des römischen Volkes‹, was der Verleihung eines hohen diplomatischen Ordens gleichkam, aber keine Lösung brachte.

So wäre es jahrelang wohl weitergegangen: Ariovist hätte mit seiner zielgerichteten Expansionspolitik ein Stück nach dem andern aus dem gallischen Kuchen herausgeschnitten, wäre weiter nach Westen vorgestoßen und unter Wahrung der römischen Interessen ›Freund des Römischen Volkes‹ geblieben. Daß er dieses Ziel anstrebt, erfahren wir bald von ihm selbst.

Doch nun kommt – neben Sequanern und Häduern – ein dritter Stamm ins Blickfeld: die Helvetier. Sie waren von den expandierenden Germanen bereits aus dem Gebiet des Schwarzwaldes auf ihre alten alpinen Stammesgebiete zurückgedrängt worden, fürchteten weitere Regressionen und bevorstehende Unterwerfung durch Ariovist. Und einer ihrer Führer bringt den Stein ins Rollen, der eine Lawine auslöst, deren Folgen Europa noch heute spürt.

Bei Caesar klingt das so:

»Bei den Helvetiern war der bei weitem vornehmste und begütertste Mann Orgetorix. Er zettelte (im Jahre 61) aus Machtgier eine Verschwörung des Adels an und überredete seine Stammesgenossen, mit all ihrer Habe auszuwandern. Da sie alle anderen an Tapferkeit übertrafen, sei es ganz leicht, die Herrschaft über das gesamte Gallien an sich zu reißen[232].«

Ein früher Fall von ›Volk ohne Raum‹. Orgetorix macht aber den Fehler, zusammen mit sequanischen und häduischen Anarchisten nach der Krone im eigenen Stamm zu streben: »... sie gaben sich gegenseitig eidliche Versicherungen und hofften, wenn sie erst einmal die Herrschaft gewonnen hätten, sich mit Hilfe der drei mächtigsten und stärksten Volksstämme (nämlich der Helvetier, Sequaner und Häduer) der Herrschaft über ganz Gallien bemächtigen zu können[233].«

Aber die Fronde wird verraten; da ›starb‹ Orgetorix, sehr wahrscheinlich mit fremder Hilfe. Caesar fährt fort – beachten Sie seine ungemein sachliche Sprache und die Fülle der Angaben:

»Nach seinem Tode versuchten die Helvetier dessen ungeachtet, die gefaßten Beschlüsse, d. h. die Auswanderung aus ihrem Gebiet, in die Tat umzusetzen. Sobald sie sich hierfür bereit glaubten, zündeten sie alle ihre Städte – an die zwölf –, ungefähr 400 Dörfer und dazu die Einzelgehöfte an und verbrannten alle Getreidevorräte mit Ausnahme derer, die sie mitnehmen wollten, um, wenn erst einmal die Hoffnung auf eine Rückkehr genommen sei, desto entschlossener alle Gefahren auf sich zu nehmen. Befehlsgemäß sollte ein jeder einen Mehlvorrat für drei Monate mitnehmen[234].«

Ihr Ziel: das Land an der Gironde in Aquitanien. Ihre Marschroute: der bequeme Weg durch das Gebiet der Allobroger im nördlichen Randgebiet der Narbonensis. Damit sind wir am entscheidenden Punkt!

Immer wieder entbrennt der wissenschaftliche Disput über die Rechtsgrundlagen Caesars, die ihn zum Eingreifen bewogen. Er selbst erledigt das in einem einzigen Satz (Ich lasse Caesar in der 1. Person sprechen, um den Text zugänglicher zu machen):

»Als ich erfuhr, daß sie durch unsere Provinz ihren Weg zu nehmen versuchten, reiste ich schleunigst aus Rom ab und erschien vor Genf. Der gesamten Provinz befahl ich, eine möglichst große Truppenmenge zu stellen – im jenseitigen Gallien lag insgesamt nur eine Legion – und ließ die Brücke bei Genf (über die Rhône) abbrechen[235].«

Fest steht, Caesar beginnt gegen Helvetier und in der Folge gegen Ariovist einen Angriffskrieg. Um dies zu rechtfertigen, muß er seinen römischen Lesern, an erster Stelle dem Senat, gewichtige Gründe für dieses völlig eigenmächtige Handeln vorlegen. Dazu ein moderner Historiker, H. Diller: »Wo Caesar römische Angriffsmaßnahmen begründet, ist er bestrebt, ihnen einen defensiven Charakter zu verleihen; er stellt diese Maßnahmen dar, als habe er sie unternommen zur Vergeltung oder zur vorsorglichen Abwehr einer Gefährdung der römischen Macht oder zur Beseitigung eines Fleckens auf der römischen Waffenehre[236].«

Wir wollen uns nicht zu sehr in Detailfragen verlieren, uns aber doch an dieser Stelle Caesars Motivation näher anschauen, weil sie uns Einblick in seine militärische und politische Strategie gewährt. Die Helvetier bitten ihn um Erlaubnis, den Weg durch die Provinz zu nehmen. Dazu Caesar:

»Da ich jedoch nicht vergessen hatte, daß der Consul Lucius Cassius von den Helvetiern getötet und sein von ihnen geschlagenes Heer unter das Joch geschickt worden war (107 v. Chr.), glaubte ich, die Genehmigung nicht geben zu dürfen. Auch nahm ich nicht an, daß sich diese feindlich gesinnten Menschen der Rechtsverletzung und Gewalttaten enthalten würden, wenn ihnen erst einmal die Gelegenheit gegeben werde, durch die Provinz zu ziehen[237].«

Er verlangt Bedenkzeit, rüstet auf, baut befestigte Plätze. Dann kommt der Präventivschlag, den er äußerst geschickt so motiviert:

»Es wurde mir gemeldet, daß die Helvetier beabsichtigten, ihren Weg durch das Land der Sequaner und Häduer (also außerhalb der römischen Provinz!) in das der Santonen zu nehmen, die nicht mehr weit von den Tolosaten, einem Stamm in der römischen Provinz, wohnen (!). Ich sah ein, daß dies, falls es geschehe, mit schwerer Gefahr für die Provinz verbunden sein werde, wenn sie (die Provinz) die kriegerischen Menschen und Feinde des römischen Volkes in einem offen daliegenden und besonders fruchtbaren Landstrich zu Nachbarn bekomme[238].« Geschickt gemacht!

Er übergibt das Kommando seinem Legaten Labienus, der die festen Plätze hält, eilt selbst nach Italien, holt dort zwei Legionen (die XI. und XII.) – ohne

Wissen des Senats! – nimmt noch die drei Legionen (VII., VIII. und IX.) aus der Poebene mit und marschiert in Gewaltmärschen von durchschnittlich 25–30 km täglich zurück und schlägt die Helvetier in der Nähe des heutigen Lyon vernichtend. Erstes Beispiel seiner unglaublichen Schnelligkeit des Zuschlagens! Stolz schreibt er:
»Hierbei rächte ich nicht nur die dem Staat zugefügte Schmach (von 107 v. Chr.), sondern auch eine persönliche Kränkung, weil die Tiguriner (ein Teilstamm der Helvetier) den Großvater meines Schwiegervaters Lucius (Calpurnius) Piso, den Legaten gleichen Namens, in der Schlacht, in der Cassius (als Consul) gefallen war, getötet hatten[239].«
Solche Argumentation war Honig in römischen Ohren! Da hat's diesen Barbaren endlich einer gegeben! Seine und des Staates ›dignitas‹ (Würde) sind wiederhergestellt. Militärisches Ergebnis: Mit einem Schlag ist Rom zur beherrschenden Macht in Mittelgallien geworden; Caesar hat endlich das militärische Feld gefunden, auf dem er mit Pompeius gleichziehen kann; und nun gibt es für ihn kein Halten mehr. Sein Ziel heißt: Ariovist! Die Konfrontation mit ihm wird durch die neue Lage unausweichlich!
Es wird sich von nun an in allen Unternehmungen Caesars ein Glied an das andere fügen, so daß immer wieder spätere Beobachter geneigt waren, einen gigantischen Plan des genialen Militärs und Staatsmanns Caesar darin zu erkennen. Aber dem ist nicht so. Dafür gehen Intuition, hohe Begabung, scharfer logischer Verstand und pragmatische Auffassung jene so seltene Bindung ein, die in allen Teilen den Intellekt walten läßt.
»Nach Beendigung des Helvetischen Krieges trafen als Gesandte aus fast ganz Gallien die Fürsten der Stämme bei mir ein, um mir ihre Glückwünsche darzubringen[240].«
Großes Palaver. Der Häduer Diviciacus malt – nach Caesar – den Teufel an die Wand: Ariovist! »In wenigen Jahren werde es soweit sein, daß sie alle vom gallischen Boden vertrieben würden und alle Germanen den Rhein überschritten. Ariovist übe stolz und grausam seine Herrschaft aus ... Ein unkultivierter, jähzorniger, tollkühner Mensch sei er. Man könne seine Herrschaft nicht ertragen. Wenn nicht bei Caesar und dem römischen Volk Hilfe zu erreichen sei, dann müßten alle Gallier dasselbe wie die Helvetier tun, nämlich auswandern, neue, von den Germanen entfernte Wohnsitze suchen und das ungewisse Schicksal riskieren ... ›Du, Caesar, kannst dank deines persönlichen Ansehens und der Autorität deiner Armee auf Grund ihres jüngsten Sieges und im Namen des römischen Volkes abschreckende Maßnahmen ergreifen, damit die Germanen nicht in noch größerer Menge den Rhein überschreiten. Du kannst ganz Gallien von den rechtlosen Übergriffen dieses Ariovist schützen!‹ – Nach dieser Rede

des Diviciacus begannen alle Anwesenden, mich unter vielen Tränen um Hilfe anzuflehen ...[241].«
Damals weinten harte Männer noch! Ist diese gefühlvolle Szene in ihrer Verbindung von Argumentation und Sentiment nicht glänzend komponiert?! Caesar, der Verteidiger der gallischen Freiheit! Sie bitten ihn unter Tränen!
Aber noch ist ja Ariovist ›Freund des Römischen Volkes‹! Man muß mit dem Mann reden; Verhandlungen durch Gesandte schlagen aber fehl.

### *3. Germanenkomplex*

Die Spannung wächst, Caesar besetzt Vesontio (Bésançon), der strategisch wichtigen Festung wegen. Während er das Treffen vorbereitet, kommt es aber nun in der Truppe zu einer Panik. Germanen – das heißt damals: die Hunnen kommen!
Caesar verschweigt keineswegs die krisenhafte Stimmung der Armee; sein Bericht zeigt ihn als Menschenkenner:
»Während wir uns wenige Tage bei Bésançon aufhielten – Verpflegung und Nachschub mußten geregelt werden – da befiel plötzlich ein so großer Schrekken das ganze Heer, daß alle in bedenklicher Weise Kopf und Herz verloren. Auf die Fragen der Truppe hin hatten nämlich Gallier und Kaufleute überall erzählt, die Germanen seien ungeheuer groß, unglaublich tapfer und waffengeübt. Häufig seien sie mit ihnen zusammengestoßen und hätten nicht einmal ihre Miene und den stechenden Blick ihrer Augen ertragen können. Diese Angst befiel zuerst die Militärtribunen (junge Männer aus besten römischen Familien! Ein ironischer Seitenhieb Caesars!), die Präfekten (der Reiterei) und die übrigen, die mich aus Rom aus persönlicher Freundschaft begleitet hatten, aber keine Kriegserfahrung besaßen.
Von ihnen baten die einen aus diesem, die andern aus jenem Vorwande, der angeblich die Rückreise nach Rom erforderlich mache, um Beurlaubung. Einige jedoch schämten sich und blieben, um dem Verdacht der Furcht zu entgehen, da. Aber sie konnten weder ihre Miene verstellen noch bisweilen ihre Tränen zurückhalten. In ihren Zelten versteckt, bejammerten sie entweder ihr persönliches Los oder beklagten mit ihren Freunden die gemeinsame Gefahr. Allgemein wurden im Lager Testamente abgefaßt. Durch das Gerede und die Furcht dieser Leute wurden allmählich auch die kriegserfahrenen Soldaten, Centurionen und Reiterführer ängstlich. Von ihnen erklärten die, welche als weniger furchtsam gelten wollten, sie hätten keineswegs vor dem Feind Angst, sie fürchteten nur die Engpässe, die großen, zwischen ihnen und Ariovist liegen-

den Wälder oder die nicht ausreichende Möglichkeit, den Proviant herbeizuschaffen.

Einige gaben mir auch zu verstehen, daß die Truppe, wenn ich den Befehl zum Aufbruch und Angriff gebe, keine Folge leisten und aus Furcht nicht marschieren werde[242].«

Somit steht er gleich am Anfang seines Feldzuges vor dem Problem einer Meuterei! Sie muß im Keim erstickt werden. Wie bringt er das fertig?

»Als ich dies vernahm, berief ich einen Kriegsrat, ließ an ihm (auch) die Centurionen aller Dienstgrade teilnehmen und machte ihnen heftige Vorwürfe (das Folgende in direkte Rede umgesetzt):

»Seit wann ist es Sitte in einer römischen Armee, daß Hauptleute sich einbilden, entscheiden, planen und überlegen zu können, wohin oder zu welch taktischem Einsatz sie geführt werden wollen. Unter meinem Consulat hat sich Ariovist eifrigst um die Freundschaft des römischen Volkes bemüht. Warum soll ich da annehmen, er werde nun leichtsinnig seine Dankespflicht verletzen? Ich für meine Person bin überzeugt, Ariovist wird weder die Freundschaft mit mir noch die mit dem römischen Volk aufs Spiel setzen, wenn er erst einmal meine Forderungen kennengelernt und die Berechtigung meiner Vorschläge eingesehen hat.

Falls er dennoch aus Verblendung und Wahnsinn einen Krieg vom Zaun bricht: Ja – was in aller Welt fürchtet ihr denn? Wie kommt ihr dazu, an eurer Tapferkeit oder an meiner Umsicht zu zweifeln?

Zu einer Kraftprobe mit diesem Feind ist es schon zur Zeit unserer Vorfahren gekommen – und damals erntete das Heer nach der Überwindung der Cimbern und Teutonen durch Gaius Marius nicht geringeren Ruhm als der Feldherr selbst. Eine zweite ist erst kürzlich in Italien im Krieg gegen die Sklaven erfolgt, die doch immerhin einigen Vorteil aus der von uns übernommenen Taktik, Erfahrung und Kriegszucht gezogen haben. Daran erkennt ihr, wie gut sich zähe Ausdauer auszahlt: Haben sie doch den Gegner anfangs, als er noch schlecht bewaffnet war, grundlos gefürchtet und später, als er mit Waffen wohl ausgerüstet und bereits siegreich war, dennoch geschlagen.

Schließlich sind es doch dieselben Germanen, mit denen die Helvetier schon oft genug aneinandergeraten sind und die sie nicht nur auf eigenem, sondern sogar auf deren Boden überwunden haben –, diese Helvetier, die doch uns nicht standgehalten haben!

Auf wen aber die unglückliche Schlacht und die Flucht der Gallier Eindruck macht, der wird, wenn er nach dem Grund sucht, feststellen: Erst als diese durch den langen Krieg erschöpft waren, Ariovist selbst sich im Sumpfgebiet monatelang in seinem Lager verschanzt und keine Angriffsmöglichkeit geboten

hatte, da erst ist er plötzlich über die am glücklichen Ausgang des Kampfes Verzweifelnden und Versprengten hergefallen und siegte mehr durch List und Tücke als durch soldatische Tapferkeit.
Nun, diese Taktik ist bei unerfahrenen Barbaren angebracht –, daß ein römisches Heer darauf hereinfällt, das hofft nicht einmal Ariovist selbst!
Da sind einige, die verstecken ihre Feigheit hinter angeblichem Getreidemangel und faseln von unpassierbaren Wegen: Sie handeln anmaßend, denn sie zweifeln am Verantwortungsgefühl des Feldherrn, ja wollen ihm Vorschriften machen. Das macht mir Sorge!
Zur Lage: Getreide liefern die Sequaner, Leuker und Lingonen. Schon reift die Ernte auf den Feldern. Was die Marschroute betrifft: den Weg werdet ihr in Kürze selbst beurteilen können.
Wie ich höre, redet man im Lager, die Truppe werde nicht gehorchen und nicht marschieren ... Das macht nicht den geringsten Eindruck auf mich! Ich weiß nämlich, daß all denen, welchen das Heer den Gehorsam verweigert hat, nach einer Schlappe das Glück gefehlt hat –, sie wurden der Beutegier überführt. Durch mein ganzes bisheriges Leben ist jedoch meine Uneigennützigkeit bekannt und erwiesen und meine glückliche Hand hat sich nach dem Helvetierkrieg herumgesprochen.
Daher werde ich, was ich unter anderen Umständen auf einen späteren Termin verschoben hätte, unverzüglich verwirklichen: Schon in der nächsten Nacht werde ich in der vierten Nachtwache aufbrechen! Dann werde ich ja sehr schnell feststellen, was bei euch stärker ist: Scham und Pflichtbewußtsein – oder Furcht! Und das sage ich euch: Sollte mir sonst niemand folgen, dann werde ich mit der X. Legion allein marschieren! An ihr zweifele ich nicht; sie wird meine Leibgarde sein[243]!«
Der Erfolg dieser psychologischen Meisterrede zeigt sich auf der Stelle; im nächsten Satz schreibt er: »Nach dieser Ansprache schlug in auffallender Weise die Stimmung um, und höchste Kampfesfreudigkeit und Kriegsbegeisterung wurde geweckt.«
Unverzüglich bricht er nach Osten auf, durch die Burgundische Pforte, in die Gegend von Mühlhausen. Nun entsinnt sich Ariovist seines Titels ›Freund des Römischen Volkes‹ und versucht sein Glück auf diplomatischem Wege. Es kommt zu der berühmten Unterredung zu Pferde. Ich setze auch hier der lebendigeren Darstellung wegen in wörtliche Rede um. Zunächst umreißt Caesar knapp die Szenerie:
»In einer weiten Ebene erhebt sich dort eine recht beachtliche Höhe; sie war ungefähr gleich weit von beiden Lagern entfernt. Hier trafen wir uns abmachungsgemäß zur Aussprache. Ich ließ die Legion, die hoch zu Roß mich beglei-

tet hatte, 200 Schritt von dieser Anhöhe entfernt halten (Caesar hatte die X. beritten gemacht, da er sich auf die gallischen Reiter nicht verlassen wollte; Vorbedingung des Treffens war, daß die Infanterie zurückblieb). In derselben Weise postierten sich in gleicher Entfernung Ariovists Reiter.
Dieser forderte, daß das Gespräch zu Pferde geführt würde und jeder außerdem zehn Mann als Gefolge bei sich habe. Nach der Ankunft wies ich auf die Verdienste hin, die ich und der Senat ihm erwiesen hatten:
– ›Du hast vom Senat den Ehrentitel ›König und Freund des Römischen Volkes‹ erhalten; in großzügiger Weise sind dir Geschenke gesandt worden. Diese Ehre ist nur wenigen zuteil geworden und wird gewöhnlich nur für große Verdienste vergeben. Obwohl du weder einen Anspruch noch eine Berechtigung zu irgendeiner Forderung hast, hast du diese Auszeichnung dank meiner und des Senats Entgegenkommen und Güte erhalten. Für die enge Freundschaft Roms mit den Häduern sprechen alte und berechtigte Gründe. Viele ehrenvolle Senatsbeschlüsse sind für sie in Kraft getreten. Die Häduer besaßen zu jeder Zeit die Führung in ganz Gallien, schon bevor sie sich um die römische Freundschaft bemüht haben.
Beim römischen Volk ist es Brauch, daß seine Bundesgenossen und Freunde nicht nur nichts einbüßen, sondern an Einfluß, Ehre und Ansehen gewinnen. Sie haben viel zu diesem freundschaftlichen Verhältnis mit Rom eingebracht – wer kann es zulassen, daß ihnen das wieder entrissen wird?
Ich wiederhole, was ich schon deinen Gesandten aufgetragen habe: Ariovist soll die Häduer, ebensowenig deren Bundesgenossen angreifen, die Geiseln zurückgeben und – wenn du schon keinen deiner Männer zurückschicken kannst, stoppe die Invasion und bringe keine weiteren Truppen über den Rhein!‹
Ariovist antwortete auf meine Fragen nur kurz; von seinen Taten machte er großes Aufheben. Er sagte:
›Den Rhein habe ich nicht aus eigenem Antrieb überschritten; die Gallier haben mich dazu aufgefordert. Meinst du vielleicht, Römer, ich hätte Heimat und Verwandte verlassen (und einen solchen Aufwand getrieben), ohne große Hoffnung auf Beute?
Die Wohnsitze in Gallien, über die ich verfüge, haben sie selbst abgetreten. Geiseln sind mir von ihnen freiwillig gestellt worden. Tribut nehme ich nach Kriegsrecht, wie ihn eben der Sieger dem Besiegten auferlegt!
Nicht ich habe gegen Gallien – sie haben gegen mich zu den Waffen gegriffen. Alle Stämme Galliens haben sich zusammengerottet, um gegen mich eine Offensive zu führen. Alle haben sie gegen mich im Felde gelegen. Aber alle diese Truppen sind in einer einzigen Schlacht von mir geschlagen und überwältigt worden.

Wenn sie einen weiteren Versuch wagen wollen – ich bin zum Kampf bereit! Wenn sie aber den Frieden vorziehen, ist es unbillig, den Tribut zu verweigern, den sie bis zu diesem Tag freiwillig geleistet haben. Die Freundschaft mit dem römischen Volk muß mir Ehre und Schutz, nicht Nachteile bringen; in dieser Hoffnung habe ich sie gesucht. Wenn mir aber durch römisches Eingreifen mein Tribut geschmälert und die Tributpflichtigen entzogen werden, dann kann ich auf solche Freundschaft der Römer ebensogern verzichten, wie ich sie einst erstrebt habe! Wenn ich eine große Zahl Germanen nach Gallien führe, so nur, um mich zu schützen, nicht um Gallien anzugreifen. Das kann ich beweisen: Ich bin erst gekommen, nachdem man mich gebeten hat. Ich habe keinen Angriffs-, sondern einen Verteidigungskrieg geführt.
Ich bin früher nach Gallien gekommen als die Römer, und niemals zuvor hat ein römisches Heer die Grenzen der Provinz Gallien (Narbonensis) überschritten! Was willst du eigentlich von mir? Mit welchem Recht dringst du in meine Besitzungen ein? Dies Gallien ist meine Provinz, wie jenes die römische! Sowenig es mir erlaubt ist, in römisches Gebiet einzubrechen, so begeht ihr einen Rechtsbruch, indem ihr euch in meine Angelegenheiten mischt! ... Was du da von den Häduern behauptest, sie seien vom Senat mit dem Ehrennamen ›Brüder‹ ausgezeichnet worden ... Hältst du mich für einen solchen barbarischen Trottel und in der Geschichte so unbewandert, daß ich dir das abnehme?! Die Häduer haben weder im letzten Allobrogerkriege den Römern Hilfe gebracht – noch haben diese ›Brüder‹ in den Kämpfen mit mir und den Sequanern eure Hilfe genossen! Ich werde den Verdacht nicht los, du unterhältst unter dem Deckmantel einer ›Freundschaft‹ das Heer in Gallien nur, um mich zu überwältigen.
Wenn du nicht abziehst und das Heer aus diesen Gegenden wegführst, werde ich in dir nicht den Freund, sondern den Feind sehen. Wenn ich dich beseitige, könnte ich mich bei vielen Patriziern und Führern des römischen Volkes beliebt machen. Ich weiß das durch Botschaften von all denen persönlich, deren Dank und Freundschaft ich durch deinen Tod gewinnen könnte. Ziehst du aber ab und überläßt mir den freien Besitz Galliens, so werde ich dich reichlich belohnen, und welche Kriege du auch immer führen willst –, du wirst sie führen können, ohne von mir dabei gehindert oder bedroht zu werden.‹«
Caesar bleibt – natürlich – hart: »Weder meine noch des römischen Volkes Gewohnheit lasse es zu, hochverdiente Bundesgenossen im Stich zu lassen, noch sei es meine Meinung, daß Ariovist mehr Anspruch auf Gallien habe als Rom ... Wenn die Entscheidung des Senats beachtet werden solle, dann müsse Gallien frei sein ...«
Noch in der parteilichen Widergabe des Gesprächs durch Caesar klingt durch,

daß er es mit einem ungemein selbstbewußten Fürsten von Format zu tun hat, dessen harte Argumentation er nicht verschweigt, damit sein anschließender totaler Sieg über ihn um so höher gewürdigt werden kann.

Was gäben wir um einen germanischen Chronisten, der den Konflikt aus der Sicht der anderen Seite darstellen würde!

Ergebnis: Die Standpunkte beider Seiten sind unvereinbar – die Waffen müssen entscheiden.

Im Elsaß stoßen beide Heere aufeinander. Nach hartem Ringen werden die Sueben geworfen; P. Crassus, Sohn des Triumvirs, hat großen Anteil am Erfolg. »Nur wenige mühten sich, auf ihre Kräfte bauend, den Fluß zu durchschwimmen oder auf vorgefundenen Nachen ihr Leben zu retten ... Alle übrigen wurden von unseren Reitern eingeholt und niedergemacht[245].«

Caesar hat in Gallien seine Vormachtstellung behauptet; stolz unterkühlt schreibt er: »In einem Sommer hatte ich zwei schwere Kriege beendet und führte etwas früher, als es die Jahreszeit erfordert hätte, das Heer zum Überwintern in das Gebiet der Sequaner[246].«

### *4. Brillanter Schriftsteller*

Von dieser Basis aus kann er die weiteren Ereignisse ins Auge fassen: Die Belger, die nördlich von Seine und Marne siedeln, versuchen den römischen Einbruch zu stoppen, bringen eine Koalition fast aller Stämme der Region samt einem gewaltigen Heer auf die Beine – nach Caesar an die 300 000 Mann. Lediglich die Remer – in der Gegend von Reims – sehen in der Kollaboration mit Rom bessere Zukunftsaussichten; sie gewähren Caesar Stützpunkte und stellen Geiseln. Er hebt im diesseitigen Gallien zwei weitere Legionen aus (XIII. und XIV.) und verfügt nun über 40 000 Mann.

Die Gegenseite hat Versorgungsschwierigkeiten, da sie keine Erfahrung in der Logistik eines solchen Riesenheeres hat. Hinzu kommen die ewigen Rangstreitigkeiten zwischen den Stammesführern. Das Heer teilt sich in einzelne Haufen, die Caesar einen nach dem andern niederringt. Nur die Nervier, ein belgischer Stamm zwischen Ardennen und Schelde, leisten ihm erbitterten Widerstand. An der Sambre kommt es (57) zur Schlacht. Caesars Schilderung des Geschehens zeigt uns ihn als brillanten Schriftsteller, der mit wenigen Strichen ein äußerst plastisches Bild entwirft:

Während der Schlacht kommen die Römer sehr ins Gedränge, eine ungünstige Ausgangsposition läßt eine Katastrophe ahnen; dazu Caesar[247]:

»Ich sehe das alles. Die Soldaten der XII. Legion sind zusammengedrängt und hindern sich selbst am Fechten, bei der 4. Kohorte sind alle Centurionen und der Adlerträger gefallen; der Adler ist verloren. Auch bei den anderen Kohorten sind fast alle Centurionen gefallen oder verwundet, unter ihnen der tapfere P. Sextius Baculus, der sich kaum mehr aufrecht halten kann; die Kraft der anderen läßt nach. Schon drücken sich einige hinten, ducken sich vor den Geschossen und versuchen zu desertieren. Die Feinde aber drängen von allen Seiten unablässig heran. Die Sache steht auf des Messers Schneide, und weit und breit ist keine Truppe, die man zu Hilfe schicken könnte – da greife ich selbst ein. Einem in der letzten Reihe entreiße ich den Schild, weil ich selbst ohne Schild gekommen war, trete ins erste Glied, rufe die Centurionen namentlich auf, spreche den übrigen Mut zu und gebe den Befehl, vorzurücken und die Reihen zu lockern, damit sie die Schwerter besser handhaben können.

Mein Erscheinen gibt den Soldaten neue Hoffnung und stärkt den Mut. Jeder will unter den Augen des Feldherrn auch in schwieriger Lage zeigen, was er kann, und so wird der Angriff der Feinde etwas aufgehalten.

Nun ziehe ich die VII. Legion, die, ähnlich bedrängt, neben der XII. stand, mit Hilfe ihrer Offiziere allmählich hinter die XII., lasse sie kehrtmachen und beide gemeinsam sich der Feinde erwehren. Die Widerstandskraft wächst. In diesem Augenblick erscheinen die XIII. und XIV. Legion, die hinter dem Troß die Nachhut gebildet hatten und auf die Kunde von der Schlacht in Laufschritt gefallen waren, auf dem Kamm des Hügels. Gleichzeitig schickte Labienus, der mit dem rechten Flügel das belgische Lager erobert hatte und von dort aus die gefährliche Lage sah, die X. Legion. Die erkannte bald die kritische Lage ihrer Kameraden und nahte sich im Laufschritt. Die Ankunft dieser Legionen bringt den völligen Umschwung ...«

Die Niederlage der Nervier ist total. Ihre letzten Bollwerke im Tal der Maas werden genommen. Die Belger sind unterworfen.

Um Ihnen einen Überblick zu geben, fasse ich den Krieg in seinen entscheidenden Phasen zusammen, werde dann auf einige Details eingehen:

1. Kriegsjahr (58): Sieg über die Helvetier und Ariovist. Caesar verbringt den Winter in Norditalien.
2. Kriegsjahr (57): Unterwerfung der südlichen Belger, Nervier und Atuatiker. Griff nach Zentralgallien.
3. Kriegsjahr (56): Unterwerfung einiger Alpenstämme; Besetzung von Aquitanien.
4. Kriegsjahr (55): Erster Rheinübergang; Kämpfe mit den Usipetern und Tencterern. 1. Zug nach Britannien.
5. Kriegsjahr (54): 2. Expedition nach Britannien. Großer Gallieraufstand unter Ambiorix; Verlust von 15 Kohorten (9000 Mann); Aufstand der Senonen und Treverer. Caesar muß den Winter in Gallien verbringen.

6. Kriegsjahr (53): Gallieraufstand breitet sich aus. 2. Rheinübergang. Caesar verbringt den Winter in Norditalien.
7. Kriegsjahr (52): Allgemeine Erhebung der Gallier unter Vercingetorix. Caesar siegt bei Alesia. Gefangennahme des Vercingetorix.
8. Kriegsjahr (51): Gallien fest in römischer Hand.
9. Kriegsjahr (50): Keine Kampfhandlungen mehr. Vorbereitung Caesars auf die Auseinandersetzung mit Pompeius.

Zurück ins 2. Kriegsjahr: Es scheint, als ob Caesar den Krieg nach 2 Jahren für beendet ansah: »Als nach diesen Ereignissen ganz Gallien unterworfen war...[248]« Auf seine nach Rom geschickten Berichte hin scheint man dort ebenso empfunden zu haben: »Wegen der erwähnten Leistungen wurde auf Grund meiner Berichte ein fünfzehntägiges Dankfest beschlossen, eine Ehrung, die bisher niemandem zuteil geworden war.«
Aber die Ruhe trügt: Im folgenden Jahr muß er sich mit rebellischen Alpenstämmen herumschlagen, während Crassus junior Aquitanien aufrollt. Ein mühsamer, nervenaufreibender Kleinkrieg. Dann überschreiten im Jahre 55 die germanischen Usipeter und Tencterer den Rhein unter suebischem Druck aus dem Südosten. Wieder heißt es: Die Germanen kommen! Doch nun antwortet er mit einem gnadenlosen, brutalen Präventivschlag:
»Auf die Nachricht hiervon und aus Furcht vor dem Wankelmut der Gallier glaubte ich, ihnen nichts zur Entscheidung überlassen zu dürfen[249].« Er greift zu den skrupellosesten Mitteln, die er je benutzt hat. Zunächst führt er Scheinverhandlungen, hintergeht die fürstlichen Gesandten der Usipeter, gewinnt Zeit – und schlägt dann auf die führerlose Masse der Feinde ein. Ein unglaubliches Gemetzel setzt ein, einige Zehntausend kommen um. Tausendfacher Mord! Anders kann man es nicht nennen.
Als die Nachricht davon nach Rom gelangt, fordert sein alter Feind Cato seine Auslieferung an die Germanen. Vielleicht besteht – unter dem Einfluß der öffentlichen Meinung Roms – ein Zusammenhang zu seiner angehängten Notiz: »Ich gab den im Lager Festgehaltenen die Erlaubnis abzuziehen ... Sie erklärten aber, sie wollten bleiben. Ihnen schenkte ich die Freiheit.«
Anschließend demonstriert er den rechtsrheinischen Germanen die Überlegenheit römischer Militärtechnik: »Da ich sah, daß die Germanen sich so leicht verleiten ließen, nach Gallien zu kommen, wollte ich, daß sie auch für ihre eigene Sicherheit fürchteten, wenn sie sähen, daß ein römisches Heer es fertigbringe und wage, über den Rhein zu setzen[250].«
In 10 Tagen baut er die erste feste Brücke, die je den Strom überspannt hat. Sie wird in der Nähe von Andernach im Neuwieder Becken gestanden haben.

## Brückenjoch von Caesars Rheinbrücke

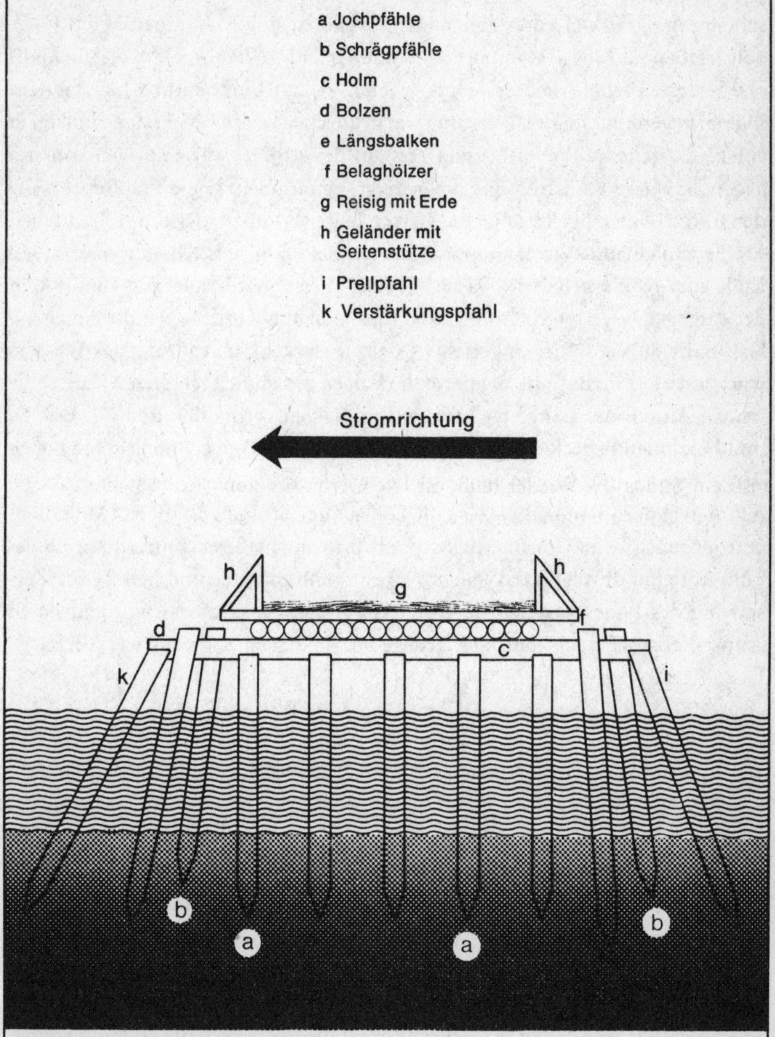


(nach Klingelhöfer, Römische Technik)

Nach der neuesten Rekonstruktion wird sie eine Breite zwischen 9 und 10,5 m gehabt haben.

Hier Caesars fachmännische Beschreibung: »Je zwei anderthalb Fuß dicke, unten ein wenig zugespitzte Balken in Länge der Flußtiefe ließ ich in einem Zwischenraum von zwei Fuß miteinander verbinden, mit Maschinen in das Flußbett treiben und mit Rammböcken in den Grund treiben, nicht wie gewöhnliche Brückenpfähle, sondern schräg, so daß sie zur Flußrichtung hin standen. Diesen gegenüber ließ ich genauso zwei in gleicher Weise verbundene Balken in einem Zwischenraum von vierzig Fuß auf der stromabwärts gelegenen Seite, gegen die starke Flußströmung hin geneigt, einrammen. Diese Pfahlpaare wurden durch oben eingelassene Querbalken in der Weite, in der die verbundenen Pfähle von einander abstanden, auf beiden Seiten mittels Klammerpaaren am Ende auseinandergehalten. Da sie in dieser Weise auseinandergespannt und in der entgegengesetzten Richtung zusammengehalten wurden, war die Anlage so fest und von Natur aus eingerichtet, daß, je stärker der Andrang des Wassers war, desto fester zusammengepreßt die Balken zusammengehalten wurden. Sie wurden durch der Länge nach aufgelegte Balken verbunden und mit Bohlen und Faschinen bedeckt. Zu alledem wurden noch Balken ebenfalls schräg nach der unteren Flußseite gezogen, welche, wie Mauerbrecher vorgeschoben und mit dem ganzen Bau verbunden, die Gewalt des Stromes abfingen. Außerdem wurden ebenso andere oberhalb der Brücke in mäßiger Entfernung eingerammt, damit durch diese Wellenbrecher, wenn Stämme und Schiffe zur Zerstörung des Baues von den Barbaren stromabwärts geschickt wurden, deren Anprall abgeschwächt und der Brücke kein Schaden zugefügt werde[251].«

## 5. *An den Grenzen der Welt*

Die Expedition nach der Zinninsel Britannia im gleichen und im folgenden Jahr hat ähnliche Gründe: Es handelt sich um bewaffnete Erkundungen und zugleich Versuche, die militärische Hilfe zu unterbinden, die die nordgallischen Stämme von ihren keltischen Verwandten jenseits des Kanals erhielten.

Wenn auch die militärischen Ergebnisse mager waren – größte Schwierigkeiten bereitete den römischen Landratten die Überfahrt bei stürmischer See –, so war die römische Öffentlichkeit stark beeindruckt von diesen geographischen Pioniertaten.

»Denn Caesar war der erste«, schreibt Plutarch, »der sich im Westen mit einer Flotte auf das Meer wagte und mit einem Heer über den Atlantischen Ozean (der Kanal!) gegen eine Insel fuhr, die man wegen ihrer Größe gar nicht für eine Insel halten wollte, und über die sich viele Gelehrte stritten.« Für Rom bedeutete dieser Versuch, »die Erweiterung der Herrschaft über die Grenzen des bis dahin bekannten Erdkreises hinaus[252].«

Als er nach der zweiten Fahrt wieder gallischen Boden betritt, erhält er eine niederschmetternde Nachricht:

»In Gallien fand er Briefe von seinen Freunden in Rom, die ihm eben hinübergeschickt werden sollten. In diesen Briefen wurde ihm der Tod seiner Tochter gemeldet, welche bei Pompeius im Wochenbett gestorben war. Pompeius und Caesar waren dadurch sehr erschüttert, ihre beiderseitigen Freunde aber gerieten in Bestürzung, weil nun die Verwandtschaft, die den schon ziemlich kränkelnden Staat noch in Eintracht und Frieden zu erhalten schien, zerrissen war. Denn auch das Kind starb gleich darauf und überlebte die Mutter nur um wenige Tage.«

Aber er kann sich nicht lange der Trauer um die unendlich geliebte Tochter hingeben: In ganz Nordgallien flammt ein Aufstand auf, den Ambiorix, ein Fürst der belgischen Eburonen, während Caesars Abwesenheit vorbereitet hat. Der Einsatz aller geistigen und physischen Kräfte wird von ihm gefordert.

Legionen, die getrennt in die Winterquartiere gegangen sind, kommen in tödliche Bedrängnis. In letzter Minute kann er etwa seinen Legaten Quintus Tullius, den Bruder Ciceros, nur durch einen Blitzeinsatz aus der Umklammerung von 60 000 Galliern retten. Trotzdem verliert er 9000 Mann!

Aber die Erhebung hat sich schon bis ins Gebiet der Treverer, einem keltisch-germanischen Mischvolk in der Gegend des heutigen Trier, ausgedehnt. Er reagiert schnell:

»Als ich aus dem Gebiet der Menapier (zwischen Rhein und Schelde) ins Land der Treverer gekommen war, beschloß ich, aus zwei Gründen den Rhein (noch einmal) zu überschreiten. Der eine war der, daß die Germanen den Treverern Hilfstruppen gegen uns geschickt hatten, der zweite der, daß Ambiorix (die Seele des Aufstandes) bei ihnen keine Zufluchtsstätte haben sollte. Nach diesem Entschluß ließ ich oberhalb der Stelle, an der ich vorher (vor 2 Jahren) das Heer hinübergeführt hatte, eine Brücke schlagen[253].«

Etwa drei Wochen bleibt er auf germanischem Gebiet, demonstriert wieder die technisch-militärischen Mittel der römischen Großmacht – doch wieder läßt sich kein Germane blicken. Hoffen sie, ihn – wie 62 Jahre später den Varus – in die tödliche Umklammerung ihrer Wälder ziehen zu können? Ohne greifbare Erfolge zieht er sich wieder auf gallisches Gebiet zurück.

Von vielen Biographen und Herausgebern seiner Kommentarien ist das als Schlappe bewertet worden: Um sie zu verdecken, habe er an dieser Stelle, im 6. Buch seines Commentarius, den berühmten Germanenexkurs eingefügt. So auch Dorminger, der schreibt: »Nebenbei scheint er den Mißerfolg seines Germanenzuges verwischen zu wollen[254].«

Ich sehe es anders: Man könnte – wenn der äußerst saloppe Vergleich erlaubt ist – eher von ›Duftmarken‹ sprechen, die das machtpolitische ›Revier‹ der römischen Interessen abstecken sollen. Caesar zeigt sich als ein Mann des Maßes, der sich und die ihm gegebenen Möglichkeiten genau kennt, der das Maßlose verabscheut. Der immer wieder gezogene Vergleich mit Alexander d. Großen ist völlig unangebracht. Caesar ist nicht Alexander. Er ist ein reifer Mann von 47 Jahren, der mühsam Stufe für Stufe der magistralen Laufbahn erstiegen hat. Rom ist nicht Makedonien! Germanien nicht Indien, Gallien nicht Persien! Alexander konnte sich bei all seinen Operationen auf die straffe zentralistische Staatsmaschinerie des persischen Imperiums stützen, brauchte nur die Spitzen mit seinen Vertrauten zu besetzen. Gallien dagegen ist eine lockere Ansammlung eifersüchtig sich befehdender Stämme, ohne die Hierarchie einer jahrhundertealten funktionierenden Beamtenschaft.

Sobald Caesar sich für eine Weile aus einer unterworfenen Region entfernt, flammt Erhebung hinter ihm auf. Sein Ziel ist nicht – noch nicht – Weltherrschaft; sein Ziel heißt: Rom! In klarer Voraussicht künftiger Entwicklungen und auf Grund der von ihm – als erstem – erkannten ethnischen Verschiedenheiten zwischen Kelten und Germanen bietet sich ihm dieser Fluß Rhenus in logischer Konsequenz als *die* Grenze der römischen Welt an! Läßt er doch selbst zwei Jahre vorher schon einen Germanen sagen: »Der Rhein ist die Grenze des römischen Volkes[255].«

In Caesar ist eben der Staatsmann und Politiker *immer* dem General übergeordnet! Rückblickend wird sich erweisen, daß seine Kriege immer Mittel zum Zweck der Politik waren; aus der Situation heraus wird er zum genialen Feldherrn, aber militärische Operationen um ihrer selbst willen sind nicht seine Maxime. Nichts beweist das mehr als die ungemein kühle, beherrschte Darstellung seiner militärischen Erfolge. Ein moderner Historiker kommentiert: »Caesar hat seine Taten schlicht selber aufgezeichnet, und seine Kraft macht dabei keinen großen Lärm[256].«

Indem Caesar den Rhein als Grenze festlegt, weist er der historischen Entwicklung Europas bis zum heutigen Tag die Richtung: Die jahrhundertelangen Auseinandersetzungen zwischen Deutschen und Franzosen, das burgundische Zwischenreich des 15. Jahrhunderts, die Reunionspolitik Ludwigs XIV., die Schlachtpläne der Weltkriege, ja auch das heutige strategische Konzept von Nato und Warschauer Pakt haben hier ihre Wurzel. Caesar ist einer der ganz wenigen Individuen, von denen man ohne Abstriche sagen kann, sie haben Weltpolitik gemacht! Das heute durch soziologische Erkenntnisse zu Recht in

Frage gestellte ›Männer machen Geschichte‹ – bei Caesar trifft es noch zu! Es gibt ein wunderbares Wort Mommsens: »Gewöhnliche Menschen schauen die Früchte ihres Tuns; der Same, den geniale Naturen streuen, geht langsam auf ...«

Durch seinen Exkurs im 6. Buch will Caesar seinen Lesern die Notwendigkeit des Rheins als Grenzscheide zwischen Gallien und Germanien verdeutlichen. Erreicht er auch nicht die Genauigkeit von Tacitus' ›Germania‹, so ist er doch für die frühgermanische Forschung von großer Bedeutung, da er die älteste zusammenhängende Schilderung dieser Stämme gibt. Dafür einige Kostproben: »Die Sitten der Germanen unterscheiden sich sehr von denen der Gallier. Sie lassen sich weder von Priestern (Druiden) leiten, noch bringen sie eifrig Opfer dar. Zu den Göttern zählen sie nur die, die sie sehen können und deren Wirkung ihnen hilft, den Gott der Sonne, den des Feuers und die Mondgöttin. Andere kennen sie nicht einmal vom Hörensagen. Ihr Leben besteht nur aus Jagd und Krieg. Von klein ab härten sie sich ab und trainieren. Wer am längsten seine Keuschheit bewahrt, trägt bei den Seinen das größte Lob davon. Das, meinen sie, fördere den Wuchs, nähre die Kräfte und festige die Muskeln. Unter zwanzig Jahren Erfahrungen mit einer Frau zu haben, gilt als größte Schande. Und doch gibt es hier keine Geheimnistuerei, denn beide Geschlechter baden miteinander in den Flüssen, und als Kleidung tragen sie Felle oder kleine Pelzkleider, die den größten Teil des Körpers unbedeckt lassen.

An Ackerbau haben sie kein Interesse, und der Hauptteil der Nahrung besteht aus Milch, Käse und Fleisch. Niemand hat ein bestimmtes Stück Acker oder genau begrenzten Boden zum Eigentum ... Im Frieden gibt es keine allgemeine Beamte, sondern die Gaufürsten sprechen unter den Ihren Recht und schlichten Streitigkeiten. Raub gilt nicht als Schande, wenn er außerhalb der Stammesgrenzen stattfindet, ja, sie loben es, wenn dergleichen geschieht, um die junge Mannschaft zu üben und trägem Nichtstun zu steuern ...

... Einem Gastfreund Unrecht zu tun, gilt als Sünde ...«

Dann kommt er auf die geographische Lage: »Der Hercynische Wald, den ich erwähnte, erstreckt sich in der Breite über neun Tagesmärsche ohne Gepäck. Denn anders können sie – die Landesbewohner – es nicht bestimmen, und sie kennen keine Wegemaße. Er beginnt bei den Helvetiern und erstreckt sich parallel der Donau bis zum Gebiet der Daker (Siebenbürgen). Dann wendet er sich nach links vom Flusse weg und berührt infolge seiner Größe das Gebiet vieler Völker. Im hiesigen Germanien (d. h. an den Ausläufern des Westerwaldes) gibt es niemanden, der sagen kann, er habe den Anfang des Waldes erreicht, auch wenn er einen Weg von 60 Tagen vorgedrungen ist ...[257].«

Hier lernen wir Caesar als Ethnographen und Geographen kennen. Eine Stelle läßt uns erkennen, daß er – darin Napoleon ähnlich – eine ganze Reisebibliothek mit sich führt, um sich wissenschaftlich auf möglichst viele Details seiner Unternehmungen vorzubereiten: Das Hercynische Waldgebirge »kennen vom Hörensagen, *wie ich sehe*, Erathostenes und andere griechische Schriftsteller«[258].

Erathostenes (275–195) aus Kyrene war Direktor der Bibliothek in Alexandria und einer der vielseitigsten Geister seiner Zeit. Seine geographischen Werke galten als Standardwerk. Unter anderem bestimmte er den Erdumfang mit 252 000 Stadien und verfehlte ihn nur um 900 Meilen!

Caesar kann nie untätig sein. Ruhepausen benutzt er zur Lektüre, Abfassung seiner Kriegsberichte und weit gefächerten Korrespondenz. Persönliche Schreiben pflegt er zu verschlüsseln: »Will jemand sie entziffern und hintereinander lesen, so muß er immer den 4. Buchstaben des Alphabets, also D für A und so fort, an die Stelle des wirklich Geschriebenen setzen.« Dies sagt Sueton, den wir darum beneiden, daß er Einsicht in Schriftstücke hatte, die wir nicht einmal mehr dem Namen nach kennen.

Wir sollten in diesem Zusammenhang einen Blick auf die Entstehung von Caesars Kriegsberichten werfen. Die originale Bezeichnung lautete: ›C. Iuli Caesaris commentarii rerum gestarum‹, also ›Tatenbericht des C. Iulius Caesar‹. Was bedeutet ›commentarius‹? Zunächst dies: eine private Aufzeichnung als Gedächtnisstütze, Amtsjournal eines Beamten, schließlich: Bezeichnung für Memoiren und Geschichtsdarstellungen. Seine jährlichen Rechenschaftsberichte an den Senat, nüchterne Kriegstagebücher, überarbeitet er zu seinen ›commentarii‹. In einer der neuesten Ausgaben des Textes faßt Georg Dorminger den heutigen Forschungsstand so zusammen:

»Es fehlt uns aus dem Alterum die Angabe, ob Caesar die 7 Bücher seiner Kommentarien einzeln oder geschlossen herausgegeben hat. Die Frage ist bis heute noch nicht entschieden. Die Mehrzahl der Forscher vertritt die These, daß Caesar sein Werk geschlossen veröffentlichte ... Liest man Buch I–VII der Kommentarien in einem Fluß, so gewinnt man den Eindruck eines wie aus einem Guß gegossenen und in sich geschlossenen Werkes[259].«

Seine Generalstabsberichte – »Das OKH gibt bekannt ...« – kursierten unter den politisch Interessierten Roms. So kann Cicero im Mai 56 sagen: »Täglich melden die gallischen Briefe und Botschaften uns bisher unbekannte Namen von Völkern, Gauen und Landschaften[260].«

Wenn Mommsen die Wirkung dieser Nachrichten auf die römische Öffentlichkeit mit dem Eindruck der Entdeckung Amerikas auf die Europäer vergleicht, so müßten wir Heutigen schon die Analogie in der ersten Mondlandung suchen.

Schon gleich nach Erscheinen des vollständigen Werkes wurde ihr literarischer Rang erkannt. Wir haben das Wort Ciceros: »Seine Denkwürdigkeiten verdienen den Beifall im vollsten Maße, denn sie sind ohne Ziererei, natürlich und anmutig. Aller Redeschmuck ist wie ein hüllendes Kleid abgestreift. Und doch hat er, während er anderen nur Materialien zu einer wirklichen Geschichtsdarstellung liefern wollte, nur Hohlköpfen vielleicht einen Gefallen erwiesen, die nun ihre Künsteleien dabei werden anbringen wollen. Denn nichts macht bei der Geschichtsschreibung einen angenehmeren Eindruck als einfache und klare Kürze[261].«

Bevor wir das letzte Kapitel dieses Krieges und das letzte verzweifelte Aufbäumen des gallischen Volkes unter Vercingetorix darstellen, müssen wir die römischen Ereignisse dieser Jahre einblenden: Der Exitus der res publica hat begonnen!

# Die verlorene Republik

## Exitus einer Epoche

### *1. Pompeius auf tönernen Füßen – Clodius setzt sich in Szene*

Nach dem vorherigen Kapitel konnte der Eindruck entstehen, die gallischen Ereignisse fänden am Rande der Welt statt. Die ironische Bemerkung Ariovists zeigt uns aber, wie ein feines Gespinst diplomatischer Fäden zwischen Provinz und Hauptstadt hin und her läuft. Wenn es eben geht, verbringt Caesar die kalte, die krieglose Jahreszeit, in der Poebene, »um die Gerichtstage abzuhalten«, wie es dann immer stereotyp heißt. In Wahrheit sucht er die informative Nähe der Stadt. Aus dieser mittleren Entfernung hat er das Ganze im Blick und sammelt um sich einen Kreis von Spitzeln, Informanten, Mitläufern und Freunden. Es ist ja keineswegs so, als ob nach Caesars Abgang in die Provinz ein Machtvakuum entstanden sei, wenn auch seine kurzfristig denkenden Anhänger so denken mögen: Alles läuft zunächst nach den geheimen Abmachungen der Junta, Pompeius und Crassus halten in Rom die Stellung; jeder stützt sich auf seine Clientel. Aber auf wie tönernen Füßen Pompeius steht, soll sich bald erweisen. Plutarch schildert gerafft, wie sich die Situation allmählich ändert:
Nach Caesars Consulat »wurden Calpurnius Piso, der Schwiegervater Caesars, und Gabinius, der unverschämteste unter Pompeius' Schmeichlern, zu Consuln ernannt ... Cato, wie von einem prophetischen Geiste ergriffen, sagte im Senat vorher, was für ein Schicksal dem Staat und Pompeius bevorstehe. Lucullus aber zog sich gänzlich zurück und lebte in Ruhe, unter dem Vorwand, daß er nicht mehr zur Staatsverwaltung tauge, worauf Pompeius die Bemerkung machte, ein Greis tauge noch weniger zum Schwelgen als zur Besorgung öffentlicher Geschäfte.
Indes war Pompeius in sein junges Weib mehr verliebt als gut und vertändelte seine Zeit meistens in ihrer Gesellschaft in seinen Landvillen und Parks und ließ die Politik auf dem Forum ihren Lauf nehmen, so daß selbst Clodius, der damals Volkstribun war, allmählich die Achtung vor ihm verlor und die verwegensten Unternehmungen in Angriff nahm[262].«
Als erstes Opfer seiner nun beginnenden Polit-Operette erkor er sich Cicero. Das kam so: Clodius, gewissenloser Opportunist und Fanatiker der eigenen Person, im Grunde ohne jedes langfristige politische Programm – ein früher Cesare Borgia – betrachtete den Staat als geeigneten Spielplatz zur Befriedigung seiner hemmungslosen Triebe. Seiner genialischen Unverfrorenheit waren Männer mit statischem Ehrenkodex nicht gewachsen, weder Pompeius,

Crassus noch Cicero und Cato. Er war ein Meister, wenn es um die Vergiftung der sogenannten öffentlichen Meinung ging, und warf der Masse saftige Brokken hin, die er selbst nicht zu bezahlen hatte.

Zunächst wechselte er, der Abkömmling eines altadeligen Hauses, aus dem ›Ober-‹ ins ›Unterhaus‹, indem er sich mit Caesars Hilfe von einem Plebejer adoptieren ließ, um so plebejischer Volkstribun werden zu können. Dies ausgerechnet am gleichen Tag, an dem Cicero in einer Senatsrede »Klagen über den Zustand des Staatsregiments verlauten ließ«[263].

In Zusammenhang mit der Bona-Dea-Affäre, deren juristische und gesellschaftliche Bewältigung sich jahrelang hinzog, hatte sich Cicero eindeutig auf die Seite der ›Guten‹ gestellt, die dem Heißsporn Meineid, Bestechung der Wählermassen und Verführung vorwarfen. Es war sogar von Inzest mit seiner Schwester Clodia, der femme fatale der Epoche, die Rede. Derlei Verunglimpfungen kennen wir ja schon von Catilina. Caesar rettete ihn damals vor der Verurteilung und bekam so ein willfähriges Werkzeug in die Hand für die Zeit seiner Abwesenheit.

Allmählich spitzen die Dinge sich zu: »Von den drei Männern«, schreibt Plutarch, »in deren Hand damals die Macht in Rom lag, war Crassus Ciceros erklärter Feind, Pompeius schmollte mit beiden, und Caesar war mit seinen Vorbereitungen fertig, um mit dem Heer nach Gallien zu gehen. Bei ihm suchte Cicero Schutz, obwohl sie keine Freunde waren und Caesar ihm wegen der catilinarischen Verschwörung immer noch verdächtig war. Er sprach die Bitte aus, Caesar als Legat nach Gallien begleiten zu dürfen. Caesar erfüllte ihm gern diesen Wunsch, doch Clodius spürte, daß Cicero sich aus Angst vor ihm während seines Tribunats außerhalb Roms aufhalten wollte. Deshalb stellte er sich versöhnlich. Den größten Teil der Schuld schob er auf Terentia (Ciceros Frau), während er Ciceros nur mit ehrenden und freundlichen Worten gedachte, als habe er keinen Grund zu Haß und Groll, sondern höchstens zu unbedeutenden freundschaftlichen Beschwerden. So brachte Clodius es endlich dahin, daß Cicero seine Furcht (vor Clodius) für unbegründet hielt und auf seine Legatenstelle bei Caesar verzichtete, um sich wieder der Politik zu widmen (diese Ausführungen Plutarchs stimmen mit Ciceros Angaben in seinen Briefen an Freund Atticus überein). Darüber war Caesar nun wieder verstimmt. Deshalb drängte er Clodius, endlich gegen Cicero vorzugehen, und machte den Riß zwischen Pompeius und Cicero unheilbar. Außerdem erklärte er öffentlich vor dem Volk, seines Erachtens sei es ungerecht und ungesetzlich, Männer ohne Richterspruch hinzurichten, wie in dem Fall des Lentulus und Cethegus und ihrer Genossen (nach Aufdeckung der Verschwörung Catilinas).

Das war die Klage, die gegen Cicero erhoben wurde und gegen die er sich nun verteidigen sollte. Bei der Gefahr, in die ihn diese Klage brachte, legte er Trauerkleider an, ließ die Haare wachsen und ging durch die Stadt, um das Volk um sein Mitleid anzuflehen. Aber überall in den Straßen trat Clodius ihm an der Spitze seiner frechen Spießgesellen entgegen. Die Kerle höhnten über Ciceros Aussehen und Kleidung und warfen mit Steinen und Straßenschmutz nach ihm, und wenn er versuchte, einem Bürger seine Bitten vorzutragen, drängten sie ihn weg[264].«

Was Plutarch hier vorbringt, können wir Woche für Woche, manchmal Tag für Tag in Ciceros Briefen verfolgen. Ende Juli 59 schreibt er an Freund Atticus: »Ach, wie verloren komme ich mir vor, wie niedergeschlagen bin ich! ... Clodius ist mein erklärter Feind. Pompeius versichert zwar, derselbe werde nichts gegen mich unternehmen. Es ist gefährlich für mich, dies zu glauben; ich rüste mich zum Widerstand. Ich hoffe, alle Stände auf meiner Seite zu haben ...[265].«

Aber das ist sein tragischer Irrtum! Er als ›homo novus‹ verfügt nicht über die Verbindungen in den alten Familien, um sich abzustützen. Vor der Rute Caesars – er ist ja noch vor der Stadt –, dessen Marionetten-Consuln unter eifriger Unterstützung von Clodius eine Sympathieerklärung des Senats verhindern, duckt sich der Senat. Clodius trifft seine Vorbereitungen für den Prozeß gegen den schon zutiefst gedemütigten Consular. Dazu Plutarch: »In dieser Not sah er sich gezwungen, Pompeius um Hilfe anzugehen. Pompeius hatte jedoch mit Absicht Rom verlassen und hielt sich auf den Gütern im Albanergebirge auf. Nachdem Cicero zuerst vergeblich seinen Schwiegersohn Piso mit dem Anliegen zu ihm geschickt hatte, begab er sich selbst dorthin. Allein Pompeius, der davon unterrichtet war, empfand es als unangenehm, mit ihm zusammenzutreffen ... Jetzt war er Caesars Schwiegersohn, und dessen Bitten opferte er den Dank, den er Cicero für seine Verdienste schuldete. Deshalb verließ er durch eine Hintertür das Haus, um ihm aus dem Wege zu gehen. So verriet er Cicero[266].«

Cicero ist am Tiefpunkt seines bisherigen Lebens! Heimlich verläßt er bei Nacht in Begleitung einiger Freunde Rom Richtung Süden.

Clodius triumphiert. Einige Tage später läßt er ihn förmlich zur Verdammung verurteilen und veröffentlicht einen Erlaß, nach dem es in Italien im Umkreis von 500 Meilen um Rom jedermann verboten ist, Cicero ›Feuer und Wasser‹ zu reichen oder ihn zu beherbergen. Plutarchs Zusatz: »Aber die Verehrung, die Cicero genoß, war so groß, daß kaum einer sich um den Erlaß kümmerte.«

Cicero geht über Brundisium nach Thessalonika (Saloniki) ins Exil: ein gebrochener Mann. Bei keinem anderen antiken Menschen dürfen wir so tief in sein Inneres blicken. Dem Freund schüttet er sein Herz aus:

»Du machst mir so heftige Vorwürfe und nennst mich einen Schwächling. Ich bitte dich, wo gibt es ein so großes Leid, das meinem Unglück noch fehlte? Ist je einer aus solchen Höhen gestürzt? Hat je einer es besser gemeint mit dem Staat? Ist je einer so zusammengebrochen nach solchem Einsatz aller Kräfte seines Geistes, seines Rates, seines Einflusses, des Schutzes aller Patrioten? ... Ich will von all dem anderen, was unerträglich ist, nicht reden, kann's auch nicht vor Tränen. Hier frage ich nur, verdiene ich wirklich Anklage, weil ich betrübt bin oder weil ich es soweit kommen ließ ...?[267]«

Mittlerweile ist Caesar in Gallien und beginnt seinen beispiellosen Eroberungskrieg. Bald stehen ihm die Geldmittel, Schätze, Naturalien und Sklaven eines Territoriums von 500 000 km² (zum Vergleich: BRD 248 000 km²) zur Verfügung. Mit diesen Mitteln kann er aus der Ferne durch seine Agenten und V-Leute die Tagespolitik Roms beeinflussen, ja steuern: »In Gallien«, schreibt Sueton, »raubte er die mit Weihgeschenken gefüllten Heiligtümer und Tempel der Götter aus und zerstörte die Städte öfter um der Beute als um eines Vergehens wegen. Daher hatte er bald so viel Überfluß an Gold, daß er es zu dreitausend Sesterzen das Pfund in ganz Italien und in den Provinzen als Ware feilbieten ließ[268].«

Caesars Kampf um Rom findet in Gallien statt. Mit seinen unerschöpflichen Mitteln ködert er die Umgebung des Pompeius, vergibt zinslose Darlehen an Senatoren, beschenkt alle, die ihn aus irgendwelchen Gründen aufsuchen, reichlich und dehnt seine Freigebigkeit als Kenner der menschlichen Seele auch auf Freigelassene und Sklaven aus. »In dieser Zeit war er für alle von Prozessen oder Schulden Bedrängte oder für verschwenderische junge Leute die einzige und prompteste Hilfe, falls nicht die Verbrechen der einen oder die Schulden und die Verschwendung der anderen ärger waren, als daß er allein ihnen hätte helfen können. Leuten solcher Art sagte er ganz rund und offen heraus, nur eine Revolution könnte ihnen Rettung bringen[269].

Aber so weit ist es noch nicht. Zunächst handelt es sich um Einzelkämpfe. Nach Cicero schießt man sich auf den einflußreichsten Senator ein: Cato, den Urenkel des Censors. Aber diesen Mann kann man nicht einfach in die Verbannung schicken, sein Anhang wie sein Prestige sind zu groß. Seine stoische Rechtschaffenheit ist unangreifbar. Doch Clodius macht hier sein Meisterstück: Nachdem er sein Tribunat angetreten hat, läßt er Cato zu sich kommen und eröffnet ihm, er halte ihn für den ehrlichsten und redlichsten Mann unter allen Römern und sei bereit, ihm das durch die Tat zu beweisen. Cato ahnt Böses. Clodius lächelnd: Viele bewürben sich doch um die Statthalterschaft Cyperns; er halte ihn aber allein würdig für dieses Amt und wollte sich ihm gern hierin gefällig erweisen. Cato: Dies sei eine hinterlistige Finte, eine Beleidigung, keine Gefälligkeit! Clodius verächtlich: »Nun, wenn du es mir nicht Dank weißt, sollst du zu deinem Verdruß hingehen[270]!«

Sogleich anschließend bestätigt die ›Volksversammlung‹ die Aussendung. Die Überrumpelung ist legalisiert, der hartnäckigste Gegner der Popularen von der Szene! Und Pompeius? Er schweigt, denn er sitzt wieder einmal zwischen zwei Stühlen.

Warum läßt Pompeius Clodius gewähren? Ist es seine instinktive Abneigung gegen das Gerangel auf dem Forum? Verdirbt Politik seinen Charakter? Bestärkt ihn Caesar in der Illusion, er sei der eigentliche Führer – um ihn so besser leiten zu können? Wartet Pompeius wie früher auf seine Stunde?

Caesar muß sehr wohl gewußt haben, daß Pompeius der neuen Lage nicht gewachsen war. Und Clodius? Tanzt er nicht seinem Herrn und Meister allmählich auf dem Kopf herum? Erst während einer längeren Abwesenheit des Clodius von Rom rafft sich Pompeius nach Fürsprache des Atticus auf, einen Antrag auf Rückberufung Ciceros zu stellen. Mit Erfolg. Aber solange Clodius Tribun ist, bleibt die Durchführung des Beschlusses blockiert.

Clodius hat sich mittlerweile mit einer schlagkräftigen Sturmabteilung umgeben und beherrscht – auch nach Niederlegung des Amtes – die Straße. Neuerdings spinnt er seine Fäden sogar ins optimatische Lager. Das wird selbst Caesar zu gefährlich. Er hat zu einer Rückberufung des Cicero keine Bedenken; er weiß, daß dessen Rolle bis auf weiteres ausgespielt ist.

Matthias Gelzer faßt in seinem ›Pompeius‹ den anarchischen Wirrwarr so zusammen: »Pompeius war nicht weniger daran interessiert, daß seine Quertreibereien ohne ernsthafte Folgen blieben. Dagegen war er entschlossen, im nächsten Jahr Ciceros Rückberufung zu betreiben ... Gleich am 1. 1. 57 gab er seine Meinung dahin ab, daß nur ein Volksentscheid die populare Opposition zum Verstummen bringen könne. Als sich aber am 23. Januar das Volk zur Abstimmung versammelte, wurde es von bewaffneten Sklaven des Clodius und Gladiatoren seines Bruders, des Praetors A. Claudius, nach blutigem Handgemenge zersprengt, und als darauf der (optimatische, d. V.) Tribun T. Annius Milo den Clodius vor dem zuständigen Gerichtshof belangen wollte, wußte sich dieser dem Prozeß mit Hilfe des Bruders zu entziehen. Es war der völlige Bankrott der Staatsautorität. Da entschloß sich Milo, ein tapferer Draufgänger, mit einer aus bewaffneten Klienten, Freigelassenen und Sklaven gebildeten Schutztruppe den Terror zu brechen ... Wochenlang wurde seitdem in Straßenschlachten gekämpft, bis der »Selbstschutz« der Tribunen die Oberhand gewann[271].«

Am 4. September kann ein glücklicher Cicero nach Rom zurückkehren, in festlichem Zug von Senat und Volk eingeholt.

## 2. »*Jede abweichende Meinung ist zwecklos*«: *Geheimkonferenz von Luca*

Das Terrortreiben geht weiter. Mit stillschweigendem Dispens des Senats setzt Milo seine Gladiatorenmannschaft ein. Clodius läßt sich zu Beleidigungen des Pompeius hinreißen; ja es heißt, er habe einen Mordanschlag auf ihn geplant; bei einer seiner Kreaturen wird im Senat ein versteckter Dolch gefunden. Dem Senat fällt nichts Besseres ein, als fortwährend mit Gegenterror durch Milo zu antworten. Das ist für Caesar das Signal, die Troika wieder auf Staatskurs zu bringen. Er kennt seinen Crassus: »Bei Crassus gesellte sich, wegen der großen Taten Caesars (in Gallien) zu seinem alten Gebrechen, dem Geiz, eine neue leidenschaftliche Begierde, die nach Siegeszeichen und Triumphen, weil er bei seinen übrigen Vorzügen hiermit allein nachzustehen schien; daher ruhte und rastete er nicht eher, als bis er sich selbst in ein schimpfliches Verderben und den Staat in großes Unglück gestürzt hatte[272].« Die Naivität ist rührend: Rothschild will den General spielen.

Caesar schlägt vor, man solle sich in Luca, der südlichsten Stadt seiner Provinz (heute Lucca) treffen. Zunächst führt er in Ravenna geheime Vorgespräche mit Crassus, über deren Inhalt wir nur Vermutungen anstellen können: Pompeius hatte 57 ein außergewöhnliches Imperium ergattert, die sogenannte ›cura annonae‹, die ›Sorge für die Versorgung mit Korn‹, die für 5 Jahre gilt und sich auf das gesamte Reichsgebiet erstreckte. Crassus scheint sich als Finanzgenie dafür geeigneter gehalten zu haben und meckert sich bei Caesar den Zorn von der Seele. Merken Sie es ...? Alle drei sind zwar gleich – aber Caesar ist schon etwas ›gleicher‹! So muß man's machen: Es gelingt ihm in Luca, das strategische Gleichgewicht wiederherzustellen und den Pakt auf gesicherten Boden zu stellen. Eine politische Prozession findet statt: »Es fanden sich sogar die meisten politischen Größen in Luca ein, Pompeius, Crassus, Appius (Claudius Pulcher, der Bruder des Clodius), Praetor von Sardinien, und Nepos, Proconsul von Spanien, so daß 120 Lictoren und mehr als 200 Senatoren zusammen waren[273].« Cicero ist auch dabei.

Das Geheimprotokoll hätte folgenden Wortlaut haben können:

Prinzip: Ausgewogene Gleichberechtigung der Kräfteverteilung zwischen den Triumvirn;
Ziel: Ausschaltung des Senats;
Maßnahmen:

1. Crassus und Pompeius übernehmen im nächsten Jahr (55) das Consulat.
2. Nach dem Consulat fünfjährige Imperien für Crassus und Pompeius;

## Die Verteilung der Provinzen an Caesar, Pompeius und Crassus

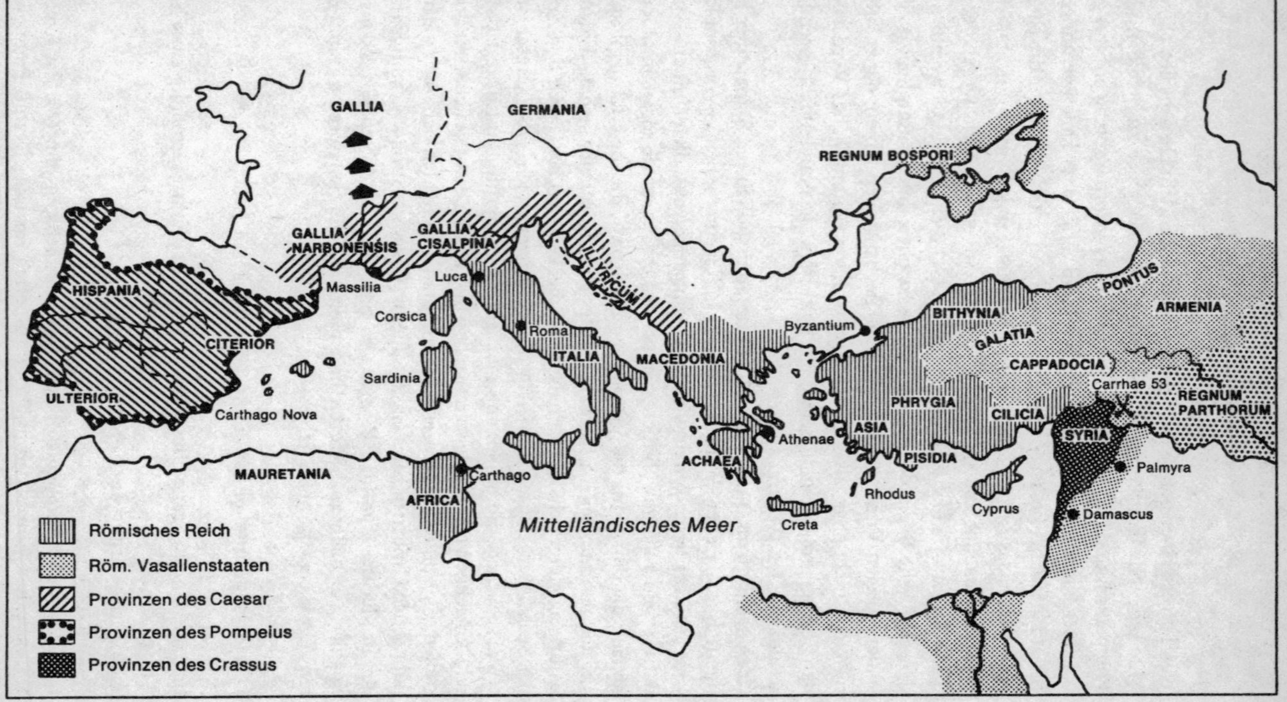

a) Crassus: Syrien ins Auge gefaßt
b) Pompeius: erhält beide Spanien und behält die »cura annonae«.
3. Caesar: Bestätigung seiner jetzigen Stellung! Übernahme des Soldes der (eigenmächtig) ausgehobenen Truppen durch die Staatskasse; Verlängerung der gallischen Statthalterschaft um 5 Jahre.
4. Zusatz: Vor dem 1. März 50 darf im Senat nicht über eine Neuverteilung obengenannter Provinzen beraten werden.

Geheimer Zusatz: Geeignete Anhänger der Junta sind in die politischen Schaltstellen zu bringen.

Strategie: Jedes Mittel, das diesen Abmachungen und ihren Zielen nützt, ist anzuwenden. Dissidenten sind mit allen gegebenen Mitteln zu bekämpfen und auszuschalten. Im Senat ist für eine den Interessen der Junta dienende Mehrheit zu sorgen.
Die Consulwahl (für 55) ist von Juli auf den Winter zu verschieben, damit gallische Urlauber für die richtige Mehrheit in der Volksversammlung sorgen. Clodius ist im Interesse der Junta an eine lockere Leine zu legen und vor den Machenschaften der Optimaten zu schützen.
Das Volk von Rom ist durch ein reichhaltiges Programm an Spielen und Wettkämpfen abzulenken.
Es gilt die Maxime: Wer nicht dafür ist, ist dagegen!

Mit brutaler Waffengewalt unterdrücken Pompeius und Crassus die gegnerischen Wahlvorbereitungen, wobei ein optimatischer Gegenkandidat und sein Anhang, darunter Cato, in einem nächtlichen Hinterhalt verwundet werden; am Wahltag besetzen sie das Forum mit Truppen: Auf den Spitzen ihrer Schwerter werden sie zu Consuln gewählt. Cicero schreibt an seinen aufrechten Freund Lentulus (Consul 57):
»Was ich mir als Ziel gesetzt hatte, als ich auf der Höhe meines Schaffens in vollem Glanze stand, Freiheit der politischen Überzeugung und Wahrung der Standesehre in der Vertretung meiner Meinung, damit ist es ganz und gar aus, und das gilt nicht nur für mich, sondern ebenso für jedermann. Denn entweder hat man allem, was eine Handvoll Männer (= die Triumvirn) will, zuzustimmen oder sich damit abzufinden, daß jede abweichende Meinung zwecklos ist[274].«
So beginnt die innere Emigration eines Mannes, der seine Stellung als Warner und Moderator zwischen den Fronten überschätzt hat. Ein Jahr später heißt es schon: »... Ich entziehe mich allen Gedanken um den Staat und lebe nur noch meinen Studien[275].«
Aber gerade aus diesen tiefsten Depressionen heraus wird er die Kraft schöpfen für seine großen, unvergänglichen Werke.

Eine – politisch belanglose – Notiz am Rande: Bei einer Aedilenwahl kommt es zu einem blutigen Handgemenge; Pompeius selbst wird mit Blut bespritzt. Er wechselt die Kleidung und schickt die mit Blut besudelte Toga nach Hause. Iulia erleidet daraufhin einen solchen Schock, daß sie in Ohnmacht fällt und eine Fehlgeburt bekommt. »Daher fanden selbst diejenigen, die die Freundschaft des Pompeius mit Caesar am heftigsten tadelten, an der Liebe der Frau nichts auszusetzen[276].«

Wie kostbar sind uns solche biographischen Splitter, aus denen wir etwas vom Gefühlsleben der sonst scheinbar so seelenlos Handelnden erfahren. Spontan erkennen wir, wie Caesars Tochter als ausgleichendes Wesen zwischen den so verschiedenen Männern gewirkt haben muß. Sie hat Pompeius geliebt! Das bringt uns diesen schwer zu fassenden Charakter schon bedeutend näher. Iulia wurde – so Plutarch im gleichen Atemzug – sogleich wieder schwanger.

Caesar als Großvater – eine unmögliche Vorstellung? Sie sehen, wie weit sich politische Geschichtsschreibung vom allgemein Menschlichen entfernt hat.

Zurück ins offizielle Rom! Wir haben uns von Crassus zu verabschieden, der uns immerhin über 20 Jahre lang begleitet hat. Einer seiner Sprüche: »Wer der erste im Senat sein will, muß so viel Geld haben, daß er, ohne mit der Wimper zu zucken, eine Armee aufstellen kann[277].« Danach hat er gelebt, daran ist er gescheitert: Geld ist eine Sache – das Kriegshandwerk eine andere!

Mit 62 Jahren meint er, endlich auch als Feldherr Pompeius und Caesar Paroli bieten zu können, wobei er voraussetzt, mit beiden auf politischer Ebene längst gleichgezogen zu haben. Sogleich nach seinem Consulat (55) bricht er in seine Provinz Syrien auf. Caesar lobt brieflich sein Vorhaben und ermuntert ihn zum Krieg gegen die Parther. Crassus' verblendete Ziele reichen schon bis nach Baktrien und Indien, ja »bis zum äußersten Meer«. Er sieht sich als zweiter Alexander und größerer Pompeius! Gegen solch überzogene Selbsteinschätzung ist kein Kraut gewachsen außer diesem: Bei Carrhae verliert er 53 Schlacht und Leben. Sein Kopf wird bei einem parthischen Gelage im Königshaus herumgereicht und anschließend ins Raritätenkabinett gepflanzt.

Schreiben wir ihm zwei abschließende Worte auf seinen verlorenen Grabstein; ein antikes und ein modernes:

Plutarch: »Crassus gab wegen seiner vielen Fehler dem Glück nicht einmal Gelegenheit, ihm einen Vorteil zuzuwenden[278].«

Christian Meier: »Sein Ehrgeiz überstieg so sehr seine Wolfsnatur, daß er ihn nicht mit Spannung lud, sondern zu diffuser Betriebsamkeit aufputschte[279].«

Zur gleichen Zeit schlägt sich Caesar in Gallien mit dem eskalierenden Aufstand der nördlichen Territorien herum. Daß er trotzdem nicht den Überblick über das römische Geschehen verliert, verdankt er einem Kreis von Männern, die in uneingeschränkter Bewunderung an ihm hängen und sich in vollem Bewußtsein als seine Werkzeuge gebrauchen lassen.
Das Geheimnis seiner Erfolge liegt unter anderem in seiner Menschenführung. Sueton verdanken wir wichtige Beobachtungen:
»Beim Soldaten legte er weder auf Sitten noch auf Reichtum und Herkunft Wert, sondern einzig auf Tapferkeit und behandelte ihn ebenso streng wie nachsichtig ... Vergehen bestrafte er weder immer, noch jedesmal nach Verhältnis. Nur Desertion und Meuterei verfolgte und bestrafte er mit äußerster Strenge; bei allem übrigen drückte er gewöhnlich ein Auge zu[280].«
Gewöhnlich redet er sie mit ›Kameraden‹ und nicht mit ›Soldaten‹ an.
»Seine Freunde behandelte er stets mit höchster Gefälligkeit. Als Gaius Oppius, der ihn auf einer Reise durch wilde Waldgegenden begleitete, unterwegs plötzlich erkrankte, trat er ihm das einzige vorhandene Quartier in einer Hütte ab und nahm sein Nachtlager auf der Erde unter freiem Himmel[281].«
Dieses gelassene Über-den-Dingen-Stehen fasziniert die Alten ebenso wie uns, und man muß stets auf der Hut sein vor seiner Liebenswürdigkeit, seinem männlichen Charme, seiner zarten Rücksichtnahme, seinem heiteren und geistvollen Humor. Je tiefer wir in ihn hineinschauen, um so eher geht es uns wie Cicero, dem Caesars dämonische Macht über die Menschen unheimlich war.
Bei Plutarch erfahren wir einige Details über Caesars Arbeitsstil in Gallien:
»Meist schlief er im Wagen oder in Sänften, um sogar die Zeit der Ruhe zur Tätigkeit zu verwenden. Bei Tage fuhr er nach den Kastellen, Städten und Lagern und hatte einen der Bedienten, die gewöhnt waren, während der Reise nach seinem Diktat zu schreiben, neben sich sitzen; hinter ihm aber stand ein einziger Soldat, mit einem Schwert bewaffnet. Er reiste so schnell, daß er das erstemal den Weg von Rom bis an die Rhône innerhalb von 8 Tagen zurücklegte ... In diesem Feldzug übte er sich auch noch, im Reiten Briefe zu diktieren und damit zwei oder noch mehr Schreiber zu beschäftigen[282].«
Dazwischen findet er noch Zeit, zwei Bücher ›de Analogia‹ zu schreiben, ein Werk über grammatische Sprachrichtigkeit als Grundlage der Redekunst. Bezeichnenderweise widmet er das Opus mit einer bedeutenden Widmung Cicero! Eines der wenigen erhaltenen Zitate lautet: »Wie der Schiffer das Felsenriff, so sollst du das ungebräuchliche und ungewöhnliche Wort meiden[283]!«

Mittlerweile haben sich in der politischen Großwetterlage entscheidende Veränderungen ergeben:
Crassus ist tot. Bildet sich aus dem Triumvirat ein Duovirat? Als Caesar aus Britannien zurückkehrt, erfährt er auch dies: Pompeius, heißt es, ist nicht in seine spanischen Provinzen abgegangen, sondern hält sich weiter in der Nähe Roms auf. Er kann es jederzeit mit der ›cura annonae‹ rechtfertigen.
Und dann geschieht ein drittes unvorhergesehenes Ereignis, das die nach Luca mühsam gehaltene Balance mit einem Schlag zerstört:
Milo und Clodius, bisher mehr Handlanger und Werkzeuge der hinter ihnen stehenden Optimaten und Popularen, streben nun selbst nach Höherem: Milo kandidiert für das Consulat (von 52) und Clodius für die Praetur. Ihr wechselnder Terror und Gegenterror hat die Wahlen schon längst undurchführbar gemacht. Das Jahr 52 beginnt ohne Regierung!
Wir haben zu den folgenden Ereignissen den Bericht des römischen Philologen Q. Asconius Pedianus, der einen Kommentar zu Ciceros Rede ›Pro Milone‹ schrieb, und wertvolle sachliche und historische Fakten überliefert, die sonst nirgends erwähnt werden:
»Milo suchte die Wahlen so bald wie möglich zustande zu bringen ... Am 18. Januar reiste Milo nach Lanuvium. Diese Landstadt war sein Geburtsort. Er war dort auch Dictator (d. h. höchster städtischer Magistrat) und wollte am folgenden Tag einen Opferpriester ernennen.
Da begegnete ihm Clodius um die neunte Stunde (gegen 14 Uhr), ein Stück Weges hinter Bovillae in der Gegend, wo ein kleines Heiligtum der Bona Dea ist. Er kehrte gerade aus Aricia zurück; dort hatte er nämlich eine Ansprache an die Decurionen (städtische Beamte) gehalten. Clodius war zu Pferde, etwa 30 kampfbereite Sklaven, mit Schwertern bewaffnet, bildeten sein Gefolge, wie es damals auf Reisen üblich war. Außerdem hatte Clodius noch drei Begleiter ... Milo saß in einem Reisewagen mit seiner Gattin Fausta, der Tochter des Dictators Lucius Sulla, und mit seinem Freunde Marcus Fufius. Es folgte ihnen ein langer Zug von Sklaven, unter denen sich auch Gladiatoren befanden, darunter zwei bekannte, Eudamus und Birria. Diese gingen am Schluß des Zuges etwas langsamer und fingen mit den Sklaven des Clodius einen Streit an.
Als Clodius sich mit drohender Gebärde nach dem Lärm umwandte, durchbohrte ihm Birria die Schulter mit dem Wurfschwert. Es kam darauf zum Handgemenge, mehrere Leute Milos eilten herbei.
Der verwundete Clodius wurde in die nächste Schenke (taberna) im Gebiet von Bovillae gebracht. Als Milo erfuhr, Clodius sei verwundet, überlegte er sich,

daß es für ihn gefährlicher sein werde, wenn Clodius am Leben bliebe. Sein Tod hingegen werde für ihn, auch wenn er selber verurteilt würde, eine große Genugtuung bedeuten. Daher ließ er die Schenke stürmen. Clodius wurde aus seinem Versteck gerissen und mit vielen Wunden niedergemacht. Sein Leichnam blieb auf der Straße liegen, weil die Sklaven des Clodius entweder getötet waren oder sich schwer verwundet versteckt hielten.
Der Senator Sextus Teidius, der zufällig vom Land in die Stadt zurückkehrte, hob ihn auf und ließ ihn in seiner Sänfte nach Rom bringen.
... Die Leiche des Clodius wurde vor der ersten Nachtstunde (gegen 18 Uhr) nach Rom gebracht. Eine ungeheure Masse des niedrigsten Volkes und eine riesige Anzahl von Sklaven sammelte sich unter heftigem Wehklagen um die Leiche, die in der Vorhalle des Hauses aufgebahrt war. Fulvia, die Frau des Clodius, schürte noch die Erbitterung über die Tat, indem sie unter lautem Jammern seine Wunden zeigte.
Am folgenden Morgen beim ersten Morgenlicht strömte eine noch größere Menge derselben Art zusammen, und man sah auch verschiedene namhafte Leute dabei ...
... Die törichte Menge trug den Körper, nackt und schmutzbedeckt, wie er auf der Bahre gelegen hatte, damit man seine Wunden sehen konnte, aufs Forum und legte ihn auf der Rednertribüne nieder ... Das Volk trug unter Führung des Schreibers Sextus Clodius die Leiche des P. Clodius in die Curie und verbrannte sie mit den Bänken, Rednertribünen, Tischen und den Büchern der Buchhändler. Durch dieses Feuer ging auch die Curie in Flammen auf, und ebenso geriet die mit ihr verbundene Basilica Porcia zum Teil in Brand ...[284].«
Damit ist der Gipfel des anarchistischen Treibens erreicht. Der Tod des Clodius wirkt wie ein Vorbeben. Alle Beteiligten spüren, wie sich hier der letzte Akt des Stückes vorbereitet, das mit den Gracchen begann, dessen Akteure zwar unterwegs ausschieden – aber ihre Rollen weitergaben ...
Ein breiter Nachrichtenstrom geht nach Gallien, Caesars Agenten melden Gefahren: Cato gewinnt zunehmend Einfluß auf Pompeius. Bei der fortwährenden Untergrundarbeit durch Caesars ›Kanalarbeiter‹ und seinem steigenden Einfluß auf die Massen wird Pompeius durch Catos Prophezeiungen »von seinem bisherigen Unglauben zurückgebracht« und fängt endlich an, »die ihm bevorstehenden Gefahren zu ahnen«[285].
Doch wie immer ist er voller Bedenken und zögert ›furchtsam‹. Milo bewirbt sich weiter ums Consulat, Pompeius verhält sich weiter passiv. In Rom wird der Ruf nach einer Dictatur immer lauter. Caesars Freunde haben alle Hände voll zu tun, um die Massen für ein Consulat Caesars zu kirren. Die öffentliche Meinung ist geteilt: Eine Gruppe fordert für Pompeius die Dictatur, Caesars

Anhänger modifizieren geschickt und plädieren für Caesar *und* Pompeius als Consuln. Da tritt Bibulus auf – er hat die Erniedrigungen durch Caesar nie vergessen – und findet das Ei des Kolumbus: Pompeius Consul! Aber ohne Kollege! Ein geistreicher Kompromiß. Freude unter den Optimaten: Man glaubt Pompeius' Ehrgeiz befriedigt zu haben – und hat ihn dennoch an der Leine, denn anders als die Dictatur ist das Consulat als Exekutivamt kontrollierbar.

Cassius Dio, Historiker der Kaiserzeit, der über gute Quellen verfügte, schreibt dazu: »So kamen, aus Furcht vor beiden (Caesar u. Pompeius), die anderen Senatoren mit Bibulus dem Ungestüm der Menge zuvor und gaben dem Pompeius das Consulat, um ihn nicht zum Dictator zu ernennen, und zwar ihm allein, um ihm nicht den Caesar zum Amtskollegen geben zu müssen. So neu und beispiellos dies auch war, so scheinen sie es doch nach richtiger Berechnung getan zu haben. Denn da er weniger als Caesar die Gunst der Menge suchte, so glaubten sie ihn damit vollends von dieser loszureißen und für sich zu gewinnen. Und so kam es auch: Durch das Neue und Unerwartete dieser Ehre aufgeblasen, kümmerte er sich nicht mehr um die Gunst der Menge, sondern tat alles, wie es dem Senat gefiel[286].«

Zur gleichen Zeit – Januar 52 – reist Caesar nach Ravenna, »um die Gerichtstage abzuhalten« – wir kennen das schon. Das diesseitige Gallien steht voll und ganz hinter ihm. Man hat dort nicht vergessen, daß er sich für die Aufnahme der nördlich vom Po liegenden Gemeinden in die Bürgerschaft einsetzte. Hellwach verfolgt er die römische Entwicklung: Welche gesetzgeberischen Maßnahmen wird der ehemalige Schwiegersohn treffen? Wird er es zum offenen Bruch kommen lassen?

Allmählich lichtet sich der politische Nebel und Caesar weiß, was er wissen will: Pompeius bleibt als Consul kontrollierbar, denn er muß mit dem Veto popularer Tribunen rechnen; Caesar darf sich in Abwesenheit um ein Consulat bewerben, Pompeius hat es zugesagt. Alles in allem: Es bleibt beim machtpolitischen status quo, denn Pompeius legt es – im Augenblick – noch nicht auf einen totalen Bruch an.

Für den Augenblick genügt das. Caesar muß zurück nach Gallien, das sich unter Vercingetorix zum letzten großen Freiheitskampf erhoben hat.

Versuchen wir ein Fazit: Während Pompeius als ›defensor rei publicae‹, ›Verteidiger des Vaterlandes‹ und Vormann der Optimaten gefeiert wird – er ist im Augenblick tatsächlich der mächtigste Mann Roms –, läßt sich ein Verstand wie Cicero nicht – nicht mehr – davon blenden. Drei Jahre später meint er rückblickend:

»Unter den Maßnahmen des Pompeius ist keine, die wirklich staatsmännisch, keine, welche mutvoll gewesen wäre. Ich sage nichts von den alten Geschichten, daß er den andern (= Caesar) zum Nachteil des Staates großgezogen, gehoben, bewaffnet hat, indem er mitgewirkt hat, Gesetze mit Gewalt und im Widerspruch mit den Auspizien durchzusetzen (Cicero war u. a. Augur); daß er es war, der das jenseitige Gallien zu Caesars Provinz hinzufügte (nämlich 59), der ihn zu seinem Schwiegersohn machte, der bei der Adoption des Clodius (durch einen Plebejer) das Augurat führte, der nicht so viel Eifer zeigte, meine Verbannung zu verhindern, wie sie nachher wieder aufzuheben, der Caesar seine Statthalterschaft verlängerte (55) und auch während dessen Abwesenheit zu allem möglichen behilflich war, ja sogar im 3. Consulat (52), nachdem er sich bereits zum Verteidiger der Verfassung aufgeworfen hatte, es durchsetzte, daß alle 10 Volkstribunen beantragten, Caesar sich auch ohne persönliche Anwesenheit bewerben zu lassen ...[287]«

Noch schärfer wird Marcus Caelius, Volkstribun von 52 und Freund Ciceros in einem Brief an diesen vom Juni 51:

»Wenn du mit Pompeius zusammengekommen bist, so schreibe mir genau, wie er dir vorgekommen ist ... denn er redet gern anders, als er denkt, aber ohne so viel Geist zu besitzen, daß nicht seines Herzens Wünsche zum Vorschein kämen[288].«

Solche Kommentare sind durch die Zufälle der Überlieferung auf uns gekommen; viele kritische Zeitgenossen dürften ähnlich geurteilt haben. Was also veranlaßt die Aristokraten, diesen Mann auf den Schild zu heben? – Er ist das kleinere von zwei Übeln! Die Furcht vor Caesar treibt ihm die Anhänger zu. Viele erhoffen sich von ihm die Wiederherstellung der alten res publica. Eine Illusion. Zwar nutzt er die Finessen des römischen Verfassungsrechts, doch all das wiegt nicht sein Zögern in den entscheidenden Augenblicken auf. Er will immer gebeten werden. Verändert hat er nichts. Der entschlußschnelle Tatmensch Caesar ist dem umständlich abwägenden Organisator Pompeius überlegen. Daran wird Pompeius scheitern. Historisch kann diese Passivität des großen Generals nicht letztlich geklärt werden, es ist ein Problem für Psychologen.

Und wenn die Optimaten in diesen Jahren noch so sehr an ihre Größe und Kraft glauben: es ist nur ein Strohfeuer!

# Bürgerkrieg

### *1. »Allons, enfants de la patrie!« – Vercingetorix*

Was Caesar angeht, lebt Rom von Gerüchten. Der eben erwähnte Caelius, ein sonst bestens informierter Mann mit scharfem klaren Blick, schreibt an Cicero: »In betreff Caesars gehen vielfache und nicht die günstigsten Gerüchte, aber alles ist eben nur ein leises Geflüster. Der eine sagt, er habe seine Reiterei verloren, was meines Erachtens sicherlich nur erfunden ist, ein anderer, die siebente Legion habe Hiebe bekommen, er aber sei im Lande der Bellovaker eingeschlossen und von seinem übrigen Heere abgeschnitten. Aber man weiß bis jetzt nichts Sicheres ...[289].«

Wir wissen es: Während Caesar sich im Winter 53/52 in Oberitalien aufhält, erhebt sich ganz Gallien, um die verhaßten Eroberer aus dem Lande zu jagen. Einem jungen Fürstensohn aus dem Stamm der Averner ist es in wenigen Monaten gelungen, die mächtigen Nordstämme unter seiner Führung zu vereinen: die Senonen, Parisier, Pictonen, Cadurker, Turonen, Aulerker, Lemoviken, Anden und alle übrigen Küstenstämme. Seine Anhänger verleihen ihm den Königstitel. Caesar schreibt dazu:

»Er forderte sie auf, um der gemeinsamen Freiheit willen zu den Waffen zu greifen ... Einstimmig übertrugen sie ihm den Oberbefehl ... Höchsten Eifer verband er mit größter Strenge. Durch Härte der Strafe nötigte er Zögernde. Denn bei einem größeren Vergehen ließ er die Übeltäter durch Feuer und alle möglichen Martern qualvoll töten. Bei leichterem Anlaß hingegen ließ er ihnen die Ohren abschneiden und sie dann als warnendes Beispiel nach Hause schicken, damit sie die anderen durch die grausige Strafe abschreckten[290].«

Harte Maßnahmen! Aber sie sind zeitgemäß – wie sie übrigens zu allen Zeiten ›zeitgemäß‹ sind! Und Caesar hütet sich, darüber den Stab zu brechen: Vor gar nicht langer Zeit gab es ein Volk, das Usipeter und Tencterer hieß ...

Vercingetorix ist Stratege. Er geht überall zum Angriff über; er schneidet Zufahrtswege ab, verteilt seine Armeecorps an strategischen Punkten und bringt alles Land bis an die Saône auf seine Seite. Es ist Winter: Alle Flüsse sind mit Eis belegt, die Wälder im Schnee begraben, die Ebenen von wilden Strömen unter Wasser gesetzt. Die Überlandwege werden blockiert durch Schlamm, Schnee, Wasser, Sümpfe und die Brückenköpfe der Aufständischen, und »es hatte den Anschein, daß Caesars Unternehmungen gegen sie zum Scheitern verurteilt seien«, sagt Plutarch[291].

In manchem gleicht Vercingetorix dem Arminius: Beide führen einen zähen Kampf gegen die einheimischen Kollaborateure der Großmacht, beide müssen einflußreiche Häuptlinge zur Aufgabe ihrer naiven Stammessouveränität bringen; beide setzen römische Taktik ein, beide kämpfen für die Eigenständigkeit ihrer Kultur. Aber welch ein Unterschied: Arminius greift zum listigen Verrat – Vercingetorix kämpft mit offenem Visier! Er ist es, der Caesar in offener Feldschlacht die katastrophalste Niederlage seines Lebens bei Gergovia beibringt, darin vergleichbar nur dem Erzherzog Karl, als er Napoleon I. 1809 bei Aspern schlägt. Man hat auch immer wieder die Parallele zu Hannibal gezogen. Von seinem tragischen Ende her erinnert er an Stauffenberg ...

Aber Caesars Wille zum Durchhalten ist ungebrochen, nun besonders, wo es ums Ganze, um seine militärische und politische Existenz geht. Als erster bricht er ein uraltes Tabu: Er beginnt den Krieg mitten im Winter. »Obwohl das Cevennengebirge (mons Cebenna, Südfrankreich, im Norden der Narbonensis, höchste Erhebungen: Mt. Lozère 1702 m, Mt. Mézenc 1754 m) in der kältesten Jahreszeit durch hohen Schnee den Marsch behinderte, gelangte ich doch nach Wegräumen der sechs Fuß (1,80 m) hohen Schneemassen, wodurch die Wege passierbar wurden, unter ungeheuren Anstrengungen der Soldaten an die Grenze des Avernerlandes[292].«

Nach Gergovia fallen nun auch die bisher noch schwankenden Häduer ab und treten zu Vercingetorix über. An den gallischen Lagerfeuern machen bereits übermütige Witze die Runde ...

Die Entscheidung des gesamten Krieges fällt vor Alesia (heute Alise-Sainte-Reine). Vercingetorix geht von drei Prämissen aus:

1. Taktik der verbrannten Erde! Abschneiden der römischen Versorgungswege; Guerillatätigkeit überall im Lande.
2. Überraschungsangriffe durchführen, wenn möglich, auf den marschierenden, unvorbereiteten Feind.
3. Ausweichen in befestigte Stadtanlagen (oppida).

Diese Taktik hatte ihm schon mehrere Erfolge gebracht. Plutarch macht auf die gefährlichen Folgen aufmerksam: »Hätte er dies etwas später unternommen zu der Zeit, als Caesar in den Bürgerkrieg verwickelt war, so wäre Italien vor keiner geringeren Gefahr als vormals von den Cimbern bedroht worden[293].«

Aber Vercingetorix hat im Rausch der ersten Erfolge etwas unterschätzt: die Schnelligkeit Caesars, die Marschleistungen des römischen Heeres. Caesar taucht aus heiterem Himmel immer da auf, wo man ihn nicht erwartet, verwüstet das Land, zerstört die Dörfer, erobert die Städte und betreibt erfolgreich sein Geschäft der ›fraternisation‹.

## Die Schlacht von Alesia 52 v. Chr.

(nach Krohmayer/Veith)

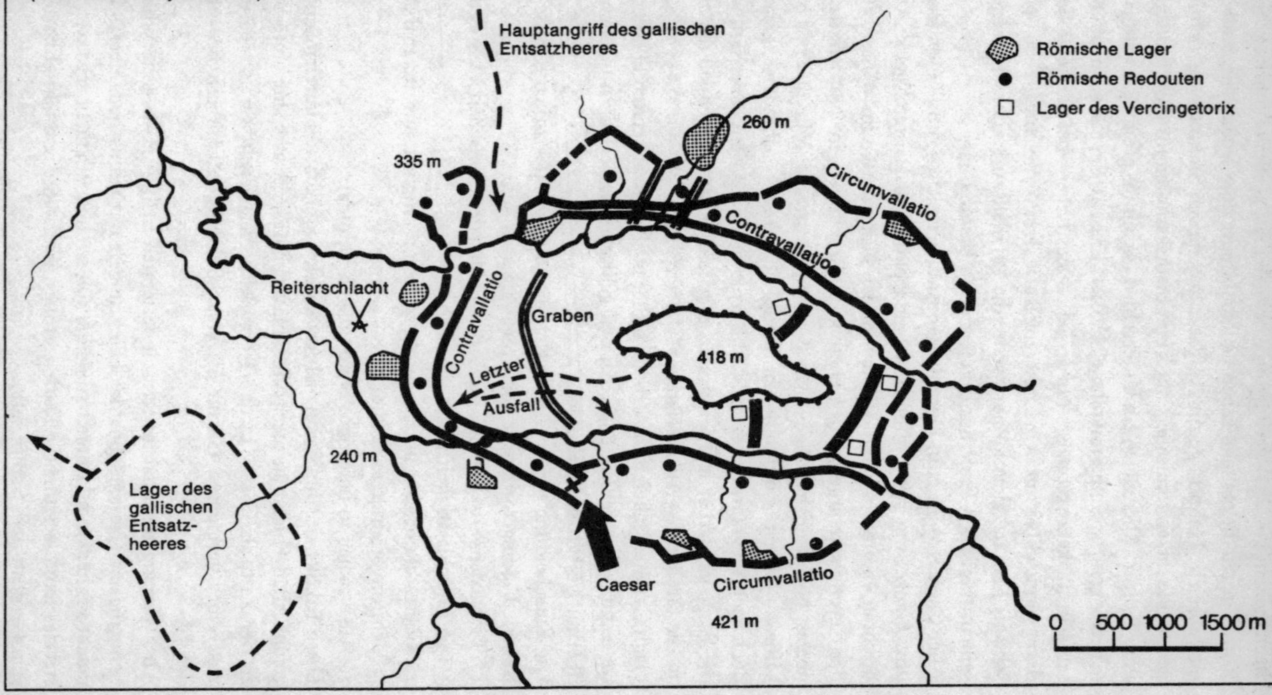

Vercingetorix scheint trotzdem angenommen zu haben, den Feind in die Narbonensis zurückdrängen zu können; optimistische Gerüchte müssen sich damals verbreitet haben, denn bei Caesar heißt es: »Schon hörte man, daß ich von Gergovia abgezogen sei und daß ich, von meinem Wege und der Loire abgeschnitten und, durch Getreidemangel genötigt, nach Oberitalien geeilt sei ...[294].«

Vercingetorix setzt im Kriegsrat alles auf eine Karte: »Die Römer flohen schon nach Oberitalien und räumten Gallien. Das genüge zwar, die Freiheit für den Augenblick zu behaupten. Für die Zukunft aber sei damit für Frieden und Ruhe wenig gewonnen. Die Römer würden nämlich mit einer größeren Heeresmacht wiederkommen und den Krieg fortsetzen[295].«

Zwischen den Zeilen erfahren wir die bewußte Täuschung der Gallier durch Caesar: Caesars Armee befindet sich auf einem scheinbaren Rückzug Richtung Süden. Dieser Köder lockt, und Vercingetorix beißt an. Bei Dijon kommt es zum Treffen: »An allen Seiten entbrannte der Kampf gleichzeitig. Der Zug machte halt; der Troß wurde von den Legionen in die Mitte genommen. Wenn seine (des Vercingetorix) Leute an einer Stelle in Gefahr oder allzusehr bedrängt zu sein schienen, ließ ich dort nach einer Schwenkung angreifen. Diese Maßnahme hinderte die Feinde am Vordringen und bestärkte unsere Leute in der Hoffnung auf Hilfe. Endlich erkämpften die Germanen (seine Hilfstruppen) auf der rechten Flanke den Höhenrücken und schlugen dort die Feinde zurück[296].« Der Feind flieht.

In Erinnerung an den Glückstag von Gergovia zieht sich Vercingetorix nach Alesia zurück.

Alesia, das heutige Dorf Alise St$^{e}$.Reine, liegt etwa 60 km west-nordwestlich von Dijon im Quellgebiet der Seine auf einem langen, steilen Bergplateau. Die Bergfeste auf dem Mt. Auxois mißt 750 mal 200 Meter, und der innerste Teil steigt bis auf 418 Meter ü.d.M. An drei Seiten von Bächen eingerahmt, erhebt sich die Bergkuppe 180 Meter über das Tal-Niveau.

Hier hat sich Vercingetorix verschanzt, im festen Vertrauen auf die Uneinnehmbarkeit der Bergfestung. Doch mit wachsender Ernüchterung beobachtet er von oben, wie Caesar darangeht, einen perfekten Belagerungsgürtel rings um den Berg zu legen. Caesar dazu: »Ich spornte meine Soldaten zur Schanzarbeit an und begann, Alesia rings mit Schanzwerken einzuschließen[297].«

Es ist Vercingetorix noch gelungen, seine Reiterei zu den Verbündeten zu schicken, um die gallischen Stämme zum Entsatz aufzubieten. Dann schließt sich der Ring: er sitzt in der Falle. Eine zermürbende Belagerung beginnt. Der Proviant muß rationiert werden: »Alles Getreide ließ er zu sich bringen. Das Schlachtvieh verteilte er nach der Kopfzahl. Das Getreide ließ er nur sparsam und nach und nach austeilen. Alle Truppen, die er vor der Stadt aufgestellt hatte, nahm er jetzt in die Stadt herein[298].«

Währenddessen baut Caesar ohne Hast sein Belagerungssystem weiter aus: Er zieht Gräben, setzt sie mit Hilfe der Bäche unter Wasser; er baut Fallgruben mit spitzen Pfählen in der Mitte; er errichtet einen 12 Fuß (4 m) hohen Belagerungswall: »An ihn fügte ich eine Brustwehr und Zinnen. Gewaltige gabelförmige Spitzpfähle ragten an den Verbindungsstellen der Schirmwände und des Dammes hervor, die den Feinden das Erklimmen erschweren sollten. Das gesamte Werk versah ich in Abständen von 80 Fuß mit Türmen[299].« Nach außen umschließt er alles mit einem zweiten, 14 Meilen langen, Befestigungsring, um gegen die Entsatzarmee gefeit zu sein. Da es zu einem Zweifrontenkampf mit längerer Belagerung von außen kommen kann, befiehlt er, daß jeder Soldat sich mit Getreide und Futter für 30 Tage (!) zu versorgen habe. Anhand der Rekonstruktionen weiß man: Der innere feste Ring muß 16–17 km lang, der äußere 21 km lang gewesen sein. Dann erscheint das gallische Entsatzheer mit 170 000 Mann! Tagelang toben die Kämpfe, bis die Gallier aufgeben und Vercingetorix seinem Schicksal überlassen. Von schlachtentscheidender Bedeutung erweist sich, daß Caesar in allen Abschnitten taktische Reserven bereitgestellt hat, die er im entscheidenden Moment an gefährdeten Stellen einsetzen kann. Seit Alesia spricht man in der Militärgeschichte von der ›beweglichen Reserve‹. Caesar selbst hat sich einen Platz gewählt, von dem aus er alles überblicken kann: »Ich fand einen günstigen Beobachtungsstand und verfolgte gespannt, was sich überall (!) abspielte. An alle Stellen, wo Not am Mann war, schickte ich Hilfstruppen (Reserven!)[300].«

Die doppelte Belagerung dauert drei Tage. Caesar ist überall, treibt an, greift selbst mit zu. Sein roter Mantel wird zum Fanal und Ansporn. Dann ist der Feind geworfen. Die führerlosen Gallier verkrümeln sich in den Wäldern. Die ausgehungerte Stadt ist sturmreif: »Am folgenden Tag berief Vercingetorix eine Versammlung und betonte darin, daß er diesen Krieg nicht um seiner persönlichen Notlage, sondern um der gemeinsamen Freiheit wegen geführt habe. Da man sich dem Schicksal fügen müsse, biete er sich ihnen für beides an, ob sie nun die Römer durch seinen Tod gnädig stimmen oder ihn lebend ausliefern wollten. Es wurden zu mir Gesandte geschickt. Ich befahl, die Waffen auszuliefern und die Vornehmen mir vorzuführen. Auf dem Wall vor dem Lager nahm ich Platz. Die Führer wurden mir vorgeführt. Vercingetorix wurde ausgeliefert ...[301]«

Unterkühlter kann man es nicht mehr darstellen! Keine Gefühlsäußerung, wenn Caesar Geschichte beschreibt! Einzelheiten müssen wir uns bei Plutarch[302] und Cassius Dio[303] zusammensuchen; danach hofft Vercingetorix auf

Caesars Gnade, legt seine schönsten Waffen an – »er war ein sehr großer Mann und sah in Waffen stattlich aus« – und reitet zum Tor hinaus. Er erkennt Caesar, reitet dreimal um ihn herum, springt dann so plötzlich vom Pferd, daß die Umgebung erschrickt und – wirft sich Caesar zu Füßen. Aber Caesar bleibt hart, läßt ihn auf der Stelle in Fesseln legen und abführen. Man wird ihn 7 Jahre lang in einem römischen Kerker schmachten lassen, dann im Triumphzug mitführen und anschließend hinrichten. Dazu der Caesarkenner Georg Dorminger: »Ritterlichkeit ihm gegenüber hätte den Ruhm Caesars gekrönt. Aber darf der moderne Mensch, der seit Jahrzehnten bis zum heutigen Tag scheußlichste politische Greuel und Grausamkeiten erlebt, richten? Vercingetorix' Erdrosselung im Mamertinischen Kerker (in dem auch Jugurtha starb, d. V.) ist für uns ein schwer annehmbarer Greuel, ein Mangel an Ritterlichkeit, der wie ein dunkler Schatten auf Caesar liegt. Der Römer sah das ganz anders ...[304].« Für den Römer ist des Vercingetorix Auflehnung »titanische Rebellion gegen das Fatum, ist Sakrileg, Hybris und Blasphemie«. Wie man es auch sieht: der Schatten bleibt!

Damit ist Caesars Kriegsbericht beendet. Er schließt mit der gewohnten Sachlichkeit: »Als die Erfolge dieses Jahres durch meine Berichte in Rom bekannt wurden, wurde ein Dankfest von 20 Tagen abgehalten[305].«

Die beiden folgenden Jahre – seine Statthalterschaft geht zu Ende – dienen der Administration, Beruhigung, der inneren Unterwerfung bzw. Romanisierung des riesigen Territoriums. Vereinzelte Widerstandsnester auszuheben, Dissidenten niederzuhalten, bereitet keine außergewöhnliche Mühe. Wie fest er das Land in der Hand hält, erweist sich während des Bürgerkriegs: Es bleibt ruhig. Acht Jahre hat Caesar in Gallien verbracht, fast doppelt so viel, wie ihm von jetzt ab für seine Ziele bleiben, genau ein Siebtel seines Lebens! Es dürften seine härtesten, wahrscheinlich aber auch befriedigendsten Jahre gewesen sein, obwohl – oder weil sie ihm körperlich, geistig, militärisch und politisch das Letzte abverlangten und dann zum Erfolg führten. Dazwischen liegen der Tod von Mutter, Tochter und Enkel, die Entfremdung des Schwiegersohns, der Zweifrontenkrieg gegen Gallien und Rom. Eine kaum glaubliche Leistung!

### 2. *Römischer V-Mann: Curio*

Dieser gallische Krieg ist für ihn lebenswichtig, ist militärische Ausgangsbasis und wirtschaftliches Rückgrat, denn in Rom kochen ihm mittlerweile seine Gegner ein Gift zusammen, das ihn mitten aus der Erfolgsbahn werfen soll. Wieder einmal legt man zwar schon strapazierte, aber immer noch legale Fußangeln aus, in denen er sich verhaspeln soll. Nach 52 halten wieder optimati-

sche Consuln das Staatsruder in Rom, und Pompeius hat sich, wie wir sahen, als eitle Galionsfigur aufbauen lassen. Gewisse Senatoren fordern nun, Pompeius und Caesar sollten je eine Legion für einen geplanten Partherzug – Crassus fordert Rache! – zur Verfügung stellen. Pompeius hält sich schadlos und verweist die Herren auf seine (53) an Caesar »ausgeliehenen« Legionen.
Gibt Caesar sie heraus? Nicht nur das – er verliert ja 2 Legionen – sondern er schenkt jedem Soldaten noch 250 Drachmen (225 Goldmark). Er war schon immer ein Meister der Public Relations! – Natürlich hebt er sofort 2 neue Legionen aus und stopft das Loch. Aber er weiß: Von nun an beginnt ein Ringen auf Leben und Tod; zunächst wahrt man noch die diplomatischen Formen.
Caesar hat erkannt, daß nur eine auf Legalität und Tradition ruhende Macht von Dauer sein kann, d. h. man muß ihr diesen Anstrich geben! Gracchus, Marius, Sulla, Cinna – von Catilina nicht zu reden – scheiterten zu Lebzeiten oder posthum an der gewaltsamen Beugung der Verfassung, ohne eine echte Revolution durchgeführt zu haben. Änderung des Bestehenden – ja! Aber mit den Mitteln des Bestehenden! Die Zeit muß das Ihre tun.
Konkret heißt das: Er muß sich sogleich aus dem strafrechtlich immunen Amt des Proconsuls von Gallien in das eines Consuls retten, denn er weiß, daß man einen amtslosen Caesar unverzüglich vor ein römisches Gericht stellen wird und wegen Amtsüberschreitung, Völkermord, Vergehen wider das Völkerrecht usw. den Prozeß machen wird. Rom hat Catos Anklagen im Falle Usipeter und Tencterer noch im Ohr. Und hinter Cato steht der halbe Senat, der das Rad zurückdrehen will.
Das einzig legale Mittel, mit dem Caesar die gegnerischen Maßnahmen abschwächen, hinziehen, vereiteln kann, ist das Volkstribunat. Und er hat einen Mann gefunden, auf den sein an anderer Stelle getaner Ausspruch zutrifft: »Zum Gewinnen und Behaupten von Macht gehören nur zwei Dinge: Soldaten und Geld[306]!« Caesars V-Mann in Rom heißt Gaius Scribonius Curio; und wir können uns schon ein Bild von ihm machen, wenn wir hören, daß er zum Freundeskreis um Clodius gehörte, »ein genialer Taugenichts; hochbegabt, voller Kraft und Pläne, aber auch respektlos und abgestoßen von der Politik seiner Zeit. Daher der Antrieb, Besonderes zu leisten und Neues zu wagen«[307]. Curio hat Schulden; es geht die Rede von 13,5 Millionen Goldmark. Caesar greift tief in die Tasche – und Curio ist sein Mann!
Welche Zornblüten der optimatische Haß auf Caesar treibt, zeigt ein Vorfall, den der caesarfeindliche Consul Marcellus im Jahre 50 inszeniert; Appian schreibt: »Caesar hatte an den Alpen die Stadt Novumcomum mit latinischem Recht gegründet, welches darin bestand, daß die jährlichen Obrigkeiten römische Bürger wurden. Einen Bürger von Novumcomum nun, welcher daselbst

für einen Römer galt, ließ Marcellus zur Verhöhnung Caesars wegen eines Vergehens mit Ruten schlagen, was keinem römischen Bürger geschehen durfte ... er möge (sagte er) zu Caesar gehen und ihm die Striemen zeigen[308].«
Caesar hätte für seine Zwecke keinen besseren Mann finden können: Curio beherrscht die senatorische Szene, bleibt niemandem die Antwort schuldig, vereitelt alle Gegenschläge – die meist unter die Gürtellinie zielen –, zieht Entschlüsse hinaus, löst Versammlungen auf. Einige Beispiele: Der optimatische Consul Claudius schlägt vor, dem Caesar Nachfolger in die Provinz zu schikken, denn seine Amtszeit sei verflossen.
Curio lobt den Vorschlag, fügt aber hinzu, Pompeius müsse dann ebenso das Oberkommando über Spanien und die Armee niederlegen. Nur so könne die Sicherheit des Staates von allen Seiten gesichert werden.

Claudius: »Das ist unbillig! Pompeius' Amtszeit endet erst in drei Jahren!«

Curio: »Man darf dem Caesar keine Nachfolger senden, wenn man nicht auch dem Pompeius solche gibt. Da sie argwöhnisch gegeneinander sind, wird es nicht eher Frieden geben, bis beide in den Privatstand zurücktreten.«

Das Volk lobt Curio, weil seine Meinung den Schein für sich hat, daß er um des Friedens willen die Feindschaft beider Parteien auf sich lädt. Man streut ihm Blumen auf den Heimweg. Sie wissen noch nicht, daß Caesar im Hintergrund die Fäden zieht.
Allmählich wird er direkter, greift Pompeius offen an, er strebe nach der Tyrannei. Dann kommt sein dialektisches Meisterstück. Appian berichtet: »Der Senat hegte zwar bereits gegen beide Männer Verdacht, hielt aber doch den Pompeius für einen größeren Freund des römischen Volkes und grollte dem Caesar wegen der von diesem während seines Consulats bewiesenen Geringschätzung (59). Einige hielten es auch in der Tat für gefährlich, die unter Pompeius stehende Kriegsmacht aufzulösen, bevor Caesar, welcher außerhalb der Stadt und unternehmender, seinen Oberbefehl niedergelegt habe.
Eben dies aber drehte Curio um und erklärte, daß Caesar zum Schutze gegen Pompeius nötig sei, oder daß beide zusammen abdanken sollten[309].«
Natürlich dringt er nicht durch. Pompeius aber bereut, daß er einst dem Volkstribunat seine alte Macht wiedergegeben hat.
Die optimatische Gruppe setzt sich durch, geführt von Marcellus, und überträgt in einer pathetischen Szene – ein Schwert wird symbolisch überreicht! –

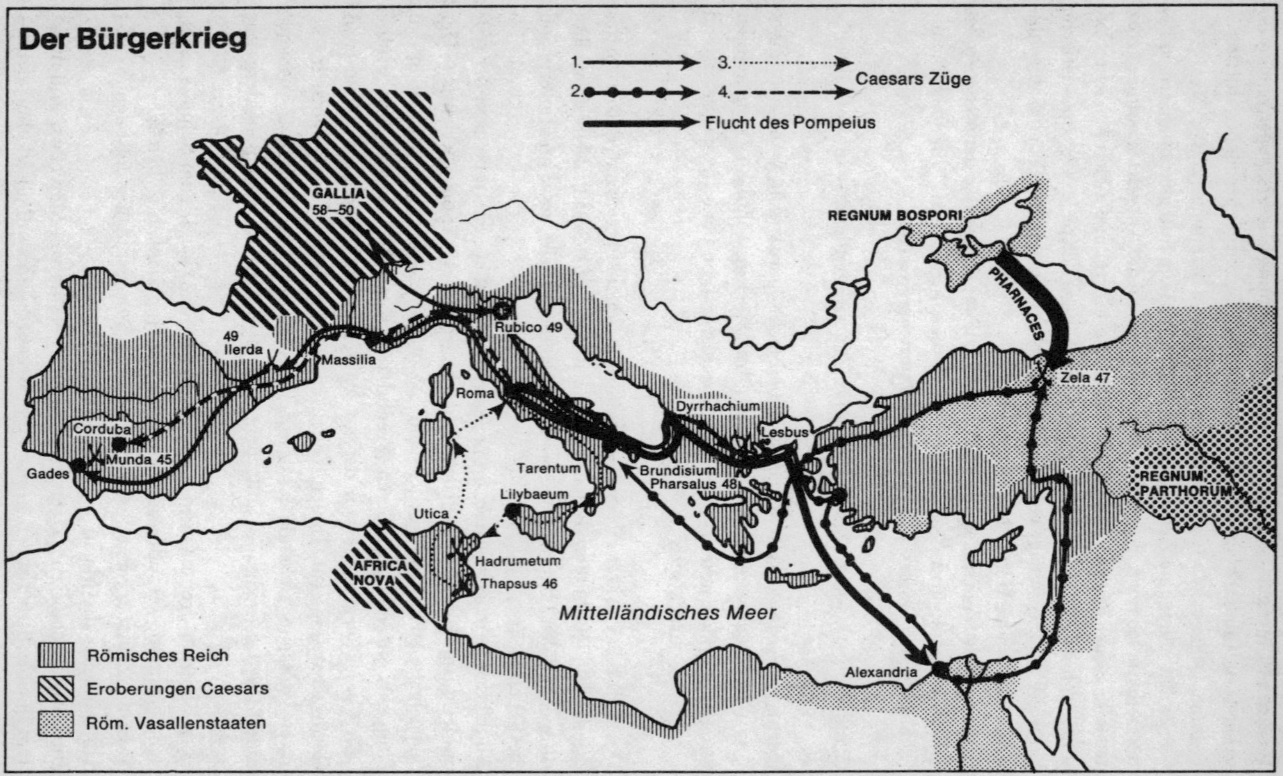

Der Bürgerkrieg
1.
2.
3.
4.
Caesars Züge
Flucht des Pompeius
GALLIA
58–50
REGNUM BOSPORI
PHARNACES
Zela 47
REGNUM
PARTHORUM
Rubico 49
49
Ilerda
Massilia
Roma
Corduba
Munda 45
Gades
Tarentum
Dyrrhachium
Lesbus
Brundisium
Pharsalus 48
Lilybaeum
Utica
AFRICA
NOVA
Hadrumetum
Thapsus 46
Mittelländisches Meer
Alexandria
Römisches Reich
Eroberungen Caesars
Röm. Vasallenstaaten

dem Pompeius den Schutz des Staates. Die beiden für den Partherkrieg bereitstehenden Legionen Caesars kommen unter sein Kommando.
Pompeius hat den nicht mehr überschreitbaren Gipfel seiner Laufbahn erreicht. Wieder einmal – zum letztenmal! – ist man an ihn herangetreten und er kann sich bitten lassen. Plutarch nennt ihn für diese Zeit ganz offen »stolz und aufgeblasen«[310].
Die Consuln für 49 sind gewählt: Zwei Optimaten. Und Caesar? Die Entwicklung kann ihn nicht überraschen, sein Konzept steht seit längerem. Er tut zwei Dinge, die ihn fürs erste absichern: Er verlegt die XIII. Legion von Triest nach Ravenna und setzt das gallische Hauptheer nach Italien in Marsch! Gleichzeitig streckt er die diplomatischen Fühler nach Rom aus.
Am 7. Januar 49 ist die Entscheidung im Senat gefallen: Den Staatsorganen wird durch ein »SENATUS CONSULTUM ULTIMUM« diktatorische Vollmacht verliehen. Caesars Tribunen erheben Einspruch, müssen aber vor der senatorischen Einheitsfront kapitulieren. Die Tribunen Antonius und Curio werden unter Schmähungen und Beschimpfungen aus dem Senat gestoßen, aber es wird ihnen kein Haar gekrümmt. Sie fliehen zu Caesar, um das heiligste Amt des Volkes unter seinen »Schutz« zu stellen.

### *3. Fluß ohne Umkehr: Rubicon*

Es gibt nur wenige Daten, von denen man mit Goethe sagen kann: »Von hier und heute geht eine neue Epoche der Weltgeschichte aus, und ihr könnt sagen, ihr seid dabeigewesen[311].«
Der 10. Januar 49 v. Chr. ist ein solcher Tag, und er verdient die Herausstellung in weit höherem Maße, denn die ›Kampagne in Frankreich‹ war nur eine logische Folge und Nebenerscheinung vorausgegangener Entscheidungen.
Versuchen wir anhand der Überlieferung eine Rekonstruktion dieses 10. Januar 49, wobei ich Sie um Ihr Einverständnis bitte, mir eine gewisse ›dichterische Freiheit‹ zuzugestehen ...
Seit längerem hält sich Caesar in Ravenna auf, der Stadt, die Rom am nächsten gelegen ist, ohne daß er seine Provinzgrenze überschreiten muß. 5000 Mann Infanterie und 300 Reiter hat er zur Hand, die transalpinen Truppen sind im Anmarsch. Gestern sind Marc Anton und Cassius, beide Tribunen von 49, sowie Caelius und Curio nach einer Teufelsfahrt über Stock und Stein in gemieteten Reisewagen, als Sklaven verkleidet, in seinem Hauptquartier angekommen, erschöpft von den Sitzen geklettert und auf der Stelle zum Rapport angetreten. Er blieb völlig ruhig, stellte nur kurze Zwischenfragen, war nicht überrascht, lächelte nur kurz über den aufgezwungenen Mummenschanz der Verkleidun-

gen. Nein, noch nicht umziehen, baden, erfrischen! – Die Maskerade muß genutzt werden! ... Appell! Die vier Flüchtlinge werden der ausgeruhten Truppe als Märtyrer vorgeführt, so wie sie sind, schmutzig, kaum kenntlich, erschöpft. Seine Hand weist über die 5000: »Euch, die ihr so große Taten ausgeführt habt, nennen sie Feinde!« Er zeigt auf die vier: »Und diese trefflichen Männer, welche darüber ein freies Wort gesprochen haben, treiben sie schmachvoll aus der Stadt!«

Empörung, Unmut, Rachegelüste werden laut: Wer Caesar beleidigt, erniedrigt sie selbst!

Am Abend geheime Befehle an die Truppenführer: Ausgesuchte Mannschaften und Centurionen sollen sich jederzeit für einen Abmarsch bereithalten. Kein Lärm! Nur die nötigsten Waffen! Das Schwert genügt!

Bis spät in die Nacht Beratung unter den Freunden, den verjagten Tribunen, besonders auch mit Asinius Pollio, Redner, Anwalt und Literat, Freund Catulls, dem er noch immer nachtrauert. Pollio ist ein scharfer Beobachter und wird alles, was diese Nacht geschieht, im Gedächtnis behalten und später schriftlich festhalten. (Plutarch u. Sueton haben seine Aufzeichnungen gelesen.)

Im Grunde sind sich alle einig: Beim Beginn dieser Unternehmung kommt es nicht so sehr auf eine starke Kriegsmacht, sondern auf Schnelligkeit und Überraschung an! Einen kühnen, gewagten Schlag führen, den Gegner verwirren! Ihn durch unerwartetes Erscheinen in Bestürzung setzen! Keine Zeit zum Nachdenken lassen! ... Das war gestern.

Bei Sonnenaufgang Abmarsch. Alles sehr diszipliniert, völlig normal, wie zu einer Übung. Ziel: Ariminum (Rimini); Befehl: Die Stadt besetzen! Nach Möglichkeit Blutvergießen vermeiden! Sie ziehen in geordneter Formation los, wie zum Manöver ...

Den Tag verbringt er wie gewohnt, erscheint als Besucher bei einem öffentlichen Schauspiel, klatscht höflich Beifall; läßt einen Architekten kommen und begutachtet mit großer Sorgfalt den ihm vorgelegten Plan einer Fechterschule, drängt auf baldige Ausführung, gibt Anweisungen zur reichlichen Unterstützung des Vorhabens; nimmt Dank und Lob des Stadtrates an; inspiziert Gladiatoren, lobt hier, tadelt dort, klopft auf Schultern. Mittlerweile wird es Abend. Er badet, läßt sich massieren und salben, scherzt mit seiner Umgebung.

Das Souper ist bereitet, zahlreich die Gäste, Freunde, Mitläufer, er kennt sie alle. Das Essen wie immer, für ihn mehr notwendiges Übel, der Wein hervorragend. Die übrigen langen zu, schmausen, reden, trinken, mit fettigen Fingern und Lippen. Gelächter, Witze, besonders über Cato. Es stört ihn nicht, gegenüber den physiologischen und sozialen Bedürfnissen seiner Leute ist er grenzenlos tolerant.

Er steht früher auf. Blicke ... Nein, es ist nichts, sie mögen sich nicht stören lassen; er brauche nur etwas Bewegung. Die Eingeweihten tauschen Blicke, dann entfernt sich der eine hier, dort zwei, nicht zugleich – sie stehlen sich unauffällig davon. Es ist bereits dämmerig, die Straße leer. Man trifft sich bei einer Mühle, läßt Maultiere vor Wagen spannen, drückt dem wackeren Müller einen klirrenden Beutel in die Hand. Bücklinge von dem erstaunten Mann ...

Zunächst fährt man nach Norden. Irreführung für alle Fälle. Gleich vor dem Ort schwenkt die Kolonne im Bogen nach Süden, die Tiere spüren die Peitsche, gehen in eiligen Trab über. Niemand spricht in der zunehmenden Dunkelheit. Unbekannte Wege. Düstere Schatten von Zypressen und Pinien. Fackeln werden entzündet, vor und hinter den Wagen Reiter gesetzt. Weiter! Das Tempo steigert sich. Asinius Pollio hat Zeit, Caesar beim unwirklichen Flackern der Lichter im matten Nachtschimmer zu beobachten: Die scharfschattigen Wangenfalten wirken im Dämmer weicher, riesig die weitgeöffneten schwarzen Pupillen, die seitlich ins Leere blicken. Seine Haut ist immer noch weich.

Ein Halt! Ist was? ... Nein, man hat sich nur verfahren. Fragen von Freunden. Palaver über die Lage des Ortes. Ob man weitersolle. Ja ... Die alte Richtung? ... Ja ... Er nickt nur zu allem, nicht einmal, mehrmals, völlig abwesend, dann unverhofft, laut, sicher: »Ja, die alte Richtung!«

Der Wagen rumpelt über abgelegene Feldwege. Er hat nun die Augen geschlossen, unrhythmisch aber locker nimmt der Kopf die Stöße auf. Schläft er? ... Niemand spricht. Das Getrappel der vielen Hufe, das Ächzen der Räder wirkt brachial einschläfernd. Feuchte Kälte steigt hoch. Man zieht sich die Decken höher. Irgendwann reitet einer von der Garde vorüber, wirft einen Blick hinein, erwartet ein Wort, wendet sich dann stumm und sachlich wieder ab, seiner Aufgabe zu: bewachen!

Da erlöschen die letzten Fackeln, es geht langsam voran. Ein Wolf heult in die leere Nacht. Caesar schläft nun wirklich. Asinius Pollio versucht im dunkeln zu sondieren. Ist dies alles richtig? Ist es notwendig? Sein Gehirn spielt ihm Streiche, er fühlt sich umzingelt. Unmöglich! Alle Guten schlafen! Links, im Osten, Dämmerung. Die ›Rosenfingrige‹ bietet unschuldig den Tag an. Er lächelt: So müßte man noch schreiben dürfen ... Plötzlich fühlt er sich mitten im Geschehen, spürt die Spannung des Unbekannten. Aber Caesar schläft. Pollio weiß, daß er von diesem Tag Zeugnis ablegen wird, kritisch, offen. Einer muß es tun.

Das bequeme Holpern verstummt. Man hält. Ein Fluß, ein Brückchen aus Stein und Holz. Steilufer, gegenüber sandige Schwemme.

Caesar blickt auf, ist sofort hellwach. Ein Reiter meldet: Rubicon! Grenze der

Provinz! – Zur Seite Schafe, Hirten, Frieden. Nebelschwaden über dem Wasser, Reif an Gräsern.

Sie steigen steif vom Wagen. Der Morgendwind schiebt feuchte Schwaden vorbei. Alle frösteln. Caesar hüpft sich die Füße warm, schlägt seine Hände, gähnt tief. Dann geht er zum Ufer, starrt in den Fluß, lange, grübelnd. Im Halbkreis umstehen ihn die andern, warten auf ein Wort. Quirlend schießt das Wasser um die spitzen Pfeiler. Er hebt die Augen, blickt lange nach Süden in den zunehmenden milchigen Dunst ... Die Holzbrücke ist schmal. Weidenstümpfe am Ufer, geköpft. Tönt da nicht eine Rohrflöte? ...

Die Gläubigen unter ihnen werden dereinst berichten: Ein menschliches Wesen von ungewöhnlicher Größe und Schönheit, umglänzt wie ein Himmlischer, schwebt vorbei, gibt das Placet der Götter ... Caesar rafft sich zusammen, wendet sich zu den Begleitern, leise: »Der Aufschub dieses Übergangs, meine Freunde, wird für mich, der Übergang aber für alle Menschen der Anfang großen Unheils werden ... Jetzt können wir noch zurückgehen. Haben wir aber dies Brückchen überschritten, dann müssen die Waffen alles entscheiden ...«

Dann stürzt er zum Ufer hinab: »Gehen wir, wohin der Götter Zeichen und der Gegner Ungerechtigkeit uns rufen! So soll denn der Würfel geworfen sein!«

Später wird man zu berichten wissen von einem Traum dieser Nacht: Es kam ihm vor, als wenn er unnatürlicherweise seine Mutter beschliefe ...

War es so? Wir werden es nie authentisch wissen. Pollios Aufzeichnungen sind verloren, alle Überlieferung ist sekundär, später, durchwoben von Legende und Mythos, unterschiedlich weitergegeben; verstreute Details bei Sueton, Plutarch, Cassius Dio, Appian. Dies aber bei allen: Sein Zögern, Verweilen, unentschlossenes Abwägen über Stunden. Dann der plötzliche Entschluß. Sein Nadelöhr! Herkules am Scheideweg! Seit 2000 Jahren ist ›Rubicon‹ Metapher für Entscheidung ohne Umkehr, aber eine der poetischsten: Eine Brücke über einen Fluß! Für uns aber symbolisiert Rubicon den nicht mehr rückgängig zu machenden Schritt von der Republik zur Militärdiktatur und Monarchie.

### 4. *Auf der Suche nach Legalität: ›Clementia Caesaris‹*

Rom, Tage danach ... Erwacht man? In solchen Situationen gleichen sich alle Hauptstädte der Geschichte: Hektik breitet sich aus, Augenmaß geht verloren, Emotionen vernebeln sonst kühle Köpfe, jeder ist sich selbst der Nächste. Das sind Szenen für Plutarch: »Rom selbst, das bei dem Flüchten und Auswandern der umliegenden Völker gleichsam überschwemmt wurde, konnte weder durch gütige Worte noch durch strenge Befehle in Ordnung erhalten werden. Ja es fehlte wenig, daß es bei einem solchen Sturme und Ungewitter durch sich selbst vernichtet worden wäre. Denn überall herrschten entgegengesetzte Leidenschaften und gewaltsame Bewegungen. Auch die Partei, die sich jetzt freute, blieb nicht ruhig, sondern geriet in der weitläufigen Stadt häufig mit der bestürzten und niedergeschlagenen zusammen und fing immer, auf die Zukunft trotzend, Streit an[312].«

Das Konzept von Ravenna – rasches Vorgehen, Verwirren, Speerspitzen vorschicken – zahlt sich überall in Italien aus. Rom gerät in Panik, die High-Society flieht Hals über Kopf. Pompeius befiehlt Räumung der Stadt, aber was nützt das?! Dadurch werden von vorneherein gegnerische Rekrutierungen verhindert, eventuelle Aufmarschpläne ein Fetzen Papier. Unaufhaltsam stößt Caesar gen Süden vor. Pompeius hat nirgendwo Zeit und Ruhe, Truppen zu sammeln und aus geordneten Bereitstellungsräumen heraus zu operieren. Als hervorragender Organisator weiß er, daß Italien nicht zu halten ist, und so faßt er den einzig richtigen Entschluß: Italien verlassen, den Osten mobilisieren, einen großräumigen Verteidigungskrieg aus der Tiefe des Raumes führen. Die Wirkung auf die ›Guten‹ ist geteilt; hier ein Stimmungsbild Ciceros, der schonungslos mit den Halbheiten der eigenen Partei abrechnet:

»An Atticus!

Durch das Entscheidungsvolle und Klägliche unserer Zustände in große Unruhe versetzt, möchte ich mir deinen Rat zunutze machen. Es dreht sich dabei alles um die Frage, was du glaubst, daß ich tun soll, wenn Pompeius, wie ich vermuten muß, Italien aufgibt ... Gibt es etwas Schnöderes, etwas Kopfloseres als diese erneute Entfernung oder vielmehr diese schändliche Flucht aus der Hauptstadt?! ... ›Aber‹, sagt man, ›er wird schon wieder die Macht im Staate gewinnen‹. Ich frage: Wann? – Ist nicht (für Caesar) der Weg zur Hauptstadt geöffnet? Hat man nicht alles bare Geld des Staates und der Privatleute dem Gegner ausgeliefert? Kurz, es fehlt der Partei an einem Ziel, es fehlt an Streitkräften, an einem Platze, wo sich diejenigen vereinigen können, die für die Verfassung einstehen möchten ... Es hat den Anschein, man habe nur daran gedacht, wie man in der Verzweiflung am besten zur See entwischen könne[313]!«

Eine entscheidende Rolle bei der Besitznahme des Landes spielt das, was man ›clementia Caesaris‹, die ›Milde Caesars‹ genannt hat. Bei Corfinium schließt Caesar den Domitius (Consul 54) ein; dazu Plutarch:

»Domitius hielt sich schon für ganz verloren und forderte von einem Sklaven, der ihn als Arzt betreute, ein Giftmittel und nahm, was ihm gereicht wurde, sogleich ein, um sich selbst zu töten. Als er aber bald danach von jemandem hörte, mit welch bewundernswerter Menschlichkeit Caesar seine Gefangenen behandle, beklagte er sich selbst und machte sich Vorwürfe über seinen zu raschen Entschluß. Der Arzt beruhigte ihn bald durch die Versicherung, daß er statt des Giftes bloß einen Schlaftrunk eingenommen habe. Voller Freude darüber sprang Domitius auf, eilte zu Caesar und erhielt von ihm Verzeihung – entkam aber bald wieder zu Pompeius. Diese Nachrichten gaben, als sie nach Rom kamen, den Einwohnern wieder frohen Mut, und verschiedene kehrten wieder von der Flucht zurück[314].«

In einem werbenden Schreiben an Cicero berichtet Caesar selbst über den Vorfall: »... Nichts liegt mir ferner als Härte. Ich habe an dem Geschehenen selbst meine Freude und freue mich über alle Maßen über deine Anerkennung. Es ist deshalb auch belanglos, wenn Leute, die ich freigelassen hatte, sich entfernt haben ... Denn ich wünsche nichts mehr, als daß ich mir gleich bleibe[315].«

Kurz vorher entwickelt er in einem persönlichen Schreiben an Oppius und Balbus, seine römischen Geschäftsträger und späteren ›grauen Eminenzen‹, sein Grundsatzprogramm: »Ich will also versuchen, nach Möglichkeit die Herzen aller Bürger wiederzugewinnen und mich eines langen Friedens zu erfreuen, denn die anderen (gemeint sind Marius, Sulla, Cinna) konnten in ihrer Grausamkeit dem Haß nicht entgehen, konnten auch dem Sieg nicht Dauer verleihen ... Die neue Art des Sieges soll also darin bestehen, daß wir Schutz und Sicherheit in unserer Milde und Barmherzigkeit finden ...[316].«

Große Worte! Wird ihm das gelingen? In dieser Zeit, März 49, fällt ein entscheidendes Gespräch mit Cicero, dem angesehensten Senator der Zeit, um den Pompeius wie Caesar werben. Es ist eine ganz seltene Kostbarkeit, denn Cicero gibt den Dialog zum Teil wörtlich wieder. Caesar fordert Cicero auf, nach Rom zu kommen und dort als ›Princeps Senatus‹ seine Interessen zu vertreten ... Cicero hat dies eben abgelehnt, darauf Caesar:

Caesar: »Das ist ein Mißtrauensvotum gegen mich; wenn du nicht kommst, werden sich auch die anderen nicht herbeilassen.«

Cicero: »Ihre Lage ist eine ganz andere als meine. Das sind nicht meine Probleme ...«

Caesar: »Nun, so komm du und vermittle den Frieden!«

Cicero: »So wie *ich* denke?«

Caesar: »Soll ich dir darüber etwa Vorschriften machen?«

Cicero: »Gut – dann werde ich dafür eintreten, daß der Senat den Zug nach Spanien (den Caesar gegen die dortigen Pompeianer vorhat, d. V.) und die Entsendung von Truppen nach Griechenland mißbilligt. Außerdem werde ich viel zu klagen haben über das Geschick des Pompeius.«

Caesar: »Ich will aber nicht, daß davon die Rede ist.«

Cicero: »Dacht' ich mir's doch gleich; ich will aber nicht im Senat erscheinen, weil ich entweder so reden muß und noch manches andere, was ich im Falle meines Erscheinens nicht verschweigen kann, oder ich darf überhaupt nicht erscheinen ...«

Caesar: »Überleg dir's ... Wenn ich mich deines Rates nicht bedienen kann, so werde ich mich auf die mir zur Verfügung stehenden Männer stützen und zu allen Mitteln greifen[317].«

Mit allen Mitteln der Diplomatie, des Charmes, des persönlichen Einsatzes versucht Caesar, legalen Boden unter die Füße zu bekommen. Er braucht die Zustimmung einer in Rom verbliebenen Senatsgruppe. Ja, er schreibt ein zweitesmal an Cicero, um ihn, den er als den bedeutendsten Geist neben sich schätzt, aus der Umgarnung Pompeius' zu locken; am Schluß heißt es warnend: »Du aber, der du beides genau kennst, das Zeugnis, das mir mein bisheriges Leben gibt, und das Urteil, das die Stimme der Freundschaft fällt, du wirst keinen Weg ausfindig machen können, der dir zugleich mehr Sicherheit und mehr Ehre bringt, als den der völligen Neutralität bei dem gegenwärtigen Streite[318].« Das klingt nach Ultimatum; Cicero reagiert kopfscheu – und geht ab ins Lager des Pompeius ... Werfen wir – mit Caesar – einen Blick auf die Karte: Zu diesem Zeitpunkt kann er sich auf Gallien und Italien stützen, also auf die Mitte des Reiches. Den gesamten Osten, also Balkan, Griechenland, Kleinasien, Syrien kontrolliert Pompeius; Spanien wird ebenfalls von Pompeianern gehalten. Was wird mit Ägypten und Nordafrika sein ... Ähnlich wie Alexander nach Issos (333 v. Chr.) macht er sich nicht an die Verfolgung des Gegners, sondern besetzt seine westlichen Gebiete. Als erstes kommt Spanien an die Reihe: »Jetzt ziehe ich gegen ein Heer ohne Führer, wenn ich wiederkehre, gegen einen Führer ohne Heer[319]«, frohlockt er.

Zuvor nimmt er in Rom – gegen den Einspruch des wackeren Tribunen Metellus – den Staatsschatz an sich. Sein Kommentar: »Die Stunde der Waffen ist nicht die Stunde der Gesetze. Wenn du damit nicht einverstanden bist, kannst du gehen. Denn der Krieg leidet keinen Widerspruch. Wenn aber Frieden ist und ich die Waffen niedergelegt habe, kannst du wiederkommen und Volksreden halten. Und wenn ich dies sage, vergebe ich mir schon zuviel von meinen Rechten: Denn du und alle meine Widersacher, ihr seid alle in meiner Hand.« Als Metellus weiter Widerstand leistet, droht ihm Caesar mit dem Tode und fügt hinzu: »Mein Junge, du weißt wohl, daß es mir schwerer fällt, das zu sagen als es zu tun[320].«

In einem nicht ungefährlichen Feldzug zwingt er die spanischen Pompeianer nieder. Nach entscheidenden Anfangserfolgen unterwirft sich die restliche Provinz freiwillig.

Auf der Rückreise über Massilia – die Stadt hatte sich für neutral erklärt und war erst nach langer Belagerung bezwungen worden – erhält er die Nachricht, die IX. Legion habe in Placentia (Piacenza) den Gehorsam verweigert. Grund: Unzufriedenheit mit der spanischen Beute, zu strenge Zucht; Verbot, im eigenen Lande zu plündern. Er eilt hin. Und ähnlich wie in Vesontio (58) gelingt es ihm mit einer psychologischen Meisterrede, die Leute zur Raison zu bringen. Daraus einige Auszüge:

»Zwar wünsche ich, Soldaten, eure Liebe zu besitzen, bin aber nicht gesonnen, sie durch Teilnahme an euren Freveln zu erkaufen ... Wer sollte nicht beklagen, daß Italien, als wäre es ein Britannien, geplündert werde? Wen sollte nicht empören, daß wir uns Römer heißen und wie Kelten handeln? Glaubt nicht, daß ihr, weil ihr im Felde steht, besser als eure Mitbürger seid! Noch sind die Gesetze mächtiger als ihr, und die Zeit wird kommen, daß auch ihr die Waffen niederlegt ... Immer habe ich meine Sache als so viel gerechter angesehen als die des Pompeius! Nun wir uns aber solcher Dinge unterfangen, weiß ich weder etwas für mich noch gegen jene vorzubringen. Die Sicherung des Rechtsstandes muß unsere erste Sorge sein! Ohne sie ist kein Glück, wenn auch anfangs günstig, von Bestand! ... Wie stünde es mit der Hausordnung, wenn die Jungen den Alten die Achtung verweigerten! ... wenn das Schiffsvolk dem Steuermann den Gehorsam versagte! Die Natur hat nun einmal die heilsame und notwendige Anordnung getroffen, daß der eine befiehlt und die anderen gehorchen! ... So seid ihr denn eures Dienstes entlassen ... ihr – wie soll ich euch nennen?!« Nun ließ er sie um den 10. Mann losen und die Verwegensten hinrichten. Die andern aber entließ er, als brauchte er sie nicht weiter; sie aber wollten, ihren Fehltritt bereuend, wieder in seinen Dienst treten[321].

120 Rädelsführer wurden namhaft gemacht, 12 davon hingerichtet.

Caesar braucht einen gesetzmäßigen Rahmen – er bekommt ihn: Der Praetor Lepidus, Parteigänger Caesars und späterer Triumvir mit Antonius und Octavianus, ernennt ihn zum Dictator. Als solcher kann er in eigener Verantwortung Gesetze erlassen, Wahlen abhalten und die stagnierende Wirtschaft wieder ankurbeln. Vergessen Sie in diesem Zusammenhang bitte nicht, daß ›Dictator‹ durchaus ein in der römischen Verfassung vorgesehenes Amt ist, das in keiner Weise den Beigeschmack des 20. Jahrhunderts hat. Die totalitäre Regierungsform, die wir heute mit diesem Begriff umschreiben, kannten die Alten unter der Bezeichnung ›Tyrann‹, und die Römer verbanden diese Vorstellung besonders mit ›rex‹, König. Aber darüber haben wir ja anfangs ausführlich gesprochen.

Der vorpreschende Schritt des Lepidus, Caesar zum Dictator zu ernennen, erscheint manchen antiken Autoren »gegen die herkömmliche Sitte«[322], wird aber von modernen Forschern als »seltene aber rechtlich zulässige« Maßnahme gewertet[323]. Für Caesar ist es im Augenblick der einzige legale Rückhalt, um Bedeutenderes einzuleiten: »Der Senat erwählte ihn darauf zum Dictator, mit dessen Gewalt er die Verbannten zurückrief und die Söhne der von Sulla geächteten Bürger in ihre Rechte wiedereinsetzte, wie auch den Schuldnern durch Herabsetzung der Zinsen eine Erleichterung verschaffte. Er traf noch andere Verordnungen, doch nicht viele; denn nach 11 Tagen legte er die Dictatur nieder, ernannte sich selbst und den Servilius Isauricus zu Consuln und war bloß auf die Fortsetzung des Krieges bedacht[324].«

Das ist es! Aber schon diese mehr aus dem Stegreif getroffenen Maßnahmen zeigen, daß er von Anfang an das Ganze im Auge hat. Das Kapital soll wieder wagen zu investieren, der kleine Mann nimmt einen Teil aus dem Sparstrumpf, man sieht schon wieder den ›Silberstreif am Horizont‹, die ›Talfahrt‹ scheint beendet. Aber alles hängt so lange in ungewisser Schwebe, bis der Zweikampf der Giganten entschieden ist. Und der hat gerade erst begonnen ...

Hiobsbotschaft aus Afrika! Curio ist in Afrika von Juba, dem Erben Jugurthas, geschlagen worden, der vor optimatischem Druck zu Kreuze kroch. Curio ist tot, Afrika bis auf weiteres optimatische Festung und Basis.

Wie wird es weitergehen? Geteilt ist das Reich schon: Der Westen, Spanien, Gallien, Italien – hört auf Caesars Kommando; der gesamte Osten steht hinter Pompeius. Nun zeigt sich deutlich, welche Bedeutung die zu verschiedenen Zeiten unterworfenen Provinzen als wirtschaftliche und militärische Basis erreicht haben, denn Roms Schicksal wird außerhalb Roms entschieden! Allerdings ist da ein bedeutender Unterschied: In Caesars Legionen kämpfen 40 000 Römer, unter Pompeius dienen nur 11 000. Caesar steht eine Armee zur Verfügung, die ununterbrochen unter seinen Adlern gekämpft hat, verwöhnt durch königliche Beutegeschenke, gehärtet durch 8 Jahre Krieg.

### 5. *Das Ende unfaßbar: Pompeius' Abgang aus der Geschichte*

Die Entscheidung fällt jenseits der Adria. Bei Dyrrhachium muß Caesar zunächst – nach Gergovia – die zweite Niederlage seines Lebens einstecken, nachdem ein vorausgehender Stellungskrieg keine Lösung brachte. Caesars Lage ist prekär: Pompeius beherrscht mit seiner Flotte von 600 voll ausgerüsteten Kriegsschiffen[325] die Adria und unterbindet Caesars Nachschub. Hilfsgesuche sind wochenlang unterwegs. Das Brot geht aus. Aus den Wurzeln des Aronstabs, vermischt mit Wein, backen seine Leute Ersatzbrot[326]. Doch ebenso wie nach Gergovia folgt der Schlappe auf dem Fuße die neue strategische Initiative. Er muß Pompeius niederkämpfen, denn er weiß, daß die Zeit für den Gegner arbeitet. Die Truppe ist total demoralisiert, die Pompeianer rechnen bereits mit dem Überlaufen ganzer Legionen.

An dieser Stelle lernen wir Caesar von einer ganz neuen Seite kennen. Caesars Leute lassen die Köpfe hängen, »sie schämten sich ihrer Schuld« – so Appian – »und wurden, als Caesar ihnen sanfte (!) Vorwürfe machte und Verzeihung angedeihen ließ, noch mehr gegen sich selbst erbittert und forderten, wunderbar verändert, Caesar auf, nach alter Sitte das Los über sie zu werfen und den zehnten Mann zu töten. Als aber Caesar nicht darauf einging, schämten sie sich noch mehr und gestanden ein, daß Caesar nicht verdient habe, von ihnen beleidigt zu werden und schrien, er solle die Träger der Feldzeichen töten. Als Caesar auch dies nicht zugestand und kaum einige wenige bestrafte, erweckte seine Mäßigung sogleich bei allen einen so großen Eifer, daß sie ihn aufforderten, sie jetzt gleich gegen die Feinde zu führen, und ihn heftig mit Bitten und Versprechungen bestürmten, daß sie ihr Vergehen durch einen schönen Sieg wieder gutmachen würden. In Menge sich zueinander wendend, verschworen sie sich in einzelnen Abteilungen vor Caesars Augen, nicht aus der Schlacht zurückzukehren, wenn sie nicht gesiegt hätten.

Daher forderten ihn seine Freunde auf, diese Reue und den Eifer des Heeres zu nutzen. Caesar aber sagte zu dem Heere, daß er sie unter günstigeren Umständen gegen die Feinde führen werde, und ermahnte sie, sich an ihren jetzigen Eifer zu erinnern[327].«

Sind sie nicht wie Kinder!? Vor einigen Stunden sahen sie dem Tod ins Auge, und nun dies! Wir können von ferne nachempfinden, wie seine Macht über Menschen rationalen und intellektuellen Geistern unheimlich war.

Zunächst brauchen seine Leute neue Kräfte, reichliches Essen muß herbei! Er zieht nach Südosten gegen Thessalien, gibt die widerspenstige Stadt Gomphi zur Plünderung frei: »Sie füllten sich hungrig mit allem übermäßig an und berauschten sich unanständig, und besonders die Germanen waren in ihrer Betrunkenheit sehr lächerlich[328].« – Das soll heute auch noch vorkommen ...

Pompeius ist nachgerückt. Obwohl er lieber zögerte, drängt sein optimatischer Anhang zur Entscheidungsschlacht. Schlechte Omina künden dem Pompeius Unglück, seine Opferstiere sind ›geflohen‹ und können nicht wiedergefunden werden.

Caesar ist zuversichtlich und verspricht der Venus (!) einen Tempel; seine Leute schmücken die Zelte mit Lorbeer, dem Zeichen des Sieges.

Pompeius ist wie von einer unerklärlichen geistigen Lähmung ergriffen, ergeht sich in pessimistischen Äußerungen: »Dieser Tag wird für die Römer, wer auch immer den Sieg davonträgt, der Anfang von großem Unglück werden[329].« So geht man nicht in eine Schlacht!

Vor Pharsalos, in Thessalien, bauen sich beide Armeen auf. Wie üblich, zuvor die Ansprachen der Feldherrn.

Pompeius: »Wir kämpfen für Freiheit und Vaterland! In Einklang mit den Gesetzen, der Ehre und so vielen Männern aus dem Senat und den Rittern, gegen einen einzigen Mann, welcher die Regierung räuberisch an sich gerissen hat ...« Keine Begeisterung kommt auf.

Caesar: »Das Schwierigere haben wir bereits überwunden, meine Freunde (!). Statt gegen Hunger und Mangel kämpfen wir nun mit Menschen. Dieser Tag wird alles entscheiden. Vergeßt nicht das Versprechen, das ihr mir vor Dyrrhachium gegeben habt! – Das sind die Leute, ihr Römer, gegen die wir von den Säulen des Herakles herbeigekommen sind! Das sind die Leute, welche vor uns aus Italien geflohen sind! ... Pompeius soll, wie ich höre, furchtsam und ungern in den Kampf ziehen, da sein Glück bereits verblüht und er selbst langsam und schwerfällig zu allen Unternehmungen geworden ist und nicht mehr als Feldherr Befehle erteilt, sondern Befehle empfängt ...[330].«

In seinem eigenen Bericht, dem ›Bürgerkrieg‹, erklärt er: »Ich kann euch selbst, Soldaten, als Zeugen dafür anführen, wie angestrengt ich mich immer wieder um den Frieden bemüht habe[331].«

Neben Caesars überlegener Feldherrnkunst entscheidet die Kampfmoral seiner Soldaten die Schlacht. Caesar selbst stellt – wie so oft – in seinem eigenen Bericht Männer der unteren Chargen heraus; so hier jenen Gaius Crastinus: »Im vorigen Jahr hatte er bei der X. Legion die erste Manipel geführt und war ein besonders mutiger Mann. Als das Angriffssignal ertönte, rief er: ›Folgt mir, die ihr unter mir gedient habt, und kämpft für euren Feldherrn, wie ihr es gewohnt seid! Nur diese Schlacht ist noch übrig. Wenn sie geschlagen ist, wird er seine Ehre und wir unsere Freiheit wiederhaben.‹

Dann blickte er auf Caesar und rief ihm zu: ›Mein General, heute werde ich dafür sorgen, daß du mir dankbar bist, ich lebe nun oder falle.‹

Mit diesen Worten stürmte er als erster aus dem rechten Flügel vor, und ungefähr 120 auserlesene Soldaten schlossen sich ihm freiwillig an[332].«

Beim Nahen von Caesars Legionen wird Pompeius kopflos, zieht sich ins Lager zurück, legt Zivil an – und flieht.

24 000 Mann kapitulieren, 15 000 sind gefallen. Caesar vermißt nicht mehr als 200 Leute und 30 Offiziere; 180 Feldzeichen und 9 Legionsadler legt man ihm zu Füßen.

Dies geschah am 9. August 48 v. Chr.; eine der Schlachten, denen wir ohne Bedenken das Attribut ›weltgeschichtlich entscheidend‹ erteilen können. Pharsalos macht den Weg frei für Caesars Alleinherrschaft, wenn auch niemand zu sagen wüßte, was im Falle eines Sieges der optimatischen Seite geschehen wäre. Aber noch lebt Pompeius. Niemand, auch Caesar nicht, kann das schreckliche Ende dieses Mannes vorausahnen noch es ihm wünschen. Aber es kommt schnell.

Auf den Rat seiner Freunde wendet sich Pompeius südwärts, gegen Ägypten, nachdem man ihm den Plan, die Parther um Hilfe anzugehen, ausgeredet hat; – Ägypten, »weil dies nahe und ein großes und noch blühendes und durch seine Schiffe, sein Getreide und seine Schätze mächtiges Reich sei, und weil dessen Regenten, wenn auch noch Kinder, doch dem Pompeius von ihrem Vater her befreundet wären«[333].

Man nähert sich der Küste und sieht erstaunt eine große Armee, Zelte, königlichen Prunk. Zufall dies alles! Die Dynastie der Ptolemäer ist wieder einmal mit einer Palastrevolte beschäftigt. Die reale Herrschaft liegt in den Händen einer Camerilla unter Führung des Eunuchen Pothinus; der dreizehnjährige Ptolemaios XIV. ist sein Werkzeug.

Nach eingehender Beratung, wie mit Pompeius zu verfahren sei – seine Niederlage ist schon bekannt –, greift man zum schmutzigsten Mittel: »Das Ratsamste sei, den Mann kommen zu lassen und ihn umzubringen. Auf diese Weise würde man Caesar einen großen Gefallen erweisen und jenen brauche man nicht weiter zu fürchten[334].«

Hinterhältig schickt man ein Empfangskomitee; Pompeius nimmt von Cornelia, seiner Gattin – »die seinen Tod voraus beweinte« – Abschied, läßt sich zum Ufer rudern. Er soll dabei Sophokles zitiert haben:

»Wer eingeht zum Tyrannen,
wird sicher dessen Sklave, und käm er noch so frei.«

Und so stirbt Pompeius der Große; Plutarch hat es überliefert:

»Als sie sich dem Lande näherten, gaben Cornelia und ihre Freunde von der Galeere her mit ängstlicher Sorge acht, was geschehen würde, und sie fing schon an, Mut zu fassen, weil sie bei dem Landungsplatze viele königliche Bediente wie zu einem ehrenvollen Empfang zusammenlaufen sah.

Aber in dem Augenblick, als er aufstand, wurde er von hinten mit dem Schwerte durchbohrt ... Pompeius zog mit beiden Händen die Toga über das Gesicht, stieß nur, ohne etwas zu sagen, was seiner unwürdig gewesen wäre, einen tiefen Seufzer aus und ließ sich ohne den geringsten Widerstand niederstechen.

So endete er sein Leben, 59 Jahre alt, einen Tag nach seinem Geburtstag ...[335].«

Den Kopf trennt man vom Rumpf, um ihn für die Ankunft Caesars aufzuheben. Den übrigen Leichnam wirft man ins Wasser. Philippus, sein Freigelassener, fischt ihn später auf und errichtet ihm aus den Trümmern eines Bootes den Scheiterhaufen ...

*Sic transit gloria mundi.*

Dieses Ende des Pompeius ist unfaßbar; ist es doch, als ob er sich sang- und klanglos aus der Geschichte davonmacht. Keine Gegenwehr, nur ein Seufzer ... Er war schon vorher ein gebrochener Mann. Mit ihm sind wir nie so recht warm geworden. Liegt es an den Quellen? Kam er Ihnen nicht auch immer auf eine umständliche Weise unnahbar vor? Kontaktfreude fehlte ihm; der Umgang mit den Massen zwang ihm auf, den Leutseligen zu spielen, der er nie war. Aber Caesars Tochter hat ihn geliebt. Cicero sieht in ihm lange den Retter des Staates. Woher dann seine Passivität, sein Phlegma in den entscheidenden Stunden? Kein herausragender Mann des Jahrhunderts gibt größere Rätsel auf. Matthias Gelzer sagt am Ende seiner Pompeius-Biographie:

»Die Geschichte des Pompeius endet so mit einem Bilde unsäglichen Jammers; denn der Betrachter wird nicht einmal durch die Empfindung erhoben, eine wahrhafte Tragödie mitzuerleben. Durch das Versagen in der Niederlage von Pharsalos hat er den Ruhm des tragischen Helden verwirkt, und auch die Art, wie er sich seinen Mördern auslieferte, zeigt ihn als einen Mann von gebrochener Entschlußkraft. Die Kläglichkeit dieses Untergangs drängt die Frage auf, was es denn eigentlich mit diesem Mann auf sich habe, der sich so viele Jahre hindurch für den Erben seiner Zeit hielt und auch den anderen dafür galt ...[336].«

Ob es sich um Degeneration des Willens zum Leben oder um die Offenlegung seiner zuvor immer erfolgreich versteckten Schwächen handelt – wir werden es nie wissen. Hier bewegen wir uns zu sehr in einem seelischen Dickicht, dessen geheime Pfade modernen Psychotherapeuten noch Schwierigkeiten machen würden. Die antiken Chronisten sind allzu schnell mit der Abrechnung zur Hand, nennen ihn ›aufgeblasen‹, ›stolz‹, ›überheblich‹ – Metaphern, die letztlich nichts über das Dahinter aussagen. Dies aber gilt: Ohne Pompeius kein Caesar! Und wie Alexander bewußt das Erbe des Darius antrat, wird Caesar Pompeius beerben und den Mord rächen.

### *6. Die Stunde der Isis: Kleopatra*

Pompeius ist tot. Aber der Krieg geht weiter. So leicht gibt die Oligarchie nicht auf. Cato übernimmt grimmig das Erbe, versammelt den geflohenen Anhang des Pompeius um sich, segelt nach Tripolis und baut den senatorischen Brückenkopf in Afrika auf. Auf Jubas Unterstützung kann er rechnen. Von hier aus schürt man die Unruhe in Spanien und kopiert so alte karthagische Strategien. Inzwischen ist Caesar vor Alexandrien gelandet. Doch hier läuft längst nicht alles mit der erwarteten Schnelligkeit. Zwar ist das Ptolemäerreich dieser Zeit ›der kranke Mann am Nil‹, aber das reiche Land lebt doch mehr oder weniger souverän, wenn auch die Macht in den Händen gewisser ›Berater‹ liegt. Plutarch gibt die Zeitmeinung wieder: »Von dem Kriege, in den Caesar in Alexandria verwickelt wurde, behaupten einige, er sei gar nicht notwendig gewesen, sondern durch die Liebe zu Kleopatra veranlaßt worden und habe ihm nur Schande und Gefahr gebracht. Andere schieben die Schuld auf die Minister des Königs, besonders auf den Eunuchen Pothinus, der den größten Einfluß hatte. Er hatte auch die Kleopatra verstoßen und den Pompeius töten lassen und schmiedete auch jetzt gegen Caesar insgeheim allerlei Anschläge[337].«

Caesars Motivation dürfte so ausgesehen haben:

a) Ägypten beherrschen heißt, die römische Kornzufuhr von Grund auf zu kontrollieren; b) diese Südflanke des Mittelmeerraums muß aus strategischen Gründen unter römischer, d. h. Caesars Herrschaft stehen; c) die Exekutivgewalt über das Gebiet darf nicht vom Senat ausgeübt werden. Diesen Gedanken greift Augustus später auf: Ägypten wird ›kaiserliche‹ und nicht ›senatorische‹ Provinz.

Daß Caesar dann länger als notwendig im Lande bleibt – wer will es ihm verdenken, nachdem er die junge Erbin Kleopatra kennengelernt hat. Länger als notwendig? – Für ihn, als Individuum männlichen Geschlechts, gehört diese Erfahrung dazu! Indem Historiker den moralisierenden Strategen spielen wollen, gehen sie an der Fülle des Lebens vorbei und gleichen alten Jungfern, die einer jungen Braut von den Gefahren der Ehe daherfaseln.

Man könnte so sagen: Caesars Aufenthalt in Ägypten mündet in einem Urlaub, in dem er sich von den Strapazen der vergangenen zehn Jahre erholt. Zunächst aber gibt's alle Hände voll zu tun.

Ptolemaios XIII. hat das Reich dem dreizehnjährigen Ptolemaios XIV. und seiner älteren Schwester Kleopatra zur gemeinsamen Herrschaft überlassen. Ein Testament liegt vor. Der Prinz aber tut alles, was der machtbesessene Pothinus ihm vorschlägt: mit Gewalt und List den Thron ergattern. Die Truppenansammlungen vor kurzem waren der Auftakt; doch auch Kleopatra kann sich auf einen mächtigen Anhang stützen.

Caesar residiert währenddessen im königlichen Palast zu Alexandria. Von Anfang an fürchtet Pothinus um seine Stellung. Er wagt es, Caesar Ratschläge zu erteilen: Er solle doch lieber an die Ausführung seiner großen Unternehmungen denken. Darauf Caesar kurz: »Ich brauche nichts weniger als den Rat von Ägyptern[338]!«

Die Spannung steigt von Tag zu Tag. Pothinus geht scheinheilig im Palast ein und aus, spinnt seine hochverräterischen Fäden: Die Volksstimmung scheint ihm günstig. Man muß auf den günstigen Augenblick warten! Inzwischen bahnt sich die wohl berühmteste Romanze der alten Geschichte an; denn Kleopatra nimmt Kontakt zu Caesar auf, und zwar so: »Die Prinzessin nahm aus ihrem Gefolge nur den Sizilianer Apollodoros mit sich, stieg in ein kleines Boot und legte bei einbrechender Finsternis in der Nähe des königlichen Palastes an. Da sie kein anderes Mittel wußte, unentdeckt hineinzukommen, legte sie sich der Länge nach in einen Bettsack, welchen Apollodoros mit Riemen zuschnürte und durch die Tür zu Caesar trug. Durch diese List, die einen kühnen Geist verriet, wurde Caesar, wie man sagt, zuerst für sie eingenommen, und da auch sonst ihr Umgang und ihre Reize großen Eindruck auf ihn machten, söhnte er sie mit ihrem Bruder aus unter der Bedingung, daß sie zur Mitregentin ernannt werde[339].«

Diese Entwicklung der Dinge gefällt Pothinus überhaupt nicht. Zusammen mit dem Reichsfeldherrn Achillas plant er einen Anschlag. Caesars Friseur erfährt davon: Pothinus wird aus dem Weg geräumt bei einem Mahl und Pompeius ist gerächt.

Achillas gibt nicht auf, er umzingelt den Palast, verstopft alle Kanäle und Wasserleitungen, pumpt statt dessen Meerwasser in die Rohre. Panik unter den Belagerten, doch Caesar behält die Nerven. Tollkühne Ausfälle werden gemacht. Doch sie vermögen den Belagerungsring nicht zu sprengen. SOS-Rufe gehen an alle befreundeten Fürsten: Mithridates von Pergamon nähert sich in Eilmärschen, in seinem Gefolge Antipater von Judaea.

In Alexandria spitzt sich die Lage zu. Um die Seeverbindungen offenzuhalten, wird die alexandrinische Flotte in Brand gesteckt durch Stoßtrupps. Das Feuer breitet sich aus, gerät außer Kontrolle – und greift auf die große Bibliothek über. Das einzigartige Archiv der gesamten antiken Literatur, Wissenschaft und Philosophie geht in Flammen auf, in kurzer Zeit sind 400 000 Handschriften vernichtet. Unschätzbares ist für alle Zeiten unrettbar und unersetzlich verloren, die mit wissenschaftlicher Akribie über Jahrhunderte geleistete Philologenarbeit ein Raub der Flammen. Alexandria hütete das Wissen eines Jahrtausends, war das Gedächtnis der Antike!

Niemand ist mehr betroffen, ja erschüttert als Caesar! Aber es gilt das Leben! Neuer Ausfall! Besetzung des Pharos, des gewaltigen Leuchtturms auf vorgelagerter Insel. Der Versuch, von diesem Brückenkopf aus die gesamte Insel als Basis zu besetzen, scheitert. Mit Mühe kann Caesar bei dem Unternehmen schwimmend das nackte Leben retten; sein roter Mantel gerät in die Hände der Feinde. Höhnisch hißt man ihn wie eine erbeutete Fahne.

Endlich naht das Entsatzheer. Südlich von Alexandria kommt es zur entscheidenden Schlacht: Caesar, Mithridates und Antipater siegen. Der junge Ptolemaius ertrinkt auf der Flucht im Nil. Am 27. März 47 fällt Alexandria. Ägypten ist römische – nein, Caesars Provinz.
Dieser ›Alexandrinische Krieg‹ ist haarscharf an einem Desaster vorbei glücklich beendet. Nun macht Caesar Urlaub, nicht ›Ferien vom Ich‹ – aber von den unglaublichen Strapazen der letzten Wochen, Monate, Jahre. Wir treffen ihn als antiken Touristen auf königlicher Nilbarke, geleitet von dem wohl charmantesten Cicerone, den Ägypten bis heute hatte, der neun Sprachen fließend spricht, exzellent flirtet, auf jede Frage eine Antwort weiß, für sein Wohlergehen sorgt – und nie seine Würde vergißt: Kleopatra.
Die Geschichten, die sie ihm erzählt, sind so alt wie die Pyramiden der 4. Dynastie; 2500 Jahre gleiten als Architektur in Palästen, Ruinen und Städten vorbei, fremdartig aufgebaut vor dem Rand der Wüste. Abu Simbel, damals schon verfallend, Luxor, Theben. Caesar begreift spontan, was Geschichte ist und sein wird: auf Dauer Kapitulation vor der Zeit – wenn nicht der Mensch immer von neuem beginnt. Rom wird das alles erben, aber es wird ihm fremd bleiben, wie es uns fremd erscheint. Dies ist die geheimnisvollste Spanne in Caesars Leben, scheinbar tatenlos schwebt er vorbei, seine empfängliche Seele weit geöffnet.
Gaufürsten machen ihre Honneurs, begrüßen ihn als den neuen Gott, er wandert in Alexanders Spuren. Das Musische in ihm betört seinen Willen: schauen, aufnehmen, philosophieren, den eigenen Standort erkennen. Alles ist gelockert, den Wurzeln von Welt und Ego sehr nahe. Dazu diese Erbin der mystischen Welt: jung, charmant, wissend, eine griechische Isis, nicht eigentlich schön, aber alles verschönernd mit ihrer Anwesenheit. Er liebt sie, denn sie gibt ihm seine eigene Jugend wieder. Alles ist hier und heute; Rom muß warten. All dies faßt der trockene Stubenhocker Sueton in seiner unbeteiligten Art in solchem Satz zusammen: »Vor allem aber liebte er Kleopatra, in deren Gesellschaft er oft bis an den hellen Morgen tafelte und mit der er in ihrem großen Prachtschiff, das mit einer kostbar eingerichteten Kajüte versehen war, durch ganz Ägypten bis nahe nach Äthiopien reiste und nur durch die Weigerung des Heeres, ihm weiter zu folgen, sich zur Umkehr bewegen ließ[340].«
Soldaten pflegen zu allen Zeiten ihren Feldherrn auf den Boden der Tatsachen zurückzuholen. Der Reichsbrand ist längst noch nicht an allen Ecken ausgetreten.
Abschiedsstimmung: »Er lud sie nach Rom ein und überhäufte sie bei ihrem Abschied mit Ehrenbezeugungen und Geschenken, willigte auch ein, daß ein Sohn, den sie geboren, seinen Namen erhielt.«

Von Alexandria wendet er sich nach Osten gegen Pharnakes, den Sohn des großen Mithridates von Pontus, der begonnen hat, auf den Spuren des Vaters zu wandeln. In einem Blitzkrieg wird der Übermütige in seine Grenzen gewiesen. Am 13. Juli geht Caesar in Antiochia an Land, am 2. August kann er bereits den Sieg nach Rom melden mit der einmaligen Formel: »Veni, vidi, vici.« (»Ich kam, ich sah, ich siegte.«)
Anfang Oktober finden wir ihn schon in Rom. Die Legionen von Pharsalos sind seit langem in die Heimat zurückgekehrt, haben ohne seine starke, züchtigende Hand ein Gammel- und Luderleben nach Landsknechtart begonnen, wollen dem Herrn nun ihren Willen aufzwingen. Er läßt sie auf dem Marsfeld antreten, aber sie beleidigen seine Beauftragten, werden tätlich: Zwei Senatoren werden erschlagen. Da erscheint er selbst ohne Anmeldung auf dem Platz und besteigt die Rednertribüne: Durch seine plötzliche Erscheinung verwirrt, laufen sie zusammen, begrüßen ihn nach der Sitte als Imperator.
»Was wollt ihr von mir?«
Peinliches Schweigen ... In seiner Gegenwart wagen sie nicht, ihm ihre Forderungen nach Geschenken, Beuteanteilen und Geld ins Gesicht zu sagen. Die Kühnsten schließlich bringen tapfer vor, als eine – nun, mäßige Forderung, vom Dienst entlassen zu werden. So haben sie es heimlich abgesprochen: Er braucht sie ja, also wird er auf ihre Forderungen eingehen! Glatte Erpressung. Die Truppe schreit Beifall. Er läßt sie gewähren, wartet auf Ruhe. Dann, ohne sich zu bedenken, aber jedes Wort betonend:
»Ihr seid entlassen!«
Sie glauben, nicht richtig gehört zu haben; aber er fährt ruhig fort:
»Auch werde ich euch alle gemachten Versprechungen erfüllen ...« Pause. Sie grinsen. Na also! »... wenn ich mit dem übrigen Heer den Triumph gefeiert habe ...«
Nun hat's eingeschlagen! Verdammt! Andere sollen an ihrer Stelle triumphieren; sie werden nichts von der kommenden afrikanischen Beute ergattern. Man wird sie auslachen, mit dem Finger auf sie zeigen: »Bist du nicht auch einer von diesen Meuterern ...?«
Sie schämen sich im voraus, wollen am liebsten im Boden versinken. Verlegenheit allenthalben, Bestürzung, viele kratzen sich, wechseln von einem Bein auf das andere, spucken, nur um etwas zu tun. Am besten nun, das Maul halten, abwarten, so kann er sie doch nicht abspeisen! Sind denn die acht Jahre Gallien vergessen?
Aber er schweigt. Dabei hängen sie an seinen Lippen. Noch ist nichts verloren,

die Umstände werden ihn zwingen. Was ist da vorne los? ... Freunde reden mit ihm. Antonius flüstert ...

Endlich! Er wendet sich wieder nach vorne, nun muß das erlösende Wort kommen:

»Quiriten ...«

Einen Augenblick sind sie wie gelähmt. ›Quiriten‹ – Bürger, nicht ›Kommilitonen‹ – Kameraden, hat er gesagt! Als Zivilisten redet er sie an! Sie sind entlassen! Aus! Vorbei!

Ihre Welt bricht zusammen, sie schreien laut auf, bereuen, weinen, einige heben flehend die Hände, andere knien hysterisch nieder. Die Psychose ergreift das ganze Heer. Da stürzen einige nach vorn, vor die Tribüne. Harte Gesichter, narbenbedeckt, Einäugige, Zahnlose, Humpelnde. Weinend verfluchen sie sich, rufen den Zorn der Götter auf ihr Haupt. Sie recken die Arme, Schwurfinger zeigen gen Himmel, Götter sind Zeugen: Laß uns um Gottes willen den Feldzug mitmachen!

Aber er scheint taub zu sein, wendet sich ab mit hartem Gesicht. Sie kennen das, fürchten es. So erscheint ihnen Jupiter strafend im Traum ... Er steigt herab von der Tribüne, geht zur Seite. Sie laufen ihm nach, schreien, er solle doch bleiben, er, ihr Vater, ihr Freund, ihr Ernährer. Die Zunächststehenden greifen flehend mit den Händen nach ihm. Er geht immer noch ...

»Du sollst die Schuldigen bestrafen! ... Aber wir brauchen dich!«

Er zögert. Tausende Augen halten ihn fest. Er verhält den Schritt, stellt sich unschlüssig. Endlich wendet er sich um, besteigt wieder das Gerüst, schaut in die Gesichter und weiß, sie lieben ihn. Jetzt keine Rührung zeigen! ... Es ist absolut still.

»Ich werde niemand von euch strafen. Aber es tut mir im Herzen leid, daß auch die X. Legion, die ich stets ausgezeichnet habe, solche Unruhen begonnen hat. Sie allein entlasse ich vom Kriegsdienst. Doch werde ich auch ihr alles, was ich versprochen habe, nach meiner Rückkehr aus Afrika geben. Auch werde ich allen nach Beendigung des Krieges Ländereien zuteilen, nicht wie Sulla, indem ich anderen ihre Besitzungen entreiße: Ich werde Gemeinland und mein eigenes verteilen und das fehlende dazukaufen.«

Sie sind davongekommen und können wieder atmen. Man schickt Centurionen vor, er soll über sie das Los werfen und den zehnten Mann hinrichten. Aber Caesar hat erreicht, was er wollte: ernstliche Reue.

»Er hielt es nicht für nötig, sie noch länger zu reizen, versöhnte sich mit allen und zog sogleich zum afrikanischen Krieg aus.« Diese bezeichnende Episode hat uns Appian überliefert[341].

47 ist er vom Rumpfsenat zum zweitenmal zum Dictator gewählt, für das lau-

fende Jahr 46 zum Consul ernannt worden. Antonius, sein Vize in Rom, hat alle Hände voll zu tun, mit den wirtschaftlichen und organisatorischen Schwierigkeiten fertigzuwerden. Es bleibt Flickwerk. Privat geht er auf illegalen Wegen an die Aufbesserung seiner Besitzverhältnisse. Er ist nicht der einzige Opportunist, der seine Schäfchen während dieser wirren Monate ins trockene bringt. Plutarch nennt in diesem Zusammenhang »die Raserei Dolabellas, die Geldgier des Antonius, die Völlerei des Corfinius und Antonius, der das Haus des Pompeius auf krummen Wegen an sich brachte und es ganz neu einrichten und umbauen ließ, als wenn es für ihn nicht gut genug wäre«[342].

Schon drei Jahre vorher hatte Cicero ausgerufen: »O Götter, was für ein Gefolge! Eine wahre Unterwelt[343]!«

Caesar aber sieht sich bei der gegenwärtigen Lage des Staates gezwungen, Männer von dieser Art zu seinen Diensten heranzuziehen, »obgleich er das alles wußte und selbst mißbilligte«[344].

Für die ›Guten‹ bricht eine Welt zusammen. Ciceros Briefe spiegeln den Weg in die innere Emigration wider. Hier einige Zitate zwischen 48 und 46:

»O, wie vielen und wie bitteren Verdrießlichkeiten bin ich ausgesetzt[345]!«

»Wie ist es überhaupt möglich, daß wir nicht voraussehen konnten, daß es so kommen werde ...[346].«

»Ich bin heimgekehrt, nicht als ob sich's da am besten leben ließe, sondern nur, falls der Freistaat noch in irgendeiner Form fortbesteht, doch einigermaßen in einem Vaterlande, wo nicht, in einer Art Verbannung zu leben ...[347].«

»Sollte er (Caesar) auch den Wunsch haben, den Freistaat so zu gestalten, wie er vielleicht selbst es will und wir alle wünschen müssen, so weiß er doch nicht, wie er es zu machen hat. Er hat sich mit vielen gar zu sehr eingelassen ... Wie wir von ihm, so hängt er von den Umständen ab ...[348].«

»Bei Caesar ist es so: Er ist von Natur milde und zum Verzeihen geneigt ... Dazu kommt, daß er eine ganz außerordentliche Freude hat an trefflichen Köpfen. Außerdem läßt er sich von vielen erbitten, deren Wünsche gerecht und von Pflichtgefühl beseelt, nicht aber, wenn sie unbegründet oder selbstsüchtiger Art sind ... Endlich ist er ein Mann von sehr scharfem und weitem Blick ... (Im Verhältnis zu Pompeius) muß ich oft die würdevolle Haltung und Weisheit Caesars bewundern. Nie nimmt er den Namen des Pompeius anders in den Mund als in den ehrenvollsten Ausdrücken ...[349].«

Sie spüren, wie Cicero innerlich mit sich ringt. Er versucht sich mit den neuen Verhältnissen zu arrangieren und vermeidet jedes abwertende Urteil über Caesar. In seinen Briefen sucht er aber auch immer wieder den Zuspruch der Freunde. Diese ambivalente Haltung bewog Mommsen zu seinem vernichtenden Urteil. Er nennt ihn einen ›Feigling‹ und ›unglücklichen Advokaten‹[350].

Mommsen kannte noch nicht die totalitären Systeme unseres Jahrhunderts, sonst wäre er nicht so voreilig in seinem Urteil gewesen. In seinem wunderbar einfühlenden Essay über Cicero sagt Friedrich Klingner rückschauend: »Es wird dem Menschen in der geistigen Welt nichts geschenkt. Er muß den vollen Preis dafür zahlen. Die Werke, von denen wir geistig leben, bezeugen es. Aber sie verbürgen auch, daß sich Verlust und Mangel im Veränderlichen für den geistigen Menschen zum Gewinn im Dauernden wandeln können[351].«

Ganz anders Cato! Ein letztes Mal vereint er den standhaften Rest der Optimaten um seine Person. Man trägt ihm den Oberbefehl in Afrika an, aber er lehnt ab. Es sei nicht sein Amt, er sei kein Imperiumsträger. Auch in diesen Dingen hält er sich korrekt an die Verfassung. So verlängert man nach interner Aussprache dem Q. Caecilius Scipio pauschal sein Kommando, das er als Legat des Pompeius bei Pharsalos innehatte. Mit dem Rest der Truppen hält er sich seit 48 in Afrika.

Nun ist Caesar im Anmarsch. Wieder ein Winterfeldzug. Im Dezember 47 setzt er von Sizilien aus in mehreren Transporten 6 Legionen und 2000 Reiter über. Wegen stürmischer See erreicht die Flotte afrikanischen Boden an verschiedenen Stellen, er selbst geht bei Tunis an Land, d. h. er stolpert. Unheilvolles Omen? Wieviel er von derlei Vorzeichen hält, zeigt die Antwort: »So halte ich dich fest, Afrika!« – und krallt seine Finger in den Boden[352].

Scipio weicht aus. Bei Caesars Armee zeigen sich Versorgungsschwierigkeiten, die Pferde müssen zeitweise mit Meertang gefüttert werden.

6. April 46 vor Thapsus, südöstlich von Karthago. Durch erfolgreiche Geplänkel ermutigt, wagt Scipio die Entscheidungsschlacht. Vor der Stadt legt er ein befestigtes Lager an.

»Mit dieser Arbeit war er noch beschäftigt, als Caesar mit unglaublicher Geschwindigkeit durch eine waldige Gegend, deren Zugänge man unbesetzt gelassen hatte, hervorbrach, Scipios Armee teils umringte, teils von vorne angriff und sie völlig besiegte[353].«

Entscheidend war der nicht mehr zu bremsende Kampfgeist von Caesars Truppen. Sie haben ja einiges gutzumachen: »... zwangen die Soldaten einen Trompeter, das Angriffssignal zu blasen. Und sofort traten sämtliche Cohorten zum Angriff an. Mochten sich auch die Offiziere den Soldaten in den Weg stellen und versuchen, die Leute mit Gewalt zurückzuhalten, sie erreichten nichts mehr[354].«

Thapsus! Grausamste Schlacht des Bürgerkriegs. 50 000 Republikaner decken das Schlachtfeld. Caesar verliert 50 Mann! »Verwundete gab es nur wenige.« Das sagt alles.

Stunden später erfährt Cato in Utica von der Katastrophe. Er sorgt noch für die

Evakuierung der Emigranten, lehnt eine Verteidigung der Stadt ab und begeht dann Selbstmord.

»Man fand ihn in seinem Blute liegen und die Eingeweide zum Leibe heraushängen. Er lebte noch und sah sich um. Der Arzt trat hinzu und suchte die Eingeweide, die unverletzt geblieben waren, wieder an ihren Ort zu bringen und die Wunde zuzunähen. Darüber erholte sich Cato wieder, und, als er zur Besinnung kam, stieß er den Arzt von sich, öffnete mit den Händen die Wunde (er hatte sich sein Schwert in den Leib gestoßen) zerriß die Eingeweide und starb.« Caesar kann alles brauchen, nur keine Märtyrer. Als man ihm den Tod Catos meldet, ruft er: »O Cato, ich mißgönne dir diesen Tod, denn du hast mir auch deine Erhaltung nicht gegönnt[355].« Unausgesprochen steckt hinter dieser Bemerkung die größte Schlappe, die er je hinnehmen mußte. Plutarch knüpft noch eine sehr freie Bemerkung an: »In der Tat scheint es auch, daß Cato, wenn er seine Erhaltung durch Caesar abgewartet hätte, nicht nur seinen eigenen Ruhm beschimpft, sondern auch den Caesars vergrößert hätte. Freilich bleibt es ungewiß, was in diesem Fall geschehen sein würde, doch läßt sich von Caesar immer das Bessere hoffen.«

Der Würfel ist zu Caesars Gunsten gefallen, das Reich hört auf sein Kommando. Diesmal, nach Thapsus, bleibt er hart. Den Rest der 300 Senatoren und Römer, die er in Utica antrifft, läßt er hinrichten. Juba und Scipio begehen Selbstmord. Jubas Königreich wird ›Africa Nova‹ und römische Provinz. Seinen Veteranen gibt er Land und gründet Coloniestädte. Am 25. Juli 46 ist er in Rom.

# 1 Jahr ... 7 Monate ... 15 Tage ...

## Caesar der Monarch

### *1. Der Pragmatiker*

Genau sind es 600 Tage, nicht mehr und nicht weniger; so lange läßt ihm Nemesis, die alles wägende göttliche Macht, die dem Menschen »das zuteilt, was ihm zukommt«, Zeit zur Entfaltung seiner Möglichkeiten. Ziehen wir das Vierteljahr des Spanienfeldzuges ab, dann bleibt etwas mehr als ein Jahr.

Als Caesar am 25. Juli 46 in Rom eintrifft, ist er im Besitz einer Macht, wie sie vor ihm kein Römer in seiner Person vereinte. Ob man ihn fürchtet, haßt, liebt, bewundert oder verachtet – man hat seine Stärke als Tatsache zur Kenntnis zu nehmen. Alle Staats- und Verfassungsorgane werden von ihm kontrolliert: Der Restsenat tanzt nach seiner Pfeife, die Volkstribunen sind seine Kreaturen, die Volksversammlung himmelt ihn an. Er ist Oberbefehlshaber der Armee, die Ritterschaft ist völlig von ihm abhängig. Und schließlich ist er oberster geistlicher Würdenträger, Pontifex Maximus. Gallien und Ägypten sind seine Privatprovinzen.

Wir haben schon darauf hingewiesen, daß Rom keine Parteien im modernen Sinne kennt, und sprachen umschreibend von Gruppen, Schichten, Faktionen. Wir nannten sie ›konservativ‹, ›optimatisch‹, ›senatorisch‹, ›popular‹ usw. Sie alle erwarten, hoffen oder befürchten Caesars Maßnahmen. Wann wird er die Karten offenlegen?

Der grundlegende Unterschied zwischen einem antiken Machtwechsel und einer modernen Revolution besteht darin, daß in unserer Zeit das ›Programm‹ der zur Macht strebenden Gruppe lange vorher festgelegt wird. Der Gegner oder Beobachter weiß, was auf ihn zukommt. Männer wie Caesar dagegen – oder später Diokletian – handeln pragmatisch nach ihren ganz persönlichen Vorstellungen. Erst im Laufe der Herrschaftspraxis entdeckt man allmählich einen roten Faden.

Aus diesem Grunde versuchen einflußreiche Stimmen, oder die sich dafür halten, gleich zu Anfang die Richtlinien der Macht zu beeinflussen durch ›Denkschriften‹, wie wir sagen würden. Die berühmteste stammt aus der Feder Sallusts, den wir hier als politischen Kopf kennenlernen. In seinem Brief an Caesar entwickelt er ähnliche Gedanken wie in seinen historischen Werken, eine Mischung aus Idealismus, Skepsis und Pessimismus angesichts des fortschreitenden gesellschaftlichen Verfalls:

»Früher galt es als sicher«, schreibt er, »daß Kronen und Reiche Geschenke des

Glücks seien ... Aber es hat sich gezeigt, daß wahr ist, was Appius in seinen Sprüchen sagt: Jeder ist seines Glückes Schmied ... Keiner läßt freiwillig die Herrschaft einem anderen. Wer mächtiger ist, wird, wie edel und milde er auch sein mag, dennoch gefürchtet, weil er die Möglichkeit zum Bösen hat. Das kommt daher, daß die meisten Machthaber auf dem verkehrten Standpunkt stehen und ihre Stellung für um so gefestigter halten, je weniger die taugen, denen sie zu gebieten haben.«

Er verbannt jegliche Terrorherrschaft und fährt dann fort:

»Gefestigt werden müssen die guten Kräfte der Eintracht und die bösen der Zwietracht ausgemerzt. Das wird gelingen, wenn du der Verschwendung und Raubgier steuerst. Dabei darfst du aber nicht alte Einrichtungen wieder ins Leben rufen, die bei der allgemeinen Sittenverderbnis schon längst nicht mehr ernst genommen werden, sondern mußt festsetzen, daß keiner über sein eigenes Vermögen hinaus Aufwand treiben darf ... Ferner mußt du die bisherige Ungerechtigkeit und Ungleichmäßigkeit beim Kriegsdienst verhüten, daß nämlich die einen 30 Jahre, ein Teil aber überhaupt nicht dient. Und Getreide, vorher eine Belohnung für Faulheit, wird in den Landstädten und Bürgersiedlungen an diejenigen verteilt werden müssen, die nach Erfüllung ihrer Dienstpflicht nach Hause zurückgekehrt sind ... Magst du diesen oder einen anderen und besseren Weg gehen, ich jedenfalls habe für meinen Teil als Mann Rat und Beistand geleistet.

Übrig bleibt noch der Wunsch, die unsterblichen Götter möchten deine Entschlüsse billigen und zu glücklichem Ende kommen lassen[356].«

Sallust argumentiert immer aus der Tiefe der historischen Erfahrung heraus, nie aus tagespolitischem Bedürfnis. Tiefer Ernst beherrscht alle seine Schriften. Nach Thapsus setzt er alle Hoffnung auf Caesar, an dessen erhabene Sendung er glaubt, so wie Dante in Heinrich VII. den Retter der Welt sah.

Aber der ›Täter‹ geht von anderen Prämissen aus als der ›Denker‹. Glaubt Sallust an eine Wiederherstellung der alten Republik und an die Herrschaft des Senats, verdammt er den Gruppenegoismus von Optimaten wie Popularen, den Mißbrauch des Volkstribunats, das protzige Gehabe der Neureichen, so ist Caesar gezwungen, ›popular‹ aufzutreten und sein Regiment auf die Schwerter seiner Legionen zu stützen. Es wird andere ›Denkschriften‹ gegeben haben, die von Sallust hat ein Zufall der Geschichte überliefert. Entwürfe dieser Art zeugen von hohem Ethos. Aber sie vermögen nichts zu ändern. Nicht zuletzt aus der Einsicht in die Machtlosigkeit des einzelnen hat sich Sallust in seine historischen Arbeiten geflüchtet. Und auf diesem Felde steht er gleichberechtigt neben Caesar. Sehr bald aber läßt Caesar durchblicken, was er von derlei Restau-

rationsgedanken hält. Äußerungen wie diese sickern durch: »Die Republik ist ein Nichts, ein bloßer Name ohne Körper und sichtbare Gestalt.« Oder diese: »Sulla war ein Dummkopf, weil er die Dictatur niedergelegt hat[357].«
Mit der ihm eigenen Energie stürzt er sich auf die anstehenden Probleme. Als erstes beauftragt er den alexandrinischen Astronomen Sosigenes, eine Kalenderreform vorzubereiten. Es kann ja nicht so wie bisher weitergehen, daß das Erntefest in den Winter und die Sonnenwende in den Frühling fällt. Das Jahr wird dem Lauf der Sonne angepaßt und erhält 365 Tage. Der Schaltmonat fällt weg. Dafür wird alle vier Jahre ein Schalttag eingeführt. Um die noch bestehende Zeitdifferenz aufzuheben, werden zwischen November und Dezember einmalig zwei Schaltmonate eingesetzt.
Die Volkszählung hat ergeben, daß zur Zeit 320 000 Bürger aus öffentlichen Mitteln kostenlos Brotgetreide erhielten. Sind sie denn Bettler? Die Zahl wird auf 150 000 verringert durch Landzuweisungen in Italien und den neuen Provinzen. Damit ist ein Grundproblem der vergangenen 100 Jahre an der Wurzel gepackt. Außerdem ordnet er an, 80 000 Bürger in überseeischen Gebieten anzusiedeln.
In diesem Zusammenhang ist auch eine weitere Bestimmung zu sehen: Kein Bürger über 20 und unter 40 Jahren, der nicht im Heer dient, darf sich länger als drei Jahre hintereinander außerhalb Italiens aufhalten.
Alle auswärtigen Ärzte, die in Rom praktizieren, und die Lehrer der freien Künste (Grammatiker, Rhetoren, Philosophen) erhalten das Bürgerrecht, um sie an die Stadt zu binden und andere zu veranlassen, ihren Aufenthalt in Rom zu nehmen.
Übereifrige fordern völligen Schuldenerlaß, eine Maßnahme, die aus volkswirtschaftlichen Gründen zurückgewiesen werden muß. Statt dessen gibt die Regierung bekannt: Die Schuldner sollen den Gläubigern an Zahlungsstatt ihre Grundstücke überlassen, und zwar zu den höheren Taxwerten, die diese vor dem Bürgerkrieg hatten. Von der Schuldsumme soll in Abzug gebracht werden, was an Zinsen wirklich bezahlt oder durch Schuldschein zum Kapital geschlagen war. Nach Berechnungen der Finanzexperten wird sich dadurch die Schuldsumme um den vierten Teil verringern.
Die Regierung weist ausdrücklich noch einmal darauf hin, daß alle politischen Clubs, deren Terror bei Wahlen und Gerichten noch überall in schlechter Erinnerung ist, bei Strafe aufzulösen sind. Ausgenommen sind nur Vereine mit kulturellen Zielen und solche, die schon in alten Zeiten gegründet worden sind[358].
Natürlich ist nicht alles so todernst, wie es in den Quellen daherkommt. Die Römer sind für ihren Witz und Spott bekannt. Einige Beispiele.

Cicero über Antonius: »Er schenkt demjenigen das Leben, den er nicht erschlägt ...«

Der ›Geizige‹:

Hegio (Herr): »Was sagst du da? Ist sein Vater geizig?«

Philokrates (Sklave): »Beim Pollux, sogar sehr geizig! Ein Beispiel, damit du ihn besser kennst: Sowie er seinem Genius ein Opfer darbringt, verwendet er als Opfergeschirr irdene Gefäße.«

Hegio: »Warum das?«

Philokrates: »Damit der Genius selbst sie nicht etwa stiehlt.«

Die Häßliche:

»Sei gegrüßt, Mädchen mit der nicht besonders kleinen Nase, mit dem nicht schönen Fuß, den nicht schwarzen Äuglein, den nicht langen Fingern, dem nicht trockenen Munde, der wohl nicht übermäßig witzigen Zunge, Freundin des Bankrotteurs aus Formiae. Von dir erzählt die Provinz, du seist schön? Mit dir wird unsere Lesbia verglichen? O Jahrhundert ohne Geschmack und Witz!«

Lesbia war Catulls besungene Geliebte, hinter der wir Clodia, die Schwester des Tribuns Clodius sehen dürfen.

Volksmund:

»Gallien hat Caesar unterworfen, Nicomedes Caesar.
Siehe, Caesar triumphiert jetzt, der Gallien unterwarf,
Nicomedes triumphiert nicht, der Caesar unterwarf.«

Dies eine üble homoerotische Nachrede auf Caesars frühe Jahre.

Soldaten:

»Römer, hütet eure Frauen: Wir führen einen kahlköpfigen Liebhaber vorbei.«

»In Gallien hast du dein Geld verhurt, hier mußt du Schulden machen[359].«

Den wohl geistreichsten und bissigsten politischen Witz hat uns Sueton überliefert. Die Situation: Caesar hat, um den Senat wieder aufzufüllen, einige Hundert seiner Anhänger zu Senatoren ernannt und scheut sich nicht, dabei auch auf Söhne italischer Familien, ja vereinzelt auf Freigelassene zurückzugreifen. Eines Morgens hängen in der Stadt Plakate mit diesem Text:

»Von Amts wegen!
Keiner lasse sich einfallen, einem neuen Senator den
Weg nach dem Senatshaus zu zeigen!«

Wir dürfen annehmen, daß Caesar über die Meldung am lautesten lachte.

Ruhe kehrt allmählich in der Stadt ein. Endlich kann Caesar seinen ersten großen Triumph über Gallien feiern. Es folgen der alexandrinische, der pontische und der afrikanische. Bioramen mit Darstellungen der besiegten Länder und

der getöteten Gegner werden im Zuge mitgeführt. Schmunzelnd lesen alle den kürzesten Brief, der je geschrieben: »Ich kam, sah, siegte.« In zwei Fuß großer Schrift prangt er von einem Plakat.
Im gallischen Zug geht Vercingetorix seinen letzten Gang, denn er wird anschließend hingerichtet.
Ungeheuer die Beute, die vorbeigetragen wird: 65 000 Talente Gold (300 Millionen Goldmark), 2822 goldene Kronen im Gesamtgewicht von 14 200 Pfund. Bei Lichterschein geht es über die Heilige Straße zum Capitol, wobei 40 Elefanten zu beiden Seiten der Straße die Kandelaber tragen.
Gleich nach dem Zug verteilt Caesar, alle Versprechungen überbietend, an jeden Soldaten 5000 Denare, an jeden Centurio 10 000, an jeden Kriegstribunen und Reiterobersten 20 000 Denare. Jeder Mann aus dem Volk erhält 75 Denare, 10 Scheffel Getreide und 10 Pfund Öl. Den Allerärmsten wird die Miete für ein Jahr erlassen. Alle Bürger bewirtet er an 2200 Tischen. Das spricht sich schnell herum, und man schätzt – damals – die Gesamtzahl der Gespeisten auf 200 000 Menschen[366].

## 2. *Projekte, Ideen, Pläne ...*

Wir müssen noch seinen letzten militärischen Sieg nachtragen. Die Pompeiussöhne Gnaeus und Sextus behaupteten Spanien als private Festung. Der Feldzug wird somit ein persönlicher Vergeltungsschlag gegen die Erben des Reichsmarschalls. Aber er benötigt drei Monate, den Gegner niederzuringen. Die Entscheidung fällt bei Munda (heute Montilla südlich Cordoba). Sein persönliches Eingreifen entscheidet die Schlacht. 30 000 Pompeianer kommen um, Gnaeus wird auf der Flucht erschlagen. Sextus kann entkommen; mit ihm wird sich dereinst noch Augustus herumschlagen müssen.
Aufgrund seiner einzigartigen Machtstellung und durch die ihm von Volk und Senat übertragenen Ehrungen erhebt sich Caesar weit über alles menschliche Maß, das Rom bis dahin kannte: lebenslängliche Dictatur, ›Imperator‹ als Name, Rechte des Volkstribuns verbunden mit dessen sacrosanctitas, bindendes Vorschlagsrecht bei Besetzung aller hohen Staatsämter. Hinzu kommen besondere Ehrungen: vierzigtägiges Dankfest, bei öffentlichem Auftreten Begleitung von 72 Lictoren, Aufstellung seiner Statue im Tempel des Jupiter; das Recht, öffentlich den roten Mantel des Triumphators zu tragen; das Recht, nach Belieben den Lorbeerkranz zu tragen (wovon er aus bekannten Gründen reichlich Gebrauch macht); Aufstellung seiner Statue im Tempel des Quirinus, des vergöttlichten Romulus. Sein Geburtsmonat, der Quinctilis, wird in Iulius (Juli) umbenannt. Ausstattung mit der Censorgewalt über Sitte, Moral und Le-

benswandel. Eine ständige Leibwache aus Senatoren und Rittern; Eid der Senatoren, ständig sein Leben zu schützen ... usw.

Dieser Mann ist nicht mehr mit der Elle römischer Magistrate und Generale zu messen, denn er ist, spätestens seit Ägypten, darüber hinausgewachsen. Rom ist ihm nicht mehr Nabel der Welt sondern Verwaltungszentrale des Imperiums. Er war zu lange abwesend, um sich noch ernsthaft in die Querelen und Eifersüchteleien bornierter Clans hineindenken zu können: In den vergangenen 15 Jahren weilte er, wenn's hoch kommt, 3 Jahre in der Hauptstadt, während der gallischen Winter für Wochen in Oberitalien. Fast alle Territorien und Städte des Reiches mit ihren so verschiedenartigen Traditionen, Sprachen, Mentalitäten, Religionen, Sitten und politischen Systemen kennt er aus eigener Anschauung.

Seine Staatsauffassung ist unglaublich modern, frei von Emotionen, beinahe unternehmerisch. Darum wird sie nicht verstanden werden: Rom ist bei allem popularen Gehabe durch und durch konservativ. Dem modernen Historiker Richard Heinze ist dies spontan klar geworden, als er Augustus und Caesar miteinander verglich:

»Caesar hielt die römische Vergangenheit für abgetan und tot; er der Übermensch, traute sich zu, eine neue Zeit zu beginnen, in der das Weltreich, frei von den Fesseln nationaler Bande, eine Einheit im höheren Sinne bilden sollte: Es ist bezeichnend, daß man ihm nicht nur zutraute, er werde, aller römischen Traditionen zum Trotz, nach der königlichen Krone greifen, sondern, was noch frevelhafter klang, er gehe damit um, den Sitz der Reichsregierung von Rom weg, nach dem Osten zu verlegen. Das hätte bedeutet, daß der Schwerpunkt auf die griechische Reichshälfte gefallen wäre. Ich glaube das nun nicht; aber man sieht doch, wessen man sich von Caesar nach seinen sonstigen Handlungen versah. Er verachtete den Schatten der großen Vergangenheit als ohnmächtig: und er irrte, denn dieser Schatten hat ihn getötet ...[361].«

Aber so weit sind wir noch nicht. Als ob er um die kurze Spanne seines Lebens wüßte, leitet er hastig Projekte in die Wege, die in unserer Zeit nur mit den Anstrengungen der Raumfahrt verglichen werden können: Plan eines Kanals durch die Landenge von Korinth (tatsächlich vollendet 1893); die Trockenlegung des Malariaherdes vor den Toren Roms, der Pontinischen Sümpfe (in den zwanziger Jahren durch Mussolini mit der Technik unseres Jahrhunderts durchgeführt).

Die Kalenderreform wurde erwähnt. Sie hatte die weiteste Wirkung und galt bis zu einer erneuten Angleichung durch Papst Gregor XIII. im Jahre 1582 – und somit heute noch!

Das Durcheinander im Rechtswesen sollte durch eine wissenschaftlich konzi-

pierte Gesetzessammlung beseitigt werden, was erst 533 n. Chr. unter Justinian gelang mit dem *Corpus Iuris*, dem Vorbild aller abendländischen Rechtsprechung.
Auf militärischem Gebiet plant er zwei gigantische Feldzüge, einen gegen die Parther, um »nach deren Besiegung am Kaspischen Meer und dem Kaukasus hin um das Schwarze Meer herumzuziehen und in Skythien einzudringen, dann die an die Germanen angrenzenden Länder und Germanien selbst zu bezwingen, durch Gallien nach Italien zurückzukehren und in diesem Zirkel auf allen Seiten den Ozean zur Grenze des römischen Reiches zu machen[362].«
Macht bedarf steinerner Repräsentation. Einen erheblichen Teil der Beutegelder steckt er in die architektonische Verschönerung der Hauptstadt. 46 war seine ›Basilica Iulia‹ gegenüber der Aemilia fertiggeworden. Außer den Säulenstümpfen ist nichts davon erhalten – im Mittelalter befand sich an der Stelle ein Kalkbrennofen. In den Resten des Bodenbelags fanden sich Ritzzeichnungen der Standbilder, die die Halle einst schmückten, auch mehr als 80 ›Spielbretter‹ zum Würfeln oder Setzen der Spielmarken. Die hier gehaltenen Plädoyers der Anwälte dürften also nicht allzu mitreißend gewesen sein.
Das römische Forum ist zu klein geworden. Caesar stiftet sein ›Forum Iulium‹ nördlich des alten. Allein der Ankauf der Grundstücke von der dort ansässigen Aristokratie kostete ihn 100 000 000 Sesterzen! Im Porticus der Anlage standen neben griechischen Plastiken eine goldene Statue der Kleopatra und ein bronzenes Reiterstandbild Caesars auf seinem berühmten Pferd, das menschliche Vorderfüße gehabt haben soll. Zum Capitol hin ansteigend reihten sich exklusive Läden für die Neu- und Altreichen. Darüber der ›Clivus Argentarius‹, die Silberschmiedstraße. Dieser Teil hat sich dank seiner gewaltigen Quader bis heute erhalten.
Caesar selbst besitzt eine ganze Reihe von Villen, rund um Rom verteilt. Geplant waren ferner »die Erbauung eines Marstempels, der alle ähnlichen auf der Welt an Größe übertreffen sollte; ... ein ungeheures Theater, das sich an den Tarpeiischen Felsen anlehnen sollte; ... die Errichtung möglichst umfassender griechischer und lateinischer Büchersammlungen zur öffentlichen Benutzung; die Anlegung einer Kunststraße vom Adriatischen Meer über den Apennin zum Tiber ...[363].«
Größer, höher, weiter! Ideen, Pläne, Gestaltungen – eine jagt die nächste. Es ist, als ob sich eine gewaltige Blüte nach Jahren des stillen Knospens über Nacht entfalten soll. Caesars schöpferische Phantasie kennt keine Grenzen. Vor diesem Hintergrund aber steht nun seit 2000 Jahren die Frage: Wozu? Was ist der Sinn des Ganzen?
Allzu schnell wird immer wieder gesagt, sein Werk sei aus einem Guß. Eine

Phrase! Er selbst hat dazu geschwiegen, die Taten sollen für ihn sprechen. Und die Zeitgenossen? Sie alle sind Partei, beurteilen nur Teilaspekte, lassen sich von Emotionen leiten. Muß aber nicht unser Bild an dem der Zeitgenossen gemessen werden? – Doch die Mehrzahl der Intelligenz lehnt ihn ab. Nicht einmal sein persönlicher und politischer Erbe, Augustus, sieht in Caesar seinen Wegbahner. Hermann Strasburger, der diesen Fragen bis auf den Grund nachgegangen ist, kommt zu diesem Ergebnis:

Die Summe »der uns massenhaft erhaltenen Briefe vom Jahre 46 bis in die letzte Zeit vor Caesars Ermordung ist: Zur Zeit existiert kein Staat, und ob je einer bestehen wird, ist mehr als ungewiß. Der Zustand ist dumpfe ›Knechtschaft‹ (servitus). Caesar ist der ›Herr‹ (›dominus‹). Er schaltet allein, hinter verschlossenen Türen, regiert durch wenige Vertrauensleute, die er aber meist auch nicht um ihre Meinung fragt. Der einzige schwache Trost liegt in seiner persönlichen Großzügigkeit; hat man alle unwürdigen und lästigen Prozeduren, um eine Audienz zu erlangen, ausgehalten, wirft man sich ihm zu Füßen und bittet um Gnade, wo man Recht zu fordern hätte, ist glücklich, wenn er sie gewährt, und preist in überschwänglichen Worten seine Huld – während man zugleich als nutzloser Statist in der politischen Farce täglich mit dem Ekel vor sich selbst kämpft und dem Weinkrampf oft näher ist als dem Lachen. Regierte er nach einem konstruktiven Plan? Man bezweifelte es, bezweifelte vor allem auch, daß er gegen eine skrupellose, beutegierige Anhängerschaft und die Übermacht der historischen Konstellation dazu überhaupt in der Lage war. Man sah nur, *daß* er regierte, mit der überstürzenden Schnelligkeit, der virtuosen Leichtigkeit und dem unbeirrbaren Selbstvertrauen, die das Geheimnis seiner militärischen Erfolge gewesen waren«[364].

13 Jahre später (1967) schreibt Strasburger zum gleichen Thema, nachdem andere Historiker Gegenpositionen bezogen haben:

»Daß ich das Phänomen von Caesars staatsmännischer Größe und Leistung vielleicht mangelhaft erkenne, muß ich in Kauf nehmen –: Wer einmal bei den ›Spänen‹ war, als ›Männer, die Geschichte machen‹, ›hobelten‹, lernt den Konflikt zwischen Vitalität und Objektivität bei sich selber erkennen, vermag aber um so eher auf ebensolche Erlebnisse im geschichtlichen Felde aufmerksam zu machen. Falls die Ablehnung Caesars durch seine Zeitgenossen auf Beschränktheit beruhte, so wäre es nur die Beschränkung, die allem geschichtlichen Leben aus seiner Vergangenheit und Gegenwart zwangsläufig gesetzt ist[365].«

## Caesars Ermordung

### *1. Gerüchte*

Politische Verschwörungen sind so alt wie das Streben nach Herrschaft. Aber anders als die Revolte, die nur die Plätze an der Spitze vertauschen will, ohne das System zu verändern, rückt Verschwörung in die Nähe der Revolution. Einige wenige fühlen sich elitär berufen, stellvertretend für alle anderen handeln zu müssen. Verschwörungen wachsen unsichtbar, im Schatten der Nacht, an geheimen Treffpunkten. Die Teilnehmer stehen unter Eid oder nicht: Sie fühlen sich als Vollstrecker höherer Mächte oder Ideen. Jeder Verschwörung haftet etwas archaisch Mythisches an; sie streift den Bereich des Irrationalen, steht unter dem Schutz chthonischer Gottheiten. Ihre Köpfe sind immer Fanatiker, bereit, ihr Leben ›wegzuwerfen‹ oder zu ›opfern‹ – es kommt auf die Interpretation an.

Shakespeare wagte da kein Urteil und überließ es dem Publikum zu entscheiden. Das haben ja große Kunstwerke mit historischen Größen gemeinsam: Sie beunruhigen die Späteren, weil sie nie fertig sind ...

Das Ergebnis einer gelungenen Verschwörung hat etwas vom ›jüngsten Tag‹, wie Shakespeare im ›Caesar‹ sagt[366]. Da fahren dunkle Mächte plötzlich in den alltäglichen Trott und zerbrechen die ausgeklügelte Schale des Gewohnten. Der Tod beherrscht vom ersten bis zum letzten Akt die Szene:

»Schicksal! wir wollen sehen, was dir beliebt.
Wir wissen, daß wir sterben müssen. Frist
und Zeitgewinn nur ist des Menschen Trachten.
Ja, wer dem Leben zwanzig Jahre raubt,
der raubt der Todesfurcht so viele Jahre.
Gesteht das ein, und Wohltat ist der Tod.
So sind wir Caesars Freunde, die wir ihm
die Todesfurcht verkürzten ...[367]«

So die Verschwörer bei Shakespeare. Das Drama hat's leichter als wir, da es das Geschehen ins allgemeine Menschliche transportiert. Wir haben uns an die Fakten zu halten.

Alle unsere Quellen berichten übereinstimmend vom wachsenden Unmut in den Kreisen, die nach wie vor an eine republikanische Restauration glauben. Es geht die Rede vom ›Mißbrauch der Macht‹, vom ›Übermaß der Ehrenstellen‹, und schließlich verdichtet sich alles in einem gefährlichen Stichwort: er strebe nach der ›Königswürde‹.

Dazu schreibt der gut informierte Sueton: »Den hauptsächlichsten und wahrhaft unversöhnlichen Haß zog er sich folgendermaßen zu. Er empfing nämlich die gesamten Senatoren, als sie ihm eine Anzahl für ihn höchst schmeichelhafter Beschlüsse überbrachten, sitzend (!) in der Vorhalle des Tempels der Venus Genetrix. Einige meinen, er habe aufstehen wollen, sei aber von Balbus (seinem Intimus) zurückgehalten worden, andere dagegen, er habe nicht einmal den Versuch dazu gemacht[368].«

Ein anderes Beispiel seines ›Übermuts‹ wird überliefert:

»Als am Latinischen Opferfest bei seiner Rückkehr in die Stadt mitten unter den unmäßigen und unerhörten Zurufen des Volkes ein Individuum aus der Menge seiner Statue einen Lorbeerkranz mit vorgebundener weißer Binde (als Zeichen der Königswürde) aufsetzte, und die Volkstribunen die Binde von dem Kranz abrissen und den Menschen verhaften ließen, entsetzte er die Tribunen unter heftigen Scheltworten ihres Amtes, sei es aus Verdruß über die unglücklich abgelaufene Anregung seiner Erhebung zum König oder sei es, wie er selbst geltend machte, weil sie ihm den Ruhm genommen, die Königswürde (selbst) auszuschlagen. Doch blieb trotz allem der Vorwurf, daß er nach dem Königsthron strebe, auf ihm sitzen, obschon er dem Volk, das ihn mit dem Königsnamen begrüßte, antwortete: ›Ich bin Caesar, nicht König‹[369]!« Und dies ist nicht nur eine Anspielung auf den Namen seiner Großmutter, die den ›Marcii Reges‹ entstammte.

Caesar wäre ein Schwachkopf gewesen, wenn er ausgerechnet nach *dem* Titel gestrebt hätte – dem des Königs – der in Rom ebenso Synonym für Tyrannei und Willkürherrschaft war wie für uns Heutige der des nationalsozialistischen ›Führers‹.

Aber nichts ist so schwer aus der Welt zu schaffen wie ein Gerücht ... Daß er außerhalb Italiens, im hellenistischen Osten, den Königstitel zu führen beabsichtigte – in der letzten Senatssitzung sollte darüber Beschluß gefaßt werden – knüpft methodisch an die Traditionen des Orients an, der sich unter einem ›Imperator‹ und ›Dictator‹ herzlich wenig, unter einem Gottkönig dagegen sehr viel Vergangenes vorstellen konnte. Hier ist einer der Punkte, an dem sich damals wie heute die Geister scheiden. Viele Biographen, die sich für einen ›König‹ Caesar begeistern können, sind den parteilichen Quellen auf den Leim gegangen[370].

Unmut macht sich breit: Es heißt, daß er den alten Familien, die seit Jahrhunderten die Herrschaft ausübten, die Berechtigung dazu abspricht. Dazu bedarf er nicht des Königstitels, er ist ja bereits Monarch, Autokrat, Selbstherrscher, in ihren Augen der Tyrann! Er verzichtet – so die Meinung – verächtlich auf ihre Mitarbeit, besetzt die Weichenstellen mit Leuten seiner Couleur; vor ihm gelten nur Leistung, Management, unbedingte Hingabe an seine Person und Pläne. Große Zeit für Senkrechtstarter, Außenseiter, auch Nichtrömer. Er holt seine Leute von überall her, nur nicht aus der römischen Oberschicht, von wenigen Ausnahmen abgesehen. Dort ist Catos Tod nicht vergessen, und Scipios nicht, und Pompeius' nicht. Seine ›Milde‹ sei Maske. In ihren Augen ist er der Zerstörer der Republik; sie sind unfähig, die Zeichen der Zeit zu erkennen, wie sie es schon unter Sulla, Marius und Gracchus waren.

Der englische Historiker Syme schreibt: »Caesars Herrschaft konnte, aus einem parteiischen und konventionellen Blickwinkel gesehen, sehr wohl als Monarchie gebrandmarkt werden. Die Ausdrücke ›rex‹ und ›regnum‹ gehören dem römischen Vokabular politischer Schmähworte an und lassen sich ebenso auf die Herrschaft Sullas wie auf die willkürliche Gewalt anwenden, die Cicero während seines Consulats ausübte ... Der Autokrat wurde ungeduldig. Geheime Opposition, kleinliche Krittelei und Lobpreisungen des toten Cato verdrossen ihn. Daß er unpopulär war, wußte er wohl ... Die Frage nach den letzten Absichten Caesars erscheint unerheblich, denn er wurde wegen dem ermordet, was er war, nicht wegen dem, was er hätte werden können[371].«

Und das Gegenwärtige reicht völlig aus: Rüstet er doch schon zu einem weiteren gigantischen Kriegszug gen Osten, nach dessen Gelingen er als Gott heimkehren wird, unangreifbar, unverletzlich! Er wird fortfahren, das Bürgerrecht auf außeritalische Habenichtse auszudehnen. Die neuen Großbauten in Rom werden seinen Ruhm, nicht den der Hauptstadt vermehren. Es heißt, er werde nach Alexandrien zu diesem Teufelsweib übersiedeln, oder nach Troja.

Es wird auch Gegenstimmen gegeben haben: Sollte man nicht besser den Ausgang abwarten? Ist er nicht schon im sechsundfünfzigsten Lebensjahr, nehmen seine epileptischen Anfälle nicht zu? Wird er am Ende gar zurücktreten wie Sulla? Sie haben bis jetzt den Bürgerkrieg gut hinter sich gebracht, warum nicht auch diesen schrecklichen Unruhestifter Caesar? Die Nachfolge ist nicht geregelt, kommt Zeit, kommt Rat.

Die republikanische Gesinnung dieser Leute ist verwässert; Anpassung ist das Gebot der Stunde. Eine konservative Revolution findet nicht statt, man schickt die Söhne nach Athen, damit sie demnächst auf Villenparties mit nicht verdauten Gedankensplittern rhetorisch glänzen können. Sechzig Jahre offener oder schwelender Bürgerkrieg haben die Substanz der Oberschicht angegriffen. Sallust hat es in frühen Jahren erfahren und später so geschildert:

»Ich selbst habe mich in früher Jugend zunächst aus innerer Neigung wie die meisten auf die Politik geworfen; aber dort war mir vieles widerwärtig. Denn

statt Anstand, Zurückhaltung und Tüchtigkeit blühten Frechheit, Bestechlichkeit und Habsucht. Wohl wies ich, des üblen Treibens ungewohnt, dies alles innerlich weit von mir, doch wurde meine schwache Jugend in so lasterhafter Umgebung von Ehrsucht betört und blieb in ihrem Bann; und wenn ich auch den schlechten Wandel der anderen nicht billigte, so hatte ich doch durch meinen Ehrgeiz unter der gleichen gehässigen Nachrede zu leiden wie sie.
Als ich daher nach vielen Leiden und Widerwärtigkeiten zur Ruhe gekommen und fest entschlossen war, den Rest meines Lebens fern von Staatsgeschäften zu verbringen, da war es nicht meine Absicht, in sorglosem Nichtstun die schöne Muße zu vergeuden. Nein, ich wandte mich der früheren Liebhaberei wieder zu und beschloß, die Geschichte des römischen Volkes in Auswahl darzustellen ... Das tat ich um so lieber, da ich von Hoffnung, Furcht und Parteileidenschaft mich frei und ledig fühlte[372].«

So wie Sallust, und – bei aller Verschiedenheit des Charakters ähnlich – Cicero, haben viele versucht, aus der quälenden Gegenwart auszubrechen und Trost in der Geschichte oder Philosophie zu suchen.

Dennoch: Caesar ist allgegenwärtig! Ciceros Denken in diesen Monaten kreist ununterbrochen um das Phänomen des Machtmenschen. Dann, am 19. Dezember 45, macht Caesar unerwartet Cicero seine Aufwartung, als er in der Nähe Lucius Philippus, den Gatten seiner Nichte Atia besucht. Sogleich berichtet er Freund Atticus darüber. So besitzen wir eine einmalige Momentaufnahme von Caesars Auftreten, die gerade durch ihren Stenogrammstil so spontan und lebendig wirkt:

»War das ein peinlicher Gast! Aber der Besuch verlief glimpflich. Caesar war bei bester Laune. Also laß dir erzählen: Am zweiten Feiertag des Saturnalienfestes erschien er abends bei Lucius Philippus (Ciceros Gutsnachbarn). Dessen Villa füllte sich so mit Soldaten, daß für Caesar kaum noch ein Speisesofa frei blieb, auf dem er sich zum Abendessen, das er einnehmen wollte, niederlassen konnte. Das Gefolge: 2000 Mann stark! Mir wurde angst und bange, wie das am nächsten Tag (bei Cicero) gehen sollte. Doch Barba Cassius kam mir zu Hilfe und stellte die Wache. Biwak auf freiem Felde, vor meiner Villa Posten! Am dritten Festtag blieb er bei Philippus bis zur siebten Stunde, ließ niemand vor, ich glaube, er hatte finanzielle Besprechungen mit Balbus, dann ging er am Strande spazieren. (Das Gut liegt in Puteolanum bei Neapel.)
Um die achte Stunde stieg er ins Bad. Dann nahm er Bericht entgegen über Mamurra (vermutlich über den Tod dieses bevorzugten Offiziers, d. V.). Er wechselte nicht die Kleidung, ließ sich salben, nahm Platz zum Essen. Sein Brechmittel hatte er bei sich: So aß und trank er wacker, ließ sich's gut schmekken. Es ward prächtig und reichlich aufgetischt. Sein engeres Gefolge fand

Aufnahme an drei Tafeln, sehr reichlich, für die Freigelassenen weniger üppig, den Sklaven fehlte es auch an nichts. Denn – ging's oben elegant her, sollten die unten sich auch nicht über die Aufnahme zu beklagen haben. Kurz, wir ließen uns sehen als Menschen von Stil und Art. Der Gast war freilich einer, zu dem man am liebsten nicht gesagt hätte: ›Bitte, wenn du mal wieder herkommst, so laß dich bei mir sehen.‹ Einmal ist genug. Was Ernstes wurde übrigens nicht gesprochen, nur geistige Fragen kamen aufs Tapet, die aber reichlich. Kurzum, er fühlte sich wohl und war gerne da. Angeblich wollte er einen Tag in Puteoli bleiben, am nächsten nach Baiae. Nun bist du im Bilde über den Besuch, oder vielmehr, über die Einquartierung, wie gesagt, mir widerwärtig, aber ohne Verstimmung. Als er an der Villa des Dolabella vorbeizog, faßte die ganze Eskorte der Bewaffneten links und rechts von seinem Pferde Gleichschritt. Diese Ehrenbezeugung ließ er sonst nirgends machen...[373]«

### 2. *Gretchenfrage: Wie haltet ihr's mit Caesar?*

Im Unterschied zu Caesars Intentionen sind die Motive seiner Mörder leicht zu finden; ihre Ziele lauten: Wiederherstellung der alten res publica, repräsentiert durch Senat und Volk von Rom; Beschränkung der Civitas Romana auf römisches und latinisches Gebiet, keine kosmopolitischen Höhenflüge, keine Verwässerung des Senats durch Auswärtige, durch ›behoste‹ Senatoren aus Gallien. Schluß mit dem Verschleudern des Bürgerrechts an Zugereiste. Dies kann nur durch einen Präventivschlag gegen die Person Caesars erreicht werden, bevor der Tyrann eine erbliche ›Königsherrschaft‹ etabliert hat. Schluß mit den Demütigungen!

Männer, die zu anderen Zeiten keine Notiz voneinander genommen hätten, entdecken in zunächst ironisch, dann zynisch hingeworfenen Bemerkungen im kleineren Kreise ihren gemeinsamen Unwillen über die gegenwärtigen Verhältnisse des Staatsregiments. Persönliche und idealistische Wünsche überschneiden sich: Einige hoffen im stillen, statt des Dictators an die Spitze zu steigen, andere sind erbittert über die Folgen des Bürgerkriegs, den Tod von lieben Angehörigen, Verlust von Vermögen und Ämtern. Diese verbergen ihre Selbstsucht, indem sie Alleinherrschaft verdammen und heimlich danach streben; jene treiben persönliche Beschwerden in den Verschwörerkreis, auch Treue zu alten Freunden, Hochachtung vor der Vergangenheit. Andere fasziniert die Legende des alten Iunius Brutus, und sie versuchen seinen Nachfahren aus der Reserve zu locken. Immer wieder werden Zettel am Standbild des Ahnen gefunden: »Brutus sollte leben!« – »Brutus, schläfst du?« – »Wenn du doch heute unter uns wärst!«

Es gibt auch solche, die Caesar verachten, weil sie ihr Leben seiner Milde verdanken, andere, weil sie ihre Ehrenstellungen mit Emporkömmlingen teilen müssen: »So trat eine buntgemischte Gesellschaft gegen ihn zusammen, von großen und kleinen Leuten, von Freunden und Feinden, von Militär- und Zivilpersonen. Jeder stellte entweder seine persönlichen Vorwände in Rechnung oder schenkte wegen einer Verstimmung der Klage anderer Gehör[374].«

Im Winter 45/44 bekommt die lose Gruppe, die bisher über private Drohungen und anonyme Verleumdungen nicht hinausgekommen ist, ihren Kopf: Marcus Iunius Brutus. Wer ist dieser Mann?

Plutarch sagt: »Marcus hatte durch seine Beschäftigung mit Wissenschaft und Philosophie sein Wesen geläutert. Die Natur hatte ihm Ruhe und Sanftmut geschenkt, aber er weckte sein Herz zu entschlossenem Handeln. So schien er allem Guten und Schönen zugewandt ...[375].« Ein römischer Stauffenberg? Manche Züge scheinen frappant übereinzustimmen. Beide dürfen sich rühmen, Nachfahren von Freiheitshelden zu sein, Gneisenau ist der Urgroßvater Stauffenbergs, Iunius Brutus verjagte den letzten Tarquinier vom Thron. Beide streben, von besten Lehrern auf den Weg gebracht, humanistisch aristokratischen Idealen nach, dem ›Guten, Schönen, Wahren‹. Beide haben die führenden Geister der Epoche zu Freunden. Beide scheinen von Herkunft, Begabung und Neigung nicht zum politischen Handeln bestimmt, sondern eher zum loyalen Staatsdiener mit philosophisch ästhetischen Interessen. Aber beide stoßen auf die Widerstände des Zeitgeistes.

Was von Bodo Scheurig über Stauffenberg gesagt wird, gilt mit anderen Vorzeichen auch für Brutus: »Mehr und mehr litt auch der mitdenkende Soldat (Stauffenberg) unter einer zerfahrenen Demokratie. Stauffenberg diente der Weimarer Republik mit der Loyalität, die ihm der ernst genommene Eid abverlangte. Er war entschlossen, als Offizier Verantwortung zu tragen und Menschen zu formen und als Offizier hielt er zur Pflicht und zum Staate[376].«

Was in Stauffenbergs Familienerfahrung der Sturz des Kaiserreichs ist, war bei Brutus die Beseitigung seines Vaters (78 v. Chr.) durch Pompeius; und wie Stauffenberg sich anfangs voll und ganz in den Dienst der Republik stellt, so »sah es Brutus als seine Pflicht an, das Wohl des Staates über persönliche Empfindungen zu stellen. Vor allem war er der Ansicht, Pompeius habe bessere Gründe für den (Bürger-)Krieg als Caesar. Deshalb schloß er sich ihm an. Vorher hatte er ihn allerdings nicht gegrüßt, wenn er ihm begegnete: Er hielt es für Sünde, mit dem Mörder seines Vaters auch nur ein Wort zu wechseln. Jetzt unterstellte er sich seinem Befehl, weil er in ihm den Führer des Staates sah[377].«

Dann folgt Pharsalos, und genau wie Stauffenberg 1933, ist Brutus bereit, dem

Sieger eine Chance zu geben. Wie kritisch er dennoch blieb, ahnen wir aus Sätzen wie diesen:

»Bei der Härte seines Charakters ließ er sich nur schwer erbitten und gewährte nicht jedem, um was er bat. Er hatte stets Gründe für sein Handeln und ließ sich in allem von der Rücksicht auf das Edle und Schöne leiten. So waren alle seine Schritte, die er tat, bestimmt und erfolgreich. Keine Schmeichelei konnte ihn bewegen, eine ungerechte Bitte zu erfüllen. Er sagte gern, wer nicht nein sagen könne, habe gewiß schon in der Jugend seinen Charakter verdorben ...[378].«

Der Apparat einer antiken Dictatur ist ja bedeutend kleiner als der bürokratische Überbau eines 60-Millionen-Volkes: Fällt jemand positiv auf, kann er schnell in den inneren Kreis der Macht vorstoßen: »Brutus hatte aber auch im übrigen, soweit er es selbst wünschte, an Caesars Macht teil. Hätte er den Wunsch gehabt, so hätte er unter Caesars Freunden der erste sein können und den größten Einfluß besitzen können[379].«

Ja, Caesar mag ihn, bevorzugt ihn. Vor Pharsalos »soll er um Brutus besorgt gewesen sein. Man erzählt, er habe seinen Offizieren befohlen, Brutus in der Schlacht zu schonen und auf keinen Fall zu töten«.

Sogleich machte damals das Gerücht die Runde, Caesar habe so gehandelt mit Rücksicht auf des Brutus schöne Mutter Servilia: Nach Cornelias Tod hatte er mit ihr eine Liaison, und aus leidenschaftlicher Liebe war eine dauerhafte Freundschaft erwachsen. Das Gerücht wollte nun wissen, Brutus sei Sproß dieses Verhältnisses gewesen. Die moderne Forschung hat gute Gründe, dies zurückzuweisen. Über Caesars Verhältnis zu Frauen schreibt Oppermann: »Männer, über deren Jugend das Bild einer guten geliebten Mutter gestanden hat, suchen – das bekannteste Beispiel ist Goethe – in ihrem Leben immer wieder die Ergänzung durch die Frau in den verschiedensten Formen. So auch Caesar: zu seinem Wesen gehört ebenso der Wille zur Macht und Herrschaft, ebenso wie der Zauber, mit dem er um die Soldaten und das Volk wie um einzelne wirbt, auch die Anziehung, die das weibliche Geschlecht auf ihn und er auf die Frauen ausübt[380].«

Des Brutus Mutter war aber nun die Schwester Catos. Mit Genuß kolportierte man diese Geschichte:

»Als einst im Senat über die catilinarische Verschwörung verhandelt wurde, standen Caesar und Cato, die allerdings in dieser Frage erbitterte Gegner waren, nebeneinander. In diesem Augenblick wurde Caesar ein kleiner Brief in den Sitzungssaal gebracht, den er schweigend durchlas. Da rief Cato, es sei empörend, daß Caesar sich Briefe mit Verhaltensmaßregeln von den Feinden liefern lasse. Darüber gab es Lärm unter den Anwesenden. Aber Caesar reichte den Brief, wie er war, Cato hin, der darin ein verliebtes Schreiben seiner Schwester Servilia erkennen mußte. Da warf er es Caesar vor die Füße mit den Worten: Nimm's hin, du Trunkenbold!‹ Dann fuhr er in der Rede, in der er seine Stellungnahme begründete, fort.

So berüchtigt war Servilias Liebe zu Caesar[381].«

Sucht man bei Brutus nach Motiven, dürfte diese für ihn peinliche Anekdote nicht übergangen werden. Schon Appian brachte diesen Aspekt neben anderen Möglichkeiten:

»Brutus war entweder undankbar, oder er kannte oder glaubte die Fehltritte seiner Mutter nicht, oder schämte sich ihrer, oder war von großer Liebe zur Freiheit ergriffen, oder ehrte sein Vaterland mehr, oder war als Nachkomme des (Lucius Iunius) Brutus, welcher einst die Könige vertrieben hatte, bei dieser Angelegenheit besonders den Aufforderungen und Schmähungen des Volkes ausgesetzt[382].«

Wahrscheinlich wirkten all diese Motive zusammen. Aber der direkte Anstoß zum Handeln kam von Gaius Cassius Longinus. Hier seine Kurzbiographie: Überlebte die Niederlage des Crassus bei Carrhae (53 v. Chr.), führte die Reste der Armee zurück; Statthalter von Syrien bis 51; unter Pompeius Flottenkommandant. Ebenso wie Brutus nach Pharsalos von Caesar begnadigt. Führte 47/46 verschiedene militärische Aufträge durch. 44 Praetor. Caesar sah ihn, wie Brutus, für 41 als Consul vor. Erzrepublikaner mit Leib und Seele. Zupackend, direkt, ›Hitzkopf‹, wie Plutarch sagt. Glänzender Offizier.

Bis vor kurzem waren die beiden noch Kontrahenten, als es um die Besetzung der hauptstädtischen Praetur ging. Caesar zog schließlich Brutus vor: »Cassius hat zwar die besseren Gründe, doch bleibt uns nichts anderes übrig, als Brutus die Städtische Praetur zu geben[383].« Cassius wurde mit einer anderen Praetur abgefunden.

Dennoch kann er seine Eitelkeit zurückstellen und macht sich an Brutus heran, denn »Brutus haßte die Herrschaft, Cassius den Herrscher«.

Cassius stellt eines Tages seinen Freunden die Gretchenfrage: Wie haltet ihr's mit Caesar? – Hm, wir sind alle gegen ihn, aber nur unter einer Bedingung: Brutus muß die Führung übernehmen! Der Mann ist von der Vorsehung bestimmt, er trägt das Stirnzeichen des Ahnen! Er kann in seiner Funktion als Stadtpraetor alles überblicken, erfahren, vorbereiten, abdecken! Das Volk steht hinter ihm. Alle Welt wird meinen, daß die Beseitigung Caesars redlich ist, sonst hätte Brutus seine Teilnahme versagt. Er wird durch seine Teilnahme Zeugnis ablegen für die Gerechtigkeit der Sache ... »Solcherlei bekam Cassius zu hören und er konnte sich diesen Gründen nicht verschließen.«

Also macht er sich auf zu Brutus, und »nach manchem freundlichen Wort«

kommt die Annäherung zustande. Der entscheidende Wortwechsel ist mehrfach überliefert:

| | |
|---|---|
| Cassius: | »Wirst du an der Senatssitzung im 1. März teilnehmen? Es heißt, Caesars Freunde wollen den Antrag einbringen, ihn zum König auszurufen ...« |
| Brutus: | »Ich werde nicht teilnehmen.« |
| Cassius: | »Was aber, mein Brutus, werden wir tun, wenn sie uns als Praetoren rufen. Die Geschäftsordnung verlangt unsere Anwesenheit.« |
| Brutus: | »In diesem Fall darf ich nicht mehr schweigen. Denn es ist meine Pflicht, die Freiheit zu verteidigen und für sie zu sterben.« |
| Cassius: | (umarmt ihn) »Kein Römer kann dulden, daß du stirbst! Kennst du dich nicht, Brutus? Glaubst du wirklich, daß die Männer, die deinen Richterstuhl mit Zetteln bestreuen, hinter dem Webstuhl oder dem Ladentisch herkommen? Ahnst du nicht, daß es die besten Männer des Staates sind? Von den anderen Praetoren verlangen diese Männer Geschenke, Schauspiele, Gladiatorenkämpfe. Du hast deinen Ahnen gegenüber eine Schuld abzutragen; von dir verlangen die Besten den Sturz der Tyrannenherrschaft. Mit freudigem Herzen sind sie bereit, alles für dich zu leiden, wenn du vor sie trittst, wie sie es von dir verlangen und erwarten[384]!« |

So ist es überliefert, und ähnlich werden sie gesprochen haben. Die Entscheidung ist gefallen: Caesar muß sterben, damit Rom lebe. Kein Programm für das Nachher, die Einsichtigen werden wieder aus ihren Schlupflöchern kriechen, man wird da weitermachen, wo man vor Caesar aufhörte. ›Brutus‹ bürgt für republikanische Tradition und Qualität! So schließen sich binnen kurzem 60 Senatoren und Ritter zusammen: »Sie brauchten keine Eide zu schwören, nicht bei heiligen Opfern sich ihrer gegenseitigen Treue zu versichern, und doch wahrten sie in unverbrüchlicher Verschwiegenheit ihr Geheimnis[385].«
Wohl nicht ganz! Es muß Spitzel gegeben haben, denn Caesar äußert sich hin und wieder zynisch über den Sohn der Freundin: »Über die wohlbeleibten, schönfrisierten Herren braucht man sich keine Sorgen zu machen; wohl aber über die blassen, mageren!« Damit zielt er auf Brutus und Cassius. Als man ihn offen vor Brutus warnt, weist er auf seinen eigenen Körper: »Meint ihr nicht, daß Brutus wartet, bis der dahin ist?« Sieht er in Brutus einen möglichen Nachfolger?

Der Vorhang hebt sich zum letzten Akt ... Wie es sich für antike Tragödien gehört, künden Omina das Unheil an: Man berichtet Caesar, daß die Rosse, die er beim Übergang über den Rubicon den Göttern geweiht und ohne Hüter frei hatte laufen lassen, durchaus nicht mehr fressen wollen und viele Tränen vergießen. Diese Nachricht steht in mythischer Tradition: Des Achilles Pferde beweinen den Tod des Patroklos; bei Vergil weint an der Leiche des Pallas, seines Freundes, dessen Leibroß – und noch in Shakespeare's ›Macbeth‹ trauern Duncans Rosse um den Tod ihres Herrn.

Feurige Zeichen erscheinen am Himmel, in den Nächten dröhnt weithin lautes Getöse, seltsame Vögel zeigen sich auf den Märkten der Städte. Man will Scharen feuriger Gestalten gegeneinander kämpfen gesehen haben; dem Sklaven eines Soldaten fährt loderndes Feuer aus dem Arm ...

Das Unheil kreist Caesar ein, die Zeichen erscheinen schon in nächster Nähe: Beim Verrichten eines Opfers erteilt ihm der Augur Spurinna die Warnung, er möge sich vor einer Gefahr hüten, die nicht länger als bis zu den Iden des März ausbleiben werde. Am Tag vor dem 15. März aber sieht man eine Vogelschar vor dem Hause Caesars einen Zaunkönig, der mit einem Lorbeerzweig in die Pompeianische Curie fliegt, verfolgen und schließlich zerreißen.

In der Nacht endlich, auf die der Tag des Mordes anbrach, sieht Caesar im Traum sich mehrmals über den Wolken schweben und dann, wie er dem Jupiter die Hand reicht[386].

Hier der authentische Bericht: »In der Nacht schlief er wie gewöhnlich bei seiner Gemahlin (Calpurnia). Plötzlich sprangen Türen und Fenster auf, und heller Mondschein drang hinein. Erschrocken über das Geräusch und den Schein fuhr er auf und bemerkte, wie Calpurnia im tiefsten Schlaf umständliche Worte und Seufzer ausstieß. Sie träumte, sie halte ihren ermordeten Gatten weinend in ihren Armen[387].«

Was haben wir von derlei ›Aberglauben‹ zu halten? Der antike und besonders der römische Mensch weiß sich fest gebunden an den schicksalhaften Lauf der Welt nach dem unsichtbaren Plan der Gottheit. Hier treffen sich Volksreligion und subtilste Philosophie, wenn etwa Epikur sagt: »Gegen alles können wir uns Sicherheit verschaffen; dem Tode gegenüber aber wohnen wir Menschen alle in einer Stadt ohne Mauern[388].«

Todestag und Todesstunde erhalten im römischen Denken einen einzigartigen Rang: Alles ordnet sich zu einem geschlossenen Bild. Einer durch göttliche Hinweise bestimmten Geschichte entspricht es, wenn Roms Götter sich nicht in überzeitlicher Form, sondern in einmalig-geschichtlichen Akten offenbaren.

Wie aber, wenn Caesar, der Mensch, das Zeichen verachtet? Liegt darin seine qualvolle Modernität, die ihn uns so nahe bringt, weil er, der »klarste und umfassendste Verstand, den die Geschichte vielleicht gesehen hat[389]«, nur auf seine intellektuellen Kräfte vertraut, was die Alten nur als ›Caesar und sein Glück‹ zu deuten wußten? Für die Zeitgenossen war es selbstverständlich, daß dieser Mensch fallen mußte! Und kommt am Ende seine Todessehnsucht aus der Erkenntnis, daß er nie verstanden werden würde? Wer will da über die Jahrtausende eine Antwort geben ...

Der 15. März 44 bricht an. Versuchen wir anhand der Überlieferung eine Rekonstruktion des Geschehens ...

Während für das Volk von Rom ein normaler Frühlingstag beginnt, Bauern ihre Rinder zum Viehmarkt treiben, fliegende Händler ihren Krimskram auspacken, Sklavinnen die ersten Tageseinkäufe besorgen, Katzen faul die erste warme Sonne genießen und Hunde um die Läden der Metzger streichen, während die ganze Stadt sich den Schlaf der Gerechten aus den Augen reibt, geht es an drei Orten ungewöhnlich zu:

Im Hause des Brutus, im Senat, im Palais Caesars.

Auch Brutus hat die Nacht schlecht geschlafen, wie viele Nächte zuvor schon, gepeinigt von Skrupeln: »Oft ließ ihn die Sorge aus dem Schlaf auffahren, oft war er in seine Überlegungen vertieft und mit den Schwierigkeiten seiner Pläne so beschäftigt, daß es seiner Frau, die bei ihm ruhte, auffiel, wie ihn Sorgen drückten und seine Gedanken sich mit lästigen, schweren Plänen beschäftigten[390].« Porcia ist Catos Tochter und hat seinen unbeugsamen Charakter geerbt. Um sich zu prüfen und Brutus von ihrer Standfestigkeit zu überzeugen, bringt sie sich mit einem Messer, »wie es die Barbiere zur Nagelpflege benutzen«, einen tiefen Schnitt am Schenkel bei. Natürlich bleibt es ihm nicht verborgen. Sie darauf: »Brutus, ich bin Catos Tochter und bin nicht ins Haus gekommen, um als deine Buhlerin nur Tisch und Bett mit dir zu teilen ... Wie soll ich dir meine Liebe und Anhänglichkeit zeigen, wenn ich dein verschwiegenes Leiden nicht mit dir tragen, deine geheimen Sorgen nicht teilen darf? Ich weiß, ein Frauenherz gilt als zu schwach für ein Geheimnis ...«

Natürlich weiht er sie ein. Sie ist – ob bewußt oder nicht von Plutarch so in Szene gesetzt – Gegenspielerin von Caesars Gattin Calpurnia. Beide verzehren sich in Sorge um ihre Männer, und wir dürfen ihnen glauben. Solche Szenen sind wegen ihrer so seltenen Gefühlswärme kostbar, auch wenn sie in ihrer naiven Sprache auf uns konstruiert wirken.

Gestärkt für das grausige Vorhaben verläßt Brutus das Haus. Den Dolch versteckt er in der Toga.

Der Senat wird sich heute im Theater des Pompeius versammeln. Der gewaltige Bau war 55 während des zweiten Consulates des Pompeius begonnen und 52 mit einer großen Schau eingeweiht worden, bei der u. a. 500 Löwen und 20 Elefanten vorgeführt wurden. 40 000 Plätze faßt das Halbrund. Hinter der Bühne umschließt ein großartiger Porticus eine zweiteilige Gartenanlage, wie wir sie en miniature in den Villen Pompejis finden: Bäume, Beete, Springbrunnen, griechisch-klassizistische Plastiken laden zur Promenade ein. Eine mit dem Säulengang verbundene Halle ist für Staatsratssitzungen oder festliche Anlässe konzipiert worden. Hier wird heute der Senat tagen. Die gesamte Anlage hat eine Länge von 300 Metern, wovon 200 auf den Garten mit Porticus entfallen. Entscheidend für die Wahl des Platzes ist, daß sich die Verschwörer in großer Zahl versammeln können, ohne Aufsehen zu erregen.

Am Kopf des Saales erhebt sich ein Standbild des Pompeius, das ihm die Stadt zum Dank für den großzügigen Bau aufgestellt hat: »Ein Gott wollte offenbar Caesar in diesen Raum führen, um Rache zu nehmen an ihm – für Pompeius[391].«

Da antike Sand- und Wasseruhren nicht minutiös genau gehen, wird man sich vor der festgesetzten Zeit treffen, zwischen 9 und 10 Uhr morgens. Die meisten haben sich bei Cassius verabredet. Kaltblütig nutzt er aus, daß sein Sohn an diesem Morgen die ›toga virilis‹ (Männertoga) bekommen soll – so kann man in geschlossenem Zuge zum Forum und von dort zum Theater des Pompeius auf dem Marsfeld gehen, ohne Verdacht zu erregen.

Dort angekommen, verläuft zunächst alles völlig normal. Caesar ist noch nicht eingetroffen: »In diesen Augenblicken hätte man – eingeweiht in die bevorstehenden Ereignisse – die unerschütterliche Ruhe und Selbstbeherrschung dieser Männer bewundern müssen[392].«

Manche von ihnen sind Praetoren, haben – wie üblich – in zivilen Streitfällen zu entscheiden. Sie tun es, als hätten sie nichts anderes im Sinn, und erteilen jedem, der da kommt und Rat und Urteil will, wohlüberlegten Bescheid.

Einem Mann allerdings, der sich mit der Entscheidung des Praetors Brutus nicht zufriedengibt und mit erregten Worten sich auf Caesar beruft, antwortet Brutus mit Blick auf die Umstehenden: »Mich hindert Caesar nicht, nach dem Gesetz zu verfahren, und er wird mich nicht daran hindern!«

Erschrockene Gesichter, aber der Mann geht.

Ein zweiter Zwischenfall läßt die Verschwörer erstarren: Tritt doch jemand zu Casca, greift seine Hand und sagt: »Casca, du hast uns das Geheimnis verschwiegen, aber Brutus hat mir alles entdeckt.«

Leichenblaß fährt Casca zusammen. Darauf jener lachend: »Woher hast du so plötzlich deinen Reichtum, du Glückspilz, daß du dich um das Aedilenamt bewerben willst?«

Casca atmet auf – das konnte ins Auge gehen!
Brutus und Cassius stehen etwas abseits. Kein Wort fällt, alles ist besprochen und beschlossen, Caesar für sie bereits tot. Kommt Popilius Laetus, Senator, auf sie zu, beugt sich vor, flüstert: »Ich wünsche euch alles Gute für euer Vorhaben. Doch tut bald, was ihr wollt, denn die Sache ist kein Geheimnis mehr!« Und schon ist er weiter.
Brutus blickt um sich, hat jemand mitgehört? Nein, aber da kommt hastig einer von Brutus' Sklaven, meldet: Porcia liege in hohem Fieber, es gehe zu Ende mit ihr, sie sei ohne Besinnung.
Was tun? Er kann jetzt nicht weg. Stoßgebet zu Aesculap ... Den besten Arzt holen! Er komme, wenn das hier erledigt sei. Der Sklave geht. Jetzt nur hart bleiben. Was ist seine Frau gegen das Schicksal Roms?! So denkt er grimmig und weiß, daß er schuldig wird.
Warum kommt er nicht, er, der die Ursache all dieser Verwirrung, der Seelennöte, der Angst, des Hasses ist?
Zwei Stunden vorher. Caesars Palais. Nachdem er gegen Morgen in einen unruhigen Halbschlaf sank, ist er völlig zerschlagen, als er erwacht. Er fühlt sich unwohl. So kündigen sich nicht seine Anfälle an, es muß etwas anderes sein. Er spült den Mund mit Wein und nimmt einen kräftigen Schluck. Das hilft immer darüber hinweg.
Er hätte gestern nicht so lange bei Lepidus bleiben sollen; das Essen war köstlich, aber sein Magen wird immer empfindlicher. Lepidus ist nicht ernst zu nehmen, aber er mag ihn; von ferne erinnert er an den alten Kumpan Crassus. Lepidus wird ihm nie in die Quere kommen, einen besseren ›Vize‹ als den jovialen, beim Volk beliebten Dickwanst wird es nie geben. Wie er strahlte! Einer der wenigen, die ihm offen ihre Gefühle zeigen ...
Er läßt sich den Handspiegel reichen: erschreckend, dieses Gesicht! Es braucht immer länger, bis die dunklen Schatten um die Augen verschwinden. Er läßt sich pudern und maniküren. Calpurnia tritt ein, leise und dennoch geschäftig, wie immer. Sie liebt ihn, er weiß es; sie ist da, wenn man sie braucht, fragt nicht viel, kann zupacken, ist sehr mütterlich. Je älter er wird, um so mehr braucht er das. Sie weiß es, und das tröstet sie über seine Eskapaden hinweg. Warum kann sie nur nicht gebären. Er hat ihr nie Vorwürfe gemacht, sie leidet so schon genug darunter. Manchmal hat er Tagträume von Iulia, seiner Tochter, wie sie ihm mit einer Schar Buben und Mädchen entgegentritt, und sie klettern auf seinem Schoß herum ...
Manchmal haßt er die blinde Natur, die die Vernunft mißachtet. Er war so in diesen illusorischen Bildern versunken, daß er erst jetzt bemerkt, wie Calpurnia ihn die ganze Zeit anschaut und ohne Einleitung beginnt:

… r kürzlich auf Geheiß des Senats als
… us angebracht worden ist, wieder her-

… tliche Herkunft, auch keinen prophe-
… len Einfall von Bildern, sagt Epikur.
… danken verwirrt.«
… n Hinausgehen drückt er ihre Hand.
… er seiner engsten Vertrauten, dessen
… rs in Fragen der Seekriegsführung.
… Blockade Massilias verdankt er den
… ren mit dem Consulat belohnen.
… ch Hunderte von Details zu klären für
… an in See.
… ar blickt erstaunt auf: »Was ist noch,
meine Liebe?«
Sie wirft einen sehr langen Blick au… ecimus, dann:
»Ich habe dich selten um etwas gebeten …«
»Warum auch. Du kannst immer über alles verfügen, ganz nach deinem Belieben. Was ist es denn?«
Sie geht zu ihm hin, bleibt ganz nah vor ihm stehen: »Du kennst nur den halben Traum … Mir war, als hielte ich dich blutüberströmt und tot in den Armen … Vom eigenen Weinen und Jammern bin ich erwacht. Ich bitte dich, Lieber, geh heute nicht aus dem Haus!«
Sie hat es sehr zart, aber gleichwohl bestimmt gesagt, legt ihren Arm auf seine Schulter, berührt seine Wange. Er sieht in ihren Augen, wie sie sich noch immer vor dem Grauen des Traumes fürchtet. Er blickt zu Decimus, unschlüssig, dann:
»Träume sind Schäume!« und blättert in Papieren.
Calpurnia darauf: »Willst du aber auf meinen Traum nichts geben, so befrage den Augur und lasse die Zukunft deuten … Bitte, ich beschwöre dich!« Erschöpft neigt sie ihren Kopf an seine Schulter.
»Na, na … So habe ich dich noch nie gesehen …« Er wird zunehmend unsicher. Bisher hat er ihr nicht nachsagen können, sie sei abergläubisch wie die meisten Frauen. Er hebt ihr Gesicht, sieht ihre bittere Sorge und die Angst in den flackernden Augen. Er weiß um die Gabe der Intuition aller Frauen, deren Wurzeln in Urzeiten reichen: Sybillen, Sphinxe, Sirenen und Musen sind alle nur männliche Erfindungen und Gleichnisse zur Umschreibung des nie ganz faßbar Weiblichen.
»Gut, er soll kommen!«

Die Zeremonie ist umständlich und langwierig. Caesar unterschreibt Befehle und Briefe, während Decimus sich bemüht, das Zittern seiner Hände zu bändigen. Dann kommt das Ergebnis. Die Wahrsager erklären, sie könnten nur ungünstige Zeichen erkennen und lassen sich lang und breit in Details aus über das Wie, Wo und Warum, und daß es nach menschlichem und göttlichem Ermessen angebracht sei, heute keine Handlung von außergewöhnlicher Bedeutung zu denken, zu planen oder durchzuführen. Sie seien natürlich gerne bereit, durch ein zweites Opfer ... Caesar winkt ab: »Man soll Marc Anton sagen, die heutige Sitzung werde vertagt!«

Erleichterung bei Calpurnia. Sie verläßt den Raum, geht zum Gesinde.

Nun kommt die große Stunde des Decimus Brutus, und er spürt die Last der Verantwortung leibhaftig. Er weiß, wie sehr Caesar seinem sachlichen Urteil traut, er weiß, welch hohe Zukunft vor ihm liegt, wenn er nun schweigt: in zwei Jahren Consul, Ehre, Macht, Reichtum, Statthalterschaften in Provinzen so groß wie Königreiche. Und zuletzt wird er zu den Erben Caesars gehören, im Testament steht sein Name schon an zweiter Stelle ... Dagegen steht seine Verstrickung in die Verschwörung, verpflichten uralte familiäre und gesellschaftliche Bindungen; wurde nicht Romulus von den Senatoren in einer Sitzung getötet, weil er zum Tyrannen entartete, wie die Stadtchronik erzählt! Sind sie nicht schon jetzt nur noch Befehlsempfänger und Beamte Caesars und nicht mehr des Staates! Wie wird es erst sein, wenn er nach dem Partherzug in göttergleiche Überheblichkeit verfällt, verbunden mit der Starrheit des Alters, die keinen Widerspruch duldet, die nichts vom Erreichten preisgeben will! Und dies vor allem: Wenn es heute Caesars Dämon gelingt, sich dem Verderben zu entziehen, wird nicht das ganze Unternehmen ans Licht kommen? Gewisse Leute munkeln schon hinter der Hand ... Er muß beseitigt werden! Heute! Morgen wäre es zu spät!

Und also beginnt Decimus seine listige Rede:

»Mein Caesar, seit wann gibst du acht auf das Gefasel der Wahrsager? ... Was wird der Senat denken, wenn er sich – so muß es ja aussehen – mit hochmütiger Nichtachtung behandelt findet. Denn er tritt ja nur auf deine Weisung hin zusammen, und seine Mitglieder sind alle gern bereit, einer Verordnung zuzustimmen, daß du in den außeritalischen Provinzen den Titel eines Königs führst und auf allen Meeren und in allen Ländern, wohin du kommst, das Diadem trägst. Jetzt warten sie auf dich, und wenn nun jemand mit dem Bescheid zu ihnen kommt, sie sollten für heute nach Hause gehen und ein andermal wiederkommen, wenn Calpurnia besser geträumt hätte, dann möchte ich deine Gegner nicht reden hören. Oder meinst du, deine Freunde würden Gehör finden, wenn sie sagen, das sei keine Sklaverei, keine Tyrannis? Aber wenn du darauf

bestehst, dich vor diesem Tag aus abergläubischen Gründen zu hüten, dann ist es immer noch besser, wenn du persönlich dich in den Senat begibst, um ihn zu begrüßen und ihm dann die Vertagung mitzuteilen.«
Und schon greift er ihn bei der Hand und zieht ihn aus dem Zimmer. Von draußen Rufe der Menge, die ihm ihre Morgenaufwartung macht wie so oft. In dieser Szene ist kein Wort Caesars überliefert – geht er schweigend, ernst, gelöst, voller Vorahnung?

### *4. Das Ende*

Die offene Sänfte wartet. Während dieser Sekunden, als er erst wenige Schritte vom Hause entfernt ist, kommt ein fremder Sklave gelaufen, der ihn zu sprechen wünscht. Aber er wird von der Menge, die sich um Caesar drängt, beiseitegeschoben, und es bleibt ihm nichts anderes übrig, als sich in Caesars Haus zu retten und an Calpurnia zu wenden: Was er denn wolle ... Das könne er nur Caesar selbst mitteilen. Sie solle ihn so lange in Gewahrsam halten, bis Caesar zurückkomme ...
Zum Kreis des Brutus gehörte ein gewisser Artemidorus von Knidos, ein griechischer Gelehrter. Durch seine Gelehrsamkeit war er mit einigen Freunden des Brutus bekanntgeworden und wußte daher viel von der Verschwörung. Hastig taucht er plötzlich vor dem Zug auf, drängt sich zu Caesar und überreicht ihm eine kleine Papyrusrolle: Sie enthält einen Abriß der Verschwörung mit allen Namen! Aber da sind auch andere Bürger, die dem ersten Mann des Staates Petitionen überreichen, so wie es üblich ist. Caesar reicht sie mit der Zusage, sie zu prüfen, an seine Begleiter weiter. Darum tritt Artemidorus ganz nahe an ihn heran: »Caesar! Dies mußt du allein lesen, aber bald! Der Inhalt ist wichtig und geht gerade dich an!«
Caesar nimmt die Rolle, kommt aber nicht zum Lesen, weil sich immer mehr Leute um ihn drängen. Aber er behält sie vorsichtig in der Hand und nimmt sie mit in den Senat.
Gegen 11 Uhr trifft er beim Theater des Pompeius ein. Seine Ankunft wird gemeldet. Eine Gruppe Senatoren kommt zur Begrüßung aus dem Porticus, darunter Popilius Laena, der sogleich auf ihn zustürzt und sich längere Zeit mit ihm unterhält. Ein Teil der Verschworenen, darunter Iunius Brutus und Cassius, beobachten dies mit wachsender Unruhe. Wird der Schwätzer den Anschlag offenlegen? Sie wollen ihre Sache schon verlorengeben, tauschen eindeutige Blicke, lieber freiwillig aus dem Leben zu scheiden. Cassius greift schon unter die Toga, um den Dolch herauszuziehen, als Brutus an Laenas Miene erkennt, daß er eine Bitte vorträgt, keine Anklage. Dann verbeugt sich Laena und tritt zurück.

Caesar hält noch immer die Rolle in der Hand. Er verläßt die Sänfte und betritt die Vorhalle. Da begegnet ihm Spurinna, der Augur, der ihn vor Tagen schon vor den Iden des März warnte. Caesar spöttisch zu ihm: »Die Iden des März sind ja ohne Unglück gekommen!« – Darauf jener warnend: »Gekommen sind sie, aber noch nicht vorüber!«

Es ist Sitte, daß die Obrigkeiten, wenn sie in den Senat gehen, bei einem vorher angestellten Opfer die Auspizien beobachten. Auch dieses Opfertier weist unheilkündende Mißbildungen auf. Als der Opferschauer sachlich erklärt, dies sei ein Zeichen des Todes, antwortet Caesar lachend, Ähnliches sei ihm schon in Spanien vorgekommen, und trotzdem habe er die Schlacht bei Munda gewonnen. Der Haruspex kehrt nun den Fachmann heraus und läßt sich nicht aus der Ruhe bringen, wie es Art von Männern ist, die mit dem Übermenschlichen alltäglichen Umgang haben, und erwidert hartnäckig, daß er auch damals in großer Gefahr geschwebt habe, daß das jetzige Vorzeichen weitaus mehr Glauben verdiene, denn der Kopf der Eingeweide (die Leber) sei völlig anormal gebildet und verkehrt gelagert – da befiehlt Caesar, nochmals zu opfern, wobei er unwillig der Prozedur zuschaut, indem er mit der Rolle nervös gegen die linke Hand schlägt. Ergebnis: gleiche Zeichen, gleiche Warnung. Aber nun ist er einmal gekommen und will die Herren nicht länger warten lassen. Seine Feinde – sie stehen in einigem Abstand herum – reden ihm unter dem Schein der Freundschaft zu und werfen entrüstet dem Opferschauer Ungenauigkeiten, Liederlichkeit, ja Dummheit und Unvermögen vor.

Mit fröhlichen Mienen umringt man ihn aufmunternd. Auch Marcus Antonius ist da, aufgeräumt und guter Dinge. Er reißt Witze: Wenn man sich an diese neunmalklugen Leute halte, dürfe man sich nicht mehr aus dem Bett wagen. Bewegung kommt in die Gruppe. Die Senatoren treten vor Caesar in den Sitzungssaal. Cassius und Brutus lassen keinen Blick von Antonius, der gerade lauthals lacht, und geben dem C. Trebonius das Zeichen: Der macht sich mit ernstem Gesicht an Antonius heran und zieht ihn in ein Gespräch von scheinbar großer Wichtigkeit, nimmt ihn schließlich freundschaftlich am Arm und schlendert mit ihm nach draußen, in den Park.

Brutus atmet auf; Antonius ist wegen seiner Körperstärke gefürchtet und nimmt es mit 10 der Verschwörer auf. Dann folgt er Cassius und bemerkt, wie der seinen zittrigen Blick auf die Statue des Pompeius richtet und mit lautlosen Lippen betet.

Als sie den Saal betreten, hat sich der Senat ehrerbietig erhoben. Brutus und seine Freunde begleiten Caesar nach vorne, andere gehen ihm entgegen, denn sie haben ausgemacht, daß Tillius Cimber für seinen verbannten Bruder um Gnade bitten soll, und so geleiten sie Caesar mit ihren Bitten bis an seinen Platz.

Als er sich setzt, drängen sie um ihn und schieben Cimber aus ihrer Mitte vor. Cimber geht von vorne auf Caesar zu und fleht ihn an um Gnade. Die Verschworenen unterstützen seine Bitten, greifen nach Caesars Händen und überschütten seine Brust und sein Haupt mit Küssen.
Zunächst lehnt er die Bitte mit Freundlichkeit ab, doch da sie immer dreister in ihn dringen, gibt er jedem einzelnen, der vor ihn tritt, ärgerliche Antwort, verschiebt die Sache mit einer Handbewegung auf später, und als sie nicht aufhören, steht er auf, um sich von der peinlichen Szene frei zu machen und schlägt das Gesuch brüsk ab.
Da ergreift Cimber, gleichsam noch bittend, Caesars purpurne Toga, reißt sie ihm mit beiden Händen von der Schulter und ruft: »Was zögert ihr, Freunde!« Caesars Freunde und die Mehrzahl der unbeteiligten Senatoren haben die Szene, dieses – wie sie meinen – würdelose Gerangel mit wachsender Abscheu beobachtet. Empörte Rufe hinten. Zu sehen ist nichts, Caesar wird von dem Knäuel verdeckt, auch der Ruf des Tillius Cimber ist hinten nicht deutlich verstanden worden.
Plötzlich erkennen sie Casca hinter dem Sessel mit erhobenem Dolch. Er stößt zu, trifft aber auf die Halswirbel. Caesar dreht sich nach hinten und kann den Dolch fassen: »Casca, du Schuft, was tust du?«
Und Casca, zugleich: »Bruder, hilf!« Caesar bekommt Cascas Arm zu fassen und durchsticht ihn mit seinem Schreibgriffel. Er versucht sich zu erheben, die Gegner fortzustoßen. Wohin er auch seinen Blick wendet, begegnet er Schwertern, die hin und her zucken. Plötzlich spürt er einen heißen Stich in der Seite, dann ist das schweißige Gesicht Cassius' vor ihm, der Hieb trifft die Wange, Blut spritzt auf, verdunkelt den Blick. Dann sieht er Brutus, nur noch schemenhaft: »Auch du, Brutus?« – seinen Hieb in den Schenkel spürt er nicht mehr, wohl den des Bucolianus zwischen die Schulter. Mit einem letzten Aufschrei sinkt er zu Boden, zieht mit der linken Hand den Faltenbausch seiner Toga bis zu den Knöcheln nieder, fällt mit anständig bedeckter Blöße vor der Statue des Pompeius, wohin ihn die Mörder gedrängt haben. Das Blut des Sterbenden färbt den Sockel. Von zahllosen Wunden bedeckt ringt er mit dem Tode. An 23 Stellen haben ihn die Schwerter und Dolche getroffen. Tödlich war der Hieb in die Seite.
In der letzten Beurteilung Caesars stoßen die Meinungen bis heute konträr aufeinander:
Für Syme ist Caesar »ein echterer Römer« als Pompeius[393]; für Adcock ist er »ein zweiter Sulla, zeigte jedoch Milde, wo Sulla grausam war«[394], ein Imperator, wie es vor ihm andere gegeben hat; Richard Heinze sieht in ihm den Verächter der Vergangenheit[395]. Mommsen feiert ihn als die Inkarnation und

höchste Lebensform des Römertums, sieht eine Monarchie auf demokratischer Grundlage verwirklicht, Caesar ist ihm der erste ›Kaiser‹. Die pragmatischste Deutung gibt Alfred Heuß: »Caesar hat den Prozeß, der zum römischen Kaisertum führte, ungemein beschleunigt. Nur seine unheimliche Kraft vermochte den zählebigen, durch eine große Geschichte geformten Körper der römischen Republik derartig ›aufzubereiten‹, daß er in der nächsten Generation für die Alleinherrschaft reif wurde. Im Grunde war dies freilich ein destruktives Geschäft; deshalb offenbart sich Caesars Größe auch in erster Linie im Kampf, in der dynamischen Auseinandersetzung mit den Gegnern. Ohne ihn hätte zweifellos die römische Republik eine längere Lebensdauer gehabt, hätte die Welt noch geraume Zeit auf das römische Kaisertum warten müssen. Wer aber will entscheiden, ob das ihr Glück oder ihr Schaden war[396].«

Caesars Mörder werden ihn nicht lange überleben, denn sie konnten nicht wissen, daß ein Mann, der gerade erst 19 Jahre alt ist, sein Erbe antritt und ihn rächen wird: Octavianus, den sie später Augustus nennen.

Aber das ist Thema eines anderen Buches ...

# Anhang

# Zeittafel

(alle Daten v. Chr.)

*I. Teil* *Anfänge*

| | |
|---|---|
| nach 2000 | Einwanderung indogermanischer Stämme in Italien (Italiker) Kennzeichen: Totenverbrennung |
| um 1200 | Einwanderung der zweiten Schicht; Kennzeichen: Bestattung |
| um 1000 | Beginn der älteren Eisenzeit (Villanova-Kultur) |
| um 850 | Einwanderung der Etrusker aus Kleinasien |
| um 800 | Gründung phönizischer Stützpunkte in Sizilien und Nordafrika |
| 814 | Mythisches Gründungsdatum von Karthago |
| um 800 | Aeneas-Sage |
| 753 | Mythisches Gründungsdatum Roms (nach Varro) 750–510 Sagenhafte Überlieferung von der Herrschaft der 7 Könige über Rom: Romulus – Numa Pompilius – Tullus Hostilius – Ancus Marcius – Tarquinius Priscus – Servius Tullius – Tarquinius Superbus |
| ab 750 | Griechische Kolonisationstätigkeit in Süditalien und Sizilien: »Magna Graecia« (Großgriechenland); Gründung von Kroton, Sybaris, Tarent, Syrakus (734) |
| Ende des 8. Jhs. | Aufblühen der etruskischen Kultur in der Toskana |
| seit 700 | Aufstieg Praenestes (Palestrina) |
| 650–510 | Rom unter etruskischer Herrschaft; Urbanisierung durch etruskische Fürsten; Zusammenfassung der 7 Siedlungen (»Berg«burgen) zum »Septimontium« |
| 540 | Seeschlacht bei Alalia (Korsika): Sieg der verbündeten Karthager und Etrusker über die griechischen Phokaier |
| 534–509 | Tarquinius Superbus König von Rom: mit großer Wahrscheinlichkeit historische Person |
| 509–508 | Sturz der etruskischen Königsherrschaft in Rom |
| 507 | Einweihung des Jupitertempels auf dem Capitol |
| nach 500 | Vertreibung der Etrusker aus Rom |

497 Römischer Sieg über die Latiner am Regillus-See

494 Sog. 1. »Secessio plebis«: Auswanderung der Plebs auf den Heiligen Berg (wahrscheinlich eine interpolierte Doublette der Secessio von 287)

493 Vertrag zwischen Römern und Latinern

474 Griechischer Sieg (Syrakus) über Etrusker und Karthager bei Cumae. Beginn des Niedergangs der Etrusker

471 Volkstribunen werden in den Tributkomitien gewählt

um 450 Zwölftafelgesetz

447 Einsetzung von 2 Quaestoren durch das Volk

445 Plebejer dürfen mit Patriziern Ehe eingehen

443 Einsetzung von Censoren

421 Samniten erobern Capua

406–396 Krieg gegen Veji

um 400 Römisches Territorium: 2000 $km^2$

Einbruch der Kelten (»Gallier«) in Italien

387 Schlacht an der Allia: Sieg der Senonen über die Römer. Plünderung Roms durch die Senonen unter Brennus: »Vae victis!« (Wehe den Besiegten!)

ab 380 Wiederaufbau der Stadt (Servianische Mauer)

367 Plebejer zur Praetur und zum Consulat zugelassen

362 Erste szenische Darstellungen in Rom von Etruskern aufgeführt

343–341 1. Samniterkrieg

341–338 Latinerkrieg. 338 Aufstellung der erbeuteten Schiffsschnäbel (»Rostra«) auf dem Forum. Antium und Circei römische Kolonien

(336–323 Alexander d. Gr.)

326–304 2. Samniterkrieg

312 Bau der »Via Appia« durch Appius Claudius Censor von Rom bis Capua. Errichtung der ersten Fernwasserleitung (»Aqua Appia«)

306 Römisch-karthagischer Vertrag über Abgrenzung der gegenseitigen Handelssphären

300 Plebejer zu den Kollegien der Pontifices und Augurn zugelassen

298–290 3. Samniterkrieg. Ergebnis: Samniter mit Halb-Bürgerrecht ausgestattet

287 »Secessio plebis«: »Plebiszite« werden den Volksbeschlüssen gleichgestellt. Ende des Ständekampfes

| | |
|---|---|
| 282–272 | Krieg gegen Pyrrhos |
| 272 | Tarent römisch; Bündnisse Roms mit Samniten, Lukanern, Bruttiern |
| ab 270 | Rom beherrscht ganz Italien außer der Po-Ebene (Gallia Cisalpina) |
| 264–241 | 1. Punischer Krieg |
| 260 | Römischer Seesieg über die Karthager bei Mylae |
| 247 | Hamilkar Barkas karthagischer Oberbefehlshaber auf Sizilien |
| 241–238 | Söldneraufstand gegen Karthago in Afrika |
| 238 | Karthago tritt Sizilien, Sardinien und Korsika an Rom ab |
| 237 | Hamilkar Barkas setzt nach Spanien über. Spanien karthagische Provinz |
| 229 | Tod Hamilkars. Sein Schwiegersohn Hasdrubal setzt seine Politik fort: Stärkung der barkidischen Hausmacht in Spanien |
| 227 | Gründung von Carthago Nova (Neukarthago, heute Cartagena) |
| 226 | Ebro-Vertrag zwischen Rom und Hasdrubal |
| 223 | Rom besetzt Norditalien (Gallia Cisalpina) |
| 221 | Ermordung Hasdrubals. Hannibal, Hamilkar Barkas' Sohn, neuer karthagischer Stratege in Spanien |
| 219 | Hannibal belagert und erobert Sagunt |
| 218–201 | 2. Punischer Krieg |
| 218 | Hannibals Alpenübergang; karthagische Siege am Ticinus und an der Trebia. Römer landen in Spanien |
| 217 | Hannibal besiegt die Römer am Trasimenischen See. Q. Fabius Maximus »Cunctator« (Zauderer) wird Dictator |
| 216 | Katastrophale Niederlage Roms bei Cannae |
| 215 | Bündnis Hannibals mit Philipp V. von Makedonien |
| ab 214 | Hannibal besetzt Süditalien |
| 212 | Römer erobern Syrakus und Sagunt zurück. Tod des Archimedes bei der Eroberung von Syrakus. Hannibal besetzt Tarent und siegt bei Capua |
| 211 | Capua von Rom zurückerobert. Hannibal marschiert gegen Rom (»Hannibal ante portas!«) |
| 210 | P. Cornelius Scipio Oberbefehlshaber in Spanien. Hannibal hält Apulien und Lukanien. Karthager räumen Sizilien |

| | |
|---|---|
| 209 | Scipio erobert Neukarthago |
| 207 | Schlacht am Metaurus: Römischer Sieg gegen karthagisches Entsatzheer unter Hasdrubal (Hannibals Bruder). Rückzug Hannibals nach Bruttium |
| 205 | P. Cornelius Scipio wird Consul. Vertreibung der Karthager aus ganz Spanien |
| 204 | Landung Scipios in Tunesien |
| 203 | Massinissa König von Numidien, mit Rom verbündet |
| 202 | Schlacht bei Zama: Scipio schlägt Hannibal vernichtend |
| 201 | Friedensschluß zwischen Rom und Karthago, römischer Diktatfriede: Karthago darf ohne Erlaubnis Roms keine auswärtigen Kriege führen |
| 200–197 | Makedonischer Krieg gegen Philipp V. von Makedonien. |
| 198 | Übertritt des Achäischen Bundes auf die Seite Roms |
| 197 | Niederlage Philipps V. bei Kynoskephalai, Friedensschluß. Erhebung der Keltiberer in Spanien |
| 195 | M. Porcius Cato (Censorius) in Spanien |
| 192–188 | Krieg gegen Antiochos III. von Syrien |
| 188 | Prozesse gegen die Scipionen<br>Hannibal flieht zu Prusias von Bithynien |
| 187 | Scipio Africanus zieht sich aus dem öffentlichen Leben zurück |
| 184–182 | M. Porcius Cato ist Censor |
| 183 | Tod des Scipio Africanus in Kampanien.<br>Selbstmord Hannibals in Bithynien |
| 180–178 | Ti. Sempronius Gracchus befriedet Spanien |
| 171–168 | Krieg gegen Perseus von Makedonien |
| 168 | Polybios kommt als achäische Geisel nach Rom |
| 161 | Ausweisung der Philosophen und Rhetoren aus Rom |
| 150 | Krieg zwischen Karthago und Massinissa. Cato fordert die Zerstörung Karthagos (»ceterum censeo Carthaginem esse delendam«) |
| 149–146 | 3. Punischer Krieg |
| 149 | Tod Catos |
| 146 | Scipio Aemilianus zerstört Karthago. Neue Provinz »Africa«. Zerstörung Korinths |

| | |
|---|---|
| Ende des 2. Jhs. | Italische Landwirtschaft in zunehmenden Schwierigkeiten |
| 133–121 | Zeit der gracchischen Revolution |
| 133 | Ti. Sempronius Gracchus Volkstribun: Ackergesetze (leges Semproniae) |
| 132 | Ermordung des Ti. Gracchus |
| 129 | Pergamon, von Attalos III. an Rom vererbt, wird Provinz »Asia« |
| 123 | 1. Volkstribunat des C. Sempronius Gracchus: Erneuerung des Ackergesetzes (lex agraria). Richtergesetz zugunsten der Ritter (lex iudicaria) |
| 122 | 2. Volkstribunat des C. Gracchus |
| 121 | C. Gracchus erschlagen. |
| | Errichtung der Provinz Gallia Narbonensis (Provence); Gründung von Aquae Sextiae (Aix-en-Provence) Beginn des Baus der strategischen Fernstraße von Massilia (Marseille) nach Spanien |
| nach 121 | Konservative Reaktion gegen gracchische Reformen |
| 113 | Beginn der Cimbern- und Teuteneneinfälle aus dem Norden |
| 111–105 | Krieg gegen Jugurtha |
| 107 | Marius zum erstenmal Consul. Beginn seiner Heeresreform (104, 103, 102 wiedergewählt) |
| 105 | Römische Niederlage gegen Cimbern bei Arausio (Orange) |
| 104 | Triumph des Marius. Jugurtha hingerichtet. Marius Oberbefehlshaber an der Nordfront |
| 104–101 | Sklavenkrieg auf Sizilien |
| 102 | Sieg des Marius über Teutonen und Ambronen bei Aquae Sextiae |
| 101 | Sieg des Marius über die Cimbern bei Vercellae |
| 100 | 6. Consulat des Marius |
| | C. Iulius Caesar am 13. Juli geboren |
| | Tribunat des L. Apuleius Saturninus |
| 95–91 | Mithridates VI. Eupator von Pontus erweitert sein Reich |
| 92 | Sulla Statthalter in Kilikien |
| 91 | Volkstribunat des M. Livius Drusus |
| 91–88 | Bundesgenossenkrieg |
| 88 | Sulla Consul. Marsch auf Rom. Herstellung der Senatsherrschaft. Marius flieht nach Afrika. Sulla in Asien |

| | |
|---|---|
| 88–84 | 1. Mithridatischer Krieg. »Vesper von Ephesos«: 80000 Römer ermordet |
| 88 | Beginn des Bürgerkriegs |
| 87 | Cinna Consul. 87–84 Cinnas Gewaltherrschaft. Marius wieder in Rom. Populares Schreckensregiment |
| 86 | Marius stirbt während seines 7. Consulats. Einnahme Athens durch Sulla. Delphi geplündert |
| 84 | Mithridates von Sulla zum Frieden von Dardanos gezwungen. Cinna ermordet |
| 83 | Sulla wieder in Italien. Vormarsch gegen Rom |
| 83–81 | 2. Mithridatischer Krieg |
| 1. Nov. 82 | Sullas Sieg über die Marianer am Collinischen Tor |
| 82–79 | Sullas Dictatur. Restauration der Senatsherrschaft. Beschneidung des Volkstribunats |
| 78 | Tod Sullas |
| 80–72 | Krieg gegen Sertorius in Spanien |
| 74–64 | 3. Mithridatischer Krieg |
| 73–71 | Sklavenkrieg in Italien unter Führung des Spartacus. Niederschlagung des Aufstands durch den Praetor M. Licinius Crassus. Kreuzigung von 6000 Sklaven entlang der Via Appia |
| 70 | Pompeius und Crassus Consuln. Sturz der sullanischen Verfassung. Wiederherstellung des Volkstribunats |
| 69 | Neuordnung der Provinz »Asia« durch Lucullus. Daraufhin Widerstände der Ritterschaft |
| 67 | Außerordentliche Befehlsgewalt für Pompeius zur Bekämpfung der Seeräuber (lex Gabinia). Säuberung des gesamten Mittelmeers von Piraten. Ansiedlung der Gefangenen durch Pompeius |
| | Lucullus bringt den Kirschbaum nach Europa |
| 66 | Pompeius löst Lucullus als Oberbefehlshaber im Osten ab |
| 66–63 | Pompeius jagt Mithridates und ordnet den Osten neu |
| 63 | M. Tullius Cicero Consul. Verschwörung des Catilina |
| 62 | Catilina fällt bei Pistoria. Pompeius wieder in Italien. Er entläßt seine Armee. Caesar Praetor |
| 61 | Triumph des Pompeius. Skandalprozeß gegen Clodius |
| 60 | Triumvirat des Pompeius, Caesar und Crassus auf privater Grundlage zur Durchsetzung ihrer machtpolitischen Ziele: Lahmlegung der republikanischen Verfassung |

| | |
|---|---|
| 59 | Caesar Consul: Agrar- und Siedlungsgesetz (lex Iulia agraria) |
| 58–50 | Caesar Statthalter in Gallien, Gallischer Krieg |
| 58 | Krieg gegen Helvetier und Ariovist |
| | Verbannung Ciceros |
| 57 | Caesar im Krieg mit den Belgern |
| 56 | Krieg gegen die gallischen Küstenvölker. Crassus junior unterwirft Aquitanien |
| | Konferenz von Lucca: Erneuerung des Triumvirats |
| 55 | Pompeius und Crassus Consuln. Verteilung der Provinzen: Spanien an Pompeius, Syrien an Crassus, Gallien an Caesar verlängert |
| | Caesar vernichtet die Usipeter und Tencterer. Erster Rheinübergang. Erste Expedition nach Britannien |
| 54 | Zweite Expedition nach Britannien |
| 53 | Schlacht bei Carrhae (Syrien): Crassus unterliegt gegen die Parther und fällt |
| | Caesars zweiter Rheinübergang |
| 52 | Höhepunkt des anarchischen Treibens in Rom. Clodius von Milo erschlagen. Pompeius Consul »sine collega«. Gallische Erhebung unter Führung des Vercingetorix. Belagerung und Eroberung von Alesia durch Caesar. |
| 51 | Veröffentlichung von Caesars »Bellum Gallicum« |
| 50 | Ende des Gallischen Krieges. Zuspitzung der Kontroverse zwischen dem Senat und Caesar |
| 49 | Beginn des Bürgerkrieges. Caesar überschreitet den Rubikon und besetzt Italien. Pompeius, zuvor zum »Verteidiger der Republik« ernannt, flieht mit den Optimaten nach Griechenland. Caesar unterwirft Spanien |
| 48 | Caesar Dictator. Er besiegt Pompeius bei Pharsalos. Pompeius in Ägypten ermordet |
| 48–47 | Alexandrinischer Krieg. Caesar bestätigt Kleopatra als Königin von Ägypten. Brand der Bibliothek von Alexandria |
| 47 | Caesar legt Dictatur nieder und übernimmt Consulat. Meuterei der X. und XII. Legion |
| 46 | Vierfacher Triumph Caesars. Vercingetorix hingerichtet. Caesar besiegt Pompeianer bei Thapsus. Selbstmord Catos. Caesar Dictator auf 10 Jahre. Numidien römische Provinz »Africa«. Kalenderreform. Innere Gesetzgebung |
| 45 | Caesar besiegt in Spanien die Pompeiussöhne bei Munda. Rückkehr nach Rom. Dictator auf Lebenszeit |

| | |
|---|---|
| Ende 45–44 | Verschwörung gegen Caesar unter Iunius Brutus und Cassius Longinus |
| 15. März 44 | Ermordung Caesars im Theater des Pompeius während einer Senatssitzung |

# Abkürzung römischer Vornamen

| | | | |
|---|---|---|---|
| A. | = Aulus | M'. | = Manius (oder: Manlius) |
| Ap. | = Appius | Mam. | = Mamercus |
| C. | = Gaius | P. | = Publius |
| Cn. | = Gnaeus | Q. | = Quintus |
| D. | = Decimus | Ser. | = Servius |
| L. | = Lucius | Sex. | = Sextus |
| M. | = Marcus | Sp. | = Spurius |
| | | T. | = Titus |
| | | Ti. | = Tiberius |

Frauen und Mädchen erhalten keinen individuellen Vornamen, sondern tragen den Familiennamen mit der Femininendung -a. So heißt etwa die Tochter Caesars »Iulia«, die Tochter Ciceros »Tullia«.

Die moderne Namengebung ist Rom darin treu geblieben: Wir kennen einen »Markus«, eine »Iulia« und »Claudia«, doch keinen »Claudius« und keine »Markia«. »Iulius« ist die berühmte Ausnahme von der Regel.

# Anmerkungen

*Erster Teil: Anfänge*

1 Gesta Rom. Nr. 7, 10, 19
2 Livius, Röm. Gesch. 1, 1
3 Vergil, Aen. VII. Gesang
4 Liv. R. G. 1, 3 u. 5
5 ebd. 1, 5 u. 6
6 ebd. 1, 6 u. 7
7 Livius, 1. Buch
8 Frgm. Gr. H. 840 F 6ff. in: Die Fragmente der griechischen Historiker, von F. Jacoby. Bd. I–III Berlin/Leiden 1923–58
9 Liv. R. G. 8, 40
10 E. Kornemann, Röm. Gesch. I., S. 66
11 P. McKendrick, Roms Steinernes Erbe, S. 70ff.
12 Vergil, Aen. VII. Gesang
13 vgl. Vogt I, S. 14
14 vgl. Vogt I, S. 35 u. Volkmann, Grundzüge..., S. 11 f.
15 E. Kornemann I, S. 56
16 Plutarch, Romulus 11
17 Pallottino, M., S. 250
18 ders., S. 123
19 Vogt I, S. 38
20 ders. I, S. 45
21 P. McKendrick, S. 94
22 zit. bei McKendrick S. 85
23 Liv. R. G. 1, 49
24 Pallottino, M., S. 75
25 Liv. R. G. 1, 49
26 ders. 1, 56
27 ders. 1, 57
28 ders. 1, 59
29 ders. 2, 1
30 K. Atzert in: Cicero, Staatslehre..., Anm. 6, S. 134
31 Cicero, de re publica 1, 25
32 ebd.
33 Vogt I, S. 49
34 ders., S. 42
35 Polybios, Geschichte 6, 13
36 Liv. 2, 23
37 ebd.
38 ebd.
39 ders. 2, 32
40 ders. 2, 33
41 Ernst Meyer, Römischer Staat..., S. 59
42 Arend Nr. 336
43 ders. Nr. 337
44 Polybios 6, 18
45 Bethe, S. 41
46 Burck, S. 48ff.
47 Polybios 6, 53
48 Wörterbuch der Antike
49 Cicero, de re publica 3. Buch
50 Bengtson, S. 57
51 s. Lit.-Verzeichnis
52 P. Grimal, Der Hellenismus...,

S. 117
53 Polybios 2, 18
54 Liv. 5, 39
55 ders. 5, 41
56 ders. 5, 53

*Zweiter Teil: Abendländische Weichenstellung: Die Punischen Kriege*

1 nach Kiechle, Röm. Gesch. I, S. 68
2 ebd.
3 Art. »Kolonien« in: Wörterbuch der Antike
4 Volkmann, Grundzüge, S. 41
5 Vergil, Aen. 1. Gesang
6 ebd.
7 Polybios 3, 22
8 ders. 3, 24
9 Bengtson, S. 75
10 Kornemann I, S. 167
11 A. Heuß, Der Erste Punische Krieg..., S. 6
12 ebd., S. 77 u. 84
13 Polybios 1, 20
14 ders. 1, 20ff.
15 Hoffmann, Hannibal S. 26
16 Polybios 3, 11
17 Jelusich, Hannibal S. 15
18 Mommsen, Röm. Geschichte S. 132
19 Altheim, Fr., Röm. Gesch. S. 97
20 Hoffmann, Hannibal S. 38
21 zit. bei Kleberg, Buchhandel..., S. 22
22 Hoffmann, Hannibal S. 38
23 Polybios 3, 17
24 ders. 3, 15
25 Livius 21, 15
26 ders. 21, 16
27 ders. 21, 18
28 Angaben nach Polybios 3, 33; er beruft sich auf persönliche Einsicht der Zahlen auf der Erztafel von Lacinium bei Kroton, heute Kap Colonne mit Resten des Heratempels.
29 Polybios 3, 34
30 Hoffmann, Hannibal S. 49f.
31 Ich folge hier Ernst Meyer: Hannibals Alpenübergang, in: »Hannibal« Wege der Forschung S. 195–222
32 Polybios 3, 47–49
33 ders. 3, 47–60
34 Livius 21, 31–39
35 Einzelheiten bei E. Meyer, Hannibals Alpenübergang a.a.O.
36 Polybios 3, 52
37 ders. 3, 53
38 ders. 3, 54
39 E. Meyer, Hannibals Alpenübergang S. 211
40 Polybios 3, 54
41 ders. 3, 60
42 Hoffmann, Hannibals Alpenübergang S. 55
43 Polybios 3, 70
44 ders. 3, 72
45 Ich weise Sie in diesem Zusammenhang auf ein nach den Quellen gearbeitetes Jugendbuch hin,

das um eben jenen »Surus« und die Erlebnisse seines Reiters kreist: H. Baumann, Ich zog mit Hannibal (Ensslin & Laiblin), Reutlingen 1960 u. später
46 Polybios 3, 75
47 Livius 21, 57
48 ders. 21, 58
49 Polybios 3, 70
50 ders. 3, 82
51 ders. 3, 84
52 ders. 3, 85
53 Livius 22, 7
54 Plutarch, Fabius Maximus 1
55 ders. Fab. Max. 5
56 Hoffmann, Hannibal S. 66
57 Polybios 3, 90
58 ders. 3, 89
59 Plutarch, Fab. Max. 5
60 Livius 22, 12
61 Polybios 3, 108
62 Frontinus (40–103 n. Chr.) schrieb »de re militari« u. »strategemata«, Schriften über Strategie und Taktik u. die überlieferten »Kriegslisten«; das meiste nur in Fragmenten erhalten
63 A. v. Schlieffen, Die Schlacht von Cannae, in: Gesammelte Schr. 1 (1913), S. 27ff.
64 Livius 22, 45
65 nach Polybios 6, 23
66 ders. 3, 116
67 ders. 3, 117
68 Livius 28, 11
69 ders. 22, 51
70 Brown, nach Cannae, a.a.O., S. 228ff.
71 Zitat Hallwards bei Brown a.a.O., S. 236
72 So W. Foerster »Graf Schlieffen und der Weltkrieg« 1925, S. 233
73 Wallach, S. 232
74 Livius 22, 4
75 Schwabe, zitiert in Art. »Philipp V.« in: Wörterbuch der Antike
76 Livius 26, 11
77 ders. 28, 44
78 ders. 28, 45
79 ders. 30, 30
80 zit. bei G. de Beer, Hannibal S. 198

*Dritter Teil: Das Jahrhundert der Revolution*

1 bei Klingner S. 54
2 Birt, S. 58
3 Appian I, 7, 8
4 Plutarch, Tiberius Gracchus 8
5 ders. Tib. Gr. 1
6 ders. Tib. Gr. 8
7 ders. Tib. Gr. 9
8 ders. Tib. Gr. 9
9 Appian I, 10
10 Plutarch, Tib. Gr. 10
11 ders. Tib. Gr. 10
12 ders. Tib. Gr. 11
13 Appian I, 12
14 E. Meyer, Römischer Staat und... S. 295
15 Appian I, 14
16 Plutarch, Tib. Gr. 19
17 ders. Tib. Gr. 19/20

18 ders. Tib. Gr. 2
19 nach Vogt II, S. 26
20 Plutarch, Caius Gracchus 5
21 Appian I, 22
22 Plutarch, C. Gr. 6
23 ders. C. Gr. 7
24 ders. C. Gr. 12
25 Altheim, Röm. Rel.-Gesch. I, S. 93ff.
26 Plutarch, C. Gr. 11
27 ders. C. Gr. 16f.
28 Heuß, Prop. Weltgesch. IV, S. 200
29 de Camp, S. 260
30 frei nach Sallust, Jugurtha VIII
31 Sallust, Jug. IX
32 ders. Jug. VI, 1
33 ders. Jug. IX, 3
34 nach Sallust, Jug. X
35 die Stelle »tametsi regem ficta, locutum intellegebat« wird meist mit »Lüge, Unwahrhaftigkeit« übersetzt, doch kommt »Künstlichkeit« der psychologischen Situation mehr entgegen. Ein Beispiel, wie gewisse lat. Wendungen nicht übertragbar sind.
36 Sallust, Jug. XI
37 ders. Jug. XIIf.
38 ders. Jug. XIII
39 ebd.
40 ders. Jug. XIV
41 ders. Jug. XV
42 ebd.
43 ders. Jug. XX
44 ders. Jug. XXIX
45 Goethe, Reinecke Fuchs IV, 172
46 Sallust, Jug. XXXV
47 Plutarch, Marius 2
48 ders. Mar. 3
49 Sallust, Jug. LXIII
50 ders. Jug. LXII
51 ders. Jug. LXXIII
52 ders. Jug. LIII
53 Plutarch, Mar. 11
54 Homer, Odyssee XI, 14–19
55 Tacitus, Germania 37
56 Mommsen, R. G. S. 300f.
57 Plutarch, Mar. 11
58 Vgl. dazu Polybios 9, 6
59 Kornemann Röm. Gesch. I, S. 415
60 Plutarch, Mar. 12
61 ders. Mar. 12
62 ders. Mar. 13
63 ders. Mar. 14
64 ders. Mar. 15
65 Kornemann, Röm Gesch. I, S. 423f.
66 Plutarch, Mar. 21
67 ders. Mar. 24
68 ders. Mar. 25
69 ders. Mar. 27
70 Plutarch, Sulla 2
71 ders. Sulla 6
72 nach Volkmann, Sullas Marsch..., S. 19
73 Mommsen, R. G. S. 314
74 Vogt II, S. 45
75 Plutarch, Mar. 32
76 ders. Mar. 33
77 s. Lit.-Verzeichnis
78 Plutarch, Mar. 34
79 ders. Mar. 35
80 Plutarch, Sulla 8
81 Appian I, 57
82 Plutarch, Sulla 9
83 Appian I, 57

84 ders. I, 58
85 Plutarch, Sulla 9
86 zit. bei Volkmann, Sullas Marsch..., S. 12
87 Plutarch, Sulla 10
88 ders. Mar. 36
89 ders. Mar. 39
90 ders. Mar. 41
91 Heuß, Das Zeitalter der Revolution, a.a.O., S. 220
92 Plutarch, Mar. 43
93 ders. Mar. 45
94 Appian I, 73
95 Plutarch, Sulla 22
96 Appian I, 73
97 Plutarch, Mar. 44, Appian I, 74
98 Plutarch, Marius 45
99 Volkmann, Sullas Marsch..., S. 28
100 zit. bei Volkmann, Sullas Marsch..., S. 40
101 Appian I, 97
102 Plutarch, Sulla 13
103 H. Berve, Gestaltende Kräfte..., S. 139
104 Pausanias, Führer durch Athen..., S. 18
105 Plutarch, Sulla 12
106 ders. Sulla 15
107 vgl. Plutarch Sulla 19
108 ders. Sulla 21
109 ders. Sulla 24
110 Appian I, 77
111 nach Volkmann, Sullas Marsch..., S. 50
112 Plutarch, Sulla 27
113 ders. Sulla 28
114 Plutarch, Sulla 27
115 Plutarch, Pompeius 6
116 ders. Pompeius 8
117 ders. Sulla 28
118 ders. Sulla 29
119 Appian I, 94
120 Plutarch, Sulla 29
121 Appian I, 99
122 Plutarch, Sulla 31
123 Appian I, 96
124 Plutarch, Sulla 32
125 Appian I, 97
126 nach Cicero, Rede für Sex. Roscius 6
127 Appian I, 104
128 bei Sueton, Caesar 77
129 Plutarch, Sulla 37
130 Volkmann, Sullas Marsch..., S. 89
131 ebd. S. 96 u. 102
132 Mommsen, S. 383
133 Plutarch, Sulla 34, Pompeius 15
134 Plutarch, Sertorius 4
135 ebd. 14
136 Plutarch, Pomp. 17
137 Sallust, Rede des Philippus im Senat 13
138 Cicero, Brutus 173
139 Näheres bei Kornemann I, S. 492
140 Brief des Cn. Pompeius an den Senat, in: Sallust: Werke, Briefe und Reden IV
141 Plutarch, Pomp. 20
142 nach Münzer, Poseidonius, in: RE 2A Sp. 1405
143 Homer, Ilias I, 1–4
144 ders. Ilias, IX, 109f.
145 ders., Ilias XXII, 45f.
146 Plutarch, Solon 13
147 Homer, Ilias XXII, 704f.

148 Cicero, Über den Oberbefehl des Pompeius 31 ff.
149 Xenophon, Von den Staatseinkünften IV
150 Aristoteles, Politik: Herren und Sklaven
151 Casus Dio 41, 33
152 Plautus, Poenulus I, 1
153 ders. Pseudolus I, 2
154 Cato, de agricultura
155 Plutarch, Cato mai. 21
156 Plutarch, Coriolan 24
157 ders., Crassus 9
158 ebd. 8
159 E. M. Staerman: Die Blütezeit der Sklavenwirtschaft in der römischen Republik, Moskau 1964 (dt.) u. Wiesbaden 1969
160 Plutarch, Crassus 9
161 ders. Crassus 10
162 Cicero, 1. Rede gegen Verres 13 u. 56
163 Plutarch, Crassus 10
164 ders., Crassus 11
165 Cicero, An M. Tull. Tiro, ad fam. XVI, 11
166 Jérome Carpocino: So lebten die Römer während der Kaiserzeit. Dt. Übers. 1959 (DVA) Stuttgart S. 80
167 Cicero, ad Quint. fratrem 1
168 Plutarch, Pompeius 21
169 Plutarch, Pomp. 22
170 Gelzer, Pompeius, S. 62
171 Plutarch, Pompeius 23
172 Mommsen, S. 383
173 Gelzer, Pompeius, S. 63
174 Plutarch, Pomp. 24f.
175 ders. Pomp. 25
176 Cicero, ad fam. 8, 1
177 Cicero, Über den Oberbefehl des Pomp. 43
178 Plutarch, Pomp. 28
179 ders. Pomp. 30
180 Cicero, Über den Oberbefehl des Pomp. 43
181 Plutarch, Pomp. 30
182 ders., Pomp. 42
183 Flavius Josephus I, 7, 4f.
184 bei Gelzer, Pomp. S. 98
185 Plutarch Pomp. S. 42
186 Hist. Aug., Verus 1
187 Sentenzen Varros, zit. bei v. d. Driesch/Esterhues, Bd. 1, S. 94
188 Cicero, de off. 3, 82; Sueton, Caesar 30, 5
189 Sueton, Caesar 56
190 Plutarch, Caesar 1
191 Sueton, Caesar 51
192 ders., Caesar 45
193 Plutarch, Caesar 1
194 Sueton, Caesar 1
195 Plutarch, Caesar 2
196 Sueton, Caesar 46
197 ders. Caesar 6
198 ders. Caesar 7
199 ders. Caesar 10
200 Plutarch, Caesar 4
201 Vornehmer Stadtteil Roms
202 Cicero, 1. Rede gegen Catilina I, 1 ff.
203 Sallust, Catilina 17, 7
204 Plutarch, Cicero 10
205 Sallust, Catilina 17, 4
206 ders. Cat. 20
207 ders. Cat. 14, 7–15, 5
208 ders. Cat. 23
209 ders. Cat. 27ff.

210 ders. Cat. 24
211 ders. Cat. 44
212 ders. Cat. 53 ff.
213 ders. Cat. 58
214 Plutarch, Caes. 8
215 ders. Caes. 6f.
216 ders. Caes. 9
217 ders. Caes. 11
218 Mommsen S. 446
219 Sueton, Caes. 19
220 Cicero, ad Att. II, 3
221 Cassius Dio 38, 3
222 ders. 38, 4
223 Plutarch, Caes. 14
224 Cassius Dio 38, 5
225 Plutarch, Caes. 14
226 Sueton, Caes. 22
227 Marouzeau, Das Latein, S. 7
228 Birt, Röm. Charakt.-Köpfe, S. 3
229 Marouzeau, S. 74
230 ders. S. 79
231 Caesar, Bellum Gallicum (im folgenden abgek. BG) I, 1
232 Caesar, BG I, 2
233 ders. BG I, 1
234 ders. BG I, 5
235 ders. BG I, 7
236 Diller, Caesar und Ariovist a.a.O., S. 192
237 Caesar, BG I, 7
238 ders. BG I, 10
239 ders. BG I, 12
240 ders. BG I, 30
241 ders. BG I, 31
242 ders. BG I, 39
243 ders. BG I, 40
244 ders. BG I, 43–45
245 ders. BG I, 53
246 ders. BG I, 54
247 nach der Übersetzung von Oppermann, »Caesar« S. 63
248 Caesar, BG II, 35, 1
249 ders. BG IV, 5, 1
250 ders. BG IV, 16, 1
251 ders. BG IV, 17
252 Plutarch, Caes. 23
253 Caesar, BG VI, 9, 1–3
254 Dorminger, Anmerkung Nr. 237, S. 479 in: ›Caesar, Der Gall. Krieg‹ a.a.O.
255 Caesar, BG IV, 16, 4
256 U. Kusche, Caesars Commentarii, a.a.O., S. 228
257 nach der Übersetzung von Oppermann, ›Caesar‹ a.a.O., S. 77 ff.
258 Caesar, BG VI, 24, 2
259 Dorminger, in Caesar, Gall. Kr. a.a.O., S. 520
260 Cicero, de prov. cons. 22; zit. bei Mommsen, S. 486
261 Cicero, Brutus 262
262 Plutarch, Pomp. 47 ff.
263 Plutarch, Caes. 20
264 Plutarch, Cicero 30
265 Cicero, ad Att. II, 21
266 Plutarch, Cicero 31
267 Cicero, ad Att. II, 3
268 Sueton, Caesar 54
269 ders. Caes. 27
270 Plutarch, Cato min. 34
271 Gelzer, Pompeius S. 125
272 Plutarch, Crassus 14
273 ders. Caes. 21
274 Cicero, ad fam. I, 8
275 Arend Nr. 486
276 Plutarch, Pomp. 55
277 Cicero, de off. I, 25

278 Plutarch, Vergleich des Crassus mit dem Nikias 3
279 Chr. Meier, Art. »Crassus« in dtv-lex. d. A., Reihe Geschichte Bd. I
280 Sueton, Caesar 65 u. 67
281 ders. Caes. 72
282 Plutarch, Caesar 17
283 zit. bei Gelzer, Caesar S. 126
284 Asconius Pedianus in Milonianam arg. 3ff., in: Cicero, Rede für Milo, übers. u. hg. v. M. Giebel, a.a.O., S. 7
285 Plutarch, Cato min. 49
286 Cassius Dio 40, 50
287 Cicero, ad Att. VIII, 3
288 Cicero, ad fam. VIII, 1
289 Cicero, ad fam. VIII, 1
290 Caesar, BG VII, 4
291 Plutarch, Caesar 25
292 Caesar, BG VII, 8
293 Plutarch, Caesar 26
294 Caesar, BG VII, 59
295 ders. BG VII, 66
296 ders. BG VII, 67
297 ders. BG VII, 68
298 ders. BG VII, 71
299 ders. BG VII, 72
300 ders. BG VII, 85
301 ders. BG VII, 89
302 Plutarch, Caesar 27
303 Cassius Dio 40, 41
304 Dorminger in Caesar, Der Gall. Krieg a.a.O., S. 526
305 Caesar, BG VII, 90
306 Cassius Dio 42, 49
307 Chr. Meier, Art. »Curio« in dtv-lex. d. A. Reihe Geschichte
308 Appian II, 26
309 ders. II, 29
310 Plutarch, Caesar 29
311 Goethe, Kampagne in Frankreich, dtv-Gesamtausgabe Bd. 27, S. 48
312 Plutarch, Caesar 33
313 Cicero, ad Att. VIII, 3
314 Plutarch, Caes. 34
315 Cicero, ad. Att. IX, 16
316 ders., ad Att. IX, 7c
317 ders., ad Att. IX, 18
318 ders., ad Att. X, 8b
319 Sueton, Caesar 34
320 Plutarch, Caesar 35
321 Cassius Dio 41, 26ff.
322 ders. 41, 36
323 So Oppermann, Caesar, S. 112
324 Plutarch, Caesar 37
325 Appian II, 49
326 vgl. Caesar b. c. (bellum civilis = Bürgerkrieg) III, 48
327 Appian II, 63
328 ders. II, 64
329 ders. II, 69
330 ders. II, 72
331 Caesar b. c. III, 90
332 ders. b. c. III, 91 in der Übers. v. Oppermann
333 Appian II, 83
334 Plutarch, Pomp. 77
335 ders., Pomp. 78
336 Gelzer, Pomp. S. 204
337 Plutarch, Caes. 48
338 ders., Caes. 48
339 ders. Caes. 49
340 Sueton, Caes. 52
341 Appian II, 92–94
342 Plutarch, Caesar 51
343 Cicero, ad Att. IX, 18

344 Plutarch, Caes. 51
345 Cicero, ad Att. VII, 5
346 ders., ad Att. XV, 15
347 ders., ad fam. VII, 3
348 ders., ad fam. IX, 17
349 ders., ad fam. VI, 6
350 Mommsen, S. 441 u. 544
351 Klingner a.a.O., S. 159
352 Sueton, Caesar 59
353 Plutarch, Caes. 53
354 Bellum Africanum 82, in Caesar, Bürgerkriege
355 Plutarch, Cato min. 72
356 Sallust, 2. Brief an Caesar, 46 v. Chr., in Sallust: Werke
357 Sueton, Caesar 77
358 nach Sueton, Caesar 40ff.
359 Alle Beispiele in: I. Opelt, Vom Spott der Römer; »Die Häßliche«: Catull, carm. 43
360 nach Appian II, 101; Sueton, Caesar 37; Plutarch, Caes. 55
361 Heinze, R.: Die augusteische Kultur, a.a.O., S. 13f.
362 Plutarch, Caesar 58
363 Sueton, Caesar 44
364 Strasburger, Caesar im Urteil seiner Zeitgenossen, a.a.O., S. 62
365 ders., S. 81
366 Shakespeare, Caesar III, 1
367 ders., Caesar III, 1
368 Sueton, Caesar 78
369 ders., Caes. 79
370 So zuletzt Bénoist-Méchin: Kleopatra
371 R. Syme, Röm Revol. S. 55 u. 57
372 Sallust, Catilina III, 3ff.
373 Cicero, ad Att. XIII, 52
374 Nikolaos von Damaskos, Augustusbios (Frgm.), hg. u. übers. v. C. M. Mall, 1923; Plutarch, Brutus 9
375 Plutarch, Brutus 1
376 B. Scheurig, Stauffenberg, a.a.O., S. 9
377 Plutarch, Brutus 4
378 Plutarch, Brutus 6
379 ders. Brutus 7
380 Oppermann, Caesar S. 139
381 Plutarch, Brutus 5
382 Appian II, 112
383 Plutarch, Brutus 7
384 nach Appian II, 113; Plutarch Brutus 10
385 Plutarch, Brutus 12
386 Belege bei Plutarch, Caesar 63 und Sueton, Caesar 81
387 Plutarch, Caesar 63
388 Epikur, Aussprüche 19
389 Altheim, Fr., Röm. Rel.-Gesch. II, S. 66
390 Plutarch, Brutus 13
391 ders., Brutus 14
392 ders., Brutus 14
393 R. Syme, Röm. Revol., S. 35
394 Adcock, Fr. D., Röm. Staatskunst, S. 70
395 Heinze, R., S. 13
396 Heuß, A., Das Zeitalter der Revol., a.a.O., S. 296

# Bibliographie

Abkürzungen: TB = Taschenbuch
dtv = Deutscher Taschenbuch Verlag
GGT = Goldmanns Gelbe Taschenbücher
KTA = Kröners Taschenausgabe
rde = Rowohlts Deutsche Enzyklopädie
rk = Rowohlts Klassiker
Wiss. Buchges. = Wissenschaftliche Buchgesellschaft

*Quellen* (In Klammern Taschenbuchausgaben)


Appian's Römische Geschichte, übers. u. hg. von G. Zeiß Leipzig 1838

Aristoteles: Hauptwerke, übers. und eingel. von W. Nestle, Stuttgart 1968

Caesar: Der Bürgerkrieg, übers. und hg. von G. Dorminger, München 1964 (GGT 606)

Caesar: Die Bürgerkriege, übers. u. hg. v. G. Wirth, Reinbek 1966 (rk 179/180)

Caesar: Der Gallische Krieg, lateinisch-deutsch, ed. G. Dorminger, München 1966

Caesar: Der Gallische Krieg, übers. v. G. Dorminger, München o. J. (GGT 406)

Cassius Dio: Römische Geschichte, übers. v. D. L. Tafel, 1. Bändchen, Stuttgart 1831

Cato, M. Porcius: De Agricultura, hg. u. übers. v. P. Thielscher, 1963

Catull: Carmina, lateinisch-deutsch, ed. W. Eisenhut, München 1956

Cicero: Briefe, übers. v. K. L. F. Mezger, München o. J. (GGT 1951/52)

Cicero: Briefe und Reden, übers. v. E. Schröfel u. K. Atzert, München 1965 (GGT 418)

Cicero: Der Redner, Brutus, übers. v. J. Sommerbrodt u. W. Binder, München o. J. (GGT 1831/32)

Cicero: Mensch und Politiker, Auswahl aus seinen Briefen, übers. u. hg. v. W. Ax, Stuttgart 1953

Cicero: Rede für Sextus Roscius, in: Cicero: Sämtliche Reden Bd. I, Zürich/Stuttgart 1970

Cicero: Rede für T. Annius Milo mit dem Kommentar des Asconius Pedianus, lateinisch-deutsch, übers. u. hg. v. M. Giebel, Stuttgart 1972 (reclam 1170/71)

Cicero: Reden, übers. v. M. Giebel, München 1970

Cicero: Reden gegen Catilina, hg. v. M. Giebel, München o. J. (Goldmanns Klassiker 7504)

Cicero: Staatslehre, Staatsverwaltung, de re publica, übers. v. K. Atzert, München o. J. (GGT 458)

Cicero: Tuskulanische Gespräche, übers. v. A. Kabza, München o. J. (GGT 519)

Cicero: Über den Oberbefehl des Pompeius, in: Cicero: Sämtliche Reden, Bd. I, Zürich/Stuttgart 1970

Cornelius Nepos: Berühmte Männer, Biographien bedeutender Griechen und Römer, übers. v. G. Wirth, München 1962 (GGT 798)

Epikur: Schriften, Über die irdische Glückseligkeit, übers. v. P. M. Laskowsky, München o. J. (GGT 683)

Flavius Josephus: Der Jüdische Krieg, 2 Bde., München 1965 (GGT 1642/43 u. 1644/45)

Gesta Romanorum, Die Taten der Römer, hg. v. H. E. Rübesamen, München 1962

Historia Augusta, ed. E. Hohl, 1927

Homer: Ilias, übers. v. J. H. Voß, München 1966 (GGT 411)

Homer: Odyssee, übers. v. J. H. Voß, München o. J. (GGT 374)

Livius: Hannibal ante portas, Geschichte eines Feldzugs übers. v. J. Feix, München o. J. (GGT 467)

Livius: Römische Frühgeschichte, 2 Bde., übers. v. J. Feix, München o. J. (GGT 675 u. 831)

Pausanias: Führer durch Athen und Umgebung, übers. v. E. Meyer, Zürich/Stuttgart 1959

Plautus: Poenulus, in: Antike Komödien/Plautus/Terenz, 2. Bd., hg. und übers. v. W. Ludwig, München o. J.

Plutarch: Lebensbeschreibungen, Gesamtausgabe in 6 Bänden, übers. v. J. W. Kaltwasser, bearb. v. H. Floerke, revidiert v. L. Kröner, eingel. v. O. Seel, München 1964 (GGT 1430/31 – 1440/41)

Plutarch: Römische Heldenleben, übers. v. W. Ax, Stuttgart 1953

Polybios: Geschichte, Gesamtausgabe in 2 Bänden, eingel. u. übers. v. H. Drexler, Zürich/Stuttgart 1961/62

Sallust: Werke und Schriften, übers. u. hg. v. W. Schöne, München 1969
Sueton: Caesarenleben, übers. v. M. Heinemann, Stuttgart 1951
Sueton: Kaiserbiographien, de vita Caesarum, 1. Bd., München 1961 (GGT 728)
Tacitus: Germania, übers. v. W. Harendza, München 1964 (GGT 437/38)
Vergil: Aeneis, übers. v. J. Spitzenberger, bearb. u. hg. v. L. Winter, München 1958 (GGT 447/48)
Xenophon: Von den Staatseinkünften, in: Hellas, Klassisches Griechenland, Lesewerk zur Geschichte 1, München o. J. (GGT 1812)

*Literatur* (in Klammern die Verlage)

Adcock, Fr. E.: Caesar als Schriftsteller, Göttingen 1959 (Vandenhoeck & Ruprecht)
Adcock, Fr. E.: Römische Staatskunst, Göttingen 1961 (Vandenhoeck & Ruprecht)
Altheim, Fr.: Römische Geschichte, 4 Bde., Berlin 1956ff. (Sammlung Göschen 19, 677, 679, 684)
Altheim, Fr.: Römische Religionsgeschichte, 2 Bände, Berlin 1956 (Sammlung Göschen 1035 u. 1052)
Backhaus, W.: Marx, Engels und die Sklaverei, Düsseldorf 1974 (Schwann)
Barrow, R. H.: Die Römer, Stuttgart 1960 (urban 44)
de Beer, G.: Hannibal, München 1970 (Heyne Biographie 7)
Bellen, H.: Studien zur Sklavenflucht im römischen Kaiserreich, Forschungen zur antiken Sklaverei 4, Wiesbaden 1971 (Steiner)
Bengtson, A.: Grundriß der Römischen Geschichte mit Quellenkunde, Bd. I, Republik und Kaiserzeit bis 284 n. Chr., München 1967 (Beck)
Benoist-Méchin: Kleopatra, Stuttgart 1966 (Kohlhammer)
Bergengruen, W.: Römisches Erinnerungsbuch, Feiburg 1962 (Herder TB 15)
Berve, H.: Gestaltende Kräfte der Antike, Aufsätze und Vorträge zur griech. u. röm. Geschichte, München 1966
Bethe, E.: Ahnenbild und Familiengeschichte bei Römern und Griechen, 1935
Bieler, L.: Geschichte der römischen Literatur I, Berlin 1972 (Göschen 4052)
Birth, Th.: Römische Charakterköpfe, Leipzig 1913
Brown, A. D. F.: Nach Cannae, in: »Hannibal«, Wege der Forschung, siehe dort

Büchner, K.: Römische Literaturgeschichte, Stuttgart 1962 (KTA 247)
Bühler, J.: Die Kultur der Antike und die Grundlegung der abendländischen Kultur, 2. Bd. Römertum, Stuttgart 1957 (KTA 188)
Burck, E.: Das neue Bild der Antike, Bd. II, 1942
»Caesar«, Wege der Forschung Bd. XLIII, hg. v. D. Rasmussen, Darmstadt 1974 (Wiss. Buchges.)
de Camp: New York lag einst am Bosporus, Düsseldorf/Wien 1972 (Econ)
Diller, H.: Caesar und Ariovist, in: »Caesar«, WdF S. 189
Domaszewski, A. v.: Aufsätze zur römischen Heeresgeschichte, Darmstadt 1972 (Wiss. Buchges.)
v. d. Driesch/Esterhues: Geschichte der Erziehung und Bildung, Bd. 1, Paderborn 1960 (Schöningh)
Drumann, W.: Geschichte Roms in seinem Übergange von der repbulikanischen zur monarchischen Verfassung oder Pompeius, Caesar, Cicero und ihre Zeitgenossen nach Geschlechtern und mit genealogischen Tabellen, Leipzig 1899–1929, 6 Bde., Neudruck Hildesheim 1963 (Olms)
Durant, W.: Kulturgeschichte der Menschheit, Bd. 7, Caesar und Christus I, Ursprünge und Anfänge der Republik, Lausanne o. J. (Editions Rencontre)
Forster, H. A.: Die Literatur des klassischen Altertums, München o. J. (GGT 1423)
Friedländer, L.: Sittengeschichte Roms, Köln 1957 (Phaidon)
Gelzer, M.: Caesar, Der Politiker und Staatsmann, Wiesbaden 1960 (Steiner)
Gelzer, M.: Pompeius, München 1973 (König)
Goethe, J. W.: Werke, dtv-Gesamtausgabe, München 1961 ff. (dtv)
Grimal, P. (Hg.): Der Aufbau des Römischen Reiches, Die Mittelmeerwelt im Altertum III, Frankfurt/M. 1966 (Fischer Weltgeschichte 7)
Grimal, P. (Hg.): Der Hellenismus und der Aufstieg Roms, Die Mittelmeerwelt im Altertum II, Frankfurt/M. 1965 (Fischer Weltgeschichte 6)
Grimal, P. (Hg.): Mythen der Völker, Ausgabe in 3 Bänden, Bd. 1 Ägypter – Sumerer – Babylonier – Hethiter – Westsemiten – Griechen – Römer, Frankfurt/M. 1967 (Fischer TB 789)
Grimal, P.: Römische Kulturgeschichte, München/Zürich 1960 (Knaur)
Gummerus, H.: Der römische Gutsbetrieb nach den Schriften des Cato, Varro und Columella, Klio Beiheft 5, Leipzig 1906
Hadas, M.: Römisches Reich, Das lateinische Jahrtausend, Reinbek 1972 (LIFE-Bildsachbuch 32)
Hamann, R.: Geschichte der Kunst, Bd. 3, Hellenismus/Italische u. Römische Kunst, München 1963 (Knaur TB 26)

»Hannibal«, Wege der Forschung, hg. v. K. Christ, Bd. CCCLXXI, Darmstadt 1974 (Wiss. Buchges.)

Heinze, R.: Die Augusteische Kultur, hg. v. A. Korte, Darmstadt 1960 (Wiss. Buchges.)

Herm, G.: Die Kelten, Das Volk, das aus dem Dunkel kam, Düsseldorf/Wien 1975 (Econ)

Heuß, A.: Der Erste Punische Krieg und das Problem des römischen Imperialismus, Darmstadt 1970 (Wiss. Buchges.)

Heuß, A.: Das Zeitalter der Revolution, in: Propyläen Weltgeschichte, hg. v. G. Mann u. A. Heuß, 4. Bd., Berlin/Frankfurt/Wien 1963 (Propyläen)

Hoffmann, W.: Hannibal, Göttingen 1962 (Vandenhoeck & Ruprecht)

Howald, E.: Die Kultur der Antike, Zürich 1948 (Artemis)

Jelusich, M.: Hannibal, Salzburg/München 1950

Kaschnitz von Weinberg, G.: Die Grundlagen der republikanischen Baukunst, Römische Kunst III, hg. v. H. v. Heintze, Reinbek 1962 (rde 150)

Keller, W.: Denn sie entzündeten das Licht, Geschichte der Etrusker, München 1974 (Knaur TB 352)

Kiechle, Fr.: Römische Geschichte, Teil I, Roms Aufstieg zur Weltmacht, Stuttgart 1967 (urban 101)

Kiechle, Fr.: Sklavenarbeit und technischer Fortschritt im römischen Reich. Forschungen zur antiken Sklaverei 3, Wiesbaden 1969

Kleberg, T.: Buchhandel und Verlagswesen in der Antike, Darmstadt 1969 (Wiss. Buchges.)

Klingelhöfer, H.: Römische Technik, Zürich/Stuttgart 1961 (Artemis)

Klingner, Fr.: Römische Geisteswelt, München 1961 (Ellermann)

Kornemann, E.: Römische Geschichte, Bd. 1. Die Zeit der Republik, Stuttgart 1970 (KTA 132)

Kroll, W.: Die Kultur der ciceronischen Zeit, Darmstadt 1972 (Wiss. Buchges.)

Kromayer, J./Veith, G.: Heerwesen und Kriegführung der Griechen und Römer, München 1928 (Neudruck 1963)

Kusche, U.: Caesars Commentarii, in: »Caesar«, Wege der Forschung, siehe dort.

Mac Kendrick, P.: Roms steinernes Erbe, Wiesbaden 1967 (Brockhaus)

Meier, Chr.: Res publica amissa. Eine Studie zur Verfassung und Geschichte der spätrömischen Republik, Wiesbaden 1966 (Steiner)

Meyer, Ed.: Caesars Monarchie und das Prinzipat des Pompeius, Innere Geschichte Roms von 66–44 v. Chr. Stuttgart 1919, Neudruck 1974 (Wiss. Buchges.)

Meyer, Ernst: Hannibals Alpenübergang, in: Museum Helveticum 15 (1958), S. 227ff. u. 21 (1964), S. 99ff.
Neudruck in »Hannibal«, Wege der Forschung, siehe dort

Meyer, Ernst: Römischer Staat und Staatsgedanke, Zürich/Stuttgart 1964 (Artemis)

Morton, H. V.: Wanderungen in Rom, Frankfurt/M. 1973 (Societäts-Verlag)

Münzer, F.: Art. »Poseidonius«, in: RE 2A, Sp. 1405. (siehe »RE« unter Lexika)

Mommsen, Th.: Römische Geschichte, Berlin o. J. (Safari)

Opelt, I.: Vom Spott der Römer, München 1969 (Heimeran)

Oppermann, H.: Caesar, Reinbek 1968 (Rowohlts Monographien 135)

Paoli, U. E.: Das Leben im Alten Rom, München 1961 (Francke)

Pallottino, M.: Die Etrusker, Frankfurt/M. 1965 (Fischer TB 604)

Plasberg, O.: Cicero in seinen Werken und Briefen, Darmstadt 1962 (Wiss. Buchges.)

Reinach, Th.: Mithridates Eupator, Leipzig 1895

Die Religionen der Erde. Ihr Wesen und ihre Geschichte. Begr. von C. Clemen, II. Bd. Griechen und Römer usw. München 1966 (GGT 1692)

Rostovtzeff, M.: Geschichte der Alten Welt II, Rom, Bremen 1961 (Schünemann)

Scheurig, B.: Stauffenberg, Berlin 1964 (Colloquium)

Schlieffen, A. v.: Die Schlacht von Cannae, in: Gesammelte Schriften Bd. 1 (1913); Neudruck in: »Hannibal«, Wege der Forschung a.a.O.

Schmidt, O. E.: Ciceros Villen, Darmstadt 1972 (Wiss. Buchges.)

Schur, W.: Das Zeitalter des Marius und Sulla, Klio Beiheft 46, Leipzig 1942

Shakespeare, W.: Iulius Caesar, engl.-dt., übers. v. Schlegel u. Tieck, hg. v. L. L. Schücking, Hamburg 1959 (rk 57)

Strasburger, H.: Caesar im Urteil seiner Zeitgenossen. Darmstadt 1968 (Wiss. Buchges.)

Stützer, H. A.: Römische Kunstgeschichte. Von der Frühzeit bis zum Ende des weströmischen Reiches, Freiburg 1973 (Herder TB 463)

Syme, R.: Die römische Revolution. Machtkämpfe im antiken Rom. München o. J. (GGT 908/09)

Vogt, J.: Der Aufstieg Roms, Römische Republik I, Freiburg 1962 (Herder TB 128)

Vogt, J.: Weltreich und Krise, Römische Republik II, Freiburg 1962 (Herder TB 133)

Volkmann, H.: Grundzüge der römischen Geschichte, Darmstadt 1973 (Wiss. Buchges.)

Volkmann, H.: Sullas Marsch auf Rom. Der Verfall der römischen Republik. Darmstadt 1973 (Wiss. Buchges.)

Wallach, J. L.: Das Dogma der Vernichtungsschlacht, München 1970 (dtv 701)

Warmington, B. H.: Karthago. Aufstieg und Untergang einer antiken Weltstadt. Wiesbaden 1963 (Brockhaus)

Westermann, W. L.: Art. »Sklaverei« in: RE Suppl. 6 Sp. 894–1068, siehe »RE« a.a.O.

### *Quellensammlungen*

Antike Geisteswelt I und II. Eine Sammlung klassischer Texte. Auswahl und Einführungen v. W. Rüegg. München 1967 (dtv 419/20)

Arend, W. (Hg.): Altertum, Alter Orient, Hellas, Rom. in: Geschichte in Quellen, Bd. I, Hg. v. W. Lautemann u. M. Schlenke. München 1975 (Bayerischer Schulbuch Verlag)

Kleinknecht, W./Krieger, H.: Materialien für den Geschichtsunterricht, Bd. II, Das Altertum. Frankfurt/M. 1967 (Diesterweg)

Quellen- und Arbeitshefte für den Geschichtsunterricht, hg. v. E. Wilmanns, Stuttgart o. J. (Klett), dort: Die römische Republik (4203) und Die Römische Revolutionszeit (4209). Beide von O. Kampe

Weltmacht Rom. Glanz und Niedergang des großen Imperiums. Lesewerk zur Geschichte II. Hg. v. H. v. Hentig, München o. J. (GGT 1813)

### *Hilfsmittel*

Wörterbücher, Lexika:

dtv-Lexikon der Antike, 5 Reihen, München 1969ff.

I. Literatur (4 Bde.)
II. Religion (2 Bde.)
III. Kunst (2 Bde.)
IV. Geschichte (3 Bde.)
V. Kulturgeschichte (2 Bde.)

Hiltbrunner, O.: Kleines Lexikon der Antike, Bern/München 1964 (Sammlung Dalp)

Jens, H.: Mythologisches Lexikon. Gestalten der griechischen, römischen und nordischen Mythologie. München 1958 (GGT 490)

Mickisch, H.: Taschenlexikon der Antike. München 1972 (Humboldt TB 180)

Paulys Realencyclopädie der classischen Altertumswissenschaft. Neue Bearbeitung hg. v. G. Wissowa – W. Kroll – M. Mittelhaus – K. Ziegler. Stuttgart 1893ff. (Abkürzung: »RE«)

Tusculum-Lexikon griechischer und lateinischer Autoren des Altertums und des Mittelalters. Bearb. v. W. Buchwald, A. Hohlweg u. O. Prinz, Reinbek 1974 (rororo 6181)

Ullstein Weltgeschichte in 5 Bänden, Daten, Stichwörter, Bilder. Bd. 1 Von den Anfängen der Menschheit bis 476 n. Chr., Frankfurt/M. 1965 (Ullstein TB 4101)

Wörterbuch der Antike, in Verbindung mit E. Bux u. W. Schöne, verfaßt von H. Lamer. Stuttgart 1963 (KTA 96)

Atlanten:

Bengtson, H.: Großer Historischer Weltatlas, I. Teil: Vorgeschichte und Altertum. München 1963 (Bayerischer Schulbuchverlag)

Kinder, H./Hilgermann, W.: dtv-Atlas zur Weltgeschichte, Bd. 1 Karten und chronologischer Abriß, Von den Anfängen bis zur Französischen Revolution. München 1964ff. (dtv 3001)

Kromayer, J./Veith, G.: Schlachtenatlas zur antiken Kriegsgeschichte, Leipzig 1922–29

Putzger, F. W.: Historischer Schulatlas, Bielefeld 1965

Westermanns Großer Atlas zur Weltgeschichte, hg. v. H. E. Stier u. a. Braunschweig 1966ff. (Westermann)

Einführung in die lateinische Sprache:

Eisenhut, W.: Die lateinische Sprache, München 1970 (Heimeran)

Jäkel, W.: Einführung in das Lateinische. Frankfurt/M. 1969 (Fischer TB 1003)

Marouzeau, J.: Das Latein. Gestalt und Geschichte einer Weltsprache. München 1969 (dtv 4029)

Röttger, G.: Lateinische Grammatik. Römisches Sprachdenken zu Zeit Caesars und Ciceros. Frankfurt 1969 (Frankfurt TB 1072)

Troll, P.: Lateinische Sprachlehre. Frankfurt 1971 (Diesterweg)

Menge-Güthling: Langenscheidts Großwörterbuch der lateinischen und deutschen Sprache. 1. Teil: Lat.-dt. Unter Berücksichtigung der Etymologie von H. Menge. Berlin 1967 (Langenscheidt)

# Personen- und Sachregister

## *Abkürzung römischer Amtsbezeichnungen:*

| | |
|---|---|
| aed. | = Aedil |
| cens. | = Censor |
| cos. | = Consul |
| cos.suff. | = consul suffectus (im Laufe eines Jahres an die Stelle eines anderen gewählter Consul) |
| dict. | = Dictator |
| mag.equ. | = magister equitum (Reiteroberst, dem Dictator untergeordnet) |
| praet. | = Praetor |
| tr.pl. | = tribunus plebis (Volkstribun) |

Alle Jahreszahlen in Klammern; wenn nicht besonders gekennzeichnet, vor Christus.
n. Chr. = nach Christus; v. Chr. = vor Christus; Jh. = Jahrhundert; dt. = deutsch; engl. = englisch; franz. = französisch; griech. = griechisch; israel. = israelisch; ital. = italienisch; röm. = römisch; russ. = russisch

### *Personenregister:*

# Sachregister:

# DIE FARBIGEN LIFE BILDSACHBÜCHER

## Die Frühzeit des Menschen **20 Bände**

„Die Frühzeit des Menschen" berichtet über die Geschichte des menschlichen Lebens. International bekannte Wissenschaftler haben an der Entstehung dieser Reihe über die Entwicklung des Menschen auf der Erde mitgewirkt. Überraschende Belege anhand neuer Fossilienfunde und jüngste Erfindungen in Wissenschaft und Computertechnik in Kombination mit ausschließlich nach Gesichtspunkten der Information ausgesuchtem Bildmaterial sorgen dafür, daß diese Buchreihe viele Mythen erschüttern und viele Illusionen zerstören wird.

**Der Weg zum Menschen** (64)
**Vom Menschenaffen zum Menschen** (65)
**Die ersten Menschen** (66)
**Die Neandertaler** (67)
**Der Cro-Magnon-Mensch** (68)
**Die Besiedelung Amerikas** (69)
**Die ersten Städte** (70)
**Die ersten Ackerbauern** (71)
**Die Entdeckung des Metalls** (72)
**Steinerne Zeugen früher Kulturen** (73)
**Anfänge des Seehandels** (74)
**Die ersten Reiche** (75)
**Abenteurer aus dem Norden** (76)
**Die ersten Reitervölker** (77)
**Die Erfindung der Schrift** (78)
**Die Kelten** (79)
**Die Etrusker** (80)
**Die verlorene Welt der Ägäis** (81)
**Die Israeliten** (83) **Die Perser** (82)

sachbuch rororo

940/1

941/1